GW01339801

DFDS
1866-1991

*Ship Development
through 125 Years
– from Paddle Steamer
to Ro/Ro Ship*

*Skibsudvikling
gennem 125 år
– fra Hjuldamper
til Rulleskib*

Søren Thorsøe · Peter Simonsen
Søren Krogh-Andersen · Frederik Frederichsen
Henrik Vaupel

DFDS 1866-1991
*Skibsudvikling gennem 125 år
– fra Hjuldamper til Rulleskib*
© DFDS A/S 1991

Mekanisk, fotografisk eller anden
gengivelse eller mangfoldiggørelse
kun ifølge aftale med DFDS
Design: Erling Rasch, Nærum Fotosats ApS
Produktion: Nærum Offset-Trykkeri ApS, Nærum
Bogen er sat med Times
Papir: BVS Matt, 135 gr.
Fra Papierfabrik Scheufelen,
leveret af O. Schramm A/S
ISBN 87-980030-0-3

DFDS 1866-1991
*Ship Development through 125 years
– from Paddle Steamer to Ro/Ro Ship*
© DFDS A/S 1991

All rights reserved. This book, or parts thereof,
may not be reproduced in any form
without permission from DFDS.
Design: Erling Rasch, Nærum Fotosats ApS, Denmark
Production: Nærum Offset-Trykkeri ApS, Denmark
Set in Times
Paper: BVS Matt, 135 gr.
from Papierfabrik Scheufelen,
delivered by O. Schramm A/S
ISBN 87-980030-0-3

The World Ship Society

What it is and what it does
The World Ship Society is the leading organisation
catering for the needs of ship enthusiasts
everywhere. From its formation as the Ship News
Club in 1947 it has grown until today when it has
members in more than 50 countries.
The majority of members, however, are enthusiasts
pure and simple, whose interest is to read, talk about
and look at ships.
The many members who work for the Society and its
local branches do so on a voluntary basis.

Central Record
Over the years the Society has acquired an
extensive collection of reference books and
materials, which form the Central Record.
This includes one of the largest collections of
Lloyds Registers in the World, and comprehensive
collections of "James Fighting Ships"
and other naval works.

The World Ship Photo Library
The Society possesses one of the world's major collec-
tions of ship photographs, a collection which is con-
tinually expanding as negatives are
donated or purchased - an extraordinary service
for photograph collectors.
The authors of this book are all members of the World
Ship Society and the Danish Society for Sea History.
The authors will acknowledge and appreciate any ad-
ditional information and photos
concerning all the ships mentioned in this book. Any
approach should be addressed to:

Søren Thorsøe,
4, Magnolievangen,
3450 Allerød,
Denmark.

Indhold

Skibsudvikling gennem 125 år *4*
Milepæle 1966-91 *6*
DFDS i 100 + 25 år *12*
C.F.Tietgen - igangsætteren *14*

De første 100 år – 1866-1966

Skibsfart i fredstid *18*
Den 1. verdenskrig *36*
Opkøb og ekspansion *38*
Mellem to krige *39*
Den 2. verdenskrig *42*
Efterkrigstidens aktiviteter *45*
DFDS' skibsruter *50*

De seneste 25 år – 1966-91

Jubilæumsåret 1966 *54*
Det lykkelige ægteskab *56*
Fragtfarten bliver til DFDS Transport *56*
Ændret struktur i passagertrafikken *60*
Fragtfartens linier og ruter *63*
Andre aktiviteter *74*
Tor Line AB *76*
Passagerfarten *79*
Passagerfarten til Norge *81*
Farten på Nordatlanten *85*
Den engelske forbindelse *86*
Krydstogter og krydstogtpræget fart *93*
Øvrige mindre ruter *98*
Datterselskaber *99*
DFDS' symboler *102*
DFDS i jubilæumsåret 1991 *105*

Skibsmaskineri *114*

Skibsliste *128*

Skibe nr. 1-406 *130*
Bugserbåde *450*
Datterselskaber *458*
Hjælpefartøjer *474*

Tillæg

Tabeller *486*
DFDS-skibenes navne *495*
Andre skibsnavne *498*
Forfatternes tak *502*

Contents

Ship development through 125 years *4*
Milestones 1966-91 *6*
DFDS for 100 + 25 years *12*
C.F. Tietgen, the entrepreneur *14*

The First 100 Years – 1866-1966

Shipping in peacetime *18*
World War I *36*
Acquisition and expansion *38*
Between two wars *39*
World War II *42*
Post-war activities *45*
DFDS' Shipping Routes *50*

The Past 25 Years – 1966-1991

The jubilee year 1966 *54*
The happy marriage *56*
Freight shipping service became DFDS Transport *56*
Changed structure in passenger operations *60*
The freight service lines and routes *63*
Other activities *74*
Tor Line AB *76*
Passenger service *79*
Passenger service to Norway *81*
Service on the North Atlantic *85*
The British connection *86*
Cruises and cruise-like services *93*
Other minor routes *98*
Subsidiaries *99*
Company symbols *102*
DFDS in the jubilee year 1991 *105*

The propulsion of the ships *114*

The Fleet *128*

The Fleet No. 1-406 *130*
Tugs *450*
Daughter and Associated Companies *458*
Auxiliaries *474*

Appendix

Tables *486*
Index of DFDS-ships' names *495*
Index of other ships' names *498*
Acknowledgements *502*

DFDS 1866-1991

Skibsudvikling gennem 125 år

Fusion er ikke noget nyt i dansk erhvervsliv. I 1866 fusionerede nogle mindre, danske rederier, hvorved Danmarks ældste, større rederivirksomhed – DFDS – blev skabt.

Initiativtageren var C.F.Tietgen, den største skikkelse, der er set i dansk erhvervslivs historie. Tietgen sagde bl.a. i forbindelse med indbydelsen til at tegne kapital i det nye selskab: *"Når de allerede bestående rederier med deres mindre kræfter har været i stand til at opnå resultater som dem, der foreligger, da er der en temmelig høj grad af vished for, at resultatet ved en forening af disse og tilslutning af adskillige andre skibe vil blive snarere bedre end ringere."* – Moderne management-teori skrevet for 125 år siden, blot med et mere beskedent ordbrug.

Som de fleste andre store virksomheder, Tietgen skabte, overlevede DFDS også tidernes medgang og modgang. Starten gik godt, fordi Tietgen's forretningsidé den gang var rigtig.

DFDS er i dag en økonomisk solid virksomhed i pæn vækst, fordi vi gennem alle årene, og ikke mindst de senere, har forstået at ændre vor forretningsidé – eller idégrundlag – når det var nødvendigt.

Tietgen ville i dag måske have svært ved at genkende den virksomhed, han skabte – og dog.

Vi sejler stadig med skibe på nogle af de samme ruter, som startede i 1800-tallet. At der siden er opstået helt nye trafikmidler, specielt bilen og traileren, og at kundernes behov og krav har ændret sig, ville nok ikke kunne undre grundlæggeren. Jeg er sikker på, at det ville glæde ham, at DFDS har ændret sig på baggrund heraf, således at vor landevejs-transport i dag omsætter for flere penge end vor skibstransport.

Mon ikke Tietgen fuldt ud ville acceptere de to nye grundpiller for nutidens DFDS:

- At sælge oplevelsen ved at sejle til vore passagerer
- At sælge større indtjening for vore kunder ved at tilbyde dem de bedste løsninger indenfor området totaltransport.

DFDS 1866-1991

Ship Development through 125 Years

Mergers are not new to Danish business. In 1866 a few small Danish shipping companies merged to form the oldest large shipping company in Denmark: DFDS.

It was C.F. Tietgen, the greatest figure in Danish commercial history, whose initiative it was to found the company. In connection with the invitation to invest capital in the new company Tietgen said, *"When the already existing shipping companies, with their lesser strength, have been able to achieve such results as they have, there is a rather high degree of certainty that the result of a unification of these companies and the addition of various other ships would be better rather than poorer."* Modern management theory written 125 years ago, but in more modest terms.

Like most of the other large businesses created by Tietgen DFDS also survived the ups and downs of the times. The start went well because Tietgen's business idea was right.

Today DFDS is a financially sound company growing nicely because through all the years of its existence, particularly the most recent ones, it has understood how to adapt its business idea – or philosophy – when this was necessary.

Today Tietgen might perhaps find it difficult to recognize the company he created – and yet ...

We are still sailing on some of the same routes begun in the 1800s. That completely new forms of transportation have arisen since, particularly cars and trucks, and that customers' needs and demands have changed, would probably not surprise the founder. I am certain it would please him that DFDS has adapted to these changes: today our turnover from overland transport is greater than that generated by our ships.

Surely Tietgen would fully accept the two new basic precepts for the DFDS of the present:

- To sell to our passengers the experience of sailing
- To sell greater profits for our customers by offering them the best solutions in the area of total transportation.

Men skibene har vi stadig, disse smukke og spændende væsener, som fascinerer os alle. Derfor har vi også i jubilæumsåret valgt at hylde skibene ved at bruge hovedparten af denne bog til at vise 125 års udvikling gennem udførlig omtale og billeder af samtlige "Selskabet"s ca. 450 skibe.

Samtidig må vi ikke glemme, at det ikke alene er skibene, der har skabt DFDS' udvikling. Det er menneskene, repræsenteret ved vore mange tusinde medarbejdere gennem de 125 år. I dag mere end nogensinde før er DFDS-Gruppens største aktiv vore mere end 4.200 engagerede medarbejdere til lands og til vands.

Det er vore nuværende - og tidligere - medarbejdere, der skal takkes ved dette jubilæum, og i denne tak vil vi også gerne tage stifteren, Carl Frederik Tietgen, med.

- Men den største tak skal gå til vore tusinder af kunder - uden dem, intet DFDS !

NIELS BACH

But we still have the ships, those beautiful and exciting things fascinating to us all. Therefore, in this jubilee year as well, we have chosen to pay tribute to our ships by devoting the major part of this book to 125 years of development, related thorough descriptions and pictures of all of the Company's approximately 450 ships.

At the same time we must not forget that it isn't the ships alone that have shaped the development of DFDS: it is people, represented by our many thousands of employees over the 125 years of the Company's existence. Today more than ever before the greatest asset of the DFDS Group is its more than 4,200 dedicated employees, on land and at sea.

It is to our present - and former - employees our thanks are due on this anniversary. And to be included as well is our founder, Carl Frederik Tietgen.

Our greatest thanks, however, must go to our thousands of customers: without them, no DFDS!

NIELS BACH

DFDS
Milepæle 1966-91
Hvad skete hvornår gennem de seneste 25 år: 1966-91

I 100-året for DFDS' stiftelse bestod flåden af 13 passagerskibe, 53 lastskibe, 4 bugserfartøjer og 39 pramme med en samlet bruttotonnage på 188.725 tons eller 215.650 tons dødvægt. DFDS havde interesser i Mols-Linien A/S, Hotel Codan A/S, Helsingør Værft A/S samt Frederikshavn Værft A/S. De første 100 år er beskrevet udførligt i flere jubilæumsskrifter, senest i "Hundrede år på havene" af Poul Graae, udgivet i 1966.

Skibene til København-Oslo ruten, KONG OLAV V og PRINSESSE MARGRETHE, under bygning på Cantieri Navali del Tirreno e Riuniti i Genova, Italien, i 1968.

Two ships for the Copenhagen-Oslo route, KONG OLAV V and PRINSESSE MARGRETHE, during construction at Cantieri Navali del Tirreno e Riuniti in Genoa, Italy 1968.

1966:
- Stort nybygningsprogram - 25 skibe i ordre
- Transportrationaliseringsafdelingen - det nuværende DFDS Transport - starter aktiviteterne året før
- Ro/ro terminal på Slusholmen tages i brug
- Ro/ro-terminal i Esbjerg tages i brug
- De første ro/ro-skibe SUFFOLK og SUSSEX sættes i fart
- Mols-Linien starter sejladsen den 18. maj
- DFDS' 100-års jubilæum fejres 11. december
- Nye linieskibe til USA- og Sydamerika-farten sættes i fart
- Det sidste dampskib, BOTNIA, sælges

1967:
- Malteserkorset introduceres i skorstensmærket 1. januar
- Formanden for Bestyrelsen, Erik Reinhard, afgik ved døden
- Konsul Sigurd Warrer bliver formand
- WINSTON CHURCHILL indsættes på Nordsøen i maj
- Ny passagerterminal i Esbjerg tages i brug
- Krydstogter til Vestindien med ENGLAND starter
- Nyt passagerkontor på Berkeley Square i London
- Mere fragt-ro/ro-tonnage indsættes - SOMERSET og STAFFORD
- De to sidste af en serie på 8 linieskibe sættes i fart på Nord- og Sydamerika
- Ro/ro-tonnage ("Træskoskibene") indsættes på de indenrigske fragtruter

1968:
- KONG OLAV V og PRINSESSE MARGRETHE, indsættes på København-Oslo ruten
- DFDS overtager agenturet i Oslo. A/S Danske-båtene stiftes
- Ny passagerterminal opføres i Aalborg
- SURREY indsættes på Nordsøen

1969:
- Fire færger på Mols-Linien
- AALBORGHUS indsat på København-Aalborg ruten
- Yderligere udbygning af container-terminal i Esbjerg
- Skibsreder Knud Lauritzen formand for bestyrelsen
- Rudolf Bier tiltræder som passagerdirektør
- Helge Jensen udnævnes til direktør
- Ro/ro-terminal i Newcastle indvies

1970:
- TREKRONER indsættes på København-Aalborg ruten
- Indenrigs-passagertrafikken indstilles 30. september
- Ophævelse af to-klassesystemet på passagerskibene
- Aalborg-skibene ombygges til fart i Middelhavet
- DFDS Seaways introduceres som markedsføringsnavn for passagerfarten
- Direktør Georg Andersen fratræder på grund af alder

1971:
- Rudolf Bier udnævnes til direktør
- PRINSESSE MARGRETHE grundstøder på Kullen den 31. januar
- Det forenede Dampskibs-Selskab A/S ændrer navn til DFDS A/S
- DFDS Seaways bliver markedsføringsnavn for passagerfarten
- Passagerfarten i Middelhavet starter 25. juni
- Indenlandsk fragtfart indstilles
- Fragtfarten i Middelhavet ophører

1972:
- Ro/ro-skibet HERO (fælleseje DFDS/EWL) indsættes på Nordsøen
- SOMERSET og STAFFORD forlænges
- Stigende flagdiskrimination på de oversøiske ruter
- Hotel Codan A/S, Korntørringsmagasinet og Asiatisk Plads sælges
- B. Corner-Walker udnævnes til direktør
- Passagerskibene males hvide med "DFDS Seaways" på siden

1973:
- A/S Larsens Plads sælges
- Oliepriserness himmelflugt
- Direktør Rudolf Bier fratræder
- Flåden reduceret gennem frasalg af urentabel tonnage til 20 skibe

1974:
- Erik Heirung tiltræder som adm. direktør
- DANA REGINA indsættes på Esbjerg-Harwich ruten
- Oslo-skibene flytter fra Larsens Plads til ro/ro-faciliteter ved indersiden af Kvæsthusbroen
- Samarbejde med Nopal Line
- De første medarbejderrepræsentanter får sæde i bestyrelsen
- Direktør Jørgen Clausen formand for bestyrelsen
- Enhedsdrift indføres om bord i skibene

DFDS
Milestones 1966-91

What happened when over the past 25 years: 1966-91

On the centennial of the founding of DFDS its fleet consisted of 13 passenger ships, 53 cargo ships, 4 towboats, and 39 barges, with a total gross tonnage of 188,725 tons or 215,650 tons deadweight.
DFDS had interests in Mols Line A/S, Hotel Codan A/S, Elsinore Shipyard A/S, and Frederikshavn Shipyard A/S.
The first 100 years are described in detail in several jubilee publications, most recently in "One Hundred Years at Sea" by Poul Graae, from 1966.

1966

- Comprehensive new ship program - 25 ships on order
- Transport Rationalization Department - the present-day DFDS Transport - begins activities the previous year
- Ro/ro terminal at Slusholmen taken into use
- Ro/ro terminal in Esbjerg taken into use
- SUFFOLK and SUSSEX, the first ro/ro ships, entered into service
- Mols Line begins operation on 18 May
- The DFDS 100-year jubilee celebrated on 11 December
- New liners to U.S.A. and South America entered into service
- BOTNIA, the last steamship, sold

1967

- Maltese cross logo introduced on the funnel beginning 1 January
- Erik Reinhard, Chairman of the Board, dies
- Sigurd Warrer, Consul, becomes chairman
- WINSTON CHURCHILL entered into service on the North Sea in May
- New passenger terminal in Esbjerg taken into use
- Cruises begin to West Indies with ENGLAND
- New passenger office opened in Berkeley Square in London
- More freight-ro/ro tonnage entered into service - SOMERSET and STAFFORD
- The last two of a series of eight liners entered into service on North- and South America route
- Ro/ro tonnage ("the wooden shoe ships") entered into service on domestic freight routes

Ro/ro-containerskibet SOMERSET indledte en ny epoke i baconeksportfarten til Storbritannien i januar 1967. Her ses skibet i Containerhavnen i Esbjerg.

The ro/ro container ship SOMERSET introduced a new epoch in bacon export trade to Great Britain in January 1967. Here is the ship in the Container Port in Esbjerg.

1968

- New tonnage on the Copenhagen-Oslo route, KONG OLAV V and PRINSESSE MARGRETHE, entered into service
- DFDS takes over agency in Oslo. A/S Danske-båtene founded
- New passenger terminal built in Aalborg
- SURREY entered into service on the North Sea

1969

- Four ferries on Mols Line - departure every hour
- AALBORGHUS entered into service on Copenhagen-Aalborg route
- Further expansion of container-terminal area in Esbjerg
- Shipowner Knud Lauritzen becomes chairman of the board
- Rudolf Bier assumes duties as passenger manager
- Helge Jensen appointed director
- Ro/ro terminal in Newcastle inaugurated

1970

- TREKRONER entered into service on Copenhagen-Aalborg route
- Domestic passenger traffic discontinued 30 September
- Two-class system on passenger ships suspended
- Aalborg ships rebuilt for service in the Mediterranean
- DFDS Seaways introduced as marketing name for passenger service
- Georg Andersen, Director, retires

1971

- Rudolf Bier appointed director
- PRINSESSE MARGRETHE runs aground on Kullen on 31 January
- The United Steamship Company A/S changes its name to DFDS A/S
- DFDS Seaways becomes marketing name for passenger service
- Passenger service in the Mediterranean begins on 25 June
- Domestic freight service discontinued
- Freight service in the Mediterranean suspended

1972

- Ro/ro ship HERO (jointly owned by DFDS/EWL) entered into service on the North Sea
- SOMERSET and STAFFORD extended
- Increasing flag discrimination on the overseas routes
- Hotel Codan A/S, the Grain Drying Warehouse, and Asiatisk Plads are sold
- B. Corner-Walker appointed director
- Passenger ships painted white with "DFDS Seaways" on the side

1973

- A/S Larsens Plads sold
- Oil prices soar
- Rudolf Bier, Director, resigns
- Fleet reduced to 20 ships through sale of unprofitable tonnage

1974

- Erik Heirung assumes duties as managing director
- DANA REGINA entered into service on Esbjerg Harwich route
- Oslo ships moved from Larsens Plads to ro/ro facilities on inner side of Kvæsthusbroen
- Collaboration with Nopal Line
- First employee representatives on Board of Directors
- Jørgen Clausen, Director, Chairman of the Board
- Unit operation introduced on board ships

1975:
- 100-året for København-Oslo ruten og Esbjerg-England ruten
- Bacon-container nr. 150.000 transporteres over Nordsøen siden starten af ro/ro-farten i 1967
- SURREY forlænges
- Nye, store færger på Mols-Linien
- Vognmandsvirksomheden E.O.Hooks (Transport) Ltd. overtages
- Direktør Helge Jensen fratræder
- Leif Juul Jørgensen udnævnes til direktør
- Oslo-skibene ombygges og kapaciteten forøges

1976:
- Ro/ro-fragtskibet DANA FUTURA indsættes på Nordsøen
- Vognmandsvirksomheden Th. Pedersen & Søn ApS overtages
- Vognmandsvirksomheden Marsden Freight Services Ltd. overtages
- Middelhavs-farten indskrænkes til ét skib
- Ro/ro-fragtskibet DANA GLORIA indsættes
- Transport Divisionen etableres og et integreret dør-til-dør transportsystem er en realitet

1977:
- Vognmandsvirksomheden Roland Munch ApS overtages
- DFDS Kranløft etableres
- Rederiet Sivomar, Elfenbenskysten, stiftes

1978:
- Samarbejde med Tor Line AB på Göteborg-Newcastle med WINSTON CHURCHILL
- Passagerskibet DANA ANGLIA indsættes
- Skibsreder Knud Lauritzen afgår ved døden
- Ro/ro-fragtskibet DANA MAXIMA indsættes
- Ro/ro-fragtskibet DANA OPTIMA indsættes
- Ro/ro-markedet stærkt faldende

1979:
- Ro/ro-fragtskibet DANA MINERVA indsættes
- Samarbejde med Øivind Lorentzen omkring Nopal Caribe Line
- United Steamship Company (Bahamas) Ltd. etableres
- 4 Nordana-skibe indsættes
- Planerne om Scandinavian World Cruises offentliggøres
- Middelhavs-ruten fra Ancona via Grækenland til Ægypten indvies
- WINSTON CHURCHILL grundstøder ved Vinga
- Direktør Leif Juul Jørgensen fratræder
- Aftale med Silja Line om køb af WELLAMO i 1981

1980:
- Transport Divisionens aktiviteter tager fart
- En 20.000 BRT cruise-carliner kontraheres i Frankrig
- Centralvaskeriet i Esbjerg overtages
- Wilh. Chr. Bech, Horsens, overtages
- B&W Shipbuilding Services overtages
- Samarbejde med Prins Ferries om Hamburg-Harwich ruten
- Antallet af selskaber i DFDS-Koncernen er 34
- Omsætningen runder 2,6 mia kr. - nettoresultat + 28 mio kr.

1981:
- Aktier i Helsingør, Frederikshavn og Dan-Værft afhændes til J. Lauritzen Holding A/S
- Grenaa-Helsingborg ruten overtages fra Lion Ferry AB
- Jydsk Færgefart A/S og færgen DJURSLAND overtages
- Prinzenlinien samt PRINZ HAMLET og PRINZ OBERON overtages
- Fragtruten Hamburg-Harwich startes
- Tor Line's passageraktiviteter samt TOR BRITANNIA og TOR SCANDINAVIA overtages
- WELLAMO overtages fra Silja Line og indsættes som DANA GLORIA på Nordsøen
- Oslo-Newcastle ruten startes med ENGLAND
- Danmarks ældste vognmandsvirksomhed, Th. Pedersen & Søn, fejrer 125-års jubilæum
- 42 datterselskaber
- Omsætning 2,9 mia kr. - nettoresultat + 67 mio kr.

1982:
- Tor Line AB's fragtaktiviteter samt 6 tidsbefragtede ro/ro-skibe overtages
- Middelhavs-ruterne indstilles
- SCANDINAVIA, SCANDINAVIAN SEA og SCANDINAVIAN SUN overtages
- Scandinavian World Cruises starter operationen
- Store tab på SWC projektet konstateres - bestyrelse og direktion uenige om indgreb
- Direktionen fratræder 16. december - Leif Juul Jørgensen tiltræder som adm. direktør
- 51 datterselskaber
- Omsætning 4,5 mia kr. - nettoresultat minus 190 mio.

1983:
- Reorganisering af Selskabet - handlingsplan iværksættes: urentable aktiviteter indstilles, tonnage sælges, medarbejderstaben reduceres
- Bo Gjetting og C.V.Ipsen tiltræder som direktører
- Trods kraftige tiltag bliver resultatet for SWC meget ringere end budgetteret
- SCANDINAVIA overføres til København-Oslo ruten i december
- DANA REGINA overføres til København-Oslo ruten
- 52 datterselskaber
- Omsætning 4,9 mia kr. - nettoresultat minus 326 mio.

1984:
- Videreførelse af handlingsplanen
- Tonnage sælges
- Aktiekapitalen udvides fra 150 mio til 400 mio
- Nordana Line sælges til Dannebrog
- Mols-Linien og Grenaa-Hundested Linien sælges til J. Lauritzen A/S
- Göteborg-Amsterdam ruten indstilles
- Direktørerne Leif Juul Jørgensen og Bo Gjetting fratræder
- C.J.Hovland tiltræder som teknisk direktør
- Direktør Jørgen Clausen fratræder som formand
- Direktør Niels Bach tiltræder som arbejdende bestyrelsesformand og starter en aktionsplan for resultatforbedringer
- DFDS Limited flytter fra London til Scandinavia House, Harwich
- Bo-Lennart Thorbjörnsson udnævnes til passagerdirektør
- 43 datterselskaber
- Omsætning 3,7 mia kr. - nettoresultat minus 87 mio kr.

I 1983 overførtes Englands-skibet DANA REGINA til København-Oslo ruten. DANA REGINA betjente denne rute indtil juni 1990.

In 1983 the England ship DANA REGINA was transferred to the Copenhagen-Oslo route. DANA REGINA operated this route until June 1990.

Ro/ro skibet, DANA MAXIMA, blev bygget med den „maxima"le bredde til at kunne passere slusen i Grimsby. Der er ca. 40 cm spillerum på hver side af skibet i slusen.

The ro/ro ship DANA MAXIMA was built with „maxima"l beam to be able to sail through the lock at Grimsby. In the lock there is approximately 40 cm clearance on each side of the ship.

1975

- Centennial of Copenhagen-Oslo route and Esbjerg-England route
- Bacon container number 150,000 since the beginning of ro/ro service in 1967 transported across the North Sea
- SURREY extended
- New, large ferries on Mols Line
- Haulage company E.O. Hooks (Transport) Ltd. taken over
- Helge Jensen, Director, resigns
- Leif Juul Jørgensen appointed director
- Oslo ships rebuilt and capacity increased

1976

- Ro/ro freight ship DANA FUTURA entered into service on the North Sea
- Haulage company Th. Pedersen & Søn ApS taken over
- Haulage company Marsden Freight Services Ltd. taken over
- Mediterranean service limited to a single ship
- Ro/ro freight ship DANA GLORIA entered into service
- Transport Division established and an integrated door-to-door transport system a reality

1977

- Haulage company Roland Munch ApS taken over
- DFDS Crane Lift established
- The shipping company Sivomar, Ivory Coast, founded

1978

- Collaboration with Tor Line AB on Gothenburg-Newcastle route with WINSTON CHURCHILL
- Passenger ship DANA ANGLIA entered into service
- Shipowner Knud Lauritzen dies
- Ro/ro freight ship DANA MAXIMA entered into service
- Ro/ro freight ship DANA OPTIMA entered into service
- Ro/ro market declining sharply

Med overtagelsen af Tor Line-aktiviteterne i 1981 fulgte de to hurtige og moderne passagerskibe, TOR BRITANNIA *og* TOR SCANDINAVIA.

The two fast, modern passenger ships TOR BRITANNIA and TOR SCANDINAVIA were acquired with the takeover of Tor Line activities in 1981.

1979

- Ro/ro freight ship DANA MINERVA entered into service
- Collaboration with Øivind Lorentzen on Nopal Caribe Line
- United Steamship Company (Bahamas) Ltd. established
- 4 new Nordana ships entered into service
- Plans for Scandinavian World Cruises made public
- Mediterranean route from Ancona via Greece to Egypt inaugurated
- WINSTON CHURCHILL runs aground at Vinga
- Leif Juul Jørgensen, Director, resigns
- Agreement with Silja Line for acquisition of WELLAMO in 1981

1980

- Transport Division's activities start moving
- A 20,000 BRT cruise-carliner contracted for in France
- The Central Laundry in Esbjerg taken over
- Wilh. Chr. Bech, Horsens, taken over
- B&W Shipbuilding Services taken over
- Collaboration with Prins Ferries on Hamburg-Harwich route
- The DFDS Group numbers 34 companies
- Turnover exceeds DKK 2.6 billion. Net result DKK 28 million

1981

- Shares in Helsingør, Frederikshavn and Dan-Værft sold to J. Lauritzen Holding A/S
- Grenaa-Helsingborg route taken over from Lion Ferry AB
- Jydsk Færgefart A/S and the ferry DJURSLAND taken over
- The Prinzenlinien and PRINZ HAMLET and PRINZ OBERON taken over
- Freight service between Hamburg and Harwich starts
- Tor Line's passenger activities and TOR BRITANNIA and TOR SCANDINAVIA taken over
- WELLAMO taken over from Silja Line and entered into service as DANA GLORIA on the North Sea
- Oslo-Newcastle route started up with ENGLAND
- Denmark's oldest haulage company, Th. Pedersen & Søn, celebrates its 125-year jubilee
- 42 subsidiaries
- Turnover DKK 2.9 billion. Net result DKK 67 million

1982

- Tor Line A/B's freight activities and six time-chartered ro/ro ships taken over
- Mediterranean routes discontinued
- SCANDINAVIA, SCANDINAVIAN SEA, and SCANDINAVIAN SUN taken over
- Scandinavian World Cruises begins operation
- Large losses on SWC project noted - Board and Management disagree on intervention
- Management resigns 16 December - Leif Juul Jørgensen assumes position of managing director
- 51 subsidiaries
- Turnover DKK 4.5 billion. Net result a deficit of DKK 190 million

1983

- Reorganization of the company - action plan put into effect, unprofitable activities stopped, tonnage sold, number of employees reduced
- Bo Gjetting and C.V. Ipsen become directors
- In spite of strong measures the result for SWC is a lot poorer than budgeted
- SCANDINAVIA transferred to Copenhagen-Oslo route in December
- DANA REGINA transferred to Copenhagen-Oslo route
- 52 subsidiaries
- Turnover DKK 4.9 billion. Net result a deficit of DKK 326 million.

1984

- Continuation of action plan
- Tonnage sold
- Share capital increased from DKK 150 million to DKK 400 million
- Nordana Line sold to Dannebrog
- Mols Line and Grenaa-Hundested Line sold to J. Lauritzen A/S
- Gothenburg-Amsterdam route discontinued
- Two directors, Leif Juul Jørgensen and Bo Gjetting, resign
- C.J. Hovland assumes the position of technical director
- Jørgen Clausen, Director, resigns as chairman
- Niels Bach, Director, assumes the position of working chairman of the board and initiates an action plan to improve results
- DFDS Limited moves from London to Scandinavia House, Harwich
- Bo-Lennart Thorbjörnsson appointed passenger group director
- 43 subsidiaries
- Turnover DKK 3.7 billion. Net result a deficit of DKK 87 million

1985:
- Aktionsplanen udbygges
- Basisaktiviteternes rentabilitet forbedres
- Gennemfører yderligere skibssalg
- SCANDINAVIA sælges
- DANA GLORIA overføres til København-Oslo ruten
- Nordsø-ruternes fartplaner integreres
- Kraftig konkurrence på fragtruterne på Nordsøen
- Interesserne i USA-aktiviteterne afvikles
  Niels Bach fratræder som bestyrelsesformand og tiltræder som adm. direktør
- Jan Erlund tiltræder som formand
- Omsætning 3,4 mia kr. - nettoresultat + 34 mio kr.

1986:
- DFDS organiseres i fire divisioner: Passager, Transport, Liner og Tor Line
- Driftsresultatet positivt for første gang siden 1981
- Renovering af flåden startes
  KRONPRINS HARALD købes til levering i 1987
- Transport Divisionen udvider med køb af speditionsvirksomheder
- Konkurrencen på fragtruterne på Nordsøen intensiveres
- Omsætning 3,3 mia kr. - nettoresultat + 61 mio kr. - DFDS atter på ret køl

1987:
- Transport og Liner Division fusioneres i DFDS Transport
- Ole Frie udnævnes til transportdirektør
- Dør-til-dør aktiviteterne udbygges
- DFDS Travel på Hanover Street, London, åbner
- Passagerrepræsentation i Fort Lauderdale USA
- HAMBURG (ex Kronprins Harald) indsættes på Hamburg-Harwich ruten
- Nordkap-krydstogterne med WINSTON CHURCHILL starter
- FINLANDIA købes til levering i 1990
- Overkapacitet på Nordsøfragtruterne presser raterne i bund
- Fragtkrigen ophører
- DFDS Transport ekspanderer yderligere, bl.a. i Sverige
- DFDS Liner Agency etableres

I 1987 blev DFDS Travel's nye hus i Hanover Street i London indviet.

DFDS Travel's new domicile in Hanover Street in London was inaugurated in 1987.

- Tor Line's tonnage renoveres
- Tor Line forlænger Volvo-aftalen
- Samarbejde mellem Stena Portlink og Tor Line
- Omsætning 3,5 mia kr. - nettoresultat + 71 mio kr.

1988:
- Fragtrateniveauet på Nordsøen stabiliseres
- Samarbejde mellem ESS-Food og DFDS resulterer i starten af Danish Food Transport I/S
- DANA REGINA sælges til levering i 1990
- Passager Divisionen introducerer navnet "Scandinavian Seaways"
- Konference-produktet markedsføres for alvor
- DFDS Transport ekspanderer og opkøber flere speditionsvirksomheder, bl.a. Brantford Seacargo i England og LFS i Holland
- Bilaktiviteterne i Europa udbygges
  DFDS Transport opretter egne kontorer i Spanien og Portugal
- DIS etableres
  Beslutning om bygning af og udflytning til ny terminal i Hamburg i 1991
- Logistikafdelingen etableres
- Tor Line indgår langtidsaftale med skovprodukt-virksomheden Stora
- Omsætning 4,1 mia kr. - nettoresultat + 182 mio kr.

1989:
- DANA GLORIA forlænges, renoveres og indsættes på København-Oslo ruten som KING OF SCANDINAVIA
- Göteborg-Amsterdam ruten genoptages
- Brand på TOR SCANDINAVIA
- HAMBURG kolliderer med fragtskib
- Krydstogter i Østersøen indledes

Passagerskibet HAMBURG ankommer fra Harwich til den ny passagerterminal i Hamburg. Terminalen blev taget i brug i juni 1991.

The passenger ship HAMBURG arrives from Harwich at the new passenger terminal in Hamburg. The terminal opened in June 1991.

- Et projekt til forbedring af servicekvaliteten i passagerskibene, Quality Crew, startes
- DANA ANGLIA tilbagekøbes fra Difko
- Logistikafdelingen udbygger aktiviteterne
- DFDS Transport går ind i luftfragt samt åbner kontor i Finland
- Tor Line's terminal flytter til Älvsborgshamnen
- Renoveringen af Tor Line's tonnage fortsætter
- Omsætning 4,5 mia kr. - nettoresultat + 189 mio kr.

1990:
- DFDS Transport køber Chelmer Cargo Services i England og DFDS Transport Limited etableres i Coggeshall
- DFDS Transport åbner kontor og terminal i Hamburg
- QUEEN OF SCANDINAVIA (ex FINLANDIA) indsættes på Oslo-ruten 1. juni
- Anløb af Helsingborg starter 1. juni
- Ombygning af TOR-skibene påbegyndes
- Ro/ro-fragtskibet TOR CALEDONIA forlænges
- Transport Divisionen overtager Scan Service, Ikast
- Byggeri af ny speditionsterminal i Malmö påbegyndes
- DFDS Transport åbner kontor i USA
- Terminalerne i Coggeshall og Horsens udvides
- Krydstogt Round Britain introduceres
- Avanceret passagerbookingsystem, STAR, tages i brug
- Krisen i Den arabiske Gulf og skibskatastrofen i Skagerak påvirker DFDS' resultat
- DFDS Gruppen beskæftiger 4.200 medarbejdere
- Omsætning over 5,0 mia - nettoresultat + 95 mio kr.

1991:
- TOR SCANDINAVIA tilbagekøbes fra Difko
- DFDS Transport overtager speditionsvirksomheden Georges de Ryck & Co., Antwerpen
- PRINCE og PRINCESS OF SCANDINAVIA sættes i fart
- Ny passagerterminal i Hamburg tages i brug i juni
- DFDS' 125. år - jubilæum fejres den 11. december
- DFDS i fortsat fremgang

1985

- Action plan expanded
- Profitability of basis activities improved
- Additional sale of ships carried out
- SCANDINAVIA sold
- DANA GLORIA transferred to Copenhagen-Oslo route
- Sailing schedules for North Sea routes integrated
- Stiff competition on ferry routes on North Sea
- Interests in U.S.A. activities liquidated
- Niels Bach resigns as chairman of the board and assumes position of managing director
- Jan Erlund assumes position of chairman
- Turnover DKK 3.4 billion. Net result DKK 34 million

1986

- DFDS organized in four divisions: Passenger, Transport, Liner, and Tor Line
- Operations result positive for first time since 1981
- Renovation of fleet begins
- KRONPRINS HARALD purchased for delivery in 1987
- Transport Division expands with acquisition of forwarding companies
- Competition on North Sea freight routes intensified
- Turnover DKK 3.3 billion. Net result DKK 61 million - DFDS again on even keel

1987

- Transport and Liner Divisions merge in DFDS Transport
- Ole Frie appointed to position of transport director
- Door-to-door activities expanded
- DFDS Travel in Hannover Street, London, opens
- Passenger representation in Fort Lauderdale, U.S.A.
- HAMBURG (formerly Kronprins Harald) entered into service on Hamburg-Harwich route
- North Cape Cruises with WINSTON CHURCHILL begin
- FINLANDIA purchased for delivery in 1990
- Overcapacity on North Sea freight routes pushes prices to rock bottom - the war on freight rates ends
- DFDS Transport expands further, in Sweden among other places
- DFDS Liner Agency established
- Tor Line's tonnage renovated
- Tor Line prolongs Volvo agreement
- Collaboration between Stena Portlink and Tor Line
- Turnover DKK 3.5 billion. Net result DKK 71 million

1988

- Freight rate level on North Sea stabilized
- Collaboration between ESS-Food and DFDS results in start of Danish Food Transport I/S
- DANA REGINA sold for delivery in 1990
- Passenger Division introduces the name "Scandinavian Seaways"
- Conference product marketed seriously
- DFDS Transport expands and acquires several forwarding companies, including Brantford Seacargo in England and LFS in Holland
- Trailer activities in Europe expanded
- DFDS Transport establishes own offices in Spain and Portugal
- DIS established
- Decision to build and move to new terminal in Hamburg in 1991
- Logistics Department established
- Tor Line enters into longterm agreement with forestry products company Stora
- Turnover DKK 4.1 billion. Net result DKK 182 million

1989

- DANA GLORIA extended, renovated, and entered into service on Copenhagen-Oslo route as KING OF SCANDINAVIA
- Gothenburg-Amsterdam route reopened
- Fire on board TOR SCANDINAVIA
- HAMBURG collides with freight ship
- Cruises in Baltic Sea begin
- Quality Crew, a project to improve service quality on passenger ships, begins
- DANA ANGLIA repurchased from Difko
- Logistics Department expands activities
- DFDS Transport begins air freight activities and opens an office in Finland
- Tor Line's terminal moves to Älvsborghamnen
- Renovation of Tor Line's tonnage continues
- Turnover DKK 4.5 billion. Net result DKK 189 million

1990

- DFDS Transport acquires Chelmer Cargo Services in England and DFDS Transport Limited established in Coggeshall
- DFDS Transport opens own office and terminal in Hamburg
- QUEEN OF SCANDINAVIA (formerly FINLANDIA) entered into service on Oslo route on 1 June
- Call at Helsingborg begins on 1 June
- Rebuilding of Tor ships begins
- Ro/ro freight ship TOR CALEDONIA extended
- Transport Division takes over Scan Service, Ikast
- Building of new forwarding terminal in Malmö begins
- DFDS Transport opens office in U.S.A.
- Terminals in Coggeshall and Horsens expanded
- Cruise Round Britain introduced
- New, advanced passenger booking system, STAR, taken into use
- Crises in the Arabian Gulf and ship catastrophe in the Skagerak influence DFDS's result
- 4,200 employees in DFDS Group
- Turnover more than DKK 5.0 billion. Net result DKK 95 million

1991

- TOR SCANDINAVIA repurchased from Difko
- DFDS Transport takes over forwarding company Georges de Ryck & Co., Antwerp
- PRINCE and PRINCESS OF SCANDINAVIA entered into service
- New passenger terminal in Hamburg taken into use in June
- DFDS's 125-year jubilee celebrated 11 December
- DFDS in continued progress

Med Kronborg om styrbord. DFDS' nyeste passagerskib, QUEEN OF SCANDINAVIA, blev indsat på København-Helsingborg-Oslo ruten i juni 1990.

With Kronborg to starboard. DFDS's newest passenger ship, QUEEN OF SCANDINAVIA, was entered into service on the Copenhagen-Helsingborg-Oslo route in June 1990.

DFDS i 100+25 år

Denne bog koncentrerer sig om skibene - DFDS' flåde gennem 125 år - men vi vil alligevel gerne i et kort historisk tilbageblik give et billede af Selskabet og dets mangfoldige aktiviteter fra starten i 1866 og frem til det DFDS, vi kender i dag.

De første 100 år af DFDS' historie er allerede udførligt omtalt i jubilæumsskrifter fra 1891, 1906, 1926, 1941 og 1966 samt i specielle publikationer udgivet i anledning af nye aktiviteter, ruters runde dage, indsættelse af ny tonnage m.v.

Det sidste afsnit i "Hundrede år på havene", der blev udgivet i anledning af DFDS' 100 års jubilæum i 1966, hedder "Ind i fremtiden" og giver den daværende ledelses visioner for resten af 1960'erne og fremover.

Den 1. januar 1967 ændredes DFDS' skorstensmærke, idet det hvide malteserkors i en blå cirkel blev indsat i det røde skorstensbånd.

On 1 January 1967 DFDS's funnel symbol was changed. The white Maltese cross in a blue circle was added to the red funnel band.

Her nævnes de projekter, der allerede var sat i værk, f.eks. bygning af DFDS' første egentlige passager- og bilskibe, WINSTON CHURCHILL og AKERSHUS, der også kunne medtage lastbiler og trailere, ny tonnage til København-Oslo ruten og indenrigspassager-ruterne, forventningerne til den netop startede Mols-Linie, nye linieskibe til Nord- og Sydamerikafarterne, rationaliseringen af landbrugseksporten og perspektiverne for den helt nyudviklede roll on/roll off-tonnage til Nordsø-fragtruterne.

Ved afslutningen af de første 100 års virksomhed forsvandt dampen, der havde været herskende i en stor del af perioden, fra DFDS' flåde. Det sidste dampskib, s.s. BOTNIA, blev afhændet i oktober 1966 efter mere end 50 års tjeneste - DFDS var ikke længere et dampskibsselskab.

DFDS for 100+25 years

This book concentrates on the ships - the DFDS fleet through 125 years. Nevertheless, through a short historical retrospective we would like to present a picture of the Company and its multitudinous activities from its inception in 1866 up to the DFDS we know today.

The first 100 years of DFDS's history have already been fully documented in jubilee publications from 1891, 1906, 1926, 1941, and 1966, and special works issued to commemorate new activities, the anniversaries of various routes, the entering into service of new tonnage, etc.

The final chapter of "One Hundred Years at Sea," published on the occasion of DFDS's 100-year jubilee in 1966, is titled "Into the Future." It gives the visions of the management of that time for the remainder of the 1960s and beyond.

Here the author names the projects already begun, for example the building of DFDS's first real passenger-and-car ships, WINSTON CHURCHILL and AKERSHUS, which could also take trucks and trailers. Mention is also made of the new tonnage for the Copenhagen-Oslo route and domestic passenger routes, expectations to the just-started Mols Line, new line ships on the North- and South American routes, rationalization of agricultural exports and the perspectives for the totally new roll on/roll off tonnage for the North Sea freight routes.

At the end of the first 100 years of business, steam, which had been dominant for a great part of the period, disappeared from the DFDS fleet. The last steamship, BOTNIA, was sold in October 1966 after more than 50 years of service. DFDS was no longer a steamship company.

Udviklingen i perioden 1966 - 1991 er på alle områder gået hurtigere end i de forudgående 100 år. Teknologien er gået frem med stormskridt. Aktiviteter er nedlagt, nye sat i værk og igen nedlagt, andre udviklet yderligere og styrket. Organisationen har undergået ændringer flere gange i takt med udviklingen, og i 1971 skiftede Selskabet officielt navn til DFDS A/S som et led i den voksende internationalisering.

Vi runder portrættet af med en beskrivelse af DFDS' situation i dag - 1991 og deler Selskabets historie op i to hovedafsnit, de første 100 år, og de seneste 25 år.

HENRIK VAUPEL

Development in the period 1966-1991 has been more rapid in all areas than in the preceding 100 years. Technology has advanced with gale force. Activities have been discontinued, new ones have been started and again suspended, others further developed and strengthened. The organization has undergone changes several times, in time with development, and in 1971 the Company officially changed its name to DFDS A/S as part of the growing internationalization.

We round off the portrait with a description of DFDS's situation today - in 1991. We have divided the Company's history into two main sections: the first 100 years and the past 25 years.

HENRIK VAUPEL

DFDS' hovedkontor siden 1872 – er oprindeligt bygget som et hospital – "Kvæsthus" – for søfolk af Christian V. Det stod færdig i 1685 og har, inden DFDS' overtagelse, bl.a. også været anvendt som kaserne.

DFDS's head office since 1872 was originally built by Christian V as a hospital for seamen – "Kvæsthus". Completed in 1685 it was also used for a time as a barracks before it was taken over by DFDS.

13

C.F. Tietgen
–igangsætteren

Initiativtageren til og grundlæggeren af DFDS, den danske bankmand Carl Frederik Tietgen, blev født i Odense den 19. marts 1829. Han fik en god skoleundervisning og kom i lære i en købmandsforretning. Han viste tidligt de evner, der blev de herskende i hans liv: hurtig opfattelsesevne og forbløffende hukommelse.

Allerede som 20-årig kom han til Manchester, den tids økonomiske og merkantile kraftcentrum. I 1855 nedsatte han sig som grosserer i København.

Privatbanken og Tietgen

En kreds af københavnske børsmænd ønskede i 1857 at danne en ny bank, Privatbanken, og Tietgen blev udpeget til dens første direktør. Den måde på hvilken Tietgen afværgede de værste følger for Danmark af en økonomisk verdenskrise i slutningen af 1850'erne, blev grundlaget for hans fremtidige prestige.

C.F. Tietgen 1829-1901

C.F. Tietgen
– the entrepreneur

The man who took the initiative, and who founded DFDS, the Danish financier Carl Frederik Tietgen, was born in Odense on 19 March 1829. He attended a good school and was apprenticed to a merchant. At an early age he demonstrated the abilities that became dominant in his life: quickness of perception and an astonishing memory. When he was twenty he went to Manchester, the financial and mercantile capital of that time. In 1855 he became a merchant in Copenhagen.

Privatbanken and Tietgen

In 1857 a group of Copenhagen financiers wished to form a new bank, the Privatbanken, and Tietgen was appointed its first director. The way in which Tietgen averted the worst consequences for Denmark of a world financial crisis at the end of the 1850s became the foundation for his future prestige.

The many companies

As the leader of the Privatbanken he started a number of new enterprises, among them the Copenhagen Tramway Company (1866), DFDS (1866), the Great Northern Telegraph Company (1869), the conversion of Burmeister & Wain into a limited company (1872), Svitzer's Salvage (1872), The Copenhagen Construction Company (1872), The Danish Sugar Factories (1872), Tuborg Breweries (1873), The Lolland-Falster Railroad Company (1874), The East Jutland Railroad Company (1877), The Danish Distilleries (1881), Copenhagen Telephone Ltd (1882), Faxe Limestone Quarry (1882), The United Breweries (1891).

In 1880 Tietgen joined the board of the Thingvalla Steamship Company, when the service was expanded to include America. DFDS, incidentally, took over this company in 1898.

Tietgen's public undertakings

Tietgen's participation in the creation of Esbjerg Havn should also be mentioned.

De mange selskaber

Som Privatbankens leder udgik der en lang række initiativer fra C.F.Tietgen, bl.a. Kjøbenhavns Sporveis-Selskab (1866), DFDS (1866), Store Nordiske Telegrafselskab (1869), omdannelsen af Burmeister & Wain til aktieselskab (1872), Svitzers Bjergningsentreprise (1872), Det kjøbenhavnske Byggeselskab (1872), De danske Sukkerfabrikker (1872), Tuborgs Bryggerier (1873), Lolland-Falsterske Jernbaneselskab (1874), Østsjællands Jernbaneselskab (1877), De danske Spritfabrikker (1881), Kjøbenhavns Telefonaktieselskab (1882), Faxe Kalkbrud (1882), De forenede Bryggerier (1891). I 1880 indtrådte Tietgen i Dampskibsselskabet Thingvalla's bestyrelse, da farten udvidedes til Amerika. DFDS overtog i øvrigt dette selskab i 1898.

Tietgens offentlige hverv

Endvidere medvirkede Tietgen ved anlægget af Esbjerg Havn. Som medlem af Københavns Borgerrepræsentation var han en varm fortaler for forbedrede havneforhold, og han var medlem af Kommissionen om Metersystemet samt om Møntsystemet. Fra 1885 var Tietgen formand for Grosserersocietetets Komité, og han stod bag Foreningen til unge Handelsmænds Uddannelse.

I slægt med sin tid

C.F.Tietgen var kristen i hele sin grundholdning. Han ejede bl.a. Lyngby Kirke og genopbyggede for egne midler Marmorkirken.

Hans evner til at blæse liv i megen ny erhvervsvirksomhed, hans personlighed samt økonomiske og merkantile overlegenhed, fik hans samtid til at regne ham som en institution, en magtfaktor, ingen kunne gå uden om, en af Danmarks store mænd. Han var i slægt med tiden og forstod at alliere sig med den, få den til at bære ham og hans gerning. Måske faldt netop derfor tavsheden så brat over ham, da han i 1896 på grund af sygdom måtte trække sig tilbage fra sine mange hverv. Hans død den 19. oktober 1901 bragte atter mindet om ham frem, da han i fakkeltog førtes fra Marmorkirken til Lyngby Kirkegaard.

Der er rejst mindesmærker for C.F.Tietgen i Odense, på Københavns Børs samt på Sankt Annæ Plads i København.

P.S. Krøyer's maleri af C.F. Tietgen på talerstolen i Københavns Børssal. Billedet hænger i Selskabets bestyrelsesværelse på Sankt Annæ Plads.

P.S. Krøyer's painting of C.F. Tietgen at the rostrum in the hall of the Copenhagen Stock Exchange. The painting hangs in the company's board room on Sankt Annae Plads.

As a member of the Copenhagen city council he was a warm advocate of improved port facilities, and he was a member of the Commission for the Metric and Monetary System. From 1885 Tietgen was chairman of the merchant guild's committee, and he was behind the Association for the Education of Young Businessmen.

A man in tune with the times

C.F. Tietgen's ideas were based on a Christian philosophy. He owned Lyngby Church and he himself financed the rebuilding of the Marble Church.

Impressed by his ability to bring to life much new business activity, and by his personal, financial, and mercantile superiority, his contemporaries considered him to be an institution, a power factor not to be bypassed, one of Denmark's great men. He was in tune with the times and understood how to ally himself with them, to be borne along by them.

Perhaps it was for this very reason he passed suddenly from public notice when, in 1896, illness forced him to retire from his many commitments. On his death on 19 October 1901 he became once again the object of attention when he was borne in a torchlight procession from the Marble Church to his final resting place at Lyngby Cemetery.

Memorials have been erected to his memory in Odense, on the Copenhagen Stock Exchange, and on Sankt Annae Plads in Copenhagen.

Kvæsthusbroen så sådan ud omkring århundredeskiftet. Den har gennem alle årene været centrum for DFDS' skibsaktiviteter.

The Kvæsthusbroen around the turn of the century. From the beginning it has been the center for DFDS's shipping activities.

De første 100 år
1866-1966
Af Peter Simonsen

The First 100 Years
1866-1966
By Peter Simonsen

Skibsfart i fredstid

Selskabet dannes

På et bestyrelsesmøde i A/S Det almindelige danske Dampskibs-Selskab den 19. maj 1865 fremlagde dette selskabs administrerende direktør C. P. A. Koch overfor resten af bestyrelsen planer om dannelsen af et nyt dampskibsselskab.

Under et ophold i London var Koch blevet bekendt med, at der var bestræbelser i gang for at starte et selskab ved navn The Anglo Danish and Baltic Steam Navigation Company Ltd. Det nye rederi tilbød Det almindelige danske Dampskibs-Selskab at overtage deres tre skibe, L.N.HVIDT, ODIN og PHØNIX for 25.000 pund, betalt med aktier i det nydannede rederi.

Bestyrelsen ville overveje sagen, og på et senere bestyrelsesmøde den 22. januar 1866 deltog en repræsentant for The Anglo Danish and Baltic Steam Navigation Company. Denne repræsentant, Mr. E. N. Henderson, fortalte, at rederiet nu var dannet, og at der allerede var kontraheret fire lastdampere på 805 tons dødvægt hos Andrew Leslie & Co. i Hebburn. Et af skibene var tiltænkt sejlads på Island og de tre øvrige skulle bruges i farten på England og Østersøhavne. Derudover havde rederiet et meget favorabelt tilbud på at overtage to eller tre store skibe til kreaturtransport.

Ved det næste bestyrelsesmøde i Det almindelige danske Dampskibs-Selskab, var alle de store planer for det nye rederi strandet. Skibsværftet, der byggede de fire nye skibe, havde annulleret kontrakterne, da de aftalte rater ikke var blevet betalt rettidigt.

Tietgens plan

I mellemtiden havde C.F.Tietgen fattet interesse for sagen. Hans plan gik ud på at redde de fire nybygninger for danske interesser. Hertil krævedes en væsentlig kapital, som han tænkte fremskaffet ved at sammenslutte datidens tre største danske dampskibsselskaber, H.P.Prior, Det almindelige danske Dampskibs-Selskab og Koch & Henderson.

H.P.Prior begyndte sin rederivirksomhed i 1850 og havde i 1866 fået opbygget en flåde på 9 dampskibe, der alle gik i indenlandsk rutefart.

Shipping in peacetime

The Company is founded

At a meeting of the board of directors of A/S Det almindelige danske Dampskibs-Selskab on 19 May 1865 the company's managing director, C. P. A. Koch, presented to the other board members plans for creating a new steamship company.

During a trip to London C. P. A. Koch learned that efforts were being made to start a company to be called The Anglo Danish and Baltic Steam Navigation Company Ltd. The new shipping company made an offer to A/S Det almindelige danske Dampskibs-Selskab to assume ownership of their three ships, L.N. HVIDT, ODIN, and PHØNIX, for £25,000, to be paid in shares in the newly-formed company.

The board was to consider the matter, and a representative of The Anglo Danish and Baltic Steam Navigation Company participated at a subsequent board meeting, 22 January 1866. This representative, Mr. E.N. Henderson, related that the shipping company had been formed, and that four cargo steamships of 805 tons deadweight had already been contracted for at Andrew Leslie & Co. in Hebburn. One of the ships was meant for service to Iceland and the three others were to be used on the routes between England and the Baltic ports. In addition, the company had a most favorable offer to take over two or three large ships for livestock transport.

The next time a board meeting was held in A/S Det almindelige danske Dampskibs-Selskab, all the grand plans for the new shipping company had come to nothing: the shipyard that was to build the four new ships had cancelled the contracts, because the agreed installments had not been paid on time.

Tietgen's plan

In the meanwhile C.F. Tietgen had become interested in the matter. His plan was to rescue the four new ships for Danish interests. This required substantial capital, which he planned to obtain by merging the three largest Danish steamship companies of that time: H.P. Prior, A/S Det almindelige danske Dampskibs-Selskab, and Koch & Henderson.

A/S Det almindelige danske Dampskibs-Selskab var blevet stiftet i 1856 og startede med tre dampskibe, L.N.HVIDT, ODIN og THOR, der alle blev leveret fra det skotske skibsværft, J. Henderson & Sons i Renfrew, i løbet af 1857. Her havde en dansk ingeniør ved navn Løbnitz ført tilsyn med skibenes bygning på rederiets vegne. Han gik senere i kompagniskab med byggeværftet og efter flere navneændringer fik værftet navnet Lobnitz & Co. Dette værft nåede at levere ikke færre end 30 fartøjer til DFDS.

C.P.A.Koch, der som nævnt var direktør for Det almindelige danske Dampskibs-Selskab, havde også andre jern i ilden indenfor rederivirksomhed. Sammen med William Henderson, der var en af sønnerne i værftet J. Henderson & Sons, havde han dannet rederiet Koch & Henderson, der både havde skibe under dansk og engelsk flag. Skibene var beskæftiget i Nord- og Østersøfart og sejlede desuden på Island. I 1866 ejede rederiet fire dampskibe, ARCTURUS, AURORA, VESTA og DIANA.

C.F.Tietgens plan lykkedes, og den 11. december 1866 stiftedes det nye selskab. På det tidspunkt var der kun endelige aftaler med H.P.Prior og Koch & Henderson. Der blev valgt en bestyrelse med Tietgen som formand. H.P.Prior og C.P.A.Koch blev valgt til direktører for henholdsvis den indenlandske og den udenlandske afdeling. En vigtig opgave for bestyrelsen var at forsøge at sammenslutte rederiet med andre danske dampskibsselskaber. Inden driften startede den 1. januar 1867, havde man forhandlet sig tilrette med Det almindelige danske Dampskibs-Selskab, således at man lagde ud med en flåde på 19 dampskibe, en på den tid ganske anseelig størrelse, ikke bare for et dansk dampskibsselskab, men også internationalt set.

Igennem de forløbne 125 år er der med mellemrum blevet opkøbt eller man har fusioneret med en række rederier, således at man med god ret kan sige, at man har levet op til det den 11. december 1866 valgte navn for selskabet:

Det forenede Dampskibs-Selskab A/S

The H.P. Prior shipping company was founded in 1850 and in 1866 it had built up a fleet of nine steamships, all in domestic traffic.

A/S Det almindelige danske Dampskibs-Selskab was established in 1856, and started with three steamships, L.N. HVIDT, ODIN, and THOR, all delivered in 1857 by the Scottish shipyard J. Henderson & Sons of Renfrew. Here a Danish engineer named Løbnitz had supervised the building of the ships, on behalf of the shipping company.

Later he went into partnership with the shipyard and after several changes the company name became Lobnitz & Co. This shipyard came to deliver no less than 30 ships to DFDS.

C.P.A. Koch, who, as mentioned, was director of A/S Det almindelige danske Dampskibs-Selskab, also had other irons in the shipping business fire. Together with William Henderson, a son in the shipyard J. Henderson & Sons, he had formed the company Koch & Henderson, with ships under both Danish and British flags. The ships were employed in the North Sea and Baltic traffic, and also sailed to Iceland. In 1866 the company owned four steamships: ARCTURUS, AURORA, VESTA, and DIANA.

C.F. Tietgen's plan was successful, and on 11 December 1866 the new company was founded. At the time there were final agreements with only H.P. Prior and Koch & Henderson. A board was elected, with Tietgen as chairman. H.P. Prior and C.P.A. Koch were chosen as directors for the domestic and foreign departments respectively. An important task for the board was to attempt to merge the company with other Danish steamship companies. Before operations began on 1 January 1867, agreements had been made with A/S Det almindelige danske Dampskibs-Selskab so that at the start there was a fleet of 19 steamships, an impressive number at that time, not only for a Danish steamship company, but also seen from an international perspective.

Over the past 125 years the Company has periodically acquired or merged with a number of other companies, so that one can safely say that the Company has lived up to the name chosen on 11 December 1966:

The United Steamship Company A/S.

Starten

Driften påbegyndtes som nævnt den 1. januar 1867 med 19 skibe. Egentlig skulle der have været 20 skibe i drift, men uheldigvis forliste et af H.P.Prior's skibe, DANIA, den 17. december 1866. Til erstatning for dette skib bestiltes et nyt hos Burmeister & Wain.

Lige fra starten var driften lagt an på rutefart, dels et vidt forgrenet net af indenrigsruter, der betjente stort set alle egne og større byer i Danmark, dels ruter på Nord- og Østersøhavne, hovedsagelig med København som udgangspunkt. Satsningen på rutefart har stort set været gennemført helt op til i dag. Enkelte gange har DFDS-skibe dog været i timecharter for andre rederier.

Selskabet havde fra begyndelsen til huse i de kontorer i det nuværende Bredgade 33, hvorfra H.P.Prior havde drevet sit rederi, med en underafdeling for den indenlandske godsekspedition i kasernebygningens kælder i Kvæsthusgade. Med den hurtige udvidelse af aktiviteterne blev det dog snart nødvendigt at finde andre administrationslokaler, og allerede i 1871 købtes det tidligere Kvæsthus - hospital for søens folk, bygget af Christian V i 1685 og senere anvendt til kaserne - ved Kvæsthusbroen, hvor Selskabet efter en ombygning flyttede ind i 1872, og hvor DFDS's hovedkontor den dag i dag er beliggende.

I Bredgade 33 havde H.P.Prior sit kontor, og her havde DFDS til huse frem til 1872, hvor ejendommen på Sankt Annæ Plads blev erhvervet.

H.P. Prior had offices in Bredgade 33, and here DFDS was domiciled until 1872, when the property on Sankt Annae Plads was acquired.

The beginning

Operations were begun, as mentioned, on 1 January 1867, with 19 ships. In point of fact there should have been 20 ships, but unfortunately one of H.P. Prior's ships, DANIA, was lost on 17 December 1866. To replace this ship a new one was ordered from Burmeister & Wain.

Right from the start operations were based on route traffic: partly a many-armed network of domestic routes that served practically all regions and larger towns of Denmark, partly the routes to the North Sea and Baltic ports, with Copenhagen as the main starting point. The commitment to route traffic has continued up to the present. On few occasions, however, DFDS ships have been in time charter for other shipping companies.

From the beginning the Company was housed in the present Bredgade 33, from which address H.P. Prior had run his shipping company, with a subdivision of domestic freight in the basement of the barracks building in Kvæsthusgade. With the rapid expansion of activities it soon became necessary to find other office space for management, and already in 1871 the former "Kvæsthus" - hospital for sailors - was purchased. Located at the Kvæsthusbroen, it had been built by Christian V in 1685, and was later used as a barracks. In 1872, after a remodelling, the Company moved in, and to this day DFDS's main office is located here.

During the first year of operation two single-ship companies were acquired: Odense Dampskibsselskab and Dampskibs-Interessantskabet i Nykjøbing F. Thus DFDS gained the steamships ST. KNUD and FALSTER. The plan was for four ships from the Randers shipping company Brødrene Petersen plus Dampskibsselskabet Aarhus af 1865 ship AARHUUS to become part of DFDS, but, as it has happened several times later in similar situations, local patriotism was aroused. DFDS had suddenly become a super-company, which, in addition, was managed from the capital, and that was not acceptable to people in the provincial cities. During 1870 negotiations were concluded, however, and the ships were taken over by DFDS.

In 1872, after the takeover of two ships, HORSENS and VEILE, belonging to a joint-

I det første driftsår blev der opkøbt to enkeltskibsrederier, Odense Dampskibs-Selskab og Dampskibs-Interessentskabet i Nykjøbing F, hvorved damperne ST. KNUD og FALSTER erhvervedes. Det var hensigten, at fire skibe fra Randers-rederiet Brødrene Petersen samt Dampskibs-Selskabet Aarhus af 1865's skib AARHUUS skulle indgå i DFDS, men, som det skete flere gange senere i lignende situationer, så blussede lokalpatriotismen op. DFDS var jo med ét blevet et storrederi, der var styret fra hovedstaden, og det huede ikke provinsbyernes borgere. I 1870 afsluttedes forhandlingerne og skibene blev overtaget af DFDS.

Efter overtagelsen i 1872 af to skibe, HORSENS og VEILE, tilhørende et partrederi ved Fr. Th. Adolphs Enke, var de fleste indenlandske dampskibsruter på DFDS' hænder. Bornholmsfarten forblev dog udenfor.

Hertil kom flere ruter i udenrigsfart. Ved driftens begyndelse besejledes følgende ruter:

- København-Frederikshavn-Laurvig (Larvik)-Horten-Moss-Christiania (Oslo),
- Stettin-København-Christianssand-Stavanger-Bergen,
- København-Skotland-Tórshavn-Island,
- København-Kiel,
- Østersøhavne-København-Antwerpen
- Østersøhavne-København-London/Hull.

Indenrigsfarten

Ved grundlæggelsen af DFDS var indenrigs- og udenrigsfarten vel af nogenlunde lige stor betydning for selskabet. Men den stærke ekspansion af udenlandsruterne, og den følelige konkurrence for indenrigsfarten, først fra den støt voksende jernbanetrafik i forrige århundrede og siden fra den voldsomme udvikling i bilismen, betød at den hjemlige rutetrafik mistede sin betydning. Med tiden solgtes ruter fra og andre blev opgivet. Besejlingen af Stege f.eks. blev opgivet i 1936, og i 1956 blev ruter til fire andre provinshavne indstillet. I 1960 skete yderligere indskrænkninger med ophør af sejlads på Thisted, Struer, Lemvig, Nykøbing M, Skive, Hobro, Hadsund, Haderslev, Fåborg og Rudkøbing.

Dog fik DFDS med tiden også gavn af biltrafikken ved at medvirke til oprettelsen af bilfærgeruten Mols-Linien, der senere vil blive nærmere omtalt.

owned shipping company represented by Fr. Th. Adolphs Enke, the major part of the domestic steamship routes were in the hands of DFDS. Only the traffic to Bornholm remained independent.

In addition to the comprehensive domestic route network there were, as mentioned, several foreign routes. When operations began the following routes were served:

- Copenhagen-Frederikshavn-Laurvig (Larvik)-Horten-Moss-Christiania (Oslo)
- Stettin-Copenhagen-Christianssand-Stavanger-Bergen
- Copenhagen-Scotland-Torshavn-Iceland
- Copenhagen-Kiel
- Baltic ports-Copenhagen-Antwerp and
- Baltic ports-Copenhagen-London/Hull.

Domestic traffic

At the time of the founding of DFDS, the domestic and foreign routes were of virtually equal importance to the Company. The heavy expansion of the foreign routes and the perceptible competition for the domestic routes, first from the rapidly growing railroad traffic in the previous century and later from the explosive development in automotive transport, meant that the domestic route traffic lost its importance. With time routes were sold off and others were abandoned. The service to Stege, for example, was discontinued in 1936, and in 1956 routes to four other provincial ports were discontinued. In 1960 there were further reductions with the discontinuation of service to Thisted, Struer, Lemvig, Nykøbing M, Skive, Hobro, Hadsund, Haderslev, Fåborg, and Rudkøbing.

With time, however, DFDS also benefited from automobile traffic by participating in the establishment of the car ferry route Mols-Linien, which will be discussed later at greater length.

DFDS' hjuldampskib ankommer til Helsingborg. Af fotografiet kan det ikke ses, om det er GEFION eller GYLFE.

The DFDS paddle steamer arrives at Helsingborg. The picture does not show clearly whether it is GEFION or GYLFE.

Sundfarten

Fra april 1874 overtog DFDS desuden rutefarten på Øresund. I årene forinden havde flere danske og svenske rederier konkurreret intenst i farten mellem Danmark og Sverige, og da det endelig lykkedes at samle de interesserede i ét selskab, A/S Dampskibs-Selskabet Kjøbenhavn-Malmö, var der ikke økonomi til at forny den efterhånden nedslidte flåde. DFDS overtog 10 skibe og to byggekontrakter ved Burmeister & Wain i København.

Sundfarten besejlede ruterne mellem København og Malmö, Landskrona, Helsingborg samt Helsingør-Helsingborg. Endvidere gik der en rute fra København via danske anløbspladser ved Øresund til Helsingør.

Det nye århundrede indledtes dog med dårlige konjunkturer og kraftig konkurrence. Efter åbningen af Kystbanen mellem København og Helsingør i 1897 var rentabiliteten af Sundfarten dalet, og flåden var samtidig ved at være forældet. I april 1900 solgte DFDS for første gang en hel afdeling af sin virksomhed, idet hele Øresundsfarten blev afhændet til et dansk-svensk konsortium.

The Sound service

From April 1874 DFDS took over route traffic in the Sound between Denmark and Sweden. In the preceding years several Danish and Swedish shipping companies had competed intensely in the service between Denmark and Sweden, and when finally all the interested parties were joined in one company, the A/S Dampskibs-Selskabet Kjøbenhavn-Malmö, finances were not adequate to renew the fleet, which had become worn out over the course of time. DFDS took over ten ships and two building contracts with Burmeister & Wain in Copenhagen.

The Sound traffic served routes between Copenhagen and Malmö, Landskrona, Helsingborg, and Helsingør-Helsingborg. In addition there was a route from Copenhagen via Danish ports of call on the Sound to Helsingør.

The new century began, however, with a market slump and keen competition. After the opening of the coastal railway between Copenhagen and Elsinore in 1897 profitability of the Sound traffic had decreased, and at the same time the fleet was nearly obsolete. In April 1900 DFDS sold for the first time an entire section of its business, as the entire Sound traffic was transferred to a Danish-Swedish concern.

Stettin-København-Christiania

Ligeledes i 1874 blev en vigtig rutefart indviet, fra Stettin via København til Christiania, det nuværende Oslo. Ruten består endnu i dag som en af Selskabets vigtigste, dog i forkortet udgave.

I 1937 opdeltes ruten i to, København-Oslo og København- Stettin. Besejlingen af Stettin blev opgivet efter udbruddet af 2. Verdenskrig.

Farten på Esbjerg

I 1873 åbnedes Esbjerg havn som den eneste større havn på den jyske vestkyst på den tid. Allerede fra 1875 indledte DFDS farten fra Esbjerg til England. Der blev lagt ud med anløb af Thameshaven, men fra 1880 flyttedes anløbene til Parkeston Quay ved Harwich.

Efterhånden startedes yderligere ruter fra Esbjerg til bl.a. London, Grimsby, Newcastle og Hamburg. Næst efter København blev Esbjerg den mest benyttede havn i DFDS' udenrigsfart.

Fragtgrundlaget for Esbjerg-ruterne var i begyndelsen levende kreaturer, men de afløstes senere af den stærkt voksende danske eksport af landbrugsprodukter.

Stettin-Copenhagen-Christiania

An important route was also inaugurated in 1874, from Stettin via Copenhagen to Christiania, the present-day Oslo. The route still exists today as one of the Company's most important ones, but in abbreviated form.

In 1937 the route was divided into two, Copenhagen-Oslo and Copenhagen-Stettin. The service to Stettin was abandoned after the start of World War II.

Service from Esbjerg

In 1873 the port of Esbjerg opened as the only large port on the west coast of Jutland at that time. Already from 1875 DFDS began the service from Esbjerg to England. In the beginning the port of call was Thameshaven, but from 1880 the port of call was moved to Parkeston Quay at Harwich.

Gradually additional routes were started up from Esbjerg: to London, Grimsby, Newcastle, and Hamburg. After Copenhagen, Esbjerg became the most used port in the DFDS foreign traffic.

In the beginning the freight basis for the Esbjerg routes was livestock, but this was later replaced by the rapidly growing Danish export of agricultural products.

Englands-skibene, PARKESTON og ENGLAND, i Esbjerg havn.

The England ships PARKESTON and ENGLAND in the Port of Esbjerg.

Transport af levende kreaturer var en vigtig aktivitet i slutningen af forrige århundrede.

Transport of livestock was an important activity at the end of the previous century.

Kreaturfarten

Omkring 1870 til 1880 dannedes en række mindre danske dampskibsrederier netop baseret på kreaturudførsel. Det drejede sig hovedsagelig om rederier med op til tre skibe. Markedet blev for lille til de mange skibe, der da også et efter et måtte give op, hvorefter de blev opkøbt af DFDS. I 1887 var der kun to konkurrenter tilbage, A/S Det jydsk-engelske Dampskibsselskab og A/S Randers Dampskibsselskab af 1866. DFDS blev med tiden enig med de to selskaber om at dele markedet. I 1898 sluttede de to sig sammen i A/S Det Jydske Dampskibsselskab, men allerede to år efter overtog DFDS hele aktiekapitalen i dette selskab.

Samtidig med de mange skibe, der blev overtaget fra de små selskaber, fulgte også deres ruter. De udgik fra København og flere provinsbyer og endte først og fremmest i Newcastle eller Leith.

Livestock traffic

In the time from around 1870 to 1880 a number of small Danish steamship companies were formed. Their trade basis was the export of livestock. These were primarily shipping companies owning up to three ships. The market was too small for the many ships, and they were forced to give up one after the other, subsequently to be bought up by DFDS. In 1887 there were only two remaining competitors: A/S Det jydsk-engelske Dampskibsselskab and A/S Randers Dampskibsselskab af 1866. In time, DFDS and the two companies agreed to divide the market. In 1898 the two merged and formed A/S Det Jydske Dampskibsselskab, but DFDS assumed the entire share capital of this company already two years later.

Together with the many ships taken over from the small companies were their routes. They started from Copenhagen and several provincial cities and ended first and formost in Newcastle or Leith.

Stettin-København-Göteborg

Af andre nyoprettede ruter skal nævnes ruten fra Stettin via København til Göteborg, der åbnedes i 1878. Ruten besejledes regelmæssigt af mange forskellige af Selskabets mindre passagerdampskibe.

Ruten blev, som så mange andre ruter, forkortet eller helt indstillet under de to verdenskrige. Da den blev genoptaget efter 2. verdenskrig i marts 1946, blev der kun sejlet mellem København og Göteborg.

Ruten indstilledes endeligt i 1953, men er dog genoptaget i 1988, hvorefter den siden er blevet besejlet i november og december med jule-krydstogter for svenske passagerer fra Göteborg til København.

Sejlskibe

I 1870'erne og 1880'erne købte DFDS en halv snes mindre sejlskibe, de fleste af købmand Peder Pedersen Rechnitzer i Aalborg. De anvendtes hovedsagelig i farten på Limfjorden, men efter nogle år blev en del af dem afrigget og brugt som pramme, mens andre blev solgt.

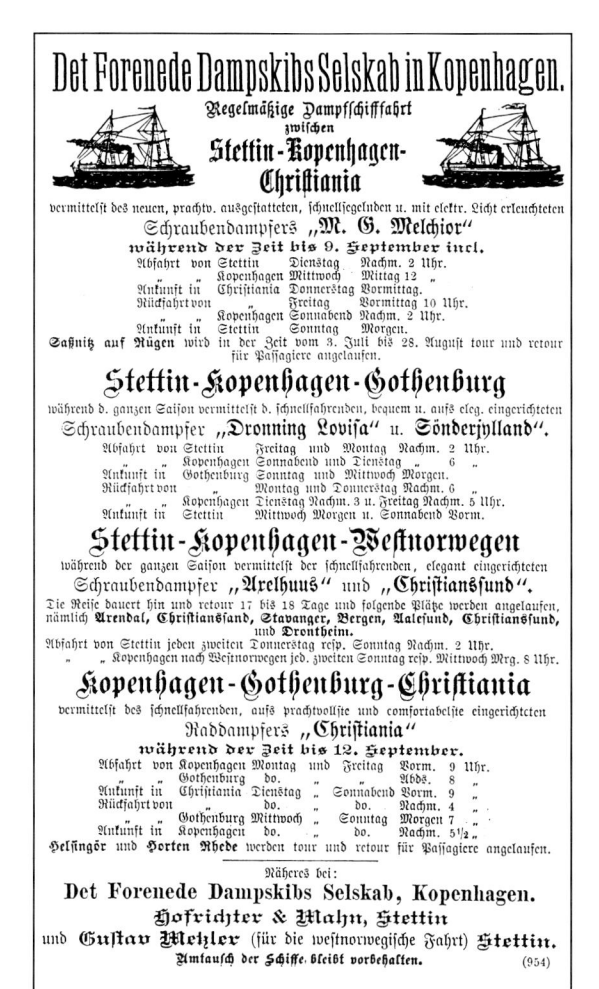

Stettin-Copenhagen-Gothenburg

Among other newly-created routes the one from Stettin via Copenhagen to Gothenburg, opened in 1878, should be mentioned.

The route was served regularly by many of the Company's small passenger steamships. The route was, like so many other routes, abbreviated or completely discontinued during the two World Wars. When it was reopened after World War II, in March 1946, the only service was between Copenhagen and Gothenburg.

The route was definitively discontinued in 1953, but has been reopened in 1988, since when it has been served in November and December with Christmas cruises for Swedish passengers from Gothenburg to Copenhagen.

Sailing ships

In the 1870s and 1880s DFDS bought about ten small sailing ships, most of them from the merchant Peder Pedersen Rechnitzer in Aalborg. They were used primarily in service on Limfjorden, but after some years a number of them were de-rigged and used as barges, while others were sold.

The Mediterranean and the Black Sea

The route to Iceland excepted, DFDS's foreign routes were concentrated around the North Sea and the Baltic ports. From 1870 the area was expanded for the first time, with the initiation of route service to Bordeaux, and in the 1880s several important expansions of the area followed. Beginning in 1884 service to the Mediterranean ports in Spain, France, and Italy was begun, and in 1887 expansion continued, and the Black Sea was included in the route net. That same year DFDS also inaugurated service to Portugal.

The Black Sea route started in St. Petersborg or, in winter, in Riga or Reval, and went via Copenhagen and Antwerp to Piraeus, Constantinople, Samsun, Trebizonde, Batumi, Novorossisk, Sevastopol, and ended in Odessa. If there were adequate freight quantities calls were also made at many in-between ports.

Middelhavet og Sortehavet

På nær ruten til Island var DFDS' udenlandske ruter koncentreret om Nord- og Østersøhavnene. Fra 1870 udvidedes området første gang med optagelse af rutefart på Bordeaux, og i 1880'erne fulgte flere større udvidelser af fartområdet. Fra 1884 indledtes besejlingen af Middelhavshavne i Spanien, Frankrig og Italien, og i 1887 fortsattes ekspansionen, hvor Sortehavet blev inddraget i rutenettet. Samme år begyndte DFDS også farten på Portugal.

Sortehavs-ruten udgik fra St. Petersborg eller, i vinterperioden, fra Riga eller Reval, og gik via København og Antwerpen til Piræus, Konstantinopel, Samsun, Trebizonde, Batumi, Novorossisk, Sevastopol og endte i Odessa. Såfremt der var passende fragtmængder anløb man også mange mellemliggende havne.

På denne rute indsattes Selskabets nyeste og største dampskibe, og farten var en stor satsning fra DFDS' side. Da ruten imidlertid udgik fra og endte i russiske havne betragtede myndighederne i Rusland den som russisk kystfart, hvorfor de nationale rederier blev favoriseret. Beklageligvis måtte farten opgives i 1898 efter kun 11 år.

Frederikshavn-Göteborg

Fra 1889 indsatte DFDS eget skib i rutefart mellem Frederikshavn og Göteborg, efter at ruten i samarbejde med et svensk rederi siden 1886 havde været betjent af det svenske dampskib DIANA. Rutefarten fortsatte, stort set uden afbrydelser, frem til september 1924, hvor DFDS opgav ruten. En dansk reder chartrede det skib, der senest sejlede på ruten for DFDS, OLUF BAGER, og forsøgte at fortsætte farten men måtte allerede efter nogle få dage indstille. Herefter overgik farten på svenske hænder, og er siden blevet besejlet med svensk tonnage.

Verdens største

Efter fortsat udvidelse af flåden i løbet af 1880erne, blev DFDS et af verdens ti største rederier, ja, rent faktisk det største, når der regnes i antal dampskibe. Thomas Wilson, Sons & Co. Ltd., som var en hård konkurrent, var heller ikke hvem som helst, og befandt sig også på "top ti listen". Kort efter århundredets begyndelse blev Thomas Wil-

The Company's newest and largest steamship were entered into service on this route: a heavy wager on the part of DFDS. Since the route started and ended in Russian ports the Russian authorities considered it to belong to Russian coastal traffic, and they therefore favored the national shipping companies. Regrettably the service had to be abandoned in 1898 after only 11 years.

Frederikshavn-Gothenburg

From 1889 DFDS entered its own ship into service between Frederikshavn and Gothenburg. The route had been served since 1886, in collaboration with a Swedish company, with the Swedish steamship DIANA. Route service continued, by and large without interruption, up to September 1924, when DFDS gave up the route. A Danish shipowner chartered OLUF BAGER, the ship that had most recently sailed on the route for DFDS, and attempted to continue service. After only a few days he was forced to give up. Hereafter the service passed to Swedish hands and has since been operated with Swedish tonnage.

World's largest

After continued expansion of the fleet in the 1880s, DFDS became among the world's ten largest shipowning companies. It was in fact the largest if the number of steamers is the measure. Thomas Wilson, Sons & Co. Ltd., which was a tough competitor, was not merely another company; at the same time it was also on the "top ten list". However, shortly after the turn of the century Thomas Wilson, Sons & Co. Ltd. became a good collaboration partner. After being acquired in November 1916 the company name was changed to Ellerman's Wilson Line Ltd., and the collaboration with DFDS continued up until 1981, when the British company discontinued service on the Northsea. During both World Wars it was Ellerman's Wilson Line Ltd., which managed most of the DFDS ships that were seized by the British authorities.

Gedser-Warnemünde

In 1892 DFDS entered into an agreement with Deutsch-Nordischer Lloyd to enter a

son, Sons & Co. Ltd. imidlertid en god samarbejdspartner. Efter at være opkøbt i november 1916 ændredes rederiets navn til Ellerman's Wilson Line Ltd., og samarbejdet med DFDS fortsatte helt op til 1981, hvor det britiske rederi opgav Nordsø-farten. Under begge verdenskrige var det Ellerman's Wilson Line Ltd., der bestyrede de fleste af de DFDS-skibe, der blev beslaglagt af de britiske myndigheder.

Gedser-Warnemünde

DFDS indgik i 1892 aftale med Deutsch-Nordischer Lloyd om indsættelse af et dampskib på ruten mellem Gedser og Warnemünde. DFDS fik bygget hjulskibet EDDA hos Burmeister & Wain i København, men ved prøveturene viste der sig flere mangler, bl.a. dårlig stabilitet og for ringe dødvægt.

DFDS nægtede derfor at overtage skibet, og det forblev i værftets ejerskab. Efter udbedring af stabiliteten blev EDDA indsat på Gedser-Warnemünde ruten, stadig som værftets ejendom, men i charter hos DFDS. Skibet besejlede ruten indtil der i 1903 blev indsat jernbanefærger.

Under svensk flag

Ligesom 1880'erne var et årti med flere væsentlige udvidelser af rutenettet, blev 1890'erne også en begivenhedsrig periode for Selskabet. Første gang i DFDS' historie fik man skibe under fremmed flag. I december 1893 gik Sydsvenska Ångfartygs A/B konkurs, og DFDS købte, til stor fortrydelse for den svenske presse, rederiets tre dampskibe, VESTA, CERES og EOS, og lod dem forblive under svensk flag i et til lejligheden oprettet rederi, Skånska Ångfartygs A/B med hjemsted i Malmö. De tre skibe fortsatte i fart primært mellem Malmö/Helsingborg og Newcastle/Grimsby.

København-Nordamerika

I 1894 åbnedes Københavns Frihavn, og året efter forsøgte selskabet bag den nye havn at åbne rutefart mellem København og New Orleans for at få mere gang i trafikken på Frihavnen. Efterhånden kom DFDS ind i forhandlingerne og indgik aftale med Frihavnsselskabet om ugentlig besejling af ruten til New Orleans, mod at Frihavnen opgav egne planer om rutefart.

steamship into service on the route between Gedser and Warnemünde. DFDS ordered the paddle steamer EDDA from Burmeister & Wain in Copenhagen, but on trial trips several defects manifested themselves, among these poor stability and insufficient deadweight. Therefore DFDS refused to take possession of the ship, and it remained the property of the shipyard. After its stability was improved EDDA was entered into service on the Gedser-Warnemünde route, still as the property of the shipyard, but chartered by DFDS. The ship sailed on the route until railway ferries were entered into service in 1903.

Under Swedish flag

Just as the 1880s decade saw several important expansions of the route net, so were the 1890s an eventful period for the Company. For the first time in the history of DFDS a ship was registered under foreign flag. In December 1893 the Sydsvenska Ångfartygs A/B went bankrupt and DFDS acquired, to the great regret of the Swedish press, the company's three steamships: VESTA, CERES, and EOS. The ships remained under Swedish flag in a company formed for that purpose, Skånska Ångfartygs A/B with domicile in Malmö. The three ships continued in operation primarily between Malmö/Helsingborg and Newcastle/Grimsby.

Copenhagen-North America

In 1894 the Copenhagen Free Port opened, and the following year the company behind the new port attempted to open route service between Copenhagen and New Orleans to liven up the traffic to the Free Port. Gradually DFDS became involved in the negotiations. The result was that DFDS made an agreement with the Free Port Company for weekly sailings of the route to New Orleans. In return The Free Port Company would give up its own plans for route service. A chartered ship, MALABAR, inaugurated the service from New Orleans to Copenhagen in October 1895. In time the largest ships from the Black Sea service were entered into service together with a number of newly-built steamships. The new ships were the largest in the Company's fleet up to that time. The route gradually

Det blev et chartret skib, MALABAR, der i oktober 1895 indviede sejladsen fra New Orleans til København. Med tiden indsattes de største skibe fra Sortehavs-farten sammen med en række nybyggede dampskibe. Nybygningerne blev de foreløbigt største i Selskabets flåde. Ruten blev lidt efter lidt en af de vigtigste af DFDS' fragtruter. Den udvidedes med besejling af New York, Boston, Philadelphia og Baltimore. I Europa blev foruden København også andre skandinaviske havne samt havne i Østersøen anløbet.

Ruten på Vestengland

Forrige århundrede bød på gennemførelsen af flere vigtige kanalprojekter. Suezkanalens åbning i 1869 var vel internationalt set den vigtigste, men den fik dog aldrig direkte betydning for DFDS. I 1894 var The Manchester Ship Canal blevet færdigbygget, og året efter kom turen til Kieler Kanalen. Disse to kanaler fik lige fra starten stor betydning for DFDS, der straks optog besejling af dem begge.

Tidligere havde DFDS' rutefart på Storbritannien været koncentreret om østkysthavnene Harwich, Hull, London Grimsby, Newcastle og Leith. Men ved åbningen af Manchester-kanalen indledte DFDS fart på Vestengland. Ruten udgik fra Stettin og gik via København til Manchester og Liverpool. Ruten indstilledes allerede i 1902, men blev genoptaget i 1920. Den besejledes derefter regelmæssigt, med undtagelse af perioden 1940-45, indtil den indstilledes i august 1965.

Skandinavien-Amerika Linien

Den 1. oktober 1898 overtog DFDS påny et andet dampskibsselskab. Denne gang var det A/S Dampskibselskabet Thingvalla, som man havde ført forhandlinger med igennem længere tid. Året forinden havde dette selskab allerede været gennem én rekonstruktion, og det var nu atter i økonomiske vanskeligheder.

Rederiet drev med fire dampskibe passager- og fragtfart Stettin-København-Christiania-Christianssand-New York. Farten fortsattes efter DFDS' overtagelse af selskabet under navnet Skandinavien-Amerika Linien. Fra juli 1900 opgives dog anløb af Stettin.

became one of the most important DFDS freight routes. It was expanded with service to New York, Boston, Philadelphia, and Baltimore. In Europe calls were made at other Scandinavian ports and ports in the Baltic, as well as Copenhagen.

The route to western England

The previous century saw the execution of several important canal projects. The opening of the Suez Canal in 1869 was the most important in international context, but it was never of direct importance to DFDS. In 1894 the Manchester Ship Canal had been completed, followed the year after by the Kiel Canal. From the start, these two canals were of great importance to DFDS, which sailed on them both immediately.

Earlier, DFDS route service to Great Britain had been concentrated on the east coast ports Harwich, Hull, London, Grimsby, Newcastle, and Leith. But on the opening of the Manchester Canal DFDS began service to western England. The route started from Stettin and went via Copenhagen to Manchester and Liverpool. The route was discontinued already in 1902 but was reopened in 1920. It was served regularly thereafter, with the exception of the period 1940-45, until it was discontinued in August 1965.

Scandinavia-America Line

On 1 October 1898 DFDS again assumed control of another steamship company. This time it was A/S Dampskibsselskabet Thingvalla, after negotiations had been in progress for some time. The previous year this company had already been through one reconstruction, and it was now again in financial difficulty.

The Company operated passenger and freight service Stettin-Copenhagen-Christiania- Christianssand-New York, using four steamships. The service was continued after DFDS took over the company under the name Scandinavia-America Line. From July 1900 the call at Stettin was dropped.

If the route was to be profitable it was necessary to replace the ageing ships without delay. DFDS began reconnoitering to find financing of a series of new ships. For a long time negotiations were in progress in the U.S.A., where there were prospects for

Amerikadamperen, OSCAR II, *i New York.*

The America steamship OSCAR II *at New York.*

Såfremt ruten skulle blive rentabel var det nødvendigt med en snarlig udskiftning af de efterhånden aldrende skibe. DFDS indledte snart sonderinger for af finde finansiering af en serie nybygninger. Bl.a. førtes der i lang tid forhandlinger i USA, hvor der var udsigt til en gunstig finansiering, hvis skibene blev bygget i USA. Det endte dog med, at DFDS bestilte et skib hos Alex. Stephen & Sons Ltd. i Glasgow. Umiddelbart inden afleveringen af dette skib, kontraheres to søsterskibe fra samme værft.

Erfaringerne med det første skib, OSCAR II, var ikke gode. Snedkerarbejdet var under al kritik, og der var jævnligt løse nagler.

Efter nogle sløje år blev ruten dog et godt aktiv for Selskabet. Fra juni 1921 gik det dog igen ned ad bakke efter at USA havde indført begrænsninger i immigrationen. I 1924 ombygges skibene for at få flere kahytspladser på bekostning af emigrantklassen. Samme år optoges regelmæssig anløb af Halifax for at øge passagerunderlaget. I begyndelsen af 1930'erne nedskar USA immigrationskvoten drastisk, og passagertallet faldt så voldsomt, at skibene blev udtaget af ruten ét efter ét. I 1935 sejlede DFDS' flagskib, FREDERIK VIII, den sidste tur fra New York til København for Skandinavien-Amerika Linien.

advantageous financing if the ships were built there. In the end, however, DFDS ordered a ship from Alex. Stephen & Sons Ltd. in Glasgow. Immediately prior to delivery of this ship two sister ships were contracted for from the same shipyard.

Experience with the first ship, OSCAR II, was not good. The carpentry work was not worthy of mention and there were often loose rivets.

After some sluggish years, however, the route became a good asset for the Company. From June 1921 things again went downhill, after the U.S.A. had introduced immigration quotas. In 1924 the ships were rebuilt to obtain more cabin space, at the expense of the emigrant class. That same year, to increase the passenger foundation, regular calls at Halifax were begun. In the beginning of the 1930s the U.S.A. cut back the immigration quotas drastically, and the number of passengers fell so dramatically that the ships were taken out of service one after the other. In 1935 DFDS's flagship, FREDERIK VIII, sailed its final voyage from New York to Copenhagen for Skandinavien-Amerika Linien.

Svensk kystfart

I 1901 blev en rute mellem København og svenske østkysthavne indviet. Ruten var mest tænkt som en føderute til Nordamerika-ruten.

Den fik kun en kort levetid, da man allerede i 1908 opgav farten efter aftale med Stockholms Rederi A/B Svea.

Under fransk og russisk flag

De dårlige tider for skibsfarten i begyndelsen af århundredet førte til, at en række lande subsiderede de nationale rederier til skade bl.a. for DFDS. Både Frankrig og Rusland indførte subsidier, hvilket på det nærmeste var en katastrofe for to vigtige DFDS-ruter, Libau-England og Frankrig-København-Østersøen.

Dette medførte, at DFDS' bestyrelse vedtog at overføre skibe til begge flag.

Der dannedes et fransk selskab, Compagnie Francaise de Bateaux et Vapeur France-Baltique med DFDS' franske agent, Arthur Lenars, som direktør. Der overførtes to skibe, SEINE og LOIRE, til det nye selskab i 1903, og det var oprindelig planen også at overføre ARNO, ALGARVE, BEIRA, GARONNE og TIBER, men det blev aldrig til noget. SEINE forblev under fransk flag indtil 1935, hvor man købte det tilbage til DFDS.

Det gik noget vanskeligere med at få skibe under russisk flag. DFDS bestilte tre skibe i Storbritannien til et russisk datterselskab.

Dette forsøgtes holdt i dybeste hemmelighed, dels for at DFDS' konkurrent på linien mellem Rusland og UK, Thomas Wilson, Sons & Co. Ltd. i Hull, ikke skulle få kendskab til planerne, dels af hensyn til de russiske myndigheder.

DFDS dannede til lejligheden et russisk selskab, Russische überseeische Dampfschiffs-Gesellschaft "Courier" med hjemsted i Riga.

Det skulle stå som ejer af de nye skibe. Da de russiske myndigheder alligevel fandt ud af, at DFDS stod bag rederiet, måtte der findes en anden løsning. I stedet lod man en DFDS-agent, Handelshaus Gebr. Lassmann, Moskva, stå som ejer, og DFDS fik pant i skibene som sikkerhed. De tre skibe, IRKUTSK, KURGAN, og WOLOGDA, indsattes i sommeren 1903 i fart mellem Riga og Hull med bl.a. russiske mejeriprodukter.

Swedish coastal service

In 1901 a route was inaugurated between Copenhagen and the Swedish east coast ports. It was meant mainly as a feeder route for the North America route, but it had only a short lifetime. Already in 1908, according to agreement with Stockholms Rederi A/S Svea, service was discontinued.

Under French and Russian flags

Because of adverse conditions for shipping at the beginning of the century a number of countries began to subsidize the national shipping companies, to the detriment of DFDS among others. Both France and Russia instituted subsidies, which was catastrophic for two important DFDS routes: Libau-England and France-Copenhagen-Baltic.

The result of this was that the DFDS Board of Directors decided to transfer ships to both flags.

A French company was formed, Compagnie Francaise de Bateaux et Vapeur France-Baltique, with DFDS's French agent, Arthur Lenars, as director. Two ships were transferred to the new company in 1903, SEINE and LOIRE, and the original plan was to transfer ARNO, ALGARVE, BEIRA, GARONNE, and TIBER as well. This never happened; SEINE remained under French flag until 1935, when it was repurchased by DFDS.

It was more difficult to get ships registered under Russian flag. DFDS ordered three ships in Great Britain for a Russian subsidiary.

It was attempted to keep this a deep secret, partly so that DFDS's competitor on the route between Russia and the U.K., Thomas Wilson, Sons & Co. Ltd., in Hull, should not learn of the plan, partly with regard to the Russian authorities.

On this occasion DFDS formed a Russian company, Russische überseeische Dampfschiffs-Gesellschaft "Courier" domiciled in Riga.

This new company was to appear as owner of the new ships. When the Russian authorities nevertheless discovered that DFDS was behind the shipping company another solution had to be found. Instead a DFDS agent, Handelshaus Gebr. Lassmann, Moscow, functioned as owner, and DFDS

Ruten blev i begyndelsen en dyr affære for DFDS, selv om man hurtigt sluttede fred med Thomas Wilson, Sons & Co. Ltd., der i øvrigt selv havde indgået et tilsvarende arrangement med Helmsing & Grimm i Riga. Da Lassmann i 1910 opsagde aftalen med DFDS, måtte man finde en anden ordning for skibene, og der blev indgået en aftale med Thomas Wilson, Sons & Co. Ltd., hvorved Helmsing & Grimm overtog både DFDS' og Wilson's skibe.

Under 1. verdenskrig forliste KURGAN, og WOLOGDA beslaglagdes af russerne. Kun IRKUTSK kom igen under DFDS' kontrol. I april 1919 blev den i Konstantinopel overdraget til DFDS, og efter 10 måneders timecharter til den franske regering blev den lagt op i København på grund af en strid med Wilson om ejendomsretten. Først i 1923 blev skibet registreret i det danske skibsregister som DAGMAR og kunne sættes i fart.

held mortgages in the ships as security. The three ships, IRKUTSK, KURGAN, and WOLOGDA, were entered into service in the summer of 1903 on a route between Riga and Hull, carrying Russian dairy products and other goods.

The route was an expensive affair for DFDS in the beginning, even though peace was made quickly with Thomas Wilson, Sons & Co. Ltd., which incidentally had itself made similar arrangements with Helmsing & Grimm in Riga. When Lassmann terminated the agreement with DFDS in 1910, it was necessary to find another arrangement for the ships, and an agreement was made with Thomas Wilson, Sons & Co. Ltd., through which Helmsing & Grimm took over both DFDS's and Wilson's ships.

During World War I KURGAN was lost and WOLOGDA was requisitioned by the Russians. Only IRKUTSK came again under DFDS's control. In April 1919 it was handed over to DFDS in Constantinople, and after ten months in time charter to the French government it was laid up in Copenhagen due to a conflict with Wilson over ownership rights. Not until 1923 was the ship registered in the Danish register of Shipping as DAGMAR, and could be entered into service.

DAGMAR, ex IRKUTSK blev bygget i 1903 og sat i fart mellem Hull og Riga.

DAGMAR, ex IRKUTSK was built in 1903. She entered into the Hull-Riga service.

Sortehavsfarten genoptages

Efter at man havde måtte opgive Sortehavsfarten i 1898, havde Middelhavslandene øst for Italien ikke været besejlet af DFDS-skibe. Men i begyndelsen af 1906 genoptoges ruten delvist. Ruten gik fra Østersøen via København og Antwerpen til Grækenland og via Konstantinopel til rumænske havne. Men russiske Sortehavshavne blev ikke anløbet. Besejlingen forløb indtil 1914, hvor den måtte opgives på grund af 1. verdenskrig. I efteråret 1924 forsøgte man at genoplive ruten, men den måtte nedlægges igen den følgende sommer under indtryk af de elendige konjunkturer.

København-Sydamerika

DFDS havde allerede i 1885 truffet aftale med Nordeutscher Lloyd i Bremen om viderebefordring af DFDS-gods fra Antwerpen til bl.a. Brasilien. I 1907 startede DFDS selv en rute mellem København og Sydamerika. I begyndelsen besejledes Buenos Aires samt af og til Montevideo i Sydamerika. Foruden København anløb man også andre danske, norske, britiske og Østersøhavne. Fra 1914 udvidedes besejlingen til også at omfatte Brasilien. Fragtunderlaget var først og fremmest kul ud og kaffe og korn hjem. I de første år udførtes kun 3 til 4 rundrejser om året, men efter 1. verdenskrig øgedes besejlingen kraftigt, og bl.a. de nye store lastmotorskibe indsattes på ruten. I flere perioder beskæftigede DFDS 10 skibe på ruten samtidig, og igennem årene har mere end 50 af selskabets skibe været benyttet i denne fart.

A/S Stadion

DFDS og selskabets agent i Christiania, J.B. Stang, dannede i 1909 et nyt rederi - A/S Stadion - hvori de to parter hver ejede 50%. Et nybygget skib STADION sattes i fart bl.a. med salpeter mellem havne ved Oslofjorden, Danmark og Stettin. Rederiet fik ialt tre coastere, der sejlede under norsk flag.

Black Sea service resumed

After it became necessary to give up the Black Sea service in 1898, the Mediterranean countries east of Italy were not served by DFDS ships. But in the beginning of 1906 the route was partially resumed. It went from the Baltic via Copenhagen and Antwerp to Greece, and via Constantinople to Romanian ports. But calls were not made at Russian Black Sea ports. Sailings continued until 1914, when World War I caused them to be discontinued. In 1924 a new attempt was made to revive the route, but it was necessary to discontinue it again the following summer under the influence of the terrible market conditions.

Copenhagen-South America

Already in 1885 DFDS had made an agreement with Nordeutscher Lloyd in Bremen for transshipment of DFDS freight from Antwerp to Brasil. In 1907 DFDS itself started a route between Copenhagen and South America. In the beginning Buenos Aires was the port of call in South America, with an occasional call at Montevideo as well. In addition to Copenhagen calls were also made at other Danish, Norwegian, British, and Baltic ports. From 1914 the route was extended to also include Brazil. The freight basis was primarily coal outbound and coffee and grain homebound. In the early years there were only three or four return trips per year, but after World War I frequency was greatly increased and the new, large freight motorships were entered into service on the route.

For several periods DFDS operated ten ships on the route simultaneously, and over the years more than 50 of the Company's ships have been used on this service.

A/S Stadion

DFDS and the Company's agent in Christiania, J.B. Stang, a new shipping company, A/S Stadion, formed in 1909. The two partners each owned 50%. A newly-built ship, STADION, was entered into service, carrying saltpeter and other goods between ports on the Oslo Fjord, Denmark, and Stettin. The company acquired three coasters, all sailed under Norwegian flag.

Med CALIFORNIA *indledte DFDS i 1913 dieselmotor-tidsalderen. Skibet var bygget hos B&W.*

With CALIFORNIA, *DFDS entered the diesel motor age in 1913. The ship was built at B&W.*

Dampskibsselskabet Hafnia A/S

I 1910 dannedes Dampskibsselskabet Hafnia A/S på ruinerne af Peter L. Fiskers rederier, A/S Dampskibsselskabet Kjøbenhavn og A/S Dampskibsselskabet Union. DFDS fik til opgave at bestyre rederiets 13 skibe, der i øvrigt tidligere bl.a. havde sejlet på Cosmopolitan-Linien mellem Europa og Philadelphia i konkurrence med DFDS' Nordamerika-fart. To af skibene, DANIA og EUXINIA, købtes af DFDS i 1913, mens resten overgik til et rekonstrueret selskab med samme navn: Dampskibsselskabet Hafnia A/S med Peter de Nully Brown fra A/S Dampskibsselskabet Norden som bestyrende reder.

Russian North-West Steamship Co. Ltd.

Problemerne med skibe under russisk flag havde tilsyneladende ikke afskrækket DFDS-ledelsen. I 1911 dannedes et nyt DFDS-kontrolleret russisk rederi Russian North-West Steamship Co. Ltd. i Libau, og der overførtes to skibe LEOPOLD II og GEORGIOS I, der omdøbtes til henholdsvis SARATOV og ODESSA. De opretholdt en direkte rute Libau-Hull lige til 1. verdenskrigs udbrud.

Dampskibsselskabet Hafnia A/S

In 1910 Dampskibsselskabet Hafnia A/S was formed on the ruins of Peter L. Fiskers Rederier, A/S Dampskibsselskabet Kjøbenhavn and A/S Dampskibsselskabet Union. DFDS was given the task of managing the company's 13 ships, which, incidentally, had formerly sailed for the Cosmopolitan Line between Europe and Philadelphia in competition with the DFDS North America service. Two of the ships, DANIA and EUXINIA, were acquired by DFDS in 1913, but the others went to a reconstructed company with the same name, Dampskibsselskabet Hafnia A/S, with Peter de Nully Brown from A/S Dampskibsselskabet Norden as managing director.

Russian North-West Steamship Co. Ltd.

Problems with ships under Russian flag had apparently not frightened the DFDS management. In 1911 a new DFDS-managed Russian shipping company was created: Russian North-West Steamship Co. Ltd., in Libau. Two ships, LEOPOLD II and GEORGIOS I, renamed SARATOV and ODESSA respectively, were transferred to the company. They maintained a direct route Libau-Hull until the start of World War I.

Tørdokkerne på Frederikshavn Værft.

The dry docks at Frederikshavn Shipyard.

Ved krigens udbrud var et nyt skib, SMOLENSK, under bygning til rederiet på et værft i Sunderland. Skibet var et søsterskib til DFDS' eget MOSKOV fra 1914 og var ligeledes beregnet til emigrantfart. Da det var færdigbygget i 1916, blev det overtaget af Thomas Wilson, Sons & Co. Ltd., Hull, der endelig i 1920 formelt købte det af DFDS.

Frederikshavns Værft & Flydedok A/S

I juni 1913 deltog DFDS i rekonstruktionen af Frederikshavns Værft & Flydedok A/S sammen med et lokalt firma, D.B.Adler & Co. Selskabet var blevet til på resterne af et mindre værft, grundlagt i 1870 af H.V. Buhl. I begyndelsen havde man hovedsageligt bygget mindre fiskefartøjer af træ. Men i 1906 ændredes værftsnavnet til Frederikshavns Skibsværft & Flydedok A/S, og året efter optoges også bygning af stålfartøjer. I 1913 var produktionsapparatet nedslidt og ny kapital var påkrævet. En overgang så det ud til, at værftet ville blive overtaget af det tyske værft, Howaldtswerke, inden DFDS kom ind i billedet. I de følgende år moderniseredes værftet, og man startede som et af de første danske værfter med bygning af skibe i dok i stedet for på bedding.

When war broke out a new ship, SMOLENSK, was being built for the company at a shipyard in Sunderland. The ship was a sister ship to the DFDS-owned MOSKOV from 1914 and was also meant for emigrant transport. When it was completed in 1916 it was taken over by Thomas Wilson, Sons & Co. Ltd., Hull, who finally formally purchased it from DFDS in 1920.

Frederikshavns Værft & Flydedok A/S

In June 1913 DFDS participated in a reconstruction of Frederikshavns Værft & Flydedok A/S together with a local firm, D.B. Adler & Co. The company had arisen from the remains of a small shipyard established in 1870 by H.V. Buhl. In the beginning it had built small wooden fishing vessels primarily. But in 1906 the shipyard name was changed to Frederikshavns Skibsværft & Flydedok A/S, and the year after, building of steel vessels was also begun. In 1913 the production apparatus was worn out and new capital was required. For a time it appeared that the shipyard would be taken over by the German shipyard Howaldtswerke, until DFDS came into the picture. In the following years the yard was modernized, and it was one of the first Danish yards to build ships in dock instead of on building berth.

A/S Helsingørs Jernskibs- og Maskinbyggeri

Samme år som værftet i Frederikshavn rekonstrueredes, erhvervede DFDS en større aktiepost i A/S Helsingørs Jernskibs- og Maskinbyggeri.

Aktierne købtes af A/S Burmeister & Wain's Maskin- og Skibsbyggeri, der inden da besad aktiemajoriteten.

I 1916 fik DFDS fuld kontrol over værftet ved yderligere aktiekøb og værftet i Helsingør blev herefter den vigtigste leverandør af skibe til DFDS.

Ialt er 88 skibe, 1 bugserbåd og 2 lægtere i DFDS-flåden blevet bygget på værftet.

A/S Helsingørs Jernskibs- og Makinbyggeri

The year of the reconstruction of the shipyard in Frederikshavn, DFDS acquired a large holding of shares in A/S Helsingørs Jernskibs- og Maskinbyggeri.

The shares were acquired from A/S Burmeister & Wain's Maskin- og Skibsbyggeri, which until then had been in possession of the controlling interest.

In 1916 DFDS gained full control of the yard by buying more shares, and the yard in Helsingør was hereafter the most important supplier of ships to DFDS.

A total of 88 ships, one tugboat, and two lighters in the DFDS fleet were built at the shipyard.

I 1950 søsattes et af de nye skibe til København-Aalborg ruten, JENS BANG, på Helsingør Værft.

In 1950 one of the new ships on the Copenhagen-Aalborg route, JENS BANG, was launched at the Helsingør Shipyard.

1. Verdenskrig

Krigens tab

Første verdenskrig blev en hård tid for mandskab og materiel. Over 70 personer om bord på DFDS-skibe mistede livet ved 26 krigsforlis og EOS' sporløse forsvinden, der ligeledes kan have været forårsaget af krigen. Desuden mistede Selskabet fem andre skibe ved forlis under krigen, der ikke direkte kan tilskrives krigshandlinger. Et enkelt skib KIEW blev prisedømt, efter at være opbragt af tyskerne.

Foruden disse direkte tab skete der naturligt nok store indgreb i skibenes drift. Lige fra starten af krigen blev hele den omfattende rutefart på Rusland umuliggjort, og tre skibe blev indespærret i Libau. KASAN og OMSK slap i 1915 igen væk fra Libau efter, at tyskerne havde indtaget byen, hvorimod SARATOV måtte forblive i Libau hele krigen. Efter afslutningen af krigshandlingerne beslaglagdes SARATOV af de lettiske myndigheder, efter et forgæves forsøg fra DFDS' side på at hente det hjem.

På samme måde blev NICOLAI II indespærret i Sortehavet, da Dardanellerne spærredes, og skibet oplagdes i den rumænske by Sulina. Gennem lang tid forhandlede DFDS om salg af dette skib til Rumænien, men først i januar 1916 godkendtes salget af det danske handelsministerium.

Svære politiske krav

Der var under krigen blevet vedtaget en lov om, at alle skibssalg til udlandet skulle godkendes af ministeriet for at sikre, at der ikke mistedes for meget dansk tonnage.

Samme lov forhindrede formodentlig gennemførelse af DFDS-bestyrelsens vedtagelse om at sætte to nybygninger, NEVADA og OREGON, under norsk flag i protest mod en ny skattelov om afskrivninger.

Ydermere generedes sejladsen af en lang række opbringelser fra tyske myndigheders side, og krav fra britisk side om at gå til inspektion i Kirkwall ved passage af Storbritannien. Selskabet pålagdes desuden at udføre pligtrejser, dels af den danske regering for at sikre vitale forsyninger af bl.a. kul og foderstoffer til Danmark, og dels af britiske myndigheder mod til gengæld at kunne få leveret bunkerkul.

World War I

War losses

World War I was a time of hardship for crews and matériel. More than 70 people on DFDS ships lost their lives in 26 war losses and in the disappearance without a trace of EOS, which may also have been caused by the war. Furthermore, the Company also lost five other ships in shipwrecks not directly attributable to acts of war. One ship, KIEW, was condemned in prize after being seized by the Germans.

In addition to these direct losses there was also, naturally enough, a great deal of intervention in the operation of the ships. From the very beginning of the war all of the comprehensive route traffic to Russia became impossible, and three ships were confined in Libau. KASAN and OMSK escaped from Libau in 1915 after the Germans had occupied the city, but SARATOV was forced to remain there for the duration of the war.

After the conclusion of the military operations SARATOV was requisitioned by the Latvian authorities, after a futile attempt by DFDS to bring her home.

In the same manner NICOLAI II was confined in the Black Sea when the Dardanelles were blockaded, and the ship was laid up in the Romanian city of Sulina. For a long period of time DFDS negotiated for the sale of this ship to Romania, but not until January 1916 was the sale approved by the Danish Ministry of Trade.

Difficult political demands

During the war a law had been passed stipulating that all sale of ships to foreign countries had to be approved by the ministry in order to ensure that not too much Danish tonnage was lost.

The same law presumably prevented the carrying out of the DFDS Board of Directors' decision to register two new ships, NEVADA and OREGON, under Norwegian flag in protest against new legislation on depreciation.

Furthermore, service was disturbed by a great number of seizures by the German authorities, and by demands from the British that ships go to inspection at Kirkwall when sailing in British waters.

Under 1. verdenskrig var DFDS' skibe forsynet med neutralitetsmærker, to Dannebrogsflag og landets navn malet på skibssiderne, men alligevel mistede DFDS mange skibe.

During World War I DFDS's ships were provided with neutrality marks, two Danish flags, and the name of the country painted on the hull, but DFDS lost many ships nevertheless.

Stort set alle DFDS-skibe, der befandt sig i USA, blev fra 1917 og til et stykke efter krigens afslutning chartret af amerikanske rederier for sejlads mellem USA og Vestindien eller Sydamerika.

Trods de mange problemer tjentes der dog under krigen, og en kort hektisk periode efter, særdeles mange penge, som tilfældet var for stort set alle rederier på den tid. Der betaltes også meget store udbytter til aktionærerne, mellem 35 og 60%, hvilket ikke altid var i overensstemmelse med DFDS-ledelsens ønske, men det blev gennemtvunget af aktionærflertallet.

Sammen med bl.a. ØK opkøbtes store aktieposter i Dansk-Russisk Dampskibsselskab A/S, A/S Dampskibsselskabet Carl, A/S Dampskibsselskabet Gorm og A/S Dampskibsselskabet Skjold, dels for at hindre udenlandske opkøb, og dels med tanke på at skaffe erstatningstonnage for de mange krigsforliste skibe.

The Company was also required to make duty voyages, in part by the Danish government, to ensure vital supplies of coal and fodder to Denmark, and in part by the British authorities, in order to have bunker coal delivered in return.

On the whole all the DFDS ships that were in the U.S.A. were chartered from 1917 until some time after the end of the war by American shipping companies for service between the U.S.A. and the West Indies or South America.

In spite of the many problems the Company made profits during the war nonetheless, and for a short, hectic period afterward, a great deal of money, which was true for practically all shipping companies at that time. Very large dividends, between 35 and 60%, were paid to shareholders as well. This was not always in agreement with the wishes of the DFDS management, but it was imposed by the majority of the shareholders.

Together with the East Asiatic Company among others, large share holdings were acquired in the Dansk-Russisk Dampskibsselskab A/S, A/S Dampskibsselskabet Carl, A/S Dampskibsselskabet Gorm, A/S Dampskibsselskabet Skjold, in part to prevent foreign acquisition, and in part to gain replacement tonnage for the many war losses.

Opkøb og ekspansion

Larsens Plads

Et andet selskab med tilknytning til skibsfarten solgtes af Privatbanken i december 1915 til DFDS. A/S Larsens Plads ejede pakhuse og lagerplads i tilknytning til en kajstrækning, der er kendt af utallige Norges-rejsende, idet DFDS's Oslo-skibe udgik herfra gennem en lang årrække. Kajen lå i umiddelbar nærhed af Kvæsthusbroen, hvor mange af Selskabets indenrigsruter udgik fra.

Dansk-Russisk og Gorm

Efter verdenskrigens afslutning fulgte et par år med forrygende gode konjunkturer, hvorunder der verden over kontraheredes et utal af skibe. DFDS-flåden havde ligeledes brug for supplering efter tabene under krigen, og der bestiltes da også flere nybygninger hovedsageligt på de nyerhvervede værfter i Helsingør og Frederikshavn.

Efterhånden var aktiemajoriteten i A/S Dampskibsselskabet Gorm og Dansk-Russisk Dampskibsselskab A/S blevet opkøbt af DFDS, og i 1920 likvideredes disse selskaber, og deres skibe optoges i DFDS's flåde. Egentlig passede disse skibe dårligt til DFDS's liniefart, der jo var ét og alt for Selskabet. De var alle relativt langsomtgående singledækkere. De ældste af skibene solgtes hurtigt, andre forsynedes med mellemdæk og atter andre sattes i trampfart eller liniefart.

A/S Dampskibselskabet Viking

Ligeledes var A/S Dampskibsselskabet Viking's aktier blevet opkøbt af DFDS, der i 1920 besad majoriteten, og i 1922 havde man endelig erhvervet hele aktiekapitalen. Alligevel fortsatte rederiet som en selvstændig enhed indtil 1926, hvorefter også dette selskab opløstes, og skibene overgik til DFDS, der dog allerede havde befragtet dem i lange perioder inden.

Acquisition and expansion

Larsens Plads

Another company associated with shipping was sold to DFDS by the Privatbanken in December 1915. A/S Larsens Plads owned warehouses and storage facilities connected to a length of quay known by innumerable travelers to Norway, as the DFDS Oslo ships sailed from here for many years. The quay was in the immediate vicinity of the Kvæsthusbroen, from where many of the Company's domestic routes originated.

Dansk-Russisk and Gorm

After the end of the World War there followed a few years with exceptionally favorable trade conditions, under which innumerable ships were ordered all over the world. The DFDS fleet also required supplementing after the losses during the war, and several new ships were ordered, primarily at the newly acquired shipyards in Elsinore and Frederikshavn.

Gradually the share majority in A/S Dampskibsselskabet Gorm and Dansk-Russisk Dampskibsselskab A/S had been acquired by DFDS, and in 1920 these companies were liquidated, and their ships became part of the DFDS fleet. In point of fact these ships did not fit well into DFDS's liner service, which was all-important to the Company. They were all relatively slow-sailing single-deck ships. The oldest of them were quickly sold, others were equipped with tween-decks, and still others were entered into tramp service or liner service.

A/S Dampskibsselskabet Viking

A/S Dampskibsselskabet Viking's shares were also acquired by DFDS, which was in possession of the share majority in 1920, and in 1922 the entire share capital was in DFDS's hands. The company nevertheless continued as an independent entity until 1926, after which it was also dissolved and the ships were transferred to DFDS, to which they had already been chartered for long periods previously.

Mellem to krige
Dårlige tider

Fra sommeren 1920 begyndte konjunkturerne at vende, samtidigt med at værfterne fik færdiggjort mange af de afgivne ordrer, der var indgået under de gunstige tider. I begyndelsen af 1921 var fragtmarkedet helt elendigt, og DFDS havde på et tidspunkt 30 skibe oplagt. Der fulgte nogle dårlige år, der dog knapt så voldsomt ramte DFDS på grund af liniefartens mindre følsomhed overfor svingninger i fragtmarkedet.

Libau-Danzig-København

For at øge passagerunderlaget for Skandinavien-Amerika Linien startedes i 1920 en emigrantrute Libau-Danzig-København. Efter oprettelsen af Norske Amerika Linien og Svenska Amerika Linien i 1913 havde DFDS mistet kunder fra Norge og Sverige, og danske passagerer alene var ikke nok til at opnå rentabel drift.

Denne "føderute" blev opgivet i forbindelse med nedlæggelsen af Skandinavien-Amerika Liniens sejlads på New York i 1935.

Between two wars
Bad times

From the summer of 1920 the market began to turn, while at the same time the shipyards completed many of the orders received when times were favorable. At the beginning of 1921 the freight market was terrible, and DFDS had 30 ships laid up at one point. Some bad years followed. DFDS was not quite so hard hit, however, due to the liner service's reduced sensitivity to fluctuations in the freight market.

Libau-Danzig-Copenhagen

To increase the passenger basis for the Scandinavien-Amerika Linien an emigrant route, Libau-Danzig-Copenhagen, was begun in 1920. After the establishing of Norske Amerika Linien and the Svenska Amerika Linien in 1913 DFDS had lost customers from Norway and Sweden, and Danish passengers alone were not sufficient to achieve profitable operation.

This "feeder route" was abandoned in connection with the discontinuation of Scandinavien-Amerika Linien's service to New York in 1935.

Stor aktivitet på Larsens Plads i 1930'erne. Til venstre ses Korntørringsmagasinet, der i dag er Admiral Hotellet.

Great activity at Larsens Plads in the 1930s. On the left is the Grain Drying Warehouse, today the Admiral Hotel.

Ombordstigning i Dunkerque.

Embarking in Dunkirk.

Esbjerg-Antwerpen-Dunkerque

En anden fragt- og passagerrute åbnedes i 1922 mellem Esbjerg, Antwerpen og Dunkerque. Specielt på passagersiden blev den en succes, og en fransk reders forsøg på at opretholde en konkurrende fart mellem Calais og Esbjerg blev hurtigt kvalt.

Ruten besejledes regelmæssigt indtil 2. verdenskrigs udbrud, men genoptoges ikke siden.

København-Leningrad

I juni 1925 blev tiden fundet moden til et forsøg på at genoplive den tidligere så omfattende fart på Rusland. Der åbnedes en rute mellem København og Leningrad, men den blev dog ikke nogen god forretning, tildels på grund af russisk protektionisme, og den måtte nedlægges i 1930.

Nyt "Viking"

A/S Det Oversøiske Dampskibsselskab måtte likvidere i 1929, og dets fem skibe overtoges af et nydannet rederi A/S Dampskibsselskabet Viking (ikke det samme som opløstes i 1926), hvis korresponderende reder var DFDS' administrerende direktør A.O. Andersen. Skibene befragtedes da også efter overtagelsen af DFDS og indsattes

Esbjerg-Antwerp-Dunkirk

Another freight and passenger route was opened in 1922 between Esbjerg, Antwerp, and Dunkirk. It was a success with regard to passengers in particular, and a French shipowner's attempt to maintain competitive service between Calais and Esbjerg was quickly quelled.

The route was served regularly until the outbreak of World War II, but was not resumed later.

Copenhagen-Leningrad

In June 1925 the time was judged ripe for an attempt at reviving the formerly so comprehensive service to Russia. A route was opened between Copenhagen and Leningrad, but it did not do well, due in part to Russian protectionism, and it was discontinued in 1930.

New "Viking"

A/S Det Oversøiske Dampskibsselskab was forced to liquidate in 1929 and its five ships were taken over by the newly-formed company A/S Dampskibsselskabet Viking (not the same as the one dissolved in 1926). The managing shipowner was the managing director of DFDS, A.O. Andersen.

på ruterne til Nord- og Sydamerika. I 1933 opløstes også dette rederi, og skibene overgik til DFDS.

Toppen nået

Samtidig med DFDS' overtagelse af A/S Dampskibsselskabet Viking den 23 marts 1933 og indtil den 27 juni 1933, hvor ARKANSAS og TEXAS sælges til ophugning, når DFDS-flåden op på en størrelse, der hverken før eller siden er overgået.

Den totale bruttotonnage var på 236.914 tons for 123 skibe, heraf otte bugserbåde.

Levantfarten

Midt på sommeren 1937 blev det mest livskraftige af DFDS initiativer fra mellemkrigsårene genoptaget. Levantruten åbnedes med udgangspunkt i København.

Der sejledes via Antwerpen til havne i Egypten, Palestina, Libanon, Tyrkiet, Cypern og Grækenland.

Ligesom alle andre af DFDS' udenlandsruter måtte den opgives under 2. verdenskrig, men genoptoges i 1946 og betjentes fast indtil 1971.

København-New York med passagerer igen

I 1939 genoplivedes Skandinavien-Amerika Linien omend i et meget begrænset omfang. De fire nye fragtmotorskibe TUNIS, MAROCCO, ALGIER og SICILIEN, der havde sejlet på Middelhavet, havde alle en velindrettet passageraptering til 12 passagerer. De indsattes i fart mellem København og New York. Denne fart opretholdtes indtil den tyske besættelse af Danmark den 9. april 1940. ALGIER blev dog torpederet inden og sank, lastet med bl.a. skruerne til det nye Esbjerg-Harwich skib KRONPRINS FREDERIK, der var under bygning på værftet i Helsingør. Efter krigen genoptog DFDS farten med de passagerførende fragtskibe.

The ships were also chartered after the takeover by DFDS, and entered into service on the routes to North- and South America. In 1933 this company was also dissolved, and the ships went to DFDS.

The top is reached

Simultaneously with the takeover by DFDS of the five vessels owned by A/S Dampskibsselskabet Viking on 23 March 1933 and up to 27 June 1933, when ARKANSAS and TEXAS were sold for demolition, the DFDS fleet reached a size that has not been surpassed before or since. The total gross tonnage was 236.914 tons for 123 vessels, of these eight tugboats.

Levant Service

In mid-summer 1937 the most vital of DFDS's initiatives from the between-war years were resumed. The route to the Levant was opened with its point of departure in Copenhagen.

Via Antwerp the route continued to ports in Egypt, Palestine, Lebanon, Turkey, Cyprus, and Greece.

Like all other DFDS foreign routes it had to be discontinued during World War II, but was resumed in 1946 and operated regularly until 1971.

Copenhagen-New York with passengers again

In 1939 the Scandinavien-Amerika Linien was revived, although to a very limited extent. The four new freight motor ships TUNIS, MAROCCO, ALGIER, and SICILIEN, which had sailed on the Mediterranean, all had well-designed passenger quarters for 12 passengers.

They were entered into service between Copenhagen and New York. This service was maintained until the German occupation of Denmark on 9 April 1940.

ALGIER was, however, torpedoed earlier; she sank, taking with her a cargo including the propellers for the new Esbjerg-Harwich ship KRONPRINS FREDERIK, then being built at the yard in Helsingør. After the war DFDS resumed the service with the passenger-carrying freight ships.

2. Verdenskrig

DFDS-flåden spredes

Kort efter 2. verdenskrigs udbrud i september 1939 måtte passagerruterne Esbjerg-Harwich og København-Oslo opgives, og skibene blev oplagt. Andre ruter måtte ligeledes opgives eller omlægges. Inden den tyske besættelse af Danmark sænkedes 9 DFDS-skibe, hvorved 110 mennesker mistede livet.

Ved besættelsen den 9. april 1940 mistede DFDS kontrollen med 31 af sine skibe. De 21 af dem blev beslaglagt af de britiske myndigheder og sattes i løbet af maj i fart under engelsk flag tildels med dansk besætning. 11 af disse skibe blev bestyret af DFDS' gamle samarbejdspartner Ellerman's Wilson Line Ltd., der yderligere fik et skib tildelt, da EGHOLM i 1943 forlod Lissabon efter tre års oplægning. Ti af de 21 skibe forliste, mens resten tilbageleveredes efter krigen. Fem skibe lå i havn i eller var på vej til USA, og de blev oplagt, indtil de i sommeren 1941 blev beslaglagt af USA-myndighederne og sat i fart. Tre skibe gik tabt, og de to sidste leveredes tilbage til DFDS i 1946.

I Brasilien blev tre af DFDS' skibe oplagt indtil de i 1942 blev tvangssolgt og sat i fart for brasiliansk regning. NEVADA forliste, mens ARIZONA og CALIFORNIA tilbagekøbtes af DFDS i 1945.

Endelig beslaglagdes GORM af de belgiske myndigheder, men forliste allerede i maj 1940.

Efter besættelsen blev de fleste motorskibe hurtigt oplagt på grund af oliemangel. Kun de små indenrigsmotorskibe, MØEN, ODENSE og FREDERICIA blev af og til holdt i fart. De indenlandske ruter blev opretholdt i begrænset omfang ved hjælp af de mindre passagerdampere.

Fragtdampernes fartområde var begrænset til Danmark, Norge, Sverige, Tyskland og Holland. De beskæftigedes hovedsageligt med transport af kul og koks fra tyske og hollandske havne til Danmark. Til gengæld for kullasterne til Danmark var man nødsaget til at deltage i malmtransporterne fra svenske til tyske havne.

World War II

The DFDS fleet is scattered

Shortly after World War II broke out in September 1939 the passenger routes Esbjerg-Harwich and Copenhagen-Oslo had to be discontinued and the ships laid up. Also other routes had to be abandoned or restructured. Prior to the German occupation of Denmark nine DFDS ships were sunk. 110 people lost their lives.

With the occupation on 9 April 1940 DFDS lost control of 31 of its ships. 21 of these were requisitioned by the British authorities and entered into service during the month of May, under British flag but with partly-Danish crews. Eleven of these ships were managed by DFDS's old collaboration partner Ellerman's Wilson Line Ltd., which was given yet another ship when, in 1943, EGHOLM left Lisbon after being laid up for three years. Ten of the 21 ships were shipwrecked, while the remainder were returned after the war. Five ships lay in port or were on route to the U.S.A., and they were laid up until they were requisitioned by the U.S. authorities and entered into service in the summer of 1941. Three ships were lost, and the last two were returned to DFDS in 1946.

In Brazil three of DFDS's ships were laid up until they were disposed of by forced sale in 1942 and entered into service for the Brazilian government. NEVADA was shipwrecked, while ARIZONA and CALIFORNIA were repurchased by DFDS in 1945.

GORM was also requisitioned, by the Belgian authorities, but she was lost already in May 1940.

After the occupation most of the motorships were laid up due to lack of bunker fuel. Only the small domestic motor ships MØEN, ODENSE, and FREDERICIA were kept in occasional service. The domestic routes were kept going to a limited extent with the help of the small passenger steamers.

The freight steamships' sailing area was limited to Denmark, Norway, Sweden, Germany, and Holland. They were primarily occupied with the transport of coal and coke from German and Dutch ports to Denmark. In exchange for the coal shipments to Denmark the Company was required to participate in transport of ore from Swedish to German ports.

Motorskibet TUNIS *sejlede som* K 47 *under amerikansk flag i en del af 2. verdenskrig. Skibet var malet om og bl.a. forsynet med antiluftskyts for, midtskibs og agter.*

The motor ship TUNIS *sailed as K47 under the US flag for part of World War II. The ship was repainted and equipped with anti-aircraft guns fore, midships, and aft.*

Sådan så TUNIS *ud med Dannebrog agter.*

The TUNIS *with the Danish flag aft.*

Tyskerne pressede jævnligt de danske redere for at leje eller købe tonnage, og af og til måtte man give efter. Bl.a. udlejede DFDS sine dampere HROAR, MARGRETHE, DRONNING MAUD og KJØBENHAVN. I 1944 gik besættelsesmagten hårdere til værks og beslaglagde 12 DFDS-skibe, heraf de fleste af de nyeste passagermotorskibe. Ni af dem blev tilbageleveret til DFDS efter krigen, men alle i miserabel stand.

The Germans regularly put pressure on the Danish shipowners in order to charter or buy tonnage, and from time to time it was necessary to accede. DFDS chartered out its steamships HROAR, MARGRETHE, DRONNING MAUD, and KJØBENHAVN. In 1944 the occupation forces took a harder course and requisitioned 12 DFDS ships including most of the newest passenger motorships. Nine of them were returned to DFDS after the war, but all were in terrible condition.

43

I krigens kedelige og snavsede grå farver, men flydende og intakt returnerede PARKESTON *til København stadig med det tyske navn,* PIONIER *i stævnen. Skibet blev istandsat og sejlede for DFDS helt op til 1964.*

In the dull and grimy gray colours of war, but floating and intact, PARKESTON *returned to Copenhagen still bearing the German name,* PIONIER, *on the prow. The ship was refurbished and sailed for DFDS until 1964.*

Krigens mange skader

Ialt mistede DFDS 24 skibe ved krigshandlinger, hvorved mere end 300 personer omkom. Yderligere forliste 7 skibe ved kollisioner o.l. Det alvorligste "krigsforlis" indtraf dog længe efter krigens afslutning, hvor 48 mennesker druknede ved KJØBENHAVN's minesprængning i 1948. Desuden mistede fem mennesker livet ved IVAR's minesprængning i 1949, og så sent som i 1950 sank FRIGGA uden tab af liv efter at have ramt en mine.

Godtgørelse for brugen og tabet af de 31 skibe, der var blevet beslaglagt under krigen indløb hurtigt for størsteparten af skibene. Således blev indbetalingen fra britisk side allerede udløst i løbet af 1946. Derimod trak det ud med en endelig afgørelse for nogle af de andre skibe. Så sent som i 1958 fik man afgjort reguleringen for de fem skibe beslaglagt i USA.

Til erstatning for nogle af de forliste skibe fik man hurtigt en række næsten færdigbyggede motorskibe, der havde ligget oplagt og afventet krigens afslutning, klargjort. Man fik efterhånden gang i de ruter, der havde været stoppet siden krigens start. I første halvår af 1946 sejlede fire DFDS-skibe fra Tilbury til Ostende/Hoek van Holland eller fra Hull til Cuxhaven med britiske soldater. Det var AARHUS, VISTULA, DRONNING MAUD og KRONPRINS OLAV, der blev lejet af det danske Handelsministerium og stillet gratis til rådighed for de britiske myndigheder.

The many war damages

DFDS lost a total of 24 ships in war actions in which more than 300 people lost their lives. An additional seven ships were lost due to collisions and similar accidents. However, the most serious "war loss" took place long after the end of the war: 48 people drowned when the KJØBENHAVN hit a mine in 1948. In addition, five people lost their lives in the mine explosion of IVAR in 1949, and as recently as 1950 FRIGGA sank without loss of life after having hit a mine.

Compensation for use and loss of the 31 ships that had been requisitioned during the war came in quickly for most of the ships. Payment from Britain was received already in 1946. For some of the other ships, however, a final decision was long in coming. Not until 1958 was the compensation for the five ships requisitioned by the U.S.A. finally determined.

To replace some of the lost ships, a number of almost-completed motorships which had been laid up awaiting the end of the war were made ready. Gradually the routes that had been discontinued since the beginning of the war were reopened. In the first six months of 1946 four DFDS ships sailed from Tilbury to Ostend/Hook of Holland, or from Hull to Cuxhaven, with British soldiers. The ships were AARHUS, VISTULA, DRONNING MAUD, and KRONPRINS OLAV, which were chartered by the Danish Ministry of Trade and made available without charge to the British authorities.

Efterkrigstidens aktiviteter

København-Helsingfors

I 1946 åbnedes en passager- og fragtrute mellem København og Helsingfors, der ikke var blevet besejlet regelmæssigt af DFDS siden 1900. Ruten blev drevet i samarbejde med Finska Ångfartygs AB. Selskabets sidste damper BOTNIA sejlede på denne rute hvert år i sommerhalvåret fra 1949 til 1966, hvor passagerbefordringen blev opgivet af DFDS, hvorimod fragtfarten fortsattes et år mere med KATHOLM.

Damp viger for diesel

Da YRSA solgtes til ophugning den 19. marts 1949 oversteg tonnagen af motorskibe for første gang i rederiets historie tonnagen af dampere, som der dog stadig var flest af. Men ved leveringen af FICARIA den 7. december 1951 omfattede flåden 41 motorskibe og 40 dampskibe foruden 4 damp- og 4 motorbugserbåde. De sidste dampere solgtes efterhånden fra, og i 1966 var det slut efter salget af BOTNIA. Efter krigen blev kedlerne lidt efter lidt ændret fra kul- til oliefyring. Dog forblev ROTA kulfyret lige til ophugningen i 1962.

Post-war activities

Copenhagen-Helsingfors

In 1946 a passenger and freight route was opened between Copenhagen and Helsingfors, which had not been served regularly by DFDS since 1900. The route was operated in collaboration with Finska Ångfartygs AB. The Company's last steamer, BOTNIA, sailed on this route every year in the summer half-year from 1949 to 1966, when DFDS discontinued passenger transport. Freight service was continued, however, for one year more, with KATHOLM.

Steam gives way to diesel

When YRSA was sold for scrap on 19 March 1949 the motorship tonnage surpassed the steamship tonnage, of which there was still a preponderance, for the first time in the history of the Company. But with delivery of FICARIA on 7 December 1951 the fleet comprised 41 motorships and 40 steamships in addition to four steam- and four motor tugboats. The last steamships were gradually sold off, and in 1966 there were none remaining after the sale of BOTNIA. After the war the boilers were gradually adapted from coal to oil. ROTA, however, remained coal-fired until she was scrapped in 1962.

Med leveringen af FICARIA i 1951 havde DFDS for første gang flere motorskibe end dampskibe. FICARIA er her på vej til Hays Wharf i London med landbrugsvarer.

With the delivery of FICARIA in 1951, DFDS had, for the first time, more motorships than steamships. Here, FICARIA is on route to Hays Wharf in London with agricultural products.

Containerisering anno 1950

Som en af de første indførte DFDS ved levering af RIBERHUS og AXELHUS til indenrigsfragtfarten i 1950 "dør-til-dør" princippet. De to skibe var specialindrettede til transport af små træcontainere. Konceptet blev en stor succes, og endnu to skibe af tilsvarende type byggedes, KOLDINGHUS i 1959 og BERGENHUS i 1964.

Containerizing anno 1950

As one of the first, DFDS introduced the "door-to-door" principle with the delivery of RIBERHUS and AXELHUS in domestic service in 1950. The two ships were specially designed for transport of small wooden containers. The concept was a great success, and a further two ships of similar type were built, KOLDINGHUS in 1959 and BERGENHUS in 1964.

Containeriseringen holdt sit indtog i DFDS med de små, blå træcontainere allerede i 1950.

Already in 1950 containerization made its entry at DFDS with the small, blue wooden containers.

Til Grønland

Imellem 1950 og 1959 udførte DRONNING ALEXANDRINE ialt 51 rejser mellem København og Grønland, først for Grønlands Styrelse og fra 1953 for Den kongelige grønlandske Handel. Sejladsen udførtes dels som selvstændig rute, og dels som en del af ruten til Færøerne og Island. På nær de to første år, hvor der udførtes én henholdsvis tre ture, foretoges der mellem fem og syv rejser om året. Efter statsskibet HANS HEDTOFT's tragiske forlis i 1959 indstilledes denne fart.

To Greenland

Between 1950 and 1959 DRONNING ALEXANDRINE made 51 trips between Copenhagen and Greenland, first for the Greenland Administration and from 1953 for The Royal Greenland Trade. The service was in part an independent route and in part incorporated in the route to the Faroes and Iceland. With the exception of the first two years, when one and three trips were made respectively, there were between five and seven trips per year. After the tragic loss of the ship of state HANS HEDTOFT in 1959 this service was discontinued.

DRONNINGEN, som hun kaldtes, under en af rejserne til Grønland.
DRONNING ALEXANDRINE sejlede i DFDS' tjeneste i 38 år.

DRONNINGEN (THE QUEEN), as she was called, during one of the trips to Greenland.
DRONNING ALEXANDRINE sailed in the service of DFDS for 38 years.

47

København-Kanariske Øer

Indtil 1953 var anløb af de Kanariske Øer indgået som en del af ruten til Sydamerika. Men i begyndelsen af 1953 indviedes en selvstændig rutefart mellem øerne og Danmark med regelmæssigt anløb af Madeira. Fragtunderlaget var først og fremmest bananer og tomater til det danske marked, og ruten betjentes derfor af skibe med kølelastrum. I 1967 blev den direkte fart opgivet, men besejlingen af øerne fortsatte dog som en del af Sydamerika-ruten.

Esbjerg-Newcastle

I 1953 optoges en ny passagerrute mellem Esbjerg og Newcastle, der lige siden er blevet besejlet, hovedsageligt i sommermånederne fra juni til september.

Nordana Line

Sammen med Fearnley & Eger i Oslo indledtes i december 1957 en ny livskraftig liniefart mellem Mexico-Golfen og Middelhavet. For første gang i rederiets historie optrådte man som "cross trader". Alle tidligere ruter var enten udgået fra eller havde haft anløb af dansk havn (eller "flaghavne" for de udenlandske DFDS-selskaber). FERNGULF fra det norske rederi indviede sejladsen den 15. december 1957, hvor den forlod Napoli. RHODOS blev første DFDS-skib på ruten. Samarbejdet med det norske rederi fortsatte indtil 1964, hvorefter DFDS drev ruten videre alene. Ruten betjente havne ved den Mexicanske Golf i USA, Mexico, Venezuela og Vestindien og Middelhavshavne i Marokko, Algeriet, Tunis, Libyen, Egypten, Syrien, Grækenland, Italien, Frankrig og Spanien. Igennem årene har omkring 30 forskellige DFDS-skibe været indsat på ruten.

Nye ejere

DFDS' aktier var med tiden blevet spredt på mange hænder og Selskabet kunne vel nærmest betegnes som "folkeeje", hvilket man med en vis ret stadig kan hævde med henvisning til de i dag mere end 28.000 aktionærer. Men så tidligt som under 2. verdenskrig gik der rygter om, at Rederiet J. Lauritzen forsøgte at opkøbe DFDS.

Copenhagen-Canary Islands

Until 1953 the call at the Canary Islands was part of the route to South America. At the beginning of 1953, however, an independent service was inaugurated between the islands and Denmark, with regular calls at Madeira. The freight basis was first and foremeost bananas and tomatoes for the Danish market, and the route was therefore served by ships with refrigerated holds. In 1967 the direct service was discontinued, but service to the islands continued as part of the South America route.

Esbjerg-Newcastle

In 1953 a new passenger route was begun between Esbjerg and Newcastle. It has been operated ever since, primarily in the summer months from June to September.

Nordana Line

Together with Fearnley & Eger in Oslo a new, vigorous liner service between the Gulf of Mexico and the Mediterranean was initiated in December 1957. For the first time in its history the Company played the role of "cross trader." All former routes had either started from or made calls at Danish ports (or "flag ports" for the foreign DFDS ships). FERNGULF from the Norwegian company inaugurated the service 15 December 1957, when it sailed from Naples. RHODOS was the first DFDS ship on the route. The collaboration with the Norwegian company continued until 1964, after which DFDS continued to operate the route alone. The route served ports on the Gulf of Mexico in the U.S.A., Mexico, Venezuela, and the West Indies, and Mediterranean ports in Marocco, Algeria, Tunis, Libya, Egypt, Syria, Greece, Italy, France, and Spain. Over the years around 30 different DFDS ships have been in service on the route.

New owners

Over the course of time DFDS shares had become distributed among many shareholders, and the Company could in effect be described as "the property of the people," a claim which can still be maintained with reference to the more than 28,000 shareholders of the present day.

Disse forlydener døde hurtigt bort, men blussede igen op i begyndelsen af 1960'erne. På generalforsamlingen i 1964 kunne Rederiet J. Lauritzen repræsentere en aktiekapital på lidt over 50% og skibsreder Knud Lauritzen blev indvalgt i bestyrelsen.

DFDS videreførtes som en selvstændigt virksomhed, og det blev hurtigt til et "fornuftsægteskab" mellem de to rederier, der er et godt supplement til hinanden med J. Lauritzen's hovedvægt på køle- og tankfart samt offshore-aktiviteter, og DFDS først og fremmest med passagerfart og ro/ro-fragtfart.

But as early as during World War II there were rumors to the effect that the Rederiet J. Lauritzen was trying to buy up DFDS. The rumors faded quickly, but flared up again at the beginning of the 1960s. At the annual general meeting in 1964 J. Lauritzen was in possession of a share capital of somewhat more than 50%, and the shipowner Knud Lauritzen was elected to the Board of Directors.

DFDS continued to be run as an independent company, and there soon was a "marriage of convenience" between the two companies. They supplement each other well, with J. Lauritzen's emphasis on refrigerated and tanker service and offshore activities, and DFDS's concentration first and foremost on passenger transport and ro/ro freight traffic.

Nordana Line - fragtruten mellem Mexico-Golfen og Middelhavet - startede i 1957 og afhændedes i 1984.

Nordana Line - the freight route between the Gulf of Mexico and the Mediterranean - was started up in 1957 and sold in 1984.

DFDS' skibsruter

I 1866 omfattede Selskabets ruter indenrigsfart til næsten alle danske provinshavne, fart i Østersøen til Flensburg, Kiel, Stettin. Danzig og Königsberg, fart på Norge, Island og Færøerne samt fart fra København til England og Belgien.

Ved Selskabets 60-års jubilæum i 1926 var rutenettet blevet betydeligt udvidet med bl.a. oversøiske ruter til Nord- og Sydamerika samt Middelhavet. I Østersøen besejledes også De baltiske Stater og Leningrad,

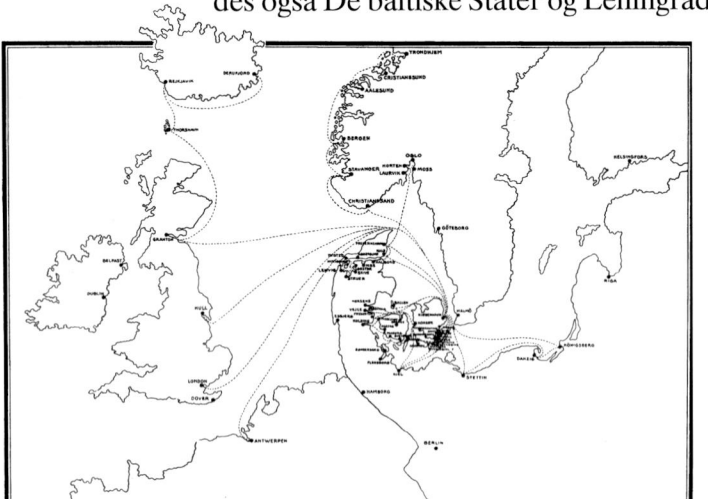

DFDS' ruter ved starten i 1866.

DFDS routes at the beginning in 1866.

DFDS Shipping Routes

In 1866 the Company's shipping routes included nearly all Danish provincial ports; service on the Baltic to Flensburg, Kiel, Stettin, Danzig, and Königsberg; service to Norway, Iceland, and the Faroe Islands; and service from Copenhagen to England and Belgium.

On the Company's sixtieth anniversary in 1926 the route network was considerably expanded with overseas routes to North- and South America and to the Mediterranean. In the Baltic there were now also routes to the Baltic states and Leningrad, and there were ports of call in France, Spain, and Portugal as well. The North Sea traffic had been considerably expanded since the opening of the Port of Esbjerg and the domestic route network had also become more comprehensive.

Today, 65 years later, the DFDS route map resembles the one from 1866, with service on the North Sea and the Baltic, and to Norway and the Faroe Islands, but

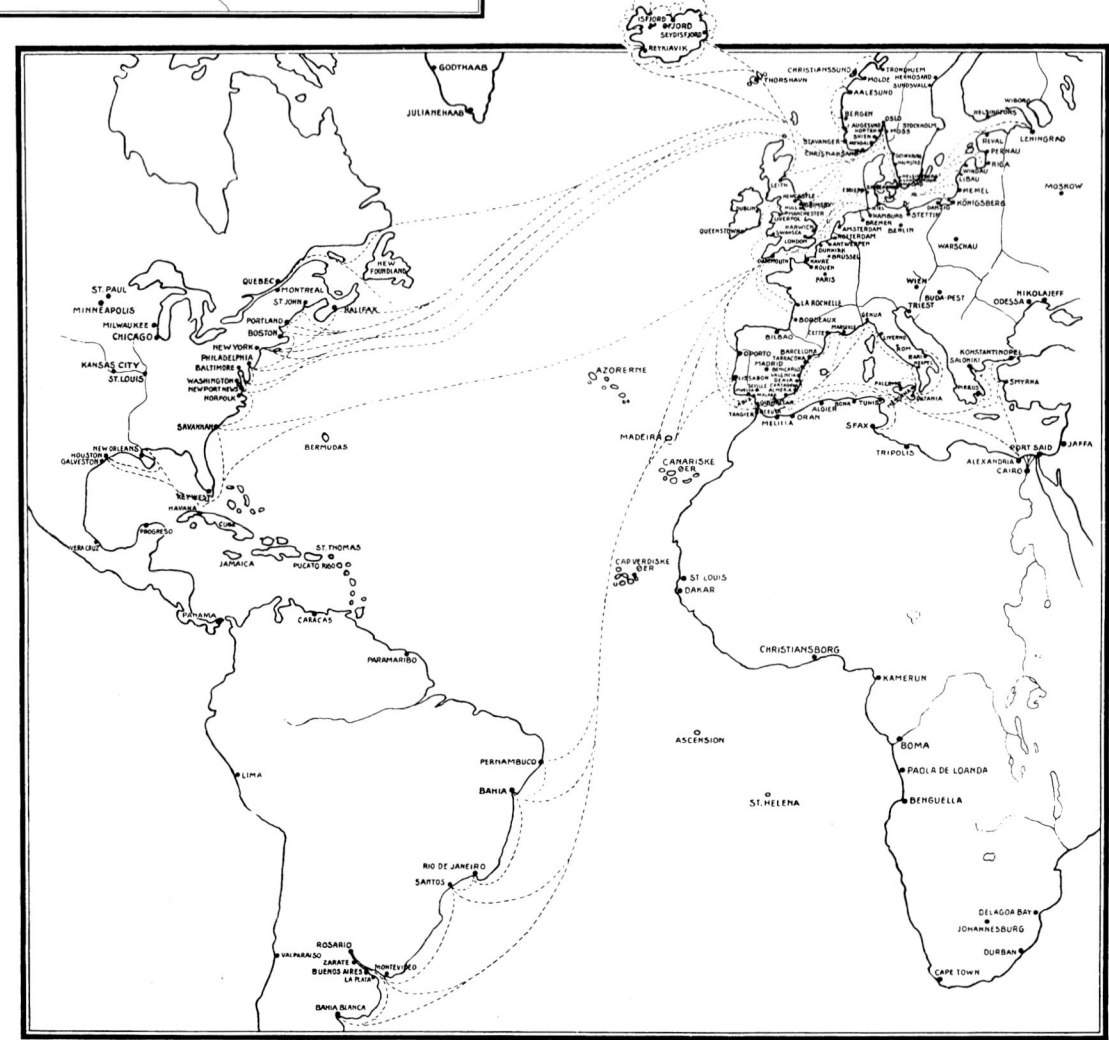

Selskabets ruter i 1926 omfattede tillige oversøiske destinationer.

The Company's routes in 1926 also included overseas destinations.

50

ligesom Frankrig, Spanien og Portugal blev anløbet. Nordsø-trafikken var blevet væsentligt udvidet siden åbningen af Esbjerg Havn og indenrigsrutenettet var ligeledes blevet mere omfattende.

I dag - yderligere 65 år senere - ligner DFDS' rutekort det fra 1866 med fart på Nordsøen, i Østersøen og til Norge og Færøerne, men den transporterede gods- og passagermængde er en del større end for 125 år siden. DFDS er udover Danmark repræsenteret med egne kontorer i Sverige, Norge, Finland, Storbritannien, Irland, Tyskland, Holland, Belgien, Spanien, Portugal og USA samt gennem agenter i en lang række andre lande.

the transported volumes of freight and number of passengers are a lot larger than they were 125 years ago. In addition to its offices in Denmark, DFDS is represented with own offices in Sweden, Norway, Finland, Great Britain, Ireland, Germany, Holland, Belgium, Spain, Portugal, and the United States, and through agents in many other countries.

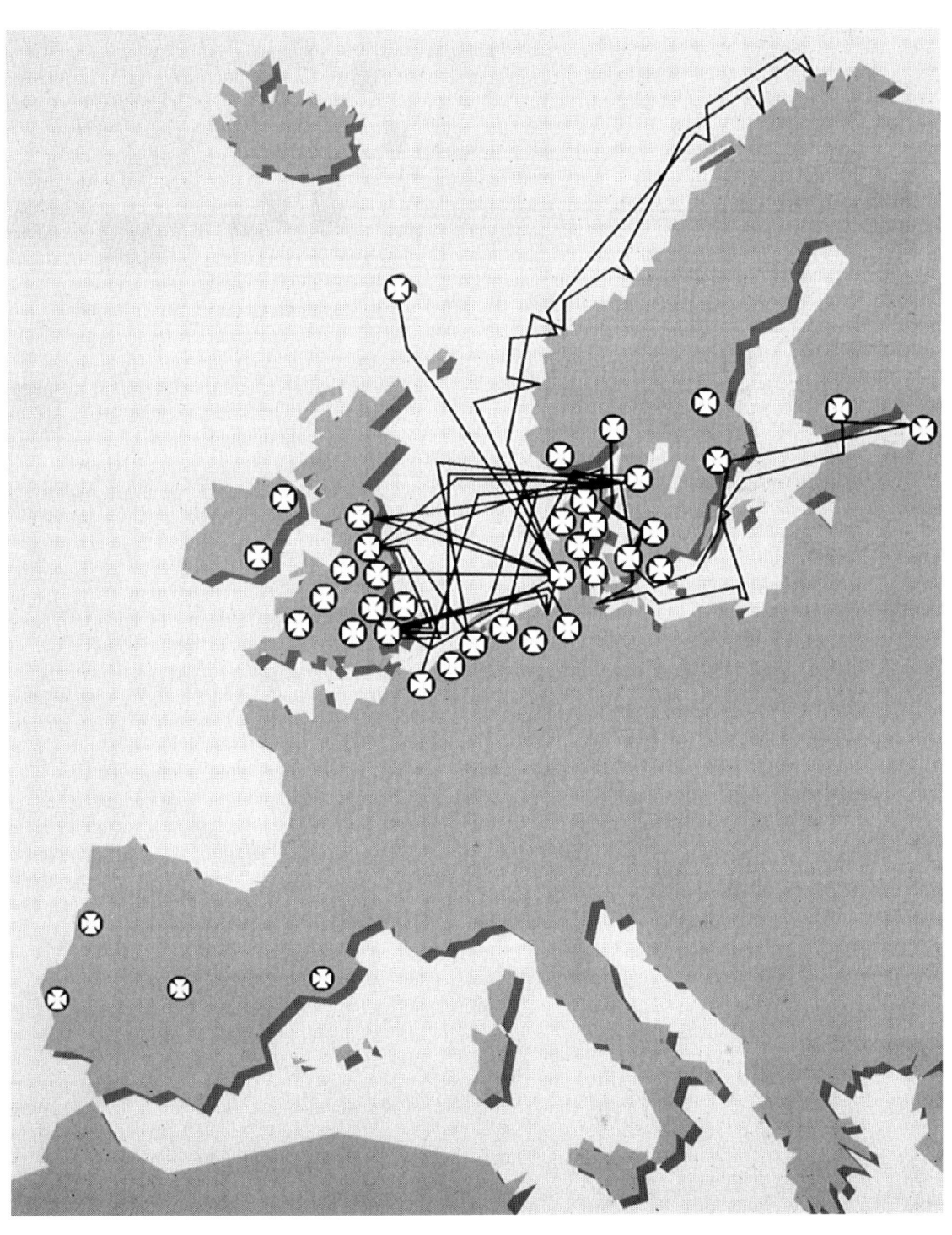

I 1991 er DFDS' skibsaktivitet primært koncentreret omkring Nordsøen. Selskabets egne kontorer er markeret på kortet ved et malteserkors.

In 1991 DFDS's shipping activity is concentrated primarily on the North Sea. The Company's own offices are indicated on the map with a Maltese cross.

51

*Roll on/roll off-
alderen startede i 1966*

*The Roll on/roll off
age began in 1966*

De seneste 25 år
1966-1991
Af Henrik Vaupel

The Past 25 Years
1966-1991
By Henrik Vaupel

Jubilæumsåret 1966

I 100-året for Selskabet's stiftelse bestod flåden af 13 passagerskibe, 53 fragtskibe, 4 bugserfartøjer og 39 pramme med en samlet bruttotonnage på 188.725 tons eller 215.650 tons dødvægt. DFDS havde bl.a. interesser i Mols-Linien A/S, Hotel Codan A/S, Helsingør Skibsværft og Maskinbyggeri A/S, Frederikshavn Værft & Tørdok A/S samt en række pakhusforretninger og ejendomme.

Indenrigsfarten

DFDS havde en omfattende indenrigsfart med både fragt og passagerer. Hovedruterne København-Aalborg og København-Århus besejledes med henholdsvis JENS BANG og H.P. PRIOR samt HANS BROGE og C.F. TIETGEN. Fragtskibe af forskellig type besejlede de store jydske provinsbyer med anløb flere gange om ugen.

Udenrigsfarten

Udenrigsfragtfarten beskæftigede 53 fragtskibe, og ruterne gik til Storbritannien, Nord- og Sydamerika, USA-Gulfen, det vestlige og østlige Middelhav, Spanien, Portugal, Frankrig, Holland, Belgien, Vestnorge, Finland samt Island og Færøerne.

Passagerfarten

I passagerfarten på København-Oslo ruten sejlede PRINSESSE MARGRETHE og KONG OLAV V, bygget henholdsvis i 1957 og 1961. Esbjerg-Harwich ruten betjentes af den kun to år gamle ENGLAND og KRONPRINSESSE INGRID fra 1949. Esbjerg-Newcastle ruten betjentes af KRONPRINS FREDERIK, bygget i 1941, men først sat i fart i 1946 på grund af krigen. På Frederikshavn-Oslo ruten sejlede AKERSHUS fra 1965 og SKIPPER CLEMENT fra 1963. Færø-ruten besejledes med KRONPRINS OLAV, bygget i 1937. Den gamle AALBORGHUS fra 1936 afløste bl.a. på indenrigs- og Oslo-ruterne. Passagerfarten med BOTNIA til Helsingfors blev indstillet i 1966 og skibet, som tidligere nævnt, solgt.

The Jubilee Year 1966

On the centennial of the Company's founding the fleet consisted of 13 passenger ships, 53 freight ships, 4 tugboats, and 39 barges with a total gross tonnage of 188,725 tons or 215,650 tons deadweight. DFDS had interests in Mols-Line A/S, Hotel Codan A/S, Helsingør Shipyard and Engine Works A/S, Frederikshavn Shipyard & Drydock A/S, and a number of warehouse businesses and properties.

Domestic Service

DFDS operated comprehensive domestic service with both freight and passengers. The major routes, Copenhagen-Aalborg and Copenhagen-Århus, were serviced by JENS BANG and H.P. PRIOR, and HANS BROGE and C.F. TIETGEN, respectively. Freight ships of various types called at the large provincial cities of Jutland several times a week.

Foreign Service

Foreign freight service engaged 53 freight ships, which sailed to Great Britain, North- and South America, the Gulf of Mexico, the western and eastern Mediterranean, Spain, Portugal, France, Holland, Belgium, western Norway, Finland, Iceland, and the Faroe Islands.

Passenger Service

Passenger service on the Copenhagen-Oslo route was operated by PRINSESSE MARGRETHE, built in 1957, and KONG OLAV V, built in 1961. The Esbjerg-Harwich route was operated by the only-two-year-old ENGLAND, and KRONPRINSESSE INGRID from 1949. The Esbjerg-Newcastle route was operated by KRONPRINS FREDERIK, which was built in 1941 but not entered into service until 1946 due to the war. AKERSHUS sailed on the Frederikshavn-Oslo route from 1965, as did SKIPPER CLEMENT from 1963.

The Faroe route was operated by KRONPRINS OLAV, built in 1937. The old AALBORGHUS from 1936 served as replacement on the domestic and Oslo routes. Passenger service to Helsingfors with BOTNIA was discontinued in 1966 and the ship was sold, as already mentioned.

Med BOTNIA*'s salg i 1966 var en epoke i DFDS slut. Dampfløjten havde lydt for sidste gang.*

With the sale of BOTNIA *in 1966 an epoch at DFDS ended. The steam whistle had sounded for the last time.*

De nye tider

Der foregik i 1966 en fortsat kraftig udskiftning af tonnagen. To passagerskibe og 8 fragtskibe blev afhændet og 13 fragtnybygninger kom til.

DFDS' nybygningsprogram ved indgangen til 1967 omfattede 14 skibe, nemlig to linieskibe til oversøisk fart, 4 ro/ro-skibe til den indenrigske lasttrafik, et ro/ro-skib til Nordsøfarten, et passager- og bilskib til Esbjerg-Harwich ruten, to passager- og bilskibe til København-Oslo ruten, to passager- og bilskibe til København-Aalborg ruten samt to bulkskibe.

På land havde DFDS investeret i nye terminalanlæg i flere havne, senest på Sluseholmen i København, i Esbjerg og i nogle øst-engelske havne.

The New Age

In 1966 there was a continued major renewal of tonnage. Two passenger ships and eight freight ships were sold and 13 new freight ships were acquired.

DFDS's new ship construction program at the beginning of 1967 comprised 14 ships, namely two liners for overseas service, four ro/ro ships for domestic freight traffic, one ro/ro ship for the North Sea traffic, one passenger and car ship for the Esbjerg-Harwich route, two passenger and car ships for the Copenhagen-Oslo route, two passenger and car ships for the Copenhagen-Aalborg route and two bulk ships.

On land DFDS had invested in new terminal installations in several ports, most recently at the Sluseholmen in Copenhagen, in Esbjerg, and in some ports in eastern England.

55

Det lykkelige ægteskab

DFDS har i hele sin levetid haft to hovedaktiviteter, der altid har været tæt knyttet til hinanden, fragtfart og passagerfart - fragtskibene har ofte medtaget passagerer og passagerskibene medtager fragt. Som det ofte har været udtrykt, et lykkeligt ægteskab mellem fragt og passagerer. De to aktiviteter er dog divisionsmæssigt adskilte, og de har naturligt nok udviklet sig forskelligt.

Fragtfarten blev til DFDS Transport

Nøgleordet er transportløsninger

I forbindelse med udskiftningen af DFDS' Nordsø-tonnage i midten af 1960'erne, hvor den konventionelle skibstype blev erstattet med roll on/roll off-tonnage, oprettede DFDS en særlig marketingfunktion, *Transport-Rationaliserings Afdelingen*. Det oprindelige formål med denne afdeling var at lette overgangen fra konventionel til rationel driftsform, container- og flat-transport, ved at tilbyde konsultativ service overfor Selskabets kunder. I 1977 havde DFDS opnået en førende position på dør-til-dør markedet mellem Danmark og England samtidig med at Selskabet kontrollerede produktionsapparatet i form af egne skibe, kørselsselskaber, trailere samt kontorer og terminaler i udlandet. Samme år ændredes navnet til **DFDS Transport.**

The happy marriage

Throughout its lifetime DFDS has had two major activities that have always been closely linked to each other: freight service and passenger service. The freight ships have often transported passengers and the passenger ships have often transported freight. As it has been said many times, a happy marriage of freight and passengers. The two activities are, however, separated in their divisional organization, and of course they have developed differently.

Freight shipping service became DFDS Transport

The keyword is transport solutions

In connection with replacement of the DFDS North Sea tonnage in the mid-1960s, when the conventional ships were replaced with roll on/roll off tonnage, DFDS created a special marketing function, the *Transport-Rationalization Department*.

The original purpose of this department was to ease the transition from conventional to rational operation, and from conventional to rational container- and flat transport, by offering consultative service to the Company's customers. In 1977 DFDS had achieved a leading position on the door-to-door market between Denmark and England.

I 1975 gik DFDS for alvor ind i lastbiltransport ved overtagelse af vognmandsvirksomheden E.O.Hooks i England.

In 1975, with the takeover of the haulage company E.O. Hooks in England, DFDS became seriously involved in trailer transport.

Aktiviteter og organisationsstruktur

Siden etableringen af den nuværende organisationsstruktur i DFDS i 1987, har DFDS Transport haft følgende hovedaktiviteter: Transport og spedition, Skibsaktiviteter, Dør-til-dør aktiviteter, Køl/frys, Logistik, Projekt/Luftfragt/Oversø, Linieagentur og Vognmandsaktiviteter.

I 1991 består DFDS Transport's organisation af hovedkontoret i København samt kontorer i Odense, Horsens, Århus, Esbjerg, Aalborg og Ikast med 650 medarbejdere.

Derudover omfatter organisationen 5 kørselsselskaber i Danmark og England samt 35 internationale speditionskontorer og -selskaber placeret i Norge, Sverige, Finland, Tyskland, Holland, Belgien, Storbritannien, Irland, Portugal, Spanien og USA. Ialt beskæftiger Transport Divisionen 1.700 medarbejdere.

Hjemmemarkedet er Europa, men udover dette markedsområde tilbyder DFDS Transport dør-til-dør transport til oversøiske destinationer, baseret på egen service samt som linieagent for internationale rederier som nævnt under afsnittet DFDS Liner Agency.

At the same time the Company controlled the production apparatus in the form of own ships, haulage companies, trailers, and offices and terminals abroad. That same year the name was changed to **DFDS Transport.**

Activities and organizational structure

Since the establishing of the present organizational structure in DFDS in 1987 DFDS Transport has had the following major activities: transport and forwarding, shipping activities, door-to-door activities, temperature-controlled transports, logistics, project/air freight/overseas, liner agency, and haulage activities.

In 1991 DFDS Transport's organization consists of the head office in Copenhagen and offices in Odense, Horsens, Århus, Esbjerg, Aalborg, and Ikast with 650 employees. In addition the organization comprises five haulage companies in Denmark and England as well as 35 international forwarding offices and companies located in Norway, Sweden, Finland, Germany, Holland, Belgium, Great Britain, Ireland, Portugal, Spain, and the U.S.A. In all, the Transport Division employs 1,700 people.

Ro/ro-containerskibet SURREY blev indsat i 1968, men allerede i 1975 var der behov for større kapacitet og skibet forlængedes med 18,2 m.

The ro/ro container ship SURREY was entered into service in 1968, but already in 1975 greater capacity was required, and the ship was extended by 18.2 meters.

DFDS er 50%- partner i Danish Food Transport.

DFDS is a 50% partner in Danish Food Transport.

DFDS Transport's primære produkt er integreret dør-til-dør transport med udgangspunkt i kundernes behov for fleksibilitet, stabilitet, transittid, frekvens og et konkurrencedygtigt omkostningsniveau.

De sekundære produkter består i supplerende speditionsydelser i form af distribution, lagerstyring, klarering samt andre servicefunktioner indenfor det interne og eksterne transportområde.

I samarbejde med Danmarks største kødeksportør, ESS Food, har DFDS Transport etableret et internationalt transportselskab, Danish Food Transport I/S, som specialiserer sig i temperaturreguleret transport.

DFDS Transport har desuden en betydelig erfaring med tankcontainer-, sværgods- og projekttransport.

Siden 1980 har DFDS Transport beskæftiget sig med logistik, og i 1989 oprettedes en Logistik Afdeling, som i samarbejde med store internationale kunder har udviklet integrerede transport- og distributionsløsninger inden for Europa, baseret på gods-til-tiden princippet. Endvidere etableredes i 1989 egen luftfragtorganisation i Danmark. Den omfatter nu også Storbritannien og Sverige.

Det, at DFDS Transport ejer transportapparatet - skibe og lastbiler - betyder fuld kontrol over dør-til-dør produktet og et højt kvalitetsniveau. DFDS Transport råder over egne skibsruter i Skandinavien, Tyskland, Holland, Belgien og UK-området. Der er en flåde på 5.000 containere og trailere samt omkring 500 lastbilforvogne parat i kørselsselskaberne, og DFDS Transport har egne kontorer og stykgodsterminaler på alle markeder.

Med udgangspunkt i dør-til-dør transporterne udbygger DFDS Transport kommunikationen via et integreret datanet, hvorved samtlige kontorer opererer gennem et nyudviklet internationalt transport- og speditionssystem, CargoLink.

The home market is Europe, but in addition to this market area DFDS Transport offers door-to-door transport to overseas destinations based on own service, and as liner agent for international shipping companies as mentioned in the section called DFDS Liner Agency.

DFDS Transport's primary product is integrated door-to-door transport based on its customers' requirements regarding flexibility, stability, transit time, frequency, and a competitive cost level.

The secondary products consist of supplementary forwarding services in the form of distribution, warehouse control, customs clearance, and other service functions within the internal and external transport area.

In collaboration with the largest Danish food exporter, ESS Food, DFDS Transport has established an international transportcompany, Danish Food Transport I/S, which specializes in temperature-controlled transport.

Furthermore, DFDS Transport has considerable experience in tank container-, heavy lift-, and project transports.

Since 1980 DFDS Transport has worked with logistics, and in 1989 a Logistics Department was formed. In collaboration with important international customers the department has developed integrated transport and distribution solutions in Europe, based on the just-in-time principle. In 1989 they also established their own air freight organization in Denmark. The organization now includes Great Britain and Sweden as well.

That DFDS Transport owns its transport apparatus - ships and trailers - means full control over the door-to-door product and a high level of quality. DFDS Transport has its own shipping routes in Scandinavia, Germany, Holland, Belgium, and the United Kingdom. The haulage companies have ready a fleet of 5,000 containers and trailers, and around 500 trucks, and DFDS Transport has its own offices and groupage terminals on all markets.

With door-to-door transports as a starting point DFDS Transport is expanding communication via an integrated data network. Thanks to this data network all offices use a newly-developed international transport and forwarding system: CargoLink.

I august 1991 indviede DFDS Transport i Malmö en ny, stor terminal på 3.500 m² med moderne rampe- og kontorfaciliteter.

In August 1991 DFDS Transport in Malmö inaugurated a new, 3,500 m² terminal with modern ramps and office facilities.

I 1991 gennemførte DFDS Transport et EDI pilotprojekt med IBM Danmark og påregner i de kommende år at etablere direkte datakommunikation med en række nationale og internationale kunder, baseret på fælles standarder. Det øgede krav til totalløsninger har skærpet kravet om, at DFDS Transport i samarbejde med kunderne opstiller fælles kvalitetsstandarder for derigennem at sikre, at transportydelsen indgår som en integreret del af virksomhedens logistikkoncept.

In 1991 DFDS Transport did an EDI pilot project with IBM Denmark and it plans to establish direct data communication with a number of national and international customers in coming years, based on joint standards. The increased demand for total solutions has exacerbated the need for DFDS Transport, in collaboration with its customers, to set up joint quality standards in order to ensure that the transport service is an integral part of the company's logistics concept.

Ændret struktur i passagertrafikken

Mod nye passager-målgrupper med Scandinavian Seaways

I 1966 var DFDS' passagerfart organiseret i én stor passagerafdeling, der administrerede alle passagerruterne. Med den kraftige udvikling i passageraktiviteterne i de følgende år var der behov for at opdele passagerfarten i mindre enheder, og i 1971 i forbindelse med åbningen af Middelhavs-passagerruterne blev markedsføringsnavnet for passagerruterne, **DFDS Seaways**, introduceret.

Passageraktiviteterne opdeltes i tre resultatcentre: Passagerfart Syd, der dækkede Middelhavs-ruterne, Passagerfart Vest, der omfattede Englands-ruterne og Passagerfart Nord, der varetog Norges-ruterne.

Et velfungerende agentnet etableredes i hele Europa, primært af hensyn til Middelhavs-ruterne, men agenturerne omfattede også Norges- og Englands-ruterne. DFDS' passagerruter var på vej mod en større internationalisering.

Behovet for transport af personbiler var stærkt stigende i slutningen af 1960'erne og i 1970'erne, og tonnagen indrettedes herpå, således at alle DFDS' passagerruter fra begyndelsen af 1970'erne betjentes af passagerskibe med roll on/roll off faciliteter.

Samtidig begyndte DFDS at markedsføre sin passagertrafik efter en ny filosofi. Hvor det tidligere blot havde været en transportform ændredes skibene til "flydende hoteller", der udover at kunne byde på velindrettede kahytter med privat bad og toilet, også havde lækre restauranter med menuer i international klasse, barer og saloner med underholdning og dans, biografer, aktiviteter for børnene, toldfri butikker og meget andet. Kort sagt, målet var at gøre sejlturen til en del af ferien. Denne filosofi er udviklet yderligere gennem årene.

I 1974 samledes passagertrafikken af praktiske grunde i to centre, Passagerfart Nord og Passagerfart Syd, men efter nedlæggelsen af Middelhavs-ruterne i 1982 indførtes igen én passagerafdeling med ruteopdelt organisation, hvor hver rute fik sin sektionsleder.

Changed structure in passenger operations

Toward new passenger target groups with Scandinavian Seaways

In 1966 DFDS's passenger operations was one big passenger department which managed all passenger routes. With the heavy expansion of passenger activities in the following years there was a need to divide up the passenger service into smaller units. In 1971, in connection with the opening of the Mediterranean passenger routes, **DFDS Seaways,** the marketing name for the passenger routes, was introduced.

The passenger activities were divided into three result centers: Passenger Operations South, covering the Mediterranean routes, Passenger Operations West, comprising the England routes, and Passenger Operations North, which managed the Norway routes.

A well-functioning agency network was established throughout Europe, primarily with regard to the Mediterranean routes, but the agencies also handled the Norway and England routes. DFDS's passenger routes were on the way toward a greater degree of internationalization.

The requirement for transport of automobiles was sharply on the rise at the end of the 1960s and in the 1970s. Tonnage was designed to accommodate this, and from the beginning of the 1970s all DFDS passenger routes were served by passenger ships with roll on/roll off facilities.

At the same time DFDS began to market its passenger traffic according to a new philosophy. From their former function as a mere form of transportation the ships were converted into "floating hotels" which, in addition to being able to offer well-appointed cabins with private baths and toilets, also had fine restaurants with menus of international standard, bars and cabarets with entertainment and dancing, cinemas, activities for children, tax-free shops, and much more. In short, the goal was to make the voyage a part of the vacation. This philosophy has been further developed over the years.

Et moderne passagerskib kan tilbyde menuer i international klasse i lækre restauranter. "Blue Riband" er navnet på DFDS' à la carte-restauranter - her om bord på PRINCESS OF SCANDINAVIA.

A modern passenger ship must be able to offer fine restaurants serving menus in international class. DFDS' à la carte restaurants are called "Blue Riband." Here is the Blue Riband on board PRINCESS OF SCANDINAVIA.

Ved divisionaliseringen af DFDS i 1985 blev alle passageraktiviteter samlet i Passager Divisionen og markedsføringen blev intensiveret og markedsopdelt i 5 markeder: Danmark, Sverige, Norge, U.K. og Tyskland. Specielt udvikledes nye områder som f.eks. incentive- og konferencerejser.

I 1987 åbnede DFDS Seaways et salgskontor i Fort Lauderdale, Florida, USA, på grund af et stadigt stigende antal amerikanske passagerer på de nordeuropæiske ruter.

Som et led i den fortsatte internationalisering af DFDS - omkring 75% af DFDS' passagerer kommer fra udlandet, og de havde vanskeligheder med både at udtale og forstå betydningen af de fire bogstaver "DFDS" - besluttedes det i 1988 at introducere markedsføringsnavnet, **Scandinavian Seaways**, for hele DFDS' passagertrafik. Dette navn blev malet på siderne af passagerskibene, ligesom fire af disse, i forbindelse med ombygning, har fået nye navne med "efternavnet" OF SCANDINAVIA: KING, QUEEN, PRINCE og PRINCESS.

For practical reasons passenger operations was divided into two centers in 1974, Passenger Operations North and Passenger Operations South, but after the Mediterranean routes were discontinued in 1982, a single passenger department with an organization divided by route was reinstated. Each route had its own section leader.

When DFDS was divisionalized in 1985 all passenger activities were united in the Passenger Division. Marketing was intensified and the market was divided into five segments: Denmark, Sweden, Norway, U.K. and Germany. New areas such as, for example, incentive and conference travel, were developed.

In 1987 DFDS Seaways opened a sales office in Fort Lauderdale, Florida, because of a continually increasing number of American passengers on the North European routes.

As part of the continued internationalization of DFDS - around 75% of DFDS's passengers come from abroad, and have difficulty in pronouncing and understanding the meaning of the four letters "DFDS" - it was decided in 1988 to introduce the marketing name **Scandinavian Seaways** for DFDS passenger operations as a whole. This name was painted on the sides of passenger ships. In connection with rebuilding, four ships were given new names - all with the "surname" OF SCANDINAVIA: KING, QUEEN, PRINCE, and PRINCESS.

Quality Crew er navnet på et kvalitetsudviklingsprojekt i Passager Divisionen - En bedre måde at rejse på! - er divisionens slogan.

Quality Crew is the designation for a quality development project in the Passenger Division. "A better way of travelling!" is the division's slogan.

Produktets forædling

Service og kvalitet får stadig større betydning i en moderne transportvirksomhed, og som en konsekvens heraf har Passager Divisionen gennemført et stort kvalitetsudviklingsprojekt, "Quality Crew", hvor samtlige ansatte har deltaget i specielt udviklede kurser. Dette projekt har været vellykket, det har ændret medarbejdernes holdning til servicekvalitet og givet gode resultater. Undervisningen bliver løbende fulgt op med nye kurser.

Scandinavian Seaways har fem rejsebureauer i Danmark og egne salgskontorer i Göteborg, Stockholm, Malmö, Helsingborg, Oslo, London og Hamburg.

Et nyt, avanceret edb-ledelsesværktøj, **S**ystem for **T**ravel **Ar**rangements, også kaldet STAR, blev taget i brug fra 1. januar 1991. Det indebærer en langt bedre mulighed for disponering af kapaciteten samt at alle reservationer, lige fra skibsbillet over hotelbestilling til f.eks teaterbillet og meget andet kan reserveres af DFDS' bookingmedarbejder på systemet.

Product improvement

Service and quality are of ever-increasing importance in a modern transport company, and in consequence the Passenger Division has carried out a major quality-awareness project called "Quality Crew," in which all employees have participated in specially planned courses. This project has been successful; it has changed employees' attitudes to quality of service, and has given good results. Instruction is periodically updated with new courses.

Scandinavian Seaways has five travel agencies in Denmark and its own sales offices in Gothenburg, Stockholm, Malmö, Helsingborg, Oslo, London, and Hamburg.

A new, advanced electronic data management tool, **S**ystem for **T**ravel **A**rrangements, also called STAR, was taken into use on 1 January 1991. The system makes it far more possible to use ship capacity fully. And the DFDS booking staff can book all reservations, from the ship tickets to hotel bookings to theater tickets and many other things, on the system.

Fragtfartens linier og ruter

Fra at betjene flere oversøiske ruter til bl.a. Middelhavet, Nord- og Sydamerika er DFDS' fragtruter nu koncentreret udelukkende om Nordsø-området.

Hovedparten af DFDS' fragtskibe har været indrettet til at kunne medtage op til 12 passagerer, bl.a. i Middelhavs- og Levant-farten, på USA, til Sydamerika, de Kanariske Øer og Madeira.

Indenrigs-fragtfarten

Fragtfarten fra København til alle større provinsbyer i Danmark blev indtil 1967 drevet med konventionel tonnage. Der sejledes med alskens stykgods, ligesom det gods, DFDS' oversøiske fragtskibe bragte til Danmark, f.eks. kaffe fra Sydamerika og frugt fra Middelhavet, omladedes i København og viderebefordredes til provinsen. Imidlertid havde godstilgangen i flere år været for nedadgående i konkurrence med landværts transport, og i sommeren 1967 rationaliseredes indenrigsfragtruterne. Fire ro/ro-skibe, FIRLINGEN, ROLLINGEN, TRILLINGEN og TUMLINGEN, "træsko"-skibene som de kaldtes efter deres facon, blev indsat, og de gav et acceptabelt resultat. Efter nedlæggelsen af de indenrigske passagerruter i september 1970, blev fragtfarten omlagt, således at de fire "træsko" betjente Århus, Aalborg og Sønderborg, men den stadig stigende konkurrence fra bl.a. lastbiltransporten gjorde, at ruterne blev stadig mere urentable og den indenrigske fragtfart ophørte i august 1971.

Farten på USA

I 1966 indsattes en række af de nye linieskibe af "Nebraska"-typen, hvorved en udbygning af forbindelsen fra US-Gulfen til Storbritannien og Skandinavien blev mulig. Lasten bestod hovedsagelig af stykgods, landbrugsprodukter, korn- og gødningsprodukter, foderstoffer, kul og stål. Udgående blev der etableret hyppigere afsejlinger til New York, mens farten fra nordamerikanske østkysthavne til Danmark dog blev indstillet på grund af stigende flagdiskrimination og deraf følgende minimal lasttilgang.

The freight service lines and routes

From operating several overseas routes to the Mediterranean and to North- and South America, DFDS's freight routes are now concentrated exclusively on the North Sea.

Most of DFDS's freight ships were designed to accommodate as many as twelve passengers on the Mediterranean and Levant service, to the U.S.A., to South America, to the Canary Islands, and to Madeira.

Domestic freight service

Freight service from Copenhagen to all large provincial towns in Denmark was operated with conventional tonnage until 1967. All kinds of general cargo were transported, and overseas freight brought by DFDS to Denmark, such as coffee from South America and fruit from the Mediterranean, was transshipped in Copenhagen and sent on to the provinces.

Freight quantities had, however, been declining for several years in competition with overland transport, and in the summer of 1967 the domestic freight routes were rationalized.

Four ro/ro ships, FIRLINGEN, ROLLINGEN, TRILLINGEN, and TUMLINGEN, the "wooden shoe ships," as they were called because of their shape, were entered into service on the routes and they gave an acceptable result.

After the discontinuation of the domestic passenger routes in September 1970 freight service was reorganized so that the four "wooden shoes" served Århus, Aalborg, and Sønderborg. The ever-increasing competition from trailer transport caused the routes to be less and less profitable, and domestic freight service was suspended in August 1971.

Service to the U.S.A.

In 1966 a number of the new liners of the "Nebraska" type were entered into service, making possible an expansion of the connection from the Gulf of Mexico to Great Britain and Scandinavia.

Hjemgående lastedes der herefter kun fra Gulfen. Imidlertid viste denne fart fortsat urentabilitet på grund af øget konkurrence fra containerskibe, hastigt stigende omkostninger og lange ekspeditionstider i havnene, og den indstilledes i 1967. Kræfterne sattes ind på ruten fra US-Gulfen, og på østkysthavnene indledtes et samarbejde med ACL - Atlantic Container Line, hvor DFDS fik repræsentationen i Danmark.

Containeriseringen gjorde sig mere og mere gældende, og efter en periode med tidsbefragtede containerskibe og samarbejde med andre rederier ophørte DFDS' fart med egen tonnage på Nordamerika i 1970.

Nordana Line

Ruten mellem US-Gulfen og Middelhavet, der startede i 1957 og som DFDS siden 1964 havde drevet alene, efter at den norske partner havde trukket sig ud, viste fortsat rimelige resultater. Nordana Line sejlede bl.a. med industriprodukter, olieboreudstyr etc., fra USA til Middelhavs-landene, og frugt som returlast. I 1970 indsattes fire af linieskibene, men politisk uro i Libyen fra 1971 resulterede i vigende fragt, og man forsøgte at komplettere med en ny rute fra US-Gulfen til Vestafrika. Denne viste dog utilfredsstillende resultater og indstilledes året efter. Vestgående var Nordana Line udsat for tiltagende flagdiskrimination og ventetid i nordafrikanske havne, mens lasttilgangen østgående var god. Efter nogle år med rimelige resultater mærkedes i 1978 en stærkt stigende efterspørgsel efter containere, og udviklingen i retning af større og tungere lastenheder gjorde det nødvendigt at udskifte tonnagen.

Fire nye multipurpose-skibe af Dana America-typen blev indsat på Nordana-ruten i 1979.

Four new multi-purpose ships of the Dana America type were entered into service on the Nordana route in 1979.

The cargo consisted primarily of general cargo, agricultural products, grain and fertilizer products, fodder, coal, and steel. More frequent outbound sailings to New York were established, while service from North American east-coast ports to Denmark was suspended due to increasing flag discrimination and consequent minimal cargo increase. Hereafter only ships from the Gulf were loaded for the homeward bound voyage. This service still proved to be unprofitable due to increased competition from container ships, rapidly increasing costs, and long dispatch times in the ports, and it was discontinued in 1967. Efforts were concentrated on the route from the Gulf of Mexico, and in the east-coast ports a collaboration was begun with ACL - Atlantic Container Line - which granted to DFDS rights of representation in Denmark.

Conversion to containers became more and more common and, in 1970, after a period with time-chartered container ships and collaboration with other shipping companies, DFDS discontinued its service with own tonnage to North America.

Nordana Line

The route between the Gulf of Mexico and the Mediterranean which was begun in 1957 and which DFDS had operated alone since 1964 after the Norwegian partner had withdrawn, continued to show reasonable results. Nordana Line sailed with industrial products, oil drilling equipment, etc, from the U.S.A. to the Mediterranean countries, with fruit as return load. In 1970 four of the liners were entered into service, but political unrest in Libya, beginning in 1971, resulted in declining freight. An attempt was made to compensate with a new route from the Gulf of Mexico to West Africa. This route showed unsatisfactory results, however, and was discontinued the following year.

Westbound the Nordana Line was subject to increasing flag discrimination and lay time in North African ports, while freight increase eastbound was good. After some years with fair results a sharply increasing demand for containers was noted in 1978, and development in the direction of larger and heavier freight units made it necessary to replace tonnage.

I 1979 indsattes fire nybyggede multipurpose-skibe af Dana America-typen. Den nye tonnage, der var uafhængig af traditionel lastning og losning, kunne tilbyde kunderne regelmæssig service og resulterede dermed i stor lasttilgang, men trods dette blev resultaterne påvirket negativt af den stadigt stigende ventetid i havnene, selv for ro/ro-tonnage. Den politiske uro mellem USA og Libyen, der opstod i 1981, begrænsede imidlertid samhandelen og resulterede atter i faldende lastmængder. På grund af den alvorlige situation, DFDS kom ud for i 1982/83, besluttedes det at afhænde Nordana Line i 1984 som en "going concern", inklusive skibenes officerer, landorganisation m.m., til Holdingaktieselskabet Dannebrog.

Farten på Sydamerika

Også på denne fart blev der i 1966 indsat nye linieskibe, men tiltagende flagdiskrimination lagde hindringer i vejen for den frie konkurrence. Lasten bestod af industri- og landbrugsprodukter samt øvrigt stykgods fra Europa og kaffe, foderstoffer, tobak, træ, kød, korn og frugt fra Sydamerika, men oftest måtte skibene forsejle i ballast til Sydamerika.

In 1979 four newly built multipurpose ships of the Dana America type were entered into service. The new tonnage, which was independent of traditional loading and unloading, offered customers regular service and thus resulted in large freight increases. In spite of this, results were influenced negatively by continually increasing lay time in the ports, even for the ro/ro tonnage. The political unrest which arose in 1981 between the U.S.A. and Libya placed limitations on trade, however, and again resulted in decreasing freight quantities. Due to the serious situation for DFDS in 1982/83 it was decided to sell the Nordana Line in 1984 as a "going concern," including the ships' officers, land organization, etc, to the Dannebrog Holding Company.

The service to South America

Also here new liners were entered into service in 1966, but increasing flag discrimination placed hindrances in the way of free trade. Cargo consisted of industrial and agricultural products and other groupage freight from Europe, and coffee, fodder, tobacco, timber, meat, grain and fruit from South America, but most frequently the ships had to sail in ballast to South America.

Linieskibene fra 1966/67 besejlede DFDS' Sydamerika-rute frem til 1980. Farten var på 19,5 knob lastet.

The liner ships built in 1966/67 sailed DFDS' South America route up until 1980. Their speed was 19.5 knots loaded.

I 1969 blev der indgået en langtidsaftale mellem nordiske og brasilianske linier, som skulle sikre arbejdsro. Lastmængderne forøgedes, og resultaterne forbedredes i de kommende år. Men på grund af stigende omkostninger var det i 1974 nødvendigt at reducere tonnageindsatsen på Sydamerika til to linieskibe. Markedet bedredes allerede i 1975, hvor tonnagen øgedes til tre skibe. Imidlertid tiltog flagdiskriminationen fra såvel brasiliansk som argentinsk side, hvorfor DFDS i 1977 indgik en samarbejdsaftale med Den norske Sydamerika Linje. Det betød dog kun en midlertidig forbedring af resultaterne, idet flagdiskriminationen eskalerede. I 1980 ophørte samarbejdet med den norske linie og i stedet indgik DFDS aftale med det finske rederi, Finska Ångfartygs AB. Som et led i aftalen blev DFDS-tonnagen trukket ud, og linien betjentes med to finske skibe. Fra 1986 har DFDS haft agenturet i Danmark for RoSA Line, et samarbejde i Sydamerikafarten mellem Wilh. Wilhelmsen, Johnson Line og Finncarriers.

DFDS' sydamerikaskibe anløb som oftest de Kanariske Øer og Madeira på såvel ud- som hjemrejsen. Vin og bananer var hovedlasten herfra.

Middelhavet og Levanten

Gennem nogle år blev farten på Det vestlige Middelhav udført med egen og indchartret tonnage og gav ikke tilfredsstillende resultater. Derfor var det blevet besluttet at bygge ny og mere rationel tonnage til denne fart. I 1966 indsattes de sidste fire af en serie på seks skibe af Ibiza-typen. Et tilfredsstillende resultat udeblev da heller ikke.

Farten på Det østlige Middelhav - Levanten - blev drevet med tonnage af ældre type og var påvirket af lange havneophold. I 1967 udskiftedes den forældede tonnage på Levanten med nyere, tidligere tonnage fra farten på de Kanariske Øer og i 1969 med tonnage fra eksportfarten på England.

In 1969 a long-term agreement was made between Scandinavian and Brazilian lines, in order to insure stable working conditions. The freight quantities were increased and results improved in subsequent years. But due to increasing costs it was necessary in 1974 to reduce the tonnage on the South American service to two liners. The market improved already in 1975, when tonnage was increased to three ships. However, flag discrimination increased from both Brazil and Argentina, and in consequence, in 1977, DFDS entered into a collaboration agreement with the Norwegian South America Line. This meant, however, only a temporary improvement in results, as flag discrimination escalated. In 1980 collaboration with the Norwegian line stopped and instead DFDS entered into an agreement with the Finnish shipping company Finska Ångfartygs AB. As part of the agreement the DFDS tonnage was taken out and the line was served by two Finnish ships. Since 1986 DFDS has had the agency in Denmark for RoSA Line, a collaboration on the South America route between Wilh. Wilhelmsen, Johnson Line, and Finncarriers.

The DFDS South America ships called at the Canary Islands and Madeira on nearly all outbound and homebound voyages. Wine and bananas were the main cargo from these ports of call.

The Mediterranean and the Levantine

For some years service to the western Mediterranean was executed with own and chartered tonnage, and it did not give satisfactory results. It was therefore decided to build new and more rational tonnage for this route. In 1966 the last four of a series of six ships of the Ibiza type were entered into service. A satisfactory result did not fail to be forthcoming.

Service to the eastern Mediterranean - the Levantine - was operated with tonnage of an older type, and was influenced by long lay time in port. In 1967 the obsolete tonnage on the Levantine service was replaced with newer tonnage formerly used on the service to the Canary Islands, and in 1969 with tonnage from the export trade to England.

Der sejledes stykgods, industri- og landbrugsprodukter til Middelhavslandene og returlasten var citrus og anden frugt samt vin.

Imidlertid faldt lasttilgangen stadig, især for de hjemgående laster, på begge farter. Det var især konkurrencen fra den hurtigere landværts lastbiltrafik, der var skyld heri, og resultaterne var efterhånden så utilfredsstillende, at Middelhavs-ruterne efter næsten 100 års sejlads lukkedes i 1971.

Nyskabelser på Englands-ruterne

Politisk uro i de engelske havne i midten og slutningen af 1960'erne var til stor skade for de af DFDS' fragtruter til Storbritannien, der blev drevet med konventionel tonnage.

DFDS transporterede så godt som al den danske landbrugseksport, bacon, smør, æg, ost, grøntsager, fisk m.m. til Storbritannien. Efter aftale med Eksport-Svineslagteriernes Salgsforening, det senere ESS-Food, blev der truffet aftale om en omlægning af baconeksporten til England fra traditionel balle-forsendelse til selvkørende trailere med start i 1967, og to specialskibe af roll on/roll off-typen, SOMERSET og STAFFORD, blev bestilt til denne fart.

Den nye baconterminal i Esbjerg stod færdig ved udgangen af 1966. SOMERSET indviede farten til Grimsby i januar 1967, og STAFFORD kom til i juni.

SUFFOLK havde siden 1966 betjent Felixstowe med ro/ro-last, primært øl, og til fulde opfyldt forventningerne.

En ny tidsalder var begyndt.

Mængderne for den rullende last voksede støt, et tredie skib var bestilt, og et fjerde overvejedes i samarbejde med engelske redere for derved at overtage hele den rationaliserede trafik mellem Danmark og Storbritannien.

Dette ville indebære, at trafikken i Danmark koncentreredes i Esbjerg og i Storbritannien i 4-5 havne. Den konventionelle tonnage skulle afhændes efterhånden som den blev ledig.

Groupage freight and industrial and agricultural products were sailed to the Mediterranean countries. The return cargo was citrus and other fruits, and wine.

Cargo quantities continued to fall, however, particularly for the homebound cargoes, on both services. Competition came from the faster overland trailer traffic, which was the cause of the decreasing cargoes, and results gradually became so unsatisfactory that the Mediterranean routes were discontinued in 1971, after nearly 100 years of service.

Innovations on the service to England

Political unrest in the English ports in the middle and at the end of the 1960s was a great detriment to those DFDS freight routes to Great Britain that were operated with conventional tonnage.

DFDS transported nearly all the Danish agricultural exports, bacon, butter, eggs, cheese, vegetables, fish, etc to Great Britain. On agreement with the Danish Slaughterhouses' Sales Association, later to become ESS-Food, an agreement was made to convert bacon export to England from traditional bale shipment to self-propelling trailers, beginning in 1967. Two special ships of the roll on/roll off type, SOMERSET and STAFFORD, were ordered for this service.

The new bacon terminal in Esbjerg was completed at the end of 1966. SOMERSET inaugurated the service to Grimsby in January 1967, and STAFFORD came along in June. SUFFOLK had served Felixstowe with ro/ro cargo, mostly beer, since 1966, and had totally fulfilled expectations.

A new era had begun.

Quantities of rolling cargo grew steadily, a third ship was ordered, and a fourth was considered in collaboration with English shipping companies, in order to take over the entire rationalized traffic between Denmark and Great Britain. This meant that traffic in Denmark would be concentrated in Esbjerg and in Great Britain in 4 or 5 ports. The conventional tonnage was to be sold gradually as it became free.

The third ship, SURREY, was entered into service in 1969, SUFFOLK and SUSSEX were extended, and container cranes were in-

Det tredie skib, SURREY, blev indsat i 1969, SUFFOLK og SUSSEX forlængedes og SOMERSET og STAFFORD fik installeret containerkraner for at forøge lastemulighederne på vejrdækket.

Ruterne fra København, Odense, Århus og Aalborg blev omlagt til Esbjerg, og Selskabets Englandstrafik som helhed koncentreredes om Esbjerg. På den anden side af Nordsøen benyttedes North Shields, Hull, Grimsby, Felixstowe og Harwich til den nye trafik.

Fra april 1971 var den sidste konventionelle rute mellem Danmark og Storbritannien omlagt til ro/ro-tonnage fra Esbjerg, og for fælles regning Ellerman's Wilson Line/DFDS blev der bestilt et søsterskib til SURREY, nemlig HERO, for levering i 1972.

I løbet af 1971 kom DFDS op på 20 ugentlige afsejlinger fra Esbjerg til Storbritannien, alle med ro/ro-tonnage. I 1972 overførtes over 150.000 trailere.

De stærkt stigende driftsudgifter og oliepriser i 1973 kunne ikke kompenseres af fragtforhøjelser, så derfor var det nødvendigt at rationalisere ruterne til Storbritannien yderligere, og to skibe af en ny ro/ro-type med dobbelt så stor kapacitet som SURREY blev bestilt til levering i 1975 og 1976, DANA FUTURA og DANA GLORIA.

Der var yderligere behov for en forlængelse af såvel SURREY som HERO. Lastmængderne steg jævnt i de følgende år og resultatet forbedredes. Den største lastmængde opnåedes i 1982 med 188.000 20-fods container-enheder.

Under en storm i november 1977 forliste HERO i Nordsøen uden tab af menneskeliv, og DANA FUTURA blev indsat i farten på Storbritannien som erstatning indtil nybygningen DANA MAXIMA, et ro/ro-skib konstrueret til at udnytte dimensionerne i slusen i Grimsby til det "maxima"le, kom til i efteråret 1978. Dette skib medvirkede til en forbedret service og en positiv udvikling af fragtfarten på Storbritannien.

I 1978 viste lastmængderne fra Storbritannien til Danmark en faldende tendens, og denne ubalance i samhandelen kombineret med arbejdsuro i de engelske havne påvirkede resultaterne negativt gennem nogle år.

I 1981 kom der en stigning i eksporten fra Danmark, mens lastmængderne den modsatte retning fortsat var utilfredsstillende. Fra begyndelsen af 1983

stalled on SOMERSET and STAFFORD to increase the loading possibilities on the weather deck. The routes from Copenhagen, Odense, Århus and Aalborg were rerouted to Esbjerg, and the Company's England traffic as a whole was concentrated in Esbjerg. On the other side of the North Sea, North Shields, Hull, Grimsby, Felixstowe, and Harwich were used for the new traffic.

As of April 1971 the last remaining conventional route between Denmark and Great Britain had been converted to ro/ro tonnage from Esbjerg, and at joint expense Ellerman's Wilson Line and DFDS ordered a sister ship to SURREY, namely HERO, for delivery in 1972.

During 1971 DFDS had up to twenty weekly sailings from Esbjerg to Great Britain, all with ro/ro tonnage. In 1972 more than 150,000 trailers were transported.

The sharply increasing operations costs and oil prices in 1973 could not be compensated for by freight increases. It was therefore necessary to further rationalize the routes to Great Britain, and two ships of a new ro/ro type with double the capacity of SURREY were ordered for delivery in 1975 and 1976: DANA FUTURA and DANA GLORIA.

There was an additional need for an extension of both SURREY and HERO. Cargo quantities rose regularly in the following years and the result improved. The biggest amount of cargo was lifted in 1982 with 188,000 20-ft container units.

During a storm in November 1977 HERO sank in the North Sea with no loss of life. DANA FUTURA was entered into service to Great Britain as a replacement until the new ship DANA MAXIMA, a ro/ro ship designed for "maxima"l exploitation of the dimensions of the sluice at Grimsby, arrived in the fall of 1978. This ship contributed to improved service and a positive development of freight traffic to Great Britain.

In 1978 cargo quantities from Great Britain to Denmark showed a decreasing tendency, and this imbalance in trade combined with unrest in the English ports influenced results negatively for some years.

In 1981 there was an increase in exports from Denmark, while cargo quantities in the opposite direction continued to be unsatisfactory. From the beginning of 1983

Som følge af stigende lastmængder på ruterne til Storbritannien bestiltes superfragtfærgerne DANA FUTURA *og* DANA GLORIA.

Because of the increasing freight volumes on the routes to Great Britain the super freight ferries DANA FUTURA *and* DANA GLORIA *were ordered.*

skærpedes konkurrencesituationen på Nordsøen, men gennem et tonnagesamarbejde med Tor Line AB lykkedes det at opnå et rimeligt økonomisk resultat. Imidlertid øgedes konkurrencen kraftigt de følgende år, og DFDS kæmpede hårdt for at bevare sin markedsandel. Overkapacitet medførte helt uacceptable lave rater. I september 1987 skete der en vending, idet to af konkurrenterne, Stena Line og Danish Container Line, indstillede deres aktiviteter. DFDS indgik en samarbejdsaftale med Stena Line, omfattende Stena Line's svenske trafik på Storbritannien, og en organisatorisk tilpasning i DFDS samlede alle fragtaktiviteter i Transport Divisionen under navnet DFDS Transport.

I 1990 og 1991 var ruterne til Storbritannien præget af vigende konjunkturer og fragtmængderne var faldende, men der er tiltro til stigende konjunkturer og forbedrede resultater i årene fremover.

the competitive situation on the North Sea was sharpened, but through a tonnage collaboration with Tor Line AB it was possible to achieve a fair financial result. Competition increased sharply the following year, however, and DFDS fought hard to maintain its market share. Overcapacity resulted in totally unacceptable low rates. In September 1987 there was a turning point, as two competitors, Stena Line and Danish Container Line, suspended their activities. DFDS entered into a collaboration with Stena Line which included Stena Line's Swedish traffic to Great Britain. An organizational adaptation in DFDS assembled all freight activities in the Transport Division under the name DFDS Transport.

In 1990 and 1991 the routes to Great Britain were influenced by the downward market tendency. Freight quantities were decreasing as well, but there is belief in improving market conditions and better results in the years ahead.

Ruten til Vest-Norge nedlagt efter 100 år

I 1967 indstilledes fragtruten på Vest-Norge efter 100 års fart på grund af urentabel drift, og det norske marked er siden fragtmæssigt udelukkende blevet betjent med fragtkapaciteten på passagerskibene i København-Oslo ruten.

Den nordatlantiske fragtfart

DFDS' fragtskibsfart transporterede alle nødvendige forbrugsvarer til øerne og havde fisk med retur. Farten til Island havde i flere år været præget af vigende lasttilgang på grund af konkurrencen fra det nationale rederi, og ruten blev indstillet i 1967, hvorefter kun passagerskibet KRONPRINS FREDERIK i månederne april-oktober medtog fragt. Som omtalt under afsnittet Agenturer blev DFDS i 1967 agenter i Danmark for Eimskip, og fragten til Island gik herefter med Eimskip's skibe.

Ustabile forhold har præget farten på Spanien og Portugal

Disse to lande samt Belgien og Frankrig blev tidligere betjent af skibene på vej til og fra Middelhavet. Godset var industri- og landbrugsprodukter sydgående samt frugt og vin nordgående.

Efter Middelhavsruternes nedlæggelse i 1971 besejledes Spanien og Portugal af indbefragtet tonnage, dog med utilfredsstillende resultat, bl.a. på grund af politisk uro i de to lande. I 1979 gjordes et forsøg på at opnå større markedsandele ved at indsætte mere tonnage samt omlægge rutestrukturen, og markedsføringsnavnet Scaniberia Line blev introduceret. Forsøget lykkedes og resultatet forbedredes, men straks blev DFDS udsat for skarp konkurrence. Dette samt fortsat politisk uro betød nedgang i lastmængderne. Øst-Spanien betjentes fra 1982 via Bilbao og tonnagen reduceredes fra 4 til 3 skibe. I foråret 1983 opdeltes ruten i to separate ruter på henholdsvis Spanien og Portugal. Sidstnævnte i samarbejde med det svenske rederi Porto Lloyd med et forbedret resultat til følge. 1984-resultatet blev - for første gang i flere år - tilfredsstillende.

The route to western Norway discontinued after 100 years

In 1967, after 100 years of service, the freight route to western Norway was discontinued due to unprofitable operations, and the Norwegian market has since been served with the freight capacity of the passenger ships on the Copenhagen-Oslo route.

North Atlantic freight operations

The DFDS freight ship service transported all necessary consumer goods to the islands and took back fish on the return voyage. For several years the service to Iceland had been marked by declining freight quantities due to competition from the national shipping company, and it was discontinued in 1967, after which only the passenger ship KRONPRINS FREDERIK, in the months April to October, carried freight. As mentioned in the section called "Agencies," DFDS became agents for Eimskip in Denmark in 1967, and after this, freight to Iceland was sent via Eimskip's ships.

Unstable conditions have influenced service to Spain and Portugal

These two countries and Belgium and France were formerly served by ships on route to and from the Mediterranean. The cargo was industrial and agricultural products southbound and fruit and wine northbound.

After the Mediterranean routes were discontinued in 1971 the routes to Spain and Portugal were served with chartered tonnage, but with unsatisfactory result, due to political unrest in the two countries. In 1979 an attempt was made to achieve a larger market share by entering more tonnage into service and reorganizing the route structure. Also, the marketing name Scaniberia Line was introduced. The attempt was successful and the result was improved, but DFDS was immediately prey to stiff competition. This and continued political unrest meant a decline in freight quantities.

DANA CORVETTE, det sidste indchartrede skib på DFDS Scaniberia-ruten.

DANA CORVETTE, the last chartered ship on the DFDS Scaniberia service.

I 1985 var ruternes resultat også påvirket af ustabile agenturforhold, og efter mange år med utilfredsstillende resultater blev Scaniberia-ruten medio 1991 solgt til Svenska Orient Linien.

Lovende fremtid for ruten Tyskland-Storbritannien

Efter DFDS' overtagelse i 1981 af det tyske rederi Prinzenlinien, der besejlede ruterne fra Hamburg og Bremerhaven til Harwich med passagertonnage, satte DFDS i 1982 DANA FUTURA i fart mellem Hamburg og Harwich i kombinationssejlads med Esbjerg. Imidlertid var det økonomiske resultat med egen tonnage ikke tilfredsstillende. DFDS forsøgte derefter med indbefragtet tonnage og to ugentlige afgange. I 1986 besluttedes det at indsætte SURREY i farten, hvilket nedbragte driftsomkostningerne.

Eastern Spain was served from 1982 via Bilbao and the tonnage was reduced from four to three ships. In the spring of 1983 the route was divided into two separate routes to Spain and to Portugal respectively. The latter was in collaboration with the Swedish shipping company Porto Lloyd, with an improved result in consequence. The 1984 result was - for the first time in several years - satisfactory. In 1985 the result for the routes was also affected by unstable agency conditions, and after many years with unsatisfactory results the Scaniberia route was sold to the Swedish Orient Line in mid-1990.

Promising future for the Germany-Great Britain route

After the DFDS takeover in 1981 of the German shipping company Prinzenlinien, which sailed with passenger tonnage from Hamburg and Bremerhaven to Harwich, in 1982 DFDS entered DANA FUTURA into service between Hamburg and Harwich in combination sailing with Esbjerg. The financial result with own tonnage was, however, unsatisfactory. DFDS then attempted using chartered tonnage and two weekly departures. In 1986 a decision was made to enter SURREY into service on the route, which reduced operational costs.

Farten blev opretholdt med rimeligt resultat i de følgende år som et supplement til fragtkapaciteten på passagerskibet HAMBURG. Den forventede vækst som følge af de politiske ændringer i Tyskland og Østeuropa menes at slå igennem på denne rute i de kommende år.

Service was maintained with fair result in the following year as a supplement to the freight capacity on the passenger ship HAMBURG. The expected growth in consequence of the political changes in Germany and Eastern Europe is expected to make itself felt on this route in the coming years.

København/Helsingborg-Storbritannien

I 1982 begyndte besejlingen af en fragtrute med containeriseret stykgods fra København og Helsingborg til Immingham og Felixstowe i Storbritannien med DANA HAFNIA, ex DANA GLORIA. Det økonomiske resultat var dog utilfredsstillende på trods af tilfredsstillende lastmængder. Efter forlængelse af DANA FUTURA i 1985, blev dette skib indsat på ruten, men den skærpede konkurrence på Nordsøen gjorde, at ruten ikke levede op til forventningerne. DANA FUTURA blev solgt i slutningen af 1988, og ruten blev fra 1989 overdraget til Tor Line AB.

Copenhagen/Helsingborg-Great Britain

In 1982 service began on a freight route with containerized groupage transports from Copenhagen and Helsingborg to Immingham and Felixstowe in Great Britain with DANA HAFNIA, formerly DANA GLORIA. The financial result was unsatisfactory, however, in spite of satisfactory cargo quantities. After the extension of DANA FUTURA in 1985 the ship was entered into service on the route, but because of the intensified competition on the North Sea the route did not live up to expectations. DANA FUTURA was sold at the end of 1988 and the route was handed over to Tor Line AB from 1989.

Tor Line's skibe er hyppige gæster i Felixstowe.

Tor Line's ships are frequent guests at Felixstowe.

Ro/ro-nybygningen DANA MINERVA *søsættes på Helsingør Værft.*

The ro/ro newbuilding DANA MINERVA *is launched at Helsingør Shipyard.*

Farten på Belgien

København-Antwerpen ruten besejledes fra 1966 med det nye roll on/roll off-skib SUSSEX fra den nye ro/ro-terminal på Sluseholmen i København til en nybygget ro/ro-kaj i Antwerpen. Ruten, hvis sydgående fragt hovedsagelig var øl, forløb tilfredsstillende i en årrække, men måtte indstilles i 1976 på grund af konkurrencen fra landværts transport samt omlægning af øltrafikken fra Tuborgs Bryggerier på grund af etablering af dansk ølaftapning i Belgien.

Nopal Caribe Lines

I 1974 indledtes et samarbejde med den norske Lorentzen Gruppe vedrørende det Miami-baserede Nopal Line Inc. om fart i Vestindien med to roll on/roll off-skibe.

I 1979 indtrådte DFDS som 50% partner, og selskabet ændrede navn til Nopal Caribe Lines. Det første skib i dette nye selskab blev ro/ro-nybygningen DANA MINERVA. Kort efter erhvervedes ro/ro-skibet LEENA DAN, fra J. Lauritzen A/S, og siden sluttede DANA MINERVA's søsterskib, DANA OPTIMA, sig til. De tre skibe skiftede navne til henholdsvis NOPAL MINERVA, NOPAL DANA, og NOPAL OPTIMA og sejlede med containeriseret last i timecharter for Nopal Caribe Lines. DFDS afviklede sine interesser i Nopal Caribe Lines i 1983.

Service to Belgium

The Copenhagen-Antwerp route was served from 1966 with the new roll on/roll off ship SUSSEX, from the new ro/ro terminal at Sluseholmen in Copenhagen to a newly built ro/ro quay in Antwerp. The route, on which the southbound freight was primarily beer, functioned satisfactorily for a number of years. Nevertheless it had to be discontinued in 1976 due to competition from overland transport and reorganization of the beer traffic from Tuborg Breweries after Danish beer bottling plants were established in Belgium.

Nopal Caribe Lines

In 1974 a collaboration was begun with the Norwegian Lorentzen Group concerning the Miami-based Nopal Line Inc. for service in the West Indies with two roll on/roll off ships.

In 1979 DFDS became a 50% partner and the company changed its name to Nopal Caribe Lines. The first ship in this new company was the new ro/ro DANA MINERVA. Shortly afterward the ro/ro ship LEENA DAN was acquired from J. Lauritzen A/S, and later DANA MINERVA's sister ship, DANA OPTIMA, was added. The names of the three ships were changed to NOPAL MINERVA, NOPAL DANA, and NOPAL OPTIMA respectively. They sailed with containerized cargo in time charter for Nopal Caribe Lines. DFDS sold its interests in Nopal Caribe Lines in 1983.

Andre aktiviteter

Sivomar

Fra 1977 til 1983 deltog DFDS i et joint venture sammen med Elfenbenskystens regering om etablering af et statsrederi, SIVOMAR S.A., hvis hovedopgave skulle være transport af træ - Elfenbenskysten's vigtigste eksportvare - til Europa. Elfenbenskystens regering ejer og driver nu rederiet.

Scandinavian Livestock Carriers

I 1981 ombyggedes ro/ro-skibet SOMERSET til kvægtransportskib og selskabet Scandinavian Livestock Carriers etableredes. I 1984 besluttede DFDS imidlertid at afvikle sine 50% interesser i dette selskab, da skibet i længere perioder ikke kunne få beskæftigelse.

Chartering

Med overtagelsen af DANA FUTURA og DANA GLORIA i 1976 så DFDS muligheder for at udnytte Selskabets ekspertise indenfor ro/ro-feltet, og DFDS gik ind i en meget aktiv udchartering af tonnage med tilfredsstillende resultat. Imidlertid faldt markedet drastisk i 1978. Mulighederne i denne aktivitet bedredes ikke og den ophørte i 1983.

DFDS Liner Agency

DFDS overtog sit første større agentur i 1967. Det var for Eimskipafjelag Islands H/F, Eimskip, og dette agenturforhold består stadig. Blandt de agenturer, DFDS har varetaget i kortere eller længere tid kan nævnes Atlantic Container Line, Gulf Container Line og Atlantic Gulf Service.

Other activities

Sivomar

From 1977 to 1983 DFDS participated in a joint venture together with the government of the Ivory Coast to establish a national shipping company, SIVOMAR S.A., whose major task was to be the transport to Europe of wood - the most important export product of the Ivory Coast. The government of the Ivory Coast now owns the tonnage and operates the shipping company.

Scandinavian Livestock Carriers

In 1981 the ro/ro ship SOMERSET was rebuilt into a livestock transport ship and the company Scandinavian Livestock Carriers was established. In 1984, however, DFDS decided to sell its 50% interest in this company, as the ship had not had any work for an extended period.

Chartering

With the takeover of DANA FUTURA and DANA GLORIA in 1976, DFDS saw an opportunity to use the Company's expertise in the ro/ro sector, and DFDS entered into a very active chartering of tonnage with satisfactory result. The market fell drastically in 1978, however, and it became more difficult to find remunerative work. Opportunities in this activity did not improve and they ceased in 1983.

DFDS Liner Agency

DFDS assumed control of its first large agency in 1967. It was for Eimskipafjelag Islands H/F, Eimskip, and this agency relationship is still extant.

Eimskip's SKOGAFOSS *på vej gennem Københavns havn.*

Eimskip's SKOGAFOSS *sails through the Port of Copenhagen.*

Siden har agenturvirksomheden udviklet sig til en selvstændig afdeling, DFDS Liner Agency, der blev etableret i 1987 og har agenturer for rederier med aktiviteter over hele verden.

I dag varetager DFDS Liner Agency repræsentationen i Danmark, og for nogles vedkommende i hele Skandinavien, for Eimskip, Atlanticargo, RMS/Baco Line, Maghreb/CL-Line, Hyundai, CMA, Laser-Transroll Joint Service, Marine Cargo Lines, Europe Canada Line og Laser Rosa.

DFDS gik i land i 1975

Gennem erhvervelsen af vognmandsvirksomheden E.O.Hooks (Transport) Ltd., Harwich - nu Harwich Transport Ltd. - begyndte DFDS at "gå i land" i 1975. Fra udelukkende at have drevet søtransport startede DFDS egen landtransportvirksomhed først i England og med overtagelsen af Th. Pedersen & Søn ApS, København, i 1976 også i Danmark. Det engelske Marsden Freight Services Ltd., North Shields - nu Humberside Transport Ltd. - kom yderligere til i 1976, og allerede i 1977 udvidede DFDS Transport vognmandsvirksomheden i Danmark med overtagelsen af Roland Munch ApS i Esbjerg. Den femte vognmandsvirksomhed, Greaves & Lamming Ltd., Grimsby - nu en del af Humberside Transport Ltd. - blev overtaget i 1979. I 1990 udvidede Th. Pedersen & Søn aktiviteterne gennem overtagelse af Torben Just ApS, København.

DFDS Transport opererer gennem disse fem vognmandsvirksomheder samt et antal private vognmænd, som man har aftaler med, omkring 500 lastbiler og ca. 5.000 containere i hele Europa.

Among the agencies DFDS has been responsible for over shorter or longer periods are Atlantic Container Line, Gulf Container Line, and Atlantic Gulf Service.

Later, the agency business developed, and an independent department, DFDS Liner Agency, was established in 1987. It has agencies for shipping companies with activities worldwide.

Today the DFDS Liner Agency manages representation in Denmark for all of the following, as well as representation throughout Scandinavia for some of the following: Eimskip, Atlanticargo, RMS/Baco Line, Maghreb/CL-Line, Hyundai, CMA, Laser-Transroll Joint Service Marine Cargo Lines, Europe Canada Line, and Laser Rosa.

DFDS went ashore in 1975

Through acquisition of the haulage company E.O. Hooks (Transport) Ltd., Harwich - now Harwich Transport Ltd. - DFDS began to "go ashore" in 1975. From operating sea transport exclusively DFDS started its own land transport company, first in England, and with the takeover of Th. Pedersen & Son ApS, Copenhagen, in 1976, also in Denmark. The English Marsden Freight Services Ltd., North Shields - now Humberside Transport Ltd. - was added in 1976, and already in 1977 DFDS Transport expanded the haulage activities in Denmark with the takeover of Roland Munch ApS in Esbjerg. The fifth haulage company, Greaves & Lamming Ltd., Grimsby - now a part of Humberside Transport Ltd. - was taken over in 1979. In 1990 Th. Pedersen & Son expanded its activities through takeover of Torben Just ApS, Copenhagen.

Through these five haulage companies and a number of private haulage contractors with whom they have agreements, DFDS operates around 500 trucks and approximately 5,000 containers throughout Europe.

Et af de seneste skud på DFDS Transport-stammen, stykgods-service til England, "DFDS Flyer", startede i 1990.

One of the most recent new shoots on the DFDS Transport trunk, the groupage service to England, "DFDS Flyer," was begun in 1990.

Vognmandsvirksomheden Humberside Transport i Grimsby kom til i 1976.

The haulage company Humberside Transport in Grimsby was acquired in 1976.

75

Tor Line AB

Slaget om Nordsøen

Det svenske rederi Tor Line AB blev medlem af DFDS Gruppen i 1982 efter flere års forudgående samarbejde. Tor Line - navnet kommer fra forbogstaverne i de to stiftende partneres navne, Rederi AB **T**rans-**O**il og Rederi AB **R**ex - stiftedes i 1965 for at drive færgetrafik på England fra Göteborg. Tor Line's idégrundlag var at drive kombineret passager- og godstrafik med hurtige roll on/roll off-skibe og yderligere rationalisere farten på Storbritannien og Benelux. En trekant-trafik med to skibe på ruten Göteborg-Immingham-Amsterdam-Göteborg og deciderede fragtruter fra Göteborg til England, Holland og Belgien startedes og i hæftig konkurrence med andre svenske, engelske og hollandske rederier gennem mere end 20 år vandt Tor Line AB, som det udtrykkes i et 20-års jubilæumsskrift, "det grymma, onödiga slaget om Nordsjön" gennem overtagelse af konkurrenterne. Imidlertid havde Tor Line brug for kapitaltilførsel, men hos svensk søfart, der gennem mere end ti år havde befundet sig i krise, var der ingen hjælp at hente. Her kom DFDS ind i billedet, og drøftelser mellem Tor Line og DFDS resulterede i, at DFDS i 1981 overtog passagertrafikken og i 1982 fragttrafikken.

Tor Line's passagertrafik indgik som en del af DFDS' øvrige passagerruter i Passager Divisionen og omtales fra overtagelsen under disse. Fragtfarten var fra overtagelsen en selvstændig aktivitet i DFDS Gruppen og fik fra 1986 yderligere status som en division på niveau med Transport Divisionen og Passager Divisionen.

Et rederi i positiv udvikling

Tor Line AB drev ved overtagelsen fragtfart med 6 tidsbefragtede ro/ro-skibe med 28 ugentlige afgange og var i en positiv udvikling. I 1986 omfattede aktiviteten ruterne fra Göteborg til Immingham, Harwich og Felixstowe samt til Ghent og Rotterdam. Endvidere ruten mellem Immingham og Rotterdam. Tor Line benyttede herudover fragtkapaciteten på passagerskibene, TOR SCANDINAVIA og TOR BRITANNIA. På trods af skarp konkurrence opnåede Tor Line AB tilfredsstillende resultater.

Tor Line AB

The battle of the North Sea

The Swedish shipping company Tor Line AB became a member of the DFDS Group in 1982 after several years of prior collaboration. Tor Line - the name comes from the first letters in the two founding partners' names - AB **T**rans-**O**il and AB **R**ex - was founded in 1965 to operate ferry traffic from Gothenburg to England. Tor Line's philosophy was to operate combined passenger and freight transport with rapid roll on/roll off ships and further rationalize service to Great Britain and the Benelux countries. A triangular service with two ships, on the route Gothenburg-Immingham-Amsterdam-Gothenburg and exclusive freight routes from Gothenburg to England, Holland, and Belgium were begun. In keen competition with other Swedish, English, and Dutch shipping companies over a period of twenty years Tor Line AB won, as it is expressed in a twenty-year jubilee publication, "the terrible, unnecessary fight for the North Sea" through takeover of competitors. Tor Line needed additional capital, however, but no help was forthcoming from Swedish shipping, which had been in crisis for more than ten years. Here DFDS came into the picture, and discussions between Tor Line and DFDS resulted in the takeover of the passenger traffic by DFDS in 1981, and the freight traffic in 1982.

Tor Line's passenger service became a part of DFDS's other passenger routes in the Passenger Division, and is discussed under them from the time of the takeover.

From the takeover, freight service was an independent activity in the DFDS Group and it achieved additional status from 1986 as a division on a level with the Transport Division and the Passenger Division.

A shipping company in positive development

At the time of the takeover Tor Line AB operated freight traffic with six time-chartered ro/ro ships and 28 weekly departures, and it was in positive development. In 1986 activities comprised the routes from Gothenburg to Immingham, Harwich, and Felixstowe, and to Ghent and Rotterdam.

I 1987 var samhandelen mellem de lande, som Tor Line trafikerede, i en positiv udvikling. En eksisterende langtidsaftale med Volvo AB og Bilspedition-gruppen blev genforhandlet og forlænget, og et samarbejde med Stena Line indledtes. For at imødekomme efterspørgslen var det nødvendigt at forøge kapaciteten og to af skibene blev forlænget. Lignende kapacitetsforøgelser af de øvrige skibe fortsattes i de følgende år.

Further, they operated the route between Immingham and Rotterdam. Tor Line had at its disposal six time-chartered ro/ro ships. In addition Tor Line used the freight capacity on the passenger ships TOR SCANDINAVIA and TOR BRITANNIA. In spite of keen competition Tor Line AB achieved satisfactory results.

In 1987 trade between the countries served by Tor Line was in positive development. An existing long-term agreement with Volvo AB and the Bilspedition group was renegotiated and prolonged, and a collaboration was begun with Stena Line. To meet the demand it was necessary to increase capacity, and two of the ships were extended. Similar capacity expansions of the other ships continued in the following years.

Tor Line terminalen i Älvsborgshamnen i Göteborg er specielt indrettet til at håndtere den STORA mængde skovprodukter og Volvo-biler. Den blev taget i brug i 1989.

The Tor Line terminal in the Älvsborgshamnen in Gothenburg is specially equipped to handle large volumes of forestry products from STORA, and Volvo cars. It was taken into use in 1989.

Tor Line's tonnage

Foruden fragtkapaciteten på de to DFDS-passagerskibe samt TOR DANIA og TOR ANGLIA, overtaget af Tor Line i henholdsvis 1986 og 1988, beskæftiger Tor Line AB i dag 6 moderne ro/ro-skibe, TOR CALEDONIA, ejet af DFDS, TOR GOTHIA, TOR BELGIA, TOR FLANDRIA, TOR SCANDIA og STENA GOTHICA samt de konventionelle fragtskibe ARA og BARBARA. Tor Line udfører ialt 40 ugentlige afgange.

I 1988 blev indgået endnu en betydende langtidsaftale med den svenske skovkoncern STORA, og samtidig introduceredes en ny type lastemateriel, Rolux-kasetterne, der bevirkede mindre skader på papirrullerne samt hurtigere lastning og losning.

I 1989 flyttede Tor Line sine terminalaktiviteter i Göteborg fra Skandiahamnen til bedre forhold i Älvsborgshamnen og ruterne udvidedes til også at omfatte Helsingborg-Immingham/Felixstowe, Göteborg-Chatham og Göteborg-Terneuzen.

Tor Line har i de senere år været inde i en særdeles positiv udvikling med stigende fragtmængder, men vigende konjunkturer på de to hovedmarkeder, Storbritannien og Sverige, kan give anledning til forsigtig vurdering af resulatet for 1991.

Samarbejdet med STORA omkring transporten af skovprodukter, først og fremmest papir, til havne i England og på Kontinentet er i en positiv udvikling. Det næste trin, med omtrent en fordobling af fragtmængderne, beregnes at kunne tages i løbet af 1992. Teknikken udvikles videre mod et system med endnu færre håndteringer og deraf følgende mindre risiko for skader.

Tor Line beskæftiger i 1991 som nævnt 12 skibe med 40 ugentlige afgange på ruterne Göteborg-Immingham, Göteborg-Harwich/Felixstowe, Immingham-Rotterdam, Göteborg-Ghent, Helsingborg-Immingham/Felixstowe samt i regulær linietrafik Sverige-UK-Kontinentet.

Tor Line's tonnage

In addition to the freight capacity of the two DFDS passenger ships, and TOR DANIA and TOR ANGLIA, taken over by Tor Line in 1986 and 1988 respectively, Tor Line AB today has six modern ro/ro ships: TOR CALEDONIA, owned by DFDS, TOR GOTHIA, TOR BELGIA, TOR FLANDRIA, TOR SCANDIA, and STENA GOTHICA as well as the conventional freight ships ARA and BARBARA. Tor Line has a total of 40 weekly departures.

In 1988 yet another important long-term agreement was made with the Swedish forestry concern STORA. At the same time, Rolux cases, a new type of loading equipment, were introduced. With them there was less damage to the paper rolls and loading and unloading were quicker.

In 1989 Tor Line moved its terminal activities in Gothenburg from the Skandiahamnen to better conditions in the Älvsborgshamnen, and the routes were expanded to include Helsingborg-Immingham/Felixstowe, Gothenburg-Chatham, and Gothenburg-Terneuzen.

In recent years Tor Line has been in a period of extremely positive development with increasing freight quantities, but a decline on the two major markets, Great Britain and Sweden, gives grounds for cautious evaluation of the result for 1991.

Collaboration with STORA on transport of forestry products, first and foremost paper, to ports in England and on the Continent, is in positive development. The next step, with an approximate doubling of freight quantities, is planned to be taken some time in 1992. The technique is being developed further toward a system with even less handling and thus less risk of damage.

In 1991 Tor Line operated, as mentioned, twelve ships with 40 weekly departures on the routes Gothenburg-Immingham, Gothenburg- Harwich/Felixstowe, Immingham-Rotterdam, Gothenburg-Ghent, Helsingborg-Immingham/Felixstowe, and in regular liner traffic Sweden-U.K.-Continent.

*De populære
"Aalborg-både",
JENS BANG og
H.P.PRIOR.*

*The popular
"Aalborg ships"
JENS BANG and
H.P. PRIOR.*

Passagerfarten

Gennem de seneste 25 år har passagerskibsflåden udviklet sig til færre, men større enheder. Antallet af beskæftigede skibe halveredes, mens antallet af transporterede passagerer fordobledes.

DFDS' passagerskibe er indrettet til også at kunne medtage en vis mængde fragtgods, containere og trailere, og det har som tidligere nævnt gennem tiderne altid vist sig, at kombinationen af gods og passagerer har været vellykket.

Indenrigs-farten

København-Århus og København-Aalborg ruterne var de betydeligste indenlandske passagerruter i 1966 med tilsammen 540.000 passagerer. Selv om passagertallet var faldet gennem 60'erne - fra 650.000 i 1960 -, hovedsagelig på grund af den voksende privatbilisme med deraf følgende nye bilfærgeruter mellem landsdelene, samt den stigende indenrigs-flytrafik, besluttede DFDS at tage kampen op og kontrahere nye passager- og bilskibe til København-Aalborg ruten til levering i 1969. Herefter skulle H.P.PRIOR og JENS BANG, bygget i 1950, efter en modernisering flyttes til København-Århus ruten. DFDS investerede tillige i en ny passagerterminal i Aalborg.

Passenger service

Over the past 25 years passenger fleet development has been toward fewer but larger units. The number of ships used has been halved, while the number of transported passengers has doubled.

DFDS's passenger ships are designed to be able to transport a certain quantity of freight, containers, and trailers as well, and, as already mentioned, the combination of freight and passengers has over time always proved to be successfull.

Domestic service

The Copenhagen-Århus and Copenhagen-Aalborg routes were the most important domestic passenger routes in 1966 with a total of 540,000 passengers. The number of passengers fell through the 60s - from 650,000 in 1960 - primarily due to the increase in private car ownership with the accompanying new car-ferry routes between parts of the country, and the increasing domestic air traffic. In spite of the decrease, DFDS decided to take up the fight and ordered new passenger and car ships for the Copenhagen-Aalborg route for delivery in 1969. H.P. PRIOR and JENS BANG, built in 1950, were to be transferred after modernization to the Copenhagen-Århus route. DFDS also invested in a new passenger terminal in Aalborg.

For fuldt ud at kunne udnytte den forøgede kapacitet på de nye skibe på København-Aalborg ruten var det hensigten at anløbe Helsingborg i både nord- og sydgående retning. Myndighederne nægtede overraskende DFDS tilladelse til ufortoldet udproviantering på denne rute, og forudsætningerne for Helsingborg-anløbet bristede i nogen grad.

En forudsætning for DFDS' deltagelse i den indenlandske passagertrafik var, at der på længere sigt blev lige konkurrencevilkår, også over for helt eller delvist statsejede transportvirksomheder, bl.a. DSB og SAS.

Det første af de nye skibe, AALBORGHUS, leveredes i juli 1969, mens det andet, TREKRONER, blev næsten et år forsinket fra værftet og kunne først indsættes i maj 1970. Dette havde en højst uheldig økonomisk virkning. Hertil kom, at omkostningerne ved drift under dansk flag af passagerskibe med stor besætning i konkurrence med de statsunderstøttede transportformer nu havde nået et niveau, der var helt urimeligt. Den 14. august 1970 udsendte DFDS den for mange sørgelige meddelelse om, at indenrigspassagertrafikken ville blive indstillet med udgangen af september 1970. Den gamle tonnage blev afhændet, og arbejdet med planer for beskæftigelse af nybygningerne AALBORGHUS og TREKRONER, der i nogen tid havde været under overvejelse, blev intensiveret. Resultatet blev DFDS Seaways - Middelhavs-passager-ruterne - der fra sommeren 1971 skulle besejle ruterne fra Genova til Mallorca, Alicante, Malaga og Tunis.

Et stort kapitel i DFDS' historie var slut. Der var formentlig ikke ret mange mennesker i kongeriget Danmark, der ikke på et eller andet tidspunkt havde sejlet med "natbådene" til Jylland, og nedlæggelsen af ruterne var - og er stadig - et stort savn hos mange jyder og københavnere.

To be able to use fully the increased capacity of the new ships on the Copenhagen-Aalborg route the intent was to call at Helsingborg on both the northbound and southbound voyages. Surprisingly, the authorities denied DFDS permission for non-duty-paid provisioning on this route, and the prerequisites for the Helsingborg call evaporated to an extent.

A prerequisite for DFDS's participation in the domestic passenger traffic was that in the long term there were equal competitive conditions, also in relation to wholly or partly state-owned transport companies such as DSB and SAS.

The first of the new ships, AALBORGHUS, was delivered in July 1969. The second, TREKRONER, was delayed from the shipyard by nearly a year, and could not be entered into service until May 1970. This had a very unfortunate financial effect. In addition, costs of operation under Danish flag of passenger ships with large crews, in competition with the state subsidized transport forms, had now reached a level that was totally unreasonable. On 14 August 1970 DFDS made the announcement, sad though it was for many people, that domestic passenger traffic would be discontinued at the end of September 1970. The old tonnage was sold, and work on plans for employing the new ships AALBORGHUS and TREKRONER, which had been under consideration for some time, was intensified. The result was DFDS Seaways - the Mediterranean passenger routes - which beginning in the summer of 1971 was to operate the routes from Genoa to Mallorca, Alicante, Malaga, and Tunis.

An important chapter in the history of DFDS had ended. There were presumably not very many people in the kingdom of Denmark who at one time or another had not sailed with the "night boats" to Jutland, and discontinuation of the routes left - and still leaves - a great void for many people from Jutland and Copenhagen.

Passagerfarten på Norge

DFDS har siden sin start altid drevet skibsfart på vort broderland Norge. I 100-året blev København-Oslo ruten betjent af KONG OLAV V, bygget 1961, og PRINSESSE MARGRETHE, bygget 1957. På Frederikshavn-Oslo ruten sejlede AKERSHUS, bygget 1965, og SKIPPER CLEMENT fra 1963. En ny passagerterminal var blevet bygget i Oslo på Utstikker II i 1964, og i København lagde skibene til på den vel nok bedste anløbsplads i havnen, Larsens Plads, lige neden for Amalienborg Slot - Kong Frederik IX fulgte da også levende med i Selskabets aktiviteter fra slottets vinduer.

København-Oslo

I 1965 bestilte DFDS to nybygninger til København-Oslo ruten med roll on/roll off faciliteter for person- og lastbiler samt med større passagerkapacitet. Passagertilgangen til ruten var stadig stigende, og indsættelsen i 1968 af de to nye, store passager- og bilskibe, der fik samme navne som forgængerne, stimulerede rejselysten mellem Danmark og Norge yderligere. PRINSESSE MARGRETHE blev døbt af tronfølgeren, H.K.H. Prinsesse Margrethe, og KONG OLAV V blev døbt af H.M. Dronning Ingrid.

Passenger service to Norway

Since its inception DFDS has always operated service to our brother country, Norway. In the DFDS centennial year the Copenhagen-Oslo route was served by KONG OLAV V, built in 1961, and PRINSESSE MARGRETHE, built in 1957. AKERSHUS, built in 1965, sailed on the Frederikshavn-Oslo route, as did SKIPPER CLEMENT from 1963. A new passenger terminal was built in Oslo at Utstikker II in 1964, and in Copenhagen the ships docked at what is probably the best place of call in the port, Larsens Plads, just below Amalienborg Castle; King Frederik IX followed with great interest the Company's activities from the castle windows.

Copenhagen-Oslo

In 1965 DFDS ordered two new ships for the Copenhagen-Oslo route with roll on/roll off facilities for cars and trucks, and with greater passenger capacity. There was a steadily increasing number of passengers on the route, and entering into service in 1968 of the two new large passenger and car ships, which were given the same names as their predecessors, stimulated the desire to travel between Denmark and Norway even more. PRINSESSE MARGRETHE was christened by the heir to the throne, H.R.H. Princess Margrethe, and KONG OLAV V was christened by H.M. Queen Ingrid.

Hendes kongelige Højhed Prinsesse Margrethe navngav PRINSESSE MARGRETHE *til København-Oslo ruten i 1968. Prinsessens far, Hans Majestæt Kong Frederik IX, der altid udviste stor interesse for "det kære Selskab", ledsagede Prinsessen.*

Her Royal Highness Princess Margrethe named PRINSESSE MARGRETHE *for the Copenhagen-Oslo route in 1968. The Princess' father, His Majesty King Frederik IX, who always showed a great interest in "the dear Company", escorted the Princess.*

Passagerantallet steg til 270.000 om året og biltallet næsten tredobledes til ca. 30.000 biler om året. Allerede i 1971 viste det sig nødvendigt at udvide passagerkapaciteten gennem ombygning af begge skibe, og bl.a. etableredes konferencefaciliteter om bord. Samtidig ændredes klassesystemet om bord på alle DFDS' passagerskibe fra 1. og 2. klasse til kun én klasse. I 1973 havde ruten en stigning på 14.000 passagerer og de følgende år på henholdsvis 28.000 og 16.000, således at der i 1975 transporteredes ialt 327.000 passagerer. Passagerkapaciteten var i store dele af året fuldt udnyttet, og i slutningen af 1975 og begyndelsen af 1976 blev der foretaget endnu en stor ombygning af begge skibe, således at køjekapaciteten fra sommeren 1976 forøgedes med 20%, og der skabtes væsentlig flere pladser i salonerne. Som følge af ombygningen steg passagerantallet i 1977 til 355.000, og det økonomiske resultat blev tilfredsstillende. I 1978 steg passagertallet til 367.000, og skibenes kapacitet var atter ved at være udnyttet, hvorfor der sattes overvejelser i gang om fornyelse af tonnagen.

Nyt koncept gav øget passageromsætning
Imidlertid påvirkede en generel afmatning af rejsemarkedet i 1979, bl.a. som følge af den 2. oliekrise, alle DFDS' passagerruter. København-Oslo ruten faldt med 17.000 passagerer. Til trods for afmatning og et stærkt konkurrencepræget marked i 1980 fik DFDS gennem en kraftig salgsindsats og attraktive tilbud det hidtil højeste antal passagerer på København-Oslo ruten - 392.000, en stigning på 42.000, men det økonomiske resultat blev på grund af de voldsomt stigende oliepriser noget ringere end året før. Som følge af stadig stigende passagertal overflyttedes DANA GLORIA og DANA REGINA fra Nordsøen til København-Oslo ruten i oktober 1983, og allerede i december samme år erstattedes DANA GLORIA af SCANDINAVIA, der var blevet ledig efter lukningen af New York-Bahamas ruten. Tonnagefornyelse, ændring af passagerkoncept samt øget serviceindsats betød en stigning på 31% i passagerantallet til 521.000, men de store kapitalomkostninger, der var knyttet til SCANDINAVIA gjorde, at ruten ikke gav et tilfredsstillende økonomisk resultat.

På grund af krisen i DFDS, der startede i 1982, blev det nødvendigt at afhænde

The number of passengers rose to 270,000 per year and the number of cars almost tripled to approximately 30,000 cars per year. Already in 1971 it proved necessary to expand passenger capacity through rebuilding of both ships, and conference facilities were among the novelties established on board. At the same time the class system on all DFDS passenger ships was changed from 1st and 2nd class to one single class. In 1973 the number of passengers on the route increased by 14,000, and in the two following years the number increased by 28,000 and 16,000 respectively. Thus a total of 327,000 passengers were transported in 1975. The passenger capacity was fully used for a large part of the year, and at the end of 1975 and the beginning of 1976 yet another comprehensive rebuilding of both ships was undertaken, so that berth capacity from summer of 1976 was increased by 20%, and considerably more space was created in the lounges. As a consequence of the rebuilding the number of passengers rose in 1977 to 355,000, and the financial result was satisfactory. In 1978 the number of passengers rose to 367,000 and the ships' capacity was again almost totally used. This gave rise to considerations about renewal of the tonnage.

New concept resulted in increased passenger turnover
However, a general decline on the travel market in 1979 - a consequence of the second oil crisis and other factors - had an influence on all of DFDS's passenger routes. The Copenhagen-Oslo route noted a decrease of 17,000 passengers. In spite of the decline and a sharply competitive market in 1980 DFDS achieved through a strong sales effort and attractive offers the hitherto greatest number of passengers on the Copenhagen-Oslo route: 392,000: an increase of 42,000. The financial result was, however, somewhat lower than that of the previous year, due to skyrocketing oil prices. As a consequence of the continually increasing number of passengers DANA GLORIA and DANA REGINA were transferred from the North Sea to the Copenhagen-Oslo route in October 1983, and already in December of that year DANA GLORIA was replaced by SCANDINAVIA, which had become available after closing of the New York - Bahamas route.

SCANDINAVIA hurtigst muligt. Det lykkedes i april 1985, hvorefter DANA GLORIA kom tilbage på ruten. På grund af den mindre kapacitet faldt passagerantallet til godt 400.000, men totalt set blev resultaterne de følgende år tilfredsstillende, ikke mindst som følge af mere hensigtsmæssig tonnageindsats.

Passagerskibet som konferencested en succes

Med henblik på at gøre sørejsen mellem København og Oslo endnu mere attraktiv samt give ruten en større kapacitet købte DFDS fra Silja Line passagerskibet FINLANDIA i 1987 til levering i 1990. Endvidere blev DANA GLORIA i vinteren 1988/89 forlænget med 22 m og totalt renoveret. Skibet blev efter en vellykket ombygning genindsat på ruten som KING OF SCANDINAVIA i februar 1989. Kapaciteten øgedes til 1.350 passagerer og 285 biler. En kraftig markedsføringsindsats resulterede i en 15% stigning i passagerantallet. Den 1. juni 1990 fuldendtes tonnagefornyelsen på København-Oslo ruten ved indsættelse af QUEEN OF SCANDINAVIA, ex. FINLANDIA. DANA REGINA blev efter 16 års tjeneste afhændet. QUEEN OF SCANDINAVIA har en kapacitet på 1.600 passagerer og 400 biler, og det betød en kapacitetsforøgelse på 35%. Samtidig påbegyndtes anløb af Helsingborg i både nord- og sydgående retning for at imødekomme efterspørgslen fra det svenske marked. Totalt set steg passagerantallet i 1990 med godt 53.000 til 507.000. En del af denne stigning skyldes skibenes moderne konferencefaciliteter, der er stærkt efterspurgte, men også de forbedrede kahyts- og salonfaciliteter samt en stor indsats for højnelse af serviceniveauet gennem de senere år. Med denne tonnagefornyelse er København-Oslo ruten godt rustet til at møde årtusindskiftet, og passagertallet er fortsat kraftigt stigende i 1991.

Tonnage renewal, change of the passenger concept, and increased service meant a 31% increase in number of passengers to 521,000. The heavy capital costs attached to the SCANDINAVIA meant that the route did not give a satisfactory financial result. Due to the crisis in DFDS that began in 1982 it became necessary to sell SCANDINAVIA as quickly as possible. This happened in April 1985, after which DANA GLORIA returned to the route. Due to the reduced capacity the number of passengers fell to some 400,000, but seen as a whole the results the following year were satisfactory, not least because of more appropriate tonnage efforts.

The passenger ship as conference locality a success

With a view to making the sea voyage between Copenhagen and Oslo even more attractive and to give the route greater capacity DFDS acquired from Silja Line in 1987 the passenger ship FINLANDIA, for delivery in 1990. Furthermore DANA GLORIA was extended by 22 meters and totally renovated during the winter of 1988/89. After a successful renovation the ship was reentered into service on the route in February 1989, as KING OF SCANDINAVIA. Capacity was increased to 1,350 passengers and 285 cars. A strong marketing effort resulted in a 15% increase in number of passengers. On 1 June 1990 tonnage renewal on the Copenhagen-Oslo route was completed with the entering into service of QUEEN OF SCANDINAVIA, ex. FINLANDIA. DANA REGINA was sold after 16 years of service. QUEEN OF SCANDINAVIA has a capacity of 1,600 passengers and 400 cars, and this meant a capacity increase of 35%. At the same time the call at Helsingborg on both northbound and southbound voyages was added to meet the demand from the Swedish market. Seen as a whole the number of passengers rose in 1990 by some 53,000 to 507,000. Part of this increase is due to the ships' modern conference facilities, which are in great demand, and to the improved cabin and lounge facilities, as well as to a great effort in recent years to improve the level of service. With this tonnage renewal the Copenhagen-Oslo route is well equipped to meet the new century, and the number of passengers continues to be sharply on the rise in 1991.

Konferencerum på KING OF SCANDINAVIA.

A conference room on KING OF SCANDINAVIA.

I 1964 indsatte DFDS et af Selskabets første rigtige passager- og bilskibe, AKERSHUS, *på Frederikshavn-Oslo ruten.*

In 1964 DFDS entered one of the Company's first real passenger and car ships, AKERSHUS, *into service on the Frederikshavn-Oslo route.*

Frederikshavn-Oslo

AKERSHUS og SKIPPER CLEMENT tilførte Frederikshavn-Oslo ruten en stærkt tiltrængt bilkapacitet ved indsættelsen i 1964, og efter en fordobling af antal afgange i sommersæsonen, fik ruten en stor stigning i antallet af overførte biler. Imidlertid bevirkede den korte sæson på denne rute, at indtjeningen ikke var tilstrækkelig. Fra 1970 forsøgte DFDS med daglig afgang på ruten hele året. Efter sommersæsonen 1971 flyttedes afgangshavnen fra Frederikshavn til Aalborg for perioden september til maj, medens Frederikshavn skulle være afgangshavn i sommermånederne. En voksende konkurrence på Skagerak med urealistisk lave billetpriser samt den lange sejltid fra Aalborg bevirkede, at ruten måtte indstilles i januar 1974.

Frederikshavn-Oslo

When they were entered into service in 1964 AKERSHUS and SKIPPER CLEMENT brought to the Frederikshavn-Oslo route a badly needed car capacity, and after a doubling of the number of departures in the summer season the route experienced a large increase in number of transported vehicles. The short season on this route meant, however, that earnings were not adequate. From 1970 DFDS tried year-round daily departures on the route. After the summer season of 1971 the departure port was changed from Frederikshavn to Aalborg for the September to May period, while Frederikshavn was to be the departure port in the summer months. Growing competition on the Skagerak with unrealistically low ticket prices and the long sailing time from Aalborg made it necessary to discontinue the route in January 1974.

Farten på Nordatlanten

Island og Færøerne

I 1965 afløstes DRONNING ALEXANDRINE efter næsten 40 år på ruten fra København til Island og Færøerne af Oslo-skibet KRONPRINS OLAV. Det medførte en fordobling af kapaciteten og passagertilgangen, men KRONPRINS OLAV havde ikke lastkapacitet nok, og allerede fra efteråret 1966 blev Englands-skibet KRONPRINS FREDERIK overført til ruten. Det betød yderligere passagertilgang, men ruten til Island var urentabel i konkurrence med flytrafikken, og farten indskrænkedes i 1969 til kun at omfatte Færøerne i sommermånederne. For at opnå en bedre udnyttelse af tonnagen flyttedes rutens danske anløbshavn til Esbjerg i 1972, og ruten opnåede herefter et tilfredsstillende økonomisk resultat. Da ENGLAND i 1974 blev ledig i Englands-farten, blev dette skib indsat på Esbjerg-Færø ruten til erstatning af den over 30 år gamle KRONPRINS FREDERIK med en stor forbedring af kapacitet og resultat til følge. ENGLAND betjente denne sommerrute frem til 1980, og fra 1981 blev rutens nuværende tonnage, WINSTON CHURCHILL, indsat. Esbjerg-Tórshavn ruten betjenes med en ugentlig dobbeltrejse i sommermånederne.

The North Atlantic Service

Iceland and the Faroe Islands

In 1965, after nearly 40 years on the route from Copenhagen to Iceland and the Faroe Islands, DRONNING ALEXANDRINE was replaced by the Oslo ship KRONPRINS OLAV. This brought about a doubling of capacity and number of passengers, but KRONPRINS OLAV did not have adequate cargo capacity. Already in the fall of 1966 the England ship KRONPRINS FREDERIK was transferred to the route. This meant an additional number of passengers, but the route to Iceland was unprofitable in competition with air traffic, and in 1969 the service was limited to comprise only the Faroe Islands in the summer months. To 3achieve better use of the tonnage the Danish port of call for the route was moved to Esbjerg in 1972, and hereafter the route achieved a satisfactory financial result. When ENGLAND became available on the England service in 1974 this ship was entered into service on the Esbjerg-Faroe Islands route to replace the more-than-30-year-old KRONPRINS FREDERIK, with a great improvement of capacity and result in consequence. ENGLAND operated this summer route up to 1980, and from 1981 the route's present tonnage, WINSTON CHURCHILL, was entered into service. The Esbjerg-Torshavn route was served with a weekly round trip in the summer months.

Fra 1972 har Færø-rutens udgangspunkt været Esbjerg. På luftbilledet fra 1987 ses WINSTON CHURCHILL forrest til venstre.

Since 1972 the port of departure for the Faroe Islands route has been Esbjerg. The air photo from 1987 shows WINSTON CHURCHILL front left.

Den engelske forbindelse
Esbjerg-Harwich

I 1966 blev DFDS' hovedrute til Storbritannien, Esbjerg-Harwich, betjent af den da to år gamle ENGLAND med personbildæk og KRONPRINSESSE INGRID fra 1949, men allerede i 1967 blev nybygningen, WINSTON CHURCHILL, indsat. Dette skib kunne, som noget helt nyt, på en del af sit bildæk medtage lastbiler, trailere og busser, og den havde bov- og agterport. Samtidig indviedes en ny passagerterminal i Esbjerg, mens et terminalbyggeri i Harwich gik langsommere end DFDS kunne ønske. Tilgangen af passagerer, biler og fragt steg betydeligt i de følgende år. Fra 1970 indførtes også på denne rute én-klasse systemet, og begge skibe fik gennem mindre ombygninger forøget passagerkapaciteten. I 1970 overførtes 127.000 passagerer, og ruten havde en betydelig fragtindtægt. Det gik så godt, at DFDS i 1972 kontraherede et nyt passager- og bilskib til ruten. Skibet, DANA REGINA, blev navngivet af H.M. Dronning Margrethe den 1. juli 1974 i København.

DANA REGINA var igen en helt ny type passagerskib med fuldt trailerdæk, der kunne rumme 250 personbiler eller 100 20-fods containerenheder. Der var plads til 900 passagerer, alle i kahytter med eget bad og toilet. Fartplanen udvidedes til 7 ugentlige afgange i hver retning om sommeren og 6 om vinteren. I 1975 kunne ruten således notere en stigning i passagertallet på 77.000 til 266.000 og et godt økonomisk resultat. I 1976 overførtes 293.000 passagerer, og ruten havde på tre år mere end fordoblet passagertallet. Med den fortsatte fremgang var der behov for større tonnage, og et nyt skib til afløsning af WINSTON CHURCHILL blev kontraheret til levering i 1978.

I maj 1978 navngav Hertuginden af Gloucester DANA ANGLIA på Themsen ved Tower of London. DANA ANGLIA havde en kapacitet på 1.250 passagerer og ikke mindre end 470 personbiler. Det betød en kapacitetsforøgelse på Esbjerg-Harwich ruten på 25% for passagerernes vedkommende og 50% for bilernes, ligesom fragtkapaciteten øgedes væsentligt.

The British connection
Esbjerg-Harwich

In 1966 DFDS's main route to Great Britain, Esbjerg-Harwich, was served by the then two-year-old ENGLAND with a car deck and KRONPRINSESSE INGRID from 1949. Already in 1967 the new ship, WINSTON CHURCHILL, was entered into service. As something quite new this ship could transport trucks, trailers, and buses on a portion of its car deck, and it had bow and stern ports. At the same time a new passenger terminal was inaugurated in Esbjerg, while a terminal building project in Harwich proceeded more slowly than DFDS could have wished. The number of passengers, cars, and freight increased considerably in the following years. From 1970 the one-class system was also introduced on this route, and the passenger capacity of both ships was increased by means of a slight rebuilding. In 1970 127,000 passengers were transported, and the route had a considerable freight income. Things went so well that in 1972 DFDS contracted for a new passenger and car ship for the route. This ship, DANA REGINA, was christened by H.M. Queen Margrethe on 1 July 1974 in Copenhagen.

DANA REGINA was again a completely new type of passenger ship, with full trailer deck with space for 250 cars or 100 20-foot container units. There was space for 900 passengers, all in cabins with private bath and toilet. The sailing schedule was expanded to seven weekly departures in each direction in the summer and six in the winter. In 1975 the route showed an increase in number of passenger of 77,000 to 266,000, and a good financial result. In 1976 293,000 passengers were transported, and the route had more than doubled the number of passengers in three years. With the continued progress there was a need for larger tonnage, and a contract was made for a new ship to replace WINSTON CHURCHILL, for delivery in 1978.

In May 1978 the Duchess of Gloucester christened DANA ANGLIA on the Thames at the Tower of London. DANA ANGLIA had a capacity of 1,250 passengers and no less than 470 cars. This meant a capacity increase on the Esbjerg-Harwich route of 25% for passengers and 50% for cars. Freight capacity was also considerably increased.

Den elegante ryge-salon på
KRONPRINSESSE
INGRID.

The elegant smoking salon on
KRONPRINSESSE
INGRID.

Fragtkapaciteten viste sig at være et stort plus for ruten allerede det følgende år, hvor en generel afmatning på rejsemarkedet som følge af den 2. oliekrise påvirkede passagertallet. Det faldt til 305.000, men i 1980 steg det atter til 377.000, og her holdt det sig de følgende år.

Trafikken omlægges

Som følge af overtagelsen af Tor Line i 1982 og krisen i DFDS foretoges en analyse af Nordsø-ruterne fra Danmark og Sverige. Den resulterede i en omlægning af trafikken. DANA REGINA blev overflyttet til København-Oslo ruten, Tor Line's rute Göteborg-Felixstowe flyttedes til Harwich, og en integreret fartplan for Esbjerg-Harwich og Göteborg-Harwich ruterne iværksattes med de tre skibe DANA ANGLIA, TOR BRITANNIA og TOR SCANDINAVIA fra oktober 1983. Passagertallet på Esbjerg-Harwich ruten faldt lidt som følge af færre afgange på denne rute. I 1986 overførtes 363.000 passagerer, og det økonomiske resultat var acceptabelt. Den integrerede fartplan er fortsat gældende - fra 1989 blev anløb af Amsterdam inkluderet - og trafikken synes at opfylde kundernes behov og indtjeningen rimeligt.

I vinteren 1990/91 ombyggedes og renoveredes TOR BRITANNIA og TOR SCANDINAVIA og genindsattes på Nordsø-ruterne som PRINCE OF SCANDINAVIA og PRINCESS OF SCANDINAVIA i det tidlige forår 1991. Esbjerg-Harwich ruten, der nu betjenes af disse to skibe samt DANA ANGLIA, er tonnagemæssigt godt rustet mange år fremover.

The freight capacity proved to be a great plus for the route already in the following year, when a general decline on the travel market in consequence of the second oil crisis influenced the number of passengers. The number fell to 305,000, but in 1980 it rose again to 377,000 and remained at this level in the following years.

Reorganization of traffic

As a consequence of the takeover of Tor Line in 1982 and the crisis in DFDS, an analysis was made of the North Sea routes from Denmark and Sweden. It resulted in a reorganization of the traffic. DANA REGINA was transferred to the Copenhagen-Oslo route, Tor Line's route Gothenburg-Felixstowe was moved to Harwich, and from October 1983 an integrated sailing schedule for the Esbjerg-Harwich and Gothenburg-Harwich routes was put into effect with the three ships DANA ANGLIA, TOR BRITANNIA, and TOR SCANDINAVIA. The number of passengers on the Esbjerg-Harwich route fell somewhat as a consequence of fewer departures on this route. In 1986 363,000 passengers were transported, and the financial result was acceptable. The integrated sailing schedule continued to be in effect - from 1989 a call at Amsterdam was included - and the traffic seemed to fulfill customers' needs, and its earnings were reasonably good.

In the winter of 1990/91 TOR BRITANNIA and TOR SCANDINAVIA were rebuilt and renovated. They were reentered into service on the North Sea routes in the early spring of 1991 as PRINCE OF SCANDINAVIA and PRINCESS OF SCANDINAVIA. The Esbjerg-Harwich route, which is now served by these two ships and DANA ANGLIA, is well equipped with regard to tonnage for many years to come.

Esbjerg-Newcastle

Esbjerg-Newcastle ruten er vel nok den DFDS-rute, der gennem årene har været betjent af den mest vekslende tonnage og med mest skiftende fartplaner.

Efter ENGLAND's indsættelse på Esbjerg-Harwich ruten i 1964 blev KRONPRINS FREDERIK overført til ruten. Da WINSTON CHURCHILL kom til i 1967 flyttedes KRONPRINSESSE INGRID til Esbjerg-Newcastle ruten, mens KRONPRINS FREDERIK skulle besejle Færø-ruten. Fra 1970 sejlede PRINSESSEN, ex. PRINSESSE MARGRETHE (1957) på ruten.

Esbjerg-Newcastle ruten besejledes i disse år med tre dobbeltrejser om ugen i sommersæsonen med tilfredsstillende passagertilgang. PRINSESSEN solgtes i 1971, og ved en overflytning af KRONPRINS FREDERIK fra København til Esbjerg betjente dette skib Newcastle-ruten med to dobbeltrejser og Færø-ruten med en dobbeltrejse om ugen. Fra sommeren 1974, efter DANA REGINA's indsættelse på Esbjerg-Harwich ruten, overflyttedes ENGLAND til Newcastle- og Færø-ruterne, og det betød en stor kapacitetsforøgelse på ruterne. Efter sommersæsonen bortchartredes ENGLAND imidlertid til Bergen Line for vintersæsonen, og i sommersæsonen 1975 fortsattes samarbejdet med Bergen Line. ENGLAND sejlede én dobbeltrejse på hver af ruterne Esbjerg-Newcastle, Esbjerg-Færøerne og Bergen-Newcastle, for atter i 1976 at sejle to Newcastle-rejser og én Færørejse om ugen. Det forbedrede resultatet væsentligt. Fra sommeren 1978 blev WINSTON CHURCHILL ledig på Esbjerg-Harwich ruten og indsattes på Newcastle med én ugentlig dobbelttur sammen med ENGLAND's to. Fra september fortsatte WINSTON CHURCHILL vinteren igennem med tre dobbelt-rejser om ugen, og passagerantallet i 1978 steg omkring 60%. Denne fart fortsattes de følgende år, og i 1980 transporteredes ialt 104.000 passagerer på ruten. WINSTON CHURCHILL blev erstattet af nyerhvervelsen DANA GLORIA i sommeren 1981. Dette skib sejlede frem til oktober 1983 suppleret af WINSTON CHURCHILL og ENGLAND i sommersæsonen. Ved DANA GLORIA's flytning til København-Oslo ruten i oktober 1983 indstilledes vintersejladsen på Newcastle.

Esbjerg-Newcastle

The Esbjerg-Newcastle route is probably the DFDS route that has been served by the most varied tonnage and with the most varying sailing schedules.

After ENGLAND was entered into service on the Esbjerg-Harwich route in 1964 KRONPRINS FREDERIK was transferred to the route. When WINSTON CHURCHILL arrived in 1967 KRONPRINSESSE INGRID was transferred to the Esbjerg-Newcastle route while KRONPRINS FREDERIK was to serve the Faroe Islands route. From 1970 PRINSESSEN, formerly PRINSESSE MARGRETHE (1957) sailed on the route.

The Esbjerg-Newcastle route was operated in these years with three round trips per week in the summer season. It had a satisfactory number of passengers. PRINSESSEN was sold in 1971 and KRONPRINS FREDERIK was transferred from Copenhagen to Esbjerg where it served on the Newcastle route with two round trips and the Faroe Islands route with one round trip per week. From summer of 1974 after DANA REGINA was entered into service on the Esbjerg-Harwich route, ENGLAND was transferred to the Newcastle and Faroe Islands routes and this meant a large capacity increase on the routes. After the summer season ENGLAND was chartered to Bergen Line for the winter season, and in the summer season of 1975 the collaboration with Bergen Line continued. ENGLAND sailed one round trip on each of the routes Esbjerg-Newcastle, Esbjerg-Faroe Islands, and Bergen-Newcastle, to again in 1976 sail two Newcastle trips and one Faroe Islands trip per week. This improved the result considerably.

From summer 1978 WINSTON CHURCHILL became available on the Esbjerg-Harwich route and was entered into service to Newcastle with one weekly round trip together with ENGLAND's two. From September WINSTON CHURCHILL continued throughout the winter with three round trips per week, and the number of passenger in 1978 rose approximately 60%.

This service continued the following year, and in 1980 a total of 104,000 passengers were transported on the route. WINSTON CHURCHILL was replaced by the newly acquired DANA GLORIA in the summer of 1981.

I 1984 kom der en helt anden tonnage på ruten, idet Esbjerg-Newcastle ruten betjentes sammen med Göteborg-Newcastle og Bergen-Newcastle ruterne af de indchartrede skibe VENUS og JUPITER. I sommeren 1985 kom WINSTON CHURCHILL tilbage på Esbjerg-Newcastle ruten og betjente sammen med JUPITER tillige Göteborg-Newcastle og Esbjerg-Færø ruterne. Fra sommeren 1987 blev PRINS HAMLET efter en ombygning indsat i kombineret fart Esbjerg-Newcastle og Göteborg-Newcastle sammen med WINSTON CHURCHILL, der betjente Esbjerg-Newcastle og Esbjerg-Færø ruterne. Siden PRINS HAMLET's salg efter sommersæsonen 1988 har WINSTON CHURCHILL alene betjent Newcastle-ruten samt Færø-ruten i månederne juni-august, og det synes som om behov og tonnage hermed har fundet et naturligt leje.

Tyskland-Storbritannien

I maj 1981 overtog DFDS det tyske rederi Prinzenlinien, der drev ruterne fra Hamburg og Bremerhaven til Harwich med skibene PRINZ HAMLET og PRINZ OBERON. Der blev anvendt mange ressourcer for at få disse ruter og skibe op på et acceptabelt serviceniveau, og en ny organisation i Hamburg blev etableret.

This ship sailed until October 1983, supplemented by WINSTON CHURCHILL and ENGLAND in the summer season. When DANA GLORIA was transferred to the Copenhagen-Oslo route in October of 1983 the winter departures to Newcastle were suspended. In 1984 there was completely different tonnage on the route, as the Esbjerg-Newcastle route was operated together with the Gothenburg-Newcastle and Bergen-Newcastle routes by the chartered ships VENUS and JUPITER. In the summer of 1985 WINSTON CHURCHILL returned to the Esbjerg-Newcastle route and served together with JUPITER on the Gothenburg-Newcastle and Esbjerg-Faroe Islands routes as well. From the summer of 1987, after a rebuilding, PRINS HAMLET was entered into combined service Esbjerg-Newcastle and Gothenburg-Newcastle together with WINSTON CHURCHILL, which operated on the Esbjerg-Newcastle and Esbjerg-Faroe Islands routes. Since the sale of PRINS HAMLET after the summer season of 1988, WINSTON CHURCHILL alone has served the Newcastle route and the Faroe Islands route in June, July, and August, and it appears that the need and tonnage have thus found a natural level.

Germany-Great Britain

In May 1981 DFDS took over the German shipping company Prinzenlinien, which operated the routes from Hamburg and Bremerhaven to Harwich with the ships PRINZ HAMLET and PRINZ OBERON. Large sums were expended to elevate these routes and ships to an acceptable service level, and a new organization was established in Hamburg.

KRONPRINS FREDERIK besejlede Esbjerg-Newcastle ruten fra 1971 til 1974. Her ankommer skibet til Tyne Commission Quay i Newcastle.

KRONPRINS FREDERIK sailed the Esbjerg-Newcastle route from 1971 to 1974. Here the ship arrives at Tyne Commission Quay in Newcastle.

Efter en større ombygning indsattes HAMBURG på Hamburg-Harwich ruten i 1987.

After a major rebuilding HAMBURG is entered into service on the Hamburg-Harwich route in 1987.

89

Utilfredsstillende resultater gjorde, at ruten fra Bremerhaven blev indstillet i december 1982 og kræfterne koncentreredes om Hamburg-Harwich ruten, der besejledes med PRINZ HAMLET. PRINZ OBERON blev afhændet i 1984, og først i 1985 nåedes et acceptabelt resultat. I 1986 var skibets maksimale indtjeningsevne nået - der overførtes omkring 150.000 passagerer - og det besluttedes at investere i ny og større tonnage. Det norske passagerskib KRONPRINS HARALD købtes for indsættelse på Hamburg-Harwich ruten. Efter en gennemgribende renovering døbtes skibet HAMBURG og indsattes i april 1987. Denne tonnagefornyelse gav ruten en både passager- og fragtmæssig stigning. PRINZ HAMLET overførtes i 1988 til Esbjerg/Göteborg-Newcastle ruterne og solgtes efter sommersæsonen. HAMBURG har siden betjent Hamburg-Harwich ruten med afgang hver anden dag i begge retninger. I Hamburg blev opmarchearealet i forbindelse med skibets anløbsplads på Landungsbrücken hurtig for lille til at kunne klare passagerbiler, containere og trailers, og i 1988 gik DFDS sammen med byen Hamburg om at bygge en ny terminal i Fischereihafen, et par kilometer længere ude ad Elben, hvor der blev bygget en moderne passagerterminal og anlagt et opmarchareal med den nødvendige kapacitet. Terminalen blev taget i brug i sommeren 1991 og har forbedret passagerfaciliteterne væsentligt.

Ruterne fra Sverige

Ruterne mellem Sverige og England/Holland er blevet besejlet af Tor Line siden denne linies start i 1966, i begyndelsen som en trekantrute Göteborg-Immingham-Amsterdam-Göteborg med passager- og fragtskibet TOR ANGLIA. I 1975/76 overtog nybygningerne TOR BRITANNIA og TOR SCANDINAVIA besejlingen. Skibene blev ombygget og moderniseret i vinteren 1990/91 og sejler nu under navnene PRINCE OF SCANDINAVIA og PRINCESS OF SCANDINAVIA.

Unsatisfactory results caused the route from Bremerhaven to be discontinued in December 1982 and efforts were concentrated on the Hamburg-Harwich route, which was served with PRINZ HAMLET. PRINZ OBERON was sold in 1984, and not until 1985 was an acceptable result achieved. In 1986 the maximum earning capacity of the ship was reached - around 150,000 passengers were transported - and it was decided to invest in new and larger tonnage.

The Norwegian passenger ship KRONPRINS HARALD was acquired for the Hamburg-Harwich route. After a thorough renovation the ship was christened HAMBURG and entered into service in April 1987.

This tonnage renewal gave the route an increase in both passengers and freight. PRINZ HAMLET was transferred to the Esbjerg/Gothenburg-Newcastle routes in 1988 and sold after the summer season. HAMBURG has since served the Hamburg-Harwich route with departures every other day in both directions.

In Hamburg the access area in connection with the ship's place of call at the Landungsbrücken quickly became too small to be able to manage the passenger cars, containers, and trailers, and in 1988 DFDS and the city of Hamburg together decided to build a new terminal in the Fischereihafen, a few kilometers further out along the Elbe River.

A modern passenger terminal was built and an access area with the necessary capacity was provided.

The terminal was taken into use in the summer of 1991 and has improved passenger facilities considerably.

The routes from Sweden

The routes between Sweden and England/Holland have been served by Tor Line since its inception in 1966, in the beginning as a triangular route Gothenburg-Immingham- Amsterdam-Gothenburg, with the passenger and freight ship TOR ANGLIA. In 1975/76 the new ships TOR BRITANNIA and TOR SCANDINAVIA took over on the route. The ships were rebuilt and modernized in the winter of 1990/91 and sail now under the names PRINCE OF SCANDINAVIA and PRINCESS OF SCANDINAVIA.

Göteborg-Harwich

Denne fart startede som et "ben" i ovennævnte trekantrute med anløb af Immingham. I 1977 flyttedes den engelske anløbshavn til Felixstowe, og - efter DFDS' overtagelse af ruten - i 1983 til Harwich, hvilket gav mulighed for en integreret og mere rationel fartplan med Esbjerg-Harwich ruten. Denne nye fartplan på Nordsøen, hvor tre skibe, DANA ANGLIA, TOR BRITANNIA og TOR SCANDINAVIA, betjente Esbjerg-Harwich og Göteborg-Harwich ruterne startede i 1984. Udviklingen på ruten har gennem de senere år været tilfredsstillende. I 1986 rundede ruten de 300.000 passagerer.

Göteborg-Newcastle

Som et resultat af arbejdet med at udvikle nye aktiviteter blev Göteborg-Newcastle ruten startet i 1978 i et samarbejde med Tor Line AB. I sommermånederne juni-september besejlede WINSTON CHURCHILL ruten med to ugentlige dobbeltrejser og med et tilfredsstillende resultat.

Gothenburg-Harwich

This service began as a "side" in the above-mentioned triangular route with the call at Immingham. In 1977 the English port of call was moved to Felixstowe and in 1983 - after DFDS took over the route - to Harwich, which made possible an integrated and more rational sailing schedule with the Esbjerg-Harwich route. This new sailing schedule on the North Sea, which began in 1984, employed three ships, DANA ANGLIA, TOR BRITANNIA, and TOR SCANDINAVIA, which served the Esbjerg-Harwich and Gothenburg-Harwich routes. Development on the route has been satisfactory in recent years. In 1986 the route reached the 300,000 passenger mark.

Gothenburg-Newcastle

As a result of the work to develop new activities the Gothenburg-Newcastle route was started in 1978 in a collaboration with Tor Line AB. In the summer months June, July, August, and September WINSTON CHURCHILL sailed on the route with two weekly round trips and a satisfactory result.

"Tor-skibene", som de populært kaldtes, blev ombygget i vinteren 1990/91 og genindsat på Nordsøruterne i foråret 1991 med navnene PRINCE OF SCANDINAVIA og PRINCESS OF SCANDINAVIA. Billedet er fra navngivningen i Göteborg den 16. marts 1991.

The "Tor ships," as they were popularly called, were rebuilt in the winter of 1990/91 and reentered into service on the North Sea routes in the spring of 1991 with the names PRINCE OF SCANDINAVIA and PRINCESS OF SCANDINAVIA. The picture is from the naming ceremony in Gothenburg, 16 March 1991.

91

Efter en grundstødning ved Göteborg i august 1979 blev ruten indstillet for resten af sæsonen, men den genoptoges året efter og blev de følgende sæsoner drevet med tilfredsstillende resultat, fra 1981 med det netop overtagne skib, DANA GLORIA, ex WELLAMO. Efter DANA GLORIA's overflytning til København-Oslo ruten i 1983 blev Göteborg-Newcastle ruten besejlet med indchartret tonnage, og fra 1985 tillige af WINSTON CHURCHILL. I 1987 og 1988 betjentes ruten af PRINZ HAMLET og fra 1989 besejledes ruten én gang om ugen i sommermånederne som et led i den integrerede Nordsøfartplan.

Ruten Göteborg-Newcastle har gennem alle årene været en populær sommerrute.

Sverige-Holland

Ruten mellem Göteborg og Amsterdam har som nævnt været besejlet af Tor Line siden 1966. TOR ANGLIA var det første skib på ruten. I 1975/76 indsattes TOR BRITANNIA og TOR SCANDINAVIA, men i 1983 måtte farten på Amsterdam indstilles på grund af hård konkurrence fra landtransportsiden, som gjorde det umuligt at drive ruten lønsomt.

Efter en pause på 6 år blev Göteborg-Amsterdam ruten genoptaget i februar 1989 med TOR BRITANNIA og TOR SCANDINAVIA, først med én ugentlig rundrejse og senere på året med to rundrejser om ugen. Ruten er blevet meget populær på såvel det svenske som hollandske marked og lever helt op til forventningerne.

After the ship ran aground at Gothenburg in August 1979 the route was suspended for the remainder of the season. It was reopened the following year, however, and was operated with satisfactory results in the following seasons, from 1981 with the just acquired ship DANA GLORIA, formerly WELLAMO. After DANA GLORIA's transfer to the Copenhagen-Oslo route in 1983 the Gothenburg-Newcastle route was operated with chartered tonnage, and from 1985 also by WINSTON CHURCHILL. In 1987 and 1988 the route was operated by PRINZ HAMLET and from 1989 there was one weekly sailing on the route in the summer months, as part of the integrated North Sea sailing schedule.

The route Gothenburg-Newcastle has been a popular summer route.

Sweden-Holland

The route between Gothenburg and Amsterdam has, as mentioned, been operated by Tor Line since 1966. TOR ANGLIA was the first ship on the route. In 1975/76 TOR BRITANNIA and TOR SCANDINAVIA were entered into service on the route, but in 1983 the service to Amsterdam had to be discontinued due to hard competition from overland transport, which made it impossible to operate the route profitably.

After a pause of six years the Gothenburg-Amsterdam route was taken up again in February 1989 with TOR BRITANNIA and TOR SCANDINAVIA, first with a weekly round trip and later in the year with two round trips per week. The route has become very popular on both the Swedish and the Dutch markets and completely lives up to expectations.

På Amsterdamruten passeres slusen ved Ijmuiden på den hollandske kyst, hvorefter man sejler ad kanalen ind til Amsterdam.

On the Amsterdam route the lock at Ymuiden on the Dutch coast is navigated. Then the voyage proceeds via the canal to Amsterdam.

Krydstogter og krydstogtpræget fart

Middelhavs-ruterne

I 1970 stod DFDS med to helt nye passagerskibe fra den nedlagte København-Aalborg rute, AALBORGHUS OG TREKRONER, bygget i Genova, Italien i 1969 og 1970.

Efter undersøgelser af forskellige anvendelsesmuligheder faldt valget på Middelhavet, hvor udgangshavnen blev Genova i Italien. To ruter - en til Spanien og en til Tunis - blev besejlet med de to ombyggede skibe, der fik navnene DANA SIRENA og DANA CORONA, med ugentlige anløb af Mallorca, Alicante, Malaga og Tunis. Idéen var, at det store antal midteuropæiske ferierejsende kunne sejle til Spanien, have egen bil med, men alligevel spare mange hundrede kilometers kørsel - samt få egen bil med til Nordafrika. Destinationerne ændredes i takt med opdyrkningen af nye markeder, og havne som Tanger, Ibiza og Patras blev prøvet. En generel afmatning i turistmarkedet i 1970'erne gjorde, at ruterne fra 1975 til 1979 kun blev betjent med ét skib. I 1978 opnåedes dog det største antal passagerer, 85.000, i ruternes levetid.

I 1979 åbnedes en ny rute fra Ancona på den italienske Adriaterhavskyst til Patras, Kreta og Alexandria.

På trods af store anstrengelser salgs- og markedsføringsmæssigt i Europa samt en enorm indsats fra skibenes besætninger lykkedes det ikke at få passagerfarten i Middelhavet til at leve op til de økonomiske forventninger. En ændret konkurrencesituation, bl.a. fra statsstøttede rederier, gjorde i 1982 resultatet så utilfredsstillende, at DFDS efter 12 års sejlads i Middelhavet indstillede farten i november, og tonnagen blev solgt.

Nordkap og Østersøen

Fra tid til anden har DFDS sejlet krydstogter - de første var nok til Nordkap så tidligt som i 1890 med NIDAROS og med Amerikadamperen C.F. TIETGEN i 1910 samt med flagskibet FREDERIK VIII til Middelhavet i 1924.

Cruises and cruise-like service

The Mediterranean routes

In 1970 DFDS had two completely new passenger ships from the discontinued Copenhagen-Aalborg route, AALBORGHUS and TREKRONER. They had been built in Genoa, Italy, in 1969 and 1970 respectively.

After an investigation of various possibilities for use the choice fell on the Mediterranean, where the port of departure was Genoa. Two routes - one to Spain and one to Tunis - were operated with the two rebuilt ships, which were named DANA SIRENA and DANA CORONA, and which called weekly at Mallorca, Alicante, Malaga, and Tunis. The idea was that the many mid-European vacation travelers could sail to Spain, take along their own car, but still save many hundred kilometers of driving - and have their own car in Africa. Destinations were changed in pace with the cultivation of new markets, and ports like Tangier, Ibiza, and Patras were tried.

Because of a general decline on the tourist market in the 1970s the routes were served by only one ship from 1975 to 1979. In 1978 there were 85,000 passengers - the greatest number in the lifetime of the route.

In 1979 a new route was opened from Ancona on the Italian Adriatic coast to Patras, Crete, and Alexandria. In spite of great sales and marketing efforts in Europe and an enormous effort on the part of the ships' crews, it was not possible to make the passenger service in the Mediterranean live up to the financial expectations. A changed competitive situation, for state subsidized shipping companies and other sources, made the result so unsatisfactory in 1982 that DFDS discontinued service in November, after twelve years in the Mediterranean, and the tonnage was sold.

The North Cape and the Baltic

From time to time DFDS has sailed cruises - the first were probably to the North Cape as early as 1890, with NIDAROS and with the America steamer C.F. TIETGEN in 1910, and with the flagship FREDERIK VIII to the Mediterranean in 1924.

På Nordkap-krydstogterne besøges bl.a. den meget smukke Geiranger-fjord, hvor WINSTON CHURCHILL *ankrer op og passagererne sættes i land med båd.*

The North Cape cruises include a visit to the very beautiful Geiranger Fjord, where WINSTON CHURCHILL *drops anchor and the passengers are sent ashore in boats.*

I nyere tid har DFDS sejlet krydstogter i Middelhavet i midten af 1960'erne med KRONPRINSESSE INGRID og igennem fem år fra 1967 til 1971 gennemførtes 30-dages togter til Vestindien med ENGLAND.

I maj 1987 stod WINSTON CHURCHILL ud på sit første 10-dages krydstogt til Nordkap med anløb af 9 vestnorske havne og fjorde. Gennem de følgende år udvikledes disse populære krydstogter med nye havne og nye ruter, bl.a. i 1989 Østersøkrydstogt til bl.a. Stockholm, Leningrad, Helsingfors, Gotland og Travemünde, og i 1990 gennemførtes et togt Round Britain. Fra 1990 udvidedes Østersøkrydstogterne, efter den politiske opblødning i de østeuropæiske lande, med anløb af Tallinn i Estland og Gdansk i Polen. I 1991 sejler 24 år gamle, men meget populære WINSTON CHURCHILL fem Østersøtogter og tre Norske Fjord-togter. Disse krydstogter, der totalt set har omkring 3.500 passagerer om året, er en stor succes. Passagererne fordeler sig med en trediedel tyske, en trediedel engelske og en trediedel skandinaviske.

In recent times DFDS has sailed cruises in the Mediterranean in the mid-1960s with KRONPRINSESSE INGRID, and over a period of five years from 1967 to 1971 there were thirty-day cruises to the West Indies with ENGLAND.

In May 1987 WINSTON CHURCHILL started out on its first ten-day cruise to the North Cape with calls at nine west-Norwegian ports and fjords. Over the following year these popular cruises were developed with new ports and new routes. Among others there was in 1989 the Baltic cruise to Stockholm, Leningrad, Helsingfors, Gotland, Travemünde, and other ports, and in 1990 there was a cruise Round Britain. From 1990 the Baltic cruises were expanded, after the political thawing out of the Eastern European countries. Calls were made at Tallinn in Estonia and Gdansk in Poland. In 1991 the 24-year-old, but very popular, WINSTON CHURCHILL sailed five North Cape cruises, five Baltic cruises, and three Norwegian Fjord cruises. These cruises, which have a total of around 3,500 passengers a year, are a great success. One-third of the passengers are German, one-third English, and one-third Scandinavian.

Scandinavian World Cruises

I bestræbelserne for at internationalisere DFDS' aktiviteter besluttedes det i 1979 at etablere en såkaldt "cruise car liner"-fart i de amerikanske farvande. Planerne indebar bygning af et stort krydstogtskib på 27.000 bruttoregistertons med plads til 1.600 passagerer og 400 biler til sejlads mellem New York og Bahama-øerne. Planerne omfattede også et skib nr. to - en noget mindre "day-cruiser" til sejlads mellem Bahama-øerne og Florida. Det store skib skulle leveres i første halvdel af 1982, mens det var planen at starte linien til Florida så hurtigt som muligt.

Idéen bag projektet var at lære amerikanerne, at man godt kan sejle og alligevel have sin bil med, og kunne DFDS få blot en lille procentdel af de mange millioner amerikanere, der hvert år kørte i bil fra New York-området på ferie til Florida, til at benytte skib, så var succesen i hus. DFDS ville tilbyde en behagelig sørejse, hvor man kom udhvilet frem til sit bestemmelsessted - med sin egen bil. Grundige undersøgelser gennem amerikanske markedsførings-firmaer viste, at der var grundlag for en aktivitet, som den skitserede.

En stab af ledende medarbejdere i datterselskabet Scandinavian World Cruises gik i 1980 i gang med at planlægge og opbygge en organisation, sideløbende med at det store skib blev bygget på et fransk værft. I februar 1982 startede operationen med indsættelse af to skibe på ruter mellem Bahama-øerne og Florida.

Nybygningen SCANDINAVIA indledte sejladsen mellem New York og Bahama-øerne med nogle måneders forsinkelse i oktober samme år.

Den første fase af projektet - farten mellem Bahama-øerne og Florida - forløb imidlertid ikke tilfredsstillende. Farten gav store tab på grund af svigtende passagertilgang - konkurrencen på dette marked var enorm stor - og ombygningen af de to skibe var blevet langt dyrere end forudset.

I oktober accelererede den uheldige udvikling som følge af nye vanskeligheder ved indsættelsen af SCANDANIVIA mellem New York og Bahamas. For det første mistede man sommersæsonen på grund af skibets forsinkede levering og for det andet var nogle af de første rejser plaget af usædvanligt hårdt vejr, der skræmte passagererne.

Scandinavian World Cruises

In the efforts to internationalize DFDS's activities it was decided in 1979 to establish a so-called "cruise car liner" service in American waters. Plans included building of a large cruise ship of 27,000 gross register tons with space for 1,600 passengers and 400 cars, for service between New York and the Bahamas. Plans also included a second ship - a somewhat smaller "day cruiser" for service between the Bahamas and Florida. The large ship was to be delivered in the first half of 1982 while the plan was to start the line to Florida as quickly as possible.

The idea behind the project was to show Americans that it is possible to sail and still bring along your car, and if DFDS could win over to the ship just a small percentage of the many millions of Americans who drive in their own cars from the New York area to vacation in Florida every year, then success would be certain. DFDS would offer a pleasant sea voyage which would allow passengers to arrive rested at their destination - with their own cars. Thorough investigations through American marketing companies showed that there was a foundation for an activity like the one described.

In 1980 a staff of top employees in the subsidiary Scandinavian World Cruises began to plan and build up an organization in parallel with the building of the large ship at a French shipyard. In February 1982 operation began with the entering into service of two ships on the routes between the Bahamas and Florida. The new ship SCANDINAVIA began sailing between New York and the Bahamas with some months' delay in October of that same year.

The first phase of the project - the service between the Bahamas and Florida - did not go well. The service gave great losses because there weren't enough passengers, and rebuilding of the two ships on the route had been far more costly than planned.

In October the unfortunate development accelerated in consequence of new difficulties in entering the SCANDINAVIA into service between New York and the Bahamas. First the summer season was wasted due to the delayed delivery of the ship, and second, some of the early voyages were plagued by unusually rough weather which frightened the passengers.

Forudsætningerne i beslutningsgrundlaget for projektet viste sig endvidere på en række væsentlige punkter ikke at kunne holde. Det medførte et driftsunderskud for denne aktivitet på 200 millioner kroner i 1982.

1983 viste et underskud på 321 millioner kroner. Følgelig blev SCANDINAVIA i december 1983 overført til København-Oslo ruten, og Scandinavian World Cruises opererede herefter kun med to skibe på Bahama-Florida ruterne.

Det lykkedes heller ikke at opnå et fornuftigt resultat af denne aktivitet, og i 1985 blev den overdraget til et nyoprettet selskab, Sea Escape Ltd., hvor DFDS havde en mindre andel.

I april 1985 afhændedes SCANDINAVIA, og det betød, at belastningen af DFDS-Koncernens totale resultat blev afgørende reduceret.

I 1987 solgte DFDS sin andel i Sea Escape til de øvrige partnere, og i 1988 afvikledes de sidste tonnageforpligtelser.

"The American Dream" havde kostet DFDS mange penge og arbejdspladser, men Selskabet kunne trods alt - og ikke mindst på grund af sit medlemsskab i Lauritzen Gruppen - overleve den alvorlige krise.

"Intet er skidt, uden det er godt for noget", lyder et gammelt ord, og det gælder også Scandinavian World Cruises. København-Oslo ruten fik et tiltrængt løft ved tilførslen af SCANDINAVIA, og de øvrige passagerruter adopterede hurtigt de nye idéer for moderne passagerfart. DFDS' passagerskibe overtog i 1985 SCANDINAVIA's bemaling og skorstensmærke, de tre blå "fartstriber" samt i 1988 et nyt navnesystem, således at de fleste passagerskibe i dag hedder *OF SCANDINAVIA* til "efternavn". Endvidere indførtes i 1988 markedsføringsnavnet **Scandinavian Seaways** for alle Passager Divisionens aktiviteter.

In addition, the prerequisites in the basis for decision for the project turned out not to be valid on a number of important points. This caused an operation deficit for this activity of DKK 200 million in 1982.

1983 showed a deficit of DKK 321 million. In consequence SCANDINAVIA was transferred to the Copenhagen-Oslo route in December 1983, and hereafter Scandinavian World Cruises operated with only two ships on the Bahamas-Florida routes.

It was not possible to achieve an acceptable result from this activity either, and in 1985 it was transferred to a newly founded company, Sea Escape Ltd., in which DFDS had a small share.

In April 1985 SCANDINAVIA was sold, decisively reducing the burden on the DFDS Group's total result.

In 1987 DFDS sold its share in Sea Escape to the other partners, and in 1988 the remaining tonnage obligations were liquidated.

"The American Dream" had cost DFDS a great deal of money and jobs, but in spite of it all - and not least because of its membership in the Lauritzen Group - the Company was able to survive the serious crisis.

"Nothing is so bad that it is good for nothing," an old saying goes, and this is also true for Scandinavian World Cruises. The Copenhagen-Oslo route was given a needed lift with the addition of SCANDINAVIA, and the other passenger routes quickly adopted the new ideas for modern passenger transport. In 1985 DFDS's passenger ships took over SCANDINAVIA's painting and funnel symbol, the three blue "racing stripes," and in 1988 a new name system, so that most of the passenger ships today have the "surname" OF SCANDINAVIA.

Furthermore, in 1988 the marketing name **Scandinavian Seaways** was introduced for all the Passenger Division's activities.

▶

SCANDINAVIA og New Yorks skyline var lige imponerende.

SCANDINAVIA and the New York skyline were equally impressive.

Berth 6

Øvrige mindre ruter

Danmark-Sverige

Grenaa-Helsingborg ruten blev i marts 1981 overtaget fra Lion Ferry AB og betjentes af den indchartrede EUROPAFÄRJAN IV. Trods markedsføringsindsats og ombygning af skibet lykkedes det ikke at opnå et økonomisk tilfredsstillende resultat af denne aktivitet, og ruten afhændedes i 1983.

Norge-England

I sommeren 1982 overtog DFDS det norske rederi Fred. Olsen/Bergen Line's passagerfart på Nordsøen. I sommersæsonen chartrede DFDS skibene VENUS og JUPITER til farten mellem Norge og England samt Norge og Holland. Resultatet var meget utilfredsstillende, især for ruten til Holland, der blev indstillet i 1983. Bergen-Newcastle ruten blev i 1984 i reduceret omfang besejlet med VENUS og JUPITER, der også betjente Göteborg-Newcastle samt Esbjerg-Newcastle ruterne. Fra 1985 overgik Bergen-Newcastle ruten til et norsk rederi, der havde indchartret VENUS til denne fart.

Oslo-Newcastle

Oslo-Newcastle ruten var en nyskabelse i 1981. Ruten blev i perioden juni-august besejlet med ENGLAND med to ugentlige dobbeltrejser. Passagerantallet blev mindre end forventet og farten indstilledes efter sommersæsonen 1982. ENGLAND blev afhændet i 1983.

Other minor routes

Denmark-Sweden

DFDS took over the Grenaa-Helsingborg route from Lion Ferry AB in March 1981. It was served by the chartered EUROPAFÄRJAN IV. In spite of the marketing effort and rebuilding of the ship it was not possible to achieve a satisfactory result for this activity, and the route was sold in 1983.

Norway-England

In the summer 1982 DFDS assumed the Norwegian company Fred. Olsen/Bergen Line's passenger service on the North Sea. In the summer season DFDS chartered the ships VENUS and JUPITER for the service between Norway and England and Norway and Holland. The result was very unsatisfactory particularly for the route to Holland, which was discontinued in 1983. In 1984 the Bergen-Newcastle route was operated in reduced scope with VENUS and JUPITER, which also served the Gothenburg-Newcastle and Esbjerg-Newcastle routes. From 1985 the Bergen-Newcastle route was conveyed to a Norwegian shipping company which had chartered VENUS for this service.

Oslo-Newcastle

The Oslo-Newcastle route was a novelty in 1981. The route was served by ENGLAND in the June-August period, with two weekly round trips. The number of passengers was smaller than expected and the service was discontinued after the summer season 1982. ENGLAND was sold in 1983.

Scandiaterminalen i Amsterdam, som DFDS anløber. Kun skibets skorsten kan ses over terminalens tag.

The Scandia Terminal in Amsterdam, where DFDS calls. Only the ship's funnel is visible above the roof of the terminal.

Datterselskaber

Værfter, pakhusforretninger, ejendomme

Som tidligere omtalt ejede DFDS i 1966 hele eller en betydelig del af aktiekapitalen i en række virksomheder, bl.a. Hotel Codan A/S, Helsingør Skibsværft & Maskinbyggeri A/S, Frederikshavn Værft & Tørdok A/S og Aarhus Flydedok og Maskinkompagni A/S, samt i en række ejendomme, agenturer og pakhusforretninger i Danmark og udlandet.

I efteråret 1968 stiftedes Dan-Værft A/S i samarbejde med J. Lauritzen A/S. Dette selskabs formål var at koordinere aktiviteterne på de fire værfter i Helsingør, Aalborg, Århus og Frederikshavn.

I forbindelse med en reorganisering i DFDS i 1971 blev Aarhus Flydedok solgt til Rederiaktieselskabet Dannebrog, og Hotel Codan blev afhændet i 1972 til engelske interesser.

Ejendomme i Frihavnen og på Larsens Plads, Islands Plads m.fl. blev ligeledes afhændet i begyndelsen af 1970'erne.

Som et led i forenklingen af opbygningen af Lauritzen Koncernen overtog J. Lauritzen Holding A/S i 1981 DFDS' aktier i de to værftvirksomheder.

Mols-Linien A/S

I sommeren 1964 stiftedes et aktieselskab med det formål at oprette en færgerute, hvor der var den korteste distance mellem Sjælland og Jylland, nemlig Hasnæs syd for Ebeltoft og Sjællands Odde. DFDS tegnede 10.250.000 kroner aktier af en aktiekapital på 15 millioner kroner. To færger med en kapacitet på 600 passagerer og 125 personbiler blev bestilt på Aalborg Værft, og det nye rederi skulle drives og administreres i nær tilknytning til DFDS. Farten startede den 18. maj 1966 med METTE MOLS og den 25. juni kom MAREN MOLS til. Der var afgang hver anden time i begge retninger og overfartstiden var 1 time og 40 minutter. Ruten blev en så stor succes, at allerede året efter måtte man starte overvejelser om tonnageudvidelse.

Subsidiaries

Shipyards, warehouse businesses, property

As already mentioned DFDS owned all or a considerable part of the share capital in a number of businesses, among these Hotel Codan A/S, Helsingør Shipyard A/S, Frederikshavn Shipyard A/S, and Aarhus Shipyard A/S, and in a number of properties, agencies, and warehouse businesses in Denmark and abroad.

In the fall of 1968 Danyard A/S was founded in collaboration with J. Lauritzen A/S. The purpose of this company was to coordinate the activities of the four shipyards in Helsingør, Aalborg, Århus, and Frederikshavn.

In connection with a reorganization of DFDS in 1971 Aarhus Shipyard was sold to the Dannebrog Shipping Company, and in 1972 Hotel Codan was sold to English interests. Properties in the free port and on Larsens Plads, Islands Plads, etc were also sold at the beginning of the 1970s. As part of the streamlining of the organization of the Lauritzen Group, J. Lauritzen Holding A/S took over DFDS's shares in the two shipyards in 1981.

Mols-Line A/S

In the summer of 1964 a shareholding company was founded with the purpose of starting a ferry route at the point of shortest distance between Zealand and Jutland, namely Hasnæs, south of Ebeltoft and Zealand's Odde. DFDS subscribed to shares amounting to DKK 10,250,000 of a total share capital of DKK 15 million. Two ferries with a capacity of 600 passengers and 125 cars were ordered from Aalborg Shipyard, and the new shipping company was to be operated and managed in close association with DFDS. The service began on 18 May 1966 with METTE MOLS, and on 25 June MAREN MOLS was added. There were departures every other hour in both directions, and the trip took 1 hour and 40 minutes. The route was such a great success that already the following year it was necessary to begin considering expansion of tonnage.

MAREN MOLS og søsterskibet METTE MOLS indledte sejladsen på ruten mellem Sjællands Odde og Ebeltoft i maj 1966.

MAREN MOLS and her sister ship METTE MOLS began sailing on the service between Sjællands Odde and Ebeltoft in May 1966.

I 1968 kontraheredes endnu to færger. MIKKEL MOLS og MORTEN MOLS blev indsat i 1969. Med fire færger i fart etableredes afgang fra begge sider hver time.

Stigende driftsomkostninger og behov for øget kapacitet resulterede i, at Mols-Linien i slutningen af 1972 kontraherede to nye, og større færger med plads til 1.500 passagerer og 400 personbiler til levering i 1974.

1974 blev stærkt præget af oliekrisens følgevirkninger. Samfærdslen mellem landsdelene faldt og der kunne noteres en 10% nedgang i trafikken. Resultatet blev for første gang utilfredsstillende. Ved indsættelsen af de nye store færger, METTE MOLS og MAREN MOLS, i foråret 1975 og overgang til afgang hver anden time, blev kapaciteten forøget med 60% samtidig med at omkostningerne blev nedbragt. De gamle færger afhændedes og resultaterne forbedredes langsomt.

En voksende konkurrence fra andre private og offentlige færgerederier samt uregelmæssig drift som følge af uro på arbejdsmarkedet gennem nogle år bevirkede, at Mols-Linien i 1978 indgik en samarbejdsaftale med Grenaa-Hundested Linien med ikrafttræden 1. januar 1979. Samarbejdsaftalen indebar, at trafikken mellem Grenaa og Hundested blev reduceret til én færge. Samarbejdsaftalen gjorde det muligt at op-

In 1968 another two ferries were chartered. MIKKEL MOLS and MORTEN MOLS were entered into service in 1969. With four ferries departures were initiated every hour in both directions.

Because of rising operational costs and the need for increased capacity, at the end of 1972 Mols-Line ordered two new and larger ferries with space for 1,500 passengers and 400 cars, for delivery in 1974.

1974 was greatly influenced by the consequences of the oil crisis. Traffic between parts of the country decreased, and a 10% reduction in traffic was noted. The result was unsatisfactory for the first time. When the new ferries METTE MOLS and MAREN MOLS were entered into service in the spring of 1975, and there were departures every other hour, capacity was increased by 60% while at the same time costs were reduced. The old ferries were sold and results improved slowly.

Growing competition from other private and public ferry companies and irregular operation in consequence of year-long disturbances in the work force resulted in the establishing of a collaboration agreement in 1978 between Mols-Line and Grenaa-Hundested Line, effective 1 January 1979. According to the terms of the collaboration agreement the traffic between Grenaa and Hundested was reduced to one ferry.

retholde et højt serviceniveau på ruterne og gav et tilfredsstillende resultat i begge selskaber. I januar 1981 overtog DFDS 83% af aktierne i Grenaa-Hundested Linien inklusive færgen DJURSLAND. Mols-Linien var i god fremgang og overførte i 1983 1,5 millioner passagerer, 470.000 personbiler og 206.000 lastbiler, ligesom Grenaa-Hundested Linien havde fremgang.

I 1984 var DFDS på grund af Selskabets økonomiske krise nødsaget til at afhænde sine aktieposter i Mols-Linien og Grenaa-Hundested Linien til J. Lauritzen A/S, og DFDS havde herefter for første gang siden stiftelsen i 1866 ingen indenlandsk rutetrafik.

DFDS Centralvaskeri A/S

I 1980 købte DFDS Centralvaskeriet Esbjerg A/S. DFDS havde i mange år været vaskeriets største kunde, og da ejeren ønskede at afhænde virksomheden, var det derfor naturligt for DFDS at overtage det.

Centralvaskeriet betjener primært DFDS' skibe, men vasker også for eksterne kunder. For DFDS' vedkommende er der tale om sengetøj, håndklæder m.v. for ca. 1,5 millioner passagerer om året, og hertil kommer køjetøj, arbejdstøj, håndklæder, viskestykker o.l. for besætningsmedlemmerne på 7 passager- og 4 fragtskibe.

I 1987 investeredes 12,5 millioner kroner i en udvidelse og modernisering af vaskeriet. Kapaciteten forøgedes med 50% og vaskeriet kan ekspedere godt 12 tons vasketøj om dagen.

DFDS Centralvaskeri, som det hedder i dag, beskæftiger 40 medarbejdere.

Linie Service A/S

I begyndelsen af 1991 overtog DFDS rengørings-konsulentvirksomheden Linie Service A/S fra J. Lauritzen A/S. Linie Service tilbyder den offentlige sektor og større private virksomheder at effektivisere rengøring og service i samarbejde med kundernes eget personale. Der er beskæftiget 70 medarbejdere i afdelingerne i Århus, Odense, Aalborg og København.

Linie Service startede i 1983 som en rengøringsorganisation i regi af Mols-Linien A/S, og overtagelsen er en udbygning af aktiviteterne i overensstemmelse med DFDS Gruppens idégrundlag.

The collaboration agreement made it possible to maintain a high service level on the routes and gave a satisfactory result in both companies. In January 1981 DFDS took over 83% of the shares in the Grenaa-Hundested Line, including the ferry DJURSLAND. Mols-Line showed good progress and transported 1.5 million passengers, 470,000 cars, and 206,000 trucks in 1983. Grenaa-Hundested Line also showed progress.

Due to the financial crisis in 1984 DFDS was forced to sell its shares in Mols-Line and Grenaa-Hundested Line to J. Lauritzen A/S, and for the first time since its founding in 1866 DFDS had no domestic traffic.

DFDS Central Laundry A/S

In 1980 DFDS acquired Esbjerg Central Laundry A/S. DFDS had been the laundry's largest customer for many years, and when the owner wished to sell the company it was therefore natural for DFDS to take it over.

The Central Laundry serves DFDS's ships primarily, but it also has external customers. For DFDS it launders bed linen, towels, etc for some 1.5 million passengers annually, and bed linen, work clothing, towels, dish towels, etc for crew members on seven passenger ships and four freight ships.

In 1987 DKK 12.5 million was invested in an expansion and modernization of the laundry. The capacity was increased by 50% and the laundry can handle some twelve tons of laundry per day.

DFDS Central Laundry, as it is called today, has 40 employees.

Linie Service A/S

At the beginning of 1991 DFDS took over the cleaning consultancy company Linie Service A/S from J. Lauritzen A/S. Linie Service offers to the public sector and large private companies streamlining of cleaning and service in collaboration with the customer's own personnel. There are 70 employees in the departments in Århus, Odense, Aalborg, and Copenhagen.

Linie Service was started in 1983 as a cleaning organization under the management of Mols-Line A/S, and the takeover is an extension of the activities in accordance with the DFDS Group philosophy.

DFDS' symboler
Malteserkorsflaget

Der har været gisnet meget om, hvorvidt C.F.Tietgen lagde noget særligt i brugen af malteserkorset, og herom vides reelt intet, men gennem DFDS' brug af det i hele sin 125-årige historie, er det blevet et af de kendteste symboler i dansk skibsfart.

Johanitterordenen fik i 1113 pavens godkendelse til at benytte malteserkorset i deres våbenskjold, men det malteserkors, der blev DFDS bomærke, er forenklet, idet det oprindelige malteserkors havde 8 spidser, to på hver arm, hver symboliserende en ridderdyd: trofasthed, fromhed, gavmildhed, tapperhed, ære, dødsforagt, hjælpsomhed samt omsorg for kirken.

Det første synlige bevis på brugen af malteserkorset i DFDS-sammenhæng er marinemaleren Carl Neumann's maleri af Koch & Henderson's og Det almindelige danske Dampskibs-Selskab's flåder samlet på Københavns Red i 1862, altså fire år før DFDS' stiftelse. Her ser man tydeligt det hvide malteserkors på blå bund.

Koch & Henderson's 4 skibe, H.P.Prior's 9 og Det almindelige danske Dampskibsselskab's 3 dannede grundstammen i DFDS' første flåde, og det var C.P.A.Koch, der ved oprettelsen af Koch & Henderson i 1856 havde antaget det blå flag med det hvide malteserkors, mens Prior's skibe havde et rødt flag med en hvid stjerne.

Hvad der fik stifterne til at vælge Koch & Henderson's flag frem for Prior's eller et af de andre partneres må stå hen i det uvisse. Tietgen så formentlig i dette kors en national symbolisme - det var i nederlagsårene efter 1864 - og brugte malteserkorset i forskellige udformninger som mærke for faktisk alle sine selskaber - dog aldrig for Privatbanken.

DFDS har benyttet "kontorflaget", som det kaldes i søfartssproget, uændret siden starten. Herudover er malteserkorset benyttet som bomærke på Selskabets tryksager, service, linned, møbeltekstiler, bygninger og meget mere. Også DFDS' transportmateriel, trailere og containere, bærer i dag malteserkorset.

The Company's symbols
The Maltese cross flag

There have been many guesses as to whether the Maltese cross was of special significance to C.F. Tietgen, and nothing concrete is actually known about this. However, its use by DFDS throughout the Company's 125-year history has made it one of the best-known symbols in Danish shipping.

In 1113 the Order of St. John of Jerusalem was given the Pope's approval to use the Maltese cross in its coat of arms. The Maltese cross used by DFDS is simplified, however, as the original Maltese cross had eight points, two on each arm, each symbolizing one virtue of a knight: loyalty, piousness, generosity, bravery, honor, fearlessness, helpfulness, and solicitude for the church.

The first visible proof of the use of the Maltese cross by DFDS is on the marine artist Carl Neumann's painting of Koch & Henderson's and The General Danish Steamship Company's fleets assembled at Copenhagen in 1862, four years prior to the founding of DFDS. Here the white Maltese cross is clearly shown on a blue background.

Koch & Henderson's four ships, H.P. Prior's nine, and The General Danish Steamship Company's three formed the foundation of DFDS's first fleet, and it was C.P.A. Koch who, when Koch & Henderson was founded in 1856, took the blue flag with the white Maltese cross, while Prior's ships had a red flag with a white star.

What made the founders choose Koch & Henderson's flag instead of Prior's or one of the other partners' must remain uncertain. Tietgen presumably saw some sort of national symbolism in this cross; it was in the years of defeat after 1864. He used the Maltese cross in various forms as a symbol for all of his companies, with the exception of the Privatbank however.

DFDS has used the "office flag," as it is known in nautical language, unchanged since the beginning. In addition the Maltese cross is used as a symbol on the Company's printed stationery, linen, upholstery, buildings, and many other things. Today DFDS's transport equipment, trailers, and containers all bear the Maltese cross.

1. DFDS' kontorflag har været uændret gennem alle 125 år.

1. The DFDS company flag has remained unchanged for all of the 125 years.

2. Selskabets skorstensmærke i de første 100 år var en sort skorsten med et rødt bånd.

2. For the first 100 years the Company's funnel symbol was a black funnel with a red band.

3. I 1967 blev et hvidt malteserkors i en blå cirkel placeret i det røde bånd. Dette skorstensmærke fører DFDS' fragtskibe stadig.

3. In 1967 a white Maltese cross in a blue circle was added to the red band. DFDS's freight ships still bear this funnel symbol.

4. Fra 1982 fik passagerskibene det nuværende skorstensmærke - en hvid skorsten med malteserkorset i en blå cirkel samt tre skrå striber i blå nuancer.

4. Since 1982 the passenger ships have displayed the present funnel symbol - a white funnel with the Maltese cross in a blue circle and three diagonal stripes in shades of blue.

5. Tor Line's skibe har hvid skorsten med en sort ring over to blå bølgelinier. Samme mærke går igen i Tor Line's kontorflag.

5. Tor Line's ships have a white funnel with a black ring over two blue wavy lines. The same symbol is also used on Tor Line's company flag.

Skorstensmærket

Som det var tilfældet med kontorflaget arvede DFDS sit skorstensmærke fra rederiet Koch & Henderson, en sort skorsten med et rødt bånd på midten. Og sådan var det gennem de første 100 år. Den sort-røde skorsten var et velkendt syn på verdenshavene.

Efterhånden var der dog flere rederier verden over, der brugte samme skorstensfarver, og der skete forvekslinger. Derfor besluttedes det fra 1. januar 1967 at tilføje malteserkorset i en blå cirkel midt i det røde bånd.

Frem til 1982 blev dette skorstensmærke brugt på såvel passager- som fragtskibene.

Inspireret af Scandianvian World Cruises' bomærke og SCANDINAVIA's bemaling besluttede Passager Divisionen i 1985, at alle DFDS' passagerskibe skulle males hvide med "fartstriber" i tre blå nuancer på skorsten og skrog, og DFDS' passagerskibe har siden ført dette skorstensmærke.

Fragtskibene anvender stadig den sort/røde skorsten med malteserkorset i det røde bånd.

Tor Line's skorstensfarve er hvid med et sort O over to blå bølgelinier.

The funnel symbol

As was the case with the office flag, DFDS inherited its funnel symbol from Koch & Henderson, a black funnel with a red band across the middle. And this is how it looked for the first 100 years. The black and red funnel was a well-known sight on the seven seas.

As time went by there were several shipping companies worldwide that used the same funnel colors, and this caused confusion. Therefore from 1 January 1967 it was decided to add the Maltese cross in a blue circle placed in the middle of the red band.

Up until 1982 this funnel symbol was used on both passenger ships and freight ships.

Inspired by Scandinavian World Cruises' logo and the painting of SCANDINAVIA the Passenger Division decided in 1985 that all DFDS passenger ships should be painted white with "racing stripes" in three shades of blue on the funnel and hull. Since then DFDS passenger ships have borne this symbol.

The freight ships still use the black/red funnel with the Maltese cross in the red band.

Tor Line's funnel color is white with a large O over two blue wavy lines.

Ved bygningen af KRONPRINS OLAV i 1937 indførtes et "bovmærke" på skibene - et DFDS-symbol i stævnen, bestående af anker og malteserkors omkranset af en ankerkæde. Dette mærke er siden anvendt i mange andre sammenhænge som bomærke for DFDS.

When KRONPRINS OLAV was built in 1937 a "bow symbol" was introduced on the ships: a DFDS symbol on the bow, consisting of an anchor and Maltese cross surrounded by an anchor chain. This symbol has since been used in many other contexts as a DFDS mark.

Skrogfarven

I gamle dage havde en damper sort skrog, rød mønje i bunden, og når de to farver blandedes, fik man brun, der så anvendtes til overbygningen. Sådan var det også i DFDS, men i 1896 indførtes grå skrogfarve til passager- og landbrugseksportskibene på Nordsøen, og overbygningen maledes efterhånden hvid. Skibsnavnet stod for og agter med mindre bogstaver samt midt på siden med store bogstaver, der kunne ses på afstand. I 1948 indførtes den grå skrogfarve på Middelhavs-fragtskibene.

Med åbningen af passagerfarten på Middelhavet i 1971 indførte DFDS hvid bemaling af skroget med en blå stribe fra for til agter på alle passagerskibene. På skibssiden af passagerskibene maledes den nye markedsføringsnavn, **DFDS Seaways**. Denne bemaling ændredes i 1988 til det nye navn, **Scandinavian Seaways**.

Fragtskibene førte i nogle år **DFDS Seaways** på siden, men fra 1988 blev denne bemaling ændret til det nuværende **DFDS Transport**.

Tor Line's skibe har altid haft den mørkeblå skrogfarve med navnet i hvidt.

Hull color

In earlier times a steamship had a black hull with red-lead at the bottom. Mixing the two colors gave a brown which was used for the superstructure. DFDS also used these colors, but in 1896 a gray hull color was introduced for passenger and agricultural export ships on the North Sea, and the superstructure was subsequently painted white. The name of the ship appeared fore and aft with small letters and amidships with large letters that could be seen at a distance. In 1948 the gray color was introduced on the Mediterranean freight ships.

With the opening of passenger service in the Mediterranean in 1971 DFDS introduced on all passenger ships a white hull with a blue stripe running from fore to aft. The new marketing name, **DFDS Seaways**, appeared on the side. This scheme was changed in 1988 to the new name, **Scandinavian Seaways**.

For some years **DFDS Seaways** was painted on the sides of the freight ships, but from 1988 this was changed to the present **DFDS Transport**.

Tor Line's ships have always had the dark blue hull color and the name in white.

DFDS i jubilæumsåret 1991

DFDS' idégrundlag har i de seneste år løbende undergået ændringer som følge af forandringer i omverdenen. Det nuværende idégrundlag fastslår, at DFDS' eksistensberettigelse er kundernes behov, og det lyder:

- DFDS leverer transport- og tilknyttede serviceydelser, der forbedrer kundernes konkurrenceevne.
- DFDS arrangerer rejser for de passagerer, for hvem oplevelsen om bord på et passagerskib er væsentlig, og for de passagerer, der medtager bil.
- DFDS er aktiv indenfor områder, der understøtter hovedaktiviteterne.
- Aktiviteterne er internationalt orienteret med udgangspunkt og tyngde i Nordvesteuropa.

Den organisatoriske struktur - opdelingen af virksomheden i tre divisioner: **DFDS Transport**, **Tor Line AB** og **Scandinavian Seaways** - indebærer dog, at den enkelte division ikke er enkeltstående, men en del af en helhed, at der på tværs af divisionerne sker bedst mulig benyttelse af personale, skibe og andet driftsmateriel, finanser og systemer, og at koncernledelse og -administration deltager i såvel helhedens som divisionernes virke.

DFDS in the jubilee year 1991

In recent years DFDS's philosophy has undergone periodic modifications in consequence of changes in the outside world. The present philosophy establishes that DFDS's raison d'être is to satisfy the needs of its customers, and it says:

- DFDS provides transport and related services to improve our customers' competitiveness.
- DFDS makes travel arrangements for those passengers for whom the experience on board a passenger ship is important, and for those passengers who bring along a car.
- DFDS is active in areas that support the major activities.
- The activities are internationally oriented, with starting point and focus in Northwestern Europe.

The organizational structure - separation of the Company into three divisions: **DFDS Transport**, **Tor Line AB**, and **Scandinavian Seaways** - implies however, that the individual divisions are not independent, but part of a whole. Across divisional boundaries there is the best possible use of personnel, ships, and other operating equipment, finances, and systems.

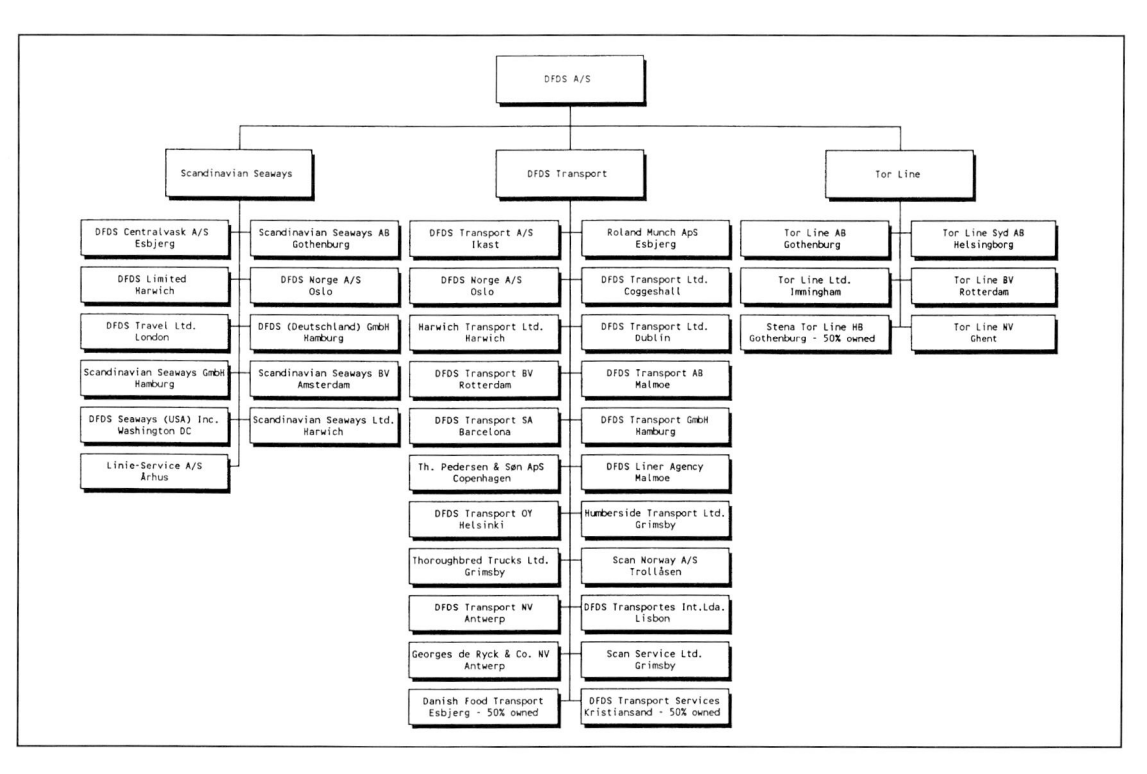

Virksomhederne i DFDS Koncernen 1991.

The Companies in the DFDS Group 1991.

I jubilæumsåret 1991 omfatter DFDS Gruppen omkring 50 datterselskaber med ialt 4.200 medarbejdere i 12 lande. Flåden består af 7 passagerskibe og 5 fragtskibe, hvortil kommer 6 langtidschartrede fragtskibe samt indbefragtet tonnage for kortere perioder, således at DFDS Gruppen disponerer omkring 25 skibe i alt. Hertil kommer en stor flåde på ca. 500 lastbiler og ca. 5.000 trailere og containere. Omsætningen i 1990 - det 124. regnskabsår - androg godt 5 milliarder kroner og egenkapitalen er ca. 1 milliard kroner. Aktiekapitalen er på 400 millioner kroner, hvoraf Lauritzen Gruppen gennem J. Lauritzen Holding A/S ejer lidt over halvdelen.

De tre divisioner driver tilsammen kombineret passager- og fragtfart, transport og spedition samt de serviceaktiviteter, der naturligt supplerer disse arbejdsområder.
DFDS Transport, der blev startet i 1965, har specialiseret sig i såkaldte dør-til-dør transportløsninger til lands og til søs, der udføres med forskelligt materiel og omfatter både hellæs, partlæs og stykgods. Desuden håndteres køle/fryse- og tankcontainer-transporter samt luftfragt, spedition og logistikopgaver. Heri indgår såvel transport med egne lastbiler og trailere i hele Europa samt fragtskibstransport med roll on/roll off-tonnage mellem Danmark/Tyskland og Storbritannien.

In the jubilee year 1991 the DFDS Group comprises around 50 subsidiaries with a total of 4,200 employees in twelve countries. The fleet consists of seven passenger ships and five freight ships, as well as six long-term chartered freight ships and tonnage chartered for shorter periods. Thus the DFDS Group operates around 25 ships in all. In addition to this is a large fleet of approximately 500 trucks and 5,000 trailers and containers. Turnover in 1990 - the 124th financial year - was some DKK 5 billion and equity was approximately DKK 1 billion. Share capital was DKK 400 million, a little more than half of this amount owned by the Lauritzen Group, through J. Lauritzen Holding A/S.

The three divisions together operate combined passenger and freight service, transport and forwarding, and the service activities that naturally supplement these areas of work.

DFDS Transport, which began activities in 1965, has specialized in so-called door-to-door transport solutions overland and by sea, executed with a variety of equipment and comprising both whole loads, part loads, and groupage transports. In addition the division handles temperature-controlled and tank-container transports as well as air freight, forwarding, and logistics jobs. This includes both transport with own trucks and trailers throughout Europe and freight ship transport with roll on/roll off tonnage between Denmark/Germany and Great Britain.

Tor Line AB med hovedkontor i Göteborg, blev overtaget af DFDS i 1982. Tor Line udfører hovedsagelig fragtskibstransport med ro/ro-tonnage for større industrivirksomheder, speditører og traileroperatører mellem Sverige og Storbritannien, Sverige og Belgien samt Storbritannien og Holland. Linien beskæftiger 12 skibe med over 40 ugentlige afgange og transporterer 4 millioner tons gods om året. Fragten består af alle typer last og stykgods, hovedsagelig skovprodukter, biler og bilreservedele.

Tor Line AB, with head office in Gothenburg, was taken over by DFDS in 1982. Tor Line primarily handles freight ship transport with ro/ro tonnage for large industries, forwarders, and trailer operators, between Sweden and Great Britain, Sweden and Belgium, and Great Britain and Holland. The line operates twelve ships with more than 40 weekly departures and transports four million tons of freight annually. The freight consists of all types of cargo and groupage, primarily forestry products, cars, and spare parts for cars.

Scandinavian Seaways, passagertrafikken, står først og fremmest for passagertransport til søs, herunder ferierejser, forretningsrejser, konferencerejser, krydstogter samt catering og underholdning om bord på passagerskibene. Efter markedsandele er de vigtigste markeder Sverige, Danmark, Storbritannien, Norge, Tyskland og Holland. 1,5 million passagerer transporteres årligt på helårsruterne Göteborg-Harwich, Göteborg-Amsterdam, Esbjerg-Harwich, København-Helsingborg-Oslo og Hamburg-Harwich samt sommerruterne Göteborg-Newcastle, Esbjerg-Newcastle og Esbjerg-Tórshavn.

DFDS' forretningsfilosofi i 1990'erne

Det er ingen kunst at transportere mennesker og gods fra et sted til et andet. Kun et spørgsmål om maskiner og teknik. Men at gøre en rejse til en afstressende og spændende oplevelse, eller sørge for levering af gods så præcist og økonomisk, at kunden sparer penge - *dét* er en kunst. Det forudsætter nemlig en ganske særlig indstilling hos *medarbejdere* på alle niveauer. Det kræver lyst til at yde sit bedste og talent for at give service ud over det almindelige. Sidst men ikke mindst kræver det, at kundens ønsker og behov sættes i centrum.

Scandinavian Seaways, the passenger service, is first and foremost responsible for passenger transport by sea, including vacation trips, business trips, conference trips, cruises, and catering and entertainment on board the ships. In order of market share the most important markets are Sweden, Denmark, Great Britain, Norway, Germany, and Holland. 1.5 million passengers are transported annually on the year-round routes Gothenburg-Harwich, Gothenburg-Amsterdam, Esbjerg-Harwich, Copenhagen-Helsingborg-Oslo, and Hamburg-Harwich, as well as the summer routes Gothenburg-Newcastle, Esbjerg-Newcastle, and Esbjerg-Torshavn.

The DFDS business philosophy in the 1990s

It is no great feat to transport people and freight from place to place. It is merely a question of equipment and technical know-how. But to make a journey a relaxing, enjoyable experience for the traveller, or to make sure that cargoes are delivered precisely at the right time and place and at a price to the customer that lets him save money - that is an art. It requires special efforts on the part of employees at all levels. It requires the desire to do one's best and the talent for giving more than usual service. Last but not least it requires that the focus is always on customers' wishes and needs.

Først da oplever passagerkunden sørejsens afstressende ro, og så kan transportkunderne koncentrere sig helt om produktion og salg.

Transport af gods og varer til og fra en virksomhed er en vigtig del af produktion, lagerstyring og salg. Derfor har transportomkostningerne også stor indflydelse på virksomhedernes økonomi. DFDS udvikler derfor hele tiden nye transportsystemer og har i dag en højt kvalificeret og erfaren logistikafdeling, som udarbejder totale og optimale transportløsninger for vore kunder. Om vi vælger søvej, landevej, luftvej eller jernbane bestemmes udelukkende af kundens behov, tidsfaktoren og økonomien. Kunderne sparer store beløb i lagerinvestering, ekspedition og fragt og får samtidig en mere rationel produktion, et bedre salg, lavere stykomkostning og højere fortjeneste. DFDS har i dag en større omsætning ved transport ad landevejen end ad søvejen.

De 7 passagerskibe indgår som en naturlig del af DFDS' godstransportsystem, men de er samtidig vor mulighed for at give omkring halvanden million passagerer om året unikke rejseoplevelser - en bedre måde at rejse på. Med kunden i centrum, udstrakt service og individuel betjening er det vort mål at gøre enhver sørejse med DFDS til en oplevelse, uanset om rejsen er privat eller i forretningsøjemed.

Målsætningen om at sælge økonomisk godstransport og luksusbetonet passagerfart stiller mange krav til organisationen og medarbejderne. Krav om viden og dygtighed, kvalitetspræstationer og arbejdsindsats og aldrig at være tilfreds med det næstbedste. Fagligt og menneskeligt tilbyder DFDS sine medarbejdere spændende job med udfordring i.

Kombinationen af fragttransport, passagersejlads og mere end 4.200 engagerede medarbejdere gør DFDS til en moderne og professionel virksomhed med tro på fremtiden.

125 år gammel, men aktiv, målrettet og med fuld kraft frem mod de næste 25, 50 ja 100 år.

Only then will passengers experience the relaxing calm of a sea voyage. And only then will transport customers be able to concentrate entirely on production and sales.

Transport of raw materials and finished products to and from a company is an important part of production, stock control, and sales. For this reason transport costs also have great influence on all companies' finances. This is why DFDS continually develops new transport systems, and has today a highly qualified and experienced logistics department which designs total and optimal transport solutions for our customers. Whether we choose to send a cargo by sea, by road, by air, or by rail is determined wholly by the customer's needs, the time factor, and finances. Customers save large amounts on stock investments and on forwarding and freight, while at the same time achieving more rational production, increased sales, lower unit costs, and higher earnings. Today DFDS has a greater turnover from transports by road than from transports by sea.

The seven passenger ships are part of the DFDS freight transport system. At the same time they are our opportunity to give 1.5 million passengers per year a unique travel experience - a better way to travel. With the customer in focus and comprehensive, individual service, it is our objective to make every sea voyage with DFDS an experience, whether the purpose of the trip is business or private.

The objective of selling economical freight transport and luxurious passenger travel places many demands on the organization and all employees. Demands in terms of knowledge and skill, quality service and hard work, and never being satisfied with second-best solutions. Professionally and personally DFDS offers its employees exciting, challenging jobs.

The combination of freight transport, passenger travel, and a staff of more than 4,200 committed employees makes DFDS a modern and professional company with a belief in the future.

125 years old, but energetic, dynamic, and moving ahead at full steam toward the next 25, 50, and even 100 years.

Kvæsthusbroen 1991.

The Kvæsthusbroen 1991.

Forventningerne i 1991 og til fremtiden

Den fortløbende effektivisering af driften samt en økonomisk flådefornyelse på såvel passager- som fragtsiden har givet DFDS et fornuftigt finansielt beredskab ved indgangen til 1991. Dette beredskab giver DFDS et sundt grundlag for fremtiden i en stadig mere turbulent verden.

For 1991 er de vigtigste mål at forbedre afkastet af de eksisterende aktiviteter, at fortsætte ekspansion og fornyelse indenfor DFDS Transport, Scandinavian Seaways og Tor Line på et selektivt grundlag.

Forventningerne til 1991 er præget af den væsentlige usikkerhed som de internationale konjunkturer og situationen omkring Mellemøsten indebærer. Den meget hårde konkurrence på det europæiske transportmarked fortsatte i 1991, men DFDS forventer på længere sigt fremgang, baseret på en næsten total fornyet passagerskibsflåde til rimelige omkostninger, en god likviditet og soliditet samt en fleksibel organisation.

Expectations - in 1991 and for the future

The ongoing streamlining of operations and an economical renewal of both the passenger fleet and the freight fleet have given DFDS sound financial preparedness at the beginning of 1991. Thus DFDS has a healthy basis for the future in an ever more turbulent world.

The most important objective for 1991 is to improve the yield of the existing activities, and to continue expansion and renewal in DFDS Transport, Scandinavian Seaways, and Tor Line on a selective basis.

Expectations to 1991 are characterized by the considerable uncertainty caused by international trade conditions and the situation in the Middle East. The very stiff competition on the European transport market continues in 1991, but DFDS expects progress in the long term, based on a passenger ship fleet that has been almost totally renovated at a reasonable cost, and on good liquidity and solidity and a flexible organization.

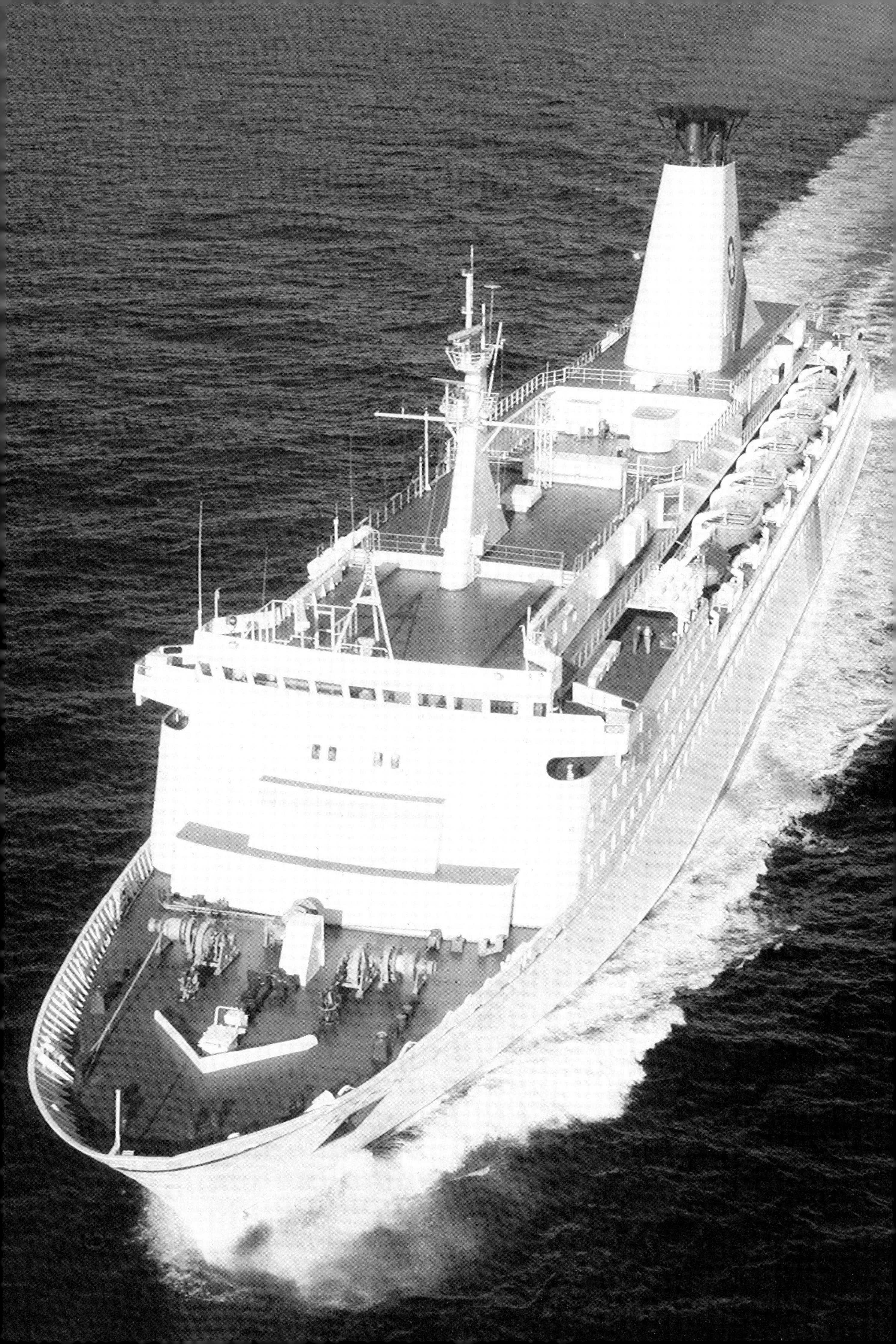

M. G. Melchior. Bygning Nr. 136.

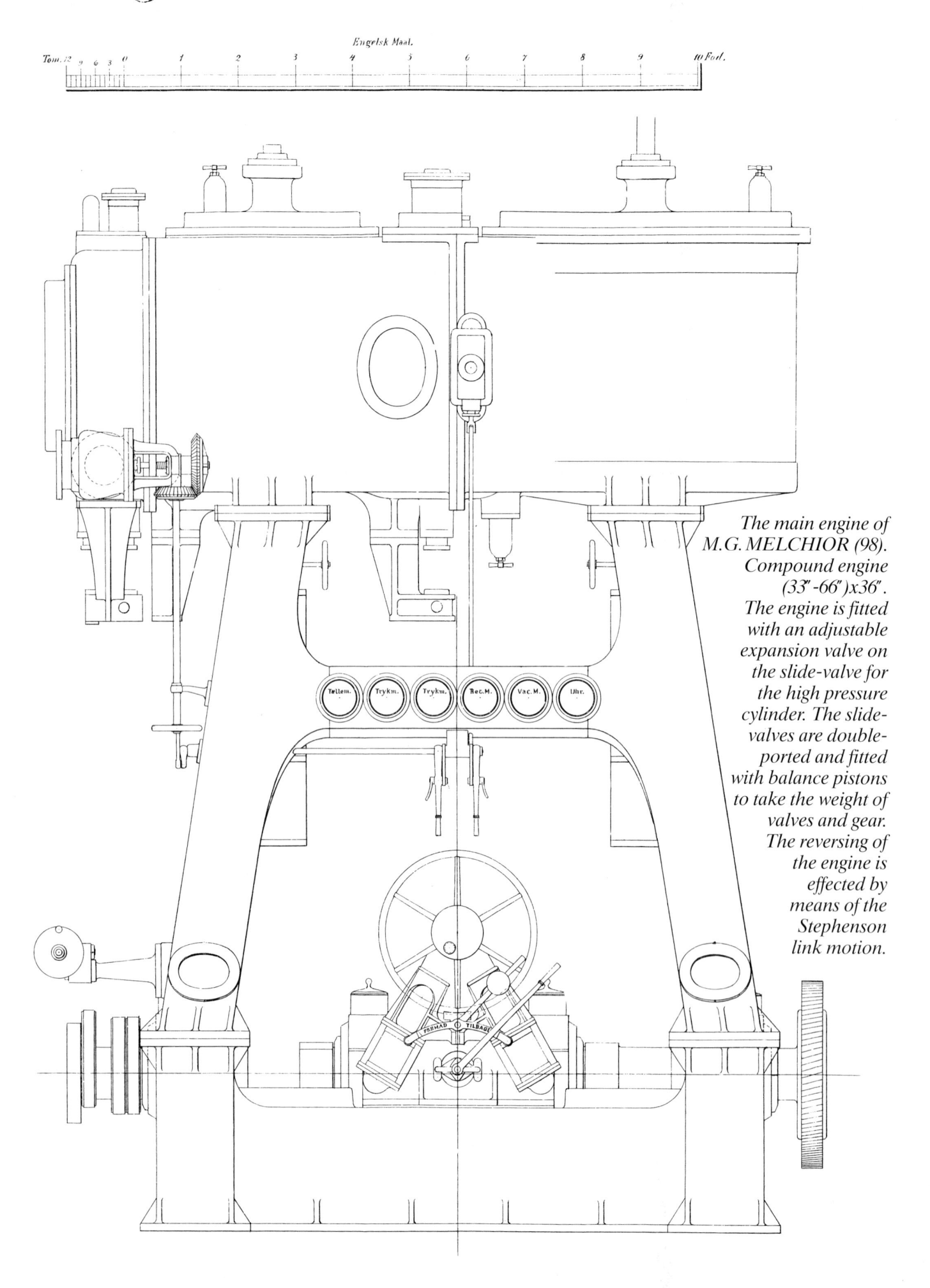

The main engine of M.G. MELCHIOR (98). Compound engine (33"-66")x36". The engine is fitted with an adjustable expansion valve on the slide-valve for the high pressure cylinder. The slide-valves are double-ported and fitted with balance pistons to take the weight of valves and gear. The reversing of the engine is effected by means of the Stephenson link motion.

The Propulsion of the Ships
By Søren Thorsøe

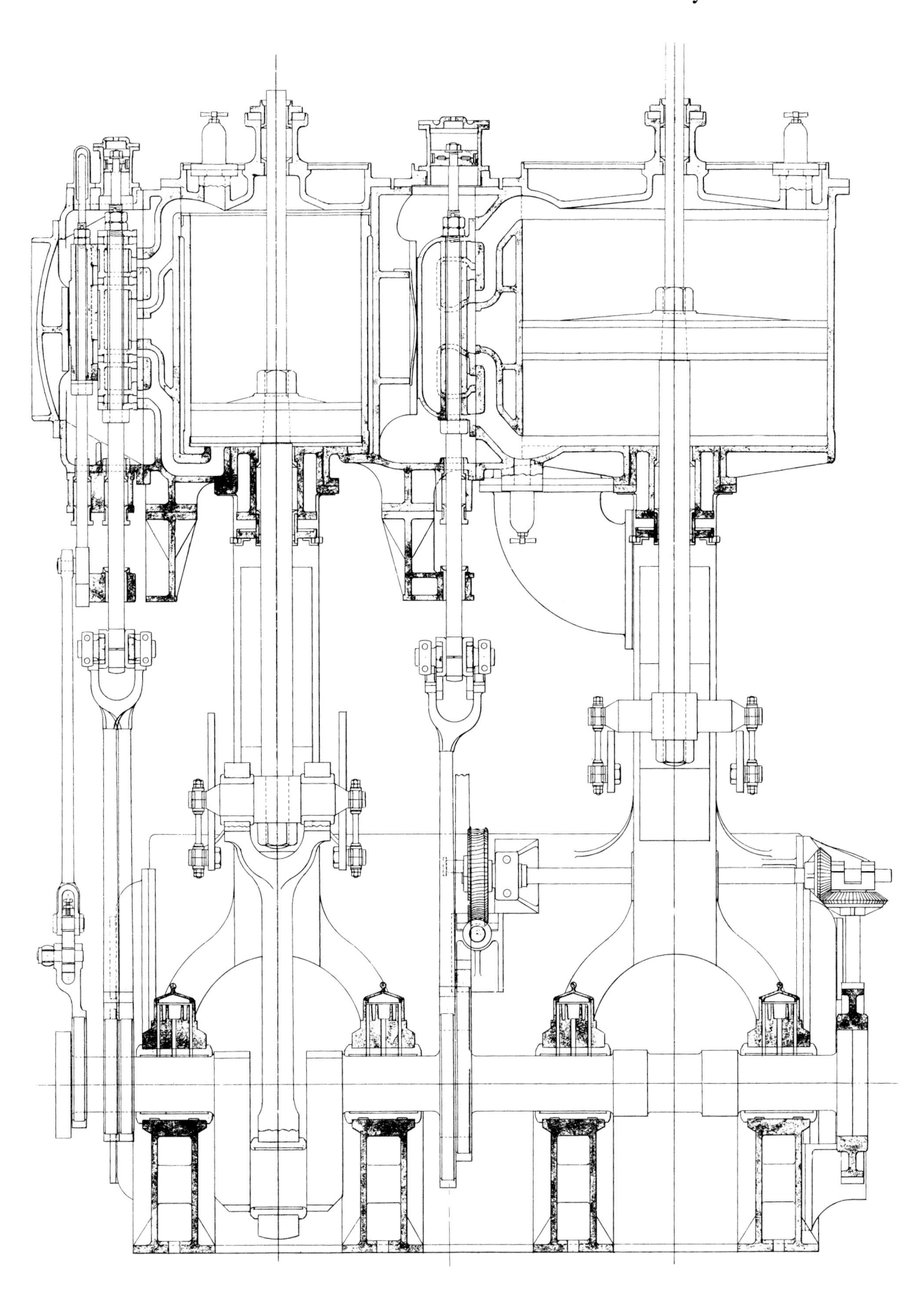

The propulsion of the ships

The history of marine propulsion since the Industrial Revolution is marked by two major technological events: the change from sail to steam propulsion in the beginning of the 19th century, and the development of a true compression-ignition diesel engine at the end of it. The key name associated with the first event was James Watt. His vital discovery was that a separate condenser would make the steam engine a practical and economical proposition.

The key name associated with the second event was Dr Rudolph Diesel. On February 28, 1892, Diesel applied to the Imperial Patent Office in Berlin for protection for a technique he had invented and which he called, "A Working Method and Design for Internal Combustion Engines." A salesman as well as an engineer, he followed this up with an essay on how to replace the steam engine with an efficient heat engine and sent copies to several leading engineering companies.

One of them was Maschinenfabrik Augsburg (later Maschinenfabrik Augsburg-Nürnberg, or MAN). The company immediately saw the potential in Diesel's calculations, that his new compression-ignition engine could achieve a theoretical thermal efficiency greater than 50%. The thermal efficiency of the most efficient steam engine of the day was 10-15%! In 1893 they decided to help Dr Diesel build an experimental engine - probably the most important single event in the history of MAN.

Other companies became interested. A/S Burmeister and Wain (B&W) in Denmark bought the patent rights on January 28, 1898, covering manufacture in Denmark.

Steam and diesel propulsion

As the name indicates The United Steamship Company (DFDS) relied heavily on steam as the means of propelling the ships. During the 125 years of the Company's lifetime nearly all the useable types that have existed have been used.

The Company's last steamship, BOTNIA (203), left the fleet in 1966, a few months before the 100-year jubilee, to be transferred to the less active role of hotel ship in Norway.

In this section we will discuss the technical development of ship steam engines and see what effect this has had on the choice of engines for the ships.

The information in this section is based in part on books listing particulars of the fleet, preserved in the Company archives. Subsequently we will discuss the development of the ship diesel engine from the time CALIFORNIA (212), the first motor ship, became part of the fleet in 1913.

Steam propulsion

Robert Fulton's successful experiment on 17 August 1807 with the paddle steamer CLERMONT on the Hudson River between New York and Albany is well known, but the road to the dependable and economical engine was long and hard. The steam engine types from the beginning of the 19th century were large and therefore space-demanding in the ships of that day. It was necessary to make the steam engines more compact so that they would not require large amounts of space, thereby reducing cargo capacity, a problem taking several generations to solve.

Pioneer steam engines, whether designed for paddle or propeller operation, were simple engines with single step expansion, where steam was led to the cylinders under full pressure and then, after performing its work, expelled directly into the atmosphere, mostly through the funnel, to increase the draft here. The steam pressure in the boilers was only slightly above atmospheric pressure.

The engines were of simple design but they required large quantities of bunker coal. Up to the end of the 1860s ocean-going steamships were better described as sailing ships with auxiliary engines. Attaching to the engine a jet condenser in which the steam was mixed with feedwater and was pumped back to the boiler, helped the operating economy.

Of even greater importance for operating economy was the introduction of the surface condenser combined with an air pump. This system was patented by the Englishman Samuel Hall in 1834. It was one of the most significant patents in connection with the development of the ship steam engine. Hall's condenser was fitted to several ships, but shortly afterward abandoned for some time, partly on the score of expense and partly because it became clogged with the tallow so freely used in boilers and engines at that time. It was not until after 1860 that the condenser came into use in any considerable scale, and its reintroduction was largely due to Edward Humphrys and to John Frederick Spencer, the managing director of the North Eastern Marine Engineering Company.

One of the innovations that had the greatest importance for the development of ship steam engines, was to let the steam expand successively in two cylinders, a high pressure cylinder with a small diameter, and a low pressure cylinder with a large diameter. This principle was already known in James Watt's time and used in the so-called balance engines. The theory underlying heat power engines was not fully understood at the time, however.

In 1781 the Englishman Jonathan Hornblower obtained a patent for such an arrangement, and the following year at Rodstock near Bath he constructed a steam engine with cylinder diameters 19" and 24". Hereafter the project came to a standstill, as it was in conflict with a James Watt patent. Not until 1804 was Hornblower's project continued by the Englishman Arthur Woolf, who built compound steam engines both in England and in France.

A distinctive feature of Woolf's engines was that the two pistons worked together in the same direction, and with this arrangement the steam exhausted directly from the high pressure cylinder into the low pressure cylinder, no intermediate steam receiver being required. The compound engine first made its appearance on land. In the 1830s it began to be fitted in small vessels, but it was not until John Elder began his work in the 1850s that the compound engine came to be used for seagoing ships. His work, indeed, proved revolutionary. At the early age of 45, he had, however, done notable work in connection with the construction of ships and engines and he is generally regarded as the chief pioneer of the marine compound engine.

In January 1853, John Elder and Charles Randolph took out jointly a patent for an arrangement of compound engines adapted for the driving of the screw propeller. The engines were vertical and direct acting. The pistons of the high and low pressure cylinders move in opposite directions and drive diametrically opposite cranks the purpose of which is the diminuation of strain and friction. This patent was followed by others relating to the same subject, and in 1862 John Elder secured a patent covering three-cylinder triple-expansion and four-cylinder quadruple-expansion engines for steam of very high original steam pressure. Another famous manufacturer of compound engines was Edward Humphrys of Humphrys, Tennant and Company, Deptford, London. John Elder had used cylinders placed side by side, but Humphrys introduced the use of cylinders placed in tandem. The engines were vertical with the high pressure cylinder placed above the low pressure cylinder, driving a single crank.

In the course of the 1860s the Woolf engine was improved in England. By changing the angle between the cranks to 90° the start difficulties of the engine having stopped in the dead-points were eliminated. Thus the engine came to run more evenly as well.

Triple and quadruple-expansion engines

The outstanding feature in marine engineering progress during the last quarter of the nineteenth century was undoubtedly the adoption and development of triple- and quadruple-expansion engines. The triple-expansion engine proved as superior to the compound engines as the latter had proved superior to the simple-ex-

pansion engine. It led to a further economy in fuel, a reduction in the weight of machinery and the space it occupied, and enabled engines of much greater size and power to be built. Then, also, with the use of forced draught came the extended use of feed-water heating and of superheating of steam, both leading to increased boiler efficiency. The idea of expanding steam in three successive stages was introduced as early as 1823 by the French locomotive engineer Anatole Mallet. The first to apply a triple-expansion engine to a steam vessel, however, was Benjamin Normand in 1870. This engine, like some other early triple-expansion engines, had two of the cylinders placed in tandem and had only two cranks. Contemporary with the work of Normand in France was that of Alexander C. Kirk in the United Kingdom. He later became manager of Robert Napier and Sons, builders of the famous steamer ABERDEEN. The main engine of the ABERDEEN was the prototype of thousands of triple-expansion engines. The marine quadruple-expansion engine made its first appearance as early as 1884, when the COUNTY OF YORK was built at Barrow. This engine type is not of great interest in this context, as DFDS has never owned a ship with this engine type.

The introduction of the triple-expansion steam engine in ships caused a relatively large improvement of operating economy for the entire engine system. The result of this was that many shipping companies had their old compound plants rebuilt into triple-expansion engines. This was achieved by mounting a high pressure cylinder above the former high pressure cylinder, which thus became the intermediate pressure cylinder. The change made it necessary to replace the boiler plant with a new one with higher working pressure.

Triple-expansion engines with four cranks

Reciprocating engines caused vibrations in the early steamers and the situation was most severe in triple-expansion engines where three pistons of different weights set up large unbalanced forces and couples. Balancing of the masses would avoid or minimize these forces and couples, but that proved to be difficult with three cranks. Arthur Rigg called attention to the subject as far back as 1878, but it is owing to Mr A. F. Yarrow's genius for investigation that the question was put in practical form, and to Otto Schlick's analytical ability that methods were devised, whereby balancing was no longer an interesting workshop experiment, but an exact science and a fine art. John Tweedy devised an arrangement of cylinders and cranks in a four-crank triple-expansion engine, whereby a good balance is obtained without the use of any balance weights. The Yarrow-Schlick-Tweedy system required a symmetrical arrangement of four cranks, but it was possible to divide the low pressure stage of the triple expansion engine between two equal smaller cylinders, thus giving four cranks. From forward the connections would be: forward LP (Low Pressure), HP (High Pressure), IP (Intermediate Pressure) and aft LP (Low Pressure). Crank positionings were symmetrical about engine mid-length, whilst crank angles were symmetrical about a vertical center line.

The main engines of the DFDS ships

With very few exceptions the main engines in all the ships of which the DFDS fleet was built, and in the ships the Company acquired second hand later in the first years, were changed to compound or triple-expansion steam engines. The following lists of the various steam engine types will not comprise the ships' original engines, except for a few mentioned.

Machinery types for paddle steamers

Over the years DFDS has owned a total of 23 paddle ships, with the addition of the tugboat MARSHALL (5A), 24 in all. The latter actually never served actively in the Company. A paddle ship, RIBERHUUS, (51) was later rebuilt into a propeller ship.

The engines in paddle ships can be divided into the following type categories:

The Steeple engine

This engine type is found in three paddle ships: DIANA (8), FLORA (13), and ZAMPA (14).

The Steeple engine was introduced by Seaward and Capel in 1839. It is one of the earliest forms of marine engines where the piston operates directly on the crank. It was a favorite engine on the Clyde, and possessed the advantages of taking up little room, being moderately light and cheap, and having few working parts. These engines acquired their name from the 'Steeple' appearance of the guides projecting above the deck. The piston had four rods attached to a crosshead from which the connecting rod extends downwards to the crankshaft.

Steeple engine with built on air pump.

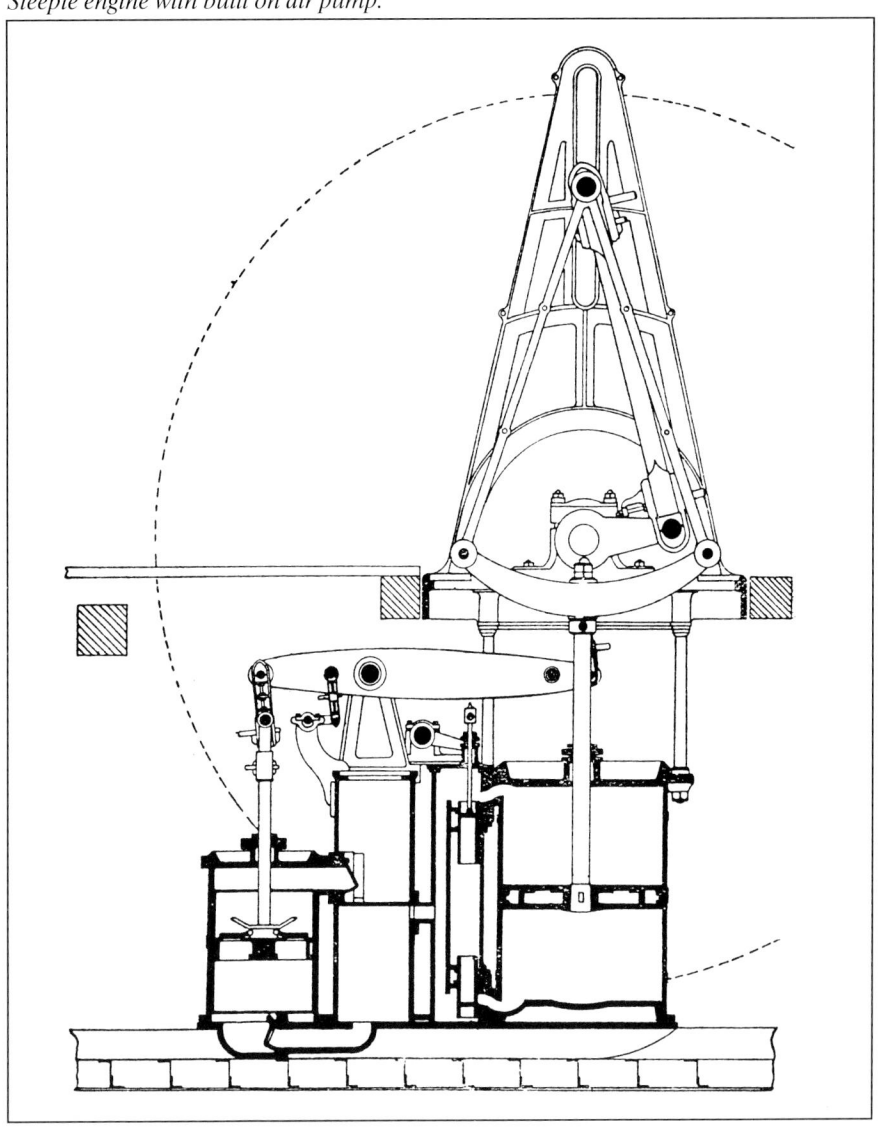

*Oscillating engine,
section through trunnions*

*Oscillating engine with built on air pump,
section through valve boxes.*

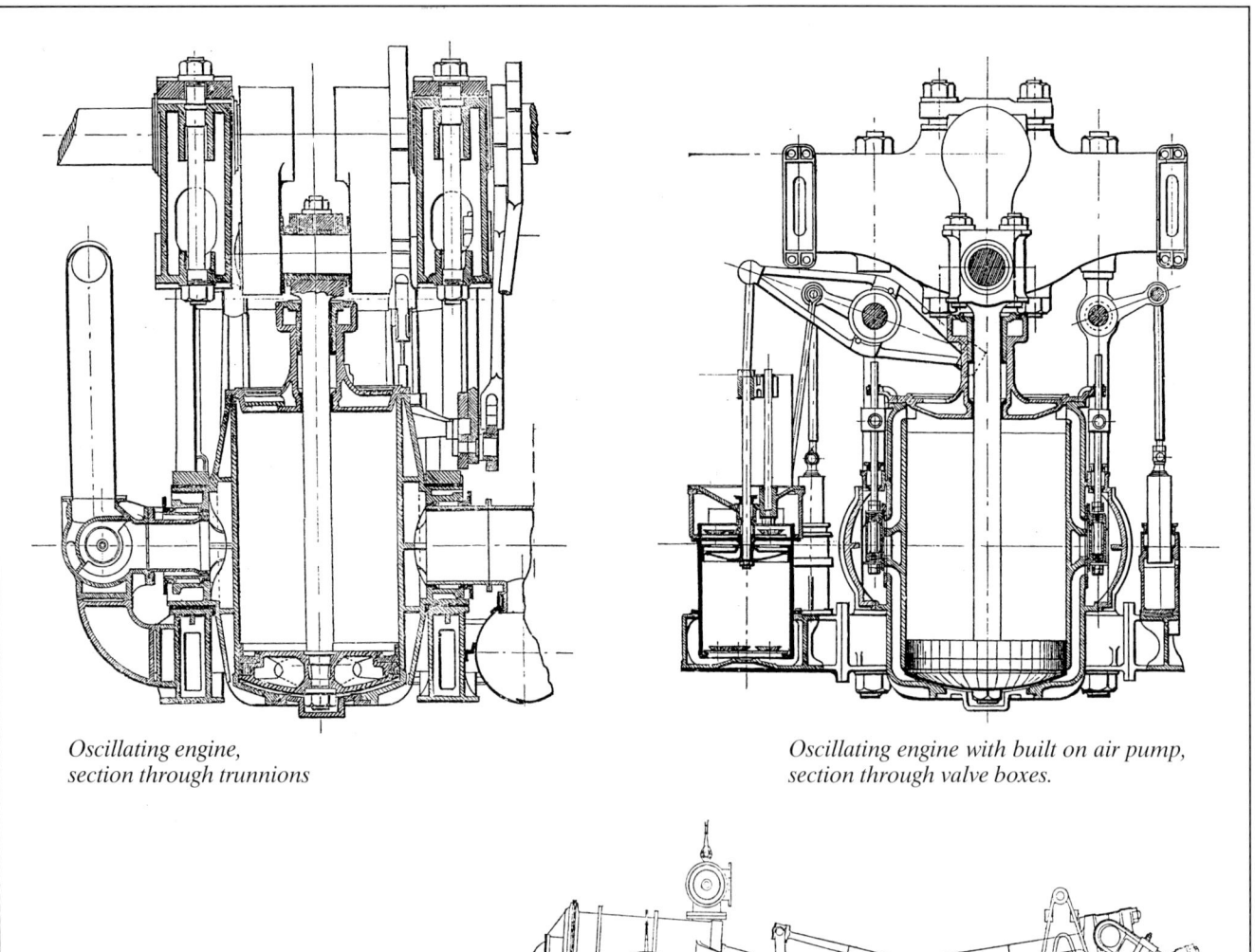

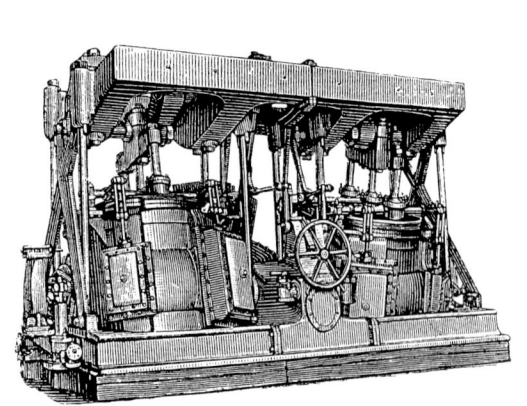

*Oscillating compound engine developed by
A/S Burmeister & Wain.*

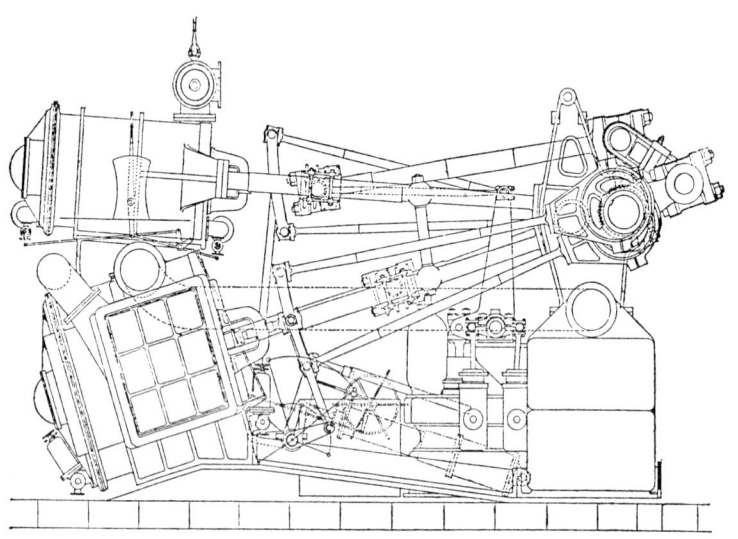

*Diagonal compound engine with high
pressure cylinder, placed above low
pressure cylinder.*

The oscillating engine

This engine type is found in 15 paddle ships.

The oscillating engine was first suggested by Trevithick, and brought to the height of perfection, first by Messrs Maudslay & Field, and then by Messrs John Penn & Sons. It is, on the whole, one of the best adapted engines for paddle-wheels under ordinary circumstances. It is the highest and most compact form, and has fewest working parts. It can be arranged with the cylinders vertical in its mean position, or inclined (diagonal engine). The Maudslay's oscillating engine, patented in 1827, consisted of two cylinders swinging on trunnions. Steam was supplied to the cylinders through the outer trunnions, which were connected to the valve chests by passages cast in the cylinder walls. The inner trunnions were connected directly to the central condenser, which was fitted with an air pump, worked by an intermediate crank. The slide valves of either cylinder were worked by an eccentric fitted with a catch for hand operating when reversing.

In the paddle ships DANIA (22), GYLFE (45), GEFION (48), CHRISTIANIA (52), AALBORG (54), and H.P. PRIOR (61) compound oscillating steam engines developed by A/S Burmeister & Wain were mounted. The high pressure cylinder was mounted concentrically inside the low pressure cylinder. Two piston rods mounted in the low pressure piston, and a piston rod from the high pressure piston were connected to a joint cross bar, which again was connected to the crank itself. The greatest effect with a single engine was found in CHRISTIANIA (52), with 1200 IHP.

However, the greatest total engine effect in this type of ship was found in KOLDINGHUUS (85), where two oscillating diagonal compound steam engines were mounted, one on each side of the ship, with a total of 1600 IHP. As the only one of all the paddle ships, this engine plant was equipped with two surface condensers, one for each engine.

The diagonal engine

This type of steam engine was invented by Mark Isambard Brunel in 1823 and is simply a horizontal engine with crosshead, set at an angle so as to suit the height of the shaft at one end and the frames of the ship at the other. This type of engine takes up a large amount of space in fore and aft direction, but not so much in the athwartship direction as the oscillating type.

A typical representative of this engine type is KJØBENHAVN (25), where the high pressure cylinder is placed above the low pressure cylinder.

The paddle steamer GJEDSER

The most remarkable ship in the entire fleet of paddle ships is GJEDSER (111), which was acquired by DFDS second hand in 1889 for the Sound traffic. The plant was a simple diagonal high pressure engine, which resulted in an unusually large consumption of bunker coal. No wonder the pet name "the coal merchant's delight" always followed the ship. It should be mentioned here that DFDS obtained its first bunker-saving triple-expansion plant with the rebuilding of MALMØ (42) in 1886.

Unknown types of paddle engines

In this group there are three paddle ships: VESTA (10), ZEPHYR (12), and the tugboat MARSHALL (5A). ZEPHYR (12) had a Steeple engine originally, but in 1865 this was replaced by Baumgarten & Burmeister with a new paddle engine plant. There is, however, no detailed information about this system.

The single-stage expansion engine for screw propulsion

Two ships belong to this group: DAGMAR (5) and LAERTES (37), and in addition the towboats ØST (1A), VEST (2A), and BIEN (4A). None of the engines in the mentioned ships were rebuilt by DFDS.

The compound engines

At DFDS this main engine type was found in the following versions:

The tandem/trunk type without actual crosshead. However the function of the crosshead is here taken over by a circular trunk. All main engines of this type at DFDS were built by Baumgarten & Burmeister, later A/S Burmeister & Wain. In all there were 18 plants of this type in the DFDS fleet. FYLLA (16), delivered from Baumgarten & Burmeister in 1863 and taken over by DFDS in 1867, was the first ship in the Danish merchant fleet with compound engines. It should be mentioned that the main engine in LOUISE (33), built 1872, lasted for the entire lifetime of the ship, a total of 79 years.

The tandem type with crosshead. With the exception of three, all main engines of this type at DFDS were built by A/S Burmeister & Wain. In all, 18 plants were delivered.

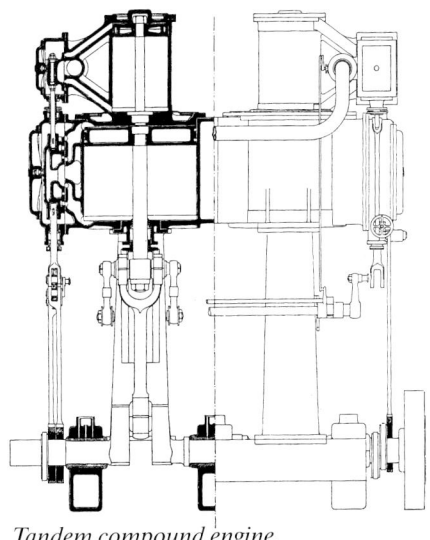

Tandem compound engine.

Tandem/trunk compound engine.
The low pressure cylinders are lubricated through the piston rods by means of grease-cocks fitted on top of the rods.

117

The Woolf engines with cylinders placed side by side

At DFDS there were in all 82 plants of this type. The first were installed in ØRNEN (17) in 1872, after a rebuilding in Gothenburg, and in DAGMAR (34), which was acquired second hand in 1873.

In 1876 A/S Burmeister & Wain installed compound engines of a special construction in the ships RANDERS (26) and VIDAR (27). They had a high pressure cylinder mounted concentrically in the low pressure cylinder, with both pistons working a joint piston rod and with only one crank.

The triple-expansion engines (three/four cranks)

At DFDS there have been a total of 142 plants of this type. The first was found in MALMØ (42), which was rebuilt in 1886 from a double-propeller ship to a single-propeller ship with triple expansion steam engine. The first new ship with triple-expansion steam engine was ANTWERPEN (100), acquired by DFDS on the slipway and delivered in 1887. The indicated effect was 1000 IHP.

The next step in the series of engines with great effect was reached with the delivery of the three beautiful sister ships N. J. FJORD (134), FICARIA (136), and PRIMULA (137), the main engines of 2,500 IHP each.

In 1901 J.C. LA COUR (174) was delivered to DFDS, and under the sea trial for full power, off Vedbæk, the main engine was forced up to 4,703 IHP at 100 revolutions/minute with full valve gear, against a normal 3,600 IHP. J.C. LA COUR's main engine is presumably the most powerful Danish-built steam engine installed in a merchant ship.

It was a great accomplishment of the shipyard in Helsingør to build this engine. It was, however, necessary for the shipyard to have some of the castings produced in England and other places because of the size. Over the years, the great amount of horsepower proved costly in repairs on the main engine's foundation and replacement of several cranks, which had slipped in the shrinkage fit.

In the triple expansion engine's conventional design the greatest effect was achieved with delivery of the three new ships for service to the U.S.A.: OSCAR II (176), HELLIG OLAV (177), and UNITED STATES (178), which each had two triple-expansion steam engines of 4,250 IHP. As mentioned above, introduction of the triple-expansion steam engine made the ships vibrate.

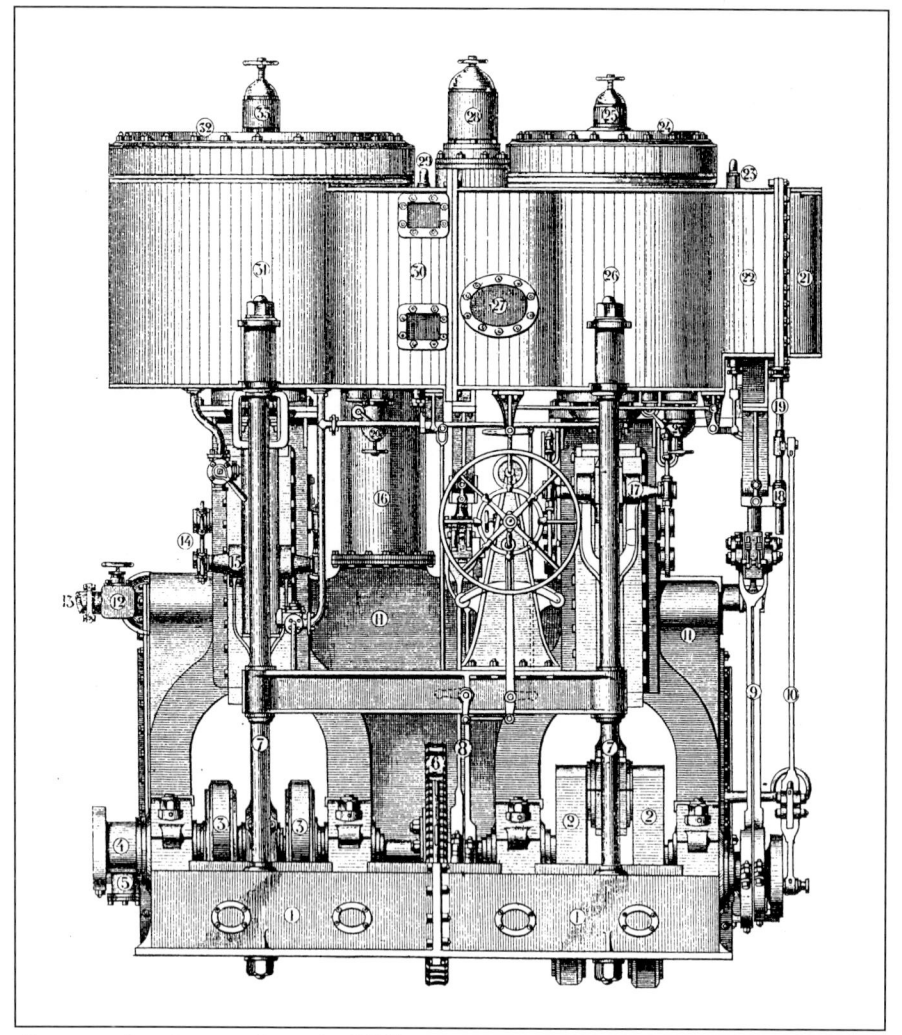

Compound engine, type from the 1880's.

The triple-expansion engine from MOSKOV (216).

As also mentioned earlier the so-called Yarrow-Schlick-Tweedy system was developed. This system was introduced at DFDS with delivery of KONG HAAKON (184) and DRONNING MAUD (185), and continued with delivery of the ships AARHUS (203), A.P. BERNSTORFF (210), and FREDERIK VIII (213). It ends with delivery of KJØBENHAVN (225). It should be mentioned that with FREDERIK VIII DFDS had acquired the largest steam engine plant in conventional design, in any Danish ship whatsoever.

It is interesting to note that, in around 1930, DFDS had plans to improve operating economy for FREDERIK VIII by mounting an exhaust steam turbine on both main engines, according to the German Bauer-Wach system. Plans were so far advanced that the ship's class had approved use of the original shaft systems on board the ship, but the plans were never put into effect. Exhaust steam turbines were fitted to the main engines in only three DFDS Steamships: NEVADA (224) in 1927, ALGARVE (249) in 1937, and BROHOLM (267) in 1936.

It must be mentioned that in order to achieve a better balance of the engines, several engine builders delivered, as standard, conventional triple-expansion steam engines with the following cylinder order: high pressure, low pressure, intermediate pressure, instead of the usual order which is high pressure, intermediate pressure, low pressure. Plants with this order were delivered to DFDS with ALEXANDER III (110), ODIN (193), KOLDINGHUS (201), ROTA (260), and BELLONA (261).

Particular steam engines

In pace with construction of still larger steam engines and thus larger slides and counterparts to the sliding discs, as well as introduction of super-heated steam, problems arose with greasing of these counterparts, which had a tendency to seize each other. With the large slides there followed an unfortunate cut-off of the steam, seen from the viewpoint of operating economy. Already in 1907 Lentz had constructed a valve system to control the steam for the steam cylinders. The advantage of this system was that cutting-off of the steam was momentaneous. In 1909 A/S Burmeister & Wain delivered FLORA (192) to DFDS, with the conventional slides replaced by piston valves according to Lentz's system. The expected results were not forthcoming, however, and already in 1910 the piston valve arrangement on the low pressure cylinder had to be rebuilt. Due to the operating results, however, many triple-expansion steam engines of the future were delivered with valves on the high pressure cylinder, among others AALBORGHUS (215).

At the beginning of this century the German professor Stumpf constructed a steam engine based on the direct current principle, known from land-based steam systems. Characteristic for this type of steam engine is that all cylinders have the same diameter, and the steam is conducted equally to all cylinders via forced activated valves. Further the engine runs very evenly. A/S Burmeister & Wain delivered to DFDS the steamships MINSK (196) and TOMSK (197) with this engine type.

The compound steam engine in DFDS's ice breaker BRYDEREN (95), delivered in 1884, was rebuilt in 1930 to a triple-expansion steam engine by mounting a new high pressure cylinder above the old high pressure cylinder, thus increasing the effect to 1,400 IHP. In 1920 DFDS had the main engine in DAGMAR (226) rebuilt for super-heated steam at A/S Burmeister & Wain, causing a change of the cylinder diameters.

Mention will also be made here of the triple-expansion steam engine in the tugboat KUREREN (6A) - also called "Tietgen's pleasure yacht" - and delivered to DFDS in 1889. On this main engine the high pressure cylinder is mounted concentrically in the low pressure cylinder, so that the engine works with only two cranks.

After World War II DFDS acquired the Liberty ships NEVADA (304) and OREGON (305) with conventional triple-expansion steam engines of the type of the 1930s. In the U.S.A. the somewhat outdated construction was chosen due to lack of qualified engine crews.

The Lentz steam engines

In 1920 Lentz presented his standard program of in all seven sizes of steam engines, based on two Woolf engines, coupled together with cranks in each engine displaced 90° in relation to each other, while the cranks for high pressure and low pressure were displaced 180° in relation to each other. The engines had valves at both the inlet and outlet from the high pressure part, and in the outlet of the low pressure part. The opening of the piston valves was controlled by a shaft with cams, the movement of which was controlled by eccentric discs on the crankshaft.

The following types of Lentz steam engines have been used at DFDS:

L.E.S. 8:   in KOLDINGHUS (201)
L.E.S. 9:   in BROHOLM (267),
            EGHOLM (302),
            HJORTHOLM (303), and
            DIANA (315)
L.E.S. 10: in ALEXANDRA (279),
            incidentally the last steamship
            DFDS had built.

The steam turbines

The principle of the steam turbine was discovered about 2000 years ago. For about two centuries the steam engine has served the shipping service as a reciprocating engine in which a piston is driven forward and backward by steam pressure in a cylinder. The piston rod is attached to one end of a connection rod which turns a crank and so moves the paddle wheels or the screw propeller of a ship.

It is to the genius of the Hon. Sir Charles A. Parson that we owe the development of the modern steam turbine. In 1884 he patented a reaction turbine consisting of a rotor fitted with a series of rows of blades, inclined at angles of about 45°. Between each row of blades are others, inclined in the opposite direction and attached to the inside of the casing surrounding the rotor. The first fixed rows of blades serve as a series of nozzles from which the steam issues and impinges on the first row of moving blades, turning the rotor.

The de Laval turbine

By 1910 the multistage turbine, an impulse turbine designed by the Swedish turbine company de Laval Steam Turbine Company was ready. In 1914-1915 the company manufactured its first "cross-compound" marine turbine plant with double reduction gearing. The turbines of a 'cross-compound' arrangement ran at high speeds. The high pressure and the low pressure turbines each drove their own pinion. The gearing arrangement with separate first and second reduction gearing became known as 'articulated'. Today it reigns supreme in marine gearing practice as it gives an elastic arrangement permitting movement between the turbines and the first and second reduction gear wheels.

The Ljungström turbine

The brothers Birger and Frederik Ljungström began work on their contra-rotating turbine just after the turn of the century. This turbine functioned much like the Parson's turbine principle. Here, however, it was not possible to distinguish between fixed and moving blading as both rotate. The design of the Ljungström turbine gave many advantages. The blading system was small, and the number of blades used was incomparably less than the quantity used by competitors. However, the Ljungström turbine also had some drawbacks. Two power take-offs were necessary, and the radial turbine has a distinct limitation of rotor diameter and blade length because of centrifugal forces. Thus the radial system could only be used up to a limited steam volume. Around 1916 the chief engineer Oscar Wiberg at STAL (Svenska Turbinfabriks AB Ljungström) introduced the 'Wiberg system', where he combined the radial turbine with axial flow exhaust stages for higher powers and greater steam volumes.

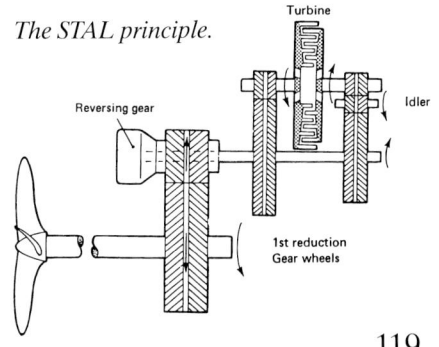

The STAL principle.

The Atlas turbine

In Denmark the company Atlas A/S in Copenhagen had produced land-based steam engines since 1899. After World War I the factory took up production, partly of land-based and partly of marine steam turbines, of which the first was ready for a trial run in the spring of 1918.

The Atlas marine steam turbine works by the action principle, and the turbine is geared to the screw shaft through a double reduction gear.

In DFDS's fleet the following ships have had steam turbines:

Atlas type: THYRA (258),
              EGHOLM (262).

de Laval type: BRASILIEN (263),
              DELAWARE (281),
              GEORGIA (282), and
              ALABAMA (284).

STAL-type: VIRGINIA (283).

Cross Compound type,
Jönköping Mekaniska
Verkstads A/B: TENNESSEE (285).

As a curiosity it can be mentioned that in 1922 the company Atlas A/S delivered a small steam turbine generator for use on board FREDERIK VIII (213).

The boiler plants

The development history of the steam boiler is closely linked to that of the ship steam engine. Steam boilers from the beginning of the 19th century could only deliver steam at a pressure that was just slightly above atmospheric pressure. At that time the materials necessary to construct durable and reliable boilers were not available.

In 1855 Lord Bessmer obtained a patent to produce steel and already in 1862 the boiler type "the Scotch boiler" was introduced. For the next 100 years, with only few modifications and exceptions, this would be by far the most ordinary boiler on the DFDS ships.

One of the exceptions was the Howden-Johnson-Scotch boiler constructed in collaboration by James Howden & Co. and John Johnson. This boiler type is based on the original Scotch boiler with a number of improvements.

This boiler has two, three, or four furnaces according to size. The combustion chamber, which is common to all furnaces, is external to the shell, and contains a number of curved water tubes, expanded directly into the back tube plate, below the furnaces, and joining the tube plate again above the nests of smoke tubes. A super-heater is installed across the combustion chamber in front of the water tubes, and a special baffle extends from the back tube plate to the lower ends of the super-heater elements, diverting the flow of gases between the lower parts of the water tubes, up the back wall, and forward again between the water tubes and through the super-heater. The whole boiler and combustion chamber are enclosed by a casing which serves to conduct the air from the heater to the furnaces.

In Denmark this boiler type was produced on license by the shipyard in Frederikshavn. The following new ships for DFDS from this shipyard had this boiler type: MØEN (219), ALGARVE (249), FRIGGA (254), THYRA (258), HROAR (259), EGHOLM (262), and BROHOLM (267).

The boilers of A.P. BERNSTORFF (210) were manufactured by Babcock & Wilcox. This boiler plant was replaced in 1925 with boilers manufactured by Howden-Johnson. The Liberty ships NEVADA (304) and OREGON (305) also had boiler plants from Babcock & Wilcox.

The two Hansa ships EGHOLM (302) and HJORTHOLM (303), which DFDS took over in 1945 and 1946 respectively, had boiler plants of the Prudhon & Capus type. This boiler type is very similar in construction to Howden-Johnson boilers.

As the only ship in the entire DFDS fleet, FREDERIK VIII (213) had boilers of the Yarrow type. Incidentally, the ship was equipped with mechanically stoked furnaces in 1915.

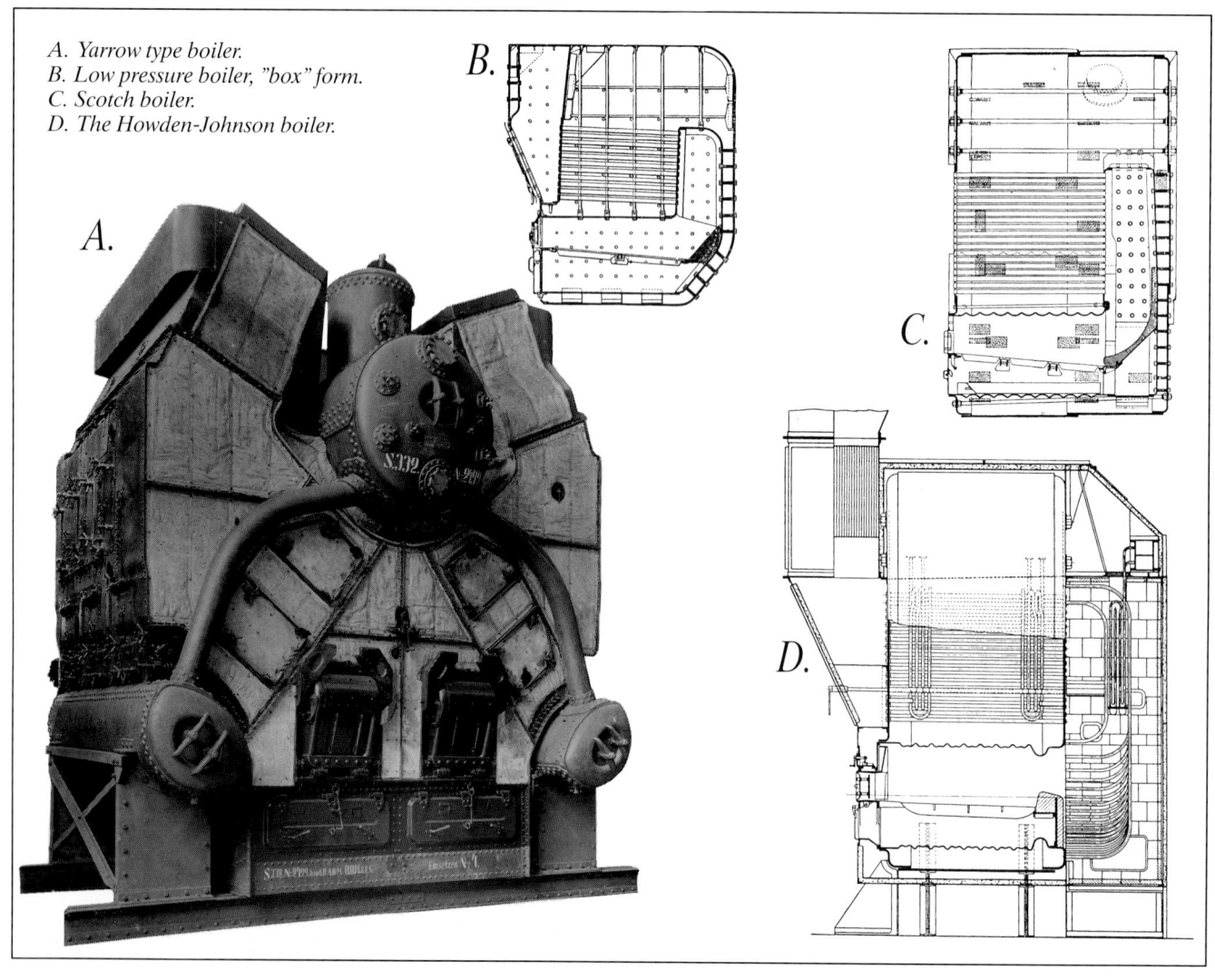

A. Yarrow type boiler.
B. Low pressure boiler, "box" form.
C. Scotch boiler.
D. The Howden-Johnson boiler.

Diesel propulsion

As mentioned earlier, in 1898 A/S Burmeister & Wain had secured the patent rights to produce diesel engines, and after some technical difficulties B & W's experimental diesel engine was able to run on a trial basis in December 1898. Compressed air with a pressure of 48 kg/cm^2 was used for injection and atomization of the fuel oil. After still more difficulties the first land-based diesel engine was delivered in 1903. The question of the usability of the diesel engine to propel ships was raised immediately after delivery of the first engine. After serious consideration and tests, A/S Burmeister & Wain began in 1911 the design and construction of a diesel engine plant for SELANDIA, the world's first ocean-going diesel engine ship. After a comprehensive trial program the ship was delivered to The East Asiatic Company in Copenhagen on 17 February 1912.

At DFDS, SELANDIA's long voyage to the Orient was followed with interest, and in September 1912 a ship was contracted for at A/S Burmeister & Wain, for delivery in 1913. It was DFDS's first diesel motor ship, CALIFORNIA (212), which was to be the ninth diesel motor ship delivered by the shipyard. Both main engines of the ship, of the type 8150-X (4-stroke with crosshead and air injection), lasted for the lifetime of the ship, in all 46 years, a feat from the childhood of the diesel engine.

To be able to compare the operating results of a motor ship and a steamship of almost equal size DFDS contracted for the building of the steamship MARYLAND (214), also in September 1912, at a German shipyard. She was not delivered until 1914, however, and unfortunately she was sunk in August of the same year. Thus the possibility for making the desired comparison was lost forever.

Up until 1924 DFDS acquired from A/S Burmeister & Wain another four large double-propeller cargo ships, all with the same engine type 6200-X: OREGON (223), LOUISIANA (251), ARIZONA (255), and ARGENTINA (264). In 1924 ODENSE (265) was delivered; it was the first passenger motor ship for domestic service with a B&W engine built on license, type 660M (trunk motor).

Turbocharging

In 1922 interest arose in turbocharging of engines. At that time the turbocharging principle consisted of the following: instead of a direct intake from the atmosphere, the air required to burn the oil was taken in from a container with higher air pressure, so that a greater amount of air was available to the engine, which again meant that a greater amount of oil could be burned, and thus the engine could yield comparably more horsepower. The increased amount of air was supplied by a blower which, in the first engines, was powered by an electromotor. The air pressure this blower could deliver was not particularly high, but increased the effect, nevertheless, by 10%. A/S Burmeister & Wain went one step further by using blowers driven by an exhaust turbine, according to the French professor Rateau's system.

As the results fell short of their expectations they decided to develop their own system with impeller blowers, the so-called Roote's blowers, force-driven from the engine's crankshaft. Turbocharging with blowers driven by exhaust gas was first taken up again by A/S Burmeister & Wain after World War II, when the turbocharging technique had made such great progress that there could be no doubt about the advantages of turbocharging.

Motor ships on the service to England

In March 1924 DFDS decided to start a renewal of tonnage on the main route to England from Esbjerg. A double-propeller passenger motor ship was contracted for at the shipyard in Helsingør. The ship was named PARKESTON (266), and in the years up to 1932 she was followed by three almost identical sister ships JYLLAND (273), ESBJERG (276), and ENGLAND (280). In pairs the ships had the same type of engines: B&W 6150-X with air injection of fuel oil for the two first ships and engines of the type B&W 655-MTF-90 for the two latter ships. The type name indicates that the motor was a low ferry model with airless injection.

The four very beautiful motor ships for the North Sea service to England roused deserved attention in the international maritime press. One also notes an ill-concealed irritation over the fact that motor ships had now encroached on an area where steamships had hitherto reigned supreme.

Airless injection

Already in 1903 A/S Burmeister & Wain had attempted to develop a usable airless injection system. The attempts were carried out on the company's test engine. A so-called spring accumulator was inserted between the fuel pump and the fuel valve. The spring accumulator maintained the pressure of the oil between the pump strokes and force the oil through the atomizer when the fuel valve was opened by a steering cam on the camshaft. The experiments were in spite of a number of difficulties so promising that within a short time it would have been possible to develop a usable system. On 5 December 1903 the firm applied for patent rights. The application was rejected and thus stranded the first attempt to introduce airless injection in diesel motors.

Not until 1926 did the firm resume its attempts to develop a reliable system, and already in 1927 they were ready to deliver the first engine with airless injection to DFDS. This engine, of the type 855-MTF-100, was delivered to C.F. TIETGEN (275), the second passenger motor ship for domestic service. It is interesting to note that the engine was removed from the ship in 1939 and replaced by a two-stroke engine with more horsepower, because the ship was to sail together with the new ship HANS BROGE (293). In complete agreement with present-day recycling ideas the engine was, after an overhaul, mounted in the newly built TEXAS (292).

The main engine from C.F. TIETGEN (275), left.
Top of this main engine, right.

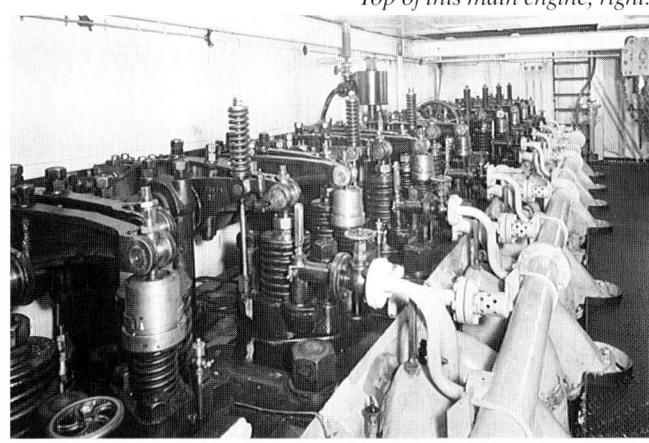

Super Stroke

Also in 1927 DRONNING ALEXANDRINE (274) was delivered to DFDS, with a main engine of the type B&W 6150-SS, in which the designation SS stands for "specially long stroke" engine. One is tempted in this instance to draw a parallel to B&W's present-day long stroke engines. The main engine from 1927 had a stroke length/cylinder diameter relationship of 2.72, a relationship that bears comparison with B&W's long stroke engine of the most recent model, L90MC, where the comparable relationship is 3.24.

The original project for this ship was based on a double-propeller engine system, but after resistance from DFDS's navigators a change was made to a single-propeller system.

This change demanded the long stroke engine, which seemed overwhelming in the relatively small ship.

Screw nozzle

In 1930 DFDS acquired the ship VISTULA (278), delivered by A/S Burmeister & Wain, for the service Copenhagen-Danzig, primarily with emigrants. This ship deserves closer comment. When traffic to America came to a standstill at the end of 1935 the VISTULA also had to change her service. Therefore she was rebuilt by replacing the entire foreship to make room for transport of passengers' cars on the route to Oslo.

As the ship's speed was not sufficient in relation to the ships she was sharing the service with, it was decided to install a screw nozzle in the ship. The installation took place at the shipyard in Frederikshavn in 1939.

The original propeller shaft was pushed 170 mm aft, and the nozzle from Theodor Zeise, Hamburg, was installed. A trial run followed, in which a speed increase of one knot could be measured, with the original engine plant.

Two-stroke diesel engines

In 1926 A/S Burmeister & Wain began experiments with diesel engines according to the two-stroke principle. On the urging of The East Asiatic Company they continued these experiments in 1928. To achieve the greatest possible effect they chose longitudinal scavenging of the engine's cylinders.

The experiment was so successful that in 1929 building of large double-acting two-stroke engines could begin. Parallel to the development of these engines a single-acting two-stroke trunk motor was also constructed. In its first edition it had exhaust pistons.

These pistons were later replaced by an exhaust valve. This two-stroke trunk engine was designated 50-VF-90, where 50 is the cylinder diameter in cm and 90 is the stroke length in cm, V is for two-stroke engine and F indicates that the engine is a marine model. This engine type, the so-called "fifty," has become the most widespread engine type in the DFDS fleet. In the following years continuing development of this engine type gave greater and greater effect, first with turbocharging after 1952 and subsequently with greater stroke lengths.

The first plant in a five-cylindered edition was delivered to TUNIS (286) in 1936 and the last system is found in a seven-cylinder turbocharged edition in AKERSHUS (360), which was delivered to DFDS in 1965. In all there have been 57 "fifty" engines in DFDS's ships.

The first diesel engine with crosshead was delivered to DFDS in 1947 with COLOMBIA (307), followed in 1948 by VENEZUELA (309).

These two freight ships were originally contracted for according to the German Hansa building program at A/S Burmeister & Wain as steamships, but when DFDS acquired the ships after World War II, the Company wished to have them completed as motor ships.

Turbocharging of two-stroke diesel engines

After World War II A/S Burmeister & Wain developed the single-acting two-stroke engine with exhaust turbocharging. Compared with the earlier two-stroke engines without turbocharging the effective yield was first increased by 35%. Later the increase was even greater.

In 1956 DFDS acquired its first turbocharged engine plants with the sister ships OKLAHOMA (334) and OHIO (336) from the shipyard in Helsingør.

Medium speed diesel engines

Around the time of DFDS's centennial in 1966 there was a change in the fleet from conventional freight and passenger ships to comparable ships based on the roll-on/roll-off principle. Due to space considerations, the slow-running two-stroke engines on this type of ship began to give way to medium-speed engines.

In the years 1964 and 1965 DFDS acquired the passenger and car ferries ENGLAND (358) and AKERSHUS (360), based on the roll-on/roll-off principle and equipped with conventional two-stroke engines. In between takeover of the two mentioned ships, in the fall of 1964, the opportunity arose to acquire the passenger and car ferry SKIPPER CLEMENT (359) for use in the important domestic services to Aalborg and Århus. The engine system in this ship is a four-engine plant geared to two propeller shafts.

In the jubilee year 1991 all the ships have geared engine plants with the exception of WINSTON CHURCHILL (378), which as the sole ship has a plant representing the two-stroke engine.

The engine plants in the former TOR passenger ships, now PRINCE OF SCANDINAVIA (401) and PRINCESS OF SCANDINAVIA (402), are exceptional. The engines in these ships, a four-motor geared system, are still among the strongest engines in any passenger ship whatsoever.

Semi-diesel engines

There is no really clear cut definition of what a semi-diesel engine is. The fuel used has a bearing on the definition, but the infinite variations in fuel quality from heavy crude oil to highly refined petrol makes this a vague definition. Engines were developed in the early days for most grades of refined fuel, and in fact the type of engine tends to reflect the fuel it used.

The semi-diesel comes between the paraffin engine and the diesel. It used some of the features of the paraffin engine, but used the fuel of the diesel engine without the very high pressures involved. The paraffin engine used the ignition systems of the petrol engine with engine heat being used to vapourise the fuel and make it more readily ignitable. The diesel engine used the temperature generated by pressure alone to ignite the fuel. The semi-diesel draws on both these methods to get ignition, a hot bulb being used to help raise the temperature, and the engine compression being used to provide the balance which would bring the temperature to the point where the diesel would ignite on injection without any assistance from an ignition system.

It is really the operating pressure or the compression in the cylinder which sets the semi-diesel apart from other engines. Petrol and paraffin engines in the early days of internal combustion engine development worked at a modest 4 to 6 kg/cm^2, whilst diesel engines needed pressures of 30 to 35 kg/cm^2. The semi-diesel or heavy oil engine came between the two with pressures in the range of 8 to 12 kg/cm^2.

Top platform level in the engine room of AALBORGHUS (228).

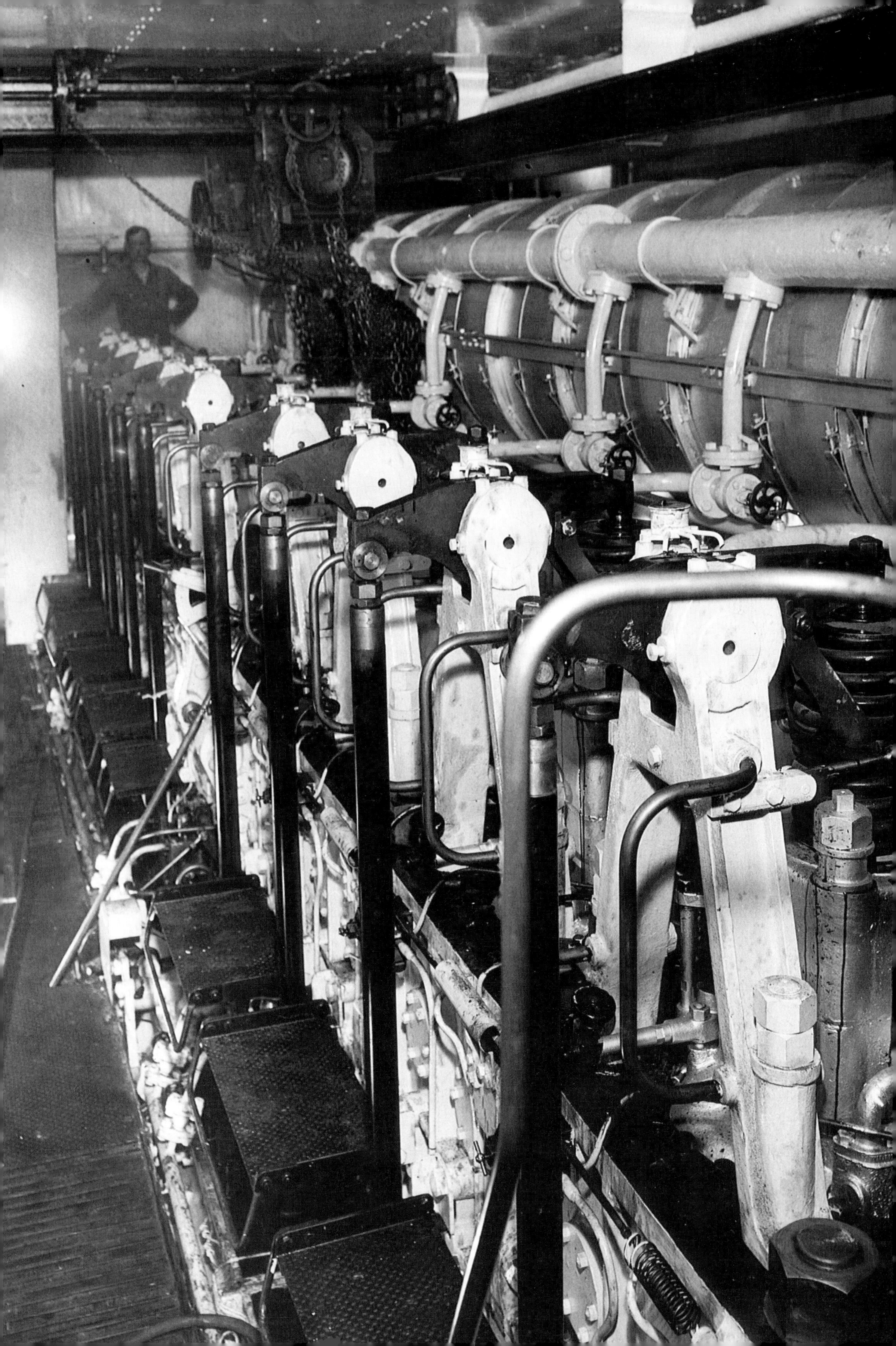

Summary of main engines in DFDS's fleet

Steam engines 1866-1966

The main engines are listed according to the types of steam engines. No. indicates number of main engines.
HP = high pressure cylinder,
IP = intermediate pressure cylinder,
LP = low pressure cylinder.
HP/IP = The high pressure cylinder placed concentrical in the intermediate pressure cylinder.
HP/LP = The high pressure cylinder placed concentrical in the low pressure cylinder.

Type	No.
Main engines for paddle steamers.	
Steeple engines	3
Oscillating engines	4
Diagonal oscillating engines	2
Vertical oscillating engines	9
Diagonal engines	3
Unknown types	3
Main engines for screw propulsion	
Single-stage expansion (HP)	5
Compound engines	
Tandem/trunk, (HP) placed on top of (LP)	18
Tandem, (HP) placed on top of (LP)	18
The HP/LP, one crank (HP/LP)	2
The HP and LP placed side by side, two cranks, Woolf engines (HP-LP)	82
Triple-expansion engines	
The HP/IP, placed next to the LP, two cranks, (HP/IP-LP)	1
Three cranks (HP-IP-LP)	134
Four cranks (LP1-HP-IP-LP2)	7
Special types of main engines	
System Stumpf	2
System Lentz	6
Steam turbines	
Atlas type	2
de Laval type	4
STAL type	1
Cross compound type, Jönköping	1

Diesel engines 1913-1991

The main engines are listed according to the size of the cylinder and the number of cylinders.
The dimensions in the parantheses indicates cylinder diameter x stroke in mm. No. indicates number of main engines.

Type	(C x S)	No.
4-stroke		
660 M	(400x750)	1
645-MTF-85	(450x850)	1
650-MTF-90	(500x900)	1
8150-X	(540x730)	2
6150-MFX	(550x900)	4
655-MTF-90	(550x900)	4
855-MTF-100	(550x1000)	1
6150-SS	(550x1500)	1
6200-X	(590x900)	8
2-stroke		
222-VF-37	(220x370)	1
635-VF-62	(350x620)	2
550-VF-90	(500x900)	6
650-VF-90	(500x900)	6
750-VF-90	(500x900)	4
850-VF-90	(500x900)	13
950-VF-90	(500x900)	6
1050-VF-90	(500x900)	5
762-VTF-115	(620x1150)	2
862-VTF-115	(620x1150)	2
2-stroke with turbocharging		
635-VBF-62	(350x620)	2
750-VBF-90	(500x900)	2
850-VBF-90	(500x900)	4
650-VBF-110	(500x1100)	7
1050-VBF-110	(500x1100)	4
762-VTBF-115	(620x1150)	6
1242-VT2BF-90	(420x900)	8
1062-VT2BF-140	(620x1400)	8
774-VT2BF-160	(740x1600)	2 [1]
6L55GFCA	(550x1380)	4
9L55GFCA	(550x1380)	2

[1] Main engines planned for UNITRADER (384) and UNITRAMP (385).

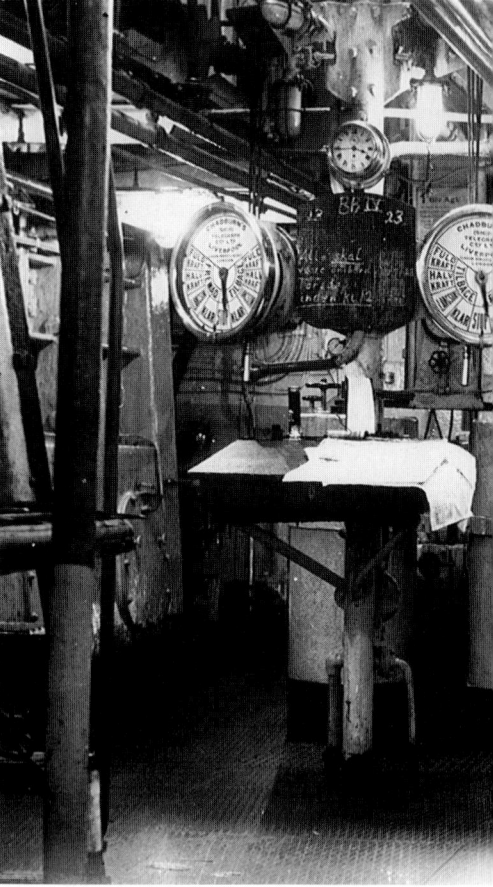

CALIFORNIA (212).
Control platform for the main engines.

A.P. BERNSTORFF (210).
Control platform for the main engine.

Diesel Engines 1913-1991

Type	(C x S)	Make	No.
2-stroke, without turbocharging			
Atlas-Polar M55M	(340x570)	Atlas Diesel	2
Atlas-Polar M44M	(340x575)	Atlas Diesel	1
S-180	(180x300)	Møller & Jochumsen	1
4-stroke, medium speed			
1026-MTBF-40V	(260x400)	B&W	8
1226-MTBF-40V	(260x400)	B&W	8
1426-MTBF-40V	(260x400)	B&W	8
8S45HU	(450x540)	B&W	6
6S50HU	(500x540)	B&W	8
18U50LU	(500x540)	B&W	4
12MU 453AK	(320x420)	MaK	2
6MU 451AK	(320x450)	MaK	4
8MU 451AK	(320x450)	MaK	6
6MSU 582A	(385x580)	MaK	6
10MZU 582AK	(385x580)	MaK	2
9M 551AK	(450x520)	MaK	2
6M 601	(580x600)	MaK	1
G9V30/45AL	(300x450)	MAN	4
12V40/54A	(400x540)	MAN	4
8PC2L-400	(400x600)	Pielstick	2
10PC2V	(400x600)	Pielstick	2
12PC2V	(400x460)	Pielstick	2
12PC2V-400	(400x460)	Pielstick	8
16PC2V-400	(400x460)	Pielstick	3
18PC2V-400	(400x460)	Pielstick	1
12PC2V-5V	(400x460)	Pielstick	4
14PC2-5V-400	(400x460)	Pielstick	2
18PC2V-5V	(400x460)	Pielstick	2
12PC3V	(480x520)	Pielstick	8
6TM410	(410x470)	Stork-Werkspoor	4
9TM410	(410x470)	Stork-Werkspoor	2
20TM410	(410x470)	Stork-Werkspoor	2
R32	(320x350)	Wärtsilä-Vasa	4
496VO	(290x490)	Alpha Diesel	1
495VO	(310x490)	Alpha Diesel	1
RH518A	(140x180)	MWM	2
Semi-Diesel			
Alpha 40 BI	(314x406)	Frederikshavns Jernstøberi og Maskinværksted ved Brødrene Houmøller, Frederikshavn	1

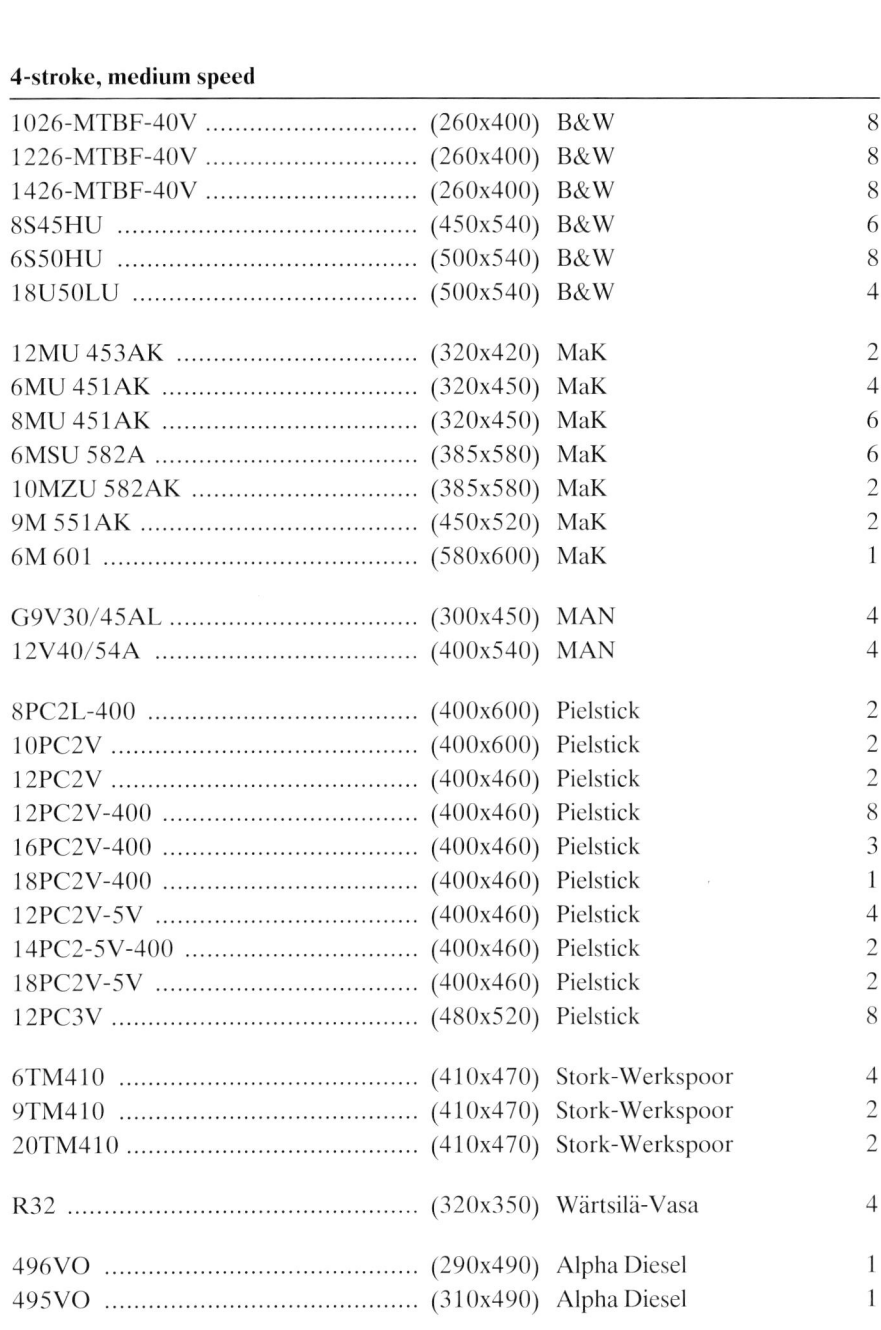

*Part of the DFDS fleet,
painted by Carl Locher 1883*

The Fleet

Fleet List Notes

The vessels are arranged in chronological order. For newbuildings the date of delivery is decisive and for second hand vessels it is the Bill of Sale date.

If two or more ships were purchased or delivered on the same day, they are arranged according to their age, the older vessel having the highest priority.

In case a name occurs more than once, a number is added after the name: (I), (II), (III) etc. The name is followed by the years the vessel has been owned by DFDS.

Technical information includes (if known)

- Type of vessel and number of decks
- Building material is steel unless otherwise noted
- Tonnages
- Dimensions: length overall/length between perpendiculars x breadth extreme/breadth moulded x depth/draught, numbers in brackets denote registered dimensions. Dimensions are in feet and inches and from 1950 onwards in metres
- Shipbuilder and yard number
- Engine type, number and dimensions of cylinders (in inches for steam engines and in millimetres for motors), designation, horse power, speed and engine builder, if different from the shipbuilder
- Number and type of boilers, number and type of furnaces, grate surface, heating surface and builder, if different from the shipbuilder
- Passenger and car capacity etc. (information varies from one source to another)
- In case a major change in dimensions etc. has taken place, the year of change and the new data are added.

Abbreviations

aw = awning deck
sp = spar deck
hur = hurricane deck
sh = shelter deck
gt = gross tonnage
nt = net tonnage
dw = deadweight
GT = gross tonnage (1969 rules)
NT = net tonnage (1969 rules)
(BB) = length overall including bulbous bow
1S = one single-stage expansion engine
1C = one compound expansion engine
1T = one triple expansion engine
1D = one diesel engine
1sD = one semi diesel engine
1ST = one steam turbine
cyl.= cylinder(s)
2SA = two stroke single acting
4SA = four stroke single acting
nhp = nominal horsepower
ihp = indicated horsepower
bhp = brake horsepower
shp = shaft horsepower
kn. = knots
(SB) = single ended boiler
(DB) = double ended boilers
WTB = water tube boilers
(f) = furnace
(pf) = plain furnace
(rf) = ribbed furnace
(cf) = corrugated furnace
GS = grate surface (in square feet)
HS = heating surface (in square feet)
N = north / E = east
S = south / W = west
miles = nautical miles (1,852 m)
Kr. = Danish kroner (unless otherwise noted)
DM = Deutsch marks
CTL = constructive total loss
Svitzer = A/S Em.Z.Svitzer's Bjergnings-Entreprise, Copenhagen
A/S Burmeister & Wain = A/S Burmeister & Wain's Maskin-og Skibsbyggeri, Copenhagen

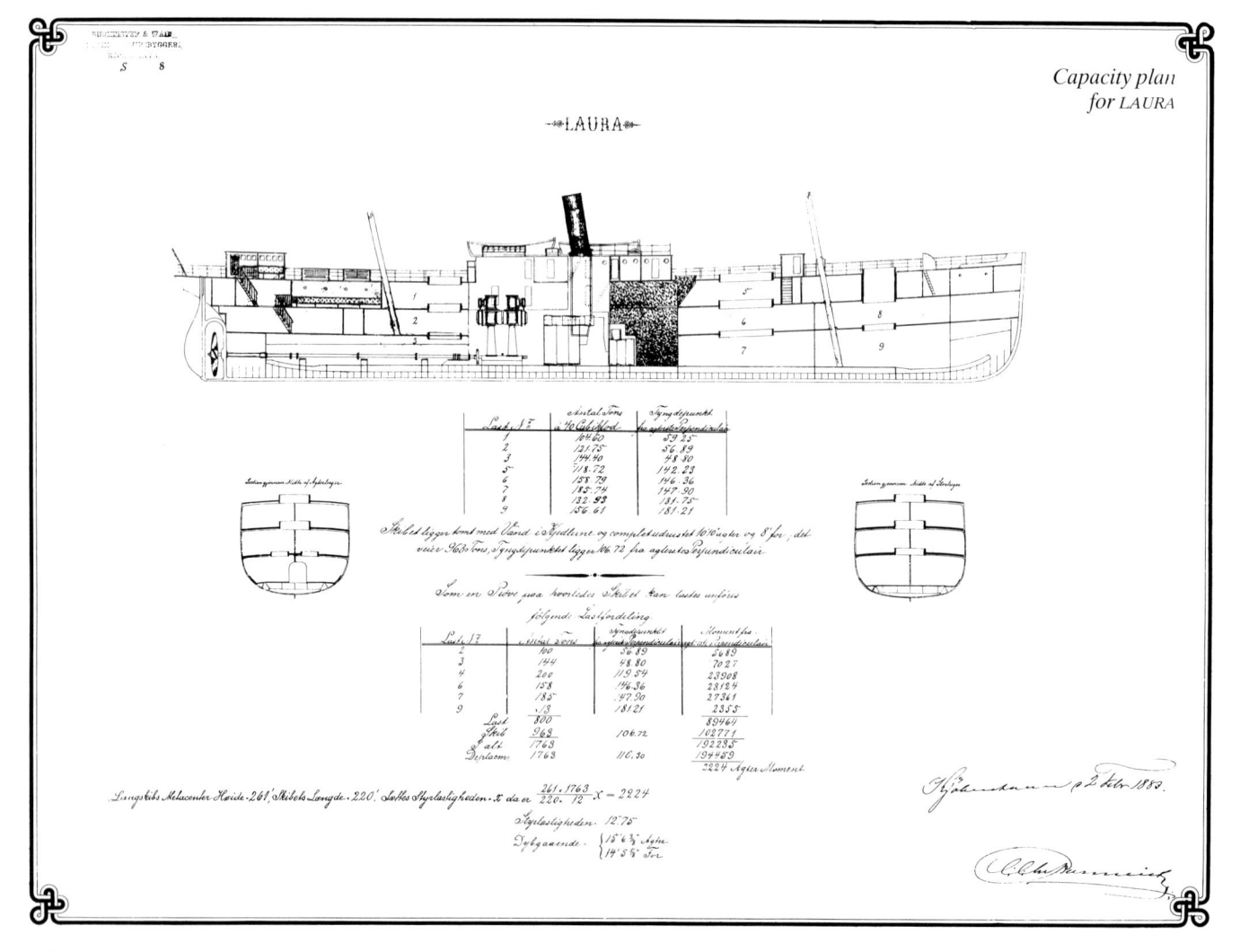

Capacity plan for LAURA

128

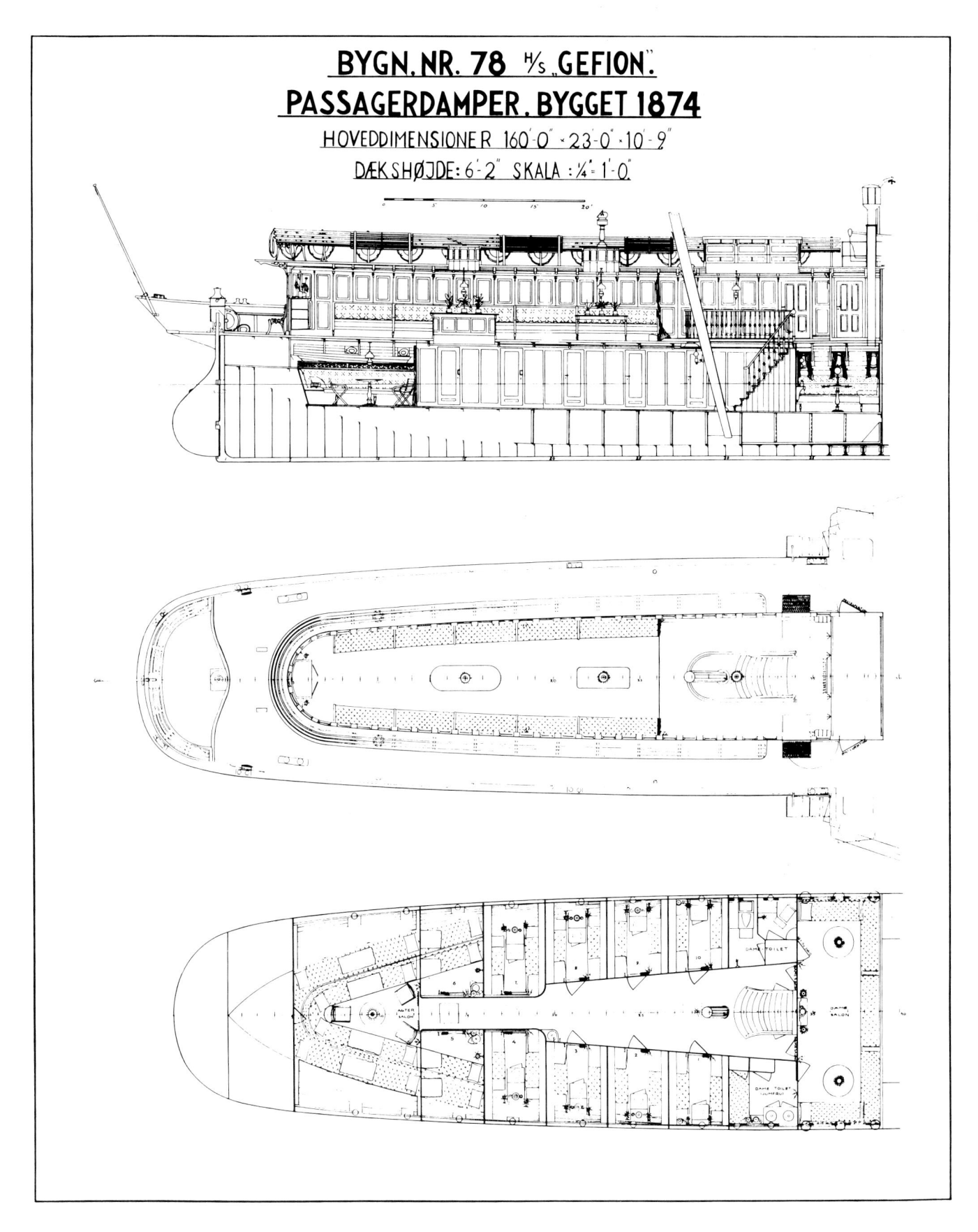

BYGN. NR. 78 H/s "GEFION".
PASSAGERDAMPER. BYGGET 1874

HOVEDDIMENSIONER 160'·0" · 23'·0" · 10'·9"
DÆKSHØJDE: 6'·2" SKALA: ¼"·1'·0"

History

Unless otherwise noted the dates are Bill of Sale dates (day, month, year). Manager(s) are mentioned in brackets after the owners, followed by the homeport of the vessel. In case the homeport has been changed without change of ownership, the new homeport and the date of change is mentioned in brackets. Homeports are tentatively spelt as they appear(ed) on the vessel: e.g. København - not Copenhagen, Göteborg - not Gothenburg etc. When ships (not DFDS or ex. DFDS vessels) are mentioned in the text, they are followed by the homeport, the gross tonnage and the year built.

Service

Copenhagen-Antwerp/France = Copenhagen-Antwerp and Copenhagen-France.

Passenger accommodation in the aft part of the ship. Notice the light trunks on the boat deck and the main deck. Artificial lighting on board were kerosene lamps. On the lower deck cabins and saloons were provided for the passengers. The ladies' saloon to the right.

129

1. L.N.HVIDT 1867-1878

Cargo steamship, 1 deck • Built of iron • 357gt, 259nt, 350dw • 170'0"/163'0"x22'0"x11'0"/- • J.Henderson &Sons, Renfrew, no.18 • 1S 2cyl. 60nhp • 1878: 1C 2cyl. (20"-38")x21", 220ihp, Schweffel &Howaldt Maschinenbau und Eisengiesserei, Kiel • 1867: 1(SB) Scotch 3(f) GS54 HS1310, Burmeister & Wain, Copenhagen, 1878: 2(SB) Scotch 2(f), Schweffel &Howaldt Maschinenbau und Eisengiesserei, Kiel.

23.3.1857: Delivered to A/S Det almindelige danske Dampskibs-Selskab (Cornelius Peter August Koch), Kjøbenhavn. Service: Baltic-Copenhagen-Great Britain.
2.4.1857: Left Hull on her maiden voyage to Copenhagen.
13.4.1857: The owners of the ship had a board meeting aboard the vessel.
28.9.1861: Collided with S/S NEVA in Kattegat. After this incident it was decided to withdraw the ship from service to British ports, to prevent her from being arrested. Instead service: Baltic-Copenhagen-Antwerp.
1864: Chartered to the Danish Government, in service as a troopship.

1.1.1867: Officially taken over by DFDS, Kjøbenhavn, without change of name.
17.1.1867: The sale finally confirmed by the Bill of Sale. Service: Copenhagen-west coast of Norway.
1867: New boiler installed.
1876: Discarded.

5.7.1878: Sold to Theo. Koch, Kjøbenhavn. Name unchanged. Price paid: Kr. 20,000.
2.10.1878: Auctioned to C.Skow & Co., Kiel.
1878: Rebuilt by G.Howaldt, Kiel. New engine and boiler installed.
24.11.1878: Sold to I/S Rhederiet Codana (Chr. Theodor Koch and Frederik Vilhelm Schierbech), Kjøbenhavn and renamed RAP. Price paid: Kr. 84,550.
24.12.1879: C.T.Koch became sole owner of I/S Rhederiet Codana.

16.1.1885: Sold to A/S Dampskibsselskabet Øresund (Theo. Koch & Co.), Kjøbenhavn. Name unchanged.
2.4.1891 until 21.12.1891: Chartered to DFDS for service: Hamburg-Copenhagen-Danzig.
24.4.1894: Sold to A/S Dampskibsselskabet Union (Peter Lauritz Fisker), Kjøbenhavn and renamed OLGA.

9.2.1898: Sold to Aktieselskabet Arcona (K.Andersen & Co.), Frederikstad and renamed ARCONA. Price paid: Kr. 36,500.

1.2.1904: On voyage Frederikshald-Goole loaded with granite sprang a leak and sank off Tynemouth.

L.N. HVIDT (left) and the Swedish EXCELLENSEN TOLL in Copenhagen.

130

2. ODIN (I) 1867-1896

Cargo steamship, 1 deck • Built of iron • 384gt, 261nt, 450dw, 1864: 465gt, 349nt, 565dw • 174.4' x 23.3' x 13.7', 1864: 198'1"/190'1"x23'5"x13'7"/13'9" • J.Henderson &Sons, Renfrew, no.20 • 1S 2cyl. (2x30")x24", John Barr, Glasgow, 1875: 1C 2cyl. (20"-40")x24", 300ihp, 9kn. Gourlay Bros. &Co., Dundee • 1875: 1(SB) Scotch 3(f) GS37 HS1173, Gourlay Bros. &Co., Dundee • Passengers: 20.

21.8.1857: Builders' certificate.
8.1857: Delivered to A/S Det almindelige danske Dampskibs-Selskab (C.P.A.Koch), Kjøbenhavn. Service: Baltic-Copenhagen-Great Britain.
4.9.1857: The owners of the ship had a board meeting on board her after arrival at Copenhagen from the builders.
1864: Rebuilt, lengthened and new boiler installed by Henderson, Coulburn & Co., Renfrew.
1864: Chartered to the Danish Government for service as a troopship.
1.1.1867: Officially taken over by DFDS, Kjøbenhavn without change of name.
17.1.1867: The sale finally confirmed by the Bill of Sale.
29.6.1874: At a board meeting it was decided to order a new engine at Dundee.
9.1875: Rebuilt, new engine and boiler installed by Gourlay Bros., Dundee.
1881 until 1890: Service mainly: Libau-Copenhagen-London/Hull.
1891: Service now mainly: Hamburg-Copenhagen-Königsberg.

3.7.1895: ODIN was the first DFDS vessel to pass the newly opened Kiel Canal.

24.10.1896: Sold to Munzone, Mineo & Co., Catania.
28.10.1896: Taken over by her new owners and renamed ARIETE. Price paid: francs 40,000.

31.8.1921: On voyage Naples-Braila foundered 8 miles off Monasterace and lost.

3. PHØNIX 1867-1881

Cargo steamship, 1 deck • Built of iron • 628gt, 395nt, -dw, 1878: 721gt, 448nt, -dw • (197.2' x 23.5' x 14.8'), 1878: -/202'2"x23'5"x14'8"/- • J.Henderson &Sons, Renfrew, no.40 • 1S 2cyl. (2x27")x36", 1878: 1C, A/S Burmeister &Wain's Maskin- og Skibsbyggeri, Copenhagen • 1878: 1(SB) Scotch 3(f) GS56 HS2000, A/S Burmeister & Wain's Maskin- og Skibsbyggeri, Copenhagen.

14.1.1861: The board decided to order her. Contract price: £ 11,500.
29.8.1861: Launch.
23.9.1861: Last survey by Lloyd's Register.
9.1861: Delivered to A/S Det almindelige danske Dampskibs-Selskab (C.P.A.Koch), Copenhagen. Services: Baltic-Copenhagen-Great Britain and Copenhagen-Iceland. 1964: Chartered to the Danish Government for service as a troopship.

1.1.1867: Officially taken over by DFDS, Kjøbenhavn.
17.1.1867: The sale finally confirmed by the Bill of Sale.
1867 until 1869: Service: Copenhagen-Iceland.
7.1868: Engine rebuilt at Renfrew.
1876 until 1879: Service now: Copenhagen-Leith-the Faroes-Iceland.

4.1878: Delivered after rebuilding and installation of new engine and boiler.
15.4.1878: Left Copenhagen for Iceland on her first voyage after conversion.

31.1.1881: On voyage Copenhagen-Iceland with coal and general cargo sprang a leak and grounded at Faxe Fjord, Iceland. One crew member was lost.

131

4. ANGLO DANE 1867-1917

Cargo steamship, 1 deck • Built of iron • 708gt, 522nt, 800dw, 1874: 804gt, 509nt, 887dw • (203.4' x 26.7' x 14.4'), 1874: 217'0"/209'0"x28'2"x15'8"/16'0" • Andrew Leslie &Co., Hebburn, Newcastle-on-Tyne, no.77 • 1S 2cyl. (2x38")x30", 340ihp, 8.5kn., Thompson, Boyd &Co., Newcastle-on-Tyne, 1874: 1C tandem 4cyl. (2x19.75"- 2x38")x30", 340ihp, 8kn., A/S Burmeister & Wain's Maskin- og Skibsbyggeri, Copenhagen • 1874: 1(SB) Scotch 3(pf) GS63 HS1727, A/S Burmeister & Wain's Maskin- og Skibsbyggeri, Copenhagen. 1895: 1(SB) Scotch 3(pf) GS54 HS1654, A/S Burmeister & Wain's Maskin- og Skibsbyggeri, Copenhagen • Passengers: 7 I, 2 II.

1865: Ordered by The Anglo Danish and Baltic Steam Navigation Co. Ltd.
12.7.1866: Launch.
18.9.1866: Completed. However due to financial problems remained in the ownership of the builder: Andrew Leslie, London. 29.9.1866: First arrival at Copenhagen.

1.1.1867: Officially taken over by DFDS, Kjøbenhavn.
18.2.1867: The sale finally confirmed by the Bill of Sale. Price paid: £ 16,000. Service: Hull/Antwerp-Copenhagen-Baltic and Copenhagen-Iceland.
1874: Rebuilt by A/S Burmeister & Wain, Copenhagen. New boiler installed and engine rebuilt.
1886 until 1898: Service mainly: Antwerp-Copenhagen-Libau.
27.1.1895 until 17.5.1895: New boiler installed by A/S Burmeister & Wain, Copenhagen.
1898 until 1900: Service mainly: Stettin-Copenhagen-Manchester-Liverpool.
1900 until 1908: Service now mainly: Baltic-Copenhagen-Northsea/France.
1908 until 1915: Service now: Stettin-Copenhagen-west coast of Norway.
22.11.1914: On voyage Stettin-Copenhagen collided with the German torpedoboat S-124 off Falsterbo. Two German crew members were killed.
1915 until 1916: Service: Swedish ports-Grimsby.
1917: British ports-Denmark.
2.8.1917: Time charter to "Fragtnævnet" (see no.6.)
21.10.1917: On voyage South Shields-Elsinore in a convoy, struck a mine and sank off Lerwick about half a mile from Kirkabister Light. One crew member was lost, the rest were saved by the British torpedoboat ARAB.

5. DAGMAR (I) 1867-1873

Cargo steamship, 1 deck • Built of iron • 713gt, 525nt, 860dw, 215'0"/209'0"x28'2"x15'8"/16'0" • Andrew Leslie &Co., Hebburn, Newcastle-on-Tyne, no.78 • 1S 2cyl. (2x38")x30", 340ihp, 9kn., Thompson, Boyd &Co., Newcastle-on-Tyne • Passengers: 5.

1865: Ordered by The Anglo Danish and Baltic Steam Navigation Co. Ltd.
9.1866: Launch.
1.11.1866: Completed. However due to financial problems, remained in the ownership of the builder: Andrew Leslie, London.

1.1.1867: Officially taken over by DFDS, Kjøbenhavn.
18.2.1867: The sale finally confirmed by the Bill of Sale. Price paid £ 16,000. Service: Newcastle-Copenhagen-Baltic.

19.2.1873: On voyage Hull-Königsberg via Copenhagen with general cargo stranded off the Swedish coast at Lerhamn S of Kullen and lost.

6. THYRA (I) 1867-1922

Cargo steamship, 1 deck • Built of iron • 710gt, 523nt, 805dw, 1876: 806gt, 508nt, 833dw • 216'10"/210'0"x28'0"x16'0"/16'0" • Andrew Leslie &Co., Hebburn, Newcastle-on-Tyne, no.79 • 1S 2cyl. (2x38")x30", 360ihp, 8.5kn. Thompson, Boyd &Co., Newcastle-on-Tyne, 1876: 1C tandem 4cyl. (2x19"-2x38")x30", 340ihp, 9kn., A/S Burmeister & Wain's Maskin- og Skibsbyggeri, Copenhagen • 1876: 1(SB) Scotch 3(f) GS63 HS1727, A/S Burmeister & Wain's Maskin- og Skibsbyggeri, Copenhagen, 1893: 1(SB) Scotch 3(pf) GS58 HS1654, A/S Burmeister & Wain's Maskin- og Skibsbyggeri, Copenhagen • Passengers: 5.

1865: Ordered by The Anglo Danish and Baltic Steam Navigation Co. Ltd.
11.1866: Launch.
27.11.1866: Completed. However due to financial problems remained in the ownership of the builder: Andrew Leslie, London.

1.1.1867: Officially taken over by DFDS, Kjøbenhavn.
25.2.1867: The sale finally confirmed by the Bill of Sale. Service: Newcastle-Copenhagen-Baltic.
1876: Rebuilt by A/S Burmeister & Wain, Copenhagen, new boiler installed, engine rebuilt.
1883 until 1899: Service during summer seasons: Copenhagen-Leith(Granton)-the Faroes-Iceland and during winter seasons: Baltic-Copenhagen-Northsea.
15.3.1893 until 7.5.1893: New boiler installed by A/S Burmeister & Wain, Copenhagen.
1900 until 1921: Service mainly: Stettin-Copenhagen-west coast of Norway.
12.1.1917: On voyage Copenhagen-Arendal captured by the Germans and taken to Swinemünde for inspection. Released.
19.9.1917 until 6.3.1919: Time chartered to "Fragtnævnet" [1].
21.6.1921: Arrived at Copenhagen from Stettin and laid up.

3.6.1922: Sold to Michael Jebsen, Hamburg and renamed POLARIS. Price paid: Kr. 25,000.
5.7.1922: Left Copenhagen under her new name.
1923: Sold to Polaris Reederei A.G., Lübeck. Name unchanged.

1924: Broken up in Germany.

---

[1] "Fragtnævnet" was established by the Danish State on 12.5.1916 in order to secure tonnage for the transportation of vital supplies to Denmark. The Danish shipowners were forced to charter their ships to "Fragtnævnet" at predetermined reasonable freight rates - one third of current rates. "Fragtnævnet" ceased operation at the beginning of 1921.

THYRA in the Christianshavns canal, port of Copenhagen

7. VALDEMAR 1867-1908

Cargo steamship, 1 deck • Built of iron • 681gt, 528nt, 805dw, 1882: 821gt, 578nt, 890dw • 219'2"/209'0"x28'2"x15'8"/16'4" • Andrew Leslie &Co., Hebburn, Newcastle-on-Tyne, no.80 • 1S 2cyl. (2x38")x30", 340ihp, 9kn. Thompson, Boyd &Co., Newcastle-on-Tyne, 1875: 1C 2cyl. (25"-48")x30", 350ihp, 9kn. • 1875: 1(SB) Scotch 3(f) GS53 HS1750, Thompson, Boyd &Co., Newcastle, 1894: 1(SB) Scotch 3(f) GS58 HS1654, A/S Burmeister & Wain's Maskin- og Skibsbyggeri, Copenhagen • Passengers: 5.

1865: Ordered by The Anglo Danish and Baltic Steam Navigation Co. Ltd.
11.1866: Launch.
31.12.1866: Completed. However due to financial problems remained in the ownership of the builder.
24.1.1867: Registered owned by Andrew Leslie, London.
9.2.1867: Transferred to Herman Gustav Erichsen, Newcastle (one of the founders of DFDS).

1.1.1867: Officially taken over by DFDS, Kjøbenhavn.
15.2.1867: The sale finally confirmed by the Bill of Sale. Price paid: £ 16,800.
Service: Newcastle/Hull-Copenhagen-Baltic. 1875: Engine rebuilt and new boiler installed by Thompson, Boyd & Co., Newcastle.
1877 and 1882: Rebuilt by A/S Burmeister & Wain's Maskin- og Skibsbyggeri, Copenhagen.
1881 until 1899: Service now mainly: Libau-Copenhagen-Antwerp/Hull.
5.1.1883 until 1.5.1883: Detained at Hangö due to ice.
21.7.1894 until 27.11.1894: New boiler installed by A/S Burmeister & Wain, Copenhagen.
1900 until 1908: Service mainly: Baltic-Copenhagen-Northsea, e.g. Riga/Libau-Copenhagen-Antwerp/Hull.

27.11.1908: On voyage Christianssand-Stavanger with general cargo, grounded at Onglasskæret, Jæderen W of the island Rauna S of Obrestad, due to bad navigation. Eventually the captain and the officer were sentenced to a fine of Kr. 250 and 200. The wreck was sold for Kr. 6,475.

VALDEMAR in the port of Copenhagen

8. DIANA (I) 1867-1871

Passenger and cargo paddle steamer, 1 deck • Built of iron • 170gt, 93nt, -dw • (156.0' x 17.1' x 8.5') • J.Henderson &Sons, Renfrew, no.2 • 1S steeple 1cyl. (52")x45", 90nhp, MacNab &Co., Greenock.

2.6.1851: Registered as owned by James McFarlane (25%), Robert Cochran (25%), Robert Donnstonn (25%) and James Henderson & Son (25%), Glasgow.
18.6.1851: Arrived at Copenhagen.
23.6.1851: Sold to C.P.A.Koch, Kjøbenhavn. Name unchanged. Services: Copenhagen-Kalvehave-Koster-Gaabense-Taars-Kiel and Copenhagen-Fredericia-Middelfart-Snoghøj-Assens-Sønderborg-Flensburg.
1856: Copenhagen-Aarhus included in the services.
6.6.1861: Sold to Smith & Le Maire, Kjøbenhavn, without change of name. Continued in the former services.
1864: In service Korsør-Sønderborg or Korsør-Kiel.
6.4.1865: Sold to Koch & Henderson, Kjøbenhavn. Name unchanged.

1.1.1867: Officially taken over by DFDS, Kjøbenhavn.
9.10.1867: The sale finally confirmed by the Bill of Sale.
1866 until 1867: Services: Korsør-Svendborg-Sønderborg- Flensburg and Korsør-Kiel.
1868: Services: Korsør-Samsø-Aarhus and Korsør-Nakskov or Korsør-Lohals-Svendborg-Faaborg-Sønderborg-Flensburg.

8.12.1869: Stranded on Halskov Rev.
14.12.1869: Salved by Svitzer and returned to service.

4.7.1871: Sold to Peter Lindsay Henderson, Bristol. Name unchanged. Price paid: £ 1,100.
11.8.1871: Left Copenhagen for Bristol. For about six weeks in service: Cardiff-Burnham.
1872: Sold to John G.T.Child, Bristol. Name unchanged.
1873: Sold to James Wiseman, Bristol, without change of name.
1873: Sold by auction at Lagos, West Africa to local merchant.
10.2.1883: Register closed. Vessel probably worn out or lost.
1883: Deleted from Lloyd's Register due to lacking information on her fate.

9. ARCTURUS 1867-1887

Passenger and cargo steamship, 1 deck • Built of iron • 364gt, 262nt, -dw, 1872: 472gt, 241nt, -dw • (146.8' x 20.9' x 12.9'), 1872: 182'10"/171'1"x21'3"x12'7"/- • Alexander Denny, Albert Yard, Dumbarton, no.40 • 1S 2cyl. Blackwood &Gordon, Paisley, 1872: 1C 4cyl. (2x22.5"-2x45")x27", Henderson, Coulburn &Co., Renfrew.

ARCTURUS at Jacob Holm &Sønners Skibsværft, Copenhagen.

16.2.1856: Completed.
23.2.1856: Registered owned by Alexander Denny, Glasgow as
VICTOR EMANUEL. Service: Clyde-Mediterranean.
28.8.1858: Registered sold to John Mitchell, Glasgow, name unchanged.
13.4.1858: Arrived at Copenhagen and chartered by C.P.A.Koch for the Copenhagen-Scotland-Torshavn-Iceland service.
1858 until 1870: Mail service to the Faroes and Iceland.
17.4.1858: Left Copenhagen on her first trip to the Faroes and Iceland via Leith.

7.3.1859: Sold to C.P.A.Koch & Wm.Henderson, Kjøbenhavn and renamed ARCTURUS. Price paid £ 7,500.
7.3.1863: Arrived at Glasgow for repairs and installation of new boiler.
16.7.1864: Sold to L.C.Poulsen, Kjøbenhavn. Name unchanged. Chartered to the Danish Government and used as a troopship during the war against Germany.
16.7.1864: Resold to Koch & Henderson, Kjøbenhavn without change of name.

1.1.1867: Officially taken over by DFDS, Kjøbenhavn. Price paid: Rigsdaler 60,000.
9.10.1867: The sale was finally confirmed by the Bill of Sale. Services: Copenhagen-Iceland and Stettin-Copenhagen-west coast of Norway.

18.8.1871: Arrived at Renfrew.
1871 until 1872: Lengthened, new engine and boiler installed by Henderson, Coulburn & Co., Renfrew.
12.1877: Heavily damaged by collision with the Norwegian S/S VIDAR.
Grounded and later refloated. Repaired at Bergen.
11.2.1878: Trial after repairs. 1880: Minor conversion amidships.

5.4.1887: On voyage Copenhagen-Danzig in ballast, collided with S/S SAVONA of Leith 1211/81 and sank off Falsterbo. The crew and passengers were saved by SAVONA.

ARCTURUS in the port of Copenhagen after conversion 1872. Dressed probably in connection with the visit of the Russian czar.

10. VESTA (I) 1867-1891

Passenger and cargo paddle steamer, 1 deck • Built of iron • 358gt, 232nt, -dw, 1872: 338gt, 242nt, 163dw • (189.0' x 18.6' x 10.0'), 1872: -/194'0"x19'8.75"x10'7"/9'0" • Motala Warf, Norrköping, no.88. • 1S 2cyl. (2x46")x42", 410ihp, 12kn., 1872: 1C tandem 4cyl. (2x26"-2x42")x40.9", A/S Burmeister & Wain's Maskin- og Skibsbyggeri, Copenhagen, • 1872: 1(SB) Scotch 3(f) GS61 HS1745, A/S Burmeister & Wain's Maskin- og Skibsbyggeri, Copenhagen.

1858: Launch. 10.12.1859: Builders' certificate.
12.1859: Delivered to Carlshamns Ångfartygsbolag (S.A.Hellerström), Carlshamn as BLEKINGE. Service: Carlshamn-Swedish east coast ports.
1862: Stockholm-Gothenburg (along the coast).
11.4.1865: Sold to Koch & Henderson, Kjøbenhavn and renamed VESTA.
1866 until 1868: Service: Korsør-Kiel.

1.1.1867: Officially taken over by DFDS, Kjøbenhavn (from 11.5.1885: Aarhus).
9.10.1867: The sale finally confirmed by the Bill of Sale.
1867: Service: Copenhagen-Aalborg.
6.1868 until 3.10.1868: Service Copenhagen-Aarhus.
4.10.1868 until 1871: Service: Korsør-Samsø-Aarhus.
12.2.1872: Delivered by A/S Burmeister & Wain, Copenhagen after rebuilding. New engine and boiler installed.
1872 until 1873, 1877 and 1882 until 1883: Service: Copenhagen-Aarhus.
1874: Service now Copenhagen-Gothenburg-Christiania.

1875 until 1881 and 1889 until 1890: Service changed to Kallundborg-Aarhus

13.4.1891: Sold to Levin & Sønners Eftf. and Petersen & Albeck, Copenhagen and broken up at Tyske Plads, Copenhagen. Price paid: Kr. 5,685.
15.9.1891: Reported broken up by Petersen & Albeck.

11. AURORA (I) 1867-1901

Passenger and cargo steamship, 1 deck • Built of iron • 202gt, 120nt, -dw, 1883: 198gt, 118nt, 153dw, 1906: 221gt, 177nt, 300dw • (140.6' x 18.9' x 9.6'), 1883: -/142'3"x19'10"x10'4.5"/11'0" • J.Henderson & Sons, Renfrew, no.30 • 1C tandem 4cyl. (2x15"-2x30")x20", 280ihp, 1875: 1C 4cyl. (2x16.5"-2x37") x26", 180ihp, 9.5kn. Lindholmens Mek. Werkstad, Gothenburg. 1940: 1sD 2SA 2cyl. (450x550), 200 bhp, Haldorsen &Sønner, Rubbestadnesset, built 1920, 1951: 1sD 2SA 4cyl. (330x360), 250bhp, 8kn. A/S De Forenede Motorfabriker, Bergen. • 1875: 1(SB) Scotch 2(f) GS23 HS1100, Lindholmens Mek. Werkstad, Gothenburg, 1911: 1(SB) Scotch 2(f) GS70 HS1080, Aalesunds Mek. Verksted, Aalesund • Passengers: 24 I, 15 II, 90 in all.

7.1859: Delivered to E.Bird, Flensburg.
31.7.1859: In service Flensburg-Aarhus-Randers-Copenhagen.
5.11.1862: Sold to Koch & Henderson, Kjøbenhavn, name unchanged. Service: Copenhagen-Kiel.

1.1.1867: Officially taken over by DFDS, Kjøbenhavn.
9.10.1867: The sale finally confirmed by the Bill of Sale. Service: Copenhagen-Kiel.
1875: Rebuilt, new engine and boiler installed by Lindholmens Mek. Werkstad, Gothenburg.

The departure of AURORA from Copenhagen on 30. November 1863 with troops for the war against Germany.

AURORA flying the Norwegian flag about 1902.

18.12.1901: Sold to Petersen & Albeck, Copenhagen for demolition. However, the same day sold to Northsea Trading Comp. Ltd., Christiania, without change of name.
17.1.1903: Registered sold to A/S Kystdampskibsselskabet Aurora (Thygo Sørensen), Christiania. Name unchanged.
4.1903: Sold to A/S Kystdampskibsselskabet Aurora (Nils Chr.Sørensen), Stavanger. Name unchanged.
2.6.1905: Registered sold to Nylands Værksted, (Christiania) homeport still Stavanger.
26.6.1905: Registered sold to A/S Aurora (Steen & Tandberg), Stavanger. Name unchanged.
2.1906: Sold to A/S Auroras Rederi (O.E.Rogne), Aalesund, name unchanged.
7.1906: Rebuilt by A/S Mjellem & Karlsens mek. Verksted, Bergen.
7.11.1907: Registered sold to Peder Devold, Aalesund, without change of name.
5.2.1913: Registered sold to P/R (Ragnar Schjølberg), Bodø. Name unchanged.
10.1913: Rebuilding commenced.
1936: Sold to A/S Paulsens Fraktfart (Eilert Paulsen), Bergen. Name unchanged.
1.1939: Sold to B.Pedersen, Bergen, without change of name.

1940: Rebuilt, converted into a motorship.
1941: Sold to A/S Risnes Byggetomter, Bergen. Name unchanged.
1951: New engine installed.

4.12.1953: On voyage Odda-Oslo with a cargo of zink grounded at Østhasselnesset, Lista, broke in two and sank.
1956: 210 tons of zink were salved from the wreck from a depth of 32 meters.

AURORA moored at the Kvæsthusbroen.

12. ZEPHYR 1867-1883

Passenger paddle steamer, 1 deck • Built of iron • 152gt, 82nt, -dw • (146.3' x 16.9' x 7.3') • Smith & Rodger, Govan, Glasgow, no.11 • 1S steeple 1cyl. 80nhp, 1865: Baumgarten & Burmeister, Copenhagen.

5.4.1848: Builders' certificate.
11.4.1848: Registered owned by Edinburgh & Dundee Steam Packet Company (Andrew Greig, Peter Greig and Thomas Barclay), Leith as FAIR TRADER. Service: Newhaven-Largo.
29.6.1850: Sold to H.P.Prior, Kjøbenhavn and renamed ZEPHYR. Price paid: £ 2,200. Service: Copenhagen-Warnemünde-Rostock.
1850: Requisitioned by the Danish Government.
3.1851: Returned to owner.
1851: Service mainly: Copenhagen-Jutland.
1864: During the war against Germany used as a troopship by the Danish Government.
1865: Rebuilt by Baumgarten & Burmeister, Copenhagen, new engine installed.

1.1.1867: Officially taken over by DFDS, Kjøbenhavn.
12.10.1867: The sale finally confirmed by the Bill of Sale.
10.1868: Service: Korsør-Samsø-Aarhus.
1871: Copenhagen-Nykjøbing S.-Holbæk.

1872: Korsør-Nakskov and Korsør-Lohals-Rudkjøbing-Svendborg/Faaborg and Korsør-Samsø-Aarhus.
1873: Copenhagen-Nykjøbing S.-Holbæk and Copenhagen-South Zealand-Møen-Falster-Lolland-Funen-Jutland.

1879: Laid up, discarded.
30.12.1883: Reported broken up during 1883.

13. FLORA (I) 1867-1871

Passenger and cargo paddle steamer, 1 deck • Built of iron • 130gt, 54nt, -dw • (155.4' x 15.9' x 8.0') • Smith & Rodger, Govan, Glasgow • 1S steeple 1cyl. (45")x39", 70nhp, 9 kn.

22.4.1851: Builders' certificate.
4.1851: Delivered to H.P.Prior, Kjøbenhavn.
6.5.1851: Arrived at Copenhagen. Service: Copenhagen-South Zealand-Falster-Lolland.
1856: Service: Korsør-Funen-Aabenraa.
1865: Rebuilt by Baumgarten & Burmeister, Copenhagen.

1.1.1867: Officially taken over by DFDS, Kjøbenhavn.
12.10.1867: The sale finally confirmed by the Bill of Sale.
1867: Service: Korsør-Lohals-Svendborg-(Faaborg-Assens) or Korsør-Nakskov/Vejle.
1868: Service now: Nykjøbing F.-Fehmarn-Kiel.
1869 until 1871: Service changed to Korsør-Lohals-Svendborg-Rudkjøbing-Sønderborg-Flensburg.
4.10.1870: In service: Vordingborg-Bandholm, service terminated at the end of the year.

4.7.1871: Sold to Peter Lindsay Henderson, London without change of name. Price paid: £ 800.
5.10.1872: Registered sold to Frederick Charles Winby, Cardiff. Name unchanged.
17.2.1874: Reported condemned some time ago by the Board of Trade. Is now undergoing repair, which will soon be finished.
15.2.1879: Reported to be broken up.

139

14. ZAMPA (I) 1867-1876

Paddle steamer, 1 deck • Built of iron • 180gt, 108nt, -dw • 190'0"/177'0"x17'3"x5'5"/- • Caird &Co., Greenock • 1S steeple 2cyl. 100nhp, • 1861: 2(SB) Scotch 6(f) GS108 HS2400, Baumgarten & Burmeister, Copenhagen

11.3.1856: Builders' certificate.
3.1856: Delivered to H.P.Prior, Kjøbenhavn. Service: Copenhagen-Falster-Lolland- Southern Jutland.
4.3.1859: Sold to H.Puggaard & Co., Kjøbenhavn, without change of name. Services remained the same.
1864: Chartered to the Danish Government for service as a troopship.
8.12.1864: Resold to H.P.Prior, Kjøbenhavn. Name unchanged.

1.1.1867: Officially taken over by DFDS, Kjøbenhavn.
12.10.1867: The sale finally confirmed by the Bill of Sale. Service: Copenhagen-South Zealand-Stege-Koster-Kallehave-Falster-Lolland-Funen.
1875: Discarded.

14.9.1876: Laid up at Refshaleøen. Broken up by A/S Burmeister & Wain, Copenhagen.

15. AALBORG (I) 1867-1876

Paddle steamer, 1 deck, • Built of iron • 140gt, 72nt, -dw • -/150'0"x15'2"x7'1"/- • Caird &Co., Greenock, no.69 • 1S oscillating 2cyl. (2x30")x42", 310ihp • 2(SB) Scotch GS78 HS1950.

AALBORG at Løgstør with the Danish king Frederik VII at the inauguration of the Løgstør Canal in 1861.

5.3.1859: Launch.
9.5.1859: Delivered to H.P.Prior and partners, Kjøbenhavn.
13.5.1859: Arrived at Aalborg for the first time.
8.7.1859: Sole owner: H.P.Prior, Aalborg (from 14.6.1860 Kjøbenhavn).

1.1.1867: Officially taken over by DFDS, Kjøbenhavn.
12.10.1867: The sale finally confirmed by the Bill of Sale. Service: Aalborg-western part of Limfjorden.
1875: Discarded.

14.9.1876: Laid up at Refshaleøen. Broken up by A/S Burmeister & Wain, Copenhagen.

16. FYLLA 1867-1913

Passenger and cargo steamship, 1 deck • Built of iron • 207gt, 121nt, 118dw, 1881: 218gt, 102nt, 166dw • 135'0"/130'0"x21'0"x10'6"/7'0" • Baumgarten &Burmeister, Copenhagen, no.17 • 1C tandem trunk 4cyl. (2x14"-2x28")x18", 225ihp, [1] • 1(SB) Scotch 2(pf) GS38 HS620, 1875: 1(SB) Scotch 2(f) GS33 HS720, A/S Burmeister & Wain's Maskin-og Skibsbyggeri, Copenhagen • Passengers: 16 berth, 160 deck.

17.3.1862: Ordered.
14.1.1863: Launch.
3.5.1863: Trial.
5.1863: Delivered to H.P.Prior, Kjøbenhavn.
9.5.1863: In service: Copenhagen-Limfjorden.
1864: Chartered to the Danish Government for service as a troopship.

1.1.1867: Officially taken over by DFDS, Kjøbenhavn (from 29.8.1885: Nykjøbing M., 30.5.1900: Horsens, 30.10.1901: Stege, 28.9.1904: Aalborg).
12.10.1867: The sale finally confirmed by the Bill of Sale.
1867 until 1869: Service: Copenhagen-Limfjorden.
1875: New boiler installed by A/S Burmeister & Wain, Copenhagen.
1881: Engine rebuilt, now 195ihp, 9kn.
1887: Service now: Copenhagen-Ebeltoft-Horsens.
1899: Service now: Horsens-Kolding-Hamburg.
1901: Service changed to: Copenhagen-Hadsund-Mariager-Hobro.
1904 until 1911: Service mainly: Aalborg-western part of Limfjorden. Occasionally in several other domestic services.
3.6.1911: Arrived at Aalborg and laid up.

12.9.1913: Sold to Christian Jensen, Hellerup.

24.11.1913: Sold to P.O.S.Lauritzen, Kjøbenhavn. Name unchanged.
5.3.1914: Sold to Österman & Co. (Nils Österman), Stockholm and renamed CARRIE. Price paid Kr. 23,000.
4.1914: Sold to P/R (Nils Österman), Stockholm. Name unchanged.
17.4.1915: Sold to A/B Möller, Persson & Co. (John Stephenson Möller), Stockholm without change of name.

9.6.1915: Sold to Rederi A/B Birgit (Werner Hacklin), Räfsö (Finland) and renamed BIRGIT.

7.11.1915: Sunk by the German submarine U-10 off Gävle.

___
[1] The first compound engine in the Danish merchant marine

17. ØRNEN 1867-1909

Passenger and cargo steamship, 1 deck • Built of iron • 110gt, 61nt, 90dw • -/122'2"x17'6"x6'11"/8'6" • Motala Warf, Norrköping, no.115 • 1S 2cyl. (2x22")x16", 30nhp, Motala Verkstads Bolag, Motala, 1872: 1C 2cyl. (12"-24")x17.5", 120ihp, 8kn., Lindholmens Mek. Werkstad, Gothenburg • 1885: 1(SB) Scotch 2(f) GS21 HS466, Kockums Mek. Verkstads A/B, Malmö • Passengers: 36 berth, 144 deck.

5.1865: Delivered to H.P.Prior, Kjøbenhavn. Service: Copenhagen-Kiel and in Limfjorden.

1.1.1867: Officially taken over by DFDS, Kjøbenhavn (from 29.9.1890: Nykjøbing F., 23.7.1906: Aalborg).
12.10.1867: The sale finally confirmed by the Bill of Sale.
1867: Service: Aalborg-Frederikshavn.
1867 until 1868: Service: Korsør-Horsens.
1868: Service: Odense-Horsens/Svendborg-Faaborg-Ærø-Kiel.
1867 until 1883: service mainly: Aalborg-western part of Limfjorden.
1871: Service: Vordingborg-Bandholm.
1872: Lengthened, new engine and boiler

141

installed by Lindholmens Mek. Werkstad, Gothenburg.
1883: Service now mainly: Copenhagen-Præstø.
1885: New boiler installed.
1902 until 1907: Mainly in service: Copenhagen-Stege-Præstø or Aalborg-western part of Limfjorden. Occasionally in many other services.
26.11.1907: Arrived at Aalborg and laid up.

28.7.1909: Sold to John Weide & Jon Skuyen, Riga and renamed INSPEKTOR.

1918: Sold to A/B Dykeri & Bogser, Helsinki. Name unchanged.
1922: Sold to E.V.Sadama tehased [the Estonian Government], Reval and renamed LEIDUS.

1925: Broken up.

18. UFFO 1867-1889

Passenger and cargo steamship, 2 decks • Built of iron • 250gt, 178nt, 130dw, 1873: 344gt, 219nt, 250dw • -/129'10"x21'8"x12'6"/8'9", 1873: -/150'10"x21'8"x12'5.5"/12'0" • Burmeister & Wain, Copenhagen, no.37 • 1C tandem trunk 4cyl. (2x15"-2x30")x20", 250ihp, 9kn. • 1(SB) Scotch 2(f) GS38 HS660, 1876: 1(SB) Scotch 2(f) GS36 HS1028, A/S Burmeister & Wain's Maskin- og Skibsbyggeri, Copenhagen • Passengers: 1873: 30 I, 7 II, 53 deck.

11.2.1865: Ordered.
8.8.1865: Launch.
17.10.1865: Delivered to H.P.Prior, Kjøbenhavn.
24.10.1865: In service Copenhagen-Aalborg-Frederikshavn.
13.6.1866: Service now Copenhagen-Aalborg-Frederikshavn-Christiania.

1.1.1867: Officially taken over by DFDS, Kjøbenhavn.
12.10.1867: The sale finally confirmed by the Bill of Sale.
1867 until 1878: Service: Copenhagen-Frederikshavn-Laurvig-Horten-Moss-Christiania.
3.1873: Lengthened by A/S Burmeister & Wain, Copenhagen.
1876: Engine rebuilt and new boiler installed.
1881: Mainly in service: Stettin-Copenhagen-Christiania/Gothenburg from 1887 also: Copenhagen-Hangö.

4.2.1889: Pressed down by the ice at Stettiner Haff. Later on salved by Svitzer and towed to Copenhagen where she arrived 28.7.1889. Sold at auction to Levin & Sønner, Copenhagen. Price paid: Kr. 4,500.
12.10.1889: Reported broken up.

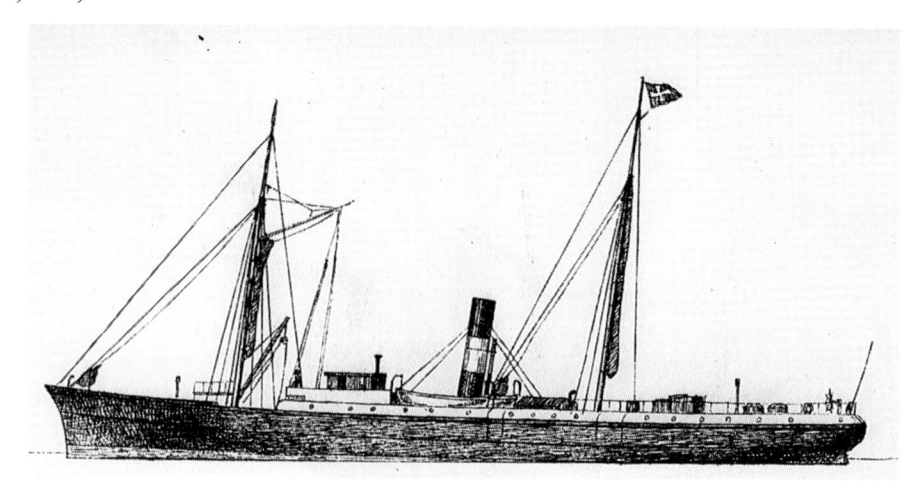

UFFO pressed down by the ice at Stettiner Haff

142

19. SAXO (I) 1867-1905

Passenger and cargo steamship, 1 deck • Built of iron • 159gt, 106nt, 115dw • -/126'0"x18'6"x 10'0"/10'0" • Burmeister & Wain, Copenhagen, no.40. • 1C tandem trunk 4cyl. (2x15"-2x30")x20", 200ihp, 10kn. • 1(SB) Scotch 2(f) GS38 HS660, 1877: 1(SB) Scotch 2(f) GS30 HS869, A/S Burmeister & Wain's Maskin-og Skibsbyggeri, Copenhagen • Passengers: 22 I, 12 II, 140 in all.

12.1865: Ordered.
8.3.1866: Launch.
26.5.1866: Delivered to H.P.Prior, Kjøbenhavn.

1.1.1867: Officially taken over by DFDS, Kjøbenhavn (from 2.6.1885: Kolding, 30.10.1901: Nakskov).
12.10.1867: The sale finally confirmed by the Bill of Sale. Service: Copenhagen-Kolding-Middelfart or Copenhagen-South Zealand-Møen-Falster-Lolland-Funen-Jutland.
1877: Rebuilt, new boiler installed by A/S Burmeister & Wain, Copenhagen.
1891: Service now mainly: Copenhagen-Kallundborg-Sejrø-Vejle. Also in several other domestic services.
18.8.1904: Arrived at Copenhagen from Horsens and Ebeltoft and laid up.

31.5.1905: Sold to Anders Jørgen Andersen, Kjøbenhavn.
16.6.1906: Reported broken up.

20. ST. KNUD 1867-1921

Passenger cargo steamship, 1 deck • Built of iron • 150gt, 81nt, 98dw, 1876: 188gt, 128nt, 175dw • -/109'3"x18'6"x11'3"/8'3", 1876: 138'6"/128'6"x18'6"x11'3"/10'0" • Burmeister & Wain, Copenhagen, no.38 • 1C tandem trunk 4cyl. (2x14"-2x28")x18", 200ihp, 9kn. • 1 (SB) Scotch 2(f) GS38 HS660, 1881: 1(SB) Scotch 2(pf) GS33 HS785, A/S Burmeister & Wain's Maskin- og Skibsbyggeri, Copenhagen • Passengers: 80.

7.4.1865: Ordered.
18.9.1865: Launch.
21.11.1865: Trial and delivered to Odense Dampskibs-Selskab, Odense. Service: Odense-Samsø-Copenhagen.
23.11.1865: Left Copenhagen for Odense on the maiden voyage.
1.4.1867: Sold to DFDS, Kjøbenhavn (from 17.4.1885: Odense, 14.4.1891: Rudkjøbing, 21.5.1910: Nakskov).
1867 until 1890: Service mainly: Copenhagen-Ballen-Odense.
1876: Lengthened by Lindholmens Mek. Werkstad, Gothenburg. Price paid: Kr. 14,200.
1881: Engine rebuilt and new boiler installed.
1888: Service: Copenhagen-Kjerteminde-Nyborg-Lundeborg-Rudkjøbing. Also in several other domestic services.
28.10.1917: Arrived at Copenhagen from Grenaa and laid up.
9.1.1919: Left Copenhagen together with SEJRØ (no.12A) for Libau in order to tow SARATOV (no.107) to Copenhagen. However the local authorities refused to release SARATOV, and she returned to Copenhagen where she remained idle until the sale.

4.10.1921: Sold to Petersen & Albeck, Copenhagen. Price paid: Kr. 2,500.
20.2.1922: Reported broken up.

143

21. FALSTER 1867-1920

Passenger and cargo steamship, 1 deck • Built of iron • 155gt, 100nt, 68dw, 1877: 164gt, 89nt, 81dw • 141'2"/130'0"x18'6"x9'9"/6'6" • Burmeister & Wain, Copenhagen, no.42 • 1C tandem trunk 4cyl. (2x14"-2x28")x18", 200ihp, 10kn. • 1(SB) Scotch 2(f) GS38 HS660, 1877: 1(SB) Scotch 2(pf) GS30 HS869, A/S Burmeister & Wain's Maskin- og Skibsbyggeri, Copenhagen • Passengers: 100, 375 (in the Sound).

16.4.1866: Ordered.
7.1866: Launch.
21.10.1866: Trial and delivered to Dampskibs-Interessentskabet i Nykjøbing F., Nykjøbing F. Service: Nykjøbing F.-Copenhagen. 1867: The majority of the shares in the company was purchased by H.P.Prior, Copenhagen.

31.5.1867: Sold to DFDS, Kjøbenhavn (from 21.10.1901: Stege). Name unchanged.

1867: Service: Odense-Korsør-Kiel.
6.1868: In service: Copenhagen-Frederikshavn-Laurvig-Horten-Moss-Christiania.
1869: Service now: Korsør-Samsø-Aarhus.
1873 until 1874: Service: Copenhagen-Grenaa-Hadsund-Mariager-Hobro.
1877: Engine rebuilt (now 225ihp) and new boiler installed.
1882 until 1887: Service now: Kallundborg-Samsø-Aarhus.

1901 until 1915: Service now mainly: Copenhagen-Stege-(Præstø). Occasionally in various other domestic services.
24.8.1915: Arrived at Copenhagen from Anholt and Nykjøbing S and laid up.
1920: Converted into a barge.

26.8.1920: Sold to Petersen & Albeck, Copenhagen.
15.1.1921: Reported broken up.

FALSTER moored at Nyhavn in the port of Copenhagen.

22. DANIA (I) 1868-1877

Cargo paddle steamer, 2 decks • Built of iron • 397gt, 250nt, 248dw • 203'0"/185'0"x43'0"/24'0" x12'10"/8'6" • Burmeister & Wain, Copenhagen, no.46 • 1C oscillating 4cyl. (2x25.5"-2x58")x48", 800ihp, 10.5kn. • 2(SB) Scotch 4(f) GS105 HS2750.

22.2.1867: Ordered as a substitute for the lost DANIA [1].
14.8.1867: Launch.
27.2.1868: Trial.
3.3.1868: Delivered to DFDS, Kjøbenhavn.
5.3.1868: In service: Copenhagen-Aalborg.

11.12.1877: Around midnight grounded on Lysegrunden while on voyage Aalborg-Copenhagen. Wrecked.

---

[1] DANIA Passenger and cargo steamer, 1 deck • Built of iron • 441gt, 259nt, -dw • (193.7' x 24.3' x 11.8') • Caird & Co., Greenock, no.60 • 1S oscillating 2cyl. (2x48")x57", 180ihp. 13.3.1858: Launch. 5.1858: Delivered to P/R (Hans Peter Prior 3/4 and Th.Malling 1/4), Kjøbenhavn. Price paid: Rigsdaler 130,000.
18.5.1858: Arrived at Copenhagen from the builder. 27.5.1858: In service: Copenhagen-Aalborg. 1864: Chartered by the Danish Government for service as a troopship during the war against Germany. 1864: H.P.Prior became sole owner. 17.12.1866: On voyage Aalborg-Copenhagen with passengers and cargo grounded on Svinbådan due to a missing Swedish lightship which had been removed without notice. All passengers and crew were saved. 15.1.1867: The wreck auctioned to A/S Em.Z.Svitzers Bjergnings-Entreprise, Copenhagen. Price paid: Swedish Rigsdaler 2,000.

The intention was that DANIA should have been taken over by DFDS from 1.1.1867 as a part of H.P.Prior's share in DFDS. However a new DANIA was ordered.

The loss of DANIA, in 1877.

23. THY 1869-1922

Passenger and cargo steamship, 1 deck • Built of iron • 266gt, 180nt, 118dw, 1884: 309gt, 209nt, 248dw • 150'0"/140'0"x20'6"x10'6"/7'0" • Burmeister & Wain, Copenhagen, no.51 • 1C tandem trunk 4cyl. (2x15"-2x30")x20", 250ihp, 9kn. • 1(SB) Scotch 2(f) GS45 HS990, 1884: 1(SB) Scotch 2(pf) GS39 HS1000, A/S Burmeister & Wain's Maskin- og Skibsbyggeri, Copenhagen • Passengers: 210 deck.

26.10.1868: Ordered.
29.5.1869: Delivered to DFDS, Kjøbenhavn (from 19.11.1886: Nykjøbing M., 30.10.1901: Skive, 17.5.1910: Ebeltoft, 7.6.1912: Nakskov). She was the first vessel in the fleet to be equipped with watercloset.
1868 until 1920: Service mainly: Copenhagen-Limfjorden.
1884: New boiler installed.
3.11.1887 until 4.1.1888: Service: Stettin-Copenhagen-Gothenburg/Christiania/Christiania Fjorden.
8.1.1888 until 25.2.1888 and 6.4.1888 until 22.4.1888: Service now: Stettin-Copenhagen-Gothenburg.
11.5.1889 until 21.5.1889 and 3.6.1889 until 3.12.1889: Service now: Copenhagen-Hangö.
27.5.1890 until 1.7.1890: Service also: Copenhagen-Hangö.
1901 until 1912: Service also: Copenhagen-Horsens-(Ebeltoft). Occasionally in several other domestic services.
6.11.1921: Arrived at Copenhagen from Odense and laid up.

1.2.1922: Sold to Petersen & Albeck, Copenhagen for demolition. Price paid: Kr. 5,500.
16.10.1922: Reported broken up.

Bottom: THY calling at the port af Ebeltoft.

24. AARHUUS 1870-1909

Passenger and cargo steamship, 2 decks • Built of iron • 302gt, 188nt, 190dw, 1878: 384gt, 230nt, 269dw • 170'0"/160'0"x22'0"x14'3"/10'5" • Burmeister & Wain, Copenhagen, no.39 • 1C tandem trunk 4cyl. (2x18"-2x38")x20", 450ihp, 10kn. • 2(SB) Scotch 4(f) GS90 HS1560, 1878: 1(SB) Scotch 3(f) GS55 HS1722, A/S Burmeister & Wain's Maskin- og Skibsbyggeri, Copenhagen • Passengers: 1878: 48 I, 14 II, 220 in all.

2.5.1865: Ordered.
14.10.1865: Launch.
28.12.1865: Delivered to A/S Dampskibs-Selskabet i Aarhuus af 1865, Aarhus.
31.12.1865: First arrival at Aarhus. Service: Aarhus-Copenhagen.

29.1.1870: (Taken over already 6.1.1870) Sold to DFDS, Aarhus
(from 29.1.1871: Kjøbenhavn, 30.5.1900: Frederikshavn, 27.4.1903: Kolding, 27.3.1905: Frederikshavn).
1870 until 30.9.1870: Service: Copenhagen-Aarhus-Gothenburg.
1.10.1870: Service now: Copenhagen-Aarhus-Christiania.
1873: Service now: Lübeck-Copenhagen-Gothenburg-Christiania.
11.1878: Engine rebuilt (now 325ihp) and new boiler installed by A/S Burmeister & Wain, Copenhagen.
1878 until 1909: Service mainly: Stettin-Copenhagen-Gothenburg. Occasionally in service: Stettin-Copenhagen-west coast of Norway or Copenhagen-Frederikshavn-Horten-Christiania.
21.1.1900: On voyage Christiania-Frederikshavn collided with S/S SKIEN of Skien 209/75. Both vessels were grounded to prevent them from sinking. Later salved and returned to service.
23.3.1903 until 21.5.1903 and 3.8.1903 until 15.5.1904: Service: Copenhagen-Fredericia-Middelfart-Kolding.
4.11.1909: Arrived at Stettin from Copenhagen and sold.

20.11.1909: Sold to Wilhelm Alt, Hamburg and broken up. Price paid: Marks 16,000.

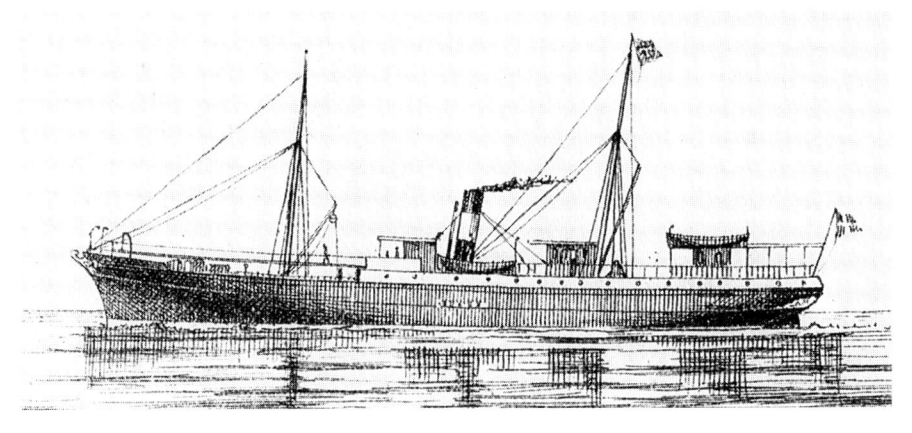

AARHUUS, from a painting by Carl Baagøe.

AARHUUS docking in Svendborg

147

25. KJØBENHAVN (I) 1870-1904

Passenger and cargo paddle steamer, 2 decks • Built of iron • 449gt, 195nt, -dw, 1880: 657gt, 369nt, 245dw • -/196'0"x46'4"/23'3"x12'5"/-, 1880: -/233'0"x46'4"/23'3"x13'3"/10'3" • Henderson, Coulburn & Co., Renfrew, no.101 • 2C oblique 2x2cyl. 2x(27"-57")x60", 1170ihp, 13kn. [1] • 1880: 2(SB) Scotch 6(f) GS134 HS3597, Lobnitz & Co., Renfrew • Passengers: 1880: 142 I, 27 II, 420 in all.

20.9.1868: Ordered.
3.2.1869: Launch.
4.1869: Delivered to A/S Dampskibs-Selskabet i Aarhuus af 1865, Aarhus. Price paid: £ 16,500.
Service: Aarhus-Copenhagen.
16.4.1869: First arrival at Aarhus.

29.1.1870: (Taken over already from 6.1.1870) Sold to DFDS, Aarhus (from 14.1.1871: Kjøbenhavn).
Service remained mainly: Copenhagen-Aarhus.
4.1880: Lengthened and new boilers installed at Renfrew.
10.1882: The first vessel in the fleet to be equipped with electric light which was placed on the mast.
1901 until 1903: Occasionally in service: Copenhagen - Aalborg as a substitute for CIMBRIA (no.142).
29.12.1903: Laid up at Copenhagen.

17.5.1904: Reported sold to Daniel Milberg, Hamburg. Price paid: Kr. 76,650.
1904: Sold to J.Tscherepoff, Odessa and renamed EXPRESS.
1906: Sold to A.Schowalda, Odessa, without change of name.

11.8.1914: On voyage Odessa-Nicolaieff struck a mine and sank in the Black Sea at Otchakoff.

[1] Engine: High pressure cylinder inside low pressure one, manouvering of the engine from the main deck.

KJØBENHAVN moored in Aarhus. Notice the Figurehead.

KJØBENHAVN after conversion. Drawing made by Chr. Blache.

KJØBENHAVN was the first ship in DFDS's fleet to have electric light in 1882.

26. RANDERS 1870-1901

Passenger and cargo steamship, 1 deck • Built of iron • 84gt, 57nt, -dw, 1868: 110gt, 75nt, -dw, 1876: 119gt, 64nt, 86dw • (90.1' x 16.2' x 8.6'), 1868: 114'0"/106'0"x16'4"x8'2"/9'3" • Gourlay Brothers &Co., Dundee, no.2 • 1S 2cyl. (2x17.5")x20", 1876: 1C 2cyl. (15"-35")x15", 120ihp, 9kn., A/S Burmeister & Wain's Maskin- og Skibsbyggeri, Copenhagen • 1860: 1(SB) Scotch 2(f), Baumgarten &Burmeister, Copenhagen, 1868: 1(SB) Scotch 2(f) GS25 HS435, Burmeister & Wain, Copenhagen, 1876: 1(SB) Scotch 2(f) GS21 HS586, A/S Burmeister &Wain's Maskin- og Skibsbyggeri, Copenhagen.

25.8.1855: Completed.
27.8.1855: Registered owned by David Peacock, Arbroath as PAVO. Service: Dundee-Newcastle.
16.8.1856: Arrived at Randers after being purchased by Brødrene Petersen (Paul and Peter Tobias Petersen), Randers. Renamed RANDERS. She was the first screw steamship in the Danish merchant marine. Service: Randers-Grenaa-Copenhagen.
1860: New boiler installed.
1867 until 1868: Service: Copenhagen-Kallundborg-Nyborg.
1867 until 1870: Service also: Copenhagen-Grenaa/Hadsund-Mariager-Hobro or Copenhagen-Nykjøbing S.-Holbæk.
9.1868: Lengthened and new boiler installed by Burmeister & Wain, Copenhagen.
1869 until 1870: Service also: Copenhagen-Kallundborg-Horsens.

28.12.1870: Sold to DFDS, Randers (from 8.2.1871: Kjøbenhavn, 14.5.1888: Aalborg). In domestic service.
1872 until 1880: Service mainly: Copenhagen-(Bogense)-Fredericia-Middelfart-Kolding.
31.12.1875: Contract for a new engine signed with A/S Burmeister & Wain, Copenhagen. 1876: New engine and boiler installed.

16.12.1901: Sold to Petersen & Albeck, Copenhagen for demolition. However rebuilt and 18.12.1901 sold to C.Wienbergs Stenhuggerier (Lars Mathias Wendelboe Kristensen), Aalborg.

15.12.1912: Reported broken up.

27. VIDAR (I) 1870-1893

Passenger and cargo steamship, 1 deck • Built of iron • 132gt, 81nt, -dw, 1873: 152gt, 90nt, 135dw • 102'5"/95'0"x21'8"x9'5"/-, 1873: 102'5"/95'0"x21'8"x10'8"/11'0" • Bergsunds Mekaniska Werkstad (Telander &Hammar), Stockholm • 1S, builder unknown, 1876: 1C 2cyl. (15"-35")x18", 120ihp, 8kn., A/S Burmeister &Wain's Maskin- og Skibsbyggeri, Copenhagen • 1865: 1(SB) Scotch 2(f) GS35 HS770, Baumgarten &Burmeister, Copenhagen, 1876: 1(SB) Scotch 2(f) GS21 HS586, A/S Burmeister & Wain's Maskin- og Skibsbyggeri, Copenhagen.

7.1856: Delivered to J.A.Englund and others, Stockholm as TU TING.
22.4.1864: Sold to Brødrene Petersen, Randers and renamed VIDAR. Price paid: Rigsdaler 15,000.
1864: Chartered to the Danish Government for troopship service during the war against Germany.
1865: New boiler installed.
1867 until 1868: Service: Copenhagen-Kallundborg-Nyborg.
1867 until 1870: Service also: Copenhagen-Grenaa/Hadsund-Mariager-Hobro or Copenhagen-Nykjøbing S.-Holbæk.
1869 until 1870: Service also: Copenhagen-Kallundborg-Horsens.

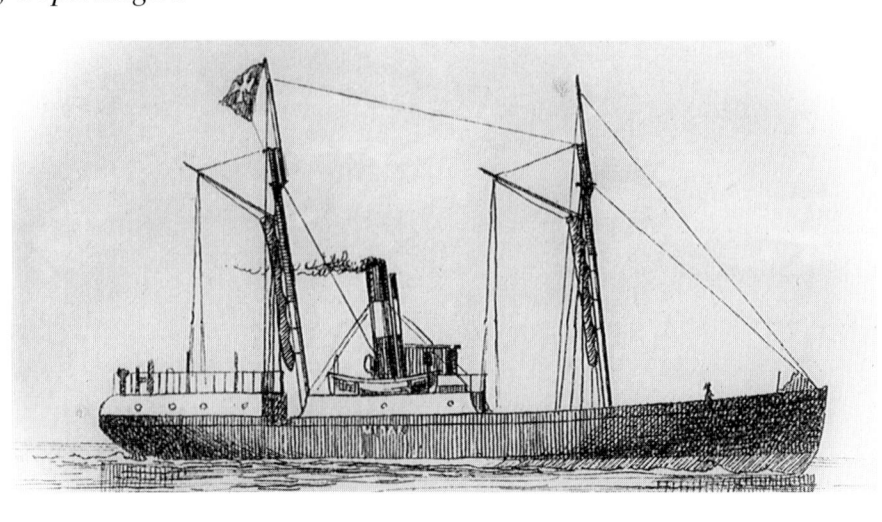

28.12.1870: Sold to DFDS, Kjøbenhavn (from 13.6.1885: Svendborg). In domestic service.
1871 until 1872: Service now: Copenhagen-Grenaa.
1871 until 1875: Service also: Copenhagen-Nykjøbing S.-Holbæk.
1872 until 1880: Service also: Copenhagen-(Bogense)-Fredericia-Middelfart-Kolding.
4.1873: Rebuilt by A/S Burmeister & Wain, Copenhagen.
31.12.1875: Contract signed with A/S Burmeister & Wain for a new engine.
4.9.1876: Delivered after installation of new engine and boiler.
1875 until 1876: Service also: Copenhagen-Ebeltoft-Vejle.
1888: Service: Copenhagen-Bogense-Vejle or Copenhagen-Kallundborg-Sejrø-Bogense-Fredericia-Kolding.
1888: Service now: Copenhagen-Kjerteminde-Nyborg-Svendborg-Rudkjøbing.

30.12.1893: Sold to Fr.Johansson, Alex. Carlsson, W.Nerkel & Hilmer Sterner, Göteborg without change of name. Price paid: Kr. 13,500.
17.1.1894: Sold to Carl Johan Nilsson, Göteborg and renamed KALFSUND.
12.9.1895: Sold to A/S Dampskibs-Selskabet Kalfsund (Ditlev Torm), Kjøbenhavn without change of name. Price paid: Swedish Kr. 13,500.
30.5.1900: Sold to Charles Fritiof Larsson, Göteborg and renamed ISBJÖRN I.
26.9.1902: Reported sold to Bärgnings-& Bogserings-A/B Björn (Werner Lundqvist), Göteborg. Name unchanged.
1906: Company liquidated.
1.11.1906: Sold to Anders Gustaf Johansson, Göteborg. Name unchanged.
1.10.1907: Reported sold to I.Kosenkranius, Novorossisk and renamed ISBJÖRN.

11.1.1911: Sank after grounding at Novorossisk. All hands saved.

28. YDUN (I) 1870-1901

Passenger and cargo steamship, 1 deck • Built of iron • 151gt, 100nt, 105dw • 127'0"/121'0" x18'8"x9'2"/9'9" • Gourlay Brothers &Co., Dundee, no.8 • 1S beam geared 1cyl. (24.75")x30", 1867: 1C tandem trunk 4cyl. (2x15"-2x30")x20", 190ihp, 8kn., Burmeister &Wain, Copenhagen • 1867: 1(SB) Scotch 2(f) GS38 HS660, Burmeister & Wain, Copenhagen, 1885: 1(SB) Scotch 2(f) GS31 HS766, A/S Burmeister & Wain's Maskin- og Skibsbyggeri, Copenhagen • Passengers: 574.

22.3.1859: Launch.
4.1859: Delivered to Brødrene Petersen (Paul and Peter Tobias Petersen), Randers.
1859 until 1865: Service: Odense-Copenhagen.
1867: New engine and boiler installed by Burmeister & Wain, Copenhagen.
1867 until 1870: Services: Copenhagen-Kallundborg-Nyborg/Horsens or Copenhagen-Grenaa/Randers/Hadsund-Mariager-Hobro or Copenhagen-Nykjøbing S.-Holbæk.

28.12.1870: Sold to DFDS, Kjøbenhavn (from 12.6.1885: Horsens, 13.4.1891: Hobro). In domestic service.
1871 until 1887: Service: Copenhagen-Kallundborg/Ebeltoft-Snaptun-Horsens.
1872 until 1880: Service also: Copenhagen-(Bogense)-Fredericia-Middelfart-Kolding.
1873 onwards: Service: Copenhagen-(Grenaa)-Hadsund-Mariager-Hobro.
1875 and 1876: Service also: Copenhagen-Ebeltoft-Vejle.
1885: New boiler installed.

24.10.1901: Sold to A/S Em.Z.Svitzers Bjergnings-Entreprise, Kjøbenhavn. Name unchanged. Price paid: Kr. 6,500.
26.11.1901: Reported converted into a lighter.

1911: Sold to Petersen & Albeck, Copenhagen for demolition. Price paid: Kr. 1,500.
23.10.1911: Reported broken up.

The crew on board the YDUN.
Notice the hand operated cargo winch.

29. BRAGE 1870-1922

Passenger and cargo steamship, 1 deck • Built of iron • 208gt, 142nt, -dw, 1875: 223gt, 136nt, 153dw • 149'9"/143'3x20'0"x11'3"/9'6" • Gourlay Brothers & Co., Dundee, no.27 • 1S 1cyl.(28")x20", 1875: 1C tandem trunk 4cyl. (2x15"-2x30")x20", 250ihp, 8.5kn., A/S Burmeister & Wain's Maskin- og Skibsbyggeri, Copenhagen • 1875: 1(SB) Scotch 2(f) GS36 HS1065, A/S Burmeister & Wain's Maskin- og Skibsbyggeri, Copenhagen • Passengers: 22 I, 12 II, 14 III.

7.1865: Delivered to Brødrene Petersen (Paul and Peter Tobias Petersen), Randers (from 22.7.1865: Horsens). Price paid: £ 15,300.
18.7.1865: Arrived for the first time at Randers.
1865 until 1870: Service: Randers-Copenhagen.

28.12.1870: Sold to DFDS, Kjøbenhavn (from 11.6.1885: Kolding, 30.7.1890: Vejle, 26.9.1904: Frederikshavn, 25.5.1910: Rudkjøbing, 7.6.1912: Nykjøbing S.). In domestic service.
1871 until 1882: Service remained: Copenhagen - Randers.
5.1875: New engine and boiler installed by A/S Burmeister & Wain, Copenhagen.
1882 until 1888: Service now: Copenhagen-Bogense-Fredericia-Middelfart-Kolding.
1888: Service now: Copenhagen-Horsens/Vejle.
1889 until 1904: Service now: Copenhagen-Kallundborg-(Sejrø)-Bogense-Vejle.
1905 and 1906: Service: Frederikshavn-Gothenburg.
1906 until 1909: Service: Copenhagen-Horsens-Ebeltoft.

1913 until 1921: Service: Copenhagen-Anholt-Grenaa-Ebeltoft.
1914 until 1916: Service also: Copenhagen-Nykjøbing S.-Anholt.
1917 until 1920: Service also: Copenhagen-Stege. Occasionally in many other services during her long career.

19.6.1921: Arrived at Copenhagen from Horsens and laid up.

3.1.1922: Reported sold to Alfons Cryns & Co., Blankenese (Hamburg) for demolition. Price paid: Kr. 5,000.
Presumably broken up.

30. VEILE 1872-1895

Passenger and cargo steamship, 1 deck • Built of iron • 138gt, 66nt, 90dw, 1896: 165gt, 76nt, 173dw • 114'6"/104'1"x18'3"x11'0"/8'3", 1896: (117.3' x 18.0' x 9.9') • Burmeister & Wain, Copenhagen, no.36 • 1C tandem trunk 4cyl. (2x12.5"-2x25")x16", 160ihp, 8kn • 1918: 1C 4cyl. (2x12"-2x24")x18", 145ihp, Flensburg Schiffbau-Gesellschaft, Flensburg • 1(SB) Scotch 2(f) GS30 HS570, 1876: 1(SB) Scotch 2(f) GS26 HS676, A/S Burmeister & Wain's Maskin- og Skibsbyggeri, Copenhagen • Passengers: 16 I, 10 II, 34 deck.

1.8.1865: Delivered to Fr.Th.Adolphs Enke, Kjøbenhavn.
21.2.1866: Taken over by Dampskibs-Interessentskabet i Vejle (P.Hansen), Vejle. Name unchanged.
Service: Vejle-Copenhagen.

21.6.1872: Sold to DFDS, Kjøbenhavn (from 17.4.1885: Vejle).
1872 until 1880: Service: Copenhagen-(Bogense)-Fredericia-Middelfart-Kolding.
1872 and 1874: Service also: Copenhagen-Vejle/Bogense-Ebeltoft.
1875 and 1876: Service also: Copenhagen-Nykjøbing S.-Holbæk.
1875: Service also: Copenhagen-Hadsund-Mariager-Hobro.
1876: New boiler installed.

1877 until 1880: Service also: Copenhagen-Vejle or Copenhagen-Kallundborg-Kjerteminde-Nyborg.
1881 until 1887: Service: Copenhagen-Kallundborg-Vejle. 1888: Copenhagen-Grenaa.
1889: Service now: Copenhagen-Grenaa-Hadsund-Mariager-Hobro.

2.5.1895: Sold to A/S Cementfabrikken Dania, Mariager, without change of name. Price paid: Kr. 14,700.
1896: Rebuilt and lengthened.
1900: Rebuilt at Mariager.
1904: New boiler installed.
1918: New engine installed.
17.8.1929: Sold to Andelsselskabet Dansk Cement Central, Mariager.

9.9.1935: Sold to Petersen & Albeck, Copenhagen for demolition.
30.9.1935: Arrived at Copenhagen.
23.12.1935: Reported broken up.

VEILE when carrying cement to domestic Danish ports.

31. HORSENS 1872-1921

Passenger and cargo steamship, 1 deck • Built of iron • 180gt, 105nt, 147dw, 1882: 227gt, 143nt, 178dw • (122.3' x 19.0' x 9.1'), 1882: 159'9"/152'3"x20'3"x10'0"/9'10" • A/S Burmeister & Wain's Maskin- og Skibsbyggeri, Copenhagen, no.67 • 1C tandem trunk 4cyl. (2x15"-2x30")x20", 250ihp, 10.5kn. • 1(SB) Scotch 2(pf) GS45 HS1035, 1891: 1(SB) Scotch 2(f) GS38 HS926 • Passengers: 1882: 21 I, 20 II, 59 III.

13.3.1871: Ordered.
28.10.1871: Launch.
24.2.1872: Delivered to A/S Horsens (Fr.Th.Adolphs Enke), Horsens. Service: Copenhagen-Snaptun-Horsens.

21.6.1872: Sold to DFDS, Kjøbenhavn (from 21.6.1885: Svendborg, 20.6.1911: Aalborg).
1872 until 1911: Service: Copenhagen-South Zealand-Møen-Falster-Lolland-Funen-Jutland.

1872 until 1876: Service: Copenhagen-Snaptun-Horsens.
1875 until 1882: Service: Copenhagen-Grenaa.
1882: Rebuilt and lengthened at Gothenburg.
1883 onwards: Copenhagen-Nykjøbing S.
1891: New boiler installed.
1911 until 1917: Service: Aalborg-Limfjorden.
1918: Laid up all year.
1919: Service: Copenhagen-Kjerteminde-Nyborg-Rudkjøbing or Copenhagen-Anholt-Grenaa.
1920: Service: Copenhagen-Nakskov or Copenhagen-Stubbekjøbing-Guldborg-Nykjøbing F.
16.10.1920: Arrived at Copenhagen from Nakskov and laid up.

7.10.1921: Reported sold to Petersen & Albeck, Copenhagen for demolition. Price paid: Kr. 2,500.
20.2.1922: Reported broken up.

153

32. FREDERIK 1872-1911

Passenger and cargo steamship, 1 deck • Built of iron • 1113gt, 702nt, 1430dw • 240'0"/230'0" x30'0.75"x17'0"/16'0" • A/S Burmeister & Wain's Maskin- og Skibsbyggeri, Copenhagen, no.69 • 1C tandem trunk 4cyl. (2x21"-2x44")x30", 500ihp, 9kn. • 2(SB) Scotch 4(f) GS90 HS1980, 1887: 2(SB) Scotch 4(pf) GS78 HS1900 • Passengers: 15 I, 5 II, 24 in all.

4.7.1871: Ordered.
7.5.1872: Launch.
8.10.1872: Delivered to DFDS, Kjøbenhavn.
1871 until 1906: Service mainly: Hull-Copenhagen-Königsberg, occasionally called at Pillau instead of Königsberg.
9.7.1887 until 3.9.1887: New boilers installed.
1907 until 1911: Service now: London-Copenhagen-Königsberg.

10.3.1911: On voyage Copenhagen-London grounded at Fehmarn.
11.3.1911: Refloated by ANHOLT (no.8A) and BRYDEREN (no.95) and towed to Copenhagen where she arrived the next day for inspection, but was considered not worth repairing.
1.4.1911: Left Copenhagen towed by S/S HOHENZOLLERN of Stettin 98/07 for Stettin.
2.4.1911: Sold to Gebrüder Beermann, Stettin for demolition.

33. LOUISE 1872-1916

Passenger and cargo steamship, 1 deck • Built of iron • 1114gt, 703nt, 1430dw, 1920: 1191gt, 638nt, 1410dw • 240'0"/230'0"x30'0.75"x17'0"/16'0" • A/S Burmeister & Wain's Maskin- og Skibsbyggeri, Copenhagen, no.70 • 1C tandem trunk 4cyl. (2x21"-2x44")x30", 500ihp, 9kn. • 2(SB) Scotch 4(f) GS90 HS1980, 1884: 2(SB) Scotch 4(pf) GS78 HS2000 • Passengers: 15 I, 5 II, 50 in all.

4.7.1871: Ordered.
29.8.1872: Launch.
20.12.1872: Delivered to DFDS, Kjøbenhavn.
1872 until 1905: Service mainly: Hull-Copenhagen-Königsberg, occasionally called at Pillau instead of Königsberg.
17.12.1883 until 26.2.1884: New boilers installed.
25.10.1901: On voyage Copenhagen-Hull collided with schooner LINA of Riga 152/97 NNE of Anholt Knob. LINA sank and two crew members were lost. Two men were saved by LOUISE.
1906 until 1907: Service mainly: London-Copenhagen-Königsberg.
1907 until 1911: Service now mainly: Baltic-Copenhagen-France/Antwerp/Spain-Portugal.
1911 until 1914: Service again mainly: London-Copenhagen-Königsberg.
1914 until 1916: Service now: Copenhagen-London/U.K.

21.3.1916: Sold to Nils Österman, Stockholm. Name unchanged. Price paid: Kr. 180,000.
11.5.1916: Sold to P/R (Arvid Magne), Stockholm without change of name.
16.5.1916: Sold to P/R (Nils Österman), Stockholm.
16.11.1916: Nils Österman became sole owner.
22.2.1917: Reported transferred to Baltiska Rederi A/B (Nils Österman), Stockholm. Price paid: Swedish Kr. 475,000.
10.1917: While lying at Le Tréport requisitioned by the French Government.
1918: Sold to A/B Svenska Handels- & Sjöfartskompaniet (Einar Olander), Stockholm. Name unchanged. Price paid: Swedish Kr. 585,000.
7.6.1918: Sold to Södra Garns Varfs A/B (Gust.E.Sandström), Göteborg.

Price paid: Swedish Kr. 1,000,000.
Now time chartered by the French Government.
14.4.1919: Renamed CASABLANCA after termination of the French charter.
1920: Rebuilt by Vulcan Werke A.G., Stettin.
30.6.1921: Sold to Afrikanska Ångfartygs A/B (Gust.E.Sandström), Göteborg. Name unchanged. Price paid: Swedish Kr. 425,000.

3.7.1935: Sold to Fiskeri A/B Ingolf (Harry Kristensen), Göteborg and renamed INGOLF. Price paid: Swedish Kr. 35,000.
In service as a mother ship for the heering fishing in the North Atlantic.
6.1936: Company purchased by C.A. Dahlberg and renamed Rederi A/B Ingolf.
19.6.1936: Homeport now: Kivik. Returned to service as a cargo vessel.

1948: Manager now Kurt Dahlberg.

17.2.1951: Sold to British Iron & Steel Corp. Ltd. for demolition. Price paid: £ 9,750.
1.3.1951: Arrived at London from Copenhagen. 3.1951: Work commenced by Ward's at Grays, Essex.

34. DAGMAR (II) 1873-1916

Cargo steamship, 1 deck and aw • Built of iron • 1223gt, 777nt, 1300dw, 1891: 1170gt, 720nt, 1280dw • (218.9' x 27.3' x 23.2'), 1891: 236'0"/230'0"x29'10"x24'6"/18'3" • Denton, Gray & Co., West Hartlepool, no.135 • 1C 2cyl. (28"-56.5")x36", 500ihp, 9kn., Blair & Co. Ltd., Stockton • 1891: 2(SB) Scotch 6(pf) GS79 HS2126, A/S Burmeister & Wain's Maskin- og Skibsbyggeri, Copenhagen • Passengers: 30.

5.9.1872: Launch.
10.1872: Delivered to A.G. Deutsche Dampfschiffahrts-Gesellschaft Kosmos, Hamburg as THEBEN. Service: Hamburg-Valparaiso.

23.6.1873: Sold to DFDS, Kjøbenhavn and renamed DAGMAR. Price paid: £ 23,000.
Service: Baltic-Copenhagen-Northsea.
1886 until 1914: Service mainly: Baltic-Copenhagen-Antwerp-Western Mediterranean.

13.4.1891 until 17.7.1891: Rebuilt and new boiler installed at Copenhagen.
1914: Service: Stettin-Copenhagen-Christiania.
1915: Service now: Copenhagen-U.K./France.

28.2.1916: Sold to Karl Anchér, Stockholm and renamed RUNHILD. Price paid: Kr. 200,000.
28.10.1916: Sold to Ångfartygs A/B Uman (Nils Österman), Stockholm. Name unchanged.

2.11.1916: On voyage Stockholm-Raumo with general cargo, captured by a German submarine in the Baltic and directed to Libau. The next day struck a mine between Storgrund and Björngrund in Ålandshavet and sank within a few minutes. All hands saved.

35. HORATIO 1874-1883

Passenger paddle steamer, 1 deck • Built of iron • 126gt, 63nt, -dw • (158.2' x 15.6' x 7.9') • Robert Napier, Govan, no.47 • 1C oscillating 2cyl. 82nhp [1] • 1864: 2(SB) Scotch 4(f) GS72 HS1580, Baumgarten &Burmeister, Copenhagen • Passengers: 300.

25.8.1851: Launch.
9.1851: Delivered to Assheton Smith, Glasgow as the steam yacht SEA SERPENT.
1856: Sold to J.Thompson, Hull. Name unchanged.

6.12.1858: Sold to Det Helsingørske Dampskibsinteressentskab (Olrik, Rehling and P.C.Holm), Helsingør and renamed HORATIO.
18.1.1859: Arrived for the first time at Elsinore, and commenced service in the Sound.
12.11.1863: Contract signed with Baumgarten & Burmeister, Copenhagen for a new boiler.
1867 until 1869: Used for towing purposes.
1869: At the death of P.C.Holm, Isaac Sidenius Pontoppidan entered the company.
1.1.1870: Operation taken over by De forenede Øresundske Dampskibs-Interessentskaber.
1874: Taken over by A/S Dampskibsselskabet Kjøbenhavn-Malmø, Kjøbenhavn, without change of name.

HORATIO with three masts. Drawing from Funch's Marineordbog

22.4.1874: Officially taken over by DFDS, Helsingør (from 21.5.1875: Kjøbenhavn). Price paid: Kr. 14,000.
9.7.1874: The sale finally confirmed by the Bill of Sale. She remained in service in the Sound.

1878: Laid up, discarded.

8.1.1884: Reported broken up at Copenhagen during 1883.

___
[1] Manouvering of engine from the main deck

HORATIO off Elsinore 1866. The aft mast has been removed.

36. HAMLET 1874-1876

Passenger paddle steamer, 1 deck • Built of iron • 102gt, 62nt, -dw, (144.3' x 16.8' x 7.0') • Ch.Lungley, Deptford, London • 1S oscillating 2cyl., 60nhp, Humphrys, Tennant & Dykes Ltd., Deptford, London • 1865: 2(SB) Scotch 4(f) GS60 HS1232, Baumgarten & Burmeister, Copenhagen • Passengers: 300.

29.5.1857: Builder's certificate.
5.1857: Delivered to Det Helsingørske Dampskibsinteressentskab (Olrik, Rehling and P.C.Holm), Helsingør.
4.6.1857: Arrived for the first time at Elsinore.
Service: Elsinore-Copenhagen/Helsingborg.
5.1858: Slightly damaged by a collision with a Finnish schooner JOHANNES EMANUEL.
18.10.1864: Contract signed with Baumgarten & Burmeister, Copenhagen for a new boiler.
1869: At the death of P.C.Holm, Isaac Sidenius Pontoppidan entered the company.
1.1.1870: Operation taken over by De forenede Øresundske Dampskibs-Interessentskaber.
1874: Taken over by Dampskibsselskabet Kjøbenhavn-Malmø, Kjøbenhavn. Name unchanged.

22.4.1874: Officially taken over by DFDS, Helsingør (from 21.5.1875: Kjøbenhavn).
9.7.1874: The sale finally confirmed by the Bill of Sale. Price paid: Rigsdaler 13,000. She remained in service in the Sound.

1875: Service now in Limfjorden.

14.9.1876: Laid up at Refshaleøen, Copenhagen and broken up.

37. LAERTES 1874-1876

Passenger steamship, 1 deck • Built of iron • 37gt, 14nt, -dw • (71.0' x 12.1' x 7.0') • Liverpool [1] • 25nhp.

(1862)?: Delivered to British owner.
4.9.1865: Sold to Middelfart Dampskibsselskab, Middelfart and named BALDUR.
Service: Middelfart-Fredericia.
11.1865: Delivered after conversion at Copenhagen. Equipped with passenger accommodation. New engine and boiler installed.
3.12.1866: Sold to Det Helsingørske Dampskibsinteressentskab (Olrik, Rehling and P.C.Holm), Helsingør and renamed LAERTES. Price paid: Rigsdaler 75,000. Service: Elsinore-Helsingborg.
1869: At the death of P.C.Holm, Isaac Sidenius Pontoppidan entered the company.
1.1.1870: Operation taken over by De forenede Øresundske Dampskibs-Interessentskaber.
1874: Taken over by Dampskibsselskabet Kjøbenhavn-Malmø, Kjøbenhavn.

22.4.1874: Officially taken over by DFDS, Helsingør (from 22.5.1875: Kjøbenhavn).
9.7.1874: The sale finally confirmed by the Bill of Sale.
She remained in service in the Sound.

14.9.1876: Reported broken up.

[1] Despite of considerable effort by British ship historians a search for building yard and original British owner has been in vain.

157

38. JOHN SCHWARTZ 1874-1882

Passenger steamship, 1 deck • Built of iron • 132gt, 75nt, -dw • (113.3' x 18.1' x 9.0') • Motala Warf, Norrköping, no.45 • 1S 2cyl. (2x26")x22", 80nhp, 9.75kn., Motala Verkstads Bolag, Motala, 1875: 1C 2cyl. 240ihp, Lindholmens Mek. Werkstad, Gothenburg.

14.8.1854: Builders' certificate.
1854: Delivered to Norrköpings Förenade Ångfartygs Bolag, Norrköping.
Service: Stockholm-Norrköping. Later on Ångbåtsbolaget Norrköping (Gust.Harlenius, Carl Ekman & A.J.Warberg), Norrköping became owners.
4.6.1867: Sold to Landskrona Ångfartygsbolag (J.V.Boldt), Landskrona without change of name.
5.7.1867: Arrived for the first time at Landskrona.
6.7.1867: In service: Landskrona-Copenhagen/Elsinore/Ven.
1869: Owners now: Landskrona Ångfartygs A/B / Victor Kronhamn), Landskrona.
1.1.1871: Operation taken over by De förenade Öresundska Ångbåtsbolagen, Malmö.
1874: Transferred to A/S Dampskibsselskabet Kjøbenhavn-Malmø, Kjøbenhavn.
22.4.1874: Officially taken over by DFDS, Kjøbenhavn.
10.4.1875: The sale finally confirmed by the Bill of Sale. Price paid: Kr. 36,000.

1875: New engine and boiler installed by Lindholmens Mek. Werkstad, Gothenburg.
24.7.1877: Arrived for the last time at Landskrona.

7.8.1882: Reported sold to Motala Mekaniska Verkstads A/B.
1883: Condemned.

39. HELSINGBORG (I) 1874-1884

Passenger steamship, 1 deck • Built of iron • 122gt, 70nt, -dw • (135.6' x 15.2' x 8.5') • Göteborgs Mekaniska Verkstad, Gothenburg, no.109 • 1876: 1C tandem trunk 4cyl. (2x14"-2x28")x18", 70nhp, 11kn., A/S Burmeister & Wain's Maskin- og Skibsbyggeri, Copenhagen • 1876: 1(SB) Scotch 2(f) GS36 HS869, A/S Burmeister & Wain's Maskin- og Skibsbyggeri, Copenhagen.

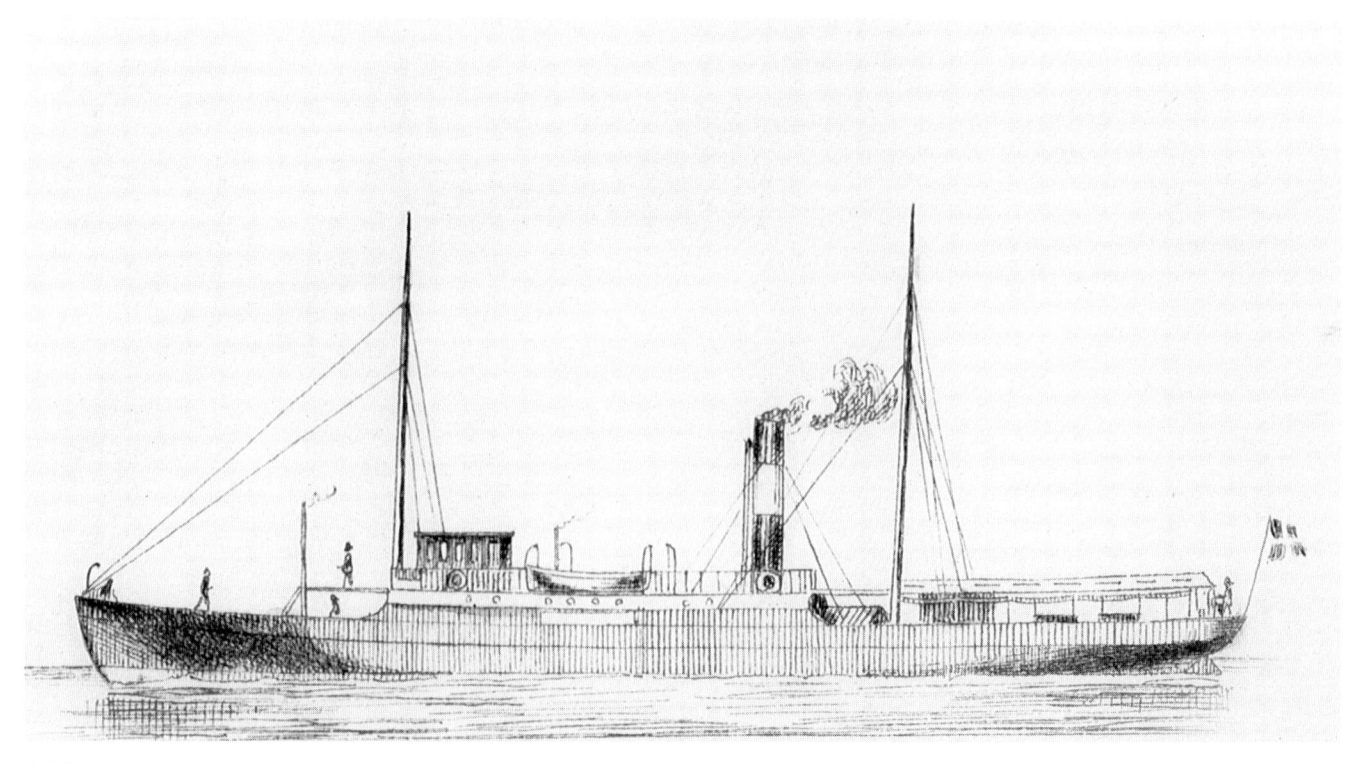

7.1856: Delivered to Helsingborgs Ångfartygsbolag (F.Rooth), Helsingborg.
2.8.1856: In service: Helsingborg-Copenhagen-Malmö.
1859: Service now: Helsingborg-Landskrona-Copenhagen.
1.1.1870: Operation taken over by De förenade Öresundska Ångbåtsbolagen.
1873: Rebuilt.
1874: Inofficially taken over by A/S Dampskibsselskabet Kjøbenhavn-Malmø, Kjøbenhavn without change of name.
22.4.1874: Officially taken over by DFDS, Kjøbenhavn.

19.4.1875: The sale finally confirmed by the Bill of Sale. Price paid: Kr. 40,000.
7.10.1875: Contract signed with A/S Burmeister & Wain, Copenhagen for a new engine.
1876: New engine and boiler installed by A/S Burmeister & Wain, Copenhagen.

5.1.1884: Reported sold to E.Telander (Lindholmens Mek. Werkstad), Gothenburg as a part of the payment for the new HELSINGBORG (no.90). Price paid: Kr. 15,000.
1884: Sold to Stockholms Transport-& Bogserings-A/B, Stockholm and converted into a barge at their Ekensbergs Varf, Stockholm.
1906: Registered renamed T.B.74 HELSINGBORG.
19.12.1912: Sold to Wahlman, Hähnel & Co. (G.E.Hähnel), Stockholm and renamed W.H.& CO. 12.
5.4.1916: Sold to A/B Stannum (J.Bruneau), Stockholm and renamed STANNUM 5.

1923 deleted from Swedish Registry. Further fate unknown.

40. STOCKHOLM 1874-1894

Passenger paddle steamer, 1 deck • Built of iron • 128gt, 76nt, 70dw, 1894: 164gt, 61nt, 70dw • (94.8' x 19.3' x 9.6') • Motala Warf, Norrköping, no.29 • 1S 2cyl. (2x30")x18", 60nhp. 8.6kn., Motala Verkstads Bolag, Motala, 1875: 1C 2cyl. (18"-36")x17.5", 150ihp, 8.5kn., Kockums Mek. Verkstads A/B, Malmö • 1875: 1(SB) Scotch 2(f) GS27 HS876, Kockums Mek. Verkstads A/B, Malmö • Passengers: 25 berth, 265 deck.

6.1850: Launch.
7.7.1850: Delivered to Ångfartygsbolaget Stockholm-Göteborg (W.Cramér), Stockholm. Price paid: Rigsdaler 81,000.
Service: Stockholm-Gothenburg via the Göta Kanal.
1864: Service: Copenhagen-Malmö. Later on sold to W.Lindberg, Stockholm. Name unchanged.
13.3.1866: Sold to Ångfartygsbolaget Stockholm & Thunberg (Edv.Engeström), Malmö without change of name.
1.1.1870: Operation taken over by De förenade Öresundska Ångbåtsbolagen. Later transferred to Ångfartygsbolaget Öresund (Edv.Engeström), Malmö.

10.1873: Taken over by the newly formed Ångfartygs A/B Öresund (Edv.Engeström), Malmö. Name unchanged.
1.4.1874: Inofficially transferred to A/S Dampskibsselskabet Kjøbenhavn-Malmø, Kjøbenhavn.

22.4.1874: Officially taken over by DFDS, Kjøbenhavn.
10.5.1875: The sale finally confirmed by the Bill of Sale. Price paid: Kr. 32,000.
1875: Converted into a screw steamer. New engine and boiler installed by Kockums Mek. Verkstads A/B, Malmö.
Services: Copenhagen-Malmö and Elsinore-Helsingborg.

1.2.1894: Sold to Per A.Berntsson, Göteborg and renamed JARL. Price paid: Kr. 14,000.
1894: Transferred to Ångfartygs A/B Jarl (Per A.Berntsson), Göteborg. Converted into a cargo steamer by Eriksbergs Varv, Gothenburg.
19.2.1898: Reported sold to Gustaf A.Granström, Degerhamn without change of name.
10.10.1900: Sold to Peter Belaieff's Succrs., Archangel and renamed UMBA. New boiler installed. Used as a salvage steamer and a tug.

1909: Deleted. Final fate unknown.

159

41. THUNBERG   1874-1882

Passenger paddle steamer, 1 deck • Built of iron • 141gt, 79nt, -dw • (96.9' x 18.1' x 9.2') • Motala Warf, Norrköping, no.42 • 1S 2cyl. (2x26")x22", 70nhp., Motala Verkstads Bolag, Motala, 1875: 1C 2cyl. 240ihp, Lindholmens Mek. Werkstad, Gothenburg.

1853: Delivered to Bolaget för Ångpaketfarten emellan Stockholm & Göteborg, Stockholm. Later taken over by Ångfartygsbolaget Stockholm-Göteborg (W.Cramér), Stockholm.
Service: Stockholm-Gothenburg via the Göta Kanal.
9.1863: Service now: Copenhagen-Malmö. Later sold to W.Lindberg, Stockholm without change of name.
13.3.1866: Sold to Ångfartygsbolaget Stockholm & Thunberg (Edv.Engeström), Malmö. Name unchanged.
1.1.1870: Operation taken over by De förenade Öresundska Ångbåtsbolagen. Later transferred to Ångfartygsbolaget Öresund (Edv.Engeström), Malmö.
10.1873: Taken over by the newly formed Ångfartygs A/B Öresund (Edv.Engeström), Malmö.
1.4.1874: Inofficially transferred to A/S Dampskibsselskabet Kjøbenhavn-Malmø, Kjøbenhavn.

22.4.1874: Officially taken over by DFDS, Kjøbenhavn. Price paid: kr. 26,000.
10.5.1875: The sale finally confirmed by the Bill of Sale.
1875: Converted into a screw steamer. New engine and boiler installed by Lindholmens Mek. Werkstad, Gothenburg.
26.5.1882: Reported sold to Motala Mekaniska Verkstad A/B, Gothenburg. Name unchanged.
1884: Sold to Stockholms Transport- & Bogserings- A/B, Stockholm and converted into a barge at their Ekensbergs Varf, Stockholm.
1906: Registered renamed T.B.20 THUNBERG. After 1910 renamed T.B. 226 THUNBERG.
1924: Company went bankrupt. Taken over by Stockholms Enskilda Bank, Stockholm.

19.1.1925: Reported sold to Stockholms Nya Transport- & Bogserings- A/B, Stockholm. Name unchanged.
4.9.1925: Sold to the Swedish Navy. Used as a target.
27.11.1925: Reported sunk by the Swedish Navy.

THUNBERG in the port of Elsinore

42. MALMØ 1874-1900

Twin screw passenger steamship, 1 deck • Built of iron • 211gt, 124nt, -dw, 1886: 178gt, 86nt, 90dw • (130.2' x 20.4' x 8.8'), 1886: 137'6"/130'0"x21'6"x9'1"/10'0" • Oscarshamns Mek. Werkstad, Oscarshamn • 2S 2x1cyl. 2x(27.4")x21.5", 100nhp, 13kn., 1886: 1T 3cyl. (13.5"-23"-36")x24", 450ihp, 13kn., A/S Burmeister & Wain's Maskin- og Skibsbyggeri, Copenhagen • 1876: 1(SB) Scotch 3(f) GS48 HS1372, A/S Burmeister & Wain's Maskin- og Skibsbyggeri, Copenhagen, 1886: 1(SB) Scotch 3(f) GS43 HS1090, A/S Burmeister & Wain's Maskin- og Skibsbyggeri, Copenhagen • Passengers: 650 (in the Sound).

1868: Ordered.
25.9.1869: Launch.
1870: Delivered to Ångfartygsbolaget Stockholm & Thunberg (Edv.Engeström), Malmö as MALMÖ.
Service: Malmö-Copenhagen.
1.1.1870: Operation taken over by De förenade Öresundska Ångbåtsbolagen. Later transferred to Ångfartygsbolaget Öresund (Edv.Engeström), Malmö.
10.1873: Taken over by the newly formed Ångfartygs A/B Öresund (Edv.Engeström), Malmö.
1.4.1874: Inofficially transferred to A/S Dampskibsselskabet Kjøbenhavn-Malmø, Kjøbenhavn. Name unchanged.

22.4.1874: Officially taken over by DFDS, Kjøbenhavn (from 3.6.1891: Aarhus, 25.9.1893: Kjøbenhavn) and renamed MALMØ.
10.5.1875: The sale finally confirmed by the Bill of Sale. Price paid: Kr. 100,000.
1876: New boiler installed.
8.1.1886: Contract signed with A/S Burmeister & Wain for a new engine.
1886: Converted into a single screw vessel, new engine and boiler installed by A/S Burmeister & Wain, Copenhagen.
13.8.1889: In service: Frederikshavn-Gothenburg.
1891: Service now: Kallundborg Samsø-(Tunø)-Aarhus.

1.3.1900: Sold to Svenska Rederi A/B Öresund (L.Beijer), Malmö and renamed MALMÖ. Price paid: Kr. 53,000.
18.4.1905: Sold to A/S Turisten (Axel Olsen), Kjøbenhavn and renamed HOLGER DANSKE.
16.5.1918: Sold (after approval 6.6.1918 by the Danish Ministry of Trade) to B.J.Nordström & E.K.Thorsson, Helsingborg. Later sold to Herman Lennart Corfitzon, Helsingborg and renamed ERNST. Converted into a tug.
17.12.1919: At the death of H.L.Corfitzon sold to Otto Hillerström, Helsingborg.

1923: Sold to Denmark for demolition.
8.1923: Reported broken up [1].

---

[1] Engine removed and installed in S/S KAMMA, cargo steamship, 1 deck • 781gt, 437nt, 1060dw • (177.1' x 30.0' x 12.2') • Vulcanværftet A/S, Korsør, no.2 • 2(SB) Scotch 4(cf) GS50 HS1599, builder unknown. Built on speculation. 3.9.1921: Contract sold to A/S Motorskibsselskabet Marie (N.V.Henckel), Kalundborg. Intended name HANS. 19.6.1922: Contract sold to Scandinavian Steel & Shipping Agency (A.Th.Poulsen), Copenhagen. 11.2.1922: Launch and immediately towed to Køge for final fitting out by Køge Værft Skibs- & Maskinbyggeri A/S. However, 4.10.1922: Towed to Helsingborg and completed there. 6.10.1922: Contract sold to Helsingborg Elektriska Svetnings- A/B, Helsingborg. 4.1923: Delivered to Rederi A/B Brunnby (H.Hansson), Mölle as KAMMA. 3.1930: Sold to Rederi A/B Östersjön (A.Christenson), Trelleborg and renamed RANFRID. 1.1946: Sold to Rederi A/B Svenska Lloyd (K.R.Bökman), Göteborg and renamed SCOTIA. Price paid: Swedish Kr. 485,000. 8.1948: Sold to A/B Kävlinge Väveri, Malmö and renamed HARJAGER. 3.1953: Sold to Mehmet Dogan Ogullari, Istanbul and renamed KOMUR. Price paid: Swedish Kr. 188,500. 1954: Sold to Mehmet Dogan Successors (Nejat Dogan & Co.), Istanbul. Name unchanged. 1958: Sold to Hüsnä Deval and Ibrahim Özer, Istanbul. Name unchanged. 1959: Converted into a motorship. 1D 4SA 7cyl. (369x457), Buckeye Mach. Co., Lima. 1960: Sold to Nimet Deval, Havva Özer and Hüseyin Eminoglu, Istanbul without change of name. 1961: Sold to Sel Ticaret Ltd., Istanbul. Name unchanged. 1963: Sold to Fikret Eminoglu & Hüsnä Deval, Istanbul. Name unchanged. Still extant.

43. LUND 1874-1900

Passenger steamship, 1 deck • Built of iron • 152gt, 86nt, 57dw, 1883: 145gt, 80nt, 80dw • (132.9' x 18.4' x 8.8'), 1883: 136'8"/132'0"x19'5"x9'1"/8'7" • Motala Warf, Norrköping, no.102 • 1S 2cyl. (2x33")x24", 80nhp, Motala Verkstads Bolag, Motala, 1869: 1C 2cyl. (19.5"-39")x23.25", 230ihp, 10.5kn., Bergsunds Mekaniska Werkstad, Stockholm • 1876: 1(SB) Scotch 2(f) GS33 HS1104, A/S Burmeister & Wain's Maskin- og Skibsbyggeri, Copenhagen • Passengers: 450 (in the Sound).

2.7.1861: Launch.
28.9.1861: Builders' certificate.
9.1861: Delivered to Arboga Ångfartygs & Rederibolag (J.F.W.Forssberg), Arboga as ARBOGA NO.1.
1868: Service: Copenhagen-Malmö.
1869: Rebuilt, new engine installed.
6.1872: Sold to Ångfartygsbolaget Köpenhamn-Malmö (Hans Friis), Malmö and renamed LUND.
1.4.1874: Transferred to A/S Dampskibsselskabet Kjøbenhavn-Malmø, Kjøbenhavn without change of name.

22.4.1874: Officially taken over by DFDS, Kjøbenhavn. Price paid: kr. 80,000.
18.9.1875: The sale finally confirmed by the Bill of Sale.
1876: New boiler installed.
1883: Rebuilt.

31.3.1900: Sold to A/S Dampskibsselskabet Øresund, Kjøbenhavn. Name unchanged.
30.6.1900: Sold to A/S Dampskibsselskabet Kysten, Kjøbenhavn without change of name.
7.12.1901: Sold to W. & E.Potenberg, Swinemünde. Name unchanged. Sold together with ØRESUND (no.44).

Price paid: Kr. 18,000 in all.
1902: Sold to Wilhelm Kunstmann, Stettin.

1903: Presumably broken up. (Deleted in Stettiner Schiffsregister).

LUND pressed ashore by the ice in March 1888, off Landskrona, Sweden.

44. ØRESUND 1874-1900

Passenger paddle steamer, 1 deck • Built of iron • 255gt, 137nt, 72dw • 211'7"/205'0"x19'0"x7'3"/6'6" • A.McMillan &Son, Dumbarton, no.164 • 1S diagonal oscillating 2cyl. (2x40")x60", 700ihp, 13kn., J.J.Thomson, Glasgow • 1875: 2(SB) Scotch 4(f) GS98 HS3258, A/S Burmeister & Wain's Maskin- og Skibsbyggeri, Copenhagen • Passengers: 728 (in the Sound).

18.4.1871: Launch.
15.6.1871: Registered owned by Duncan Stewart, Glasgow as LORNE.
31.1.1873: Registered sold to Ångfartygs A/B Öresund, Malmö and renamed ÖRESUND.
6.1873: Service Copenhagen-Malmö.
6.1873: Sold to Det förenade Öresundska Ångfartygs A/B, Malmö. Name unchanged.
30.5.1874: Sold to A/S Dampskibsselskabet Kjøbenhavn-Malmø, Kjøbenhavn and renamed ØRESUND. Price paid: kr. 56,000.

9.7.1874: Sold to DFDS, Kjøbenhavn.
1875: Engine rebuilt and new boilers installed by A/S Burmeister & Wain, Copenhagen.

31.3.1900: Sold to A/S Dampskibsselskabet Øresund, Kjøbenhavn. Name unchanged.
30.6.1900: Sold to A/S Dampskibsselskabet Kysten, Kjøbenhavn without change of name.
12.12.1901: Reported sold to W. & E.Potenberg, Swinemünde simultaneously with LUND (no.43). Name unchanged.

1902: Broken up at Slikkerveer during the first half of the year.

45. GYLFE 1874-1900

Passenger paddle steamer, 1 deck • Built of iron • 272gt, 144nt, 58dw, 1892: 360gt, 194nt, 100dw • 159'6"/155'0"x41'5"/23'2"x10'2"/8'6", 1892: 197'0"/192'6"x41'5"/23'2"x10'2"/8'6" • A/S Burmeister & Wain's Maskin- og Skibsbyggeri, Copenhagen, no.79 • 1C vertical oscillating 4cyl. (2x22"-2x50")x42", 700ihp, 12kn. • 1(SB) Scotch 3(f) GS76 HS1983, 1892: 1(SB) Scotch 3(f) GS62 HS1821, A/S Burmeister & Wain's Maskin- og Skibsbyggeri, Copenhagen • Passengers (in the Sound): 850, 1892: 1000.

27.5.1872: Ordered by A/S Dampskibsselskabet Kjøbenhavn-Malmø (H.Fritsche), Copenhagen.
10.4.1874: Contract taken over by DFDS.
23.9.1874: Delivered to DFDS, Kjøbenhavn.

Service: Copenhagen-Malmö.
1892: Lengthened and new boiler installed by A/S Burmeister & Wain, Copenhagen.
1.3.1900: Sold to Svenska Rederi A/B Öresund (L.Beijer), Malmö without change of name. Price paid: kr. 190,000.

17.5.1919: Sold to A/S Dampskibsselskabet Øresund, Kjøbenhavn. Name unchanged. Price paid: kr. 100,000.

17.1.1923: Sold to H.Diederichsen, Kiel for demolition. Price paid: Kr. 27,000.

46. LION 1874-1901

Cargo steamship, 1 deck, machinery aft • Built of iron • 120gt, 82nt, -dw, 1870: 184gt, 142nt, 350dw, 1880: 197gt, 140nt, 222dw • (99.4' x 17.6' x 8.4'), 1870: -/147'0"x17'8"x8'0"/8'2" • C. & W.Earle & Co., Hull, no.102 • 1C 2cyl. (11"-15")x25", 25nhp, 1880: 1C 2cyl. (13.75"-25.75")x17.5", 110ihp, 6.5kn., Motala Mekaniske Verkstads A/B, Norrköping • 1876: 1(SB) Scotch 2(f) GS21 HS586, A/S Burmeister & Wain's Maskin- og Skibsbyggeri, Copenhagen, 1890: 1(SB) Scotch 2(f) GS21 HS614, A/S Burmeister & Wain's Maskin- og Skibsbyggeri, Copenhagen.

15.8.1866: Launch.
1.9.1866: Registered owned by William Thomson, Hull.
10.1870: Lengthened.
5.11.1870: Registered sold to Thomas Ridley Oswald, Hull. Name unchanged.
26.5.1873: Registered sold to Peter Lindsay Henderson, London without change of name.

23.11.1874: Sold to DFDS, Kjøbenhavn (from 19.11.1886: Nakskov, 30.9.1895: Stege). Price paid: £ 2,500.
1876: New boiler installed by A/S Burmeister & Wain, Copenhagen.
1880: Rebuilt by Lindholmens Mek. Werkstad, Gothenburg. New engine installed.
1890: New boiler installed.

13.6.1901: Sold to Bermo Hierschfeld, Libau. Name unchanged. Price paid: Kr. 15,300.

1909: Sold to A.Zelenska & A.Buchstab, Libau without change of name.
1913: Sold to N.A.Mefeniti, Libau. Name unchanged.

1915: Deleted from Lloyd's Register.
1922: Broken up?

47. RESERVEN 1874-1888

Cargo steamship, 1 deck • Built of pine on iron frame • 306gt, 225nt, 330dw • -/125'7.5"x24'10"x11'7.5"/13'3" • J.Bonnesen, Malmö • 1C tandem trunk 4cyl. (2x12.1"-2x25")x18", 30nhp, 6.75kn., A/S Burmeister & Wain's Maskin- og Skibsbyggeri, Copenhagen • 1(SB) Scotch 2(f) GS29 HS575, 1896: 1(SB) Scotch 2(f), Stavanger Støberi &Dok, Stavanger.

1874: Launched to Rederi A/B Svea, Stockholm as THYR. She was the last of three sisterships (ULLER 302/72 and FREY 291/73). However, the owner refused to take over the vessel due to a higher coal consumption than contracted. Since C.F.Tietgen was a board member of DFDS as well as of A/S Burmeister & Wain's Maskin- og Skibsbyggeri, which had built the engine, it was arranged so that the vessel was sold to DFDS.

8.12.1874: Sold to DFDS, Kjøbenhavn and renamed RESERVEN. Price paid: Kr. 47,500.
Service: Stettin-Copenhagen-Christiania/ Gothenburg, Copenhagen-Danzig-(Malmö/Landskrona) or Copenhagen-Kiel/ Hamburg/Stettin/Königsberg. Occasionally in domestic service.
23.7.1888: Arrived at Copenhagen from Hamburg.

28.7.1888: Sold to Madsen, Jespersen, G.A.Berg & L.Larsen, Stavanger without change of name. Price paid: Kr. 22,500.

1896: New boiler installed.

18.10.1902: On voyage Stavanger-Blyth in ballast sprang leak in the Northsea and when the pumps had failed, abandoned by the crew after they had set her on fire.

48. GEFION   1874-1900

Passenger paddle steamer, 1 deck • Built of iron • 274gt, 145nt, 58dw, 1891: 385gt, 250nt, 165dw • 159'6"/155'0"x41'0"/23'2"x10'2"/8'6", 1891: 197'9"/192'6"x41'0"/23'2"x10'2"/8'6" • A/S Burmeister & Wain's Maskin- og Skibsbyggeri, Copenhagen, no.78 • 1C vertical oscillating 4cyl. (2x22"-2x50")x42", 700ihp, 12kn. • 1(SB) Scotch 3(f) GS76 HS1983, 1891: 1(SB) Scotch 3(f) GS61 HS1860, A/S Burmeister & Wain's Maskin- og Skibsbyggeri, Copenhagen, 1902: 1(SB) Scotch 3(cf) GS66 HS2146, A/S Helsingørs Jernskibs-og Maskinbyggeri, Elsinore • Passengers (in the Sound): 850, 1891: 1000.

27.5.1872: Ordered by A/S Dampskibsselskabet Kjøbenhavn-Malmø, Copenhagen.
22.4.1874: Contract taken over by DFDS.
10.12.1874: Delivered to DFDS, Kjøbenhavn. Service: Copenhagen-Malmö.
16.4.1891: Delivered after lengthening by A/S Burmeister & Wain, Copenhagen. New boiler installed.
31.3.1900: Sold to A/S Dampskibsselskabet Øresund, Kjøbenhavn without change of name or service.
19.1.1901: On voyage Malmö-Copenhagen with 30 passengers sank after a collision with S/S HVEN (no. 78) of Malmö 295/82 in fog. Passengers and crew were saved by HVEN. After about six months she was raised.
31.7.1901: Arrived at A/S Burmeister & Wain, Copenhagen for inspection. Later repaired and a new boiler was installed at Elsinore.
2.3.1902: Arrived at Copenhagen from Elsinore.
6.3.1902: Trial after repairs.
7.3.1902: Returned to service: Copenhagen-Malmö.

2.11.1931: Sold to Valdemar Frederik Grønlund Kühn, København and converted into a youth hostel lying off Kvæsthusbroen.
19.1.1933: Sold to Johan & Nils Nielsen, Kraakerøy at Frederiksstad and used as an accommodation ship at Hankø during an anniversary regatta.
10.1933: Broken up. The salon preserved and used as a summer house.

49. ZAMPA (II) 1875-1911

Passenger and cargo paddle steamer, 1 deck • Built of iron • 358gt, 228nt, 180dw • 196'4"/190'0"x36'7"/22'0"x8'6"/7'0" • Gourlay Brothers &Co., Dundee, no.66 • 1C vertical oscillating 2cyl. (30"-50")x42", 390ihp, 11.75kn. • 1890: 1(SB) Scotch 3(f) GS52 HS1544, A/S Burmeister & Wain's Maskin- og Skibsbyggeri, Copenhagen • Passengers: 59 I, 10 II, 574 in all.

10.3.1875: Launch.
4.1875: Delivered to DFDS, Kjøbenhavn (from 24.9.1890: Stege, 30.5.1900: Aarhus, 15.6.1905: Kallundborg). Price paid: £ 15,300.
1875: Service: Copenhagen-Stege-Kallehave-Koster-Orehoved-Fejø-Bandholm-Nakskov-Kiel.
1877: Service now: Copenhagen-Snaptun-Horsens.
1890: New boiler installed.
1901 until 1910: Service: Kallundborg-Aarhus.
30.12.1910: Arrived at Kallundborg from Aarhus on her last trip.
14.2.1911: Sold to Petersen & Albeck, Copenhagen for demolition.
26.5.1911: Reported broken up.

50. MØEN (I) 1875-1898

Passenger steamer, 1 deck • Built of iron • 83gt, 40nt, 40dw, 1909: 113gt, 58nt, 125dw, 1952: 96gt, 46nt, 150dw, 1975: 94gt, 34nt, -dw • -/82'9.5"x15'7"x6'8"/7'2", 1909: (97.4' x 15.8' x 9.7') • Kockums Mekaniska Verkstads A/B, Malmö, no.8 • 1C 2cyl. (13.6"-26.3")x14.6", 100ihp, 8kn. • 1(SB) Scotch 1(f) GS16 HS493, 1923: 1 boiler, W.Beardmore, Glasgow • 1951: 1D 2SA 2cyl. (345x400), 120bhp, Bolinder-Munktell A/B, Eskilstuna, 1963: 1D 2SA 3cyl. (200x340), type Alpha 343, 135 bhp, built 1950 as a stationary engine by Alpha Diesel A/S, Frederikshavn • Passengers: 30 berth, 1976: 57.

8.1874: Ordered.
24.4.1875: Launch.
1.5.1875: Delivered to DFDS, Kjøbenhavn. Price paid: kr. 48,000.
Services mainly: Masnedsund-Kallehave-Koster-Stege or Masnedsund-Stubbekjøbing/Fejø.
1889: New boiler installed.

5.2.1898: Sold to P/R (A.B.Hulthén), Helsingborg and renamed MÖLLE. Price paid: Kr. 16,000.
28.5.1898 until 5.9.1898: Service: Landskrona-Helsingborg-Mölle.
14.4.1899: Sold to H.Meier, Kjøbenhavn. Not registered. Name unchanged. Price paid: Swedish Kr. 18,750.
30.6.1899: Sold to Anders Elfversson, Mölle without change of name.
21.9.1899: Sold to A/S Cementfabrikken Dania, Mariager and renamed MØEN. Converted into a cargo vessel.
1909: Lengthened by the builder.
1923: New boiler installed.
17.8.1929: Sold to Andelsselskabet Dansk Cement Central, Mariager.
16.9.1937: Name of company now A/S Dansk Cement Central.
30.12.1937: Sold to A/S Central Cement Transport, Mariager without change of name.
1949: Discarded and laid up at Copenhagen.
18.6.1949: Sold to Torben Edvin Larsen, Mariager. Name unchanged.
10.8.1949: Sold to William Kristian Rysz, Mariager. Name unchanged.

FRITHIOF, photo taken on 9. September 1965 by Tomas Johannesson.

8.1949: Towed to Hadsund and laid up.
1951 until 1952: Converted into a 3-masted motor schooner, and renamed FRITHIOF.
29.6.1971: Sold to Ove Peder Ovesen, Mariager. Name unchanged.
7.1.1974: Sold to Mary Esther Ovesen, Mariager without change of name.
12.5.1975: Sold to Aage Jensen Stokholm, København and renamed SUNDIA. Converted into a passenger vessel. Used for pleasure fishing in the Sound.
3.5.1985: Sold to Den selvejende institution "ELIDA" (Carl Emil Laursen), Århus (an organisation associated with the Pentecostal Movement) and renamed ELIDA. Converted at Hov Bådebyggeri, Hov.

Still in service.

51. RIBERHUUS 1875-1918

Cargo paddle steamer, 1 deck, 1884: screw steamship, 2 deck and aw • Built of iron • 615gt, 407nt, 525dw, 1884: 592gt, 362nt, 530dw • (190.7' x 25.9' x 13.2'), 1884: 206'6"/200'0"x27'0"x14'0"/13'6" • Gourlay Brothers &Co., Dundee, no.67 • 1C vertical oscilating 2cyl. (32"-56")x54", 500ihp, 1884: 1C 2cyl. (27"-50")x36", 580ihp, 9.5kn, Lobnitz &Co., Renfrew • 1(SB) Scotch 3(f), 1884: 1(SB) Scotch 3(f) GS63 HS1640, Lobnitz &Co., Renfrew • Passengers: 25 I.

20.5.1875: Launch.
5.6.1875: Last survey by Lloyd's Register.
6.1875: Delivered to DFDS, Kjøbenhavn (from 20.4.1895: Esbjerg, 1.7.1910: Odense, 24.7.1912: Aalborg). Price paid: £ 20,500.
24.6.1875: Inaugurated the Esbjerg-Thameshaven service.
2.6.1880: Left Esbjerg together with ESBERN SNARE (no.55) in the new Esbjerg-Harwich service.
15.9.1883: Arrived at Renfrew and converted into a screw steamer by Lobnitz & Co., new engine and boiler installed.
31.3.1884: Left Renfrew after the conversion.
1884 until 1911: Esbjerg-Harwich/Newcastle/Grimsby/Hamburg/London/Thameshaven.
1901 until 1909: Service also: Stettin-Copenhagen-west coast of Norway. Occasionally in service: Denmark-Newcastle/Leith, Copenhagen-Riga/Libau or Copenhagen-Leith-the Faroes-Iceland.
1911 until 1914: Service now: Jutland-Hamburg.
1914 until 1915: Service changed to Stettin-Copenhagen-Christiania.
1916 until 1917: In service: Stettin-Copenhagen-west coast of Norway.
6.12.1917 until 30.9.1918: Laid up at Copenhagen.
9.10.1918: After docking at Elsinore left for Leith via Bergen and returned to Copenhagen, where she arrived 14.11.1918 and laid up.

RIBERHUUS after converbion into screw propulsion.

28.12.1918: Sold to A/S Rederiaktieselskabet Triton (Torben Nielsen), Aalborg. Name unchanged.
1.11.1920: Sank after collision with the American S/S WESTWOOD 5612/18 at St.Nazaire. Refloated.
4.1.1921: Condemned.

167

52. CHRISTIANIA 1875-1904 / REFRIGERATOR NO.I 1904-1913

Passenger and cargo paddle steamer, 1 deck and aw • Built of iron • 837gt, 525nt, 149dw • 249'4"/230'0"x26'0"x12'2"/10'6" • A/S Burmeister & Wain's Maskin-og Skibsbyggeri, Copenhagen, no.83 • 1C vertical oscillating 4cyl. (2x33"-2x66")x54", 1200ihp, 12.5kn. • 2(SB) Scotch 6(f) GS144 HS4750 • Passengers: 120 I., 16 II., 350 in all.

12.3.1873: Ordered.
12.4.1874: Launched simultaneously with CHRISTIAN IX (no.53).
16.7.1875: Delivered to DFDS, Kjøbenhavn (from 20.4.1893: Aarhus).
19.7.1875: In service: Copenhagen-Gothenburg-Christiania.
31.8.1892: Arrived at Copenhagen from Christiania and laid up.
18.5.1893 until 3.10.1893: In service: Copenhagen-Aarhus.
8.5.1894 until 2.10.1894: Service: Copenhagen-Aarhus/Aalborg.
28.5.1895 until 1.10.1895, 23.5.1896 until 7.10.1896 and 29.5.1897 until 28.9.1897: In service: Copenhagen-Aarhus.
5.5.1898 until 15.5.1898: Service now: Copenhagen-Aalborg.
20.5.1898 until 1.10.1898, 15.6.1899 until 3.10.1899 and 2.6.1900 until 16.10.1900: Service again: Copenhagen-Aarhus.
16.10.1900: Arrived at Copenhagen from Aarhus and laid up until 1904: Converted into a butter and egg storage vessel.

16.6.1904: Transferred to Paul Forostawsky, Windau (a DFDS agent) and renamed REFRIGERATOR NO.I. Price paid: kr. 270,000. Towed to Windau and remained there for about three months.

1905: Resold to DFDS, Copenhagen. Name unchanged. However, also designated DEPOTSKIB II.

26.4.1913: Sold to Petersen & Albeck, Copenhagen for demolition. Price paid: Kr. 15,000.
18.7.1913: Delivered to the breakers at Copenhagen.

53. CHRISTIAN IX 1875-1916

Passenger and cargo steamship, 1 deck and hur • Built of iron • 1236gt, 890nt, 1415dw • 232'3"/224'02"x30'3"x23'3"/16'0" • A/S Burmeister & Wain's Maskin-og Skibsbyggeri, Copenhagen, no.84 • 1C tandem trunk 4cyl. (2x21"-2x44")x30", 500ihp, 9kn. • 2(SB) Scotch 4(f) GS90 HS1980, 1895: 2(SB) Scotch 4(f) GS78 HS1905 • Passengers: 10 I., 6 II.

12.3.1873: Ordered.
12.4.1874: Launch.
18.8.1875: Delivered to DFDS, Kjøbenhavn. Service mainly: London-Copenhagen-Königsberg.
12.10.1894: On voyage Copenhagen-London with general cargo collided with the brig ONDERNEMING of Harlingen 280nt/48 in fog. The brig sank immediately, and two men were lost. The remaining 6 crew members were saved by CHRISTIAN IX.
16.7.1895 until 4.10.1895: New boilers installed.
27.4.1901: On voyage Königsberg-Copenhagen with grain and general cargo heavily damaged by a collision with S/S LENA of Luleå 1685/77 at Falsterbo lightship. LENA sank, but her crew were saved by

Courtesy of Peabody Museum of Salem.

CHRISTIAN IX. Repaired and returned to service.
16.2.1905: On voyage Copenhagen-London with general cargo heavily damaged by grounding off Møen.
21.2.1905: Salvaged by Svitzer and towed to Copenhagen for repairs.
25.3.1905: Left Copenhagen after repairs at Elsinore and Copenhagen.
1908: Service also: Baltic-Copenhagen-Antwerp-Western Mediterranean.
1914: Service now: Copenhagen-Lübeck.
1915: Service changed to: Copenhagen-U.K.

6.4.1916: Sold to Asgeir Pjetursson, Reykjavik. Name unchanged. Price paid: Kr. 305,000.
7.6.1916: Sold to Rederi A/B Holmia (Axel Ahlberg), Stockholm. Name unchanged. Price paid: Swedish Kr. 300,000.
24.11.1917: Sold to Rederi A/B Ingvar (P.Ingvarsson), Malmö and renamed HALVAR. Price paid: Swedish Kr. 750,000.
10.5.1918: Sold to Arthur Pott, Stockholm and the same day sold to Svensk-Ryska Rederi A/B (Erik Sjödin), Stockholm. Name unchanged. Price paid: Swedish Kr. 1,216,750.

1.9.1921: Auctioned to Carl Wallin, Stockholm.
9.9.1921: Sold to A/B Möller, Persson & Co. (John Stephenson Möller), Stockholm and renamed HAMMARBY.
1925: Name of company changed to Ångfartygs A/B Hammarby.

25.11.1925: On voyage Helsingborg-Stockholm in ballast stranded E of Biskopsön and wrecked. The wreck sold for demolition to Ernst Fuhr, Stockholm. Broken up on site.

54. AALBORG (II) 1875-1907

Passenger and cargo paddle steamer, 1 deck • Built of iron • 188gt, 111nt, 76dw, 1885: 161gt, 97nt, 80dw • 158'0"/150'0"x32'0"/17'6"x7'9"/5'0", 1885: -/160'2"x32'0"/17'6"x7'9"/5'9" • A/S Burmeister & Wain's Maskin-og Skibsbyggeri, Copenhagen, no. 88 • 1C vertical oscillating 4cyl. (2x16"-2x36")x32", 250ihp, 10.5kn. • 1(SB) Scotch 2(f) GS38 HS1028, 1891: 1(SB) Scotch 2(f) GS32 HS903 • Passengers: 320.

12.3.1873: Ordered.
31.12.1875: Delivered to DFDS, Kjøbenhavn (from 17.4.1885: Aalborg, 4.8.1906: Stege).
1875 until 2.9.1905: Service mainly: On Limfjorden.
11.1884 until 3.1885: Rebuilt and lengthened by A/S Burmeister & Wain, Copenhagen.
1891: New boiler installed.
26.9.1904 until 22.4.1905 and 3.9.1905 until 4.8.1906: In service: Copenhagen-South Zealand-Møen.
2.9.1906: Service now: Copenhagen-Nakskov.

8.4.1907: On voyage Copenhagen-Nakskov stranded in a fog on Vejrø. Salvage attempts were in vain.
11.4.1907: Abandoned as a total loss.
14.6.1907: The wreck was sold at auction for kr. 4,027.
9.1907: Salvage attempts failed.

AALBORG on the Limfjorden.

169

55. ESBJERG (I) 1876-1928 / ESBERN SNARE (II) 1928-1930

Cargo steamship, 1 deck and hur • Built of iron • 485gt, 296nt, 534dw • 182'6"/174'6"x26'6"x 13'6"/12'8" • Cunliffe &Dunlop, Port Glasgow, no.85 • 1C 2cyl. (23.25"-40.25")x28", 300ihp, 8.5kn. • 1883: 1(SB) Scotch 3(pf) GS40 HS958, A/S Burmeister &Wain's Maskin-og Skibsbyggeri, Copenhagen • Passengers: 4 I, 19 III.

5.11.1872: Launch.
12.1872: Delivered to A/S Esbjerg Dampskibsselskab (J.K.Bork), Nordby-Fanø. Price paid: £ 13,250.
6.10.1873: Arrived as the first vessel in the newly opened port of Esbjerg loaded with rails for the Jutland railway system.

5.1.1876: Sold to DFDS, Kjøbenhavn (from 3.7.1890: Aarhus, 18.12.1926: Aalborg). Service: Esbjerg-Thameshaven (from 2.6.1880 Harwich).
28.1.1883: Left Copenhagen after installation of a new boiler.
1883 until 1900: Service mainly: Denmark-Newcastle/Leith or Esbjerg-Grimsby/Hamburg or Denmark-Hamburg.
1900 until 1902: Service: Sweden-Newcastle.
1903 until 1908: Service now: Jutland-Hamburg, Copenhagen-Leith-the Faroes or Stettin-Copenhagen-west coast of Norway/east coast of Sweden.
1909 until 1914: Service mainly: Copenhagen-Libau.
1914 until 1918: Service now mainly: Stettin-Copenhagen-Norway or Denmark-U.K.
1915: Also service: Copenhagen-Iceland.
14.8.1918 until 22.7.1919: Time charter to "Fragtnævnet" (see no.6).
1919-1920: Service mainly: Copenhagen-Antwerp.
1921: Laid up most of the year.
1922: Service: Stettin-Copenhagen-Gothenburg/Christiania. 1922 until 1930: Service now mainly: Jutland-Hamburg, e.g. Aarhus/Aalborg-Hamburg.
1928: Service also: Copenhagen-Danzig/ Königsberg-Libau.

12.9.1928: Renamed ESBERN SNARE.

14.2.1930: On voyage Hamburg-Aalborg in ballast severely damaged and flooded after collision with S/S CARL of Haderslev 268/07 on the Elbe and sank off Altona. Later raised by Bugsier Reederei und Bergungs A.G. and towed to Kohlbrand.

4.3.1930: The wreck was sold to Leth & Co., Hamburg for demolition. Price paid: £ 950.
3.1930: Broken up.

ESBERN SNARE calling at Aarhus on 16. January 1929, heavily iced over.

56. ESBERN SNARE (I) 1876-1926

Cargo steamship, 2 decks and hur • Built of iron • 480gt, 295nt, 434dw, 1877: 405gt, 254nt, 392dw • 179'3"/170'0"x23'0"x13'0"/12'0" • A/S Burmeister & Wain's Maskin-og Skibsbyggeri, Copenhagen, no.90 • 1C tandem trunk 4cyl. (2x16.5"-2x34")x20", 350ihp, 9.5kn. • 1(SB) Scotch 2(f) GS48 HS1270, 1892: 1(SB) Scotch 2(f) GS38 HS1179.

27.6.1873: Ordered.
9.9.1875: Delivered to H.Puggaard & Hage (Rudolph Puggaard), Nakskov.

19.2.1876: Sold to DFDS, Kjøbenhavn (from 4.9.1890: Aarhus, 24.5.1901: Odense, 28.1.1909: Vejle, 12.11.1921: Aarhus). Price paid: kr. 300,000.
1876 until 1903: Service mainly: Denmark-Newcastle/Leith.
1877: Rebuilt.
6.7.1892 until 23.8.1892: New boiler installed by A/S Burmeister & Wain.
1903 until 1914: Service now mainly: Jutland-Hamburg.
1904 until 1907: Service also: Esbjerg-Harwich.
1915 until 1920: Service now: Copenhagen-Lübeck/Stettin/Hamburg.
1921 until 1925: Service mainly: Jutland-Hamburg.
24.7.1925: Arrived at Esbjerg from Lübeck and laid up.
2.10.1925: Left Esbjerg for Copenhagen.
4.10.1925: Laid up at Copenhagen.

5.3.1926: Sold to Hans Petersen, Copenhagen for demolition.
24.9.1927: Reported broken up at the former Baltica-Værftet, Copenhagen.

ESBERN SNARE during the first World War with neutrality markings.

57. BALDUR 1876-1924

Passenger and cargo steamship, 2 decks • Built of iron • 450gt, 278nt, 377dw • 178'9"/170'0" x23'0"x12'6"/12'2" • A/S Burmeister & Wain's Maskin-og Skibsbyggeri, Copenhagen, no.96 • 1C tandem trunk 4cyl. (2x16.5"-2x34")x20", 350ihp, 10kn. • 1(SB) Scotch 2(f) GS48 HS1270, 1895: 1(SB) Scotch 2(f) GS38 HS1193 • Passengers: 43 I, 14 II, 75 III.

BALDUR in the port of Frederikshavn.

20.3.1875: Ordered.
22.4.1876: Launch.
4.9.1876: Delivered to DFDS, Kjøbenhavn (from 14.4.1885: Frederikshavn, 2.6.1921: Vejle). Price paid: kr. 295,579.
1878 until 1906 and 1908 until 1917: Service mainly: Copenhagen-Frederikshavn-Laurvig-Horten-Moss-Christiania.
1881: Service: Denmark-Newcastle or Stettin-Copenhagen-west coast of Norway.
1892: Rebuilt. 1895: New boiler from A/S Burmeister & Wain installed.
22.5.1906 until 1908: Service now: Stettin-Copenhagen-Gothenburg.
1908 until 1924: Service also: Copenhagen-Vejle/Horsens/Bogense-Vejle.
30.10.1924: Arrived at Copenhagen from Vejle and laid up.

2.12.1924. Sold to Petersen & Albeck, Copenhagen for demolition. Price paid: Kr. 25,000.
21.7.1925: Reported broken up.

58. ISSEFJORDEN 1877-1899

Passenger and cargo steamship, 1 deck • Built of iron • 66gt, 39nt, 50dw • 83'6"/79'0"x15'8"x6'9"/7'4" • Motala Mekaniske Verkstads A/B, Motala, no.268 • 1C 2cyl. (10.25"-22")x14.5", 100ihp, 8kn., Lindholmens Mek. Werkstad, Gothenburg • 1889: 1(SB) Scotch 1(f) GS12 HS408, 1909: 1(SB) Scotch 1(pf) GS11 HS396, A/S Helsingørs Jernskibs-og Maskinbyggeri, Elsinore • 1935: 1sD 2SA 2cyl. (265x300), type Vølund M 230, 74bhp, A/S Vølund, Copenhagen • Passengers: 24 berth, 170 in all.

4.10.1877: Trial.
6.10.1877: Delivered to DFDS, Kjøbenhavn (from 2.6.1885: Nykjøbing S.). Price paid: Kr. 43,000. Service: Nykjøbing S.-Holbæk/Frederikssund.
1889: New boiler installed.

14.11.1899: Sold to Koldingfjords Dampskibsselskab A/S, Kolding and renamed FRIGGA. Price paid: Kr. 16,000.
1909: New boiler installed at Elsinore.
8.5.1918: Sold to Jens Emil Damkier Petersen, Kolding without change of name.
25.5.1918: Sold to A/S Dampskibsselskabet Stubbekjøbing (O.Boas), Stubbekjøbing and renamed STUBBEKØBING. Service: Stubbekøbing-Masnedsund/ Haarbølle.
15.5.1935: Sold to Thomas Pedersen, Aalborg and renamed MAGDA. Converted at Aalborg into an auxiliary motor vessel. Service: On Limfjorden.
10.4.1957: Sold to Christoffer Jerup Pedersen and Carl Tage Jacobsen, Vesterø, Læsø and renamed LÆSØBOEN. Service: Læsø-Aalborg.
18.11.1962: C.J.Pedersen sold his part to Sven Jacobsen. Renamed VESTERØ.

LÆSØBOEN leaving the port of Aalborg.

21.11.1963: On voyage Østerby-Frederikshavn loaded with fish, stranded off Danzigmand on the N coast of Læsø after an engine break down, and she became a wreck. The two crew members walked ashore.

59. A.N. HANSEN 1877-1918

Cargo steamship, 2 decks and sp • Built of iron • 1505gt, 952nt, 1800dw • 261'6"/250'0"x32'0"x 24'6"/18'9" • A/S Burmeister & Wain's Maskin-og Skibsbyggeri, Copenhagen, no.97 • 1C tandem 4cyl. (2x24"-2x48")x32", 750ihp, 9kn. • 2(SB) Scotch 4(f) GS90 HS2820, 1899: 2(SB) Scotch 4(pf) GS84 HS2636, A/S Helsingør Jernskibs-og Maskinbyggeri, Elsinore.

14.9.1877: Launch.
20.11.1877: Delivered to DFDS, Kjøbenhavn. Service mainly: London-Copenhagen-Königsberg.
21.11.1877: Left Copenhagen on her maiden voyage to Königsberg.
25.11.1883: Service now: Baltic-Copenhagen-Antwerp-Western Mediterranean.
28.12.1888 until 1898: Service extended: Baltic-Copenhagen-Antwerp-Mediterranean-Black Sea.
1898 until 1900: Service mainly: Baltic-Copenhagen-Northsea/Antwerp-Western Mediterranean.
15.4.1899 until 30.6.1899: New boilers installed at Elsinore.
1901 until 1914: Service now mainly: Baltic-Copenhagen-France/Antwerp/Western Mediterranean.
1907: Service also: Baltic-Copenhagen-Antwerp-Mediterranean-Constantinople.
1914 until 1918: Service mainly: Denmark-U.K.-(France).

20.8.1917: Time charter to U.K. Government.

30.10.1918: On voyage Brest-Quiberon with 1650 tons of coal sank after a collision with a wreck off Cape Quiberon, while in a convoy. At the time of the collision had lost contact with the convoy.

A.N. HANSEN in Aalborg during the World War I.

60. O.B. SUHR 1878-1917

Cargo steamship, 2 decks and sp • Built of iron • 1506gt, 953nt, 1634dw • 261'6"/250'0"x32'0"x 24'6"/17'6" • A/S Burmeister & Wain's Maskin-og Skibsbyggeri, Copenhagen, no.98 • 1C tandem 4cyl. (2x24"-2x48")x32", 750ihp, 10kn. • 2(SB) Scotch 4(f) GS90 HS2820, 1894: 2(SB) Scotch 4(f) GS91 HS2780, 1899: 2(SB) Scotch 4(pf) GS96 HS2780 • Passengers: 24.

31.3.1878: Delivered to DFDS, Kjøbenhavn. Services mainly: Baltic-Copenhagen-Antwerp/France/Western Mediterranean/Black Sea.
1894: New boiler installed.
10.2.1899 until 27.4.1899: New boilers installed.
1914 until 1917: Service now: Denmark-U.K./France.

25.1.1917: On voyage Shields-Vejle-Copenhagen with general cargo sunk by German submarine 172 miles off Tyne. She was sunk by gunfire and explosives. The crew was picked up by S/S AVANCE of Korsør 1294/12.

61. H.P. PRIOR (I) 1878-1914

Passenger and cargo paddle steamer, 1 deck • Built of iron • 548gt, 304nt, 370dw • 201'8"/197'6"x 42'5"/24'1"x14'6"/11'3" • A/S Burmeister & Wain's Maskin-og Skibsbyggeri, Copenhagen, no.107 • 1C vertical oscillating 4cyl. (2x26"-2x58")x48", 1000ihp, 10.5kn. • 2(SB) Scotch 6(pf) GS116 HS3530 • Passengers: 84 I, 28 II, 352 III.

9.5.1878: Launch.
12.8.1878: Trial and delivered to DFDS, Kjøbenhavn (from 17.4.1885: Aalborg, 27.4.1903: Frederikshavn, 9.7.1904: Aarhus, 25.9.1905: Frederikshavn). Price paid: Kr. 476,000. Service: Copenhagen-Aalborg.
15.8.1878: Left Copenhagen for Aalborg on her maiden voyage.

22.3.1898: Service now: Stettin-Copenhagen-Gothenburg.
1901: Service changed to: Copenhagen-Randers.
16.11.1901 until 23.11.1901: One trip: Copenhagen-Danzig-Copenhagen.
7.6.1902 until 2.9.1902: In service: Copenhagen-Gothenburg-Laurvig-Christiania.
1902 until 1910: Mainly in service: Copenhagen-Frederikshavn-Horten-Christiania. Occasionally in service: Copenhagen-Aarhus/Aalborg.
24.3.1911 until 31.8.1914: Service: Kallundborg-Aarhus.
1.9.1914: Laid up at Copenhagen.
9.10.1914: Towed to Petersen & Albeck, Copenhagen.

175

19.10.1914: Reported sold to Petersen & Albeck, Kjøbenhavn. Intended for demolition.
However, 7.8.1915: reported converted into a lighter.
1.7.1919: Sold to Dansk Lægterkonpagni A/S (Jennow Maage & Co. A/S), Aalborg and renamed CHRISTIAN.
8.1.1920: Sold to Falbe Hansen, Kjøbenhavn.
10.1.1920: Sold to Union Transport & Bjergning Selskab A/S, Kjøbenhavn and renamed FLORA.

23.3.1925: Reported sold. Further fate unknown.

H.P. PRIOR leaving Aarhus for Kallundborg.

62. LIBAU 1879-1897

Cargo steamship, 1 deck • Built of iron • 491gt, 345nt, -dw, 1886: 586gt, 413nt, 540dw • -/175'0"x25'0"x13'6"/13'6" • William Doxford & Sons, Sunderland, no.112 • 1C 2cyl. (20"-38")x28", 220ihp, 8kn. • 1(SB) Scotch 2(f) GS38 HS1293 • Passengers: 14.

8.2.1879: Launch.
27.3.1879: Registered owned by Robert Thomson, London as ROSAMOND.

8.11.1879: Sold to DFDS, Kjøbenhavn and renamed LIBAU. Price paid: £ 8,500.
1879 until 1897: Service mainly: Baltic-Copenhagen-Northsea, e.g. Libau-Copenhagen-London.
1886: Rebuilt.
25.9.1887: Inaugurated the new service: Copenhagen-Hangö.
1891: Service also: Stettin-Copenhagen-west coast of Norway.
1896: Service also: Stettin-Copenhagen-Gothenburg/Christiania.

16.2.1897: On voyage Copenhagen-Neufahrwasser pressed down by the ice near Lillegrunden and sank.
1.5.1897: Refloated after several salvage attempts and towed to Copenhagen.
25.5.1897: Sold to Petersen & Albeck, Copenhagen for demolition. Price paid: Kr. 8,000.
15.6.1897: Reported broken up at Malmö.

The wreck of LIBAU in the port of Copenhagen. To the right GJEDSER (111) and BRYDEREN (95), both laid up.

63. MOSKOV (I) 1880-1913

Cargo steamship, 1 deck • 1049gt, 778nt, 1385dw • 241'0"/226'0"x30'0"x16'7.25"/16'0" • A/S Burmeister & Wain's Maskin-og Skibsbyggeri, Copenhagen, no.111 • 1C tandem 4cyl. (2x21"-2x42")x30", 550ihp, 8kn. • 2(SB) Scotch 4(pf) GS68 HS2160 • Passengers: 16.

23.12.1879: Launch.
26.2.1880: Delivered to DFDS, Kjøbenhavn. Service mainly: Antwerp/Hull/London-Copenhagen-Libau/Riga.
29.8.1889: Arrived at Antwerp on her 100th return trip: Antwerp-Copenhagen-Riga/Libau.

15.4.1913: Sold to Karl Magnus Anchér, Stockholm and renamed GUDRUN. Price paid: Kr. 40,000.
2.7.1913: Reported taken over by Rederi A/B Svenske (Karl Magnus Anchér), Stockholm.
10.7.1916: Sold to Rederi A/B Uman (Nils Österman), Stockholm. Name unchanged. Price paid: Swedish Kr. 440,000.
8.1.1918: Sold to Baltiska Rederi A/B (Nils Österman), Stockholm who intended to rename her HARRIET. However this was never registered. Price paid: Swedish Kr. 810,000.
24.4.1918: Management taken over by Arthur Pott, having purchased 1% of the vessel.
14.2.1919: Manager now Hans Kristian Hedwall Pohlman.
15.5.1919: Reported sold to A/B Svenska Betongverken, Stockholm.
30.10.1919: Auctioned at Örnsköldsvik to Hans K.Hedwall Pohlman, Stockholm. Price paid: Swedish Kr. 400,500.
9.11.1920: Sold to Rederi A/B Atlas (Karl Magnus Anchér), Stockholm without change of name. Price paid: Swedish Kr. 245,000.
1926: Company went bankrupt.
8.5.1926: Auctioned to Karl Frederik Ljungholm, Stockholm. Name unchanged. Price paid: Swedish Kr. 23,100.
28.5.1926: Sold to A/B Mudie (Olof Forsberg), Stockholm. Name unchanged. Price paid: Swedish Kr. 37,500. However, the sale fell through.
31.8.1926: Auctioned to Klas August Andersson, Karlskrona. Name unchanged. Price paid: Swedish Kr. 49,100.
9.11.1939: Sold to Rederi A/B Strim (Sven Salén), Stockholm and renamed KRISTINA. Price paid: Swedish Kr. 75,000.

18.9.1940: On voyage Cardiff-Gandia with coal grounded 6 miles W of Barry Roads.
22.10.1940: Condemned after being refloated and taken to Penarth Dock with severe bottom damage.
15.3.1941: The wreck was sold to John Nurminen O/Y, Helsinki.
1941: At the time Finland entered the War she was seized by the British Authorities. However 24.6.1941: sold to Hampus Compania de Navegacion S.A. (Tryggve Gotaas & Co.), Panama without change of name. She was most probably never repaired and 1946: Broken up by Hammond Lane Foundry, Dublin.

177

64. GEORG 1880-1924

Cargo steamship, 2 decks and hur • Built of iron • 985gt, 631nt, 825dw, 1883: 788gt, 490nt, 945dw • 218'3"/210'0"x28'4"x15'6"/15'2" • Norddeutsche Schiffbau-Actien-Gesellschaft, Kiel-Gaarden, no.66 • 1C 2cyl. (30"-56")x36", 600ihp, 10kn., Schweffel & Howaldt Maschinenbau und Eisengiesserei, Kiel • 2(SB) Scotch 4(f), 1887: 2(SB) Scotch 4(f) GS66 HS2259, A/S Burmeister & Wain's Maskin-og Skibsbyggeri, Copenhagen • Passengers: 12.

5.1875: Delivered to A/S Dampskibs-Selskabet Kjøbenhavn-Newcastle (Theo. Koch), Kjøbenhavn. Price paid: Marks 477,000. The company had been founded 6.6.1874.
17.1.1877: Management taken over by Charles Kastrup Møller.

3.5.1880: Sold to DFDS, Kjøbenhavn (from 3.7.1890: Aalborg, 16.9.1898: Esbjerg, 17.8.1904: Aarhus, 5.7.1905: Odense, 11.6.1914: Aalborg). Price paid: Kr. 370,000. Services mainly: Denmark-Newcastle/Leith/Grimsby.
10.8.1887 until 25.10.1887: New boilers installed by A/S Burmeister & Wain, Copenhagen.
9.1.1918 until 26.6.1920: Time charter to "Fragtnævnet" (see no.6).
23.11.1923: Arrived at Copenhagen from Elsinore and laid up.

25.2.1924: Sold to Schubert & Krohn, Dortmund for demolition. Sold together with OLGA (see no.65) and UNION (see no.88). Total price paid: £ 6,000.
2.1925: Reported broken up.

65. OLGA 1880-1924

Cargo steamship, 2 decks and hur • Built of iron • 985gt, 630nt, 888dw, 1883: 787gt, 492nt, 925dw • 218'3"/210'0"x28'4"x15'6"/15'2" • Norddeutsche Schiffbau-Actien-Gesellschaft, Kiel-Gaarden, no.65 • 1C 2cyl. (30"-56")x36", 600ihp, 10.5kn., Schweffel & Howaldt Maschinenbau und Eisengiesserei, Kiel • 2(SB) Scotch 4(f), 1888: 2(SB) Scotch 4(f) GS66 HS2130 A/S Burmeister & Wain's Maskin-og Skibsbyggeri, Copenhagen • Passengers: 12.

6.1875: Delivered to A/S Dampskibs-Selskabet Kjøbenhavn-Newcastle (Theo. Koch), Kjøbenhavn. Price paid: Marks 477,000.
17.1.1877: Management taken over by Charles Kastrup Møller.

3.5.1880: Sold to DFDS, Kjøbenhavn (from 3.7.1890: Aalborg, 6.7.1897: Esbjerg, 22.8.1904: Aarhus, 21.6.1905: Odense, 20.6.1914: Aalborg). Price paid: Kr. 370,000. Service mainly: Denmark-Newcastle/Leith/Grimsby.
26.1.1888 until 3.5.1888: New boilers installed by A/S Burmeister & Wain, Copenhagen.
1914 until 1919: Service now: Denmark-U.K.
19.11.1923: Arrived at Copenhagen from Christiania and laid up.

25.2.1924: Sold to Schubert & Krohn, Dortmund for demolition.
26.2.1924: Left Copenhagen for the breakers.
2.1925: Reported broken up.

66. CONSTANTIN 1880-1923

Cargo steamship, 2 decks and aw • Built of iron • 891gt, 517nt, 975dw • 237'10"/228'6"x30'0"x 22'11"/17'0" • Kockums Mekaniska Verkstads A/B, Malmö, no.24 • 1C 2cyl. (34"-60")x38", 800ihp, 11.6kn. • 2(SB) Scotch 4(f) GS76 HS2955 • Passengers: 18 berth.

23.1.1880: Launch
6.4.1880: Trial.
7.4.1880: Left Malmö for Copenhagen.
4.1880: Delivered to A/S Dampskibs-Selskabet Kjøbenhavn-Newcastle (Charles Kastrup Møller), Kjøbenhavn. Price paid: Kr. 380,000.

3.5.1880: Sold to DFDS, Kjøbenhavn (from 24.6.1901: Aarhus, 9.6.1905: Aalborg). Price paid: Kr. 470,000. Service mainly: Denmark-Newcastle. Occasionally in service: Sweden-U.K.
3.11.1885 until 11.3.1886: Chartered by The South of Ireland Cattle Trade Association for service: Cork-Bristol.
1914 until 1920: Service mainly: Denmark-U.K.
1.2.1918 until 4.12.1919: Time charter to "Fragtnævnet" (see no.6).
14.12.1922: Arrived at Copenhagen from Leith and laid up.

31.1.1923: Sold to Carl Marius Engholm, Kjøbenhavn. However, the same day resold to Kiel for demolition. Price paid: Kr. 50,000.

9.1923: Reported broken up.

CONSTANTIN painted in grey colour. Notice the ornaments on the stern.

179

67. NISHNIJ NOVGOROD 1880-1908

Cargo steamship, 1 deck • 1048gt, 759nt, 1385dw • 235'4"/226'0"x30'0"x16'7"/16'0" • A/S Burmeister & Wain's Maskin-og Skibsbyggeri, Copenhagen, no.112 • 1C tandem 4cyl. (2x21"-2x42")x30", 550ihp, 10kn. • 2(SB) Scotch 4(f) GS68 HS2160 • Passengers: 16.

12.2.1880: Launch.
25.5.1880: Delivered to DFDS, Kjøbenhavn. Service: Baltic-Copenhagen-Northsea, e.g. Antwerp-Copenhagen-Riga/Libau. Occasionally in service: Baltic-Copenhagen-Antwerp-France/Spain/Portugal/Italy.

5.3.1908: Sold to Ignatij Burkow, Archangel and renamed
JOHAN BOGOSLOFF. Price paid: Kr. 52,600.

5.7.1914: On voyage to Archangel with general cargo and passengers, grounded on a sandbank in Tanafjorden near Archangel and wrecked. Passengers taken off by S/S NARVA of Hamburg 1981/97.

68. DRONNING LOVISA 1881-1900

Passenger steamship, 1 deck • Built of iron • 531gt, 317nt, -dw, 1877: 626gt, 386nt, 315dw • (195.0' x 22.3' x 12.0'), 1887: (200.0' x 23.5' x 12.4') • Motala Warf, Norrköping, no.101 • 1S 2cyl. (2x45")x25", 200nhp, Motala Verkstads Bolag, Motala, 1877: 1C 2cyl. (33"-57")x31", 785ihp, 13kn. Motala Mekaniska Verkstads A/B, Motala • 1877: 2(SB) Scotch 4(f) GS78 HS2336 • Passengers: 70 I, 12 II, 148 deck.

1861: Delivered to Kungliga Generalpoststyrelsen, Stockholm as
DROTTNING LOVISA.
1862 until 1863: Service: Stockholm-Kalmar-Stettin.
11.1867: Taken over by Skärgårdsartilleriets Station, Stockholm and renamed ACTIV.
10.1869: Discarded.
1871: Sold to Motala Mekaniska Verkstad, Motala and renamed
DROTTNING LOVISA.
1876 until 1877: Rebuilt by Motala Mekaniska Verkstad, Norrköping. New engine and boilers installed.
1878: Owner is Motala Mekaniska Verkstads A/B, Stockholm.

4.5.1881: Sold to DFDS, Kjøbenhavn and renamed DRONNING LOVISA. Price paid: Kr. 148,000.
5.3.1882 until 4.1.1886: In service mainly: Stettin-Copenhagen-Christiania.
5.1.1886: Service now mainly: Stettin-Copenhagen-Gothenburg.
1887: Rebuilt.
6.6.1900: Arrived at Copenhagen from Gothenburg. The next day left for Preston.

7.6.1900: Reported sold to Thos.A.Ward, Sheffield. Price paid: £ 2,000.
11.6.1900: Arrived at Preston and was handed over to her new owners.
1900: Sold to A/S Gladys (Blom & Olsen), Frederiksværn and renamed GLADYS.
1901: Sold to Rinaldo Repetto di G.B., Genova and renamed
MARIA STEFANIA.

31.10.1902: On voyage Naples-Genoa with petroleum and general cargo a fire broke out. Towed to Porto Ferrario, but sank in the roads.

69. NIELS BROCK 1881-1922

Passenger steamship, 1 deck • Built of iron and steel • 421gt, 230nt, 254dw • 173'9"/164'8"x 24'10"x12'3"/11'0" • Kockums Mekaniska Verkstads A/B, Malmö, no.29 • 1C 2cyl. (27.25"-46.75")x 29.25", 550ihp, 10.5kn. • 2(SB) Scotch 4(f) GS58 HS1795 • Passengers: 62 I, 12 II, 300 in all.

14.7.1881: Trial
7.1881: Delivered to DFDS, Kjøbenhavn. Price paid: Kr. 265,000.
1883 until 1913: Service mainly: Copenhagen-Randers.
8.8.1900 until 31.12.1900 and 17.4.1901 until 21.8.1901: In service: Stettin-Copenhagen-Gothenburg.
26.9.1901 until 31.10.1901: Service: Copenhagen-Danzig.
1913 until 1916: Service now: Copenhagen-Horsens.
1917 until 1920: In service: Copenhagen-Randers/Horsens.
1918: Service also: Copenhagen-Samsø-Odense.
12.9.1920: Arrived at Copenhagen from Randers on her last trip in the Copenhagen-Randers service and laid up.

NIELS BROCH calling at Copenhagen.

10.10.1920: Damaged in collision with the wreck of dredger S/S ANHOLT of Copenhagen 206/15, which had sunk a week earlier. Salvaged and towed to Copenhagen and laid up in a damaged condition.

14.12.1922: Sold to H.Diederichsen, Kiel. Price paid: Kr. 24,000.
5.1923: Reported broken up.

70. KURSK 1881-1912

Cargo steamship, 2 decks • 1131gt, 731nt, 1266dw • 246'0"/235'0"x30'2"x21'5"/16'0" • A/S Burmeister & Wain's Maskin-og Skibsbyggeri, Copenhagen, no.116 • 1C tandem 4cyl. (2x24"-2x48")x32", 750ihp, 8.5kn. • 2(SB) Scotch 4(pf) GS85 HS3090 • Passengers: 16 I, 4 II.

30.4.1881: Launch.
12.7.1881: Delivered to DFDS, Kjøbenhavn.
21.7.1881: Left Copenhagen for Newcastle via Frederikshavn on her maiden voyage.
1881 until 1899: Service: Baltic-Copenhagen-U.K./France/Spain/Italy.
1899 until 1907: Service now: London/Hull-Copenhagen-Libau.

1907 until 1912: Service changed to: Baltic-Copenhagen-France.
1908: Service also: Stettin-Copenhagen-west coast of Norway.
26.8.1912: Left Antwerp for St.Petersburg with general cargo. Later the same day passed Vlissingen. Presumably lost during a gale the same or the following day. Later three bodies and some of the cargo were found at Brouwershaven. Seven passengers and twenty crew members were lost.

71. LIMFJORDEN (I) 1881-1903

Passenger and cargo steamship, 1 deck • Built of iron and steel • 376gt, 227nt, 290dw • 170'8"/165'0"x24'2"x10'2"/10'0" • Lobnitz &Co., Renfrew, no.189 • 1C 2cyl. (24"-44")x30", 450ihp, 10kn. • 1(SB) Scotch 3(f) GS54 HS1513 • Passengers: 38 I, 16 II, 160 in all.

29.6.1881: Launch.
8.1881: Delivered to DFDS, Kjøbenhavn (from 17.7.1885: Thisted). Service mainly: Copenhagen-Limfjorden.
12.1.1896 until 17.3.1896: In service: Stettin-Copenhagen-Gothenburg.
1901: Service also: Copenhagen-Samsø-Odense.

2.3.1903: Sold to Ignatij Burkow, Archangel and renamed ZASIMA. Price paid: Kr. 62,500.
1922: Sold to Baltischer Bergungsverein A.G., Reval (from 1926: Tallinn) and renamed EESTIMAA.
1938: Sold to Laevaühing G.Sergo & Ko., Tallinn and renamed ABRUKA.
11.1944: Requisitioned by the Russians.

1946: Broken up?
1951: Deleted from Lloyd's Register.

LIMFJORDEN at Kvæsthusbroen, Copenhagen.

72. KIEW 1881-1916

Cargo steamship, 2 deck • 1131gt, 732nt, 1266dw • 246'6"/235'0"x30'2"x21'5"/16'0" • A/S Burmeister & Wain's Maskin-og Skibsbyggeri, Copenhagen, no.117 • 1C tandem 4cyl. (2x24"-2x48")x32", 750ihp, 10kn. • 2(SB) Scotch 4(pf) GS84 HS3092 • Passengers: 12 I, 4 II.

30.9.1881: Delivered to DFDS, Kjøbenhavn.
7.10.1881: Left Copenhagen for Newcastle on her maiden voyage.
1881 until 1899: Service: Baltic-Copenhagen-U.K./Antwerp/France/Spain/Italy.
25.12.1889: Gutted by fire and sank while in Copenhagen.
27.12.1889: Raised.
31.12.1889 until 18.3.1890: Repaired by A/S Burmeister & Wain.
1899 until 1907: Service now mainly: London/Hull-Copenhagen-Libau/Königsberg.
1908 until 1914: Service mainly: Baltic-Copenhagen-France/Antwerp.
1914 until 1915: Service: Copenhagen-Spain/Iceland/U.K.
22.6.1915: Captured by the German submarine U32. Later released.
18.1.1916: On voyage Copenhagen-Liverpool captured by German warships in Kattegat and taken to Stettin.
20.1.1916: Arrived at Swinemünde.
9.2.1917: Declared a good prize, taken over by Deutsche Reich - der Reichskommisar für die Seeschiffahrt and allocated to Deutsche Ost-Afrika Linie (Woermann-Linie). Name unchanged.
1922: Sold to Schlesische Schleppdampfer Gesellschaft, Altona without change of name.
1923: Sold to Dönitz, Witt & Co. G.m.b.H., Hamburg. Name unchanged.
1924/25: Broken up.

73. AVANTI (I) 1881-1898

Passenger and cargo steamship, 1 deck and aw • Built of iron • 222gt, 130nt, -dw, 1879: 207gt, 137nt, 164dw, 1886: 230gt, 150nt, 160dw • (108.1' x 18.4' x 8.4'), 1879: (134.1' x 19.8' x 8.6'), 1886: (134.1' x 19.8' x 15.3') • Göteborg Mekaniska Verkstad, Gothenburg, no.181 • 1C 2cyl. (16"-35")x21", 200ihp, 10kn. • 1(SB) Scotch 3(f) GS42 HS888 • Passengers: 24 I, 12 II, 84 deck.

Contracted by Sonderburger Dampfschiffs Gesellschaft (Christian Karberg), Sonderburg. Before delivery sold to Ångbåts A/B Avanti (A.R.Edgren), Göteborg and 1875 delivered as AVANTI.
2.4.1875: Builders' certificate. Service: Gothenburg-Frederikshavn.
1876: Ludvig Philip became manager.
7.3.1877: Sold to Jacob Christiansen, Frederikshavn without change of name. Price paid: Kr. 70,000.
1879: Rebuilt and lengthened by the builder.
23.10.1881: Sold to DFDS, Frederikshavn (from 14.11.1881: Kjøbenhavn, 17.4.1885: Aarhus, 17.5.1886: Frederikshavn, 12.7.1892: Aarhus, 3.10.1893: Kjøbenhavn).
1882 until 1885: Service: Kallundborg-Koldby-Aarhus.
1885 until 1886 and 1897: Occasionally in service: Stettin-Copenhagen-Gothenburg.
1886: Rebuilt.
1889 until 1892: Service mainly: Frederikshavn-Gothenburg.

AVANTI at Kvæsthusbroen, Copenhagen.

1889 onwards: Service also: Copenhagen-Grenaa.

12.3.1898: Sold to A/S Saltens Dampskibsselskab, Bodö and renamed FOLDEN. Price paid: Kr. 35,000.
28.1.1905: Damaged during a hurricane.
31.1.1905: Proceeded to Trondhjem under her own power. Heavily damaged by a collision with the quay at Fineidet.
2.1905: Arrived at Christiania. The main engine was removed.
28.3.1905: Reported broken up.

74. CHARKOW (I) 1881-1898

Cargo steamship, 2 decks, machinery aft • Built of iron • 521gt, 355nt, -dw, 1866: 689gt, 518nt, 720dw • (176.0' x 25.6' x 15.4'), 1866: -/197'6"x25'7"x16'3"/16'0" • Palmer Bros. &Co., Jarrow, Newcastle-on-Tyne, no.66 • 1S 2cyl. (2x38")x30", R.&W.Hawthorne, Newcastle, 1873: 1C 2cyl. (26"-52")x36", 450ihp, 8kn. Day, Summers &Co., Southampton • 1880: 1(SB) Scotch 3(f) GS59 HS1545, Day, Summers &Co., Southampton • Passengers: 42 I, 46 II, 1892: 14 I, 16 II.

2.11.1857: Launch.
1857: Delivered to Norddeutscher Lloyd, Bremen as MÖWE. Service: Nordenham-England.
6.1866: Lengthened.
1873: New engine installed.

30.11.1881: Sold to DFDS, Kjøbenhavn and renamed CHARKOW. Price paid: £ 6,000.
2.12.1881: Left Bremerhaven for Copenhagen.
1882 until 1883: Service mainly: Denmark-U.K.

5.12.1882 until 9.2.1883: Rebuilt at Copenhagen.
1883 until 1898: Service now mainly: Libau-Copenhagen-Hull.

27.5.1898: Sold to Carl J.Lundvall & Co., Helsingborg. Price paid: Kr. 35,000.
28.5.1898: Resold to Johan Christoffer Hulthén, Helsingborg and renamed ONSALA.
27.1.1902: Sold to William Edgar & W.H.Satt, West Hartlepool. Name unchanged.

10.1902: Sold and on 21.3.1903: Registered as sold to A/S Dampskibsselskabet Onsala (O.A.T.Skjelbred), Christianssand without change of name. Price paid: Norwegian Kr. 54,000.

6.10.1905: On voyage Grimsby-Trelleborg with coal abandoned by the crew in a sinking condition after the engine room was flooded. The crew was picked up by a Dutch trawler AZALEA of Ymuiden.
7. or 8.10.1905: Sank off Ymuiden in the North Sea.

75. MINSK (I) 1881-1898

Cargo steamship, 2 decks, machinery aft • Built of iron • 521gt, 354nt, -dw, 1865: 688gt, 519nt, 700dw • (176.0' x 25.6' x 15.5'), 1865: -/197'6"x25'7"x16'3"/16'0" • Palmer Bros. &Co., Jarrow, Newcastle-on-Tyne, no.67 • 1S 2cyl. (2x38")x30" R.&W.Hawthorne, Newcastle, 1875: 1C 2cyl. (26"-52")x36", 450ihp, 8.3kn. Day, Summers &Co., Southampton • 1881: 1(SB) Scotch 3(f) GS60 HS1545, Day, Summers &Co., Southampton • Passengers: 12 I, 18 II.

11.2.1858: Launch.
1858: Delivered to Norddeutscher Lloyd, Bremen as SCHWAN. Service: Germany-England.
1865: Lengthened.
1870: Pilot steamer at the Weser estuary.
1875: New engine installed.
1881: New boiler installed

3.12.1881: Sold to DFDS, Kjøbenhavn (from 19.9.1890: Aalborg) and renamed MINSK. Price paid: £ 6,000.
6.12.1881: Arrived at Hull from Bremerhaven.
1882 until 1892: Service: Denmark-U.K.
1892: Service now: Copenhagen-(Korsør)-Kiel or Stettin-Copenhagen-west coast of Norway.
1893: Service: Esbjerg-Hamburg or Hamburg-Copenhagen-Baltic.

1894 until 1898: Service mainly: Stettin-Copenhagen-Liverpool-Manchester.

2.7.1898: Sold to Dampskibsactieselskabet Minsk (H.Haslum), Moss without change of name. Price paid: Kr. 35,000.

3.1905: Broken up at Moss.

76. ROMNY (I) 1881-1898

Cargo steamship, 2 decks, machinery aft • Built of iron • 523gt, 355nt, -dw, 1866: 692gt, 510nt, 720dw • (176.4' x 25.6' x 15.5'), 1866: -/197'6"x25'7"x16'3"/16'0" • Palmer Bros. &Co., Jarrow, Newcastle-on-Tyne, no.65 • 1S 2cyl. (2x38")x30", 203ihp, R.&W.Hawthorne, Newcastle, 1874: 1C 2cyl. (26"-52")x36", 450ihp, 9kn, Day &Summers &Co., Southampton • 1881: 1(SB) Scotch 3(f) GS53 HS1568, Day &Summers &Co., Southampton • Passengers: 14 I, 12 II.

22.9.1857: Launch.
10.1857: Delivered to Norddeutscher Lloyd, Bremen as ADLER. She was the first sea going vessel in the Norddeutscher Lloyd fleet.
28.10.1857: Maiden voyage Nordenham-London.
1866: Lengthened.
1874: New engine installed.
1881: New boiler installed.

10.12.1881: Sold to DFDS, Kjøbenhavn and renamed ROMNY. Price paid: £ 5,000.
16.12.1881: Left Bremerhaven for Copenhagen.
20.12.1881: Left Copenhagen.
1881 until 1898: Service mainly: Hull-Copenhagen-Libau.
1885 until 1891: Occasionally in service: Copenhagen-Granton-the Faroes-Iceland.
1891 until 1893: Service also: Stettin-Copenhagen-west coast of Norway.

24.3.1898: Sold to A.Lodders, Riga without change of name.
22.5.1898: Arrived at Copenhagen from Hull and taken over by her new owners. Price paid: £ 1,950.
About 1903: Sold to N.Schnobel, Libau. Name unchanged.

2.1909: Condemned and broken up at Boulogne.

77. TULA (I) 1881-1897

Cargo steamship, 2 decks, machinery aft • Built of iron • 521gt, 354nt, -dw, 1866: 695gt, 521nt, -dw • (176.0' x 25.7' x 15.5'), 1866: -/197'6"x25'7"x16'3"/16'0" • Palmer Bros. &Co., Jarrow, Newcastle-on-Tyne, no.68 • 1S 2cyl. (2x38")x30", 203ihp, R.&W.Hawthorne, Newcastle, 1874: 1C 2cyl. (25"-52")x36", 450ihp, 9kn. Day, Summers &Co., Southampton • 1881: 1(SB) Scotch 3(f) GS56 HS1545, Day, Summers &Co., Southampton • Passengers: 16 I, 9 II.

4.12.1857: Launch.
1.1858: Delivered to Norddeutscher Lloyd, Bremen as SCHWALBE.
1861: Service to Helgoland. Later chartered by the Spanish Government.
1866: Lengthened.
1874: New engine installed.
1881: New boiler installed.

10.12.1881: Sold to DFDS, Kjøbenhavn and renamed TULA. Price paid: £ 5,000.
11.12.1881: Left Bremerhaven for Copenhagen.

16.12.1881: Left Copenhagen for Newcastle via Frederikshavn.
14.7.1882 until 14.9.1882: Rebuilt at Copenhagen.
1882 until 1889: Service: Baltic-Copenhagen-U.K. or Esbjerg-U.K.
1890 until 1896: Service mainly: Baltic-Copenhagen-Hamburg.
1894 until 1896: Service also: Stettin-Copenhagen-west coast of Norway.

21.12.1896: Sank alongside quay at Refshaleøen, Copenhagen after the anchor had penetrated the hull during manoeuvring. Salved by Svitzer.
28.2.1897: Sold in a damaged condition to Rudolph Neugebauer, Hamburg and handed over 23.3.1897. Price paid: Marks 23,000.
3.1897: Broken up at Hamburg.

78. HVEEN 1882-1900

Passenger steamship, 1 deck • Built of iron and steel • 202gt, 113nt, 100dw, 144'1.5"/137'9"x 22'5"x15'5"/9'10" • Lindholmens Mek. Werkstad, Gothenburg, no.296 • 1C 2cyl. (23.5"-43")x 23.5", 400ihp, 12kn. Motala Mek. Verkstads A/B, Motala • 1(SB) Scotch 3(f) GS49 HS1500, 1901: 1(SB) Scotch 2(f) GS38 HS1476, A/S Burmeister & Wain's Maskin-og Skibsbyggeri, Copenhagen • Passengers: 29 I, 2 II, 686 (in the Sound).

12.1881: Launch.
2.1882: Delivered to DFDS, Kjøbenhavn. Price paid: Kr. 160,000. Service: Copenhagen-Malmö, and in the Sound.

1.3.1900: Sold to Svenska Rederi A/B Öresund, Malmö and renamed HVEN. Price paid: Kr. 72,000.
1901: New boiler installed.

15.5.1922: Sold to A/S Dampskibsselskabet Øresund, Kjøbenhavn. Name unchanged. Price paid: Swedish Kr. 50,000.
15.3.1929: Sold to Svenska Rederi A/B Öresund, Malmö. Name unchanged.

22.10.1939: Reported sold to Petersen & Albeck, Copenhagen for demolition. Price paid: Swedish Kr. 12,950. Broken up at the end of the year.

79. SALTHOLM 1882-1900

Passenger steamship, 1 deck • Built of iron and steel • 202gt, 113nt, 65dw • 144'1.5"/137'9"x 22'5"x15'5"/8'4" • Lindholmens Mek. Werkstad, Gothenburg, no.297 • 1C 2cyl. (23.5"-42.75")x23.5", 400ihp, 11.7kn. Motala Mek. Verkstads A/B, Motala • 1(SB) Scotch 3(f) GS49 HS1500, 1902: 1(SB) Scotch 2(f) GS38 HS1476, A/S Burmeister & Wain's Maskin-og Skibsbggeri, Copenhagen • Passengers: 29 I, 2 II, 686 (in the Sound).

18.1.1882: Launch.
4.1882: Delivered to DFDS, Kjøbenhavn. Price paid: Kr. 160,000. Service: Copenhagen-Malmö, and in the Sound.

31.3.1900: Sold to A/S Dampskibsselskabet Øresund, Kjøbenhavn without change of name.
1902: New boiler installed.
27.10.1916: Sold to the Danish Navy, in service as a patrol vessel. Price paid: Kr. 100,000.
17.2.1919: Resold to A/S Dampskibsselskabet Øresund, Købenavn. Price paid: Kr. 45,000.
23.11.1936: Sold to Laevaühing G.Sergo & Ko., Tallinn and renamed KUMARI. Price paid: Kr. 16,000.
28.8.1941: Lost simultaneously with VIRONIA (no.184) after a mine explosion off Kap Juminda.

80. LAURA   1882-1910

Passenger and cargo steamship, 2 decks • Built of iron • 1068gt, 689nt, 960dw • 229'6"/220'8"x 30'3"x24'0"/16'0" • A/S Burmeister & Wain's Maskin-og Skibsbyggeri, Copenhagen, no.124 • 1C tandem 4cyl. (2x24"-48")x32", 750ihp, 11.5kn. • 2(SB) Scotch 4(pf) GS84 HS3100 • Passengers: 46 I, 44 II, 120 in all.

15.7.1882: Launch.
9.11.1882: Delivered to DFDS, Kjøbenhavn.
14.11.1882: Left Copenhagen, in service: Copenhagen-Leith-the Faroes-Iceland. From 1884 until 1896 she called at Granton instead of Leith.
Apart from the Iceland service she only made a few other trips: 16.12.1895 until 24.12.1895: Copenhagen-Newcastle-Copenhagen, 25.12.1905 until 1.1.1906: Copenhagen-Königsberg-Copenhagen, 6.9.1906 until 19.9.1906: Copenhagen-St.Petersburg-Copenhagen, 20.11.1907 until 24.11.1907: Copenhagen-Stettin-Copenhagen, 9.12.1908 until 31.12.1908: Copenhagen-Stettin-west coast of Norway-Copenhagen and 25.12.1909 until 3.1.1910: Copenhagen-Königsberg-Copenhagen.
16.3.1910: On voyage Seydisfjord-Saudarkrok with passengers and general cargo, grounded at Skagastrand, Iceland and wrecked. All crew and passsengers were saved. The wreck was sold for Kr. 1,500. She made 204 trips to Iceland during her 28 years of service.

81. STOREBELT 1883-1922

Cargo steamship, 2 decks • Built of iron • 589gt, 328nt, 540dw • 198'6"/188'8"x27'0"x14'9"/13'6.5" • Lobnitz, Coulborn &Co, Renfrew, no.176 • 1C 2cyl. (32"-60")x36", 710ihp, 10kn. • 2(SB) Scotch 4(pf) GS86 HS2279 • Passengers: 12.

10.12.1879: Launch.
2.1880: Delivered to A/S Det lollandsk-engelske Dampskibsselskab (G.Bøttern), Nakskov. Price paid: £ 14,350. Service: Denmark-Newcastle.

4.1.1883: Sold to DFDS, Nakskov (from 20.6.1914: Odense).
3.1.1883: Left Nakskov for Newcastle via Svendborg and Nyborg.
1883 until 1922: Service mainly: Denmark-Newcastle.
1914 and 1915: Service also: Sweden-U.K.
1915 until 1921: Occasionally Denmark-Leith.
1919 and 1920: Service also: Esbjerg-Grimsby.

1.1.1922: On voyage Odense-Newcastle with agricultural products lost the propeller during a gale in the Northsea off Hirtshals. Set sail and continued, but later anchored approaching the coast.
2.1.1922: Drifted ashore at Hirtshals after the anchor chain broke.
23.1.1922: Refloated and towed to Frederikshavn by S/S VIKING of Kjøbenhavn 386/04 and SEJRØ (no.12A).
7.3.1922: Docked for inspection, but was found not worth repairing.
23.3.1922: Sold to Mezz & Bleckwehl, Hamburg for demolition. Price paid: Kr. 26,600.
10.1922: Reported broken up.

STOREBELT beached off Hirtshals, close to the lighthouse.

82. LOLLAND 1883-1909

Cargo steamship, 1 deck and hur • Built of iron • 493gt, 284nt, 584dw, 178'0"/173'7"x26'6"x 19'2"/13'5" • H.McIntyre &Co., Merksworth Yard, Paisley, no.84 • 1C 2cyl. (24"-48")x30", 420ihp, 10kn., Hutson &Corbett, Glasgow • 2(SB) Scotch 4(pf) GS62 HS1386, Hutson &Corbett, Glasgow • Passengers: 5.

31.1.1882: Launch.
7.3.1882: Trial and delivered to A/S Det lollandsk-engelske Dampskibsselskab (G.Bøttern), Nakskov. Service: Denmark-Newcastle.

4.1.1883: Sold to DFDS, Nakskov (from 30.1.1909: Odense).
7.1.1883: Left Nakskov for Newcastle via Svendborg and Nyborg.
1883 until 1909: Service mainly: Denmark-Newcastle.
1888 until 1890: Service now: Esbjerg-Hull.
1890 until 1903: Service also: Denmark-Leith.

1.9.1909: On voyage Newcastle-Nakskov with coal capsized and sank in the North-sea after the cargo had shifted during heavy weather. All hands saved.

83. VESUV 1883-1902

Passenger and cargo steamship, 1 deck • Built of iron • 949gt, 660nt, 945dw • 219'2"/214'0"x30'5"x 14'6"/15'10" • Murdoch &Murray, Port Glasgow, no.55 • 1C 2cyl. (28"-50")x36", 425ihp, 7.5kn., W.King &Co., Glasgow • 1(SB) Scotch 3(f) GS63 HS2182, W.King &Co., Glasgow • Passengers: 8 I, 30 deck.

17.5.1881: Launch.
2.7.1881: Trial.
7.1881: Delivered to John MacFarlane, Glasgow as CORSICAN.

26.3.1883: Sold to DFDS, Kjøbenhavn and renamed VESUV. Price paid: £ 16,300.
7.4.1883: On her first voyage for DFDS Glasgow-Hull in ballast collided with the S/S CONTEST 524/79 on the River Humber and sank.

25.4.1883: Refloated after 308 tons of mud had been discharged from the hull. Taken to Hull.
4.5.1883: Placed on Bailey's slip.
15.7.1883: Left Hull for Copenhagen after repairs. Service: Baltic-Copenhagen-U.K., e.g. Libau-Copenhagen-Hull/London or Baltic-Copenhagen-France/Spain/Portugal/Italy.

13.3.1902: Sold to Continentale Reederei A.G., Hamburg. Price paid: £ 5,000.

26.3.1902: Arrived at Hull and taken over by her new owners and renamed HITTFELD.
1910: Sold to D.Los, Piraeus and renamed ELENI.
8.1916: Sold to Cie. Generale Transatlantique, Marseille and renamed VENDEE.

14.7.1918: Torpedoed and sunk by the German submarine UB-103 16 miles SW of Cordouan in the Mediterranean.

84. PERM 1883-1917

Cargo steamship, 2 decks • Built of iron and steel • 1132gt, 733nt, 1125dw • 246'0"/235'0"x30'0"x 16'0"/15'2" • A/S Burmeister & Wain's Maskin-og Skibsbyggeri, Copenhagen, no.121 • 1C tandem 4cyl. (2x24"-2x48")x32", 750ihp, 10.25kn. • 2(SB) Scotch 4(pf) GS84 HS3230 • Passengers: 16.

31.5.1883: Delivered to DFDS, Kjøbenhavn.
1.6.1883: Left Copenhagen for Hull.
1883 until 1890: Service: Baltic-Copenhagen-U.K./France.
1890 until 1911: Service mainly: London-Copenhagen-Libau.
6.12.1897: Arrived at London and equipped with a refrigeration plant.
1906 and 1907: Occasionally called at Hull instead of London.
1912 until 1914: Service now: London-Libau.
1914 until 1915: Service: Denmark-U.K.
1915 until 1916: Service now: Copenhagen-Mediterranean.
8.1917: Time charter to U.K.

28.11.1917: On voyage Cardiff-St.Malo with coke torpedoed and sunk by a submarine in the Channel. Two men were lost.

85. KOLDINGHUUS 1883-1904 / DEPOTSKIB I 1904-1906

Passenger and cargo paddle steamer, 2 decks • Built of iron • 1057gt, 610nt, 450dw • (269.1' x 39.5'/30.1' x 39.5') • Lobnitz &Co., Renfrew, no.227 • 2C diagonal oscillating 2x2cyl. (32"-58")x90", 1600ihp, 12.5kn. • 4(SB) Scotch 12(f) GS225 HS5044 • Passengers: 48 I, 70 deck.

24.4.1883: Launch.
6.1883: Delivered to DFDS, Kjøbenhavn (from 9.4.1888: Aarhus, 1.4.1889: Kjøbenhavn, 20.4.1895: Esbjerg). Price paid: £ 37,200.
15.7.1883: Left Copenhagen for Esbjerg.
19.7.1883: In service: Esbjerg-Harwich.
21.10.1887: Arrived at Copenhagen from Esbjerg and laid up. Equipped with extra accommodation at A/S Burmeister & Wain for service: Copenhagen-Aarhus during an exhibition.
26.5.1888: Trial after conversion.
23.6.1888: In service: Copenhagen-Aarhus.
14.4.1889: Left Copenhagen for Esbjerg.
24.4.1889: Returned to service: Esbjerg-Harwich.
25.11.1892 until 26.3.1893: Service now: Esbjerg-Hamburg.
29.3.1893 until 4.6.1893: Service changed to: Esbjerg-Harwich/Hamburg.
6.6.1893 until 1903: Service now: Esbjerg-Harwich.
11.4.1897 until 30.4.1897: Refrigeration plant, type J. & E.Hall, London, installed at Renfrew by the builder.

5.1.1903: On voyage Harwich-Esbjerg with passengers and general cargo stranded on the SW coast of Fanø. Passengers and crew were saved by the life boat from Sønderho.
6.4.1903: Refloated by Svitzer and towed to Esbjerg.
16.11.1904: Renamed DEPOTSKIB I, homeport now Kjøbenhavn. Used as a storage vessel.

2.8.1906: Sold to Petersen & Albeck, Copenhagen for demolition. Price paid: Kr. 49,000.
2.8.1906: Sold to Harburg/Hamburg for demolition and left Copenhagen the same day, towed by ANHOLT (no.8A). Price paid: mark 60,000.

KOLDINGHUUS in the port of Esbjerg.

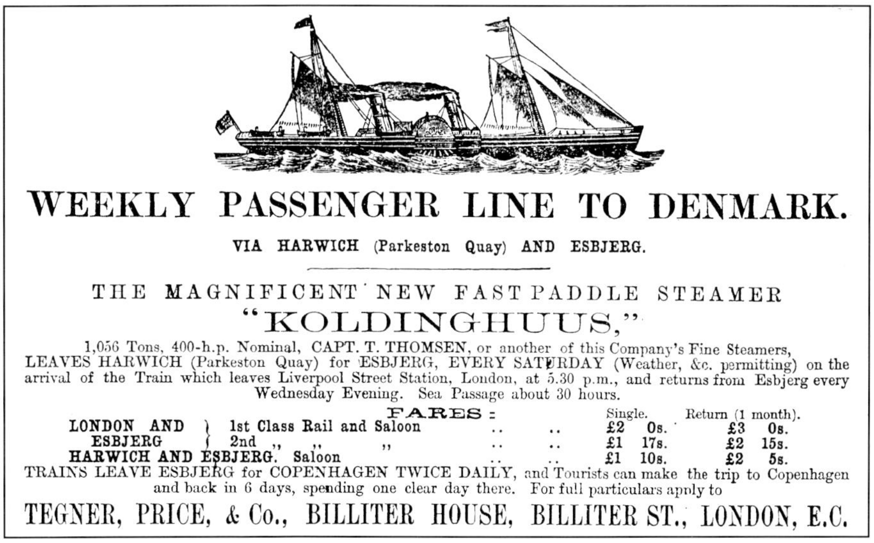

Advertisement from East Anglian Daily Times, 5. June 1885.

KOLDINGHUS beached on the island of Fanø.

86. KASAN 1883-1926

Cargo steamship, 1 deck • Built of iron and steel • 1132gt, 734nt, 1266dw • 246'0"/235'0"x30'0"x 16'0"/17'0" • A/S Burmeister & Wain's Maskin-og Skibsbyggeri, Copenhagen, no.122 • 1C tandem 4cyl. (2x24"-2x48")x32", 750ihp, 10.25kn. • 2(SB) Scotch 4(pf) GS84 HS3230 • Passengers: 16.

7.4.1883: Launch.
6.8.1883: Delivered to DFDS, Kjøbenhavn (from 18.4.1923: Esbjerg).
6.8.1883: Left Copenhagen for Königsberg on her maiden voyage.
1883 until 1907: Service: Baltic-Copenhagen-U.K./France/Spain/Italy, 1885 until 1897: mainly: London-Copenhagen-Königsberg and 1897 until 1907: mainly: London-Copenhagen-Libau.
1897: Refrigeration plant installed.
1909 until 1914: Service now: London-Libau.

30.7.1914 until 16.7.1915: Detained at Libau.
1915 until 1917: Service: Denmark-U.K.
18.8.1917 until 27.5.1919: Time chartered to the British Government.
1920: Service: Denmark-U.K./France.
1922 until 1925: Service now: Esbjerg-Harwich/Grimsby/Antwerp/London.
27.8.1925: Arrived at Esbjerg from London and laid up.
7.10.1925: Left Esbjerg for Copenhagen with arrival two days later and laid up.

5.3.1926. Sold to Hans Petersen, Kjøbenhavn and renamed PRINS HAMLET. Price paid: Kr. 25,000. Converted into an exhibition vessel, engine removed.
2.2.1935: Sold to Henry Andersen, København.

2.12.1936: Reported broken up at Teglholmen, Copenhagen.

Exhibitionship PRIS HAMLET.

87. ETNA   1883-1891

Cargo steamship, 1 deck and sp • Built of iron. • 1067gt, 766nt, 1270dw • -/218'0"x28'4.5"x14'7"/17'3" • Georg Howaldt, Kiel-Dietrichsdorf, no.84 • 1C 2cyl. (23"-43")x35", 450ihp, 7kn. • 2(SB) Scotch 2(f) GS51.

7.1883: Delivered to A.C. de Freitas & Co., Hamburg as A.C.DE FREITAS.

9.10.1883: Sold to DFDS, Kjøbenhavn and renamed ETNA. Price paid: Kr. 322,500.

18.10.1883: Left Antwerp for Copenhagen. Service: Baltic-Copenhagen-Spain/Italy.

3.12.1891: On voyage Italy-Copenhagen with a cargo of 200 tons of sherry, 200 tons of oil, cork and citrus fruits stranded at Vedersø Klit, Husby Strand. All hands saved. Several salvage attempts by Svitzer were in vain.

9.6.1892: Sold at auction to Chr.G.Fischer, Copenhagen. Price paid: Kr. 12,870.

2.1893: Some parts of the cargo were salved.

88. UNION   1883-1924

Cargo steamship, 2 decks • Built of iron • 556gt, 298nt, 635dw, 1892: 542gt, 292nt, 497dw • (183.5' x 25.8' x 19.7'), 1892: 197'0"/188'9"x25'9"x14'3"/13'3.5" • Lobnitz, Coulborn &Co., Renfrew, no.149 • 1C tandem 4cyl. (2x20"-2x40")x36", 450ihp, 10kn. • 2(SB) Scotch 4(f) GS72 HS1978, 1892: 2(SB) Scotch 4(pf) GS73 HS2020, A/S Burmeister &Wain's Maskin-og Skibsbyggeri, Copenhagen • Passengers: 7.

193

5.5.1875: Launch.
1875: Delivered to A/S Nordjyllands Dampskibsselskab af 1874 (L.K.Kier), Aalborg. Price paid: £ 18,000. Service: Aalborg-Frederikshavn-Newcastle.

27.12.1883: Sold to DFDS, Aalborg (from 16.7.1890: Horsens, 23.5.1901: Aarhus, 8.2.1909: Aalborg, 20.6.1914: Odense). Price paid: Kr. 250,000.
3.1.1884: Left Aalborg for Newcastle.
1884 until 1914: Service mainly: Denmark-Newcastle.
17.2.1887 until 3.1887: Chartered to Sydsvenska Ångfartygs A/B, Malmö for their Malmö-Helsingborg-Newcastle service.
1892 until 1904: Service also: Denmark-Leith.
2.12.1892 until 2.1.1893: Rebuilt and new boilers installed by A/S Burmeister & Wain, Copenhagen.
1914 until 1919: Service now: Denmark-U.K.

UNION in Svendborg

1920 until 1923: Service mainly: Esbjerg-Grimsby/Harwich/Antwerp or Denmark-Newcastle/Leith.

25.2.1924: Sold to Schubert & Krohn, Dortmund together with GEORG (no.64) and OLGA (no.65) for demolition.
2.1925: Reported broken up.

89. EXPRES 1883-1929

Cargo steamship, 2 decks • Built of iron • 654gt, 380nt, 640dw • 217'6"/208'5"x27'4"x14'9"/14'0" • Flensburger Schiffbau-Gesellschaft, Flensburg, no.38 • 1C 2cyl. (32.5"-60")x36", 670ihp, 11.5kn. • 2(SB) Scotch 4(pf) GS81 HS2922 • Passengers: 10 I, 8 II.

25.3.1881: Launch.
14.5.1881: Delivered to A/S Nordjyllands Dampskibsselskab af 1874 (L.M.Kier), Aalborg. Service: Jutland-England with agricultural products.

27.12.1883: Sold to DFDS, Aalborg (from 20.4.1895: Esbjerg, 25.8.1904: Aalborg, 5.12.1921: Esbjerg).
1884 until 1889: Service mainly: Denmark-Newcastle.
1888 until 1899: Service: Esbjerg-Harwich. Occasionally: Esbjerg-Grimsby/ilbury/Altona.

25.1.1891: Pressed aground at Fanø by ice.
11.2.1891: Refloated.
1897: Refrigeration plant installed.
1898 until 1904: Service now mainly: Esbjerg-Grimsby.
1904 until 1906: Service again: Denmark-Newcastle.
1906 until 1912: Service now: Sweden-Grimsby.
1912 until 1914: Service: Copenhagen-Newcastle.
1914 until 1923: Service mainly: Denmark-U.K./Newcastle/Leith or Esbjerg-Grimsby.

20.9.1922: Inaugurated a new service: Esbjerg-Dunkirk.
1923: Service: Hull-Malmö-Halmstad.
1924 until 1927: Domestic service.
4.9.1928 until 23.12.1928: Service now: Aalborg-Hamburg.

19.9.1929: Sold to John Carlbom, Karlshamn for demolition. Price paid: £ 2,100.

90. HELSINGBORG (II) 1884-1900

Passenger steamship, 1 deck • 180gt, 101nt, 68dw • 150'0"/140'0"x20'5"x9.5"/9'5" • Lindholmens Mek. Werkstad, Gothenburg, no.313 • 1C tandem trunk 4cyl. (2x14"-2x28")x18", 240ihp, 11kn., A/S Burmeister & Wain's Maskin-og Skibsbyggeri, Copenhagen [1] • 1(SB) Scotch 2(f) GS36 HS869, A/S Burmeister & Wain's Maskin- og Skibsbyggeri, Copenhagen. 1898: 1(SB) Scotch 2(f) GS37 HS926, A/S Burmeister & Wain's Maskin-og Skibsbyggeri, Copenhagen • Passengers: 22 I, 8 II, 605 deck.

11.6.1884: Delivered to DFDS, Kjøbenhavn. Price paid: Kr. 97,000, the old HELSINGBORG (no.39) was also a part of the payment. Service: In the Sound.

31.3.1900: Sold to A/S Dampskibsselskabet Øresund (J.Krogh), Kjøbenhavn without change of name.
22.4.1912: Renamed LANDSKRONA.

10.9.1918: Sold to A/S Dampskibsselskabet Fornæs (O.L.Lassen), Kjøbenhavn and renamed GRENAA. For about three months in service: Grenaa-Hundested.
4.9.1919: Sold to A/S Dampskibsselskabet Oregon (Brødrene Bartholdy), Kjøbenhavn without change of name. Service: Copenhagen-Danzig-Libau-Memel.

2.5.1923: After liquidation of the company sold to Otto Emanuel Møllnitz, Kjøbenhavn. Price paid: Kr. 25,000. The same day resold to H.Diederichsen, Kiel for demolition.

---
[1] Engine and boiler built 1876 for the former HELSINGBORG (no.39).

91. VENDSYSSEL 1884-1922

Cargo steamship, 2 decks • Built of iron • 572gt, 363nt, -dw, 1885: 792gt, 549nt, 900dw • 196'3"/187'0"x27'4"x21'3"/16'0" • C.Mitchell &Co., Low Walker Yard, Newcastle, no.341 • 1C 2cyl. (25.5"-48")x33", 350ihp, 8.5kn., Blair &Co. Ltd., Stockton • 1876: 1(SB) Scotch 4(f) GS41, Blair &Co. Ltd., Stockton, 1889: 1(SB) Scotch 3(cf) GS52 HS1532, A/S Burmeister &Wain's Maskin-og Skibsbyggeri, Copenhagen • Passengers: 6.

16.12.1876: Launch.
2.1877: (6.2.1877: Last survey by Lloyd's Register) Delivered to William George Nelson (42/64 shares) & Henry Thomas Cloake (22/64 shares), London as MINTHA.
29.6.1883: Sold to A/S Dampskibet Vendsyssel (S.Jensen), Aalborg and renamed VENDSYSSEL. Price paid: £ 11,500.

1.8.1884: (Already taken over by DFDS 24.4.1884) Sold to DFDS, Kjøbenhavn.
1884 until 1898: Services: Baltic-Copenhagen-Northsea/France.
1884 until 1885: Rebuilt by A/S Burmeister & Wain.

4.6.1889 until 27.7.1889: New boiler installed.
4.8.1898 until 1902: In service: Stettin-Copenhagen-Manchester-Liverpool.
1900 until 1917: In service: Copenhagen-Leith-the Faroes-Iceland or Stettin-Copenhagen-Christiania/west coast of Norway or Baltic-Copenhagen-Antwerp-Western Mediterranean/Portugal. Occasionally in other services.
1917 until 1921: Service mainly: Denmark-U.K.
14.8.1917 until 14.7.1919: Time chartered by "Fragtnævnet" (see no.6).

17.12.1921: Arrived at Copenhagen and laid up.
3.6.1922: Sold to Michael Jebsen, Hamburg. Price paid: Kr. 25,000. Immediately resold to Lerhid GmbH, Danzig and renamed GDYNIA.
9.9.1924: Sold to Dampskibsselskabet Mars A/S (Hans Anton Chr.Nellermann Svenningsen), Kjøbenhavn and renamed FULTON.
24.2.1926: Sold to Frands William Sternow & Frederik Chr.Knudsen Almsted, Kjøbenhavn without change of name.
25.6.1930: Left Svendborg with 32 fishermen for herring fishery off Iceland.

23.2.1932: Sold to M.Anaghnostakis, Canea and renamed LITA. Price paid: Kr. 9,000.
1937: Sold to Michail A.Karageorgis, Piraeus and renamed MENIS.

1937: Sold to M.Tzounis, Piraeus. The fore part was cut off and scrapped. The aft part was converted into a floating crane. Later sold to Mr.Papadakis, Piraeus. Finally sold to the Piraeus Port Authority, which immediately sold her for demolition.
1959/61: Broken up.

92. MORSØ 1884-1922

Cargo steamship, 2 decks • Built of iron • 491gt, 325nt, -dw, 1885: 681gt, 486nt, 670dw • 180'0"/171'3"x25'9"x14'2"/14'7.5" • H.McIntyre &Co., Merksworth Yard, Paisley, no.101 • 1C 2cyl. (20"-40")x30", 250ihp, 8kn., R.H.Pearson &Co., Glasgow • 1(SB) Scotch 2(pf) GS49 HS1504, A.Nicholson &Co., Glasgow • Passengers: 4.

23.7.1883: Launched for Johs. Gronsund & Co., London. But before delivery sold to Aalborg.
10.1883: Delivered to A/S Dampskibet Morsø af 1883 (S.Jensen), Aalborg. Price paid: £ 13,150.

1.8.1884: (Taken over already 9.4.1884) Sold to DFDS, Kjøbenhavn. Service mainly: Baltic-Copenhagen-Northsea/France/Portugal.
1885: Upper deck closed in at A/S Burmeister & Wain.
From 1893 onwards frequently in service: Stettin-Copenhagen-west coast of Norway/Christiania.
1902 until 1907: Occasionally in service: Copenhagen-east coast of Sweden.
24.7.1917 until 12.6.1918: Time charter to "Fragtnævnet" (see no.6).
4.7.1918 until 31.8.1918: Time chartered to "Styrelsen for Kolonierne i Grønland".
31.8.1918 until 15.11.1918 and 28.12.1918 until 13.6.1919: Time charter to "Fragtnævnet".
17.12.1921: Laid up at Copenhagen.

Members of the crew on the poop, at the emergency steering gear and the binnacle.

10.3.1922: Sold to "Zwift" Handels-und Schiffahrts GmbH (Alfred Homuth), Hamburg and renamed FRIESLAND.
1925: Sold to Alfred Homuth GmbH, Hamburg and renamed RUSSLAND.

1926: Sold to Deutsche Vieh-Seetransport GmbH, Altona and renamed TRANSPORT I.

1927: Broken up.

93. KNUTHENBORG 1884-1916

Cargo steamship, 1 deck • Built of iron • 501gt, 284nt, 520dw • 184'9"/179'4"x26'0"x14'2"/14'1" • Kockums Mekaniska Verkstads A/B, Malmö, no.25 • 1C 2cyl. (27.25"-46.75")x29.25", 500ihp, 11kn. • 2(SB) Scotch 4(f) GS60 HS1772, 1908: 2(SB) Scotch 4(pf) GS58 HS1506, A. & W.Dalglish, Glasgow • Passengers: 6 I.

7.1879: Ordered.
9.4.1880: Launch.
5.1880: Delivered to A/S Dampskibsselskabet Bandholm-England, Bandholm. Price paid: Kr. 220,000. Service mainly: Danmark-Newcastle.

6.10.1884: (Taken over 23.9.1884) Sold to DFDS, Bandholm (from 18.5.1901: Odense). Price paid: Kr. 230,000.
1884 until 1916: Service mainly: Denmark-Newcastle.
1903 until 1906: Service now mainly: Grimsby-Swedish ports.
24.5.1908 until 30.7.1908: New boilers installed.

27.6.1916: On voyage Grimsby-Newcastle in ballast sank 7-8 miles S of Flamborough Head after a collision with RHÔNE (no.222). All hands saved by RHÔNE.

94. OMSK 1884-1917

Cargo steamship, 2 decks and sp • Built of iron • 1590gt, 1115nt, 1774dw • 260'8"/250'0"x33'6"x 24'9.5"/18'0" • A/S Burmeister & Wain's Maskin-og Skibsbyggeri, Copenhagen, no.131 • 1C 2cyl. (33"-60")x36", 750ihp, 9kn. • 2(SB) Scotch 6(f) GS108 HS2960 • Passengers: 20 I, 4 II.

OMSK in an unknown port.

Courtesy of Peabody Museum, Salem.

10.10.1883: Ordered.
16.8.1884: Launch.
22.10.1884: Delivered to DFDS, Kjøbenhavn. Price paid: Kr. 558,000.
23.10.1884: Left Copenhagen for Stettin. In service: Baltic-Copenhagen-Spain.
23.9.1887: Left St.Petersburg inaugurating the new service: Baltic-Copenhagen-Antwerp-Mediterranean-Black Sea.
28.8.1897: Arrived at St.Petersburg on her last trip in the Black Sea service.
1897 until 1906: Service mainly: Baltic-Copenhagen-Northsea/France/Western Mediterranean.
1907 until 1914: Service mainly: Hull-(Copenhagen)-Libau.

31.7.1914 until 16.7.1915: Detained at Libau due to the World War.
1915: Service: Copenhagen-Mediterranean or Denmark-U.K.

15.1.1917: On voyage Leith-Genoa with coal, torpedoed and sunk by a German submarine with gunfire, about 93 miles W of Bishop Rock. All crew saved.

95. BRYDEREN   1884-1947

Icebreaker and passenger steamship, 1 deck • Built of iron and steel • 417gt, 181nt, 315dw • 142'0"/131'7"x32'0"x15'0"/15'0" • Kockums Mekaniska Verkstads A/B, Malmö, no.41 • 1C 2cyl. (35"-64.25")x35", 1000ihp, 9kn., 1930: 1T 3cyl. (22"-35"-64.25")x35", 1400ihp, 10kn. • 2(SB) Scotch 6(f) GS97 HS3021, 1930: 2(SB) Scotch 4(f) GS88 HS3061, A/S Helsingørs Jernskibs-og Maskinbyggeri, Elsinore • Passengers: 29 I, 12 II, 64 deck, 744 in the Sound.

10.12.1883: Launch.
14.11.1884, 16.11.1884 and 2.12.1884: Trials.
10.12.1884: Delivered to DFDS, Kjøbenhavn. Price paid: Kr. 389,000. She was built in order to maintain the services in the Sound during ice winters. DFDS had a ten-year contract with the city of Malmö for an all year round passenger and mail service: Malmö-Copenhagen. At that time these routes were serviced by paddle steamers, which were unsuitable for ice passage.
1886: Icebreaking at Stettin.
4.1889: Chartered to the Finnish Senate for an expedition to Hangö. The port had been closed by the ice from 7.2.1889.
16.4.1889: Arrived at Hangö. However, during manoeuvering in port she lost all the screw blades. Assisted by VESUV (no.83) new screw blades were fitted and 20.4.1889 she had finished icebreaking at the port of Hangö.

16.2.1893: Arrived at Copenhagen from Malmö after a 26 hours passage! (distance = 10-12 miles). For a few weeks during the winter 1893 she was probably the only vessel in service in the Sound.
19.3.1893. Arrived at Libau after the harbour had been closed by ice for 53 days.
1906: Converted for diving purposes by A/S Burmeister & Wain, Copenhagen.
27.1.1922: Left Copenhagen together with NIELS EBBESEN (no.160) for Bay of Riga.
2.1922: Assisted TAARNHOLM (no.240) and other vessels which were detained by the ice at Riga.
2.1924: Chartered to Swedish authorities for icebreaking at Halmstad.
1930: Rebuilt by Frederikshavns Værft og Flydedok A/S, Frederikshavn. Engine rebuilt. New boilers installed.
18.1.1931: Arrived at Copenhagen after rebuilding.

10.2.1931: According to a contract she was placed at the Danish State's disposition for icebreaking.
12.8.1940: Agreement with the State terminated.
1.1942 until 3.1942: In service as an icebreaker.

4.3.1947: Sold to Głowny Urząd Morski, Szczecin. Price paid: Kr. 463,000.
5.3.1947: Left Copenhagen for Trelleborg.
9.3.1947: Taken over at Trelleborg by her new owners and renamed POSEJDON.
About 1956: Taken over by Polskie Ratownictwo Okrętowe (Polish Shipping Salvage & Rescue Co.), Gdynia. Name unchanged. In service in Zalew Szczecinski [Bay of Szczecin] during ice winters.
11.1960: Discarded. Temporarily used as a steam supply for the oil factory "Migała", Gdansk.
1962: Broken up in Poland.

BRYDEREN after conversion

POSEJDON (left) at salvage work.

96. NORDJYLLAND 1884-1916

Cargo steamship, 1 deck and aw. • Built of iron • 958gt, 670nt, 1080dw • 215'4"/209'0"x28'4"x 20'8"/16'0" • D.Baxter & Co., Sunderland, no.31 • 1C 2cyl. (26"-50")x33", 540ihp, 8kn., Hutson & Corbett, Glasgow • 1(SB) Scotch 3(f) GS56 HS1907, Hutson & Corbett, Glasgow • Passengers: 12 I, 10 deck.

1.1.1884: Contract taken over from A/S Nordjyllands Dampskibsselskab af 1874, Aalborg by DFDS.
8.4.1884: Launch. Builder went bankrupt. Instead completed by J.L.Thompson & Sons, Sunderland.
8.12.1884: Delivered to DFDS, Kjøbenhavn. Price paid: £ 15,585.
9.12.1884: Arrived at Newcastle.
12.12.1884: Left Newcastle. Service: Northsea-Copenhagen-Baltic.

5.12.1904: On voyage Stettin-Libau grounded at Libau.
9.1905: Salvage attempts by ANHOLT (no.8A), D.F.D.S. 3 (no.16C) and ØRNEN (no.17).
10.1905: Salvage given up due to the weather.
7.1906: Refloated and towed to Copenhagen, where she arrived 9.7.1906.
13.7.1906: Repaired by A/S Kjøbenhavns Flydedok og Skibsværft. Price paid: Kr. 38,500.

18.8.1906: Returned to service.
1913 until 1914: Service also: Copenhagen-Leith-the Faroes-Iceland or Stettin-Copenhagen-Norway.
1914 until 1916: Service now mainly: Sweden-U.K.
4.2.1916: On voyage Malmö-Halmstad-England grounded 5 miles N of Tylö at Halmstad and wrecked. The wreck sold for demolition to Petersen & Albeck, Copenhagen for Kr. 6,500.

97. TOMSK (I) 1885-1900

Cargo steamship, 2 decks and sp • Built of iron • 1590gt, 1115nt, 1774dw, 260'8"/250'9"x33'9"x23'5"/ 18'0" • A/S Burmeister & Wain's Maskin-og Skibsbyggeri, Copenhagen, no.132 • 1C 2cyl. (33"-60")x36", 750ihp, 10kn. • 2(SB) Scotch 6(f) GS108 HS2960 • Passengers: 20 I, 4 II.

10.10.1883: Ordered. Contract price: Kr. 558,000.
21.5.1885: Trial and delivered to DFDS, Kjøbenhavn.
1885 until 1888: Service: Baltic-Copenhagen-Spain.
1888 until 1896: Service now: St.Petersburg-Copenhagen-Antwerp-Mediterranean-Black Sea.
1896 until 1900: Service mainly: Baltic-Copenhagen-Northsea/Spain/Italy.
1.12.1900: Arrived at Rotterdam.

11.12.1900: Sold to Willem Ruys & Zonen, Rotterdam and renamed JOMINA. Price paid: Kr. 216,000.

8.2.1902: On voyage Semarang-Surabaja with general cargo ran into S/S JAPARA 1248/76 and sank at the entrance to Surabaja. All hands saved.

98. M.G.MELCHIOR 1885-1947

Passenger and cargo steamship, 2 decks • Built of iron and steel • 1064gt, 672nt, 889dw • 230'0"/220'0"x30'0"x15'9"/15'0" • A/S Burmeister & Wain's Maskin-og Skibsbyggeri, Copenhagen, no.136 • 1C 2cyl. (33"-60")x36", 1350ihp, 12kn. • 2(SB) Scotch 6(f) GS136 HS3369, 1893: 2(SB) Scotch 6(f) GS117 HS3441 • Passengers: 110 I, 30 II, 300 in all.

31.1.1885: Ordered. Contract price: Kr. 442,000.
8.8.1885: Launch.
7.11.1885: Delivered to DFDS, Kjøbenhavn (from 26.5.1910: Frederikshavn, 17.9.1941: Aalborg).
30.3.1886 until 13.8.1906: Mainly in service: Stettin-Copenhagen-Christiania. Occasionally in domestic service.

22.1.1902 until 10.3.1902: Service: Esbjerg-Harwich.
15.8.1906 until 11.1.1907 and 27.4.1907 until 16.12.1907: Service now: Stettin-Copenhagen-west coast of Norway.
1908 until 1910: Service: Copenhagen-Newcastle/Riga or Esbjerg-Grimsby/Newcastle or Stettin-Copenhagen-Christiania.

1910 until 1939: Service mainly: Copenhagen-Frederikshavn-Horten-Christiania.
1923 until 1926: Service also: Copenhagen-Christiania.
26.6.1939 until 5.11.1940: Laid up at Copenhagen.

M.G.MELCHIOR after conversion in 1920es.

201

M.G.MELCHIOR in the Frederikshavn-Oslo service, with cars placed on the foredeck.

5.11.1940 until 29.1.1944: Service now: Copenhagen-Aarhus/Aalborg, or laid up.
5.3.1944 until 30.3.1944: Charter to the Germans for service: Gedser-Warnemünde.
18.4.1944: Requisitioned by the Germans.
11.5.1944: Returned to DFDS.
13.6.1944 until 26.6.1944 and 24.11.1944 until 14.1.1945: In service: Copenhagen-Aalborg.
16.1.1945 until 14.3.1945: Docked at Frederikshavn.
26.5.1945 until 8.6.1945: In service: Aarhus-Oslo with Norwegian refugees from Germany.
9.6.1945 until 26.7.1945: Service: Copenhagen/Elsinore-Aarhus/Aalborg with German refugees.
15.12.1945 until 18.1.1946: Service now: Copenhagen/Aalborg/Fredericia-Gdynia with refugees.
7.1946: Domestic service with German refugees.
7.1946: Laid up at Copenhagen.

1.9.1947. Sold to J.Asmussens Eftf., Aalborg without change of name. Price paid: Kr. 210,000. Converted for cattle transport by Københavns Kutterværft, Copenhagen.
28.6.1948: Sold to Nordiske Køleskibe A/S (A.H.Sternow), Skagen and
30.6.1948: Renamed ASTREA and left Copenhagen for Skagen.

1.2.1950: Reported broken up by Aarhus Flydedok & Maskinkompagni A/S, Århus.

M.G.MELCHIOR with nationality marks during the second World War.

202

99. KRONEN 1887-1899

Cargo steamship, 2 decks and sp • Built of iron and steel • 458gt, 262nt, 500dw • 171'9"/166'0"x 25'2"x19'7"/13'2" • Kockums Mekaniska Verkstads A/B, Malmö, no.30 • 1C 2cyl. (25.2"-44")x29.6", 450ihp, 9kn. • 2(SB) Scotch 4(f) GS50 HS1688 • Passengers: 6 I, 24 deck.

4.1881: Ordered.
12.10.1881: Launch.
18.3.1882: Delivered to A/S Det Falster-Sjællandske Dampskibsselskab (Niels Nielsen), Nykjøbing F. Price paid: Kr. 219,000.
23.4.1882: Left Denmark on her maiden voyage. Service: Cattle trade: Denmark-Newcastle.

4.4.1887: Sold to DFDS, Nykjøbing F. Price paid: Kr. 200,000.
29.5.1887: Left Copenhagen. Service remained: Denmark-Newcastle.

4.10.1899: On voyage Newcastle-Nakskov with coal and general cargo sank after a collision with S/S BLYTHVILLE of West Hartlepool 1325/77 quarter of a mile off Tyne Pier. The first engineer died due to serious burns.

100. ANTWERPEN 1887-1917

Cargo steamship, 2 decks • Built of iron and steel • 1713gt, 1228nt, 2222dw • 272'3"/262'3"x 34'10"x19'6"/18'2.5" • C.S.Swan &Hunter, Wallsend, Newcastle-on-Tyne, no.81 • 1T 3cyl. (20"-33"-54")x36", 1000ihp, 9.5kn., The Wallsend Slipway &Engineering Co. Ltd., Newcastle • 2(DB) Scotch 6(pf) GS87 HS2620, The Wallsend Slipway &Engineering Co. Ltd., Newcastle • Passengers: 4.

6.10.1883: Keel. Purchased by DFDS during construction.
15.9.1887: Launch.
15.10.1887: Trial and delivered to DFDS, Kjøbenhavn. Price paid: £ 18,750.
16.10.1887: Left Newcastle for Copenhagen and arrived three days later.
22.10.1887: Left Copenhagen on her maiden voyage.
1887 until 1897: Service: St.Petersburg-Copenhagen-Antwerpen-Mediterranean-Black Sea.
20.1.1893: On voyage Brest-Antwerp collided in the Northsea with the bark KIRSTEN of Moss 507/76. The fifteen crew members of the bark jumped on board ANTWERPEN. The bark disappeared in the fog with no trace.
1898 until 1905: Service now mainly: Baltic-Copenhagen-Northsea.
7.10.1899: On voyage Antwerp-St.Petersburg collided with S/S SUECIA 993/98 of Gothenburg, which later sank at Skagen Lightship. ANTWERPEN had got severe damage to her bow, but could proceed to Frederikshavn for repair.
1902 and 1903: Service also: Copenhagen-Boston.
1906 until 1915: Service mainly: Baltic-Copenhagen-Antwerp-Mediterranean-Constantinople. Occasionally: Copenhagen-North America.
1915: Service also: Copenhagen-South America.

20.4.1917: Requisitioned at Newcastle by the British Government (The Shipping Controller) and allocated to Foster, Hain & Read, London.

18.11.1917: On voyage Barry Dock-Rouen with coal, torpedoed by the German submarine UC-77 2 miles SSW of Runnelstone buoy in the Channel. She was beached, but was found to be beyond economical repair. Abandoned as a total loss. The crew was picked up from the lifeboats by a British warship and taken to Penzance.

101. SØNDERJYLLAND (I) 1888-1903

Passenger and cargo steamship, 1 deck and aw • 457gt, 257nt, 344dw • 172'2"/165'0"x24'0"x 11'1"/11'10" • A/S Burmeister & Wain's Maskin-og Skibsbyggeri, Copenhagen, no.146 • 1T 3cyl. (14.5"-23"-36")x24", 450ihp, 11.5kn. • 1(SB) Scotch 3(f) GS54 HS1470 • Passengers: 45 I, 16 II, 169 deck.

25.4.1887: Ordered. Contract price: Kr. 277,000.
29.10.1887: Launch.
19.1.1888: Trial and delivered to DFDS, Kjøbenhavn (from 29.3.1889: Kolding).
1888 until 1903: Service mainly: Copenhagen-Fredericia-Middelfart-Kolding.
5.1.1894 until 26.1.1894 and 19.3.1899 until 6.8.1902: Frequently in service: Stettin-Copenhagen-Gothenburg.

19.3.1903: Sold to A/S Christianssands Dampskibsselskab, Christianssand and renamed JYLLAND. Price paid: Kr. 100,000. Service: Christianssand-Frederikshavn.
23.4.1940: Captured by the Germans at Hirtshals.
27.4.1940: Arrived at Hamburg from Frederikshavn via Kiel.
4.6.1940: Requisitioned by the prize-court.
11.6.1940: Taken over by Luftwaffe, and management allocated to Leth & Co., Hamburg.
12.6.1940: Renamed OBRA.
1941: In service as a training ship at "Seeflughafen Prarow".
22.4.1944: Struck a mine and sank between Stralsund and Swinemünde in 54.12N-14.06E.

JYLLAND ex SØNDERJYLLAND at Aalborg.

JYLLAND at Frederikshavn.

102. BERGENHUUS 1888-1897

Passenger and cargo steamship, 2 decks • Built of iron • 434gt, 309nt, 540dw • -/157'0"x23'0"x 15'0"/13'6 • Burmeister & Wain, Copenhagen, no.58 • 1C tandem trunk 4cyl. (2x15"-2x30")x20", 250ihp, 7 kn. • 1(SB) Scotch 2(f) GS45 HS1035, 1883: 1(SB) Scotch 2(f) GS33 HS1065 • Passengers: 6 I, 102 deck.

16.4.1870: Ordered.
4.10.1870: Launch.
18.12.1870: Delivered to P/R (Fr. Th. Adolphs Enke), Kjøbenhavn. Service: Stettin-Copenhagen-west coast of Norway.
1883: New boiler installed.

23.1.1888: Sold to DFDS, Kjøbenhavn.
1888 until 1895: Service: Stettin-Copenhagen-west coast of Norway or Hamburg-Copenhagen-Baltic.
1895 until 1897: Denmark-Hamburg/Baltic.
7.3.1896: On voyage Horsens-Hamburg with livestock and general cargo heavily damaged after grounding at Sprogø.
22.3.1896: Refloated by Svitzer and taken to Copenhagen via Korsør.
26.3.1896 until 10.6.1896: Repaired and returned to service.

21.4.1897: Sold to S.Kvindesland, Haugesund and renamed MERCUR. Price paid: Kr. 33,000.
1898: Sold to P/R (B.Stolt-Nielsen), Haugesund without change of name.
25.10.1911: B.Stolt-Nielsen became sole owner.
13.4.1913: Registered renamed NETTO.
1914: Sold to A/S Dampskibsselskabet Robert Lea (Erik Grant Lea), Bergen and renamed ROBERT LEA.

BERGENHUUS beached on the island of Sprogø.

28.6.1914: On voyage Bergen-Liverpool via Colla Firth with 50 tons of general cargo lost sight off Ness of Sound lighthouse. Continued at slow speed, but grounded at Staura Baae rock and wrecked.

103. CHRISTIANSSUND (I) 1888-1903

Passenger and cargo steamship, 1 deck and aw • Built of iron • 574gt, 351nt, 450dw • -/180'0"x25'0"x20'8.5"/13'6" • Lobnitz &Co., Renfrew, no.190 • 1C 2cyl. (24"-44")x30", 420ihp, 9.5kn., 1923: 1T 3cyl. (13"-24.6"-36")x30", 511ihp • 1(SB) Scotch 3(pf) GS50 HS1273, 1923: 1(SB) Scotch 3(cf) GS72 HS1680, built 1911 by Trondhjems Mek. Verksted, Trondhjem • Passengers: 34 I, 14 II, 252 deck.

6.8.1881: Launch.
6.9.1881: Builders' certificate.
9.1881: Delivered to P/R (Fr.TH.Adolphs Enke), Kjøbenhavn. Price paid: Kr. 210,000.
29.4.1884: Grounded and sank at Rügen. Later raised and returned to service.

23.1.1888: Sold to DFDS, Kjøbenhavn.
1888 until 1903: Service mainly: Copenhagen-west coast of Norway.
16.9.1891: Grounded on Rogneleiren at Aalesund. She was beached in order to prevent her from sinking. Later on capseized.
6.10.1891: Refloated by the Norwegian salvage steamer HERKULES and arrived at Bergen 12.10.1891 after tightening.
12.11.1891: Delivered by Laxevaags Maskin-& Jernskibsbyggeri, Bergen after repair.

28.4.1903: Sold to A/S Søndmøre Dampskibsselskab (G.Øfstie), Aalesund and renamed HJØRUNGAVAAG. Price paid: £ 4,000. Service: Bergen-Aalesund-Trondhjem.
1918: Sold to Rederi A/S Leif Bull, Skien. Name unchanged.
1919: Visited Spitzbergen with workers on behalf of The Northern Exploration Co. Ltd., London and returned with coal and iron ore.

1920: Sold to H.Haraldsen, Skien without change of name.
1921: Sold to Indherreds Aktie-Dampskibsselskap (Reidar Kleven), Steinkjær and renamed HAVDA. Service: Stavanger-Sandnes.
25.5.1923: Left Trondhjem for Bergen where she was laid up awaiting repairs.
1923: "New" boiler installed and engine converted into triple expansion by A/S Mjellem & Karlsen, Bergen. Originally the boiler was installed in 1912 in DRIVA 325/09. Already the following year, however renewed due to cracks. The boiler was repaired by the builder, Trondhjems Mek. Verksted and used as an air container at the shipyard until 1923.
7.9.1923: Trial after rebuilding.

9.12.1944: On voyage Trondheim-Bergen/Stavanger with passengers and general cargo attacked and sunk by allied aircraft S of Askvold near Florö. Three Norwegians and an unknown number of Germans were lost.

104. AXELHUUS 1888-1908

Passenger and cargo steamship, 2 decks • Built of iron • 656gt, 407nt, 700dw • -/180'0"x27'6"x 15'6"/14'9" • Lobnitz &Co., Renfrew, no.268 • 1C 2cyl. (25"-44")x33", 550ihp, 9kn. • 1(SB) Scotch 3(f) GS59 HS1311 • Passengers: 26 I, 10 II, 54 deck.

4.9.1884: Launch.
9.10.1884: Builders' certificate.
10.1884: Delivered to P/R (Fr. Th. Adolphs Enke), Kjøbenhavn. Price paid: £ 13,800. Service: Stettin-Copenhagen-west coast of Norway.

23.1.1888: Sold to DFDS, Kjøbenhavn.
1888 until 1907: Service: Stettin-Copenhagen-west coast of Norway.
11.5.1907: Service now: Copenhagen-Riga/Königsberg/Danzig/Libau/Reval.

26.12.1907: On voyage Reval-Copenhagen with general cargo and oil-cakes grounded at Nargø in fog and sprang a leak.
29.12.1907: Salvage attempts commenced.
14.4.1908: Raised by Baltic Salvage Association, Reval, taken to Reval and condemned.

30.4.1908: Sold to the salvors. Price paid: Roubles 7,674. Rebuilt and converted into a salvage ship. Renamed ERVI.

1926: Deleted. Fate unknown.

105. HEBE (I) 1888-1911

Passenger paddle steamer, 1 deck • Built of iron • 227gt, 136nt, 40dw • 166'4"/160'0"x20'0"x9'0"/7'0" • Maatschappij de Maas, Delfshaven, no.57 • 1C oscillating 2cyl. (25"-44")x36", 420ihp, 11.5kn. • 1(SB) Scotch 3(pf) GS58 HS1730 • Passengers: 630 (in the Sound).

1.5.1884: Launch.
10.6.1884: Trial.
6.1884: Delivered to Watkins & Co., Le Havre as VILLE DU HAVRE. Service: Le Havre-Honfleur-Trouville.
1885: Sold to Ångfartygs A/B Skånska Kusten (Gottfried Beijer), Malmö and renamed HEBE. Price paid: Swedish Kr. 120,000.
2.8.1885: In service: Malmö-Helsingborg-Mölle.
9.1885 until 1886: Rebuilt, new superstructure aft.
4.1886: Chartered for service: Malmö-Stralsund.
6.1886: Service: Malmö-Mölle.
29.5.1887: On voyage Helsingborg-Mölle with 80 passengers, grounded off Höganäs. Refloated on her own power and continued. However, she had developed a leak and was beached once again to prevent sinking. Refloated by Svitzer and taken to Helsingborg for inspection. Repaired by Kockums mek. Verkstads A/B, Malmö.
18.2.1888: Sold to DFDS, Kjøbenhavn (from 14.4.1893: Aarhus, 17.6.1905: Kallundborg). Price paid: Kr. 97,000.
1888 until 1892: Service: In the Sound.
1893 until 1911: Service: Kallundborg-Aarhus.

14.2.1911: Sold to Petersen & Albeck, Copenhagen for demolition. 26.5.1911: Reported broken up.

HEBE at Aarhus

106. JOLANTHA (1888-1947)

Cargo steamship, 1 deck • Built of iron • 773gt, 493nt, 880dw • 196'9"/189'6"x28'3"x14'5"/14'6" • Blyth Iron Shipbuilding Co. Ltd., Cowjen Quay, Blyth, no.52 • 1C 2cyl. (25.5"-48")x33", 420ihp, 9kn., Black, Hawthorn &Co., Gateshead • 1(SB) Scotch 3(f) GS52 HS1430, Black, Hawthorn &Co., Gateshead • Passengers: 2.

12.1.1884: Launch.
1884: Delivered to Nielsen, Andersen & Co. (Hermann Ferdinand Nielsen (28/64), Margrethe Nielsen (4/64) and Andrew Peter Andersen (29/64)), Newcastle as IOLANTHA.

1.5.1888: Sold to DFDS, Kjøbenhavn and renamed JOLANTHA. Price paid: £ 7,000.
4.5.1888: Left Newcastle for Le Havre.
1888 until 1922: Service: Baltic-Copenhagen-Northsea.
23.11.1894: On voyage Königsberg-Hamburg with timber and general cargo collided with S/S AUSTRALIA 2248/- of Bremen after passing Cuxhaven. JOLANTHA was beached in order to prevent sinking. After some of the cargo had been unloaded, she was temporarily repaired and towed to Cuxhaven.
27.11.1894: Arrived at Hamburg for repair.
21.12.1894: Returned to service.
1896 until 1899: Service also: Stettin-Copenhagen-Manchester-Liverpool.
28.7.1917 until 13.5.1919: Time charter to U.K. Government.
1922 until 1940: Stettin-Copenhagen-east coast of Norway.
1926 until 1939: Service also: Copenhagen/Aarhus/Aalborg-Hamburg.
1941 until 1945: Service now mainly: Germany-Denmark with coal.
1945 until 1946: Service: Copenhagen-east or west coast of Norway.
1947: Service now mainly: Copenhagen-Gdynia.

4.10.1947: On voyage Mariager-Copenhagen with cement sank after a collision with TROLL of Porsgrunn 265/93 at Lous Flak in the Sound. Six men were lost.
7.2.1948: Raised and the same day sold to Petersen & Albeck, Copenhagen for demolition. Price paid: Kr. 25,000.
16.6.1948: Reported broken up.

107. LEOPOLD II. 1888-1911

Cargo steamship, 2 decks • 1618gt, 1182nt, 2328dw • 260'6"/251'0"x34'2"x16'2"/19'0" • A/S Burmeister & Wain's Maskin-og Skibsbyggeri, Copenhagen, no.147 • 1T 3cyl. (18"-30"-48")x36", 750ihp, 9.5kn. • 2(SB) Scotch 6(f) GS85 HS2180 • Passengers: 8.

14.9.1887: Ordered. Contract price: Kr. 425,000.
7.4.1888: Launch.
4.6.1888: Delivered to DFDS, Kjøbenhavn.
17.6.1888: Left Copenhagen for St.Petersburg.
1888 until 1898: Service Baltic-Copenhagen-Antwerp-Mediterranean-Black Sea.
29.12.1888 until 6.2.1889: Detained at Odessa due to ice.
1899 until 1907: Service now mainly: Copenhagen-North America or Baltic-Copenhagen-Antwerp/Western Mediterranean.
1907: Service now: Libau-(Copenhagen)-Hull.

6.6.1911: Sold to Russian North-West Steamship Co. Ltd., Libau (a DFDS controlled company) and renamed SARATOV. Price paid: Roubles 100,000. Service: Libau-Hull.
25.7.1914: Arrived at Libau and laid up.
9.1.1919: ST.KNUD (no.20) and SEJRØ (no.12A) left Copenhagen for Libau in order to take over SARATOV which was considered DFDS property. However, the Latvian Government seized the vessel and the expedition was in vain.
1919: Taken over by the Latvian Government, Riga without change of name.
1922: Taken over by Government Baltic Steam Ship Co., Petrograd and renamed SARATOFF.

14.1.1923: On voyage Riga-South Alloa with props grounded 20 miles N of Libau in a gale and wrecked.

108. DRONNINGEN 1888-1916

Passenger paddle steamer, 1 deck • Built of iron • 411gt, 259nt, 60dw, 1916: 324gt, 172nt, - dw • 187'0"/180'0"x40'6"/22'0"x11'0"/8'3", 1916: (179.2' x 22.3' x 10.3') • Raylton Dixon &Co., Middlesbrough-on-Tees, no.125 • 1C diagonal 2cyl. (29"-55")x48", 480ihp, 11kn., T.Richardson &Sons, West Hartlepool, 1916: 1sD 2SA 4cyl. (330x340), 160ihp, J. &C.G.Bolinders M.V. A/B, Stockholm • 1(SB) Scotch 4(pf) GS53 HS1882, T.Richardson &Sons, West Hartlepool • Passengers: 92 I, 20 II, 138 deck.

8.4.1876: Launch.
19.5.1876: Builders' certificate.
5.1876: Delivered to I/S Dampskibs-Selskabet Dronningen (Hans G.Kirsebom), Christianssand.

5.6.1888: Sold to DFDS, Kjøbenhavn (from 11.5.1889: Aarhus, 15.6.1905. Kallundborg). Price paid: Kr. 90,000.
7.6.1888: Arrived at Copenhagen from Arendal.
1889: In service: Copenhagen-Aarhus.
1893: Kallundborg-Aarhus until 1912.
1906 until 1914: Service also: Frederikshavn-Gothenburg.
10.8.1914: Arrived at Frederikshavn on her last trip from Gothenburg.

16.8.1916: Sold to A/S Dansk Kartoffel-og Gemyseexport (E.Holm), Kallundborg and renamed SAMSØ. Price paid: Kr.30,000. Converted into a cargo motorship.

1.5.1918: On voyage Aarhus-London with 183 tons of machinery goods, torpedoed or mined in the Northsea off Tyne on the first voyage after the conversion. She sank within a few minutes. Nine men were lost, three were picked up from the sea by a British warship.

DRONNINGEN at Aarhus.

109. GEORGIOS I. 1888-1911

Cargo steamship, 2 decks • 1617gt, 1181nt, 2328dw • 260'6"/251'0"x34'2"x16'2"/19'0" • A/S Burmeister & Wain's Maskin-og Skibsbyggeri, Copenhagen, no.148 • 1T 3cyl. (18"-30"-48")x36", 750ihp, 9.5kn. • 2(SB) Scotch 6(cf) GS85 HS2180 • Passengers: 8.

14.9.1887: Ordered. Contract price: Kr. 425,000.
13.6.1888: Launch.
11.8.1888: Trial and delivered to DFDS, Kjøbenhavn.
18.8.1888: Left Copenhagen for St.Petersburg on her maiden voyage.
1888 until 1898: Service: St.Petersburg-Copenhagen-Antwerp-Mediterranean-Black Sea.
1898 until 1906: Baltic-Copenhagen-Northsea/Antwerp/Spain/Mediterranean and Copenhagen-North America.
1907 until 1911: Service now mainly: Libau-(Copenhagen)-Hull.

14.8.1911: Sold to Russian North-West Steamship Co. Ltd., Libau (a DFDS controlled company) and renamed ODESSA.
1911 until 1914: Service: Libau-Hull.
4.2.1913: On voyage Newcastle-Libau in ballast, stranded off Hellig Peder, Bornholm during a gale. Twenty men and two women were brought ashore.
15.2.1913: Refloated by Svitzer and towed to Rønne.
19.2.1913: Towed to Copenhagen for repairs.
20.2.1913 until 8.5.1913: Repaired.
1915: Service: Hull-Rouen.
16.3.1918: Registered taken over by the British Government (The Shipping Controller) and allocated to Ellerman's Wilson Line Ltd., Hull. Name unchanged.

18.9.1918: On voyage from Blyth with a cargo of coal collided with an unknown steamer 9 miles SSE of the Humber Lightship. Subsequently beached at Tetney and abandoned as a total loss.
8.5.1922: Register closed.

110. ALEXANDER III. 1889-1894

Cargo steamship, 1 deck • 1842gt, 1409nt, 2350dw • 269'8"/260'0"x36'6"x19'2"/18'8" • Scott & Co., Cartsdyke, Greenock, no.264 • 1T 3cyl. (18"-29"-47")x39", 825ihp, 10kn. • 1(SB) Scotch 4(cf) GS78 HS2480 • Passengers: 24.

18.3.1889: Launch.
25.4.1889: Trial and delivered to DFDS, Kjøbenhavn. Price paid: Kr. 459,000.
26.4.1889: Left Greenock for Copenhagen, where she arrived 1.5.1889. Service: St.Petersburg/Riga-Copenhagen-Antwerp-Black Sea. Typical voyage: St.Petersburg/Riga-Copenhagen-Antwerp-Algier-Tunis-Piraeus-Smyrna-Saloniki-Constantinople-Sevastopol-Odessa.
7.5.1889: Left Copenhagen for St.Petersburg on her maiden voyage.
21.11.1890: On voyage Odessa-Copenhagen grounded on Psathura.
5.12.1890: Refloated by Svitzer and arrived at Peristeri.
11.1.1891: Arrived at Constantinople for repair.
20.6.1891: Arrived at Odessa after repair and returned to service.
31.12.1891: Arrived at New York for the first and only time during a deviation from her normal service.
During her short life she made 15 return trips and had just started on the 16th. when she was lost.

23.12.1894: On voyage Riga/Libau-Black Sea via Copenhagen and Antwerp with a cargo of grain, timber and general cargo, capsized and sank in the Northsea about 50 miles NW of Horns Rev. Eighteen men were lost. Seven of the crew members were picked up after 24 hours in a lifeboat by S/S HILMA BISMARCK and taken to Hamburg. One crew member drifted around in a boat for 3 days and was then picked up by S/S CARLOS of Danzig 996/81 and taken to Antwerp.

111. GJEDSER 1889-1900

Passenger paddle steamer, 1 deck • 419gt, 201nt, -dw • -/226'9"x49'6"/24'1"x8'4"/6'0" • Workman, Clark & Co. Ltd., Belfast, no.50 • 1S diagonal 2cyl. (2x44")x66", 1250ihp, 16kn., Hutson & Corbett, Glasgow • 2(SB) Scotch 8(f) GS187 HS4000, Hutson & Corbett, Glasgow • Passengers: 1100 (in the Sound).

▲ *GJEDSER at Havnegade, Copenhagen.*

16.4.1887: Launch.
26.5.1887: Trial and delivered to Belfast, Bangor & Larne Steamboat Co. (John Moore), Belfast as CLANDEBOYE. Service: North coast of Ireland-Belfast-Lough.

8.5.1889: Sold to DFDS, Kjøbenhavn and renamed GJEDSER. Price paid: £ 16,500.
10.5.1889: Taken over at Belfast after a successful trial. Service: Copenhagen-Malmö.

31.3.1900: Sold to A/S Dampskibsselskabet Øresund, Kjøbenhavn without change of name.
24.5.1904: Reported sold to Otto Jonasson, Hamburg for demolition. Name unchanged. Price paid: Kr. 34,000. Engine removed.
2.11.1913: Sold to Zentralverein Deutscher Rheder, Hamburg and renamed VOLKER. Converted into an accommodation vessel for dockers. Placed at Hamburg.
1914: In service as an accommodation vessel for prisoners.
9.1918: Sold to Werner Schuchmann, Geestemünde.
1919 until 1928: Storage hulk at Kiel.

1928: Broken up.

GJEDSER, "the coal merchant's delight" at full speed on the Sound.

112. DOURO 1889-1943

Cargo steamship, 1 deck and aw • 814gt, 570nt, 820dw • 190'0"/180'0"x28'6"x22'6"/16'6" • A/S Burmeister & Wain's Maskin-og Skibsbyggeri, Copenhagen, no.153 • 1T 3cyl. (14.5"-23"-36")x24", 450ihp, 10kn. • 1(SB) Scotch 3(cf) GS49 HS1447 • Passengers: 5 I.

23.11.1888: Ordered. Contract price: Kr. 328,000.
8.6.1889: Launch.
3.8.1889: Trial and delivered to DFDS, Kjøbenhavn. Price paid: Kr. 331,854.
7.8.1889: Left Copenhagen on her maiden voyage.
1889 until 1924: Service mainly: Baltic-Copenhagen-Antwerp/Spain/Portugal/Mediterranean.
1908 until 1938: Occasionally in service: Stettin-Copenhagen-west coast of Norway or 1910 until 1925: Copenhagen-Leith-the Faroes-Iceland.
27.7.1917 until 11.1.1919: Time charter to "Fragtnævnet" (se no.6).
1924 until 1925 and 1937 until 1940: Service also: Stettin-Copenhagen-Gothenburg.
1925 until 1926 and 1935 until 1939: Service also: Copenhagen-Hamburg.
1929 until 1936: Service mainly: Copenhagen-Königsberg-Memel-Libau.
1941: Service mainly: Germany-Denmark with coal.
1942 until 1943: Service mainly: Copenhagen-Hamburg.
11.4.1943: On voyage Hamburg-Copenhagen with general cargo, sank in the Baltic after collision with the German destroyer Z.H.1 off Gedser. Raised by Svitzer on behalf of the Germans. A part of the cargo was unloaded at Nakskov.
11.6.1943: Towed to Holtenau by the tug NORDER.
31.1.1944: Taken over by August Blume (Rob.Bornhofen), Rendsburg.
13.2.1944: Left Kiel in tow for Copenhagen.
15.2.1944: Arrived at Nordhavnsværftet, Copenhagen for repairs.
14.11.1944: During the repair sunk at Nordhavnsværftet by saboteurs. Later refloated and 3.1945 completed.
9.3.1945: Arrived at Hamburg.
11.3.1945: Sunk by an air attack at Hamburg.
10.1946: Still at Hamburg. Considered a total loss. Later broken up.

113. PREGEL 1889-1920

Cargo steamship, 1 deck • 697gt, 436nt, 955dw, 1897: 977gt, 607nt, 1225dw • 166'4"/157'4"x 28'0"x17'6"/17'0", 1897: 228'2"/219'6"x28'0"x17'6"/16'9" • A/S Burmeister & Wain's Maskin-og Skibsbyggeri, Copenhagen, no.154 • 1T 3cyl. (14.5"-23"-36")x24", 450ihp, 10kn. • 1(SB) Scotch 3(cf) GS49 HS1447 • Passengers: 6.

3.2.1888: Ordered. Contract price: Kr. 290,000.
10.8.1889: Launch.
15.10.1889: Trial and delivered to DFDS, Kjøbenhavn.
17.10.1889: Left Copenhagen on her maiden voyage for Memel. Service mainly: Hull-Copenhagen-Libau or Baltic-Copenhagen-Antwerp/France/Spain/Mediterranean.
30.10.1897 until 8.2.1898: Lengthened by Lindholmens Verkstads A/B, Gothenburg.
7.5.1917: Requisitioned by the British Government (The Shipping Controller) allocated to Turnbull, Scott & Co., London.
17.4.1919: Returned to DFDS at Cardiff.
27.2.1920: On voyage Newcastle-Esbjerg with 1140 tons of coal, the cargo shifted during heavy seas. Continued at slow speed.
29.2.1920: Beached on Graadyb Barre to prevent her from sinking. Later on wrecked. The crew was saved by S/S ABSALON 177/-. 3.4.1920: Considered a total loss.

114. CHR. BROBERG 1889-1914

Cargo steamship, 1 deck and sp • 1227gt, 888nt, 1478dw • 224'4"/214'0"x31'0"x23'0"/17'0" • A/S Burmeister & Wain's Maskin-og Skibsbyggeri, Copenhagen, no.155 • 1T 3cyl. (16.5"-27"-45")x33", 600ihp, 9.5kn. • 1(SB) Scotch 3(f) GS65 HS1851 • Passengers: 8 I, 4 II, 8 deck.

12.12.1888: Ordered. Contract price: Kr. 400,000.
5.10.1889: Launch.
6.12.1889: Delivered to DFDS, Kjøbenhavn.
10.12.1889: Left Copenhagen for Stettin on her maiden voyage. Service: Baltic-Copenhagen-Antwerp-Western Mediterranean.
27.12.1908: Arrived at Messina. The next day the crew saved 111 persons from an earthquake and landed them at Catania.

21.8.1914: On voyage the Mediterranean-Copenhagen via Portland with general cargo MARYLAND (no.214) was observed half a mile ahead in a sinking condition. As it was recognized that MARYLAND was abandoned by her crew, CHR.BROBERG the next day started to look for survivors. But soon after she struck a mine and sank in the Northsea at Galopper Lightship. One crew member was lost, the others were rescued by the British warship EYRIE and taken to Lowestoft.

115. NIDAROS 1890-1937

Passenger and cargo steamship, 1 deck • 859gt, 478nt, 700dw, 1904: 1024gt, 610nt, 840dw • 186'3"/177'0"x29'0"x16'6"/14'9", 1904: 227'0"/218'0"x29'0"x16'6"/15'7" • Lobnitz &Co., Renfrew, no.341 • 1T 3cyl. (18"-30"-48")x36", 875ihp, 11kn. • 2(SB) Scotch 4(rf) GS84 HS2270, 1913: 2(SB) Scotch 4(cf) GS64 HS2796, A/S Helsingørs Jernskibs-og Maskinbyggeri, Elsinore • Passengers: 44 I, 18 II, 82 deck.

11.12.1889: Launch.
24.1.1890: Trial.
1.1890: Delivered to DFDS, Kjøbenhavn (from 3.5.1904: Esbjerg). Price paid: Kr. 338,040.
3.2.1890: Arrived at Copenhagen from the builder.
17.2.1890 until 19.5.1890: In service: Copenhagen-Hangö.
15.6.1890 until 7.8.1890: Three cruises: Stettin-Copenhagen-North Cape.
1890 until 1894: Service: Stettin-Copenhagen-west coast of Norway/(Gothenburg) or 1890 until 1897: Copenhagen-Hangö.
27.11.1891: On voyage Copenhagen-Hangö with 75 passengers and general cargo, grounded during a gale with heavy snow off Gustafsvärn. Refloated.
9.12.1891 until 4.2.1891: Repaired at Stockholm.
20.5.1894 until 1914: Service mainly: Esbjerg-Parkeston/Grimsby.
1898 until 1900: Service also: Copenhagen-(Helsinki)-Reval-(Hangö).
1901 until 1903: Service also: Copenhagen-Reval/Riga/Windau.
8.2.1904 until 1.5.1904: Lengthened by A/S Burmeister & Wain, Copenhagen.
1906 until 1908: Service: Copenhagen-Newcastle.

1909: Service also: Denmark-Leith.
12.2.1913 until 8.4.1913: New boilers installed at Elsinore.
1914 until 1919: Service mainly: Denmark-U.K.
22.4.1915: On voyage Aarhus-Grimsby via Aalborg captured by the German submarine U-38 and taken to List on the island Sylt for inspection. Later released.

1920 until 1925: Service now mainly: Denmark-Newcastle or Esbjerg-Harwich/Grimsby.
1920: Service also: Copenhagen-the Faroes-Iceland.
1925 until 1935: Service now mainly: Copenhagen-Riga.
25.10.1935: Arrived at Copenhagen from Riga and laid up.

NIDAROS after lengthening.

20.4.1936 until 10.5.1936: Service: Gothenburg-Copenhagen-Stettin.
9.7.1936 until 20.7.1936: One trip: Copenhagen-Königsberg-Memel-Liepaja-Riga-Copenhagen.

5.10.1937: Sold to Danziger Werft und Eisenbahnwerkstätten A.G., Danzig for demolition. Price paid: £ 3,550.
6.10.1937: Left Copenhagen for Danzig, where she arrived two days later.

9.10.1937: Delivered to the breakers.
1.1938: One of the boilers was probably installed in the tug NEUFAHRWASSER of Danzig 139/94.

116. J.C. JACOBSEN 1890-1947

Cargo steamship, 1 deck and sp • 1227gt, 887nt, 1478dw • 228'6"/218'0"x31'0"x23'0"/17'0" • A/S Burmeister & Wain's Maskin-og Skibsbyggeri, Copenhagen, no.156 • 1T 3cyl. (16.5"-27"-45")x33", 620ihp, 10.3kn. • 1(SB) Scotch 3(f) GS65 HS1851 • Passengers: 12.

12.12.1888: Ordered. Contract price: Kr. 400,000.
16.11.1889: Launch.
27.1.1890: Trial and delivered to DFDS, Kjøbenhavn.
29.1.1890: Left Copenhagen for Stettin on her maiden voyage.
1890 until 1925: Service mainly: Baltic-Copenhagen-Antwerp-Spain/Western Mediterranean.
31.7.1917 until 17.11.1918: Time charter to "Fragtnævnet" (see no.6).
11.12.1918 until 23.6.1919: Time charter to U.K. Government.
1920 until 1921: Service also: Denmark-U.K./France.
2.9.1920 until 31.12.1920: Rebuilt at Frederikshavn. Price paid: Kr. 600.000.
1922 until 1924: Service also: London-Copenhagen-Libau.
1925 until 1931: Service now mainly: Copenhagen-Danzig.
1932 until 1935: Service now mainly: Copenhagen-Gdynia-Danzig.
1936 until 1939: Service now mainly: Copenhagen-Riga-Liepaja-Memel-Copenhagen.
1939 until 1940: Service: Denmark-U.K.
9.10.1939 until 31.1.1940: In the "Maltese Cross Fleet".
9.10.1939: A strictly secret and oral agreement was made between Danish, British and German authorities: The Danish import of grain and fertilizer from America should be protected, in order to maintain the Danish agricultural production which was beneficial for both U.K. and Germany. In return the Danish export of agricultural products to U.K. on board Danish vessels should be protected from attacks by German submarines. In order to recognize these vessels a Maltese cross was painted on the hull. After VIDAR (no.217) was sunk by a German submarine on 31.1.1940 the agreement was considered cancelled.
1941 until 1944: Service: Stettin-Copenhagen-Gothenburg-east coast of Norway.
1943: Two British officers succeeded in escaping from a German prison camp near Frankfurt an der Oder. Assisted by some of the crew members, they were hidden on board J.C.JACOBSEN and brought from Stettin via Copenhagen to Sweden. The escape was discovered by the Germans, and one of the Danish seamen was sent to the concentration camp Dachau. This incident was described in the film "The Wooden Horse". However, in the film the SAGA (no.188) "played" J.C.JACOBSEN.
25.3.1945: Seized by the Germans. She was released the same day, and instead SEINE (no.154) was seized.
1946 until 1947: Service: Esbjerg/Copenhagen-Antwerp.

4.2.1947: On voyage Antwerp-Copenhagen with 1200 tons of iron plates and general cargo, sprang a leak in bad weather with heavy seas and snow. Sank 11 miles NE of Pit Lightship in the Northsea. Two men were lost, the others were picked up by A.P.BERNSTORFF (no.210).

117. BARON STJERNBLAD 1890-1917

Cargo steamship, 2 decks • 999gt, 633nt, 1325dw • 212'9"/203'10"x31'3"x18'2"/17'5.25" • Lindholmens Mek. Werkstad, Gothenburg, no.339 • 1T 3cyl. (18"-29"-46")x32", 700ihp, 9.5kn., Motala Mekaniska Verkstads A/B, Motala • 2(SB) Scotch 4(f) GS60 HS1926, Motala Mekaniska Verkstads A/B, Motala • Passengers: 6.

31.12.1888: Ordered.
31.10.1889: Launch.
3.1890: Trial and delivered to DFDS, Kjøbenhavn. Price paid: Kr. 314,000.
11.3.1890: Left Gothenburg for Copenhagen.
12.3.1890: Left Copenhagen for Stettin on her maiden voyage.
1890 until 1914: Service mainly: Baltic-Copenhagen-Antwerp/Spain/Western Mediterranean/Northsea.
27.3.1912: On voyage Copenhagen-Reval with general cargo, grounded on the w coast of the island Ösel in foggy weather. The next day the lifeboat from Filsand arrived, and salvage attempt commenced. However, due to raising sea the crew abandoned the ship.
29.3.1912: The crew returned to the vessel which, in the meantime had developed a leak and was flooded.
4.1912: Salvage attempts commenced by the Russian salvage steamers ERVI (no.104) and NEPTUN.

6.1912: Refloated and taken to Stockholm for temporary repairs.
20.6.1912: Left Stockholm for Copenhagen. Finally repaired by A/S Kjøbenhavns Flydedok & Skibsværft. Price paid: Kr. 89,000.

23.4.1917: On voyage Hull-Copenhagen with general cargo, torpedoed and sunk by a German submarine in the Northsea about 5 miles off Egmouth. All crew saved by a British fishing boat.

118. FANØ 1890-1897

Cargo steamship, 2 decks • Built of iron • 860gt, 555nt, 900dw • -/225'0"x28'0"x17'3"/16'10" • M.Pearse &Co., Stockton-on-Tees, no.119 • 1C 2cyl. (28"-56.5")x36", 500ihp, 10kn., Blair &Co., Stockton • 2(SB) Scotch 6(f) GS75 HS2130, Blair &Co., Stockton, 1892: 2(SB) Scotch 6(f) GS92 HS2914, J.Dickinson &Co., Sunderland • Passengers: 24 I, 25 II.

18.9.1872: Launch.
13.11.1872: Last survey by Lloyd's Register.
1872: Delivered to Norddeutscher Lloyd, Bremen as STRAUSS.

31.5.1890: Sold to DFDS, Kjøbenhavn (from 20.4.1895: Esbjerg) and renamed FANØ. Price paid: Kr. 99,823.
10.6.1890: Left Copenhagen for Esbjerg.
13.6.1890 In service: Esbjerg-Grimsby.
1890 until 1897: Service mainly: Esbjerg-Grimsby/Harwich/Newcastle, Libau-Copenhagen-Hull or Stettin-Copenhagen-Manchester-Liverpool.
1892: New boilers installed.

27.7.1897: Reported sold to Chargeurs Algériens Réunis (Prosper Durand), Algér and renamed RHÔNE ET SAÔNE.
1913: Renamed KABYLIE.

1914: Sold to Soc. Les Affréteurs Réunis, Alger. Name unchanged.

2.1.1915: On voyage Bordeaux-Lisbon loaded with superphosphates, grounded and wrecked off La Rochelle.

119. OLUF BAGER 1890-1931

Passenger and cargo steamship • *1 deck* • *357gt, 198nt, 359dw, 1942: 372gt, 237nt, 425dw* • *170'0"/160'3"x24'0"x11'9"/12'0"* • *A/S Burmeister & Wain's Maskin-og Skibsbyggeri, Copenhagen, no.160* • *1T 3cyl. (14.5"-23"-36")x24", 450ihp, 11.5kn., 1942: 1D 4SA 6cyl. (240x280) type Deutz, 300bhp, 10kn., Klöckner-Humboldt-Deutz A.G., Cologne* • *1(SB) Scotch 3(f) GS49 HS1435* • *Passengers: 36 I, 12 II, 200 deck.*

16.8.1890: Ordered. Contract price: Kr. 284,000.
29.9.1890: Launch.
22.11.1890: Trial and delivered to DFDS, Odense (from 14.11.1901: Kjøbenhavn, 31.5.1906: Frederikshavn).
1890: In service: Copenhagen-Samsø-Odense.
1898 until 1906: Service also: Stettin-Copenhagen-Gothenburg.
1.6.1906 until 1.9.1924: Service mainly: Frederikshavn-Gothenburg. However, remained in the service until 4.10.1924 while chartered. Service taken over by Hallandsbolaget from 1.10.1924 with NAJADEN of Gothenburg 447/86.
1917 until 1919 and 1924 until 1926: Occasionally in service: Copenhagen-Frederikshavn-Horten-Christiania.
1927 until 1930: Occasionally in various domestic services.
16.4.1930: Arrived at Copenhagen from Hobro and laid up.

2.11.1931: Sold to Brødrene Anda, Stavanger for demolition. Price paid: Kr. 4,500. However, converted into a lighter and renamed HUTITU. Used as a dry fish storage at Sandviken, Bergen.
1942: Converted into a motorship in Denmark.

8.1943: Sold to Halfdan Backer A/S (Jan L.Backer), Kristiansund and renamed TUSNA.
1944: Taken over by A/S Nordhavet (Jan L.Backer), Kristiansund. Name unchanged.
1945: Erling Larsen became manager.
1.1947: Sold to Skips-A/S Vilnes (Monrad Hatlem), Bergen and renamed VILNES.
1947: Sverre Tvedt became manager.
1.1948: Sold to Skips-A/S Kalander (Egil Paulsen), Frederikstad and renamed SLEVIK.

9.12.1951: On voyage Hammarfald near Bodø-Herøya with dolomite, grounded and sank in Lysøysundet.
4.1952: Raised and towed to Bergen. Condemned and had the engine removed.
10.1953: The hulk was loaded with scrap iron and towed to Belgium. However, she sprang a leak and sank off Jæren.

120. FIONA 1890-1935

Passenger and cargo steamship, 1 deck • *357gt, 198nt, 359dw* • *170'0"/160'3"x24'0"x11'9"/11'7"* • *A/S Burmeister & Wain's Maskin-og Skibsbyggeri, Copenhagen, no.161* • *1T 3cyl. (14.5"-23"-36")x24", 620ihp, 11kn.* • *1(SB) Scotch 3(cf) GS49 HS1435* • *Passengers: 40 I, 12 II, 190 deck.*

16.8.1890: Ordered. Contract price: Kr.284,000.
25.10.1890: Launch.
30.12.1890: Trial and delivered to DFDS, Svendborg (from 30.5.1900: Kolding, 31.5.1905: Frederikshavn, 7.6.1912: Hobro, 8.6.1926: Haderslev, 6.12.1927: Aabenraa).
1891 until 1901: Domestic service, e.g. Copenhagen-Gilleleje-Nykjøbing S., Copenhagen-Svendborg-Faaborg-Assens, Copenhagen-Fredericia-Middelfart-Kolding or Copenhagen-Samsø-Odense.
26.1.1901 until 27.2.1901 and 15.9.1901 until 19.5.1905: Service now: Stettin-Copenhagen-Gothenburg.
1906 until 1911: Service now mainly: Frederikshavn-Gothenburg.
1911 until 1912: Service now: Copenhagen-Bogense/Vejle.
1912 until 1925: Service mainly: Copenhagen-Grenaa-Hadsund-Mariager or Copenhagen-Kjerteminde-Nyborg-Rudkjøbing.

1926 until 1931: Service now mainly: Copenhagen-Haderslev-Aabenraa-Sønderborg.
1929 until 1935: Service also: Copenhagen-Svendborg-Faaborg-Assens.
29.3.1935: On voyage Copenhagen-Nyborg with general cargo grounded at Vresen in the Great Belt.
1.4.1935: Refloated and towed to Elsinore with severe bottom damage. 3.4.1935: Condemned.
8.4.1935: Taken over by the insurance company and sold to Continental Shipbreakers Comp., Bruges for demolition.

121. TEJO 1891-1899

Cargo steamship, 1 deck and sp • 827gt, 585nt, 845dw • 186'8"/180'0"x29'4"x19'9"/14'8.5" • A/S Burmeister & Wain's Maskin-og Skibsbyggeri, Copenhagen, no.163 • 1T 3cyl. (14.5"-23"-36")x24", 550ihp, 10kn. • 1(SB) Scotch 3(cf) GS49 HS1447 • Passengers: 4.

23.5.1890: Ordered.
6.12.1890: Launch.
17.2.1891: Delivered to DFDS, Kjøbenhavn.
23.2.1890: Left Copenhagen for Rudkjøbing on her maiden voyage. Service: Baltic-Copenhagen-Portugal/Spain/France.

7.11.1899: On voyage Isafjord (Iceland)-Spain via Øfjord with dried fish, struck a submerged reef during a snow storm and grounded in a position 66.10N-19.03W four miles W of Siglufjord. The crew and one passenger were rescued in the lifeboats and arrived at Haganesvik.
9.11.1899 until 20.11.1899: Some of the cargo was saved, but TEJO became a wreck.

122. CASTOR 1891-1897

Cargo steamship, 1 deck and sp • Built of iron • 1259gt, 874nt, 1850dw • -/234'1"x30'1"x21'0"/20'0" • Joh.C.Tecklenborg A.G., Bremerhaven-Geestemünde, no.60 • 1C 2cyl. (26.75"-50.5")x31.5", 480ihp, 10.7kn., Maschinenfabrik Bucka, Magdeburg • 2(SB) Scotch 4(f) GS67 HS2365, 1892: 2(SB) Scotch 4(f) GS77 HS2524, A/S Burmeister & Wain's Maskin-og Skibsbyggeri, Copenhagen • Passengers: 2.

1885: Delivered to G.A.Münder & Y.Koch, Santiago de Cuba as AGUADILLANA.
1889: Sold to J.Wieting & F.A.Bunjes, Geestemünde and renamed CASTOR.

9.3.1891: Sold to DFDS, Kjøbenhavn. Price paid: £ 12,750.
21.5.1891: Left Geestemünde for Copenhagen. Service: Baltic-Copenhagen-Antwerp-Mediterranean/Black Sea.
19.9.1892 until 21.11.1892: New boilers installed by A/S Burmeister & Wain.
16.6.1894: On voyage Riga-Copenhagen with general cargo, collided with S/S LISSABON of Hamburg 2078/83 at the entrance of the port of Copenhagen. CASTOR was beached on Stubbegrunden and sank.
18.6.1894: Refloated by Svitzer's S/S KATTEGAT of Kjøbenhavn 275/73 and towed to Copenhagen for repair.
15.11.1897: On voyage St.Petersburg-Sète via Reval with oak, sank after grounding on Digskjär off Lovisa. The crew was rescued by S/S FREIA of Reval.
6.7.1898: The wreck reported sold to Russische & Baltische Bergungs-Verein.
20.8.1899: Reported: The wreck is soon to be blown up by dynamite.

217

123. VIKING (I) 1891-1917

Cargo steamship, 1 deck • Built of iron • 761gt, 459nt, 900dw • 211'0"/200'0"x27'10"x17'3"/16'1" • Lobnitz &Co., Renfrew, no.230 • 1C 2cyl. (27"-50")x36", 520ihp, 10kn. • 1(SB) Scotch 3(pf) GS63 HS1640 • Passengers: 6 I, 35 deck.

11.7.1883: Launch.
1883: Delivered to A.Grandchamp, Fils & Co., Dieppe as ACHILLE. Service: Rouen-Dieppe-Grimsby-Hull.

18.3.1891: Sold to DFDS, Kjøbenhavn and renamed VIKING. Price paid: £ 8,000.
1.4.1891: Left Le Havre for Copenhagen.
1891 until 1916: Service mainly: Baltic-Copenhagen-Northsea/France/Portugal/Antwerp.
1.1894: Inaugurated the service: Baltic-Copenhagen-Manchester-Liverpool after the opening of the Manchester Ship Canal.
1904: Service also: Esbjerg-Harwich/Altona.
1907 until 1915: Service also: Stettin-Copenhagen-west coast of Norway/Christiania.
1913: Service also: Copenhagen-St.Petersburg.

3.1.1917: On voyage Sunderland-Setubal with coal captured by a German submarine and sunk by gunfire and bombs in the Biscay in a position 46.22N-8.27W. The crew was picked up by the British hospital ship WANDELLA, which had observed the episode.

124. BLENDA (I) 1891-1905

Twin screw passenger and cargo steamship, 1 deck • Built of iron • 274gt, 189nt, 119dw • (131.4' x 19.7' x 9.4') • Göteborgs Mek. Verkstad, Gothenburg, no.191 • 2C 2x2cyl. (12.25"-26.5")x17.5", 250ihp, 10kn. • 1891: 1(SB) Scotch 3(f) GS42 HS953 • Passengers: 35 I, 10 II, 105 deck.

28.10.1875: Builders' certificate.
1875: Delivered to Warbergs Ångbåts A/B (C.W.Rommel), Warberg as BLENDA. Service: Gothenburg-Helsingborg-Lübeck.
1885: Manager now C.G.H.Bagge.
1891: R.C.T.Jobson became manager.

24.3.1891: Sold to DFDS, Frederikshavn. Price paid: Kr. 42,000.
15.4.1891: In service: Frederikshavn-Gothenburg.
1891: New boiler installed.
17.9.1904: Laid up.

20.2.1905: Sold to Levin & Sønners Eftf. (Anders J.Andersen), Kjøbenhavn.
10.10.1905: Sold to Thygo Sørensen & Th.Baarsrud, Drøbak without change of name.
3.9.1907: Sold to Fredriksen & Co., Mandal and renamed REYKJAVIK. Service mainly: The Firth of Forth-Iceland.

13.5.1908: On voyage Reykjavik-Skogarnes with about 20 passengers, mail and general cargo stranded on Skogarnes, Faxefjorden and sank. All passengers and crew members were rescued in the lifeboats, and arrived at Skogarnes.

125. SAGA (I) 1891-1896

Twin screw passenger and cargo steamship, 1 deck • Built of iron • 220gt, 144nt, 135dw • (131.4' x 19.7' x 9.4') • Göteborgs Mek. Verkstad, Gothenburg, no.192 • 2C 2x2cyl. (12.25"-26.5")x17.5", 250ihp, 10kn. • 1889: 1(SB) Scotch 2(f) GS34 HS1012, 1903: 1(SB) Scotch, Albion Iron Works of Vancouver • Passengers: 35 I, 10 II, 105 deck.

29.4.1876: Builders' certificate.
4.1876: Delivered to Warbergs Ångbåts A/B (C.W.Rommel), Warberg. Service: Gothenburg-Helsingborg-Lübeck.
1885: Manager now C.G.H.Bagge.
1889: New boiler installed.
1891: R.C.T.Jobson became manager.

24.3.1891: Sold to DFDS, Frederikshavn. Price paid: Kr. 48,000.
4.4.1891: Arrived at Copenhagen.
15.4.1891: In service: Frederikshavn-Gothenburg.
1893 and 1894: Service also: Copenhagen-Gothenburg.

7.4.1896: Sold to The South Dakota & Central American Trading Co. Ltd. (H.H.Natwick & Co.), (Sioux Falls, North Dakota). Name unchanged. Price paid: Kr. 40,000. Service between Nicaraguan ports.
23.6.1898: Arrived at San Francisco via the Straits of Magellan. Intended for service in connection with the Klondyke Gold Rush. However, as she was not properly documented (no national flag), she left for Vancouver to avoid being held for a long period.

2.7.1898: Arrived at Vancouver and arrested by the Customs Department, after being libelled by her crew. Laid up in Coal Harbour, Vancouver.
4.1899: Court case settled.
1899: Rebuilt by the Heatley Avenue Wharf and later by British Columbia Marine Railway Co. Ltd., Vancouver.
15.2.1901: Sold by the Court to John H.Diamond, Vancouver and the same day sold to Vancouver Coastline Steamship Co. Ltd., Vancouver. Name unchanged.
4.3.1901: Equipped with a new propeller by British Columbia Marine Railway Co. Ltd.

18.3.1901: Trial after mounting of new propeller.
19.3.1901: In service: Vancouver-Bowen Island-Gower Point-Gibsons Landing-Sechelt-Pender Harbour-Nelson Island-Froock-Wullfsohn Bay-Vananda-Marble Bay-Lund-Whaletown-Read Island-Village Bay-Heriot Point-Black Bay-Fanny Bay-Frederick Arm-Philips Arm-Hemming Bay-Chatham Point-Elk Bay-Bear River-Hastings Mill Camps-Loughborough Inlet-Blenkinsop Inlet-Port Neville.
14.6.1901: Left Vancouver on her last trip.

SAGA in Canadian waters.

6.1901: Withdrawn from service after fierce competition from another company.
9.7.1901: Company liquidated.
4.10.1901: Sold at auction to D.G.Macdonall, Wm.H.Gallagher & G.Starratt, Vancouver without change of name. Price paid: $ 400,000.
5.10.1901 until 29.4.1902: Chartered to the New England Fish Company to fish for halibut.
15.10.1901: Left Vancouver for the fishing grounds.

4.1902 until 8.1903: Laid up at Coal Harbour, Vancouver.
24.8.1903: Sold to William Gallagher, Vancouver.
28.8.1903: Sold to New England Fish Company (Grier Starret), Vancouver. Refitted by British Columbia Marine Railway Co. Ltd., Vancouver. New boiler installed, superstructure changed.
3.12.1903: Renamed COLUMBIA.
31.12.1903: Trial after conversion.

9.1.1903: Left Vancouver on her first fishing trip.

9.1.1905: On voyage Vancouver-Dixon's Entrance with fishing supplies and general cargo struck a submerged reef in Milbank Sound. The crew abandoned her immediately and two hours later she foundered. The crew rowed to China Hat Island, where they were picked up by NEW ENGLAND.

126. BOTNIA (I) 1891-1935

Passenger and cargo steamship, 1 deck and aw • 1032gt, 578nt, 1056dw, 1904: 1206gt, 750nt, 750dw • 209'6"/199'6"x31'0"x16'0"/15'2", 1904: 249'6"/239'6"x31'0"x16'0"/16'2" • Lobnitz & Co., Renfrew, no.364 • 1T 3cyl. (18"-30"-48")x36", 1050ihp, 11kn. • 2(SB) Scotch 6(cf) GS108 HS2690 • Passengers: 73 I, 40 II, 130 III, 1904: 71 I, 50 II, 50 deck.

7.10.1891: Launch.
11.1891: Delivered to DFDS, Kjøbenhavn (from 23.3.1904: Esbjerg, 3.2.1910: Kjøbenhavn). Price paid: Kr. 658,557.
28.11.1891: Left the builder.
4.12.1891: Arrived at Copenhagen.
16.12.1891: In service: Copenhagen-(Reval)-Hangö.
1892 until 1904: Mainly in service: Copenhagen-(Reval)-Hangö, Esbjerg-Harwich and Copenhagen-Leith-the Faroes-Iceland.
From 1900 also occasionally in service: Esbjerg-Thameshaven, Copenhagen-Riga/Reval/Stockholm and Stettin-Copenhagen-Christiania.
12.12.1903 until 21.3.1904: Lengthened by A/S Burmeister & Wain, Copenhagen.
1904 until 1909: Service mainly: Esbjerg-Grimsby.
18.12.1909 until 3.2.1910: Rebuilt by A/S Kjøbenhavns Flydedok og Skibsværft, Copenhagen.
1910 until 1917: Service now: Copenhagen-(Leith)-the Faroes-Iceland.
8.6.1917 until 28.8.1917: Time chartered by the Icelandic Government.
29.8.1917 until 6.1.1918: Laid up at Seydisfjord.
7.1.1918 until 13.2.1918: Time chartered by the Icelandic Government.
1918 until 1919: Service now: Copenhagen-Bergen-Torshavn-Reykjavik.
1920 until 1927: Service again: Copenhagen-Leith-the Faroes-Iceland.
1928 until 1934: Service changed to: Leith-Torshavn-Vestmanna-Reykjavik-Leith (proceeded to Copenhagen once a year in the winter time).
30.9.1934: Arrived at Copenhagen from Leith and laid up.

BOTNIA after lengthening.

12.3.1935: Sold to The Hughes Bolckow Shipbreaking Co. Ltd., Blyth for demolition. Price paid: £ 2,400.

21.3.1935: Left Copenhagen for Blyth.
25.3.1935: Arrived at Blyth.
27.5.1935: Berthed at the breakers' yard. Sales value of scrap: £ 3,285.

127. C.P.A. KOCH   1893-1938

Passenger and cargo steamship, 1 deck and aw • 1149gt, 694nt, 485dw • 240'3"/229'9"x31'0"x 16'0"/14'10" • Lobnitz &Co., Renfrew, no.403 • 1T 3cyl. (19"-32"-51")x39", 1250ihp, 13kn. • 2(SB) Scotch 6(cf) GS108 HS2744 • Passengers: 120 I, 28 II, 140 III.

7.12.1892: Ordered.
1.4.1893: Launch.
27.5.1893: Trial. Later the same day left for Copenhagen. However, collided in the Sound of Isley with S/S GLEN HOLME of Maryport 826/70 which sank.
C.P.A.KOCH returned to the builder with bow damage.
6.1893: Delivered to DFDS, Kjøbenhavn (from 1.10.1926: Aalborg). Price paid: Kr. 400,000.
13.6.1893: Arrived at Copenhagen from Greenock.
12.10.1893 until 1908: In service mainly: Stettin-Copenhagen-Christiania/(Gothenburg).
1907 until 1929: Service also: Copenhagen-Aarhus.
1914 until 1936: Occasionally in service: Copenhagen-Aalborg.
1915 until 1936: Service also: Copenhagen-Frederikshavn-Horten-Christiania.
1918 and 1919: 12 trips: Warnemünde/Lübeck/Stettin-Copenhagen with 5000 British and 1000 French prisoners of war.
1923 and 1924: Service occasionally: Copenhagen-Christiania or Esbjerg-Antwerp-Dunkirk.
7.6.1936: Arrived at Copenhagen from Randers and laid up until sale.

C.P.A. KOCH arriving at Christiania from Stettin 27 September 1901.

2.2.1938: Sold to Danziger Werft und Eisenbahnwerkstätten A.G., Danzig for demolition. Price paid: £ 3,000. Left the same day Copenhagen under her own power for Danzig.
4.2.1938: Taken over by the breakers.

128. EDDA 1893-1893 / KUREREN (II) 1905-1916

Passenger paddle steamer • 1 deck • 551gt, 266nt, 100dw, 1917: 393gt, 269nt, 400dw • 205'6"/200'6"x 43'0"/24'6"x12'0"/9'9", 1917: 205'6"/200'6"x24'6"x12'0"/- • A/S Burmeister & Wain's Maskin-og Skibsbyggeri, Copenhagen, no. 175 • 1C vertical oscillating 4cyl. (2x26.5"-2x58")x48", 1060ihp, 13.5kn., 1917: 2sD 2SA 2x2cyl. (360x390), 240ihp, Tuxham Motorfabrik, Copenhagen • 2(SB) Scotch 6(cf) GS118 HS3441 • Passengers: 64 I, 181 II.

29.4.1892: Ordered.
15.10.1892: Launch.
12.4.1893 and 31.5.1893: Trials. DFDS refused her due to lacking stability and insufficient deadweight. She remained in the ownership of the builder and entered service: Gedser-Warnemünde, chartered to Deutsch-Nordischer Lloyd via DFDS.
1903: Service terminated.

16.11.1905: Sold to DFDS, Kallundborg and renamed KUREREN. Price Paid: Kr. 120,000.
25.12.1905 until 31.8.1914: In service: Kallundborg-Aarhus. She was the last paddle steamer in the DFDS fleet.

19.12.1916: Sold to Herman Hansen, August Carl Scheffmann, Peter Viggo Østberg and Anton Julius Gustav Edward Berg, Copenhagen. Price paid: Kr. 50,000.
12.2.1917: Sold to A/S Rederiet Dannevirke A/S (Peter Viggo Østberg), Kjøbenhavn and converted into a cargo motorship.
27.8.1917: Trial after rebuilding at Svendborg. Renamed DRONNING MARGRETHE.

28.5.1918: On Voyage Gothenburg-Rouen with pulp sunk by a German submarine in the Northsea. The crew was rescued in the lifeboats and later on picked up by the British torpedoboat WINCHELSEA.

KUREREN at Aarhus.

KUREREN at Kallundborg.

129. L.P. HOLMBLAD 1893-1924

Cargo steamship, 2 decks • 2141gt, 1473nt, 2835dw • 293'0"/282'4"x37'8"x21'0"/19'7.5" • Lobnitz & Co., Renfrew, no.402 • 1T 3cyl. (19"-32"-51")x39", 900ihp, 10kn. • 2(SB) Scotch 6(cf) GS108 HS2744 • Passengers: 6.

31.5.1893: Launch.
4.7.1893: Trial and delivered to DFDS, Kjøbenhavn.
9.7.1893: Arrived at Copenhagen from builder. Price paid: Kr. 468,000.
15.7.1893: Left Copenhagen for St.Petersburg on her maiden voyage.
1893 until 1898: Service: St.Petersburg/Riga-Copenhagen-Antwerp-Mediterranean-Black Sea.
Until 9.5.1898 she made 14 return trips in the Black Sea service.
1898 until 1913: Service now mainly: Copenhagen-North America.
1906 until 1914: Service also: Baltic-Copenhagen-Antwerp-Mediterranean.
1914 until 1916: Service now mainly: Copenhagen-South America.
1916 until 1917 and 1920 until 1922: Service again: Copenhagen-North America.
1917 until 1918: Service: U.S.A.-South America/West Indies.
8.3.1918 until 28.12.1918: Time charter to Munson Line for service: U.S.A.-West Indies.

24.1.1924: Sold to Hugo Ferdinand Dampfschiffs-Reederei, Rostock and re-

L.P. HOLMBLAD outward bound from Boston 4 August 1916. Photo by R. Hildebrand.

named HUGO FERDINAND. Price paid: £ 7,500.

1933: Sold to Act.Ges. "Neptun" Schiffswerft und Maschinenfabrik, Rostock for demolition and broken up before the end of the year.
In 9.1932 the German Government decided to give a reward of 40 Mark/gt to German shipowners, who agreed to sell their ships (launched before 1913) for scrapping. An organisation Reederei-Treuhand-Gesellschaft m.b.H. was formed to deal with the sale of vessels to German shipyards for scrap.
HUGO FERDINAND was broken up under this programme.

130. NICOLAI II 1895-1916

Cargo steamship, 2 decks • 2567gt, 1646nt, 3359dw • 306'0"/296'0"x40'1"x23'0"/20'8" • Lobnitz & Co., Renfrew, no.424 • 1T 3cyl. (19.5"-32"-51")x39", 900ihp, 9kn. • 2(SB) Scotch 6(rf) GS108 HS2744 • Passengers: 4.

Contract price: £ 27,000.
2.1895: Keel.
10.5.1895: Launch.
15.6.1895: Trial and delivered to DFDS, Kjøbenhavn.
20.6.1895: Arrived at Copenhagen from the builder and left the next day for St.Petersburg.
1895 until 1896: Service: St.Petersburg/Riga-Copenhagen-Antwerp-Mediterranean-Odessa.
1897 until 1914: Service now: Copenhagen-North America or Baltic-Copenhagen-Antwerp-Mediterranean.
1908 until 1914: Service also: Baltic-Copenhagen-Antwerp-Mediterranean-Constantinople.
8.10.1914: Detained at Sulina after closing of the Dardanelles due to World War I.

5.1.1916: Sale to Rumania approved by the Danish Government. New owner Constantin Vasilescu, Bucharest. Price paid: Kr. 700,000.
1922: Sold to Cucala Hermanos S.A., Barcelona and renamed KRYM.
1923: Homeport now Casablanca and renamed ALGERIEN.
1924: Sold to Hijo de Ramon A.Ramos, Barcelona and renamed MANELINA R.

About 19.11.1933: On voyage Cartagena-Gijon the propeller shaft broke and the propeller was lost.

21.11.1933: Towed to Vigo.
3.1934: Reported sold in a damaged condition to Hijos de J.Barreras, Vigo for demolition and broken up before the end of the year.

223

131. ALEXANDRA (I) 1895-1927

Cargo steamship, 2 decks • 2567gt, 1646nt, 3363dw • 306'2"/294'4"x40'0"x22'4"/20'8" • Lobnitz & Co., Renfrew, no.425 • 1T 3cyl. (19.5"-32"-51")x39", 900ihp, 9kn. • 2(SB) Scotch 6(rf) GS108 HS2744.

Contract price: £ 26,750.
2.1895: Keel.
26.6.1895: Launch.
18.7.1895: Trial.
19.7.1895: Delivered to DFDS, Kjøbenhavn and left Glasgow for Copenhagen.
22.7.1895: Arrived at Copenhagen and left two days later for St.Petersburg.
1895 until 1896: Service: St.Petersburg/Riga-Copenhagen-Antwerp-Mediterranean-Odessa.
14.12.1895 until 29.2.1896: One trip: Copenhagen-Cardiff-New Orleans-Copenhagen. She was the first DFDS ship in the new Copenhagen-New Orleans service.
1897 until 1924: Service mainly: Copenhagen-North America.
6.6.1908 until 1914 and 1924 until 1927: Service also: Baltic-Copenhagen-Antwerp-Mediterranean-Constantinople.
11.12.1916: Seized by the Germans and taken to Swinemünde for inspection.
15.5.1917: Released.
1.8.1917 until 3.12.1918: Mainly in time charter to "Fragtnævnet" (see no.6).
11.1.1919 until 9.8.1919: Time charter to U.K. Government.
1921: Service also: Copenhagen-Spain-Portugal.
5.7.1923 until 11.8.1923: One trip: Copenhagen-Montreal-Copenhagen.
16.11.1924: Left Antwerp for the Mediterranean and made three return trips in the newly opened Levant service.

ALEXANDRA outward bound from Boston 24 July 1915. Photo by R. Hildebrand.

13.6.1927: Sold to Domenico Napoli fu Carmelo, Catania.
19.6.1927: Taken over by her new owners and renamed SAN FRANCESCO DI PAOLA.
1934: Sold to Achille Lauro, Napoli and renamed PIER LUIGI.
1936: Sold to Igino Palla, Bengazi.
8.1936: Resold to Achille Lauro, Napoli without change of name.
9.1943: Seized by the Germans at Piraeus.
13.11.1943: Fire broke out after an Allied air attack at Suda Bay, Crete. Deliberately sunk by the crew in order to prevent an explosion in the cargo of ammunition.

132. XENIA 1895-1903

Cargo steamship, 2 decks • 2455gt, 1565nt, 3441dw • 306'0"/296'0"x40'1"x23'0"/20'8" • Lobnitz & Co., Renfrew, no.426 • 1T 3cyl. (19.5"-32"-51")x39", 900ihp, 10kn. • 2(SB) Scotch 6(rf) GS108 HS2744 • Passengers: 6.

Contract price: £ 26,750.
2.1895: Keel.
Trial postponed due to a strike.
4.9.1895: Trial and delivered to DFDS, Kjøbenhavn.
4.9.1895: Left the builder for Copenhagen.
8.9.1895: Arrived at Copenhagen and left two days later on her maiden voyage.
1895 until 1897: Service: St.Petersburg/Riga-Copenhagen-Antwerp-Mediterranean-Odessa.
1896 until 1903: Service: Copenhagen-North America.

1.2.1903: On voyage Newcastle-Boston with a cargo of coal, stranded during a gale with snow and wrecked on the rocks at Scourse of Cruden, Scotland. Twenty men were saved in the lifeboats. The captain and four other crew members were rescued from the ship by a local fishingboat. Two men were lost.

133. NAKSKOV 1896-1920

Cargo steamship, 1 deck • Built of iron • 77gt, 38nt, 70dw • 85'6"/79'3"x16'7"x7'8"/6'9" • Murdock & Murrey, Port Glasgow • 1C 2cyl. (12.25"-21.9")x18", 85ihp, 7.5kn., Dunsmuir, Mair & Co., Glasgow • 1885: 1(SB) Scotch 2(pf) GS19 HS422, Tuxen & Hammerich, Nakskov.

29.10.1875: Registered owned by Robert Nimmo (75%) and Hugh Brown (25%), Glasgow as DOUGLAS.
13.3.1876: Sold to A/S Dampskibsselskabet Nakskov (Emilius F.Dan), Nakskov and renamed NAKSKOV. Price paid: £ 2,850. Service: Nakskov-Copenhagen.
1885: New boiler installed.

28.4.1896: Sold to DFDS, Nakskov. Price paid: Kr. 24,000.
30.4.1896: Taken over by DFDS.
1896 until 25.8.1906: Service mainly: Copenhagen-Nakskov (occasionally calling at different ports on the route).
25.8.1906 until 4.12.1906: Laid up.
4.12.1906: Now mainly in service: Copenhagen-Elsinore.
10.11.1917: Laid up at Copenhagen after the Copenhagen-Elsinore service was terminated.

NAKSKOV at Kvæsthusbroen, Copenhagen.

28.4.1920: Sold to Petersen & Albeck, Copenhagen and converted into a lighter. Renamed P & A 2.

11.1923: Reported broken up.

134. N.J.FJORD 1896-1917

Passenger and cargo steamship, 2 decks and aw • 1425gt, 653nt, 900dw • 268'6"/258'7"x34'0"x 16'3"/16'0" • Lobnitz & Co. Ltd., Renfrew, no.445 • 1T 3cyl. (24"-40"-64")x42", 2500ihp, 15kn. • 2(DB) Scotch 12(cf) GS202 HS4906 • Passengers: 74 I, 273 deck.

N.J. FJORD, the social room. Notice the light trunk and the skylight.

28.12.1895: Ordered. Contract price: £ 43,600.
14.5.1896: Launch.
27.6.1896: Trial postponed due to a strike until: 10.7.1896: Trial and delivered to DFDS, Esbjerg. As she was equipped with a cooling plant, the hull was for the first time, in the DFDS-fleet painted light grey.
11.7.1896: Left the Clyde for Esbjerg, where she arrived two days later.
15.7.1896 until 1914: In service: Esbjerg-Harwich.
1912 and 1914: Service also: Esbjerg-Grimsby.
1914 until 1916: Denmark-U.K.
31.5.1916: On voyage Leith-Frederikshavn with coal a "Zepperliner" passed above her at about 2 a.m. An hour later, while at full speed she was sighted by a German torpedoboat B-110, which ordered her to stop for inspection. In doing so the safety valves blew off, and a cloud of steam and smoke rose to the sky. As it was a perfectly clear day, the cloud was observed far away by the British light cruisers GALATEA and PHAETON. The British crew was aroused and they approached. Soon afterwards the greatest sea battle of World War I - the Battle of Jutland - was initiated, involving more than 60 warships and about 100,000 men. N.J.FJORD got away safely.

5.4.1917: On voyage Blyth-Odense with coal and general cargo, captured and sunk by a German submarine in the Northsea about 40 miles from Farn Island. She was sunk by bombs fitted to the hull. All hands saved in the lifeboats. Eventually they were picked up by British trawlers and patrolboats.

135. LOUISIANA (I) 1896-1917

Cargo steamship, 2 decks • 3018gt, 1946nt, 4960dw • 330'0"/318'3"x46'0"x26'0"/21'4" • Sir W.G.Armstrong &Co. Ltd., Newcastle, no.641 • 1T 3cyl. (24"-40"-64")x42, 1500ihp, 9.5kn., North-Eastern Marine Engineering Co. Ltd., Wallsend-on-Tyne • 2(SB) Scotch 8(rf) GS127 HS4506, North-Eastern Marine Engineering Co. Ltd., Wallsend-on-Tyne.

16.9.1895: Commenced. Contract taken over by DFDS during building.
28.4.1896: Launch.
1.8.1896: Trial and delivered to DFDS, Kjøbenhavn.
25.7.1896: Left Newcastle for Blyth, where she arrived the next day.
1.8.1896: Left Blyth for Copenhagen and arrived three days later. Exclusively in service: Copenhagen-North America. Ports of call in U.S.A.: New Orleans, New York and Boston, occasionally Philadelphia.

18.4.1917: On voyage North Shields-Boston with 2497 tons of general cargo torpedoed and sunk without warning by a German submarine in the Northsea about 20 miles NE of Rattray Head. The crew went in the lifeboats and were picked up by a British patrolboat BALAENA twenty minutes later.

LOUISIANA inward bound for Boston 4 June 1911. Photo by R. Hildebrand.

136. FICARIA (I) 1896-1934

Passenger and cargo steamship, 2 decks and sp • 1530gt, 672nt, 1120dw • 279'8"/268'6"x34'0"x 24'6"/17'3" • Lobnitz &Co. Ltd., Renfrew, no.451 • 1T 3cyl. (25"-40"-64")x42", 2500ihp, 14kn. • 2(DB) 12(cf) GS234 HS5804 • Passengers: 39 I, 20 deck.

FICARIA at the fitting out quay.

FICARIA after delivery.

3.1896: Ordered.
7.9.1896: Launch.
8.10.1896: Trial and delivered to DFDS, Kjøbenhavn (from 16.4.1910: Esbjerg, 22.7.1913: Kjøbenhavn, 7.4.1924: Esbjerg).
12.10.1896: Arrived at Copenhagen from the builder.
22.10.1896: Left Copenhagen for Newcastle on her maiden voyage.
1896 until 1906: Service mainly: Copenhagen-(Frederikshavn)-Newcastle-(Grimsby).
1900 until 1903: Occasionally in service: Copenhagen-Reval/Hangö/Windau.
1906 until 1909: Service now: Copenhagen-Hull.
1909 until 1914: Service changed to Esbjerg-Grimsby/Harwich.
1914 until 1920: Service mainly: Copenhagen-Hull.
12.7.1915: On voyage Copenhagen-Hull with passengers and general cargo grounded at Redcar Rock.
15.7.1915: Refloated and continued to Hull.
15.3.1919: Left Hull with 177 prisoners of war and arrived at Copenhagen 18.3.1919.
1920 until 1923: Service now mainly: Copenhagen-Danzig.
2.8.1922: Slightly damaged during repairs at Frederikshavn. She was docked in two floating docks, and as the docks were lowered one of them sank faster that the other, whereby FICARIA slipped from the keel blocks and heeled over.
1923 until 1931: Service mainly: Esbjerg-Harwich/Grimsby. Occasionally in service: Esbjerg-London/Antwerp-Dunkirk or Copenhagen-London/Riga/Hull or Denmark-Newcastle/Leith.
17.9.1931: Arrived at Copenhagen from Frederikshavn and laid up.

22.11.1934: Sold to The Hughes Bolckow Shipbreaking Co. Ltd., Blyth for demolition. Price paid: £ 3,200.
29.11.1934: Left Copenhagen and arrived at Blyth 2.12.1934. Delivered to the breakers the following day.
6.12.1934: Berthed at the breakers yard. Sales value of the scrap: £ 3,845.

Advertising postcard.

FICARIA at the incident on 2 August 1922 at Frederikshavn.

137. PRIMULA (I) 1896-1938

Passenger and cargo steamship, 2 decks and sp • 1524gt, 676nt, 1103dw • 279'8"/268'6"x34'0"x 24'6"/17'3" • Lobnitz &Co. Ltd., Renfrew, no.452 • 1T 3cyl. (25"-40"-64")x42", 2500ihp, 14kn. • 2(DB) 12(cf) GS234 HS5804 • Passengers: 72 I, 185 III.

PRIMULA at Esbjerg.

3.1896: Ordered. Contract price: £ 43,700.
11.9.1896: The board of DFDS decided to name her SÆRIMNER. However, due to her service to British ports, that name was considered not proper. Instead the name PRIMULA was suggested.
5.11.1896: Launch.
9.12.1896: Trial and delivered to DFDS, Kjøbenhavn (from 19.2.1909: Esbjerg).
16.12.1896: Left Greenock for Esbjerg.
19.12.1896: Arrived at Esbjerg from the builder. She made one trip: Esbjerg-Harwich-Esbjerg.
26.12.1896: Left Esbjerg for Copenhagen where she arrived the next day.
7.1.1897 until 1902: Service mainly: Copenhagen-(Grimsby)-Newcastle.
1900 until 1902: Occasionally proceeded from Copenhagen to Reval.
1903: Service: Newcastle-Copenhagen-Windau.
1903 until 1922: Service mainly: Denmark-U.K., e.g. Esbjerg-Harwich/Grimsby/London, Copenhagen-Hull/Newcastle and Denmark-Newcastle.
25.11.1918 until 17.3.1919: Time chartered to U.K. Government for six trips: Lübeck/Stettin/Warnemünde-U.K. with British prisoners of war.
12.3.1919: Left Hull with 300 North Slesviger prisoners of war with Danish sympathies. Arrived at Copenhagen three days later.
4.3.1922: Inaugurated the Esbjerg-Antwerp-Dunkirk service.
1922 until 1932: Service now mainly: Esbjerg-Antwerp-Dunkirk.

▲ PRIMULA, the smoking saloon.
▼ PRIMULA, members of the catering staff. Notice the light trunk and the skylight.

PRIMULA, the dining saloon on the main deck.

1922 until 1932: Service now mainly: Esbjerg-Antwerp-Dunkirk.
3.12.1923 until 18.12.1923: Service temporarily: Esbjerg-Harwich.
1.11.1924 until 17.12.1924: Passenger accommodation enlarged and refurbished by A/S Burmeister & Wain, Copenhagen.
18.2.1931 until 13.3.1931: One trip: Copenhagen-the Faroes-Iceland.
21.12.1932: Arrived at Esbjerg from Dunkirk and laid up. Apart from one yearly drydocking at Frederikshavn or Elsinore, she remained idle at Esbjerg.
4.6.1935 until 1936: In service: Leith-the Faroes-Iceland.
18.1.1936 until 5.2.1936 and 24.10.1936 until 4.11.1936: In service: Esbjerg-Antwerp-Dunkirk.
7.11.1936: Laid up at Esbjerg.

7.2.1938: Sold to Clayton & Davie, Dunston-on-Tyne for demolition. Price paid: £ 4,250.
7.2.1938: Left Esbjerg and arrived at Dunston two days later.
10.2.1938: Delivered to the breakers.

PRIMULA, a view of the promenade deck.

PRIMULA at breaker's yard. Photo from G.R. Scott.

229

138. MAJA 1897-1938

Cargo steamship, 1 deck • 390gt, 243nt, 463dw • 156'6"/148'0"x24'0"x11'8"/11'5.5" • A/S Helsingørs Jernskibs-og Maskinbyggeri, Elsinore, no.23 • 1C 2cyl. (19"-35")x21", 250ihp, 9.5kn. • 1(SB) Scotch 2(pf) GS29 HS928.

8.3.1890: Launch.
3.5.1890: Delivered to Dampskibsselskabet Østersøen A/S (Hecksher & Søn), Kjøbenhavn.
15.6.1897: Sold to DFDS, Kjøbenhavn (from 27.11.1926: Aarhus 3.10.1928: Aalborg) without change of name.
1897 until 1914: Service mainly: Copenhagen-Hamburg.
1914 until 1915: Service now mainly: Copenhagen-Norway/Gothenburg/Antwerp/Lübeck.
21.4.1917: On voyage Frederikshavn-Christiania captured by a German torpedoboat and taken to Swinemünde for inspection.
3.7.1917: Released.
30.11.1917 until 23.10.1918: Coal hulk at Aarhus.
1919 until 1936: Service mainly: Copenhagen/Jutland-Hamburg.
9.9.1934 until 25.3.1936: Laid up at Copenhagen.
26.3.1936 until 3.4.1936: Docked at Gothenburg.
4.1936 until 6.1936: Domestic service.
28.10.1936 until 2.11.1936: One return trip: Copenhagen-Hamburg.
2.11.1936: Laid up at Copenhagen until the sale.
7.2.1938: Sold to Børge Bentzen, København.
12.2.1938: Taken over by her new owner and renamed CHRISTIAN B. Price paid: Kr. 44,000.
31.5.1939: Forced sale to A/S Secunda, Copenhagen. Price paid: Kr. 18,000.
3.6.1939: Resold to P.Chr.Holm Jacobsen, Torshavn and renamed SILDBERIN. Used for fishing.
1.1942: Sold to H/f Sæfimur, Westmanna, Iceland and renamed SÆFELL.
1947: Sold to H/f Sæfell, Iceland. Name unchanged.
1948: Sold to H/f Jupiter, Reykjavik and renamed OFEIGUR.
1950: Sold to H/f Ingulfur, Reykjavik without change of name.
1950: Sold for demolition.
1951: Broken up in Iceland.

139. ELLA 1897-1936

Cargo steamship, 1 deck • 389gt, 242nt, 463dw • 156'6"/148'0"x24'0"x11'8"/11'5.5" • A/S Helsingørs Jernskibs-og Maskinbyggeri, Elsinore, no.24 • 1C 2cyl. (19"-35")x21", 250ihp, 9.5kn. • 1(SB) Scotch 2(pf) GS29 HS928.

7.6.1890: Launch.
19.8.1890: Delivered to Dampskibsselskabet Østersøen A/S (Hecksher & Søn), Kjøbenhavn.
19.12.1894: On voyage Shoreham-Newcastle in ballast, collided with schooner brig MONETA of Faverham 158/59 in the Channel W of Dungeness. MONETA sank with the loss of four men. Three others were picked up by ELLA, which was only slightly damaged.
15.9.1896: On voyage Stettin-Wick in ballast, damaged after a collision with S/S WALLY of London 2053/83 in the river Oder off Grabow. ELLA returned to Stettin for inspection. She continued her voyage the next day.
15.6.1897: Sold to DFDS, Kjøbenhavn.
1897 until 1901: Service: Copenhagen-Hamburg/Danzig.
1901 until 1914: Service now mainly: Copenhagen-Hamburg.
1906 until 1909: Service also: Jutland-Hamburg.
1909 until 1910: Service also: Stettin-Copenhagen-Gothenburg.
1914 until 1919: Service now: Denmark-Lübeck/Stettin/Sweden/Norway.
20.10.1918 until 13.3.1919: Coal hulk at Aarhus.
1920 until 1930: Service again mainly: Copenhagen/Jutland-Hamburg.
28.4.1930: Laid up at Copenhagen.
11.3.1931 until 13.3.1931: Domestic service.
15.4.1931 until 19.4.1931: One trip: Copenhagen-Oslo-Copenhagen.
19.4.1931: Laid up until sale.
18.7.1936: Sold to Clayton & Davie, Dunston-on-Tyne for demolition. Price paid: £ 725. Sold together with NIELS EBBESEN (no.160).
21.7.1936: Left Denmark in tow for Dunston.
24.7.1936: Delivered to the breakers.

140. KENTUCKY (I) 1897-1920

Cargo steamship, 2 decks and aw • 3649gt, 2362nt, 4860dw • 344'0"/328'0"x45'0"x23'11"/22'7.5" • A/S Burmeister & Wain's Maskin-og Skibsbyggeri, Copenhagen, no.191 • 1T 3cyl. (24"-40"-64")42", 1200ihp, 10kn. • 2(SB) Scotch 6(cf) GS126 HS4234 • Passengers: 4.

29.6.1896: Ordered. Contract price: Kr. 720,000.
3.6.1897: Launch.
26.8.1897: Trial.
27.8.1897: Delivered to DFDS, Kjøbenhavn.
28.8.1897: Left Copenhagen on her maiden voyage.
1897 until 1917: Service: Copenhagen-North America.
13.12.1917 until 16.6.1918: Time charter to Funch, Edye & Co. Inc., New York (a DFDS agent) for service: U.S.A.-South America.
17.6.1918 until 1.10.1918: Time charter to U.S. Shipping Board for service: U.S.A.-east coast of South America.
5.2.1919 until 11.3.1919: Time chartered to British Ministry of Shipping for one trip: Norfolk-Santos.
1919 until 1920: Service now: Copenhagen-South America.
22.12.1920: On voyage Tyne-USA grounded at Skirza Head and wrecked.
2.1921: Salvage attempts.
4.1921: DFDS received offers of repair between 43,000 and 62,000 £.
30.1.1922: The wreck sold to J.J.King, Gateshead. Price paid: £ 750.

KENTUCKY in Boston 30 January 1910. Photo by R. Hildebrand.

141. ARKANSAS (I) 1897-1933

Cargo steamship, 2 decks and aw • 3648gt, 2362nt, 4815dw • 344'0"/328'0"x45'0"x23'11"/22'9" • A/S Burmeister & Wain's Maskin-og Skibsbyggeri, Copenhagen, no.192 • 1T 3cyl. (24"-40"-64")x42", 1200ihp, 10kn. • 2(SB) Scotch 6(cf) GS126 HS4234 • Passengers: 4.

ARKANSAS outward bound from Boston 26 May 1917. Photo by R. Hildebrand.

31.10.1896: Ordered. Contract price: Kr. 720,000.
28.10.1897: Launch.
14.12.1897: Delivered to DFDS, Kjøbenhavn.
15.12.1897: Left Copenhagen on her maiden voyage for New Orleans via North Shields and St.Thomas, with about 50 Danish soldiers for St.Thomas.
1897 until 1917: Service: Copenhagen-North America.
21.10.1917 until 2.5.1918: Time charter to Funch, Edye & Co. Inc., New York for service: U.S.A.-South America.
20.5.1918 until 25.11.1918: Time charter to U.S. Shipping Board for service: U.S.A.-South America.
1919 until 1932: Service mainly: Copenhagen-North America.
1928 and 1929: Occasionally in time charter.
19.3.1930 until 17.10.1931: Laid up at Copenhagen.
18.1.1932: Arrived at Copenhagen and laid up.

27.6.1933: Sold to Petersen & Albeck, Copenhagen for demolition. Price paid: Kr. 61,000.

ARKANSAS at Copenhagen, taking bunkers by hand from a coal barge.

21.9.1933: Arrived at the breakers.
4.12.1933: Reported broken up.

142. CIMBRIA 1897-1949

Passenger and cargo steamship, 1 deck and aw • 1056gt, 552nt, 628dw • 223'10"/213'9"x32'0"x 16'0"/13'10" • Lobnitz & Co. Ltd., Renfrew, no.465 • 1T 3cyl. (19"-32"-51")x39", 1200ihp, 12kn. • 2(SB) Scotch 6(f) GS108 HS2740 • Passengers: 114 I, 40 II, 210 III.

25.11.1897: Launch.
31.12.1897: Trial and delivered to DFDS, Aalborg (from 25.9.1930: Randers, 5.11.1940: Aalborg, 20.9.1941: Fredericia, 26.9.1942: Aalborg). Price paid: Kr. 543,890.
5.1.1898: Arrived at Copenhagen from the builder.
20.1.1898: Left Copenhagen for Aalborg on her maiden voyage.
1898 until 1914: Service mainly: Copenhagen-Aalborg.
25.1.1904: Left Copenhagen with supplies for Aalesund, Norway time chartered to the Danish Government after the town had been gutted by fire.
3.2.1904. Returned to Copenhagen.
1914 until 1926: Service now mainly: Copenhagen-Frederikshavn-Horten-Christiania or Copenhagen-Limfjorden/Aalborg.
1918 and 1919: 10 trips with 3600 British and 400 French prisoners of war: Warnemünde/Lübeck/Stettin-Copenhagen.
1926 until 4.4.1940: Service now: Copenhagen-Randers.

1.6.1940 until 6.6.1940: Three trips Copenhagen-Warnemünde/Travemünde chartered by "Reicharbeits Ministerium" with 1709 passengers in all.
1940: Service: Copenhagen-Aalborg.
1941 until 29.1.1945: Services: Copenhagen-Aalborg/Aarhus/Fredericia-Vejle-Horsens.
25.3.1945: Seized by the Germans. However, released two days later to DFDS.
26.5.1945 until 8.6.1945: Two trips: Aarhus-Oslo with 293 Norwegian officers from Germany.

6.7.1945 until 21.7.1945: Service: Elsinore/Copenhagen-Nr.Sundby/Aarhus with German refugees.
26.10.1945 until 18.4.1946: Mainly in service: Copenhagen-Danish provincial ports and Denmark-Gdynia with German and Polish refugees.
4.7.1947 until 18.7.1947: Service: Copenhagen-Aalborg.
11.8.1947 until 17.8.1947: Service: Copenhagen-Frederikshavn-Oslo.
17.8.1947 until 12.6.1948: Laid up at Copenhagen.
15.6.1948 until 26.8.1948: Service: Copenhagen-Aalborg.
26.8.1948: Laid up at Copenhagen.

31.8.1949: Sold to H. J. Hansen, Odense for demolition. Price paid: Kr. 77,500.
3.9.1949: Left Copenhagen for Odense.
23.12.1950: Reported broken up.

CIMBRIA at Aalborg.

CIMBRIA, the III class saloon.

CIMBRIA in the Copenhagen-Aalborg service June 1948.

233

143. SKALHOLT 1898-1917

Cargo steamship, 1898: passenger and cargo steamship, 1 deck • 566gt, 347nt, 650dw, 1898: 524gt, 306nt, 576dw • 169'3"/160'0"x25'9"x13'6.5"/13'4.5" • Nylands Værksted, Christiania, no.83 • 1T 3cyl. (11.5"-17.5"-30")x24", 300ihp, 9kn. • 1(SB) Scotch 2(rf) GS35 HS990 • Passengers: 1898: 16 I, 100 deck.

23.10.1890: Ordered. Contract price: Norwegian Kr. 165,000.
2.4.1892: Delivered to Dampskibsselskabet Hægholmen (Jens Meinich & Co.), Christiania as VARDØ.

12.2.1898: Sold to DFDS, Kjøbenhavn and renamed SKALHOLT.
18.2.1898 until 9.3.1898: Converted into a passenger and cargo ship at Elsinore.
1898 until 1914: Service mainly: Copenhagen-Leith-the Faroes-Iceland, Icelandic coastal service during the summer season or Stettin-Copenhagen-Norway. Occasionally: Copenhagen-Baltic/Hamburg.
1916 and 1917: Service now: Denmark-U.K.
21.8.1917: Time charter to "Fragtnævnet" (see no.6).

9.11.1917: On voyage Newcastle-Nakskov via Bergen with a cargo of coal, ran aground at Rauna Skærene at Farsund and wrecked.

144. HOLAR 1898-1917

Cargo steamship, 1898: passenger and cargo steamship, 1 deck • 565gt, 340nt, 680dw, 1898: 548gt, 321nt, 614dw • 169'3"/160'0"x27'0"x13'6.5"/13'4" • Nylands Værksted, Christiania, no.91 • 1T 3cyl. (11.5"-17.5"-30")x27", 340ihp, 8.5kn. • 1(SB) Scotch 2(f) GS34 HS1087 • Passengers: 1898: 16 I, 100 deck.

11.1.1893: Ordered. Contract price: Norwegian Kr. 174,000.
14.11.1893: Delivered to Dampskibsselskabet Hægholmen (Jens Meinich & Co.), Christiania as VADSØ.

12.2.1898: Sold to DFDS, Kjøbenhavn and renamed HOLAR.
18.2.1898 until 13.3.1898: Converted into a passenger and cargo ship at Elsinore.
1898 until 1916: Services mainly: Copenhagen-Leith-the Faroes-Iceland, Icelandic coastal service or Copenhagen-Baltic.
17.4.1908: On voyage Vik-Hornafjord grounded near Hornafjord.
13.5.1908: Refloated by Svitzer's SVAVA 156/07.
18.5.1908: Left Ekfjord for Copenhagen.
25.5.1908 until 24.6.1908: Repaired at Copenhagen.
1917: Service now: Denmark-U.K.
25.7.1917: Time charter to "Fragtnævnet" (see no.6).

10.8.1917: On voyage Sunderland-Randers left Newcastle in a convoy, but later lost contact due to lack of speed. The next day she was torpedoed without warning and sank within 3 minutes in the Northsea. One man was lost. The others were rescued by armed trawlers from the convoy and taken to Lerwick.

145. FLORIDA (I) 1898-1933

Cargo steamship, 1 deck and sp • 4401gt, 2837nt, 6920dw • 394'0"/378'6"x47'9"x30'7.5"/24'10.5" • Wm.Dobson &Co., Newcastle-on-Tyne, no.100 • 1T 3cyl. (26"-43"-72")x45", 1600ihp, 9.5kn., North-Eastern Marine Engineering Co. Ltd., Sunderland • 2(SB) Scotch 6(cf) GS115 HS4560, North-Eastern Marine Engineering Co. Ltd., Sunderland • Passengers: 2.

FLORIDA inward bound for Boston 9 May 1915. Photo by R. Hildebrand.

20.8.1898: Launch.
5.10.1898: Trial and delivered to DFDS, Kjøbenhavn. Price paid: Kr. 1,074,225.
5.10.1898: Left Newcastle for New Orleans on her maiden voyage.
1898 until 1908: Service: Copenhagen-North America.
1908 until 1932: Service now: Copenhagen-South America/North America.
7.2.1918 until 30.5.1918: Time charter to Funch, Edye & Co. Inc, New York for service: U.S.A.-South America.
1.6.1918 until 27.9.1918 and 3.11.1918 until 14.6.1919: Time charter to U.S. Shipping Board for service: U.S.A.-South America.
15.11.1919 until 7.1.1921: Time charter to "Fragtnævnet" (see no.6).
29.12.1932: Arrived at Copenhagen from Moss and laid up.

11.8.1933: Sold to Paolo Treves, Genova for demolition. Price paid: £ 3,500.

235

146. THINGVALLA 1898-1900

Passenger and cargo steamship, 2 decks and sp • Built of iron • 2436gt, 1577nt, 3160dw • 325'8"/310'4"x36'2"x30'8"/22'0" • A/S Burmeister & Wain's Maskin-og Skibsbyggeri, Copenhagen, no.86 • 1C tandem 4cyl. (2x30.3"-2x60")x36", 900ihp, 10kn. • 2(SB) Scotch 6(f) GS123 HS3490 • Passengers: 9 I, 653 deck.

4.4.1873: Ordered. Contract price: Rigsdaler 460,000.
25.10.1874: Launch.
20.6.1875: Delivered to A/S Sejl- og Dampskibsselskabet af 1873 (F.W. Kiørboe), Kjøbenhavn.
30.3.1880: Sold to A/S Dampskibsselskabet Thingvalla, Kjøbenhavn without change of name.
1880: In service: Stettin/Swinemünde-Copenhagen-Christiania-Christianssand-New York.
14.8.1888: Collided with S/S GEISER 2831/82 from the same company off Sable Island. 455 passengers were transferred to S/S WIELAND of Hamburg 3504/74, and she then sailed to Halifax for repairs.
19.5.1890: Damaged by collision with an iceberg.

10.10.1898: Sold to DFDS, Kjøbenhavn. Name unchanged. Service: Skandinavien-Amerika Linien, Stettin/Swinemünde-Copenhagen-Christiania-Chrstianssand-New York.
9.11.1898: Left Copenhagen on the first voyage to New York for DFDS.
23.6.1900: Left New York for the last time.
24.11.1900: Sold to A/S Dampskibsselskabet Aslaug (Johnsen & Bergman), Christiania. Price paid: £ 7,000.
17.11.1900: Arrived at Antwerp.
26.11.1900: Taken over by her new owners and renamed ASLAUG.
1903: A plan to convert her into a whale oil factory was abandoned.

18.9.1903: Left Narvik.
9.1903: On voyage Narvik-West Hartlepool with iron ore, grounded in Torgfjorden.
29.9.1903: Arrived at Trondhjem for repairs.
26.11.1903: Arrived at Rotterdam. Later sold for demolition.

147. NORGE 1898-1904

Passenger and cargo steamship, 2 decks and aw • Built of iron • 3359gt, 2445nt, 3700dw • 346'6"/335'3"x38'3"x32'8"/- • Alex.Stephen &Sons Ltd., Linthouse, Glasgow, no.252 • 1C 2cyl. (44.5"-80")x48", 1400ihp, 10kn. • 2(DB) Scotch 12(pf) GS177 HS5748, 1897: 2(SB) Scotch 12(f) GS178 HS6180, A/S Burmeister & Wain's Maskin-og Skibsbyggeri, Copenhagen • Passengers: 50 I, 150 II, 900 III.

11.6.1881: Launch.
1881: Delivered to Theodore C.Engels & Co., "Engels Line", Antwerpen as PIETER DE CONINCK.
25.6.1881: Left Glasgow for New York on her maiden voyage. Service: Antwerp-New York/Boston.

27.2.1889: Sold to A/S Dampskibsselskabet Thingvalla, Kjøbenhavn and renamed NORGE. Price paid: Francs 700,000.
1.5.1889 until 28.8.1889: Extensive repairs at Antwerp to hull and machinery.
5.9.1889: Arrived at Copenhagen from Stettin.
11.9.1889: Left Copenhagen for the first trip to New York. Service: Stettin-Copenhagen-Christiania-Christianssand-New York.

10.10.1898: Sold to DFDS, Kjøbenhavn. Service: Skandinavien-Amerika Linien, Stettin/Swinemünde-Copenhagen-Christiania- Christianssand-New York.
5.10.1898: Left Copenhagen on the first voyage for DFDS to New York.

21.10.1900: Left Copenhagen for New York after call, at Stettin/Swinemünde had been stopped.

28.6.1904: On voyage Copenhagen-New York with 727 passengers and 68 crew members, struck Rockall in foggy weather and sank. 582 passengers and 45 crew members were lost. This is the worst disaster in the Danish shipping history.

148. ISLAND (I) 1898-1906

Passenger and cargo steamship, 2 decks and sp • Built of iron • 2844gt, 1899nt, 3340dw • 324'4"/313'0"x38'0"x29'7"/23'0" • A/S Burmeister & Wain's Maskin-og Skibsbyggeri, Copenhagen, no.123 • 1C tandem 4cyl. (2x36"-2x72")x42", 1550ihp, 12kn. • 4(SB) Scotch 8(f) GS156 HS6520 • Passengers: 30 I, 38 II, 650 deck.

30.4.1881: Ordered. Contract price: Kr. 1,050,000.
4.5.1882: Launch.
30.8.1882: Trial.
2.9.1882: Delivered to A/S Dampskibsselskabet Thingvalla, Kjøbenhavn. Service: Stettin-Copenhagen-Christiania-Christianssand-New York.

10.10.1898: Sold to DFDS, Kjøbenhavn without change of name. Service: Skandinavien-Amerika Linien, Stettin-Copenhagen-Christiania-Christianssand-New York.
28.12.1898: Left Copenhagen for New York on her first voyage for DFDS.
1900 onwards: The call at Stettin was stopped.

20.1.1905: Left New York for Copenhagen on the last voyage for DFDS.
8.2.1905: Arrived at Copenhagen and laid up.

20.1.1906: Sold to Calame & Cortese, Genova. Price paid: £ 6,000.
26.1.1906: Sprang a leak while at Copenhagen.
4.1906: Broken up at La Spezia.

149. HEKLA 1898-1905

Passenger and cargo steamship, 2 decks and aw • Built of iron • 3258gt, 2223nt, 3000dw • 333'1"/322'0"x41'1"x29'9"/22'0" • Scott &Co., Cartsdyke Yard, Greenock, no.232 • 1C 2cyl. (46"-84")x54", 2150ihp, 10kn. • 4(SB) Scotch 12(f) GS256 HS7750 • Passengers: 38 I, 44 II, 760 in all.

6.1882: Ordered.
29.2.1884: Launch.
19.4.1884: Trial and delivered to A/S Dampskibsselskabet Thingvalla, Kjøbenhavn. Price paid: £ 64,500. Service: Stettin/Swinemünde-Copenhagen-Christiania-Christianssand-New York.
14.5.1884: Left Copenhagen for New York via Gothenburg and various Norwegian ports on her maiden voyage.

10.10.1898: Sold to DFDS, Kjøbenhavn without change of name. Service: Skandinavien-Amerika Linien, Stettin/Swinemünde-Copenhagen-Christiania-Christianssand-New York.
19.10.1898: Left Copenhagen for New York on her first voyage for DFDS.
11.3.1905: On voyage Copenhagen-New York the rudder stock broke after three days with storm.
22.3.1905: Arrived at the Azores after an emergency rudder had been fitted.
5.5.1905: Arrived at Copenhagen and laid up.

25.9.1905: Sold to A/S Det Dansk-Russiske Dampskibsselskab, Kjøbenhavn. Taken over the next day by her new owners. Name unchanged. Price paid: Kr. 225,000.
16.11.1905: Reported sold to The Northern Steam Ship Co. Ltd., St.Petersburg and renamed EDUARD REGEL. Price paid: Kr. 720,000.

1908: Sold to Handelshaus Gebr. Lassmann, St.Petersburg and renamed MINSK.
28.9.1908: On voyage Libau-Hull with general cargo, ran ashore at Hittorp N of Helsingborg. Refloated.
1.10.1908: Arrived at Copenhagen for inspection.
3.10.1908: Left Copenhagen.

5.2.1910: Sold to Petersen & Albeck, Copenhagen for demolition.
Price paid: £ 6,400. Resold to German breakers at Lemwerder and broken up.

150. ARNO 1898-1917

Cargo steamship, 1 deck • 1386gt, 824nt, 1597dw • 239'0"/228'6"x33'9"x16'10.5"/15'11.7" • A/S Helsingørs Jernskibs-og Maskinbyggeri, Elsinore, no.74 • 1T 3cyl. (19.5"-31.5"-53")x36" 800 ihp, 9.5kn. • 2(SB) Scotch 6(pf) GS95 HS3087 • Passengers: 4.

15.10.1898: Launch.
14.12.1898: Delivered to DFDS, Kjøbenhavn. Price paid: Kr. 376,445.
25.12.1898: Left Copenhagen on her maiden voyage. Service: Baltic-Copenhagen-Western Mediterranean.

1914: After the outbreak of World War I service changed to Copenhagen-U.K.-Western Mediterranean.
25.8.1917: Time chartered to "Fragtnævnet" (see no.6).

19.12.1917: On voyage North Shields-Kolding with 1392 tons of coal, sunk presumably by a torpedo in the North Sea in 57.20N - 1.0W. The vessel sank within a few minutes, but the crew was saved.

151. TIBER 1899-1936

Cargo steamship, 1 deck • 1385gt, 823nt, 1597dw • 239'0"/228'6"x33'9"x16'10.5"/15'11.7" • A/S Helsingørs Jernskibs-og Maskinbyggeri, Elsinore, no.75 • 1T 3cyl. (19.5"-31.5"-53")x36", 800ihp, 9.5kn. • 2(SB) Scotch 6(pf) GS95 HS3087 • Passengers: 4.

14.10.1898: The Board of DFDS decided to name her EBRO.
However, 18.11.1898 the decision was changed to TIBER.
23.12.1898: Launch.
22.2.1899: Trial.
28.2.1899: Delivered to DFDS, Kjøbenhavn (from 17.9.1931: Middelfart). Price paid for ARNO + TIBER:
Kr. 752,890.64.
3.3.1899: Left Copenhagen on her maiden voyage. Service: Baltic-Copenhagen-Antwerp-Western Mediterranean.
1914: After the outbreak of World War I service: Copenhagen-Western Mediterranean.
28.8.1917 until 13.11.1918: Time chartered to "Fragtnævnet" (see no.6).
4.12.1918 until 19.6.1919: Time charter to the British Government.
1922 until 1934: Service now mainly: Baltic-Copenhagen-France.
1935: Service now: Copenhagen-Gdynia-Danzig, occasionally other Baltic ports.
6.1.1936: Arrived at Copenhagen from Memel and laid up.

6.2.1936: Sold to Lomond Shipping Co. Ltd. (Robert J.Dunlop jr.), Glasgow. Price paid: £ 2,750. Immediatly resold to Petersen & Albeck, Copenhagen for demolition under the "Scrap and Build" program. Price paid: £ 2,110.
She was sold together with S/S AIMILIOS 3638/98, S/S MARIE SCHRÖDER 742/89, S/S HEDWIG 1827/98 and S/S AGHII VICTORES 1639/95. They were all replaced by DUNKELD 4944/37.
12.2.1936: Handed over to the breakers at Copenhagen.

152. VESTA (II) 1899-1917

Passenger and cargo steamship, 2 decks • Built of iron • 1122gt, 688nt, 1082dw • 232'3"/220'0"x 29'6"x17'11"/18'1" • Palmers Shipbuilding &Iron Co. Ltd., Newcastle-on-Tyne, no.387 • 1C 2cyl. (32"-62")x36", 700ihp, 10kn. • 2(SB) Scotch 6(pf) GS84 HS2408 • Passengers: 38 I, 32 II, 22 III.

22.4.1879: Launch.
4.1879: Delivered to Friederich Georg Schmidt, Hamburg.
1.8.1881: Sold to A.Kirsten, Hamburg without change of name.
6.5.1882: Sold to P/R (Gottfried Beijer), Malmö. Name unchanged. Price paid: Swedish Kr. 400,000. Service: Malmö-Helsingborg-Newcastle.
15.2.1883: Reported sold to Sydsvenska Ångfartygs A/B (Gottfried Beijer), Malmö. Name unchanged.
12.1893: Company liquidated.

19.1.1894: Sold to Skånska Ångfartygs A/B (Frederik Petersen), Malmö. Name unchanged.
22.3.1894: Left Malmö for Grimsby via Helsingborg. Services: Sweden-England or Copenhagen-Hangö/Hamburg/France.
1.3.1896 until 30.11.1896: Charter to Ministry of Iceland for service: Iceland-Europe.
1.3.1898: In service: Copenhagen-Leith-the Faroes-Iceland except for the winter season.

14.4.1899: Sold to DFDS, Kjøbenhavn. Price paid: Kr. 175,000. Service mainly: Copenhagen-Leith-the Faroes-Iceland.

Occasionally in service: Stettin-Copenhagen-Christiania/west coast of Norway.
17.2.1913: On voyage Isafjord-Reykjavik ran aground near Hnifsdalr-Huk in a snow storm. The engine room was flooded. Passengers and some of the crew members were taken ashore.
18.2.1913: Salvage commenced by Svitzer.
21.2.1913: Refloated by Svitzer and taken to Isafjord for tightening. Returned to Copenhagen for repairs. Price paid:

Kr. 56,000.
11.7.1917: Chartered to the Icelandic Government.

16.7.1917: On voyage Seydisfjord-Fleetwood with a cargo of herring and wool, torpedoed without warning and sunk by the German submarine U-88 in the Atlantic. Five men were killed. The remaining arrived safely in the lifeboats at Sumbø the following day.

239

153. CERES 1899-1917

Passenger and cargo steamship, 2 decks and aw • Built of iron • 1166gt, 730nt, 1022dw • 237'5"/228'8"x30'0"x16'9"/17'1.25" • Kockums Mekaniska Verkstads A/B, Malmö, no.36 • 1C 2cyl. (34.75"-61.4")x38", 1000ihp, 11kn. • 2(SB) Scotch 6(pf) GS80 HS2049 • Passengers: 300 emigrants, 500 cattle, later: 54 I, 36 II, 27 deck.

30.9.1882: Launch.
17.2.1883: Trial.
21.2.1883: Delivered to Sydsvenska Ångfartygs A/B (Gottfried Beijer), Malmö. Price paid:
Swedish Kr. 512,000. Service: Malmö-Helsingborg-Newcastle.
1.12.1893: Company liquidated.

19.1.1894: Sold to Skånska Ångfartygs A/B (Frederik Petersen), Malmö without change of name. Price paid:
Swedish Kr. 250,000.
11.3.1894: Left Copenhagen for Libau.
1894 until 1899: Service mainly: Libau-Copenhagen-London.

14.4.1899: Sold to DFDS, Kjøbenhavn. Price paid: Kr. 250,000.
14.5.1899: In service mainly: Copenhagen-Leith-the Faroes-Iceland. Occasionally (mainly in the winter seasons) in service: Stettin-Copenhagen-west coast of Norway/Christiania or Esbjerg-Harwich.

20.2.1917: Charter to the Icelandic Government.

13.7.1917: On voyage Fleetwood-Reykjavik with salt and general cargo, torpedoed and sunk by the German submarine U-88 in the Atlantic in a position 56.00N-12.00W. Two men were lost due to the explosion. The others arrived at the island South Uist in the lifeboats.

154. SEINE 1899-1903 and 1935-1945 / GARONNE (II) 1945-1954

Cargo steamship, 1 deck and aw • 1345gt, 846nt, 1813dw • 246'0"/235'0"x34'0"x18'6"/16'11.5" • Wm.Dobson & Co., Low-Walker Yard, Newcastle-on-Tyne, no.103 • 1T 3cyl. (19.5"-32.5"-54")x36", 1100ihp, 9.5kn., North-Eastern Marine Engineering Co. Ltd., Newcastle • 2(SB) Scotch 6(f) GS91 HS3050, North-Eastern Marine Engineering Co. Ltd., Newcastle.

4.3.1899: Launch.
19.4.1899: Trial and delivered to DFDS, Kjøbenhavn.
19.4.1899: Left Newcastle for Bordeaux where she arrived 24.4.1899. Service: Baltic-Copenhagen-France. Typical ports of call: St.Petersburg-Copenhagen-Dunkirk-Le Havre-La Rochelle-Bordeaux.

9.7.1903: Sold to Cie. Francaise de Bateaux à Vapeur France-Baltique (Arthur Lenars (a DFDS agent)), Dunkerque without change of name. Price paid:
Kr. 423,400. Service remained the same.
25.7.1914: Arrived at St.Petersburg and detained here from the outbreak of World War I at least until 1917.
1919 until 1921: Service now: Copenhagen-France.
1922 until 1935: Service again: Baltic-Copenhagen-France.
20.5.1922: On voyage La Rochelle-Le Havre collided with S/S EGYPT 7941/97 which sank with the loss of 98 lives, 5 million $ of gold and several million $ in bank notes. (Most of the valueables were salvaged by divers in 1932).
30.5.1922: Left Brest for Le Havre and arrived the next day for temporary repair.

4.8.1922 until 26.8.1922: Finally repaired at Rotterdam.

27.6.1935: Resold to DFDS, København. Name unchanged. Price paid:
Francs 250,000.
2.7.1935: Taken over by DFDS and laid up at Copenhagen.

21.9.1935: Change from French to Danish flag.
5.11.1935: In service: Copenhagen-Antwerp.
21.1.1936: Laid up at Copenhagen.
25.12.1936 until 1938: Service again: Copenhagen-Antwerp.
1938 until 1940: Service now: Copenhagen-Baltic/France.

1940: Service: Stettin-Copenhagen-west coast of Norway.
1941 until 1944: Service mainly: Germany-Denmark with coal and coke.
25.3.1945: Seized by the Germans.
10.4.1945: Released.
11.4.1945: Renamed GARONNE (8.3.1945: The board of DFDS had suggested to rename her RITA, in case she should visit a British port. This was to prevent her from being seized, because of the EGYPT incident in 1922).
1945 until 1948: Service: Copenhagen-(Gothenburg)-east coast of Norway.
1948 until 1950: Service now: Copenhagen-Antwerp.
1949 until 1953: Service also: (Stettin)-Copenhagen-west/east coast of Norway.
18.4.1953: Arrived at Copenhagen from Kristiansand and laid up.
12.6.1954: Sold to Eisen und Metall K.G., Lehr & Co., Hamburg for demolition. Price paid: Kr. 193,000.
14.6.1954: Handed over to the breakers and left Copenhagen the same day..

155. TEXAS (I) 1899-1933

Cargo steamship, 2 decks • 4446gt, 2875nt, 6776dw • 388'0"/371'9"x49'9"x28'8"/23'3" • C.Connell & Co., Glasgow, no.248 • 1T 3cyl. (25"-41"-67")x48", 1600ihp, 9.5kn. David Rowan &Son, Glasgow • 2(SB) Scotch 6(rf) GS113 HS4575, David Rowan &Son, Glasgow • Passengers: 4.

Ordered by Robert Mackill & Co.
1898: Contract taken over by DFDS.
10.8.1898: The Board of DFDS decided to name her VIRGINIA.
16.9.1898: At a later board meeting the decition was changed to TEXAS.
16.3.1899: Launch.
24.4.1899: Delivered to DFDS, Kjøbenhavn.
24.4.1899: Left Glasgow for New York.
1899 until 1929: Service: Copenhagen-North America.
1907 until 1929: Occasionally in service: Copenhagen-South America.
15.10.1917 until 22.1.1918: Time charter to France-Canada Shipping Corp., New York for service: U.S.A.-South America.
31.5.1918 until 22.9.1918: Time charter to U.S. Shipping Board for service: U.S.A.-South America.
23.9.1918 until 7.3.1919: Time charter to U.K. Government.
1920 and 1922: One trip each year: Copenhagen-Chile via the Panama Canal.
5.12.1930 until 16.12.1930: One trip: Copenhagen-Emden-Copenhagen and laid up with the cargo of coal.
13.8.1931: Unloaded and remained idle at Copenhagen.

TEXAS at Boston 7 March 1920. Photo by R. Hildebrand.

27.6.1933: Sold to Petersen & Albeck, Copenhagen for demolition. Price paid: Kr. 72,000.
23.10.1933: Arrived at the breakers' yard.
4.12.1933: Reported broken up.

156. BEIRA 1899-1937

Cargo steamship, 2 decks • 1273gt, 681nt, 1503dw • 240'0"/228'6"x33'9"x17'6"/16'3.5" • Lobnitz & Co. Ltd., Renfrew, no.486 • 1T 3cyl. (19"-32"-51")x39", 900ihp, 9kn. • 2(SB) Scotch 6(pf) GS108 HS2740 • Passengers: 2.

26.5.1899: Trial and delivered to DFDS, Kjøbenhavn. Price paid: Kr. 395,350.
27.5.1899: Left Glasgow for Savona where she arrived 6.6.1899.
1899 until 1912: Service mainly: Baltic-Copenhagen-Spain/Portugal/France.
1913 until 1928: Service now: (Baltic)-Copenhagen-Antwerp-Western Mediterranean.
1.10.1917 until 22.3.1919: Time charter to "Fragtnævnet" (see no.6).
1921 until 1929: Service also: Copenhagen-London/Libau/Bordeaux/Antwerp/Hamburg.
1930 until 1935: Service now: Copenhagen-Hamburg.
1934: Service also: Aalborg/Aarhus-Hamburg.
1935: Service now: Baltic-Copenhagen-France.
7.10.1935: Arrived at Copenhagen from Antwerp and laid up.
28.12.1935 until 7.1.1936: One return trip: Copenhagen-Antwerp.

21.5.1937: Sold to Dampskibsselskabet Hetland A/S (T.Basse), København, taken over the next day and renamed RYAA.

Price paid: Kr. 134,400.
25.5.1939: Sold to Hans Elliot, Panama and renamed BANANA. Price paid: £ 5,850.
15.9.1939: Transferred to Rederi A/B Westindia (Sven Salén), Stockholm. Price paid: Swedish Kr. 250,000.

20.8.1951: Sold to Van Heyghen Frères N.V., Bruges for demolition. Price paid: Swedish Kr. 250,000.
25.8.1951: Arrived at Bruges to be broken up.
8.1951: Demolition commenced.

157. ALABAMA (I) 1899-1904

Cargo steamship, 2 decks • 4454gt, 2869nt, 6776dw • 388'0"/371'9"x49'9"x28'8"/23'3" • C.Connell & Co., Glasgow, no.249 • 1T 3cyl. (25"-41"-67")x48", 1600ihp, 9.5kn., David Rowan &Son, Glasgow • 2(SB) Scotch 6(rf) GS113 HS4575, David Rowan &Son, Glasgow.

Ordered by Robert Mackill & Co.
1898: Contract taken over by DFDS.
28.4.1899: Launch.
10.6.1899: Trial and delivered to DFDS, Kjøbenhavn.
11.6.1899: Left Glasgow for New Orleans where she arrived 1.7.1899.
Service: Copenhagen-North America. During her short career she made 23 return trips across the Atlantic. Ports of call in U.S.A. were New Orleans and New York.

5.12.1904: Left Copenhagen for New York in ballast.
19.12.1904: Returned to Stornoway with damage to deck and machinery due to heavy weather in the Atlantic.

30.12.1904: While at anchor at Stornoway, the chain broke during a storm and she drifted aground on a rock at Peninsula Point. The following day she slipped from the rock and sank. Four months later abandoned as a total loss, after several salvage attempts by Svitzer's S/S VIKING 378/04. The wreck was purchased by East Coast Salvage Association.

242

158. ALGARVE (I) 1899-1917

Cargo steamship, 2 decks • 1274gt, 680nt, 1503dw • 240'0"/228'6"x33'9"x17'6"/16'3.5" • Lobnitz & Co. Ltd., Renfrew, no.487 • 1T 3cyl. (19"-32"-51")x39", 900ihp, 9kn. • 2(SB) Scotch 6(rf) GS108 HS2740 • Passengers: 4 I.

29.5.1899: Launch.
1.7.1899: Trial and delivered to DFDS, Kjøbenhavn.
1.7.1899: Left Glasgow for Kronstadt where she arrived 9.7.1899. Service: Baltic-Copenhagen-France/Portugal/Spain/Mediterranean.
1914 until 1917: Service now mainly: Copenhagen-Newcastle-Mediterranean.
8.3.1917: Requisitioned by the British Government (The Shipping Controller) and allocated to Lambert Bros. Ltd., London.
20.10.1917: Torpedoed without warning and sunk by a German submarine 15 miles WSW of Portland Bill. 21 men were lost.

159. GARONNE (I) 1899-1939

Cargo steamship, 2 decks • 1491gt, 890nt, 1854dw • 260'6"/248'3"x35'0"x18'4"/16'11.5" • R.Stephenson &Co. Ltd., Newcastle-on-Tyne, no.59 • 1T 3cyl. (19.5"-32.5"-54")x36", 1000ihp, 10kn. • 2(SB) Scotch 6(cf) GS95 HS3212 • Passengers: 2.

8.6.1899: Launch.
14.8.1899: Trial and delivered to DFDS, Kjøbenhavn. Price paid: Kr. 497,218.
14.8.1899: Left Newcastle for Kronstadt where she arrived 20.8.1899.
1899 until 1914: Service mainly: St.Petersburg-Copenhagen-Bordeaux-La Rochelle.
1914 until 1915: Service now: Copenhagen-U.K.
1915 until 1920: Service now mainly: Copenhagen-Spain/Portugal/France.
10.8.1917 until 8.3.1919: Time charter to "Fragtnævnet" (see no.6).
1920: Service also: Copenhagen-Newcastle/Liverpool-Swansea.

6.12.1920 until 6.2.1922: Laid up at Copenhagen.
1922 until 1925: Service mainly: Baltic-Copenhagen-Bordeaux.
1925 until 1938: Service now: Copenhagen-Antwerp.
1929: Service also: Copenhagen-west coast of Norway.
2.6.1938: Arrived at Copenhagen from Aarhus and laid up.
12.5.1939: Sold to Nobels Explosive Co. Ltd., Irvine Harbour (a subsidiary of Imperial Chemical Industries Ltd.) for demolition. Price paid: £ 4,900.

15.5.1939: Left Copenhagen for Irvine and arrived five days later.
22.5.1939: Handed over to the breakers. However converted into a lighter.
1939: Taken over by Imperial Chemical Industries Ltd. In service as a powder hulk at Loch Ridden.
29.1.1957: Sold to British Iron and Steel Corp. (Salvage) Ltd. for demolition and broken up by Shipbreaking Industries Ltd., Faslane.

160. NIELS EBBESEN 1899-1936

Passenger and cargo steamship, 1 deck and aw • 869gt, 384nt, 510dw • 209'3"/198'9"x31'0"x 16'0"/14'4" • Lobnitz &Co. Ltd., Renfrew, no.496 • 1T 3cyl. (19"-32"-51")x39", 1200ihp, 13kn. • 2(SB) Scotch 6(rf) GS108 HS2740 • Passengers: 84 I, 24II, 200 III.

26.8.1899: Launch.
24.10.1899: Trial and delivered to DFDS, Kjøbenhavn (from 15.1.1901: Aarhus, 1.7.1914: Randers).
25.10.1899: Left the builder for Copenhagen where she arrived 30.10.1899.
6.11.1899: Left Copenhagen for Randers on her maiden voyage. Service: Copenhagen-Randers.
23.12.1899: Service now: Copenhagen-Aarhus.
1899 until 1912: Service now mainly: Copenhagen-Aarhus.
18.6.1900 until 14.10.1900: Service again temporarily: Copenhagen-Randers. Occasionally in service: Copenhagen-Aalborg/Limfjorden.
1912 until 1917: Service now mainly: Copenhagen-Randers, occasionally Aarhus or Aalborg.
1919: During 12 trips from Warnemünde, Lübeck, Stettin she transported 3000 British and 600 French prisoners of war to Copenhagen.
3.8.1920 until 15.12.1930: Service now mainly: Copenhagen-Danzig, 1929 and 1930 occasionally called at Gdynia as well.
4.6.1923 until 31.8.1923: Service temporarily: Copenhagen-Gothenburg.
15.12.1930: Arrived at Copenhagen from Danzig and laid up.

18.7.1936: Sold to Clayton & Davie, Dunston-on-Tyne for demolition. Price paid: £2,275.
30.6.1936: Left Copenhagen towed by S/S MAX BERENDT of Hamburg 766/23 for Dunston.
Broken up before 10.1936.

NIELS EBBESEN at Randers, ready for departure.

161. EOS 1899-1918

Passenger and cargo steamship, 2 decks • Built of iron • 838gt, 444nt, 920dw • 228'6"/219'0"x 29'7"x18'0"/17'0" • Wm.Simons &Co., London Works, Renfrew, no.220 • 1C 2cyl. (26"-54")x48", 775ihp, 10kn. • 2(SB) Scotch 4(f) GS88 HS3969 • Passengers: 12 I, 40 III.

30.4.1881: Launch.
28.5.1881: Last survey by Lloyd's Register.
5.1881: Delivered to Clyde Shipping Co. (George Fardine Kidston, Graham Brymner and James Cuthbert), Glasgow as ARANMORE. Price paid: £ 25,000. Service: Glasgow-London.
13.6.1889: Registered as sold to Sydsvenska Ångfartygs A/B (Gottfried Beijer), Malmö and renamed EOS. Price paid: £ 14,500.
25.6.1889: Arrived at Malmö for the first time after the sale. Service: Sweden-Newcastle.
12.1893: Company liquidated.

19.1.1894: Sold to Skånska Ångfartygs A/B (Frederik Petersen), Malmö without change of name. Price paid: Swedish Kr. 175,000.
11.1.1894: Left Malmö for Grimsby. Service: Malmö-Helsingborg-Grimsby.

1.12.1899: Sold to DFDS, Kjøbenhavn (from 22.8.1904: Esbjerg). Price paid: Swedish Kr. 150,000.

1900 until 1903: Service mainly: Libau-Copenhagen-London.
1904 until 1914: Service now mainly: Esbjerg-Harwich. Occasionally Denmark-Newcastle or Esbjerg-Grimsby/Altona.
1914: After the outbreak of World War I in service: Denmark-U.K.
8.7.1917: On voyage Aarhus-U.K. via Bergen captured by the German submarine UC-79 and taken to Swinemünde where she arrived two days later for inspection.
10.7.1917: Released.
27.2.1918: On voyage Methil-Copenhagen with a cargo of coal in a convoy, got engine trouble and lost contact with the convoy. Since then nothing was heard of her. 26 men were lost.

162. LOIRE 1899-1903

Cargo steamship, 2 decks • 1492gt, 893nt, 1910dw • 260'6"/249'7"x34'3"x16'0"/16'9.5" • R.Stephenson &Co. Ltd., Newcastle-on-Tyne, no.60 • 1T 3cyl. (19.5"-32.5"-54")x36", 1000ihp, 10kn. • 2(SB) Scotch 6(f) GS95 HS3212.

6.10.1899: Launch.
2.12.1899: Trial and delivered to DFDS, Kjøbenhavn.
2.12.1899: Left Newcastle for Copenhagen where she arrived 5.12.1899.
9.12.1899: Left Copenhagen for Riga. Service: Baltic-Copenhagen-France (mainly Bordeaux).

14.7.1903: Sold to Cie. Francaise de Bateaux à Vapeur France-Baltique, Dunkerque without change of name. Price paid: Francs 590,000. Service remained the same.
29.10.1914 until 27.2.1915: Laid up at Le Havre.
28.2.1915: Left Le Havre for Cardiff in time charter for service: Cardiff-France.

19.7.1916: Reported requisitioned by the French Government.

2.9.1917: Torpedoed by a German submarine and wrecked on Bee Oitzky Island near Cape Litsky.
1.1929: The Court of Montpellier sentenced the French Government to pay DFDS Francs 540,000 for the loss.

245

163. HENGEST 1900-1926

Cargo steamship, 2 decks and hur • Built of iron • 750gt, 464nt, 925dw • 219'0"/209'0"x27'6"x 16'6"/15'11" • Lobnitz, Coulborn &Co., Renfrew, no.159 • 1C 2cyl. (27"-54")x42", 600ihp, 9.5kn. • 2(SB) Scotch 4(pf) GS99, 1887: 2(SB) Scotch 4(pf) GS68 HS2445, A/S Helsingørs Jernskibs-og Maskinbyggeri, Elsinore • Passengers: 6 I.

25.8.1876: Launch.
23.9.1876: Builders' certificate.
9.1876: Delivered to A/S Det Jydsk-Engelske Dampskibs-Selskab, Aarhus. Price paid: £ 17,800.
1887: New boilers installed at Elsinore.
4.9.1897: Company amalgamated with A/S Randers Dampskibsselskab af 1866 to form A/S Det Jydske Dampskibs-Selskab.
4.1.1900: Operation taken over by DFDS. Service: Denmark-Newcastle.

17.5.1900: Sold to DFDS, Aarhus (from 5.12.1921: Esbjerg). Service mainly: Denmark-U.K. or Baltic-Copenhagen-Northsea.
22.4.1925: Laid up at Copenhagen.
8.10.1925 until 9.12.1925: Troopship service.

5.3.1926: Sold to Hans Petersen, Copenhagen for demolition. Price paid: Kr. 25,000.
10.3.1926: Taken over by the breakers.
29.9.1926: Reported broken up at the former Baltica-Værftet, Copenhagen.

HENGEST leaving Aarhus 1920.

164. JYDEN   1900-1916

Cargo steamship, 1 deck • Built of iron • 378gt, 244nt, 435dw, 156'7"/153'2"x24'4"x13'4"/11'8" • Rostocker Schiff-und Maschinenbau A.G., Rostock, no.60 • 1C 2cyl. (19.25"-35.5")x24", 240ihp, 10kn. • 1(SB) Scotch 2(cf) GS28, 1899: 1(SB) Scotch 2(f) GS34 HS895, Wallsend Slipway &Engineering Co. Ltd., Newcastle.

1880: Delivered to J. Ankerstjerne, Randers. Price paid: Marks 140,000.
1.3.1883: Sold to A/S Randers Dampskibsselskab af 1866 A/S, Randers. Price paid: Kr. 120,000.
24.6.1890 until 18.12.1891: Time charter to DFDS for service: Hamburg-Copenhagen-Danzig.
4.9.1897: The company amalgamated with A/S Det Jydsk-Engelske Dampskibs-Selskab to form A/S Det Jydske Dampskibs-Selskab.
4.1.1898 until 31.3.1898: Time charter to DFDS for service: Jutland-Hamburg.
29.5.1898 until 20.8.1898: Time charter to DFDS for service: London-Hamburg-Copenhagen-Libau.
1899: New boiler installed.

17.5.1900: Sold to DFDS, Randers (from 24.9.1904: Vejle, 12.5.1906: Odense).
1900 until 1902: Service: Hamburg-Copenhagen-Danzig.
1902 until 1904: Service: Copenhagen-Norway or Jutland-Hamburg.
15.9.1904: Service now: Copenhagen-Vejle/Bogense or Copenhagen-Samsø-Odense.
1908 until 1915: Service now mainly: Copenhagen-Limfjorden.

9.3.1916: Sold (after written approval dated the previous day by the Danish Ministry of Trade) to Möller & Persson, Stockholm, the same day transferred to A/B Möller & Persson (John Stephenson Möller), Stockholm and renamed NACKA. Price paid: Kr. 107,000.
4.11.1916: Sold to Rederi A/B Uman (Nils Österman), Stockholm without change of name. Price paid: Swedish Kr. 242,500.
15.12.1917: Sold to Rederi A/B Vala (Otto Hillerström), Helsingborg and renamed CITOS. Price paid: Swedish Kr. 250,000.
2.10.1918: Sold to Rederi A/B Iwar (Iwar Ohlsson), Malmö. Name unchanged. Price paid: Swedish Kr. 450,000.
27.1.1920: Sold to George Pandelis Lemos (P.G.Lemos & G.F.Andreadis), Piraeus and renamed SPYROS. Price paid: £ 21,000.

19.12.1920: On voyage Newcastle-St.Ives ran aground 11 miles S of Isle of Wight and sank off St.Catherine's Point. All hands saved.

165. FREJR   1900-1926

Passenger and cargo steamship, 1 deck and aw • Built of iron • 473gt, 291nt, 532dw • 173'3"/164'4"x 26'4"x14'7.5"/13'7.5" • Lobnitz &Co., Renfrew, no.226 • 1C 2cyl. (24"-44")x30", 400ihp, 9kn. • 1(SB) Scotch 3(f) GS51, 1895: 1(SB) Scotch 3(f) GS47 HS1290, Hong Kong & Whampoa Dock Co., Hong Kong • Passengers: 46.

19.2.1883: Builders' certificate.
2.1883: Delivered to A/S Randers Dampskibsselskab af 1866, Randers. Price paid: £ 12,500.
10.1885 until 11.1885: Converted at Elsinore for use in the China trade.
1886 until 1898: In service on the coast of China.
4.9.1897: The company amalgamated with A/S Det Jydsk-Engelske Dampskibs-Selskab to form A/S Det Jydske Dampskibs-Selskab.

17.5.1900: Sold to DFDS, Odense (from 18.5.1901: Aalborg, 17.8.1904: Esbjerg, 27.10.1910: Odense). Price: Kr. 140,000.
1900 until 1924: Service mainly: Denmark-U.K., e.g. Denmark-Newcastle or Esbjerg-Newcastle/Harwich/Grimsby.
1905 until 1907: Service also: Copenhagen-Windau.
1914 and 1915: Service also: Sweden-Grimsby.

1925: Service now: Jutland-Hamburg.
7.10.1925: Arrived at Copenhagen and laid up.

5.3.1926: Sold to Hans Petersen, Copenhagen for demolition. Price paid: Kr. 25,000.
10.3.1926: Taken over by the breakers.
24.9.1927: Reported broken up at the former Baltica-Værftet, Copenhagen.

166. ORRIK   1900-1910

Cargo steamship, 1 deck and hur • Built of iron • 409gt, 273nt, 426dw • 150'0"/143'0"x24'0"x 11'11"/12'0.9" • A/S Helsingørs Jernskibs-og Maskinbyggeri, Elsinore, no.9 • 1C 2cyl. (19"-35")x21", 220ihp, 8.5kn. • 1(SB) Scotch 2(pf) GS28 HS900, 1938: 1(SB) Scotch 2(f) HS1043, Rupniecibas A/S "Voirogs" Balderajas Kugubuvetaro, Riga.

15.1.1885: Launch.
27.2.1885: Delivered to A/S Det Jydsk-Engelske Dampskibs-Selskab (E.Bergmann), Aarhus. Price paid: Kr. 123,970.
30.9.1895 until 1.8.1896: Time charter to DFDS for service: Randers/Aarhus/Aalborg-Lübeck/Hamburg.
1.9.1896 until 30.6.1898: Time charter to DFDS for service: Jutland-Lübeck/Hamburg.
1.11.1896: On voyage Hamburg-Aarhus with general cargo, S/S SEAMEW of London 1505/88 ran into her in fog, while she was at anchor off Neumühlen in the river Elbe. To prevent sinking, she was towed aground by a tug.
2.11.1896: Towed to Hamburg. Later returned to service.
4.9.1897: Company amalgamated with A/S Randers Dampskibsselskab af 1866 to form A/S Det Jydske Dampskibs-Selskab.

17.5.1900: Sold to DFDS, Aarhus (from 9.6.1905: Vejle, 25.10.1910: Aalborg).
1900 until 1910: Service mainly: Jutland-Hamburg.
3.4.1902: On voyage Aarhus-Hamburg with 60 tons of general cargo, collided in fog with S/S PREUSSEN of Bremen 5295/86, which was in tow in the port of Hamburg. ORRIK was taken in tow by two tugs. About ten minutes later capzised and sank at the pier. All crew members were saved. Later raised.
1.5.1902: Arrived at Stülcken Werft and was repaired.
1903 until 1907: Occasionally in service also: Stettin-Copenhagen-west coast of Norway/Gothenburg.

1906 until 1910: Service also: Copenhagen-Bogense/Vejle.

27.11.1910: On voyage Hamburg-Aalborg with general cargo, sank after a collision with S/S MONTAUK of Liverpool 4040/94 off Kuhrwerderhaven, Hamburg. Later refloated and repaired.
1911: Sold to A.T. Agafeloff, Archangel and renamed MARIA.
1919: Sold to Tonnikawa & Breede, Archangel without change of name.
1922: Sold to Dampfschiffahrts Ges. Gaida, Riga and renamed GAIDA.
1929: Name of owner now Kugniecibas Sabiedriba "GAIDA" (A.Behrsin), Riga.
1938: New boiler installed.
11.1944: Seized by the Russians.

1946: Reported broken up.

167. OCTA 1900-1910

Cargo steamship, 1 deck and aw • Built of iron • 284gt, 158nt, 209dw • 138'6"/129'5"x23'7"x 11'6"/11'6" • Flensburger Schiffsbau-Gesellschaft, Flensburg, no.74 • 1C 2cyl. (17.5"-32")x21", 190ihp, 8.5kn. • 1(SB) Scotch 2(pf) GS20 HS872.

16.1.1885: Launch.
2.3.1885: Delivered to A/S Det Jydsk-Engelske Dampskibs-Selskab, Aarhus. Price paid: Kr. 105,600.
7.2.1896 until 29.7.1898: Time charter to DFDS for service: Jutland-Flensburg/Hamburg.
4.9.1897: Company amalgamated with A/S Randers Dampskibsselskab af 1866 to form A/S Det Jydske Dampskibs-Selskab.

17.5.1900: Sold to DFDS, Aarhus (from 24.5.1901: Aalborg, 23.2.1909: Odense). Service: Jutland-Hamburg.

1.9.1910: On voyage Korsør-Kiel with livestock and general cargo, sank off Korsør after a collision with RIBERHUUS (no.51).

168. TYR 1900-1951

Cargo steamship, 1 deck and aw • 526gt, 315nt, 627dw • 182'0"/175'0"x27'0"x13'8"/13'2.75" • Lindholmens Mek. Werkstad, Gothenburg, no.342 • 1T 3cyl. (15"-24"-40")x26", 600ihp, 10kn., Motala Mek. Verkstads A/B, Motala • 2(SB) Scotch 4(f) GS50 HS1658, Motala Mek. Verkstads A/B, Motala, 1902: 1(SB) Scotch 3(cf) GS53 HS1640, A/S Kjøbenhavns Flydedok og Skibsværft, Copenhagen • Passengers: 12.

TYR with neutrality markings during World War I.

TYR. Photo by F.W. Hawks, 3 June 1950.

5.1888: Ordered.
6.1890: Delivered to A/S Randers Dampskibsselskab af 1866, Randers. Price paid: Kr. 225,000.
4.1.1896 until 11.2.1896: Time charter to DFDS for service: Randers-Aarhus-Hamburg.
20.1.1897 until 19.4.1897: Time charter to DFDS for service: Esbjerg/Aalborg-Hamburg or Esbjerg-Harwich.
4.9.1897: Company amalgamated with A/S Det Jydsk-Engelske Dampskibs-Selskab to form A/S Det Jydske Dampskibs-Selskab.
21.12.1897: Time charter to DFDS for service: Randers/Kolding/Aarhus-Hamburg.
10.5.1900 until 30.8.1900: Time charter for service: Philadelphia-Cuba.

17.5.1900: Sold to DFDS, Randers (from 2.10.1930: Esbjerg).
1902: New boiler installed.
1902 until 1950: Service mainly: Denmark-U.K., e.g. Denmark-Newcastle, Esbjerg-Harwich/Grimsby/London.
1903 until 1904 and 1907 until 1914: Service now mainly: Copenhagen-Windau.
1924 until 1926: Service also: Malmö-Helsingborg-Halmstad-Hull.
5.6.1925: Inaugurated the Copenhagen-Leningrad service.
1934: Service also: Esbjerg-Zeebrugge.
1934 until 1939: Often laid up.
1939: In the "Maltese Cross Fleet" (see no.116).
9.4.1940: At the German occupation of Denmark she was at Glasgow, where she had arrived 4.4.1940 from Frederikshavn.

9.5.1940: Seized by the British Government (Ministry of Transport) and allocated to Ellerman's Wilson Line Ltd., Hull.
28.6.1945: Returned to DFDS.
1946 until 1948: Service also: Esbjerg-Antwerp.
30.12.1950: Arrived at Esbjerg from Harwich and laid up until sale. (She was bound for Copenhagen. However, due to a leak, she got permission to go to Esbjerg).

13.1.1951: Reported sold to H.J.Hansen, Odense for demolition. Price paid: Kr. 101,000. According to the contract the scrap was to be sold to the Danish steelwork "Staalvalseværket" at Frederiksværk.
17.7.1951: Reported broken up.

---

169. ADOLPH ANDERSEN 1900-1917

Cargo steamship, 1 deck • 981gt, 614nt, 1393dw • 220'0"/208'10"x32'0"x16'5.5"/15'4" • Carmichael, McLean &Co., Greenock, no.9 • 1T 3cyl. (17"-27.5"-44")x33", 545ihp, 9kn., McKie &Baxter, Govan • 1(SB) Scotch 3(pf) GS52 HS1634, Lindsay, Burnet &Co., Govan. • Passengers: 4.

11.12.1897: Launch.
3.1898: Delivered to A/S Det Jydske Dampskibs-Selskab, Randers.
28.3.1898: Arrived at Randers from the builder.
8.2.1900: Left Antwerp for Copenhagen, operation taken over by DFDS.

17.5.1900: Sold to DFDS, Randers.
1900 until 1905: Service: Baltic-Copenhagen-Antwerp/Northsea.
1906 until 1913: Service now: Baltic-Copenhagen-France/Northsea.
1912 until 1914: Service also: Baltic-Copenhagen-Antwerp-Western Mediterranean.
1914: Service now: Stettin-Copenhagen-west coast of Norway.
1915 until 1917: Service now: Copenhagen-Mediterranean.
20.8.1917: Time charter to Hudson Bay Co., London.

17.11.1917: On voyage Newport-Nantes with coal, while in a convoy torpedoed by a German submarine and sank about 6 miles NE of Stiff Point at Ushant. One man was lost. The others were rescued in the lifeboats and later picked up by the armed French trawler SOUFFLEUR of Bordeaux 197/01.

170. YRSA 1900-1949

Cargo steamship, 1 deck • 390gt, 244nt, 463dw, 1898: 450gt, 267nt, 549dw • 156'6"/148'0"x 24'0"x11'8"/11'5.5", 1898: 181'0"/172'6"x24'0"x11'8"/11'6" • A/S Helsingørs Jernskibs- og Maskinbyggeri, Elsinore, no.22 • 1C 2cyl. (19"-35")x21", 250ihp, 8kn. • 1(SB) Scotch 2(pf) GS29 HS928.

26.10.1889: Launch.
6.12.1889: Delivered to Dampskibsselskabet Østersøen A/S (Hecksher & Søn), Kjøbenhavn. Price paid: Kr. 146,436.
11.10.1897 until 25.12.1897: Time charter to DFDS for service: Copenhagen-Hamburg/(Danzig).
1898: Lengthened by A/S Burmeister & Wain, Copenhagen.
16.4.1898 until 14.12.1898: Time charter to DFDS for service: Libau-Copenhagen-Hull.
18.3.1899 until 15.7.1899: Time charter to DFDS for service: Libau-Copenhagen-Antwerp.

29.12.1900: Sold to DFDS, Kjøbenhavn (from 3.2.1909: Aalborg, 27.10.1910: Odense, 29.11.1926: Aarhus, 4.8.1942: Horsens).
1901 until 1939: Service mainly: Copenhagen/Jutland-Hamburg. Occasionally various other services.
1912 until 1919: Service also: Copenhagen-Norway.
24.12.1915: On voyage Christiania-Copenhagen with general cargo beached at Aalbæk during a snow storm, after the fore part had been covered by ice, preventing her from anchoring.
2.1.1916: Refloated by SEJRØ (no.12A) and towed to Frederikshavn for inspection.
1940 until 1947: Domestic service.
1946 until 1948: Service also: Copenhagen-Gdynia.
1948: Service now: Copenhagen-east coast of Norway.
14.11.1948: Arrived at Copenhagen from Oslo and laid up.
19.3.1949: Sold to Petersen & Albeck, Copenhagen for demolition. Price paid: Kr. 38,000. Delivered to the breakers the same day.
12.8.1949: Reported broken up.

YRSA beached off Aalbæk, 24 December 1915.

171. RITA 1901-1942

Cargo steamship, 1 deck • 554gt, 364nt, 690dw • 181'4"/173'0"x27'0"x12'8.5"/12'4.25" • A/S Helsingørs Jernskibs- og Maskinbyggeri, Elsinore, no.40 • 1C 2cyl. (19"-35")x21", 260ihp, 8.5kn. • 1(SB) Scotch 2(pf) GS35 HS1102.

3.9.1892: Launch.
22.10.1892: Delivered to Dampskibsselskabet Østersøen A/S (Hecksher & Søn), Kjøbenhavn. Price paid: Kr. 239,509.
18.3.1899 until 19.7.1899: Time charter to DFDS for service: Hull-Copenhagen-Libau.

5.1.1901: Sold to DFDS, Kjøbenhavn (from 29.3.1933: Aalborg).
9.1.1901: Left Copenhagen for Libau.
1901 until 1904: Service mainly: Baltic-Copenhagen-Antwerp/Italy/west coast of Norway.
1904 until 1940: Service mainly: Copenhagen/Jutland-Hamburg. Occasionally various other services.
1940: Domestic service.
1940 until 1942: Service now mainly: Germany-Denmark with coal.
9.5.1942: On voyage Horsens-Copenhagen struck a mine and sank S of Samsø. Three men were lost.

172. HJELM 1901-1929

Cargo steamship, 1 deck • 286gt, 146nt, 377dw • 139'6"/133'0"x25'0"x10'3"/9'5.5" • A/S Kjøbenhavns Flydedok og Skibsværft, Copenhagen, no.30 • 1C 2cyl. (14.4"-28.4")x18", 200ihp, 8.5kn. • 1(SB) Scotch 2(cf) GS25 HS803.

22.10.1900: Ordered.
9.3.1901: Launch.
25.5.1901: Trial and delivered to DFDS, Kjøbenhavn (from 17.4.1903: Odense, 1.10.1928: Aarhus). Price paid: Kr. 131,085.
25.3.1901: Left Copenhagen for Danzig on her maiden voyage.
1901 until 5.8.1914: Service mainly: Copenhagen-Danzig.
1901 until 1905: Service also: Copenhagen-east coast of Sweden.
1914 until 1915: Time charter to the Danish Navy.
1915 until 1921: Service mainly: Copenhagen-Stettin/Lübeck/Danzig.
1921 until 1926: Mainly laid up. Occasionally in domestic service.
1924: Service also: Copenhagen-Stettin/Danzig/(Gothenburg).
5.5.1928: Service now: Aarhus-Hamburg.
30.4.1929: In service: Copenhagen-Stettin.
22.5.1929: Arrived at Copenhagen from Stettin and laid up.

13.11.1929: Sold to Dampskibsselskabet Østfyn A/S (A.Andersen & Søn), Aarhus (from 17.5.1930: Hammerhavnen).

23.11.1929: Taken over by her new owners and renamed AGERSØ. Price paid: Kr. 54,500.

11.1.1933: Sold to Dampskibsselskabet Agersø A/S (K.V.Clemmesen), Hammerhavnen without change of name.

1944: The company was liquidated and AGERSØ sold on 30.6.1944 to H.Poulsen & Co. A/S, Hammerhavnen. Name unchanged.

28.9.1944: On voyage Rønne-Sakskøbing loaded with stones, struck a mine in the Baltic and sank in a position 54.45N-12.36E. One man was lost, but the others were picked up by M/Aux GULLAN of Sölvesborg 170/37 after nine hours on a liferaft.

173. BENEDIKT 1901-1951

Passenger and cargo steamship, 1 deck • 337gt, 175nt, 314dw • 158'4"/150'0"x25'0"x10'9"/9'10.25" • A/S Burmeister & Wain's Maskin- og Skibsbyggeri, Copenhagen, no.215 • 1T 3cyl. (12.1"-19.75"-33")x21", 380ihp, 9.5kn. • 1(SB) Scotch 3(cf) GS37 HS1226 • Passengers: 32 deck.

8.10.1901: Ordered. Contract price: Kr. 204,000.
23.5.1901: Launch.
28.6.1901: Trial and delivered to DFDS, Odense (from 2.9.1931: Hobro, 9.9.1943: Randers, 20.10.1947: Hobro). Price paid: Kr. 209,893.
1901 until 1924: Service mainly: Copenhagen-Samsø-Odense.
1901 until 1907: Service also: Copenhagen-Limfjorden.
1925 until 1940: Service now mainly: Copenhagen-Grenaa-Hadsund-Mariager or Copenhagen-Stubbekøbing-Guldborg-Nykøbing F.-Stege.
1935 until 1940: Occasionally also other domestic services.
1940 until 1945: Service now mainly: Copenhagen-Randers/Hobro-Hadsund.
1946 until 1949: Service now: Copenhagen-Hobro-Hadsund or Copenhagen-Odense/Horsens/Sønderborg-Aabenraa-Haderslev.
21.8.1949: Laid up at Copenhagen.
13.6.1951: Sold to H.J.Hansen, Odense for demolition. Price paid: Kr. 80,000.
7.3.1952: Reported broken up.

174. J. C. LA COUR 1901-1933

Passenger steamship, 2 decks and aw • 1615gt, 673nt, 955dw • 282'0"/270'0"x36'6"x16'4"/15'5.4" • A/S Helsingørs Jernskibs- og Maskinbyggeri, Elsinore, no.84 • 1T 3cyl. (31"-53"-84")x42", 3600ihp, 15.25kn. • 4(SB) Scotch 12(cf) GS228 HS8501 • Passengers: 76 I, 36 III.

6.10.1900: Launch.
5.8.1901: Trial.
7.8.1901: Delivered to DFDS, Esbjerg. Price paid: Kr. 934,907.
8.8.1901: Left Elsinore for Esbjerg where she arrived the next day.
13.8.1901 until 18.8.1914: Mainly in service: Esbjerg-Harwich.
31.1.1907 until 2.3.1907: Three trips: Copenhagen-Newcastle.
10.7.1907 until 14.7.1907: One return trip: Copenhagen-Windau.
23.7.1907: Left Copenhagen for Reykjavik via Leith.
28.7.1907: Arrived at Reykjavik.
15.8.1907: Arrived at Copenhagen from Reykjavik.
1.11.1910 until 7.2.1911: Service also: Esbjerg-Grimsby.
1.9.1914 until 1915: Service now: Aarhus/Aalborg/Odense-Liverpool/Grimsby/Manchester/Newcastle.
23.6.1915: Service now: Copenhagen-Hull.
28.1.1917 until 11.1918: Laid up.
27.11.1918 until 10.1.1919: Time charter to the British Government for five trips: Warnemünde/Lübeck/Stettin-Copenhagen with 2000 British prisoners of war.
6.2.1919 until 10.9.1919: In service again: Copenhagen-Hull.
16.9.1919 until 15.10.1919: Two trips: Esbjerg-Hull.
29.10.1919 until 13.12.1921: Service again: Esbjerg-Harwich.
14.12.1921 until 18.5.1922: Laid up at Esbjerg.
19.5.1922 until 2.11.1922: In service: Esbjerg-Antwerp-Dunkirk.
10.1.1923 until 13.5.1923: Service temporarily: Copenhagen-Christiania.
28.5.1923: Returned to service: Esbjerg-Harwich.
1923 until 1931: Service mainly: Esbjerg-Harwich. Occasionally relief vessel in the Esbjerg-Antwerp-Dunkirk service.
9.12.1927 until 20.12.1927 and
16.12.1930 until 20.12.1930: Service temporarily: Esbjerg-Grimsby.
5.9.1931: Arrived at Esbjerg on her last trip from Harwich. Laid up.

13.10.1933: Sold to The Hughes Bolckow Shipbreaking Co. Ltd., Blyth for demolition. Price paid: £ 3,250.
27.10.1933: Left Esbjerg for Blyth by own power and arrived at Blyth two days later. The actual demolition was carried out by Bartram & Sons Ltd., Sunderland.
30.10.1933: Berthed at Sunderland. Sales value of scrap etc.: £ 4,789.

J. C. La COUR at Christiania in 1923.

J. C. La COUR at Esbjerg.

J. C. La COUR at Esbjerg.

175. HESSELØ 1901-1901

Cargo steam lighter, 1 deck • 500gt, 298nt, 560dw • 172'6"/165'0"x28'6"x12'0"/11'0" • A/S Kjøbenhavns Flydedok og Skibsværft, Copenhagen, no.31 • 1T 3cyl. (13"-20.5"-33.5")x21", 375ihp, 9kn. • 1(SB) Scotch 2(cf) GS40 HS1377.

13.11.1900: Ordered. Contract price: Kr. 225,000.
30.5.1901: Launch.
7.8.1901: Trial and delivered to DFDS, Kjøbenhavn.
10.8.1901: Left Copenhagen on her maiden voyage. In service: Copenhagen-east coast of Sweden. During her short career she visited the following ports: Norrköping-Gefle-Copenhagen-Gefle-Sundsvall-Trångsund-Copenhagen-Stockholm-Söderhamn-Sundsvall-Trångsund-Copenhagen-Oscarshamn-Norrköping.
14.10.1901: Left Norrköping.

15.10.1901: On voyage Copenhagen-Stockholm via Norrköping with general cargo, ran aground on Kastbåden off Wiksten light. Abandoned by the crew. Salvage attempts, but after several days with heavy weather she wrecked. The Swedish pilot who was on board during the grounding, was sentenced to a fine of Swedish Kr. 100.
26.11.1901: Considered wrecked. Sold for Kr. 6,000 [1].

---

[1] Main engine and boiler were taken out of the wreck and installed in the newbuilding: MUDIR, cargo steamship, 1 deck •820gt, 535nt, 930dw •(196.0' x 32.0' x 12.3') • Helsingborgs Varfs AB, Helsingborg, no.27 • 18.5.1904: Launch. 1904: Delivered to Motala Rederi A/B (Gustaf Petterson), Motala. 1906: Manager now C.A.Arvidsen. 5.1918: Manager changed to E.A.Enhörning and homeport now Sundsvall. 1.10.1918: Sold to Gustaf Sandström, Stockholm. 2.10.1918: Sold to Svenska Sockerfabriks A/B (C.F.Tranchell), Stockholm. 8.10.1918: Sold to Säbyholms Jernvägs A/B (C.F.Tranchell), Stockholm. Price paid: Swedish Kr. 1,175,000. 1.5.1920: Sold to Rederi A/B S.S.A. (A.Bromé), Stockholm (from 31.10.1923: Malmö) and renamed LARUS. 31.7.1926: Company amalgamated with its mother company Svenska Sockerfabriks A/B, Malmö without change of name. Price paid: Swedish Kr. 263,000. 5.3.1936: Sold to Rederi A/B C.Å.Blidberg & Co. (C.Å.Blidberg), Göteborg and renamed SOLVEIG. Price paid: Swedish Kr. 128,000. 31.5.1938: Sold to Haapsalu Laeva Omanikud (Arthur Jürgenthal), Haapsalu and renamed REET. Price paid: £ 5,250.
31.1.1940: Left Methil Roads on voyage Tees-Gothenburg with coal.
3.2.1940: Sunk by the German submarine U-58 in the Northsea.

176. OSCAR II 1902-1933

Twin screw, passenger steamship, 2 decks and aw • 10012gt, 6024nt, 8220dw • 515'0"/497'7"x58'0"x 40'9"/27'3.5" • Alex.Stephen &Sons Ltd., Linthouse, Glasgow, no.393 • 2T 2x3cyl. (30"-50"-80")x54", 8500ihp, 15.5kn. • 7(SB) Scotch 28(cf) GS511 HS22211 • Passengers: 123 I, 133 II, 843 III.

OSCAR II at New York. Courtesy of Peabody Museum of Salem.

14.11.1901: Launch.
16.2.1902: Dragged her anchors while at the Tail of the Bank, Greenock and grounded on the Helensburgh shore. Later the same day dragged off by 7 tugs.
3.3.1902: Trial.
3.1902: Delivered to DFDS, Kjøbenhavn. Price paid: Kr. 4,800,000.
8.3.1902: Arrived at Copenhagen from the builders. Service: Skandinavien-Amerika Linien (Copenhagen-Christiania-Christianssand-New York-Christianssand-Christiania-Copenhagen).
12.3.1902: Left Copenhagen on her maiden voyage to New York.
18.2.1903: On voyage Copenhagen-New York after some days with heavy seas the starboard engine broke down. Next day, after the engine had been repaired, she sprang leak, and the no. I and II holds were flooded. It was decided to go to the Azores.
27.2.1903: Arrived at Ponta Delgada and temporarily repaired.
16.3.1903: Left the Azores for Glasgow and repaired.
28.2.1904: On voyage New York-Christianssand grounded at Christianssand and sprang leak. In order to prevent her from sinking she was beached. Salvaged by Svitzer and taken to Kiel for repairs.
1907: Radio telegraph installed.
5.12.1915: Left New York with Ford's peace expedition.
28.8.1917 until 6.10.1918: Laid up at New York.
29.3.1919: Left Copenhagen for Newcastle-New York-Copenhagen.
5.1919: From this date call at Christianssand only on the return trip from New York to Christiania.

21.5.1923 and 11.6.1925: Called at Boston.
From 1924 she frequently called at Halifax.
10.7.1927 until 29.7.1927: Chartered to the travelling agent Bennett for a cruise to the North Cape: Copenhagen-Oslo-Kristiansand-Bergen-Laen-Molde-Tromsö-Hammerfest-North Cape-Bodö-Trondhjem -Merok-Balholm-Tjudvangen-Stavanger-Arendal-Copenhagen.
4.6.1930 until 6.6.1930: One trip with 300 passenger from New York to Estland: Copenhagen-Memel and back to Copenhagen.
17.12.1930: Left Copenhagen on her last voyage to New York.
6.1.1931: Departure from there.

18.1.1931: Arrived at Copenhagen from New York via Oslo and docked.
2.2.1931: Laid up at Copenhagen. During her career she crossed the Atlantic 398 times.

28.8.1933: Sold to The Hughes Bolckow Shipbreaking Co. Ltd., Blyth for demolition. Price paid: £ 14,250.
7.9.1933: Left Copenhagen under her own power.
10.9.1933: Arrived at Blyth.
12.2.1934: Berthed at the breakers' yard.
29.4.1934: Docked. Sales value of scrap: £ 21,830.

OSCAR II at breaker's yard. Photo from G. R. Scott.

256

177. HELLIG OLAV 1903-1934

Twin screw, passenger steamship, 2 decks and aw • 10085gt, 6061nt, 8230dw • 515'0"/497'7"x58'0"x 40'9"/27'3.5" • Alex.Stephen &Sons Ltd., Linthouse, Glasgow, no.399 • 2T 2x3cyl. (30"-50"-80")x54", 8500ihp, 15.5kn. • 7(SB) Scotch 28(cf) GS510 HS22211 • Passengers: 123 I, 129 II, 837 III. Crew: 211.

17.2.1902: Ordered.
16.12.1902: Launch.
3.1903: Delivered to DFDS, Kjøbenhavn. Price paid: £ 205,770.
20.3.1903: Arrived at Copenhagen from Glasgow. Service: Skandinavien-Amerika Linien (Copenhagen-Christiania-Christianssand-New York-Christianssand-Christiania-Copenhagen.
25.3.1903: Left Copenhagen on her maiden voyage to New York.
5.1907: Radio telegraphy installed for the first time in a Danish vessel.
29.1.1917 until 26.4.1917 and 4.6.1918 until 8.10.1918: Laid up at New York.
4.1919: From this date she only called at Christianssand on the return trip from New York.
13.2.1920: Called at Newport News on the return from New York.
11.3.1921, 11.5.1923, 22.6.1923, 3.9.1923, 9.5.1924, 15.5.1925 and 26.6.1925: Called at Boston.
From 1925 she frequently called at Halifax.
1.8.1925: Left Copenhagen for a cruise to the Baltic: Copenhagen-Stockholm-Helsinki-Stockholm-Copenhagen.

HELLIG OLAV, the music saloon, I class. Photo taken 25 August 1904.

257

20.6.1930 until 6.7.1930: One return trip: Copenhagen-Oslo-Reykjavik during the celebration of the millenary of Iceland.
7.10.1931: Arrived at Copenhagen from New York via Oslo and laid up. During her about 28 years of operation she crossed the Atlantic 418 times.

5.3.1934: Sold to The Hughes Bolckow Shipbreaking Co. Ltd., Blyth for demolition. Price paid £ 14,750.
9.3.1934: Left Copenhagen under her own power.
14.3.1934: Delivered to the breakers.
1.9.1934: Berthed at their scrap yard.
10.10.1934: Docked. Sales value of scrap: £ 21,550.

HELLIG OLAV at New York.
Courtesy of Peabody Museum of Salem.

178. UNITED STATES 1903-1935

Twin screw passenger steamship, 2 decks and aw • 10122gt, 6006nt, 8112dw • 515'0"/497'7"x58'0"x 40'9"/27'3.5" • Alex.Stephen &Sons Ltd., Linthouse, Glasgow, no.400 • 2T 2x3cyl. (30"-50"-80")x54", 8500ihp, 15kn. • 7(SB) Scotch 28(cf) GS511 HS22211 • Passengers: 131 I, 72 II, 1100 emigrants.

258

UNITED STATES at New York. Courtesy of Peabody Museum of Salem.

17.2.1902: Ordered.
6.10.1902: The Board of DFDS decided to name her U.S. PRESIDENT. However, the decision was changed later.
28.3.1903: Launch postponed until:
30.3.1903: Launch.
15.5.1903: Delivered to DFDS, Kjøbenhavn. Price paid: £ 203,750.
20.5.1903: Arrived at Copenhagen from the builders.
3.6.1903: In service: Skandinavien-Amerika Linien (Copenhagen-Christiania-Christianssand-New York.
16.4.1908: On voyage New York-Copenhagen collided with S/S MONTEREY of New York 4702/01 about one hour after leaving New York. She was beached, after the engine room was flooded.
21.4.1908: Refloated and repaired at New York.
28.5.1908: Left New York after repairs.
12.3.1910: On voyage Christiania-New York ran aground in Christiania Fjorden in fog. The passengers were evacuated.
20.3.1910: She was refloated, after being tightened and returned to Copenhagen. Repaired by A/S Burmeister & Wain.
21.4.1910: Left Copenhagen after repairs.
4.6.1910: On voyage Christiania-Christianssand grounded in fog at Christianssand. Refloated and returned to Copenhagen.
22.6.1910: Left Copenhagen for New York after repairs.
28.1.1914: On voyage Copenhagen-New York the port engine broke down in the Atlantic.
31.1.1914: Arrived at Glasgow for repairs.
23.4.1914: Left Glasgow after repairs for Copenhagen where she arrived three days later.
14.5.1914: Left Copenhagen for New York via Christiania.
24.1.1917 until 19.4.1917: Laid up at Copenhagen.
1.10.1917 until 22.11.1918: Laid up at New York.
4.1919: From this date she only called at Christianssand on the return trip from New York to Christiania.
16.2.1921, 6.6.1924 and 2.7.1926: Called at Boston.
From 1924 she frequently called at Halifax.

21.11.1934: Arrived at Copenhagen from New York via Oslo and laid up. During her about 31 years of service she crossed the Atlantic 462 times.

25.7.1935: Sold to S.A. Cantieri Marzocco, Livorno for demolition. Price paid: £ 24,000. Since it was expected, that the Italians would use her as a troopship in their war against Ethiopia, a Danish communist organisation tried to destroy her at Copenhagen.
3.9.1935: Eventually after four unsuccessful attempts the previous nights, she was set on fire, having had a drum of kerosene poured out in the accommodation. She was gutted by the fire amidships.
16.9.1935: Handed over to the new owners.
22.9.1935: Left Copenhagen in tow of motortug ZWARTE ZEE of Rotterdam 793/33.
10.10.1935: Passed Gibraltar on her way to Livorno for demolition.

179. TJALDUR 1904-1939

Passenger and cargo steamship, 1 deck • 795gt, 433nt, 622dw • 206'9"/198'0"x29'10"x12'7"/12'4.75" • Murdoch &Murrey, Port Glasgow, no.158 • 1T 3cyl. (18"-29"-47")x33", 800ihp, 10kn., Rankin & Blackmore, Greenock • 2(SB) Scotch 6(pf) GS90 HS2905, Rankin &Blackmore, Greenock • Passengers: 31 I, 22 II, 300 deck.

26.3.1898: Launch.
29.4.1898: Last survey by Lloyd's Register.
4.1898: Delivered to Wasa-Nordsjö Ångbåts A/B (A.Schaumann), Nikolaistad as VEGA.

4.5.1904: Sold to DFDS, Kjøbenhavn (from 28.5.1930: Aalborg, 6.9.1934: Esbjerg) and renamed TJALDUR.
26.5.1904: Left Copenhagen for Riga and returned.
25.6.1904 until 1922 and 1926 until 1928: In service: Copenhagen-Leith-the Faroes-Iceland.
8.12.1922 until 1923: In service: Esbjerg-Antwerp-Dunkirk.
1923: Service also: Denmark-Newcastle or Esbjerg-Harwich/Grimsby.
1923 until 1925: Service now: Copenhagen-Riga.
1926 until 1927: Service: Sweden-Hull.
1928 until 1929: Service mainly: Stettin-Copenhagen-Gothenburg.
1930 until 1931: Service now mainly: Aalborg/Aarhus-Hamburg.
1931 until 1933: Service: Esbjerg-Grimsby.
1933: Service also: Esbjerg-Ostend-Antwerp.
20.1.1934 until 29.1.1934: One return trip: Esbjerg-Pasajes.
17.3.1934 until 28.3.1934: One trip: Esbjerg-Pasajes-Zeebrugge-Esbjerg.
31.8.1934: Left Esbjerg for Antwerp.
2.1.1935: Arrived at Esbjerg from Antwerp and laid up.
4.1.1936 until 4.2.1936: Docked at Elsinore.

5.2.1936: Laid up at Copenhagen until sale.

21.6.1939: Sold to Constantin Atychides, Panama, taken over the next day and renamed DORA. Price paid: £ 2,500. Tween deck space arranged for carrying passengers.
7.7.1939: Left Copenhagen for Amsterdam. 420 Jewish refugees embarked and she left for Antwerp.
16.7.1939: Arrived at Antwerp and left the next day with 60 more jews.
18.7.1939: Arrested at Flushing by the Dutch authorities who considered the ship not seaworthy.
19.7.1939: Left Flushing.
12.8.1939: Arrived at Palestine.

1940: Panama planned to exclude the vessel from the register, as she was always used in contraband trade.
2.6.1942: Left Sète for Marseilles.
6.6.1942: Docked at Marseilles.
9.6.1942: Sold to the German Navy. Price paid: Swiss francs 1,724,000.
18.6.1942: Taken over by her new owners.
21.6.1942: Left Marseilles for Naples.
30.6.1942: Arrived at Naples.
31.6.1942 until 4.8.1942: Rebuilt at Naples.
4.8.1942: Trial after rebuilding.
16.8.1942: In service as a supply ship for the German troops in North Africa.

21.12.1942: Shelled and sunk by the Royal Navy off Tunis.

TJALDUR after conversion in the 1920es.

180. SØNDERJYLLAND (II) 1904-1952

Passenger and cargo steamship, 1 deck • 396gt, 196nt, 308dw, 1941: 581gt, 292nt, 480dw • 174'0"/163'6"x25'9"x11'2"/10'6.5", 1941: 174'0"/163'6"x25'9"x11'2"/12'11.75" • A/S Burmeister & Wain's Maskin-og Skibsbyggeri, Copenhagen, no.237 • 1T 3cyl. (13"-21.5"-37")x24", 580ihp, 10.5kn. • 1(SB) Scotch 3(cf) GS58 HS1755 • Passengers: 25 I, 130 deck.

▲ *SØNDERJYLLAND at Middelfart.*

3.2.1903: Ordered. Contract price: Kr. 255,000.
21.2.1904: Keel.
28.5.1904: Launch.
12.7.1904: Trial.
14.7.1904: Delivered to DFDS, Kolding (from 8.4.1922: Aabenraa, 13.10.1924: Vejle, 4.7.1930: Aabenraa, 20.7.1942: Kolding).
14.7.1904 until 1913: Service mainly: Copenhagen-Fredericia-Middelfart-Kolding.
1908: Service also: Copenhagen-Samsø-Odense.
1908 and 1909: Service also: Copenhagen-Frederikshavn-Horten-Christiania.
1912 until 1930: Service mainly: Copenhagen-Bogense/Vejle.
1930 until 1940: Service now mainly: Copenhagen-Haderslev-Aabenraa-Sønderborg.
6.1937: Cabins removed.
1937 until 1939: Service also: Copenhagen-Horsens/Vejle/Limfjorden.
1940: Service mainly: Copenhagen-Randers/Horsens.
11.6.1941 until 14.8.1941: Passenger accommodation removed by A/S Helsingørs Jernskibs- og Maskinbyggeri, Elsinore.
1941 until 1944: Service: Germany-Denmark with coal.
1942 until 1944: Service also: Copenhagen-Kolding-Haderslev-Aabenraa-Sønderborg, Copenhagen-Fredericia-Kolding or Copenhagen-Randers-Hobro-Hadsund.

SØNDERJYLLAND leaving Copenhagen.

261

During the war occasionally towed barges with peat from Fredericia to Copenhagen for the company's own supply.
1945 until 1948: Service now: Denmark-Gdynia.
29.10.1946 until 17.11.1946: One trip: Copenhagen-Horsens-Le Havre-Antwerp-Rotterdam-Copenhagen.
1948 until 1950: Service now: Copenhagen-east coast of Norway.
1.9.1950: Laid up at Copenhagen.

6.3.1952: Sold to Gebr. de Pauw, Boom for demolition and renamed JAN for her last voyage to the breakers. Sold together with LIMFJORDEN (no.181), price paid in all: £ 23,000.
12.3.1952: Taken over by her new owners at Copenhagen.
4.1952: Demolition commenced.

SØNDERJYLLAND calling at an unknown domestic port.

181. LIMFJORDEN (II) 1904-1952

Passenger and cargo steamship, 1 deck • 397gt, 204nt, 317dw, 1913: 488gt, 245nt, 430dw • 164'1"/160'0"x25'9"x11'2"/10'6", 1913: 198'3"/189'9"x25'9"x11'2"/10'6" • A/S Helsingørs Jernskibs- og Maskinbyggeri, Elsinore, no.101 • 1T 3cyl. (13"-21.5"-37")x24", 600ihp, 10kn. • 1(SB) Scotch 3(cf) GS57 HS1797 • Passengers: 16 I, 100 III, 1913: 24 I, 126 III.

21.6.1904: Launch.
12.8.1904: Trial and delivered to DFDS, Thisted (from 1.12.1927: Aalborg, 15.4.1941: Kolding, 3.8.1942: Thisted, 11.9.1946: Randers). Price paid: Kr. 238,019.
1904 until 1940: Service mainly: Copenhagen-Limfjorden.
19.5.1906 until 18.9.1906: Service temporarily: Stettin-Copenhagen-Gothenburg.
25.9.1913 until 5.12.1913: Lengthened by the builder.
1940: Service now mainly: Copenhagen-Samsø-Odense.
1940 until 1945: Service now: Copenhagen-Kolding-Haderslev-Aabenraa-Sønderborg, Copenhagen-Vejle-Horsens or Aalborg-Limfjorden.
1946: Service mainly: Copenhagen-Randers.
1946 until 1948: Service: Denmark-Gdansk/Gdynia.
1946: Service also: Copenhagen-Randers/Hadsund-Hobro.
1947: Service also: Copenhagen-Randers/Aalborg/Sønderborg-Aabenraa.
1948: Service also: Copenhagen-Odense/Vejle/Hobro-Hadsund, Copenhagen-Sønderborg-Aabenraa-Haderslev or Copenhagen-Fredericia-Kolding.
1949 until 1950: Service now: Copenhagen-Odense/Frederikshavn/Kolding-Fredericia, Copenhagen-Oslo-Drammen or Copenhagen-Frederikshavn/Gothenburg.
18.6.1950: Arrived at Copenhagen from Gothenburg and laid up.

6.3.1952: Sold to Gebr. de Pauw, Boom for demolition. Sold together with SØNDERJYLLAND (no.180), price paid for both vessels: £ 23,000.
12.3.1952: Taken over by the new owners at Copenhagen and towed by CARL of Antwerp to the breakers.
4.1952: Demolition commenced.

LIMFJORDEN after lengthening.

182. ULVSUND   1904-1921

Passenger and cargo steamship, 1 deck • 266gt, 100nt, 185dw • 150'0"/142'0"x23'0"x9'0"/8'8.4" • A/S Helsingørs Jernskibs- og Maskinbyggeri, Elsinore, no.102 • 1T 3cyl. (11"-18"-31")x20", 400ihp, 10kn. • 1(SB) Scotch 2(cf) GS39 HS1209 • Passengers: 130 III.

23.7.1904: Launch.
14.9.1904: Delivered to DFDS, Stege (from 24.5.1921: Hobro). Price paid: Kr. 168,514.
1904 until 1921: Service mainly: Copenhagen-Stubbekøbing-Guldborg-Nykøbing F.-Stege.
1904 until 1911: Service also: Copenhagen-Hadsund-Mariager.
1907 until 1919: Service also: Copenhagen-Stege-Kalvehave-Guldborg-Nykøbing F.
1911 until 1912 and 1917 until 1921: Service also: Copenhagen-Grenaa-Hadsund-Mariager.

23/24.10.1921: On voyage Copenhagen-Nakskov with 80 tons of general cargo and an 8 tons winch capsized and sank after the cargo had shifted during heavy weather. She foundered in a position 56.08N-11.52.30E between Hesselø and Sjællands rev. Five passengers and fifteen crew members were lost.
8.12.1921: Wreck located by the lighthouse tender LØVENØRN.
11.1.1922: The wreck purchased by Svitzer. Price paid: Kr. 30,000.
16.4.1922: First salvage attempt by Svitzer.
23.4.1922: Arrived Copenhagen towed by S/S BIEN 116/17 and S/S ÆGIR 162/06.
24.5.1922: Sold to Dampskibsselskabet Thor A/S (R.P.Petersen), Svendborg. Repaired at Svendborg and renamed THOR. Intended for service: Svendborg-Nakskov-Lübeck-Svendborg-Aarhus.

30.8.1926: Sold to See-Quarantäne-Reederei K.K.Skriver (B.Steffensen), Lübeck and renamed THYLAND. Price paid: Kr. 53,000.
1931: Transferred to Reederei K.K. Skriver GmbH, Lübeck without change of name.
28.3.1942: Damaged by an air attack at Lübeck.
5.1945: At Lübeck.
1953: Sold to Interoceana Schiffahrts-Gesellschaft m.b.H. in Hamburg (Lübeck-Linie A.G.), Lübeck. Name unchanged.

24.7.1954: Sold to Walter Ritscher, Hamburg for demolition.
7.1.1955: Demolition commenced.

183. C.F.TIETGEN (I) 1906-1913

Twin screw passenger steamship, 3 decks and aw • 8173gt, 5142nt, 8315dw • 486'0"/469'4"x53'1"x 41'2"/28'11.5" • Harland & Wolff Ltd., Belfast, no.312 • 2T 2x3cyl. (26.5"-43.5"-72")x51", 5250ihp, 14kn. • 3(DB)+2(SB) Scotch 24(cf) GS426 HS16750 • Passengers: 191 I, 90 II, 610 deck.

C. F. TIETGEN at Copenhagen.

14.11.1895: Ordered.
Contract price: £ 122,000.
15.12.1896: Keel.
18.2.1897: Launch.
29.7.1897: Delivered to N.V. Nederlandsch-Amerikaanische Stoomvaart Maatschappij (Holland Amerika Lijn), Rotterdam as ROTTERDAM. Service: Rotterdam-New York.

5.4.1906: Sold to DFDS, Kjøbenhavn and renamed C.F.TIETGEN. Price paid: £ 75,000.
15.4.1906: Left Rotterdam for Copenhagen.
1906 until 1913: Service mainly: Skandinavien-Amerika Linien (Copenhagen-Christiania-Christianssand-New York.
17.4.1906: Arrived at Copenhagen and 26.4.1906 left first time for New York.
31.3.1908 until 7.5.1908: Laid up at Copenhagen.
2.7.1909 until 23.7.1909: Four trips: Copenhagen-Aarhus.
7.7.1910 until 23.7.1910: Cruise to the North Cape: Copenhagen-Bergen-Gudvangen-Merok-Aandalsnæs-Svartisen-North Cape-Lyngenfjord-Raftsund-Trondheim-Odda-Sand-Copenhagen.
29.7.1913 until 1.8.1913: Charter to Nordisk Filmkompagni during making of the film "Atlantis".
6.11.1913: Left Copenhagen on her last voyage to New York.
27.11.1913: Departure from there. During her DFDS career she crossed the Atlantic 110 times.

16.12.1913: Sold to Russian East Asiatic Steam Ship Co. Ltd. (Russian America Line), Libau.
24.12.1913: Taken over by her new owners and renamed DWINSK. Service: Libau-New York. Price paid: £ 72,000.
1917: Requisitioned by the British Government (The Shipping Controller) and allocated to Cunard Steam Ship Co. Ltd., London.

18.6.1918: On voyage France-Newport News torpedoed and sunk without warning by the German submarine U-151 400 miles NE of Bermuda. The crew abandoned the ship in seven lifeboats. The crew from six of the lifeboats arrived safely after up to ten days at sea. The seventh boat disappeared with 22 men.

C. F. TIETGEN, the social room.

184. KONG HAAKON 1906-1938

Passenger and cargo steamship, 1 deck and aw • 1761gt, 871nt, 1201dw • 287'3.5"/273'0"x 37'11.75"x18'2.25"/16'10.5" • A/S Burmeister & Wain's Maskin-og Skibsbyggeri, Copenhagen, no.251 • 1T 4cyl. (25.5"-42.5"-2x51")x42", 2450ihp, 15kn. • 4(SB) Scotch 8(f) GS165 HS7000 • Passengers: 134 I, 68 II, 134 deck.

KONG HAAKON, departure from Christiania.

KONG HAAKON at Christiania shortly before departure to Copenhagen 1922.

1.3.1906: Ordered.
Contract price: Kr. 909,000.
10.3.1906: Keel.
22.6.1906: Launch.
6.8.1906 and 14.8.1906: Trials.
15.8.1906: Delivered to DFDS, Kjøbenhavn (from 4.11.1921: Esbjerg, 1.5.1926: Kjøbenhavn, 27.5.1938: Frederikshavn).
16.8.1906: Left Copenhagen for Christiania via Frederikshavn.
1906 until 2.8.1914: Service: Stettin-Copenhagen-Christiania.
1.4.1914 until 19.4.1914: In service: Copenhagen-Aarhus.
2.8.1914: Arrived at Copenhagen.
3.8.1914: Left Copenhagen for Esbjerg and arrived the next day.
18.8.1914: Left Esbjerg for Copenhagen, arrived the next day and laid up.
22.6.1915 until 7.12.1915: Service now: Copenhagen-Christiania.
7.12.1915 until 24.6.1918: Laid up at Copenhagen.
24.6.1918 until 10.9.1918: Service again: Copenhagen-Christiania.
22.11.1918 until 13.1.1919: Time charter to the British Government for 16 trips: Germany-U.K. with 12,000 British prisoners of war.
31.3.1919 until 22.4.1919: One trip: Copenhagen-Assens-Hangö-Copenhagen-Aarhus-Turku-Copenhagen with Russian prisoners of war.
30.5.1919 until 29.10.1919: Service: Copenhagen/Esbjerg-Hull/Newcastle.
22.12.1919 until 2.1.1920: One return trip: Copenhagen-Flensburg.
7.2.1920 until 14.2.1920: One trip: Copenhagen-Sønderborg-Korsør-Sønderborg-Copenhagen.
21.6.1920 until 26.6.1920: One trip: Copenhagen-Kolding-Aabenraa-Sønderborg-Copenhagen.
28.6.1920 until 8.9.1920: Service now: Copenhagen-Christiania.
19.9.1921: Arrived at Kiel and rebuilt by Deutsche Werke, Kiel, fitted with forecastle for service in the Northsea.
8.11.1921: In service: Esbjerg-Harwich.
1921 until 1926: Service: Esbjerg-Harwich or Copenhagen-Christiania.
9.9.1926 until 1930: Service now exclusively: Stettin-Copenhagen-Oslo.
1931 until 1936: Service now: Stettin-Copenhagen-Oslo, Esbjerg-Harwich or Copenhagen-Aarhus/Oslo/Aalborg.
1937: Service mainly: Copenhagen-Oslo.
23.12.1937 until 27.12.1937: One return trip: Copenhagen-Aarhus.
12.4.1938 until 19.4.1938: Service: Copenhagen-Aalborg.
18.6.1938 until 29.8.1938: Service now: Copenhagen-Frederikshavn.

266

29.8.1938: Arrived at Copenhagen from Frederikshavn and laid up.

27.9.1938: Sold to Pärnu Laeva A/S, Pärnu.
28.9.1938: Taken over by her new owners and renamed VIRONIA. Price paid: £ 18,000. Service: Reval-Stockholm.
4.1940: Captured by the Russian Navy in an Estonian port.

28.8.1941: Struck a mine and sank off Kap Juminda during the Russian evacuation of Riga.

1948: Reported broken up?

VIRONIA at Stockholm.

185. DRONNING MAUD 1906-1947

Passenger and cargo steamship, 1 deck and aw • 1761gt, 871nt, 1131dw • 287'3.5"/273'0"x 37'11.75"x18'2.25"/16'10.5" • A/S Burmeister & Wain's Maskin-og Skibsbyggeri, Copenhagen, no.252 • 1T 4cyl. (25.5"-42.5"-2x51")x42", 2450ihp, 15kn. • 4(SB) Scotch 8(f) GS165 HS7000 • Passengers: 134 I, 68 II, 220 deck.

1.3.1906: Ordered. Contract price: Kr. 909,000.
21.4.1906: Keel.
10.8.1906: Launch.
29.9.1906: Trial.
1.10.1906: Delivered to DFDS, Kjøbenhavn (from 10.5.1921: Esbjerg, 5.10.1929: Kjøbenhavn, 29.12.1937: Esbjerg).
10.10.1906: Left Copenhagen for Stettin on her maiden voyage.
1906 until 9.8.1914: Service mainly: Stettin-Copenhagen-Christiania.
1912 until 1914: Occasionally in service: Copenhagen-Aarhus.
9.8.1914: Arrived at Copenhagen and laid up.
23.3.1915 until 18.5.1915 and 7.6.1916 until 21.6.1916: Service: Copenhagen-Aarhus.
21.6.1916 until 2.9.1916: Service now: Copenhagen-Christiania.
24.6.1917 until 3.9.1917: Service: Copenhagen-Frederikshavn-Horten-Christiania.
22.11.1918 until 8.1.1919: Time charter to the British Government for 15 trips: Germany-U.K. with 11,250 British prisoners of war.
9.1.1919 until 11.1.1919: Time charter to the French Government for the transportation of French prisoners of war.
20.2.1919 until 22.2.1919: One trip: Copenhagen-Elsinore-Aarhus-Copenhagen.

DRONNING MAUD at Larsens Plads, Copenhagen.

31.3.1919 until 22.4.1919: One trip: Copenhagen-Aarhus-Hangö-Copenhagen-Aarhus-Turku-Copenhagen with Russian prisoners of war.
2.6.1919 until 14.8.1919: Service: Copenhagen-Christiania.
15.8.1919 until 18.11.1919: Service now: Copenhagen-Aarhus.
7.2.1920 until 13.2.1920: One trip: Copenhagen-Aabenraa-Korsør-Aabenraa-Copenhagen.
2.3.1920 until 16.3.1920: One return trip: Copenhagen-Flensburg.
22.6.1920 until 30.6.1920: Service: Copenhagen-Aarhus.
4.7.1920 until 28.9.1920: Service now: Esbjerg-Harwich.
27.5.1921 until 18.6.1921 and 5.9.1921 until 7.9.1921: Service: Copenhagen-Christiania.
6.3.1922 until 6.5.1922: Rebuilt for service on the Northsea by Deutsche Werke, Kiel. Refrigeration plant from PERM (no.84) installed.
13.5.1922: In service: Esbjerg-Harwich.
1922 until 19.6.1926: Service exclusively: Esbjerg-Harwich.
1926 until 1929: Service: Esbjerg-Harwich or Stettin-Copenhagen-Oslo.
1926, 1935, 1938 and 1939: Occasionally a relief vessel in service: Esbjerg-Antwerp-Dunkirk, four trips in all.
1930 until 1936: Service mainly: Stettin-Copenhagen-Oslo. Occasionally in service: Copenhagen-Aalborg/Aarhus or Esbjerg-Harwich.
1937 until 1939: Service now: Esbjerg-Harwich or Copenhagen-Aalborg/Aarhus.
15.5.1937 until 18.5.1937: One return trip: Copenhagen-Stettin.
30.5.1937 until 6.6.1937: Two trips: Copenhagen-Oslo.
24.7.1937 until 27.7.1937: One return trip: Esbjerg-Antwerp.
1939: In the "Maltese Cross Fleet" (see no.116).
9.9.1939 until 6.4.1940: Service mainly:

DRONNING MAUD, the dining saloon.

DRONNING MAUD, a member of the "Maltese Cross Fleet".

Esbjerg-Hull/Grimsby/Tilbury/Aberdeen/Glasgow.
7.4.1940 until 19.4.1941: Laid up at Esbjerg.
19.4.1941: Left Esbjerg for Copenhagen.
22.4.1941: Arrived at Copenhagen and laid up.
18.7.1941 until 29.7.1941: Two trips: Copenhagen-Oslo.
29.7.1941: Arrived at Copenhagen and laid up.
7.1.1943: Bare-boat charter to the German navy, allocated to Rud.Christ.Gribel, Stettin and renamed ALMUTH.
8.1.1943: Left Frederikshavn for Stettin and arrived two days later. In service: Germany-Denmark/Norway as a transport steamer.
6.1943: Service now as "Sicherheits-Schiff".
8.8.1944: Arrived at Elsinore.
17.8.1944: until 16.11.1944: Repairs at Elsinore.
16.11.1944: Delivered to DFDS after charter and renamed DRONNING MAUD. A dispute arose with the Germans, who had changed bronze bearings in the machinery with inferior metal. Laid up at Elsinore.
10.11.1945 Arrived at Copenhagen from Elsinore.
14.11.1945: Left Copenhagen for Ostend for service as a troopship (max. capacity: 1500 soldiers), time chartered to the Danish Government and handed over to the British Government, free of charge.
18.11.1945: Arrived at Tilbury.
21.12.1945: In service: Tilbury-Ostend.
2.1946: Service now: Tilbury-Hook of Holland.
2.3.1946 until 15.5.1946: Charter party temporarily taken over by the British Government.
4.1946: Service now Tilbury-Antwerp.
15.8.1946: Left Tilbury for Copenhagen, where she arrived 18.8.1946. Laid up at Copenhagen until sale.
30.4.1947: Time charter to the Danish Government terminated.
18.8.1947: Arrived at Elsinore for inspection before sale.

25.8.1947: Sold to A/B Orient (Th.Kramer), Turku.
27.8.1947: Taken over by her new owners and renamed BORE II.
28.8.1947: Left Elsinore.
16.12.1947: Transferred to Ångfartygs A/B Bore, Turku without change of name. Rebuilt by A/B Crichton-Vulcan, Turku.
6.1948: Service: Turku-Stockholm.
1953: Fitted with an extra dummy funnel in order to adapt to the traditional "Bore-look".
1953: Service now: Helsinki-Stockholm.
1960: Service changed to Stockholm-Helsinki-Leningrad.
21.5.1965: Renamed SILJA II, while on charter to Finska Ångfartygs A/B. Services: Helsinki-Travemünde and Helsinki-Tallinn.
23.11.1965: Renamed BORE II after end of charter.

SILJA II visiting Copenhagen on her last commercial return trip, September 1966.

"Sic transit gloria mundi". SILJA II at breaker's yard in Helsinki.

16.3.1966: Sold to Finska Ångfartygs A/B, Helsinki and renamed SILJA II. She was the last steamer purchased by the company. Service: Helsinki-Travemünde and Helsinki-Tallinn.

27.9.1966: Arrived at Copenhagen from Helsinki on her last commercial trip. Returned to Helsinki the next day.

12.6.1967: Sold to Helsingin Romuliike for demolition.

30.11.1967: Reported broken up.

186. TAASINGE 1907-1927

Cargo steamship, 1 deck, machinery aft • 322gt, 123nt, 370dw • 140'6"/134'0"x23'0"x10'9"/10'3" • The Ardrossan Dry Dock & Shipbuilding Co. Ltd., Ardrossan, no.181 • 1C 2cyl. (18"-36")x27", 350ihp, 8.5kn. Shanks, Anderson & Co., Glasgow • 1(SB) Scotch 3(pf) GS50 HS1107, Ewing & Lawson Ltd., Crowspoint Boiler Works, Glasgow.

Ordered by Webster & Son, Glasgow. During building contract sold.
10.8.1900: Launch.
17.9.1900: Trial.
9.1900: Delivered to George A. Watson & Co. Ltd., Liverpool as COUNTY CLARE.

3.1.1907: Sold to DFDS, Kjøbenhavn.
15.1.1907: Taken over at Liverpool and renamed TAASINGE.
17.1.1907: Left Liverpoool and arrived at Copenhagen six days later.
1907 until 1910: Service: Copenhagen-Stettin/Gothenburg and occasionally domestic service: Copenhagen-Bogense/Vejle.
1910 until 1911: Service now: Denmark-Hamburg or Copenhagen-west coast of Norway.
1912 until 1914: Service now mainly: Copenhagen-Hamburg.
1914 until 1921: Service: Copenhagen-Gothenburg/Stettin/Lübeck/Hamburg/Norway.
1921 until 1925: Service now: Copenhagen-Nakskov/Grenaa-Hadsund-Hobro-Mariager.
7.8.1925: Laid up until sale.

7.1.1927: Sold to The Reedness Steamship Co. Ltd. (Frederick Fish), Goole.
10.1.1927: Taken over by her new owners and renamed EASTOFT.
21.5.1931: Sold to William James Ireland, Liverpool. Name unchanged.
15.1.1936: Renamed WHITETHORN.
1.7.1936: Sold to Thorn Line Ltd. (William James Ireland), Liverpool. Name unchanged. Price paid: £ 2,500.

7.1938: Sold to British shipbreaker.
8.1938: Reported broken up.

EASTOFT. Photo by J. Clarkman.

187. SAXO (II) 1907-1917

Cargo steamship, 1 deck • 703gt, 401nt, 893dw • 197'0"/188'10"x29'7.75"x13'0"/12'1" • Sunderland Shipbuilding Co. Ltd., Sunderland, no.242 • 1C 2cyl. (20"-44")x27", 550ihp, 9.5kn., MacColl & Pollock Ltd., Sunderland • 1(SB) Scotch 3(pf) GS54 HS1689, MacColl & Pollock Ltd., Sunderland.

Ordered by P.M. Tegner, Copenhagen. During building contract sold to DFDS.
18.12.1906: Launch.
13.3.1907: Trial and delivered to DFDS, Kjøbenhavn. Price paid: £ 11,500.
14.3.1907: Left Sunderland for Copenhagen via Dunkirk.
1907 until 1908: In service: Copenhagen-east coast of Sweden.
1908 until 1914: Service mainly: Baltic-Copenhagen-Antwerp.
1909 until 1911: Service also: Stettin-Copenhagen-Christiania.

1.4.1911: On voyage Frederikshavn-Stettin with general cargo, sank after a collision with S/S HELFRID BISSMARK of Hamburg 497/92 4 miles SW of Drogden Lightship.
5.5.1911: Raised.
8.5.1911 until 24.6.1911: Repaired by A/S Burmeister & Wain, Copenhagen.

1913: Service also: Baltic-Copenhagen-Northsea.
1914 until 1915: Service now: Stettin-Copenhagen-east coast of Norway/Gothenburg.
1916: Service now: Copenhagen-west coast of Norway.

11.4.1917: On voyage Copenhagen-Grimsby via Bergen with agricultural products, torpedoed by a German submarine without warning and sank in the Northsea about 41 miles W of Hellisø Light on the Norwegian coast. She sank within 25 minutes. The crew was rescued in the lifeboats and arrived at Feje on the Norwegian coast.

188. SAGA (II) 1907-1954

Cargo steamship, 1 deck • 899gt, 546nt, 1265dw • 210'9"/198'6"x32'4"x15'3"/14'6.5" • Grangemouth & Greenock Dockyard Co., Cartsdyke Mid, Greenock, no.256 • 1T 3cyl. (15.5"-26"-43")x30", 580ihp, 9.5kn., D.Rowan & Co., Glasgow • 1(SB) Scotch 3(cf) GS63 HS1954, D.Rowan & Co., Glasgow.

15.6.1904: Launch.
7.1904: Delivered to Balgay Shipping Co. Ltd. (W.Kinnear & Co.), Dundee as SCOTSCRAIG.

29.4.1907: Sold to DFDS, Kjøbenhavn (from 15.12.1921: Aarhus).
2.5.1907: Taken over at Newcastle and renamed SAGA. Price paid: £ 13,250.
1907 until 1914: Service: Baltic-Copenhagen-France/Antwerp/Spain/Portugal/Western Mediterranean.
1914: Service now: Stettin-Copenhagen-west coast of Norway.
1915 until 1917: Service: Copenhagen-U.K./France.
5.9.1917 until 6.2.1919: Time charter to U.K. Government.
1920 until 1929 and 1932 until 1933: Service mainly: Copenhagen-Antwerp.
1929 until 1936: Service also: Stettin-Copenhagen-west coast of Norway.
1926: Service also: Copenhagen-Leningrad.
1935 until 1936: Service also: Copenhagen/Jutland-Hamburg.
1937 until 1940: Service now mainly: Stettin-Copenhagen-east coast of Norway.
1941 until 1944: Service mainly: Germany/Holland-Denmark with coal.
1945 until 1946: Service now: Denmark-U.K or Copenhagen-Antwerp/east coast of Norway and one trip: Copenhagen-Helsinki-Copenhagen.

1946 until 1952: Service: Copenhagen-west coast of Norway.
1949 and 1950: Service also: Copenhagen-east coast of Norway.
9.11.1949 until 19.11.1949: Took the part of J.C.JACOBSEN in the film "The Wooden Horse" (see no.116), while at Copenhagen, Køge and at sea.
1950 until 1953: Service also: Copenhagen-Antwerp.
24.4.1953: Arrived at Copenhagen from Randers and laid up.

11.8.1954: Handed over to Petersen & Albeck A/S, Copenhagen for demolition. Price paid: Kr. 126,650.
27.9.1954: Reported broken up.

271

189. PENNSYLVANIA (I) 1907-1931

Cargo steamship, 1 deck and sp • 3759gt, 2386nt, 6175dw • 366'0"/351'9"x48'0"x28'5"/23'10.5" • William Dobson & Co., Newcastle-on-Tyne, no.151 • 1T 3cyl. (24.5"-40"-67")x45", 1800ihp, 9.5kn., North-Eastern Marine Engineering Co. Ltd., Wallsend • 3(SB) Scotch 9(cf) GS124 HS4830, North-Eastern Marine Engineering Co. Ltd., Wallsend • Passengers: 5.

Purchased by DFDS, while in course of building.
27.3.1907: Launch.
29.4.1907: Trial and delivered to DFDS, Kjøbenhavn. 29.4.1907: Left Newcastle for Copenhagen and arrived three days later.
11.5.1907: Left Copenhagen for Buenos Aires via Glasgow on her maiden voyage, inaugurating the new Copenhagen-South America service. She was the first DFDS owned vessel to cross the Equator.
1907 until 1917: Service mainly: Copenhagen-North America.
1907 and 1914 until 1916: Service also: Copenhagen-South America.
17.9.1917 until 17.12.1917: Time charter to France-Canada Steam Ship Corp., New York for service: New York-east coast of South America.
1.5.1918 until 4.11.1918: Time charter to U.S. Shipping Board for service: U.S.A.-South America.
7.11.1918 until 15.11.1919: Time charter for service: U.S.A.-South America.
15.11.1919 until 24.3.1920: Time charter to "Fragtnævnet" (see no.6).
1920 until 1921: Service: Copenhagen-South America.
1922 until 1931: Service now: Copenhagen-North America.
3.1923: Inaugurated the Copenhagen-Montreal service.
1927: Temporarily in time charter.
27.7.1931: On voyage New York-Oslo with general cargo, grounded at the W coast of Swona Island, Pentland Firth.

Courtesy of Peabody Museum of Salem.

PENNSYLVANIA wrecked at Swona Island.

29.7.1931: S/S GARM of Frederikshavn 427/20 arrived to attempt salvage. However the same day PENNSYLVANIA broke in two. 8.1931: Some of the cargo and other objects, e.g. the bell were salvaged.
4.9.1931: The wreck sold at auction to a syndicate of local farmers and fishermen.

190. AURORA (II) 1907-1917

Cargo steamship, 1 deck • 768gt, 462nt, 1200dw • 204'6"/195'0"x32'0"x15'0"/14'2.5" • Howaldtswerke, Kiel, no.424 • 1T 3cyl. (16.75"-26.5"-42.1")x29.5", 650ihp, 9kn. • 2(SB) Scotch 4(cf) GS70 HS2204 • Passengers: 2.

2.4.1905: Launch.
4.5.1905: Trial and delivered to Dampskibs-Aktieselskabet Progress (Holm & Wonsild), Kjøbenhavn as JØRGEN JENSEN.
5.6.1905: Left Kiel for Libau.

17.5.1907: Sold to DFDS, Kjøbenhavn and renamed AURORA. She had already been taken over by DFDS on 24.4.1907.
1907 until 1914: Service: Baltic-Copenhagen-France/Antwerp/Western Mediterranean.
1914 until 1915: Service: Copenhagen-Mediterranean.
1915 until 1917: Service now: Denmark-U.K./France.
22.8.1917: Time charter to "Fragtnævnet" (see no.6).

272

27.8.1917: On voyage Newcastle-Nakskov with coal, torpedoed without warning by a German submarine while in a convoy. Sank within two and a half minutes in the Northsea 25 miles ESE of Lerwick. One man lost. The others were picked up from the lifeboats by a British warship.

AURORA in camouflage during World War I.

191. BOGØ (I) 1907-1923

Cargo steamship, 1 deck • 309gt, 118nt, 302dw • 140'9"/134'3"x23'0"x10'6"/10'5" • John Shearer & Sons Ltd., Kelvinhaugh, Glasgow, no.35 • 1C 2cyl. (16"-34")x24", 400ihp, 8.5kn., Muir &Houston Ltd., Glasgow • 1(SB) Scotch 3(pf) GS40 HS1080, Muir &Houston Ltd., Glasgow.

6.10.1903: Launch.
23.10.1903: Registered owned by James Sheils, Belfast as BROOKSIDE.
5.10.1905: On voyage Dublin-Ardglass grounded at Ballyquinton Point near Portaferry.
6.10.1905: Refloated.

18.5.1907: Sold to DFDS, Kjøbenhavn and renamed BOGØ. Price paid: Kr. 128,000.
24.5.1907: Left Newcastle for Copenhagen and arrived three days later.
1907 until 1914: Service mainly: Stettin-Copenhagen-Gothenburg.
1911 until 1914: Occasionally in various domestic services.
1912 until 1913: Service also: Stettin-Copenhagen-Norway.
1915: Service now: Copenhagen-Gothenburg.
1915 until 1921: Service now mainly: Copenhagen-Lübeck.
1915 until 1917: Service also: Copenhagen-Stettin.
1920: Service also: Copenhagen-Hamburg.
8.4.1921: Arrived at Copenhagen from Lübeck and laid up.
12.6.1922 until 17.6.1922: One trip: Copenhagen-Elsinore-Frederikshavn-Copenhagen, and laid up until sale.

16.4.1923: Sold to James Kell, Sunderland.
20.4.1923: Taken over at Copenhagen and renamed KELTIC. Price paid: £ 2,250.
30.8.1923: Sold to Frederick Fish, Goole and renamed REEDNESS.
4.9.1924: Sold to The Reedness Steamship Co. Ltd. (Frederick Fish), Goole without change of name.
21.5.1931: Sold to William James Ireland, Goole without change of name.
15.1.1936: Renamed REDTHORN.

9.7.1936: Sold to Thorn Line Ltd. (William James Ireland), Liverpool. Name unchanged.
21.11.1938: On voyage Garston/Liverpool-Coleraine (Nothern Ireland) loaded with coal, struck the pier at Coleraine. Continued to Portrush in a sinking condition.
9.12.1938: Refloated and sold to Londonderry for demolition.
16.6.1939: Reported broken up.

192. FLORA (II) 1909-1942

Cargo steamship, 2 decks • 1218gt, 664nt, 1173dw • 262'11"/253'4.5"x34'6"x19'6"/16'1" • A/S Burmeister & Wain's Maskin-og Skibsbyggeri, Copenhagen, no.270 • 1T 3cyl. (21"-35"-60")x39", 1550ihp, 13kn. • 2(SB) Scotch 6(cf) GS110 HS4140 • Passengers: 12.

2.3.1909: Ordered. Contract price: Kr. 578,000.
18.5.1909: Keel.
7.9.1909: Launch.
6.11.1909: Trial and delivered to DFDS, Kjøbenhavn (from 5.12.1921: Esbjerg, 13.11.1929: Aalborg, 28.11.1929: Esbjerg, 8.10.1930: København, 30.6.1931: Odense, 15.10.1934: Esbjerg, 15.4.1936: Odense, 2.6.1936: Esbjerg, 7.4.1937: Odense, 1.10.1937: Esbjerg). Price paid: Kr. 618,000.
11.11.1909 until 18.8.1914: In service: Copenhagen-Hull.
1914 until 1918: Service now: Copenhagen-U.K./Hull.
1.1.1919 until 11.1.1919: Two trips: Warnemünde/Lübeck/Stettin-Copenhagen with 1600 French prisoners of war.
1920 until 1940: Service now mainly: Denmark-U.K., e.g. Esbjerg-Grimsby/Harwich/London, Copenhagen -London/Hull or Denmark-Newcastle/Leith.
1938 until 1939: Service also: Esbjerg-Antwerp.
1939: In the "Maltese Cross Fleet" (see no.116).
9.4.1940: At the German occupation of Denmark she was on voyage to Manchester where she arrived two days later.
18.5.1940: Requisitioned by Ministry of Transport and allocated to Ellerman's Wilson Line, London and renamed FLORA II. Occupied in coastal and short sea service.
2.8.1942: On voyage Reykjavik-Hull with a cargo of 358 tons of fish, torpedoed and sunk by the German submarine U-254 in a position 62.45N-19.07W about 35 miles ESE of Vestmannaøerne.

193. ODIN (II) 1910-1953

Passenger and cargo steamship, 1 deck • 646gt, 323nt, 475dw • 193'0"/183'0"x31'0"x13'6"/12'10.5" • A/S Kjøbenhavns Flydedok og Skibsværft, Copenhagen, no.82 • 1T 3cyl. (16.5"-27"-44")x30", 900ihp, 12kn. • 2(SB) Scotch 4(cf) GS71 HS2132 • Passengers: 36 I, 24 II, 115 III.

28.9.1909: Ordered. Contract price: Kr. 349,000.
4.12.1909: Keel.
11.3.1910: Launch.
4.5.1910: Trial.
6.5.1910: Delivered to DFDS, Kjøbenhavn (from 4.11.1940: Aalborg, 12.8.1944: Vejle, 7.11.1947: Randers, 4.9.1950: Frederikshavn).
7.5.1910 until 4.8.1914: In service: Stettin-Copenhagen-Gothenburg.
4.8.1914: Arrived at Copenhagen and laid up.
5.1.1916 until 1920: Service now: Copenhagen-Gothenburg.
19.3.1920: Service now: Copenhagen-Stettin.
16.6.1920 until 1939: Service mainly: Stettin-Copenhagen-Gothenburg.
1927: One trip: Copenhagen-Randers.
10.10.1939: Arrived at Copenhagen from Stettin and laid up.
1940: Two trips: Copenhagen-Gothenburg and domestic service.
22.12.1940 until 16.3.1941: Laid up at Copenhagen.
16.3.1941: In service: Copenhagen-Aarhus.
1941 until 1945: Service mainly: Copenhagen-Aarhus/Aalborg.
1944 and 1945: Service also: Copenhagen-Fredericia-Kolding, Copenhagen-Horsens-Vejle or Copenhagen-Sønderborg-Aabenraa-Haderslev.
22.5.1945 until 24.7.1945: Docked at A/S Burmeister & Wain and then laid up. 
25.3.1946 until 25.10.1946: Service now: Copenhagen-Gothenburg.
4.1.1947 until 26.1.1947: Service: Copenhagen-Horsens.
22.3.1947 until 13.11.1947: Service mainly: Copenhagen-Gothenburg.
26.7.1947 until 28.7.1947: Service: Copenhagen-Horsens/Vejle.
14.11.1947 until 29.12.1947: Service now: Copenhagen-Randers.
1948 until 1951: Service: Copenhagen-Randers/Horsens/Vejle/Kolding-Fredericia.
1950 until 1953: Service now mainly: Frederikshavn-Copenhagen-Gothenburg.
1952: Service also: Copenhagen-Randers/Kolding-Fredericia.
21.4.1953: Arrived at Copenhagen from Frederikshavn and laid up.
11.9.1953: Sold to Eisen und Metall K.G., Lehr & Co., Hamburg for demolition. Price paid: Kr. 92,000.
17.9.1953: Taken over by the breakers at Copenhagen.
18.9.1953: Left Copenhagen in tow for Bremerhaven.
3.1954: Demolition commenced.

194. YDUN (II) 1910-1953

Passenger and cargo steamship, 1 deck • 645gt, 330nt, 517dw • 192'11.5"/183'0"x31'0"x13'6"/12'11.1" • A/S Helsingørs Jernskibs-og Maskinbyggeri, Elsinore, no.127 • 1T 3cyl. (16.5"-27"-44")x30", 900ihp, 12kn. • 2(SB) Scotch 4(cf) GS70 HS2409 • Passengers: 36 I, 24 II, 115 deck.

9.1909: Ordered. Contract price: Kr. 335,000.
12.3.1910: Launch.
9.5.1910: Trial and delivered to DFDS, Kjøbenhavn (from 15.5.1925: Horsens, 4.8.1942: Aalborg, 3.9.1946: Horsens, 25.8.1950: Randers). Price paid: Kr. 340,590.
10.5.1910 until 31.12.1915: In service: Stettin-Copenhagen-Gothenburg.
1916 until 1921: Service mainly: Copenhagen-Frederikshavn-Horten-Christiania.
23.4.1917: On voyage Copenhagen-Christiania via Frederikshavn captured by the German submarine UC-79 and taken to Swinemünde for inspection.
5.7.1917: Released.
1919 until 1920: Service also: Copenhagen-Stettin/Lübeck.
1921 until 1926: Service now mainly: Copenhagen-Randers.
1926 until 1.10.1939: Service now mainly: Copenhagen-Horsens.
2.10.1939 until 18.4.1940: Service now: Copenhagen-Horsens/Frederikshavn/Vejle.
21.4.1940 until 16.5.1940: Service: Copenhagen-Fredericia-Kolding.
19.5.1940 until 5.6.1940: Service now: Copenhagen-Sønderborg-Aabenraa-Haderslev.
2.11.1940: In service: Copenhagen-Aarhus.
1941 until 1945: Service mainly: Copenhagen-Aarhus/Aalborg/Samsø-Odense.
1944 and 1945: Service also: Copenhagen-Horsens-Vejle or Copenhagen-Fredericia-Kolding.

YDUN, the removable III class saloon.

YDUN at Kvæsthusbroen, Copenhagen, May 1949.

YDUN bunkering at Kvæsthusbroen, Copenhagen.

1946 until 1950: Service: Copenhagen-Horsens/Vejle/Randers.
1946: Service also: Copenhagen-Kolding-Fredericia.
1951 until 1952: Service now: Copenhagen-Randers.
26.8.1952: Arrived at Copenhagen from Randers and laid up.

11.9.1953: Sold to Eisen und Metall K.G., Lehr & Co., Hamburg for demolition. Price paid: Kr. 92,000.
17.9.1953: Taken over by the breakers at Copenhagen.
18.9.1953: Left Copenhagen towed by tug ALK 138/43 for Bremerhaven to be scrapped.
3.1954: Demolition commenced.

276

195. FALKEN (II) 1911-1951

Passenger and cargo steamship, 1 deck • 369gt, 159nt, 340dw, 1941: 514gt, 287nt, 500dw • 168'7"/160'0"x25'11"x10'6"/10'3.4" • A/S Helsingørs Jernskibs-og Maskinbyggeri, Elsinore, no.129 • 1T 3cyl. (13.5"-22"-36")x24", 440ihp, 10.5kn. • 1(SB) Scotch 2(cf) GS32 HS1180 • 1957: 1D 4SA 6cyl. (350x430) type MWM, 600bhp, built 1940 by Motorenwerke Mannheim, Manheim • Passengers: 17 I, 140 III.

7.1910: Ordered.
21.12.1910: Launch.
25.2.1911: Trial and delivered to DFDS, Svendborg (from 20.10.1936: Rudkøbing, 4.8.1942: Aabenraa). Price paid: Kr. 227,736.
1911 until 1936: Service: Copenhagen-Assens-Faaborg-Svendborg.
1917 until 1925: Occasionally in service: Copenhagen-Kerteminde-Nyborg-Rudkøbing.
1926 until 1936: Service also: Copenhagen-Nyborg-Rudkøbing-Svendborg.
1937 until 1940: Service mainly: Copenhagen-Hadsund-Mariager-Hobro. Occasionally various other domestic services.
13.4.1940: Laid up at Copenhagen.
13.6.1941 until 11.8.1941: Rebuilt at Frederikshavn, passenger accommodation removed.
8.1941 until 1944: Service: Germany-Denmark with coal.
1942 until 1947: Also various domestic services, e.g. Copenhagen-Sønderborg-Aabenraa-Haderslev-Faaborg.
22.9.1942: On voyage Copenhagen-Haderslev with general cargo, struck a mine in 56.01N-12.37E in the Sound. Escorted to Elsinore by a torpedo boat and inspected.
26.9.1942: Continued to Copenhagen and repaired by Nordhavnsværftet A/S.
1945 and 1947 until 1948: Service: Copenhagen-Gothenburg.

3.1946 until 1948: Service: Copenhagen/Denmark-Gdynia.
1948: Service also: Copenhagen-east coast of Norway.
11.8.1948 until 19.7.1950: Service mainly: Copenhagen-Gdynia.
19.7.1950: Arrived at Copenhagen from Gdynia and laid up.

13.10.1951: Sold to Katana Societa di Navigazione Maritima (Virgilio Dardani), Catania and renamed FALCODORO. Price paid: £ 8,000.
1955: Sold to Adriatica Libera Navigazione, Catania without change of name.

1956: Sold to Cia. Istriana di Navigazione, Catania. Name unchanged.
1957: Converted into a motorship.
1958: Sold to Virgilio Dardani, Genova. Name unchanged.
5.2.1961: Sunk after grounding 40 miles S of Benghazi.
26.5.1961: Raised and repaired.
1963: Sold to Nikos G.Kathreptis, Piraeus and renamed PHOTINI. 1967: Sold to M.Coumakis & Co., Piraeus without change of name.

24.5.1971: Reported broken up, presumably in Greece.

196. MINSK (III) 1911-1940

Cargo steamship, 1 deck • 1229gt, 708nt, 1930dw • 264'4"/252'4"x37'0"x17'9"/16'7.75" • A/S Burmeister & Wain's Maskin-og Skibsbyggeri, Copenhagen, no.280 • 1S 3cyl. (3x25")x36", System Stumpf, 1000ihp, 10kn. • 2(SB) Scotch 4(cf) GS63 HS2652 • Passengers: 2.

30.8.1910: Ordered. Contract price: Kr. 437,500.
10.11.1910: Keel.
10.3.1911: Launch.
25 and 29.4.1911: Trials.
1.5.1911: Delivered to DFDS, Kjøbenhavn (from 22.6.1931: Middelfart).
6.5.1911: Left Copenhagen for Riga on her maiden voyage.
1911 until 1914: Service: Baltic-Copenhagen-Antwerp/Spain/Portugal/Western Mediterranean.
1914 until 1917: Service: Denmark-U.K., Copenhagen-Mediterranean/North America.
9.12.1915: On voyage Valencia-Copenhagen via Newcastle heavily damaged by a mine explosion about 5 miles from Spurn lightship. Beached in order to prevent sinking.

277

20.12.1915: Refloated and towed to Hull for repairs.
16.4.1918 until 18.9.1918: Time charter to Munson Steam Ship Co., New York for service: U.S.A.-West Indies.
1919 until 1938: Service mainly: Copenhagen-Antwerp-Western Mediterranean.
24.7.1937: Left Antwerp for the Levant, reopening the former service.
1937 until 1938: Service also: Copenhagen-Antwerp-Levant.
1931 and 1936 until 1939: Service also: Copenhagen-Antwerp.
1939 until 1940: Service now: Denmark-U.K.
19.3.1940: On voyage Manchester-Methil in ballast, torpedoed and sunk by the German submarine U-19 in a position 58.07N-2.39W in the Northsea about 35 miles N of Rattray Head. 11 men were lost.

197. TOMSK (II) 1911-1959

Cargo steamship, 1 deck • 1229gt, 709nt, 1930dw • 264'4"/252'4"x37'0"x17'9"/16'7.75" • A/S Burmeister & Wain's Maskin-og Skibsbyggeri, Copenhagen, no.281 • 1S 3cyl. (3x25")x36", System Stumpf, 1000ihp, 10kn. • 2(SB) Scotch 4(cf) GS63 HS2645 • Passengers: 2.

30.8.1910: Ordered. Contract price: Kr. 437,500.
12.1.1911: Keel.
6.4.1911: Launch.
1.6.1911: Trial.
8.6.1911: Delivered to DFDS, København.
9.6.1911: Left Copenhagen for Riga on her maiden voyage.
1911 until 1914: Service: Riga/St.Petersburg-Copenhagen-Antwerp/Mediterranean.
1914 until 1916: Service now: Copenhagen-North America.
1917 until 1938: Service: Copenhagen-Antwerp-Western Mediterranean. Occasionally: Baltic-Copenhagen-Antwerp/France/Manchester-Liverpool-Swansea.
1937 until 1939: Service also: Copenhagen-Antwerp/Levant.
1939 until 1940: Service now: Denmark-U.K.
1939: In the "Maltese Cross Fleet" (see no.116).
9.4.1940: At the German occupation of Denmark she arrived at Manchester.
16.5.1940: Requisitioned by Ministry of Transport and allocated to Richley, Halvorsen & Cample, London.
7.6.1944: Arrived at "Utah Beach", the Normandie with supplies for the allied invasion.
5.10.1945: Returned to DFDS.
1945 until 1953: Service mainly: Copenhagen-Antwerp.
1946 until 1951: Service also: Denmark-U.K.
1948 until 1951: Service also: Copenhagen-Antwerp-France/Portugal.
17.8.1948: On voyage Rotterdam-Århus with general cargo, e.g. collodion and acetic acid in drums, a fire broke out when about three miles from Århus. Towed to Århus and sank in port. The fire was extinguished the next day.
21.8.1948: Proceeded to Copenhagen and was discharged.
11.9.1948: Left Copenhagen for Frederikshavn.
13.9.1948 until 1.2.1949: Repaired at Frederikshavn.
1953 until 1957: Service now mainly: Copenhagen-Ghent/Antwerp.
3.9.1957: Arrived at Copenhagen from Århus and laid up.

TOMSK beached on the coast of Normandy.

18.4.1959: Sold to Eisen und Metall K.G., Lehr & Co., Hamburg for demolition.
22.4.1959: Arrived at Hamburg to be scrapped.
10.6.1959: Reported broken up.

198. DIANA (II) 1911-1941

Passenger and cargo steamship, 1 deck • 942gt, 431nt, 915dw • 242'0"/230'0"x33'11"x14'6"/14'7" • A/S Kjøbenhavns Flydedok og Skibsværft, Copenhagen, no.90 • 1T 3cyl. (19.5"-32"-53")x36", 1100ihp, 12kn. • 2(SB) Scotch 6(cf) GS85 HS3050 • Passengers: 22 I, 16 III.

10.1.1911: Ordered. Contract price: Kr. 495,000.
21.4.1911: Keel.
5.8.1911: Launch.
26.9.1911: Trial and delivered to DFDS, Odense (from 24.1.1925: Aalborg).
30.9.1911: Left Copenhagen for Odense on her maiden voyage.
1911 until 1912: Service: Odense-Aarhus-Aalborg-Leith/Bo'ness.
1912 until 1915: Service now: Esbjerg-Grimsby.
1915 until 1919: Service: Denmark-U.K.
1919: Service: Copenhagen-Antwerp-Spain-Portugal-Western Mediterranean.
1919 until 1940: Service now mainly: Denmark-Newcastle.
1921 until 1923: Service also: Denmark-Leith.
1922: Service also: Esbjerg-Grimsby.
1939: In the "Maltese Cross Fleet" (see no.116).
9.4.1940: At the German occupation of Denmark she was at Glasgow, where she had arrived on 4.4.1940.
9.5.1940: Requisitioned by the Ministry of Transport and allocated to Ellerman's Wilson Line Ltd., London. In coastal and shortsea service.
9.6.1941: On voyage Reykjavik-Hull with 530 tons of fish, sunk by a German air attack in a position 62.04N-13.40W about 180 miles NW of the Faroes. One man was lost.

199. TULA (II) 1912-1959

Cargo steamship, 1 deck • 1251gt, 718nt, 1917dw • 266'9"/253'0"x37'0"x17'9"/16'6" • A/S Helsingørs Jernskibs-og Maskinbyggeri, Elsinore, no.132 • 1T 3cyl. (19.5"-32"-52")x36", 1000ihp, 10kn. • 2(SB) Scotch 4(cf) GS68 HS2744 • Passengers: 2.

5.4.1911: Ordered.
26.6.1911: Keel.
18.11.1911: Launch.
11.1.1912: Trial.
12.1.1912: Delivered to DFDS, Kjøbenhavn. Price paid: Kr. 427,500.
13.1.1912: Left Copenhagen for Antwerp.
1912 until 1939: Service mainly: (Baltic)-Copenhagen-Antwerp-Western Mediterranean.
1914 until 1917: Service: Copenhagen-North America.
5.3.1918 until 20.4.1918: Time charter to Munson Steam Ship Co., New York for service: U.S.A.-West Indies.
20.4.1918 until 25.10.1918: Time charter to U.S. Shipping Board for service: U.S.A.-West Indies.
18.11.1918 until 20.12.1918: Time charter to U.S. Shipping Board for service: Baltimore-Sète.
1937 until 1939: Service also: Copenhagen-Antwerp-Levant.
1939: In the "Maltese Cross Fleet" (see no.116).
1939 until 1940: Service: Denmark-U.K.
1940: Service: Denmark-Germany/Norway.
1941 until 1944: Service mainly: Germany/Holland-Denmark with coal.
11.4.1945: On voyage Gothenburg-Copenhagen shortly after leaving Gothenburg, picked up five men in a boat, who seemed to be in trouble. However, the five men were from the Danish resistance movement, and they forced the crew to return to Gothenburg, in order to protect the ship from being captured by the Germans.
7.5.1945: Left Gothenburg.
1945 until 1949: Service now: Denmark-Antwerp.
1948 until 1951: Service now mainly: Copenhagen-Antwerp-France-Portugal.
1952: Service: Denmark-Antwerp.
1953 until 1957: Service now: Copenhagen-Antwerp/Ghent.
30.8.1957: Arrived at Copenhagen from London and laid up.
18.4.1959: Sold to Eisen und Metall K.G., Lehr & Co., Hamburg for demolition.
25.4.1959: Arrived at Hamburg to be scrapped.
10.6.1959: Reported broken up.

TULA docking at Frederikshavn, about 1920.

200. BERGENHUS (I) 1912-1917

Passenger and cargo steamship, 1 deck • 1017gt, 540nt, 1242dw • 237'2"/225'0"x35'0"x23'8"/14'11.1" • A/S Helsingørs Jernskibs- og Maskinbyggeri, Elsinore, no.133 • 1T 3cyl. (18"-30"-50")x36", 900ihp, 11kn. • 2(SB) Scotch 4(cf) GS60 HS2529 • Passengers: 35 I, 14 II, 27 deck.

6.6.1911: Ordered.
15.9.1911: Keel.
10.1.1912: Launch.
20.3.1912: Trial and delivered to DFDS, Kjøbenhavn. Price paid: Kr. 452,500.
30.3.1912: Left Copenhagen for Iceland via Leith.
1.5.1912 until 1915: In service: Stettin-Copenhagen-west coast of Norway.
1914 until 1917: Service also: Denmark-U.K.
1.4.1917: On voyage Shields-Copenhagen with 23 passengers and general cargo, sunk by a German submarine with gunfire and torpedoes in the Northsea E of Farne Island. All passengers and crew were picked up from the lifeboats by the British warship ABDIEL.

201. KOLDINGHUS (I) 1912-1958 / KOLDING 1958-1959

Passenger and cargo steamship, 1 deck • 674gt, 348nt, 524dw, 1943: 635gt, 248nt, 524dw • 195'9"/186'0"x31'3"x14'0"/13'2.5" • A/S Kjøbenhavns Flydedok og Skibsværft, Copenhagen, no.94 • 1T 3cyl. (16.5"-27"-44")x30", 850ihp, 12kn., 1943: 1C 4cyl. (2x14.75"-2x31.5")x31.5", type L.E.S. 8, 900ihp, 12.5kn., A/S Helsingørs Jernskibs- og Maskinbyggeri, Elsinore • 2(SB) Scotch 4(cf) GS73 HS2364 • Passengers: 40 I, 230 deck, 1943: 202 deck.

21.6.1911: Ordered. Contract price: Kr. 353,400.
14.10.1911: Keel.
25.1.1912: Launch.
18.3.1912: Trial.
21.3.1912: Delivered to DFDS, Kolding (from 11.6.1930: Vejle, 5.11.1940: Aalborg, 3.12.1943: København, 3.9.1946: Vejle, 30.4.1948: Frederikshavn).
21.3.1912 until 1930: In service: Copenhagen-Fredericia-Middelfart-Kolding.
1930 until 1940: Service now mainly: Copenhagen-Vejle.
1938 and 1939: Service also: Copenhagen-Samsø-Odense or Copenhagen-Fredericia-Middelfart-Kolding.
30.9.1939: Service now: Copenhagen-Horsens/Frederikshavn/Vejle.
1940: Service also: Copenhagen-Sønderborg-Aabenraa-Haderslev.
19.5.1940 until 14.10.1940: Laid up at Copenhagen.
15.10.1940: In service: Copenhagen-Aalborg.
1941 until 1945: Service: Copenhagen-Aalborg/Randers/Aarhus/Fredericia-Kolding, Copenhagen-Kolding-Haderslev-Aabenraa-Sønderborg, Copenhagen-Horsens-Vejle or Copenhagen-Samsø-Odense.
14.8.1942: On voyage Aalborg-Copenhagen with 400 tons of general cargo, struck a mine and sank off Fornæs in a position 56.46.15N-10.54.30E.
1.9.1942: Raised and towed to Hals Barre by Svitzer, where she foundered again.
19.9.1942: Refloated and towed to Frederikshavn the same day. Rebuilt by Frederikshavns Værft og Flydedok A/S, Frederikshavn. Passenger cabins removed, new engine installed. Price paid: Kr. 1,200,000.
18.12.1943: Arrived at Copenhagen from Frederikshavn after having been rebuilt and returned to service.
31.5.1945: Laid up at Copenhagen.
25.3.1946 until 16.4.1946: In service: Copenhagen-Samsø-Odense.
20.6.1946 until 27.4.1948: Service now: Copenhagen-Randers/Horsens/Vejle.
1948 until 1953: Service mainly: Copenhagen-Gothenburg/Frederikshavn.
1950 and 1951: Service also: Copenhagen-Oslo-Drammen.
1949 until 1956: In various domestic services, e.g. Copenhagen-Sønderborg-Aabenraa-Haderslev, Copenhagen-Hobro-Hadsund or Copenhagen-Randers/Samsø-Odense.
27.11.1954 until 1.1.1955: Three return trips: Copenhagen-Helsinki.
2.6.1956: Arrived at Copenhagen from Randers and laid up.
23.7.1958: Renamed KOLDING.

19.2.1959: Sold to Eisen und Metall K.G., Lehr & Co., Hamburg for demolition.
5.3.1959: Arrived at Bremerhaven to be scrapped.
4.1959: Demolition commenced.

281

202. CHRISTIANSSUND (II) 1912-1916

Passenger and cargo steamship, 1 deck • 1017gt, 540nt, 1242dw • 237'2"/225'0"x35'0"x23'8"/14'11.1" • A/S Helsingørs Jernskibs- og Maskinbyggeri, Elsinore, no.134 • 1T 3cyl. (18"-30"-50")x36", 900ihp, 11kn. • 2(SB) Scotch 4(cf) GS60 HS2529 • Passengers: 35 I, 14 II, 27 deck.

6.6.1911: Ordered.
18.10.1911: Keel. 16.3.1912: Launch.
22.5.1912: Delivered to DFDS, Kjøbenhavn. Price paid: Kr. 452,620.
23.5.1912: Left Copenhagen for Stettin on her maiden voyage.

1912 until 1915: In service: Stettin-Copenhagen-west coast of Norway.
1914 and 1916: Service also: Denmark-U.K.
1915: Service also: Copenhagen-Leith-the Faroes-Iceland.

24.3.1916: On voyage Falmouth-Copenhagen with general cargo, salt and tobacco, struck a mine shortly after leaving Folkstone and sank in the Channel. The 21 crew members abandoned the ship and were picked up by the steam trawler LOROONE of Grimsby 214/13.

203. AARHUS 1912-1948/BOTNIA (II) 1948-1966

Passenger and cargo steamship, 1 deck and aw • 1627gt, 835nt, 919dw, 1949: 1972gt, 1037nt, 829dw • 284'9"/269'3"x39'2"x17'0"/15'10.1" • A/S Burmeister & Wain's Maskin- og Skibsbyggeri, Copenhagen, no.283 • 1T 4cyl. (25"-41"-2x48")x39", 2300ihp, 15.5kn. • 3(SB) Scotch 6(cf) GS120 HS5581 • Passengers: 162 I, 81 II, 285 deck, 1948: 82 I, 50 II, 50 deck.

12.9.1911: Ordered. Contract price: Kr. 950,000.
17.11.1911: Keel.
30.3.1912: Launch.
3.6.1912: Trial.
8.6.1912: Delivered to DFDS, Kjøbenhavn (from 23.5.1921: Aarhus, 17.6.1939: Frederikshavn, 7.12.1948: København).
10.6.1912 until 25.6.1939: In service: Copenhagen-Aarhus.
1917: Temporarily in service: Copenhagen-Frederikshavn-Horten-Oslo.
2.1930: Forecastle extended, accommodation refurbished.
4.1937: Rebuilt at Nakskov, superstructure painted white instead of brown.
26.6.1939 until 14.8.1939: Service now: Copenhagen-Frederikshavn.
14.8.1939 until 24.10.1939: Laid up at Copenhagen and docked at Frederikshavn.
25.10.1939 until 9.8.1940: Service now: Copenhagen-Aalborg/Aarhus.
9.8.1940: Arrived at Copenhagen from Aalborg and laid up.
18.4.1944: Seized by the Germans.
8.5.1944: Left Copenhagen for Germany and allocated to Weichsel-Dampfschiffsfahrts-A.G., Danzig. Converted into a hospital ship and renamed MARBURG.
18.1.1945 until 5.1945: In service as a hospital ship.
23.4.1945: Arrived at Copenhagen.
14.6.1945: Returned to DFDS by the Allied forces. Renamed AARHUS.
3.7.1945 until 8.7.1945: Three trips: Elsinore-Nørre Sundby with about 3,000 German refugees.
31.7.1945 until 7.9.1945: Service: Copenhagen-Torshavn.
13.9.1945 until 10.11.1945: Converted for service as a troopship at Aalborg Værft A/S.
14.11.1945: Left Copenhagen for Ostend, chartered to the Danish Government and handed over, free of charge, to U.K. Government for service as a troopship.
18.11.1945: Arrived at Tilbury.
21.12.1945 until 2.1946: Service: Tilbury-Ostend.
2.1946 until 4.1946: Service now: Tilbury-Hook of Holland.
4.1946 until 15.8.1946: Service changed to Tilbury-Antwerp.
15.8.1946: Left Tilbury for Copenhagen where she arrived 18.8.1946 and laid up.
26.11.1947: Arrived at Elsinore to be refurbished. However, 9.2.1948 the board of DFDS decided to sell her for scrap, rebuilding was considered too costly.
14.4.1948: Laid up at Copenhagen awaiting sale for demolition. But after the loss of KJØBENHAVN (no.225) 11.6.1948, she was saved from the breakers.
17.6.1948: Arrived at Helsingør Skibsværft og Maskinbyggeri A/S, Elsinore for modernization of the accommodation. Converted into oilfiring.
7.12.1948: Renamed BOTNIA.
2.3.1949: Left Elsinore after rebuilding.

AARHUS, the dining saloon.

AARHUS after conversion.

AARHUS renamed MARBURG during World War II.

283

7.3.1949 until 16.5.1949: Service: Copenhagen-Århus/Aalborg.
20.5.1949: Left Copenhagen for Helsinki.
1949 until 1966: Service now mainly: Copenhagen-Helsinki during summer season (normally April/May to September/October).
13.3.1950 until 23.3.1950: Service now: Copenhagen-Aalborg/Aarhus.
13.4.1950 until 7.5.1950: Service: Copenhagen-Aarhus.
24.11.1950 until 7.12.1950, 30.3.1951 until 18.5.1951, 6.11.1951 until 16.11.1951 and 22.4.1952 until 29.4.1952: Temporarily in service: Copenhagen-Torshavn.
17.9.1966: Left Copenhagen on her last trip to Helsinki.
21.9.1966: Left Helsinki for Copenhagen where she arrived 23.9.1966 and was laid up.
10.10.1966: Docked at A/S Burmeister & Wain, Copenhagen for bottom inspection.
26.10.1966: Left Copenhagen for Håviksbugten, Norway where she arrived the next day.

2.11.1966: Sold as the last steamer in the DFDS fleet to Husø Verft & Mekaniske Verksted, Tønsberg. Price paid: Norwegian Kr. 775,000. In service as an accommodation vessel for workers during the construction of a new aluminium plant.
8.8.1967: Towed from Karmøy.
10.8.1967: Arrived at Ålesund and remained there for three weeks as a hotel-ship during the Nordsjømessen.
31.8.1967: Towed from Ålesund.
2.9.1967 until 7.9.1967: Detained at Kornsundet during a storm.
9.9.1967: Arrived at Husøy, Tønsberg and laid up.

2.1973: Arrived at Bo'ness, Scotland for demolition.
21.2.1973: Demolition commenced by P. & W.MacLellan Ltd., Bo'ness.

AARHUS after conversion 1948/49, renamed BOTNIA.

BOTNIA, the I class dining saloon.

BOTNIA. The final call - "Finished with engine". Captain Alf Troest closing the Steam Age of DFDS, 27 October 1966.

BOTNIA moored at Kopervik, Norway alongside S/S SOMA.

284

204. AVANTI (II) 1912-1918

Cargo steamship, 1 deck, self trimming collier • 2128gt, 1171nt, 3200dw • 283'6"/271'4"x40'0"x 23'6"/19'10.8" • A/S Burmeister & Wain's Maskin- og Skibsbyggeri, Copenhagen, no.284 • 1T 3cyl. (20"-33"-55")x36", 850ihp, 9kn. • 2(SB) Scotch 4(cf) GS60 HS2589 • Passengers: 3.

29.12.1911: Ordered. Contract price: Kr. 560,000.
16.3.1912: Keel.
24.7.1912: Launch.
4.9.1912: Delivered to DFDS, Kjøbenhavn.
14.9.1912: Trial.
6.9.1912: Left Copenhagen for Newcastle on her maiden voyage.
1912 until 1916: Service mainly: Copenhagen-Newcastle.
5.1.1917: Arrived at London.
22.3.1917: Requisitioned by British authorities and allocated to Lambert Bros. Ltd., London.
21.9.1917: Taken over by The Shipping Controller, Lambert Bros. Ltd. became managers.
2.2.1918: Torpedoed in the Northsea by a German submarine and sank 4 miles SE by E of St.Alban's Head.

205. HEBE (II) 1912-1959

Passenger and cargo steamship, 1 deck and aw • 957gt, 441nt, 917dw, 1949: 1333gt, 763nt, 1130dw • 242'0"/230'0"x33'11"x14'6"/14'7.5" • A/S Kjøbenhavns Flydedok og Skibsværft, Copenhagen, no.103 • 1T 3cyl. (19.5"-32"-53")x36", 1100ihp, 12kn. • 2(SB) Scotch 6(cf) GS85 HS3050 • Passengers: 14 I, 16 III, 1947: 10.

23.12.1911: Ordered. Contract price: Kr. 533,750.
6.7.1912: Keel.
21.9.1912: Launch.
20.11.1912: Trial.
23.11.1912: Delivered to DFDS, Odense (from 5.12.1921: Esbjerg, 19.4.1923: Odense, 2.2.1925: Aalborg).
24.11.1912: Left Copenhagen for Leith via Odense, Aarhus and Aalborg.
1912 until 1914: Service mainly: Odense-Aarhus-Aalborg-(Frederikshavn)-Leith.
1913: Service also: Esbjerg-Grimsby.
1914 until 1918: Service now: Denmark-U.K.
1919: Service: Copenhagen-U.K.-France.
1920 until 1940: Service mainly: Denmark-Newcastle. Occasionally: Denmark-Leith.

285

1921 until 1922: Service also: Esbjerg-London/Harwich/Grimsby.
1939: In the "Maltese Cross Fleet" (see no.116).
9.4.1940: At the German occupation of Denmark she was at Glasgow, where she had arrived 2.4.1940.
9.5.1940: Seized by the British Ministry of Transport and allocated to Ellerman's Wilson Line Ltd., London.
1.6.1940: Renamed HEBE I. Chartered by the French Government.
16.6.1940: Requisitioned by the French Government. Renamed SAINTE SYLVIA.
6.1940: Left France shortly before the French-German armistice with 84 refugees for Casablanca.
22.9.1940: Laid up on the Sebou River at Port Lyautey under British flag.
10.1.1942: Sunk by Vichy-French troops at Port Lyautey before the American landing in North Africa.
29.11.1942: Raised by the British Navy and refurbished. Renamed HEBE II. Manager: Ellerman's Wilson Line Ltd.
1.1943 until 11.1945: Chartered by U.S.Army. Service: U.S.A.-North Africa.
31.12.1945: Returned to DFDS at Hull and renamed HEBE.
1946 until 1957: Service mainly: Denmark-U.K.
1946: One trip each: Copenhagen-Leningrad/Rotterdam-Le Havre-Antwerp.
1947: Passenger accommodation changed.
1949: Converted into a closed shelter deck vessel.
1951: One trip: Copenhagen-Oslo-Drammen.
7.5.1957: Arrived at Copenhagen from London and laid up.

19.2.1959: Sold to Eisen und Metall K.G., Lehr & Co., Hamburg for demolition.
1.3.1959: Arrived at Bremerhaven to be scrapped.
7.1959: Demolition commenced.

206. EBRO (I) 1912-1917

Cargo steamship, 2 decks • 1028gt, 503nt, 1752dw • 247'6"/235'0"x35'6"x16'6"/16'8.1" • A/S Helsingørs Jernskibs- og Maskinbyggeri, Elsinore, no.137 • 1T 3cyl. (18"-30"-50")x36", 800ihp, 11kn. • 3(SB) Scotch 6(cf) GS74 HS2709 • Passengers: 4.

9.2.1912: Ordered.
5.7.1912: Keel.
26.10.1912: Launch.
20.12.1912: Trial and delivered to DFDS, Kjøbenhavn. Price paid: Kr. 445,566.
25.12.1912: Left Copenhagen for Riga on her maiden voyage. Service: Baltic-Copenhagen-Antwerp-Western Mediterranean.
5.7.1913: Service now: Libau-Hull.
1914 until 1917: Service: Copenhagen-Mediterranean.

5.1.1917: On voyage Tyne-Livorno with 1226 tons of coal and coke, sunk by the German submarine U-82 in the Biscay in 56N-6.28W. The crew was picked up from the lifeboats by S/S ANNA of Esbjerg 1227/24.

207. DANIA (II) 1913-1929

Cargo steamship, 1 deck and sp • 3462gt, 2242nt, 5350dw • 351'9"/338'1"x42'10"x29'0"/23'7.5" • Russell &Co., Cartsdyke Mid, Greenock, no.361 • 1T 3cyl. (25"-40.2"-64")x42", 1200ihp, 9kn., Fleming &Ferguson Ltd., Paisley • 2(SB) Scotch 6(cf) GS130 HS4268, Fleming &Ferguson Ltd., Paisley.

2.4.1895: Ordered. Contract price: £ 30,000.
25.6.1895: Launch.
3.8.1895: Last survey by Lloyd's Register.
8.1895: Delivered to A/S Dampskibs-Selskabet Kjøbenhavn (Peter L.Fisker), Kjøbenhavn.
8.8.1895: Left Glasgow for Alexandria.
22.10.1910: Company went bankrupt.

14.11.1910: Sold to Dampskibsselskabet Hafnia A/S (DFDS), Kjøbenhavn without change of name.

25.2.1913: Sold to DFDS, Kjøbenhavn. Price paid: Kr. 373,000.
19.3.1913: Left Copenhagen for Boston via Christiania and Grimsby.
1913 until 1929: Service mainly: Copenhagen-North America.
16.12.1917 until 6.4.1918: Time charter to Barber & Co. Inc., New York for a return trip: Norfolk-South America.
13.4.1918 until 22.9.1918: Time charter to U.S. Shipping Board for service: U.S.A.-South America.
22.9.1918 until 28.4.1919: Time charter to U.K.

DANIA outward bound from Boston, 24 June 1922. Photo by R. Hildebrand.

1919 and 1921: Service also: Copenhagen-South America.
16.3.1920 until 14.10.1920: Time charter to "Fragtnævnet" (see no.6).
25.6.1921 until 25.11.1921: Laid up at Copenhagen.
26.11.1928: On voyage Copenhagen-Antwerp in ballast grounded on Terschelling SW reef during a storm after the anchor chains had broken.
29.11.1928: Refloated and towed to Antwerp for repairs.

6.4.1929: Sold to Stavanger Ophugnings Compagni A/S, Stavanger for demolition. Taken over the same day. Price paid: £ 6,750.

208. VIRGINIA (I) 1913-1927

Cargo steamship, 1 deck and sp • 3754gt, 2366nt, 5744dw • 360'6"/346'3"x47'10"x27'0"/22'6" • Tyne Iron Shipbuilding Co. Ltd., Willington Quay-on-Tyne, Newcastle, no.123 • 1T 3cyl. (24"-40"-66")x45", 1500ihp, 8.5kn., Blair &Co. Ltd., Stockton • 2(SB) Scotch 6(rf) GS124 HS4800, Blair &Co. Ltd., Stockton • Passengers: 4.

Purchased while on the building berth.
28.1.1899: Launch. Towed to Stockton for the installation of engine and boilers.
3.1899: Delivered to A/S Dampskibs-Selskabet Kjøbenhavn (Peter L.Fisker), Kjøbenhavn as EUXINIA.
22.10.1910: Company went bankrupt.

14.11.1910: Sold to Dampskibsselskabet Hafnia A/S (DFDS), Kjøbenhavn without change of name.

25.2.1913: Sold to DFDS, Kjøbenhavn and renamed VIRGINIA.
5.3.1913: Left Copenhagen for Philadelphia.
1913 until 1927: Service mainly: Copenhagen-North America.
20.9.1917 until 3.6.1918: Time charter to American Metal Transport Co. for service: U.S.A.-South America.
6.6.1918 until 10.11.1918: Time charter to U.S. Shipping Board for service: U.S.A.-east coast of South America.
13.11.1918 until 9.7.1919: Time charter to U.K. Government.

Courtesy of Peabody Museum of Salem.

15.12.1919 until 29.4.1920 and 4.6.1920 until 22.1.1921: Time charter to "Fragtnævnet" (see no.6).
13.6.1927: Sold to Malabar Shipping Co. Ltd. (Percy Douglas Jodd), London.
1.7.1927: Taken over by her new owners and renamed CARAMA. Price paid: £ 12,500.

17.11.1930: Registered as sold to Armement Colignon S.A., Antwerp and renamed MAURICE COLIGNON.
1932: Sold to Albert Klat, Alexandria and renamed RAMSES.

21.5.1936: Arrived at Rosyth to be scrapped by Metal Industries Ltd. Price paid: £ 6,100.

209. ROMNY (II) 1913-1918

Cargo steamship, 1 deck and aw • 1024gt, 525nt, 1778dw • 247'6"/235'0"x35'6"x16'6"/16'8.1" • A/S Helsingørs Jernskibs- og Maskinbyggeri, Elsinore, no.138 • 1T 3cyl. (18"-30"-50")x36", 800ihp, 10.5kn. • 2(SB) Scotch 4(cf) GS59 HS2411.

9.2.1912: Ordered.
27.7.1912: Keel.
8.1.1913: Launch.
7.3.1913: Trial and delivered to DFDS, Kjøbenhavn. Price paid: Kr. 432,877.
27.2.1913: Left Copenhagen for Newcastle.
1913 until 1914: Service: Baltic-Copenhagen-France/Portugal/Western Mediterranean.
1914 until 1916: Service now: Copenhagen-Mediterranean.
9.3.1917: Requisitioned by the British Government (The Shipping Controller) and allocated to Lambert Bros. Ltd., London.

26.2.1918: Torpedoed and sunk by a German submarine 10 miles NNE of Cape Barfleur. Nine men were lost.

210. A.P. BERNSTORFF 1913-1957

Passenger and cargo steamship, 2 decks and aw • 2316gt, 1162nt, 1352dw, 1935: 2339gt, 1174nt, 1312dw • 304'6"/290'0"x41'6"x28'6"/17'4" • A/S Helsingørs Jernskibs- og Maskinbyggeri, Elsinore, no.140 • 1T 4cyl. (27"-44"-2x52")x42", 3300ihp, 16kn. • 4WTB GS353 HS11677, Babcock & Wilcox Ltd., Renfrew, 1925: 4WTB HS10550, type Howden, Frederikshavns Værft & Flydedok A/S, Frederikshavn • Passengers: 138 I, 269 III, 1935: 112 I, 98 II.

288

20.6.1912: Ordered.
31.10.1912: Keel.
26.4.1913: Launch.
19.7.1913: Trial.
25.7.1913: Delivered to DFDS, Esbjerg. Price paid: Kr. 1,217,024.
26.7.1913: Left Copenhagen for Esbjerg, where she arrived the next day.
29.7.1913 until 12.8.1914: Service: Esbjerg-Harwich.
12.8.1914: Service suspended due to the outbreak of World War I.
14.8.1914: Two trips: Esbjerg-Leith.
2.9.1914 until 26.12.1914: Service now: Aarhus-U.K.
26.12.1914: Laid up at Copenhagen.
2.1.1915 until 11.1.1915: Service: Copenhagen-Hull.
5.10.1915: Left Copenhagen. However, while in the Northsea returned to Copenhagen.
8.10.1915: Laid up at Copenhagen.
1.8.1917 until 7.8.1917: One return trip: Copenhagen-Christiania.
27.11.1918 until 9.1.1919: Five trips: Warnemünde/Lübeck/Stettin-U.K. with about 3,000 British prisoners of war.
From 13.2.1919: 12 and a half return trips: Copenhagen-Hull.
25.10.1919 until 5.5.1932: Service again mainly: Esbjerg-Harwich.
10.7.1920 until 13.7.1920: One return trip: Copenhagen-Sønderborg.
13.1.1925 until 27.4.1925: New boilers installed at Frederikshavn.
4.4.1927 until 7.5.1927: Boiler repairs.
28.9.1929: Boiler explosion after leaving Harwich.
16.9.1929 until 25.9.1929: One trip: Esbjerg-London-Harwich-Leith-Esbjerg.
2.9.1931 until 4.9.1931: One return trip: Esbjerg-Geestemünde.
21.5.1932 until 25.5.1932: One return trip: Esbjerg-Grimsby.
28.5.1932 until 2.9.1939: Service now mainly: Esbjerg-Antwerp-Dunkirk.
17.9.1932 until 23.9.1932: One trip: Esbjerg-London-Harwich-Esbjerg.
10.11.1932 until 18.11.1932: One return trip: Esbjerg-Harwich.
9.2.1934 until 16.2.1934: One return trip: Esbjerg-Harwich and docking at London.
17.1.1935 until 20.2.1935: Rebuilt at Elsinore.
18.1.1936: Left Esbjerg for Harwich via London.
7.2.1936: Returned to Esbjerg after four return trips: Esbjerg-Hull.
15.6.1938 until 24.6.1938: Four return trips: Esbjerg-Harwich.
2.9.1939: Left Esbjerg for Antwerp-Copenhagen-Aarhus-Hull-Esbjerg-Tilbury.
28.9.1939: Arrived at Esbjerg from Tilbury and laid up until 5.6.1940.
1939: In the "Maltese Cross Fleet" (see no.116) but she remained idle.
5.6.1940: Left Esbjerg for Hamburg and arrived the next day.
11.6.1940 until 10.9.1940: Four return trips: Hamburg-Aarhus, also laid up at Aarhus.
16.9.1940: Arrived at Copenhagen from Hamburg and laid up after drydocking.
18.4.1944: Seized by the Germans.

A.P. BERNSTORFF, the smoking saloon.

A.P. BERNSTORFF, a I class two berth cabin with wash basins.

29.4.1944: Left Copenhagen in tow for Stettin.
1.5.1944: Arrived at Stettin and renamed RENATE.
1.5.1944 until 1.9.1944: Managed by John Fritzen & Sohn, Stettin.
30.8.1944: Heavily damaged by an air attack at Stettin.

A.P. BERNSTORFF renamed RENATE during World War II.

30.11.1944: Repairs finished and now used as a "Sicherungsschiff".
4.1.1945: In service as a hospitalship. Patients: 500, crew: 40.
4.5.1945: Lying in the Freeport of Copenhagen, at the German capitulation.
19.6.1945: Returned at Copenhagen by the Allied to DFDS, Esbjerg and renamed A.P. BERNSTORFF.
3.7.1945 until 25.2.1946: Refurbished at Frederikshavn.
5.3.1946: Reentered service: Esbjerg-Harwich until 7.6.1946.
6.7.1946 until 2.12.1946: Service now: Copenhagen-Helsinki.

17.1.1947 until 11.10.1948: Service again: Esbjerg-Harwich.
20.9.1947 until 21.12.1947: Rebuilt at Frederikshavn. Converted into oilfiring.
1948 until 1952: Service also: Esbjerg-Grimsby.
18.6.1949 until 1.9.1949: Service: Copenhagen-Newcastle.
14.12.1949: Left Copenhagen for a trip: Copenhagen-Nakskov-Århus-London-Copenhagen.
1950 until 1953: Service also: Copenhagen-Aalborg-Newcastle.
1950: Service also: Esbjerg-London/Leith or Copenhagen-Hull/the Faroes-Reykjavik.

1952: Service also: Esbjerg-Leith.
17.6.1953 until 17.9.1953: Service: Esbjerg-Newcastle.
1.11.1953: Laid up at Esbjerg.
1955: Three return trips: Esbjerg-Newcastle.
6.7.1955: Laid up at Esbjerg.

27.3.1957: Sold to Eisen und Metall K.G., Lehr & Co., Hamburg for demolition and taken over the next day. Price paid: £ 50,500.
10.9.1957: Reported broken up.

211. CHARKOW (II) 1913-1940

Cargo steamship, 1 deck and aw • 1026gt, 525nt, 1778dw • 247'6"/235'0"x35'6"x16'6"/16'8.1" • A/S Helsingørs Jernskibs- og Maskinbyggeri, Elsinore, no.141 • 1T 3cyl. (18"-30"-50")x36", 800ihp, 10.5kn. • 2(SB) Scotch 4(cf) GS58 HS2411 • Passengers: 4.

25.9.1912: Ordered.
19.2.1913: Keel.
30.7.1913: Launch.
3.9.1913: Trial.
4.9.1913: Delivered to DFDS, Kjøbenhavn. Price paid: Kr. 468,000.
4.9.1913: Left Copenhagen for Riga on her maiden voyage.
1913 until 1914: Service: Baltic-Copenhagen-Antwerp.
1914 until 1915: Service now: (Baltic)-Copenhagen-Spain/Portugal/Western Mediterranean.
1917: Service: Copenhagen-North America.
20.9.1917 until 6.3.1918: Time charter to Gaston, Williams & Wigmore, New York for service: New York-South America.
8.3.1918 until 18.5.1918: Time charter to Munson Steam Ship Co., New York for service: U.S.A.-West Indies.
18.5.1918 until 31.10.1918: Time charter to U.S. Shipping Board for service: U.S.A.-West Indies.
1919 until 1920: Service: Denmark-U.K./France.
1920 and 1921: Service also: Copenhagen-Swansea-Liverpool.
1921 until 1939: Service mainly: Copenhagen-Antwerp/Western Mediterranean.
1922 until 1924: Service also: London-Copenhagen-Libau.
9.1936: Chartered to the Danish Ministry of Defence together with FLORA (no.192) for troopship service: Vejle-Svendstrup Strand, Zealand.
1939: In the "Maltese Cross Fleet" (see no.116).
30.9.1939 until 1940: Service mainly: Esbjerg-Grimsby/Manchester.

19.3.1940: On voyage Manchester-Copenhagen torpedoed and sunk by the German submarine U-19 in the Northsea in a position 58.07N-2.39W about 35 miles N of Rattray Head. She sank immediately with all twenty crew members.

212. CALIFORNIA 1913-1942 and 1945-1959

Twin screw cargo motorship, 1 deck and sh • 4597gt, 2854nt, 8273dw • 423'6"/406'11"x54'0"x 34'11.5"/25'0.1" • A/S Burmeister & Wain's Maskin- og Skibsbyggeri, Copenhagen, no.291 • 2D 4SA 2x8cyl. (540x730) type B&W 8150-X, 2200bhp, 10kn. • Passengers: 12.

CALIFORNIA outward bound from Boston 27 June 1917. Photo by R. Hildebrand.

291

*CALIFORNIA after conversion.
Photo by A. Duncan.*

Middle platform level in CALIFORNIA's engine room with the main switchboard.

16.9.1912: Ordered.
Contract Price: Kr. 1,700,000.
12.2.1913: Keel.
23.8.1913: Launch.
30.9.1913: Trial.
1.10.1913: Delivered to DFDS, Kjøbenhavn. She was the the first diesel motorship in the DFDS-fleet. A "sister ship" the MARYLAND (no.214), was built in order to compare the diesel engine to the steam engine. However, the comparison was interrupted by the sinking of MARYLAND in 1914.
9.10.1913: Left Copenhagen for Boston via Christiania on her maiden voyage.
1913 until 1917: Service: Copenhagen-North America.
11.7.1917 until 8.9.1917: Time charter for a trip: New York-Iquique-New York.
11.9.1917 until 4.1.1918: Time charter to Funch, Edye & Co. Inc., New York for service: U.S.A.-South America.
15.1.1918 until 25.4.1918: Time charter to Barber & Co. Inc., New York for service: U.S.A.-South America.
7.5.1918 until 30.7.1918: Time charter to Funch, Edye & Co. Inc., New York for service: U.S.A.-South America.
1.8.1918 until 29.11.1918: Time charter to U.S. Shipping Board for service: U.S.A.-east coast of South America.
2.12.1918 until 14.6.1919: Time charter to U.S.A.
6.1919 until 1958: Service now mainly: Copenhagen-South America.
8.9.1920 until 9.12.1920: Service also: U.S.A.-Chile/Brazil/Argentina.
1921: Service also: U.S.A.-South America.
1925: Service also: Copenhagen-North America.
1935: One trip: Copenhagen-U.S.A.-South America.

11.4.1940: After the German occupation of Denmark she arrived at Las Palmas, having left Odense 26.3.1940. She continued to River Plate.
24.4.1940: Arrived at Pernambuco and laid up.
26.2.1942: Seized by the Brazilian Government.

1.3.1942: Forced sale to Lloyd Brasileiro, Rio de Janeiro and renamed PIRAILOIDE.

28.11.1945: Resold to DFDS, København and renamed CALIFORNIA.
18.1.1946: Left Rio de Janeiro for Copenhagen on one engine.
12.3.1946: Arrived at Copenhagen for the first time after the war. Reentered service: Copenhagen-South America.
1947 and 1948: Also three trips: Copenhagen-North America.
1949: Service mainly: Antwerp-Mediterranean.
1951: Rebuilt at Howaldtswerke, Kiel.
12.4.1958: Laid up at Copenhagen.

23.4.1959: Sold to Argonaut Shipping and Trading Co. Ltd., London.
28.4.1959: Taken over by her new owners and renamed ARGOCAL.

29.8.1959: Arrived at Hong Kong for demolition.
17.10.1959: Demolition commenced by Dah Chong Hong.

213. FREDERIK VIII   1913-1936

Twin screw passenger steamship, 2 decks and aw • 11850gt, 7555gt, 7630dw • 541'6"/520'0"x 62'0"x41'6"/28'0" • "Vulcan" Stettiner Maschinenbau A.G., Stettin, no.332 • 2T 2x4cyl. (32.25"-52.75"-2x62.6")x55.1", 11000ihp, 17kn. • 8WTB GS512 HS24100, type Yarrow • Passengers: 121 I, 259 II, 881 III, crew: 245.

12.1910: Ordered.
27.9.1912: Keel.
27.5.1913: Launch.
17.12.1913 until 21.12.1913: Trial.
21.12.1913: Delivered to DFDS, Kjøbenhavn. Price paid: Kr. 5,500,000. At the delivery she was the largest Scandinavian ship. She remained the largest Danish passenger ship until the delivery of DANA REGINA (no.391). Service: Skandinavien-Amerika Linien (Copenhagen-Christiania-Christianssand-New York).
5.2.1914: Left Copenhagen on her maiden voyage.

FREDERIK VIII. Captain F. Mechlenburg with his first mate J.J. Petersen (left) and an unidentified officer (right). Notice two gyro repeaters, far left in the wheel house and on top of the wheel house.

2.1914: During the Atlantic crossing she had to call at the Azores for bunkering, due to an unstipulated large coal consumption.
12.1915: The boilers were fitted with Erith-Riley mechanical stokers.
23.12.1916 until 18.1.1917: Laid up at Copenhagen.
12.3.1917: Arrived at Copenhagen from New York and laid up until 11.1918.
23.12.1918 until 20.1.1919: Five trips: Warnemünde/Lübeck/Stettin-U.K. with about 7,500 British prisoners of war.
18.3.1919: Returned to service, and from this date she only called at Christianssand on the return trip from New York to Christiania.
31.10.1919: Arrived at Philadelphia instead of New York, and 8.11.1919: Left Philadelphia for Christianssand.
5.8.1920: Left New York after installation of a gyro compass and automatic pilot (Anschütz' type).
From 1924 occasionally, and from 1928 until 1932 she regularly called at Halifax.
2.8.1924 until 25.8.1924: During the Wembley exhibition she made two voyages Copenhagen-London with about 700 passengers each trip. While at London, she was moored as a hotel ship off the Greenwich Pier for five days each time.
15.10.1924 until 10.11.1924: Cruise: Copenhagen-Lisbon-Barcelona-Monaco-Genua-Naples-Palermo-Algier-Gibraltar-Copenhagen.
11.5.1927 and 2.6.1929: Called at Boston.
22.11.1935: Left Copenhagen on her last voyage from Copenhagen to New York.
7.12.1935: Departure from there.
17.12.1935: Arrival at Copenhagen.

23.12.1935 until 26.12.1935: One return trip: Copenhagen-Aarhus with about 3,000 passengers.
28.12.1935: Laid up at the "10 meter bassinet", Copenhagen.
8.1936: Shifted to Nordhavns bassinet.

12.11.1936: Sold to The Hughes Bolckow Shipbreaking Co. Ltd., Blyth for demolition. Price paid: £ 28,100.
12.11.1936: Left Copenhagen for Blyth.
18.11.1936: Delivered to the breakers at Blyth. Sales value of the scrap: £ 57012.

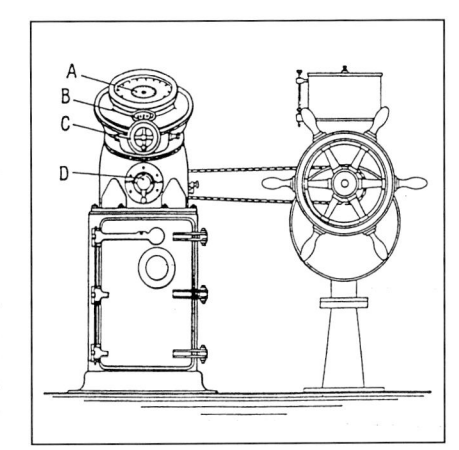

In 1920 the FREDERIK VIII was the first commercial ship to be fitted with the following navigation aids of the make Anschütz: gyro-compass, automatic pilot and course recorder. The automatic pilot was connected to the steering wheel by means of a bicycle chain, and in popular terms this arrangement was called "cykelstyret" (the handle bar).

293

214. MARYLAND (I) 1914-1914

Cargo steamship, 1 deck and sh • 5136gt, 3163nt, 8553dw • 423'0"/405'0"x54'0"x35'0"/24'11.75" • Joh.C.Tecklenborg A.G., Bremerhaven-Geestemünde, no.260 • 1T 3cyl. (26"-42.5"-70.1")x48", 2400ihp, 11kn. • 3(SB) Scotch 9(cf) GS138 HS6135 • Passengers: 6.

9.1912: Ordered.
14.4.1913: Keel.
18.11.1913: Launch.
10.1.1914: Trial and delivered to DFDS, Kjøbenhavn. Price paid: Kr. 1,575,000. CALIFORNIA (no.212) and MARYLAND were almost sister ships. Services: Copenhagen-North America/South America.
12.1.1914: Arrived at Copenhagen from the builders.
20.1.1914: Left Copenhagen for Boston via Christiania and Newcastle.
24.2.1914: Arrived at Boston.
10.3.1914: Left Boston for Copenhagen via Hull.
3.4.1914: Arrived at Copenhagen.
15.4.1914: Left Copenhagen for Buenos Aires via Newcastle and Cardiff.
29.5.1914: Arrived at Buenos Aires.

Builders' Model.

22.6.1914: Left Buenos Aires for Rosario and arrived 22.6.1914.
14.7.1914: Left Rosario for Copenhagen via Madeira and Lisbon.
9.8.1914: Arrived at Lisbon.
14.8.1914: Left Lisbon for Brixham and arrived here for bunkering 19.8.1914.

21.8.1914: On voyage Buenos Aires-Copenhagen with maize, torpedoed or mined about 35 miles SW of Galoppers Lightship and sank immediately. The crew was rescued in the lifeboats and after an hour, they were picked up by a Belgian fishing boat MARIE LOUISE of Oostende 140/00 and taken to Oostende.

215. AALBORGHUS (I) 1914-1936 / FREDERIKSHAVN 1936-1958

Passenger and cargo steamship, 2 decks and aw • 1478gt, 828nt, 910dw, 1936: 1480gt, 823nt, 910dw • 268'4"/253'0"x38'8"x24'0"/15'3.7" • A/S Burmeister & Wain's Maskin- og Skibsbyggeri, Copenhagen, no.296 • 1T 3cyl. (22"-36"-60")x42", 1750ihp, 13.5kn. • 3(SB) Scotch 6(cf) GS87 HS3742 • Passengers: 142 I, 94 II, 250 deck, 1936: 137 I, 316 deck, cars: 25.

4.2.1913: Ordered. Contract price: Kr. 970,000.
6.12.1913: Keel.
3.4.1914: Launch.
18.6.1914: Trial.
24.6.1914: Delivered to DFDS, Aalborg (from 4.6.1936: Frederikshavn, 23.9.1948: Aalborg, 14.12.1953: Frederikshavn).
1914 until 1936: Service: Copenhagen-Aalborg.
24.6.1914: Left Copenhagen on her maiden voyage.
16.3.1917: On voyage Copenhagen-Bergen grounded at Flatskær near Haugesund. Refloated the next day.
24.3.1917 until 11.5.1917: Repaired at Elsinore.
1936: Rebuilt at A/S Helsingørs Jernskibs- og Maskinbyggeri, Elsinore.
16.6.1936: Renamed FREDERIKSHAVN.
27.6.1936 until 1940: Service now mainly: Copenhagen-Frederikshavn-Horten-Oslo.
1938 until 1939: Also a relief vessel in service: Copenhagen-Oslo/Aarhus/Aalborg.
11.9.1939 until 2.2.1940: Service: Copenhagen-Oslo.
20.3.1940 until 2.11.1940: Service now: Copenhagen-Aarhus.
3.11.1940 until 30.5.1941: Laid up at Copenhagen and docked at A/S Burmeister & Wain.
31.5.1941 until 2.9.1941: Service: Copenhagen-Aarhus.
3.9.1941 until 22.1.1943: Laid up except when drydocked at Elsinore.
22.1.1943 until 17.2.1943: Two return trips each: Copenhagen-Aarhus and Copenhagen-Aalborg.
17.2.1943: Laid up at Copenhagen.
18.10.1944 until 19.11.1944: Three trips Copenhagen-Aalborg.
19.11.1944: On voyage Aalborg-Copenhagen struck a mine in Kattegat. Returned to Aalborg via Hals.
29.11.1944: Laid up at Aalborg.
14.5.1945: Drydocked at Aalborg Værft A/S.
13.8.1945: Left Aalborg for Copenhagen, where she arrived the next day.
5.11.1945 until 4.12.1945: Hotel vessel at Copenhagen during a shipping conference.

ILLUSTRATION/TOP:
Arrival at Frederikshavn.

ILLUSTRATION/MIDDLE:
FREDERIKSHAVN after conversion 1936.

ILLUSTRATION/BOTTOM:
AALBORGHUS, the promenade deck.

ATREUS after conversion at Piraeus 1958.

19.12.1945 until 18.6.1946: Service: Copenhagen-Oslo.
22.6.1946 until 2.10.1946: Service: Frederikshavn-Oslo/Copenhagen.
1946 until 1948: Service: Copenhagen-Oslo/Aalborg.
4.9.1947 until 13.12.1947: Converted into oilfiring.
20.5.1948 until 27.5.1948 and 1.6.1948 until 28.9.1948: Service also: Copenhagen-Helsinki.
29.7.1948 until 30.7.1948: One trip: Copenhagen-Aarhus.
7.10.1948 until 15.6.1950: Service now: Copenhagen-Aalborg.
15.6.1950 until 5.6.1952: Laid up at Copenhagen.
6.6.1952 until 2.7.1952: Two trips: Copenhagen-the Faroes-Iceland.
15.7.1952 until 6.8.1952: Five trips: Copenhagen-Helsinki-Copenhagen.
6.6.1953 until 18.6.1953: One trip: Copenhagen-the Faroes-Iceland.
1953 until 1956: Service during summer season (June to August): Frederikshavn-Oslo/Copenhagen.
2.9.1956: Laid up at Copenhagen.

24.4.1958: Sold to Compania de Navigacion Alanga S.A. (A.Potamianos), Puerto Limon.
28.4.1958: Taken over by her new owners and renamed ATREUS. Price paid: £ 34,000.
30.4.1958: Left Copenhagen for Brussels via the Kiel Canal.
5.5.1958 until 15.10.1958: Accommodation vessel at Brussels during the World Exhibition.
15.10.1958: Left Brussels for Piraeus.
29.10.1958: Arrived at Piraeus.
11.1958 until 5.1959: Passenger accommodation increased, and holds equipped with drive-on/drive-off facilities for 40 cars at Piraeus.
18.2.1959: Registered sold to Epirotiki Steam Ship Navigation Co. (George Potamianos S.A.), Piraeus. Name unchanged.
23.5.1959: Trial after conversion.
24.6.1959: In service: Piraeus-Patras-Corfu-Brindisi. Also three trips to Greek Islands.
1.7.1959 until 23.10.1961: Service mainly: Piraeus-Patras-Corfu-Brindisi.
1959 until 1967: Laid up at Piraeus each year from October/November to April.
4.1960: One return trip to Beirut with pilgrims for Jerusalem, later cruise: Venice-Greek Islands and also a return trip: Tunis-Jeddah with pilgrims.
4.1961: Two return trips: Piraeus-Venice, later two trips to Beirut with pilgrims, and an Easter cruise to Greek Islands. Also return trip: Tunis-Jeddah with pilgrims.
4.1962: One return trip to Beirut with pilgrims, later an Easter cruise to Greek Islands.
5.1962: Six return trips: Naples-Haifa with jewish emigrants.
3.7.1962 until autumn 1967: Service mainly: Patras-Brindisi (3 return trips each week).
4.1963: One return trip to Beirut with pilgrims, later two return trips to Rhodes.

AALBORGHUS, the I class lounge designed by architect Emmanuel Monberg.

5.1963: One trip: Piraeus-Venice-Piraeus-Haifa-Piraeus-Venice.
1964 until 1967: Occasionally charter trips as in the previous years.
1967: Sold to Cia. de Navigacion Anepirot, Panama without change of name.

3.1968: Sold to Conditioned Power Co. S.p.A., La Spezia for demolition. Price paid: £ 24,700.
4.1968: Work commenced.

216. MOSKOV (II) 1914-1925 / MARGRETHE 1925-1959

Passenger and cargo steamship, 2 decks and aw • *2441gt, 1490nt, 2725dw, 1942: 1908gt, 1042nt, 2520dw* • *300'0"/285'0"x40'5"x28'2"/19'10.5"* • *A/S Helsingørs Skibs- og Maskinbyggeri, Elsinore, no.144* • *1T 3cyl. (22"-36"-60")x42", 1500ihp, 12kn.* • *3(SB) Scotch 6(cf) GS93 HS4219* • *Passengers: 10 I, 78 II, (628 emigrants), 1942: 12.*

31.7.1913: Ordered.
3.12.1913: Keel.
13.6.1914: Launch.
10.10.1914: Trial.
13.10.1914: Delivered to DFDS, Kjøbenhavn (from 7.5.1925: Esbjerg, 4.5.1927: Aalborg). Price paid: Kr. 1,005,000. Built for the Libau-Hull emigrant service, but immediately after delivery the emigrant accommodation was removed by the builder.
24.10.1914: Left Elsinore for Copenhagen.
25.10.1914: Left Copenhagen for Newcastle on her maiden voyage.
1915 until 1918: Service: Copenhagen-South America.
13.2.1918 until 20.11.1918: Lying at Santos loaded with coffee awaiting British permition to leave.
1919: Service now: Copenhagen-Mediterranean.
1920 until 1926: Service mainly: London-(Copenhagen)-Danzig/Libau.
1920: Service also: Copenhagen-France.
7.5.1925: Renamed MARGRETHE.
1925 and 1926: Service also: Esbjerg-Grimsby/Harwich/London.
1927 until 1939: Service now: Copenhagen-London. Occasionally called at Aalborg or Nørre Sundby.
1939: In the "Maltese Cross Fleet" (see no.116).
1939 until 1940: Service mainly: Copenhagen-Hull/Manchester.
1940: Service: Copenhagen/Aarhus-Hamburg.
9.8.1940 until 20.2.1941: Laid up at Copenhagen.

Photo by F.W. Hawks 4. April 1953.

The Roll-on principle.
Butter casks "roll" on board.

8.7.1941 until 1.1942: Chartered to the Germans for service between Germany, Denmark and Norway.
27.1.1942 until 5.5.1942: New propeller installed at Stockholm after navigation in ice.
7.5.1942: Arrived at Copenhagen from Stockholm.
13.5.1942 until 12.10.1942: Rebuilt by Frederikshavns Værft & Flydedok A/S. Most of the passenger accommodation removed.
22.1.1943: Left Copenhagen for Danzig.
1943 and 1944: Service: Danzig/Gotenhafen-Copenhagen with coal.
26.3.1945: Seized by the Germans.
10.4.1945: Released and returned to DFDS.
1945 until 1947: Service mainly: Denmark-U.K.
1945: Service also: Copenhagen-France.
1948 until 1952: Service now: Denmark-London.
1952 until 1957: Service mainly: Denmark-Newcastle.
1952 until 1954: Service also: Denmark-Leith.
19.12.1957: Arrived at Copenhagen from Aarhus and laid up.

19.2.1959: Sold to Eisen und Metall K.G., Lehr & Co., Hamburg for demolition and taken over the next day.
26.2.1959: Delivered at Bremerhaven to the breakers.

The Lift-on principle.
Butter casks are "lifted" on board.

217. VIDAR (II) 1915-1940

Passenger and cargo steamship, 2 decks • 1353gt, 720nt, 1493dw • 267'0"/252'0"x36'9"x19'6"/17'3" • A/S Burmeister & Wain's Maskin- og Skibsbyggeri, Copenhagen, no.301 • 1T 3cyl. (22"-36"-60")x42", 1650ihp, 12kn. • 2(SB) Scotch 6(f) GS86 HS3740 • Passengers: 31 I.

10.6.1914: Ordered. Contract price: Kr. 740,000.
8.8.1914: Keel.
27.2.1915: Launch.
5.5.1915: Trial.
6.5.1915: Delivered to DFDS, Kjøbenhavn (from 24.1.1925: Odense, 13.12.1926: Esbjerg).
12.5.1915: Left Copenhagen for Hull.
1915 until 1917: Service: Copenhagen-Hull.
1917 until 1918: Service now: Denmark-U.K.
1919: Service now: Copenhagen-Mediterranean.
1920 until 1924: Service again: Copenhagen-Hull.
1923 until 1926: Service also: Denmark-Newcastle or Copenhagen-London.
1926 until 1929: Service mainly: Esbjerg-Grimsby.
1929 until 1939: Service now mainly: Esbjerg-London. Occasionally: Esbjerg-Grimsby.
1939: In the "Maltese Cross Fleet" (see no.116).
1939 until 1940: Service mainly: Esbjerg-Grimsby/Tibury/Newcastle.
31.1.1940: On voyage Grimsby-Esbjerg via Tyne with coal and general cargo, torpedoed by the German submarine U-21 in the Northsea and sank the following day in a position 59.39N-2.00E. 15 men were lost.

218. VIKING (II) 1915-1929

Sail training vessel, 4-masted bark, 2 decks • 2952gt, 2541nt, 4066dw • 356'6"(incl.bowsprit)/284'6"x 45'9.5"x26'5"/23'3" • A/S Burmeister & Wain's Maskin- og Skibsbyggeri, Copenhagen, no.253 • Cadets: 80.

3.4.1906: Ordered.
21.7.1906: Keel.
1.12.1906: Launch.
19.3.1907: Capsized at the fitting out quay during a gale with heavy showers. The vessel was partly flooded, and masts were resting on the quay.
28.3.1907: Raised by Svitzer.
16.7.1907: Delivered to "Den danske Handelsflådes Skoleskib for Befalingsmænd", Kjøbenhavn as VIKING. Price paid: Kr. 591,000.
28.7.1907 until 4.9.1908: First voyage: Copenhagen-Hamburg-Callao-Taltal-Iquique-Hamburg.
1.11.1908 until 10.1909: Second voyage: Hamburg-Port Pirie-Falmouth-Dublin-Hamburg.
22.10.1909 until 21.12.1910: Third voyage: Hamburg-Bali-Vladivostok-Mauritius-St.Helena-Hull-Frederikshald.
14.1.1911 until 2.1912: Fourth voyage: Frederikshald-Buenos Aires-Port Adelaide-Falmouth-Bristol.
24.5.1912 until 19.3.1913: Fifth voyage: Cardiff-Mejillones-Falmouth-Aarhus.
27.4.1913 until 16.4.1915: Sixth voyage: Copenhagen-Rotterdam-Callao-Tocopilla-Valparaiso-Savona-Trapani-Cartagena-Bergen.
3.5.1915: The company was liquidated.

299

27.5.1915: Sold to DFDS, Kjøbenhavn. Price paid: Kr. 320,000.
5.6.1915 until 6.2.1916: Seventh voyage: Copenhagen-Aalborg-Rio de Janeiro-Buenos Aires-Falmouth-Frederikshavn-Kallundborg-Copenhagen.
11.2.1916 until 11.9.1916: Eighth voyage: Copenhagen-Aalborg-Stornoway-Buenos Aires-Queenstown-Copenhagen.
30.9.1916 until 24.4.1917: Ninth voyage: Copenhagen-Nørre Sundby-Queenstown-Copenhagen.
4.6.1917: On voyage Copenhagen-South America towed by SEJRØ (no.12A) captured by the German submarine UB-35 and taken to Swinemünde for inspection.
6.6.1917: Released and returned to Copenhagen.
11.7.1917: Left Copenhagen for Norfolk via Bergen and Savannah.
1917 until 1919: Service: Norfolk/New York/Baltimore-Buenos Aires/Rio de Janeiro.
19.9.1919: Arrived at Copenhagen from Buenos Aires via Falmouth and Norway.
1919 until 1920: Two trips: Copenhagen-South America.
8.9.1920 until 17.5.1921: One trip: Copenhagen-Sydney, NSW-Bordeaux.
15.6.1921: Left Bordeaux for Newport News for a cargo of coal to DFDS.
30.9.1921: Arrived at Copenhagen from Newport News and laid up.
24.7.1923: Left Copenhagen for Melbourne via Sundsvall and returned to Antwerp via Geelong.

17.7.1924: Left Antwerp for South America and returned to Copenhagen.
22.7.1925: Laid up at Copenhagen.
31.10.1926: Last trip for DFDS: Copenhagen-Barbados-Callao-Asia Island-Pachacamac-Christobal-Dublin-London-Copenhagen.
19.12.1927: Arrived at Copenhagen and laid up until sale.
1928: Due to increasing loss DFDS wished to present the vessel to "Dansk Dampskibsrederiforening". But since the Danish Ministry of Trade would not support the vessel financially, the "Dansk Dampskibsrederiforening" had to refuse the offer.

12.7.1929: Sold to Gustaf Ericsson (96%) and family members (4%), Mariehamn without change of name. Price paid: £ 6,500.
16.7.1929: Taken over by her new owners.
26.10.1929: Left Härnösand for Melbourne.
1929 until 1939: Mainly in service: Australia-Europa with wheat, she made nine voyages in all.
However 1930: Proceeded from Port Lincoln to Callao and returned to Geelong.
19.12.1935: Transferred to Rederi A/B Viking (Gustaf Ericsson), Mariehamn.
14.7.1939: Arrived at Mariehamn from Cardiff and laid up.
7.1944: Shifted to Stockholm and used as a grain storage.

12.1944: Towed to Turku loaded with grain.
6.9.1946: Left Mariehamn for Pateniemi at Uleåborg to load timber for South Africa: Pateniemi-East London-Santos-Port Lincoln-Falmouth-London.
4.7.1948: Arrived at London with wheat on her "last" voyage.
1.9.1948: Left London in tow for Antwerp. Later shifted to Rotterdam.
15.6.1950 until 31.8.1950 she had no less than 118,000 visitors during a shipping exhibition at Rotterdam.
26.1.1951: Sold to Föreningen Viking, Göteborg. Price paid: £ 18,000.
10.5.1951: Sold to P/R (Sven Olof Traung), Göteborg.
29.5.1951: Left Rotterdam with 2000 tons of coke towed by the tug S/S KARL of Göteborg 259/40 for Gothenburg, where she arrived 2.6.1951.
11.10.1951: Sold to Göteborgs kommuns Skolförvaltning, Göteborg. Converted into a training vessel permanently moored at Gothenburg.
8.1957: Inaugurated as a training vessel.
1982: Entered Swedish registry as BARKEN VIKING.

Still lying at Gothenburg.

219. MØEN (II) 1915-1960

Passenger and cargo steamship, 1936: motorship, 1 deck • 357gt, 182nt, 234dw, 1936: 295gt, 128nt, 248dw, 1942: 379gt, 197nt, 430dw • 164'0"/155'0"x25'11"x9'3"/8'8", 1942: 199'7.5"/190'7.5"x 25'11"x9'3"/9'4" • Frederikshavns Værft &Flydedok A/S, Frederikshavn, no.147 • 1C 2cyl. (19"-38")x20", 500ihp, 11kn., A/S Helsingørs Jernskibs- og Maskinbyggeri, Elsinore • 1WTB GS28 HS1780, type Howden, Howden Boiler Co., Govan • 1936: 1D 2SA 4cyl. (340x575), type Atlas-Polar M44M, 530bhp, 11.5kn., A/B Atlas Diesel, Stockholm • Passengers: 500, 1936: 150, 1942: 24.

19.3.1915: Launch and towed to Elsinore for installation of the engine.
3.7.1915: Trial and delivered to DFDS, Stege (from 6.10.1936: Svendborg, 6.1.1950: Aabenraa, 30.5.1956: Randers).
4.7.1915 until 11.2.1936: Service mainly: Copenhagen-Stege.
1915 until 1917: Service also: Copenhagen-Stege-Præstø-Kalvehave.
1918 until 1920: Service also: Copenhagen-Anholt-Grenaa-Ebeltoft.
1921 until 1928: Service also: Copenhagen-Stubbekøbing-Guldborg-Nykøbing F.-Stege.
1926 until 1936: Service also: Copenhagen-Nakskov.
23.5.1936: Arrived at A/S Nakskov Skibsværft, Nakskov to be converted into a motorship.
15.10.1936: Trial after conversion.
18.10.1936 until 1939: Services now: Copenhagen-Assens-Faaborg-Svendborg and Copenhagen-Svendborg-Nakskov.
10.9.1939: Service now: Copenhagen-Assens-Faaborg-Svendborg or Copenhagen-Nyborg-Rudkøbing-Nykøbing F.
31.3.1940: Arrived at Copenhagen from Nyborg and laid up.
20.6.1942 until 15.8.1942: Lengthened by Frederikshavns Værft & Flydedok A/S, Frederikshavn.
16.8.1942: Laid up at Copenhagen.
10.7.1944 until 1945: In service: Copenhagen-Aarhus/Aalborg.
1945: Service also: Copenhagen-Horsens-Vejle, Copenhagen-Kolding-Fredericia or Copenhagen-Samsø-Odense.
1948 until 1951: Service: Copenhagen-Sønderborg-Aabenraa or Copenhagen-Svendborg-Faaborg-Haderslev.
1950 until 1956: Service also: Copenhagen-Hobro-Hadsund.

MØEN converted into a motorship and lengthened.

1952 until 1956: Service also: Copenhagen-Sønderborg-Aabenraa-Haderslev.
1955 until 1960: Service now mainly: Copenhagen-Randers.
1957 and 1958: Service also: Copenhagen-Sønderborg-Svendborg-Rudkøbing or Copenhagen-Svendborg-Sønderborg-Aabenraa.
2.3.1960: Arrived at Copenhagen from Randers and laid up.

9.3.1960: Sold to A/S Emil Halvorsen, Copenhagen for demolition and taken over the same day.
23.5.1961: Reported broken up.

MØEN after the second lengthening.

220. ISLAND (II) 1915-1937

Passenger and cargo steamship, 2 decks and aw • 1774gt, 1061nt, 1657dw • 263'1"/250'0"x 37'10"x18'6"/18'0.25" • A/S Helsingørs Jernskibs- og Maskinbyggeri, Elsinore, no.147 • 1T 3cyl. (22"-36"-60")x42", 1450ihp, 13kn. • 2(SB) Scotch 6(cf) GS95 HS3672 • Passengers: 103 I, 52 II.

3.4.1914: Ordered.
2.10.1914: Keel.
14.4.1915: Launch.
5.8.1915: Trial.
11.8.1915: Delivered to DFDS, Kjøbenhavn. Price paid: Kr. 873,500.
15.8.1915: Left Copenhagen for Iceland on her maiden voyage. Service: Copenhagen-Leith-Torshavn-Iceland.
15.3.1917: Arrived at Copenhagen and laid up.
2.4.1917: Left Copenhagen for Reykjavik via Torshavn.
30.4.1917: Left Reykjavik for New York, where she arrived 14.5.1917.
18.6.1917 until 28.2.1918: Time charter to the Icelandic Government for service: New York-Reykjavik.
9.4.1918 until 24.3.1919: Time charter to U.S. company for service: U.S. east coast-Cuba. During charter period she visited on the U.S. east coast: New York, Boston, Philadelphia, New Orleans, Mobile, Baltimore, Galveston, Jacksonville and Port Arthur, on Cuba: Cardenas, Havana, Caibarien, Sagua la Grande, Matanzas, Casilda, Cienfuegos, Gibara, Puerto Padre, Vita and Jucata. She also called once at Cartagena (Columbia).
9.4.1918: Left New York for Copenhagen and arrived 17.4.1919.
31.5.1919: Reentered service: Copenhagen-Leith-the Faroes-Iceland.
19.6.1921 until 4.8.1921: One trip to Greenland: Copenhagen-Leith-Reykjavik-Hönefjord-Godthåb-Godhavn-Jakobshavn-Vestmanna-Copenhagen.
13.4.1937: On voyage Copenhagen-Reykjavik via Leith with passengers and general cargo, grounded off May Island about 25 miles from Leith in fog. Passengers, crew and the mail were rescued.

1966: The wreck was discovered by amateur divers at a depth of 60 metres.

ISLAND aground 1937.

221. TRONDHJEM (I) 1915-1922 / SLEIPNER 1922-1940

Passenger and cargo steamship, 1 deck and aw • 1076gt, 569nt, 1269dw • 242'3"/230'0"x35'0"x 23'8"/15'1" • A/S Helsingørs Jernskibs- og Maskinbyggeri, Elsinore, no.148 • 1T 3cyl. (18"-30"-50") x36", 900ihp, 11kn. • 2(SB) Scotch 4(cf) GS64 HS2529 • Passengers: 35 I, 14 II, 10 III.

3.4.1914: Ordered.
15.1.1915: Keel.
11.8.1915: Launch.
7.10.1915: Trial.
8.10.1915: Delivered to DFDS, Kjøbenhavn. Price paid: Kr. 481,695.
7.1.1916: Left Copenhagen for Liverpool on her maiden voyage.
1916 until 1917: Service: Denmark-U.K.
1917 until 1920: Service now: Copenhagen-west coast of Norway.
1921 until 1922: Service extended to: Stettin-Copenhagen-west coast of Norway.
1.12.1922: Renamed SLEIPNER before entering service to the Faroes.
5.12.1922: Left Copenhagen. In service: Copenhagen-Leith-the Faroes.
7.1.1936 until 27.8.1939: Service: Copenhagen-Gdynia-Danzig.
1939: In the "Maltese Cross Fleet" (see no.116).
1939 and 1940: Service mainly: Esbjerg-Hull/Grimsby/Tilbury/Manchester.

16.2.1940: On voyage Methil-Esbjerg with coal, torpedoed and sunk by the German submarine U-14 in the Northsea in a position 58.18N-1.46W about 45 miles N of Rattray Head. All hands saved. Seven crew members were picked up by the British destroyer KIPLING.

SLEIPNER at Klaksvig, the Faroes.

222. RHÔNE 1916-1940

Cargo steamship, 1 deck and aw • 1064gt, 567nt, 1718dw • 246'10"/235'0"x35'6"x23'9"/16'6.75" • A/S Kjøbenhavns Flydedok og Skibsværft, Copenhagen, no.128 • 1T 3cyl. (18"-28.5"-48")x33", 800ihp, 10.5kn. • 2(SB) Scotch 4(cf) GS64 HS2418 • Passengers: 10.

9.7.1914: Ordered. Contract price: Kr. 442,000.
23.6.1915: Keel.
18.11.1915: Launch.
8.1.1916: Trial.
12.1.1916: Delivered to DFDS, Kjøbenhavn (from 27.3.1926: Odense).
18.1.1916: Left Copenhagen for Newcastle on her maiden voyage.
27.6.1916: On voyage Seaham-Spezia damaged in collision with KNUTHENBORG (no.93), which sank S of Flamborough Head in the Northsea.
28.6.1916 until 6.7.1916: Repaired at Hull.
6.7.1917: Captured by the German submarine UC-79.
8.7.1917: Arrived at Swinemünde for inspection. However immediately released and arrived at Copenhagen the next day.
9.7.1917: Left Copenhagen for New York via Halifax and Baltimore.
8.8.1917 until 3.12.1918: Laid up at New York. 
3.12.1918: Left New York for Copenhagen via Bergen.
1919 until 1923: Service: Copenhagen-Antwerp-Western Mediterranean.
1922 and 1923: Service also: London-Copenhagen-Libau, Copenhagen-Hull or Esbjerg-Grimsby/London.
12.2.1924 until 18.3.1924: Cooling plant

303

installed at Elsinore, deadweight now: 1605 and draught: 16'6.75".
1924 until 1925: Service: Copenhagen-London.
1925 until 1940: Service now mainly: Denmark-Leith.
1937 until 1940: Service also: Denmark-Newcastle.
1939: In the "Maltese Cross Fleet" (see no.116).

16.2.1940: On voyage Methil-Esbjerg with coal and general cargo, torpedoed and sunk by the German submarine U-14 in the Northsea in a position 58.18N-1.46W about 45 miles off Rattray Head. Nine men were lost. She was sunk together with SLEIPNER (no.221).

223. OREGON (I) 1916-1945

Twin screw cargo motorship, 1 deck and sh • 4774gt, 2900nt, 8740dw • 422'0"/405'0"x54'0"x 27'9"/25'7.25" • A/S Burmeister & Wain's Maskin- og Skibsbyggeri, Copenhagen, no.304 • 2D 4SA 2x6cyl. (590x900), type B&W 6200-X, 2136bhp, 10kn. • Passengers: 6.

19.12.1914: Ordered.
13.7.1915: Keel.
22.12.1915: Launch.
17.4.1916: Trial and delivered to DFDS, Kjøbenhavn. Price paid: Kr. 1,780,000.
18.4.1916: Left Copenhagen for New York via Kirkwall.
1916 until 1917: Service: Copenhagen-North America.
29.10.1917 until 20.12.1918: Time charter to Funch, Edye & Co. Inc., New York (a DFDS agent) and U.S. Shipping Board for service: U.S.A.-South America and U.S. east coast service.
1919 until 1940: Service: Copenhagen-South America. Occasionally Copenhagen-North America.
9.4.1940: At the German occupation of Denmark she was on her way to South America via Las Palmas, where she arrived 17.4.1940. She continued to Freetown and arrived there 21.4.1940.
30.6.1940: Left St.Vincent and the next day captured by the British Navy. Requisitioned by Ministry of Transport and allocated to Stephens, Sutton Ltd., Hull and renamed OREGON I.
21.7.1940: Left Capetown for Belfast with 7800 tons of grain.
4.1.1945: On voyage Newport, Monmouth-St.Johns in ballast grounded at Wilson's Point near Bangor, Belfast and broke in two parts.
7.10.1945: Forepart refloated and beached in Ballyholme Bay. Afterpart refloated later on. Scrapped in Ballyholme Bay.

224. NEVADA (I) 1917-1942

Cargo steamship, 1 deck and aw • 3766gt, 2302nt, 7070dw • 377'6"/360'0"x50'0"x26'9"/25'4.4" • A/S Helsingørs Jernskibs- og Maskinbyggeri, Elsinore, no.154 • 1T 3cyl. (26"-43"-71")x42", 2000ihp, 10kn. • 3(SB) Scotch 9(cf) GS118 HS5115 • Passengers: 6.

26.6.1915: Ordered.
27.6.1916: Keel.
10.4.1917: Launch.
19.7.1917: Trial.
20.7.1917: Delivered to DFDS, Kjøbenhavn. Price paid: Kr. 1,575,000.
27.7.1917: Left Copenhagen for Philadelphia via Halifax on her maiden voyage.
1.9.1917 until 15.12.1917: Time charter to U.S. company for service: U.S.A.-South America/West Indies.
24.4.1918 until 3.10.1918: Time charter to U.S. Shipping Board for service: U.S.A.-South America.
8.10.1918 until 31.12.1918: Time charter to "Belgian Relief" for a voyage: New York-Sète-New York.
1.1.1919 until 17.9.1919: Time charter to U.S. company.
28.10.1919 until 9.4.1920: Time charter to "Fragtnævnet" (see no.6). 1920: One trip: Copenhagen-Chile via the Panama Canal.
1920 until 1940: Service: Copenhagen-South America/North America.
1927: Exhaust steamturbine installed.

Photo by K.G. Petersen.

304

3.1.1932: Gutted by fire while at Frihavnen, Copenhagen.
9.4.1940: At the German occupation of Denmark she was laid up at Santos, where she had arrived 2.4.1940.
26.2.1942: Seized by the Brazilian Government.

25.3.1942: Forced sale to the Brazilian Government. Allocated to Lloyd Brasileiro, Rio de Janeiro and renamed APALOIDE.

22.11.1942: On voyage Pernambuco-New York via Trinidad with 3,500 tons of coffee, castor oil and general cargo, torpedoed and sunk by the German submarine U-163 in a position 13.11N-54.39W. Five men were lost.

NEVADA, the open air bridge.

225. KJØBENHAVN (II) 1918-1948

Passenger and cargo steamship, 2 decks and aw • 1670gt, 920nt, 908dw • 283'9"/269'3"x39'11"x 17'0"/15'9.9" • A/S Helsingørs Jernskibs- og Maskinbyggeri, Elsinore, no.155 • 1T 4cyl. (25.5"-41.5"-2x48")x39", 2300ihp, 15kn. • 3(SB) Scotch 6(cf) GS119 HS5220 • Passengers: 169 I, 91 II, 300 III, 1936: 48 I, 156 II, 546 III.

26.6.1915: Ordered.
30.9.1916: Keel.
20.10.1917: Launch.
16.12.1918: Trial.
17.12.1918: Delivered to DFDS, Kjøbenhavn (from 23.5.1921: Aarhus,

20.12.1928: Aalborg). Price paid: Kr. 1,607,794.
18.12.1918 until 28.12.1918: Four return trips: Copenhagen-Aarhus. However, due to shortage of among other things paint, metal and fabric because of the war, she

had not been finished properly. Therefore she returned to the builder.
28.3.1919: Finally delivered to DFDS and reentered service: Copenhagen-Aarhus.
20.12.1928: Service now: Copenhagen-Aalborg.

305

3.1.1936 until 5.1936: Rebuilt at Nakskov.
11.5.1936: Returned to service.
22.10.1939: Neutrality markings painted on hull and deck.
17.5.1940 until 19.5.1940: One return trip: Copenhagen-Aarhus.
11.10.1940: On voyage Copenhagen-Aalborg slightly damaged by a mine explosion off Gilleleje.
15.10.1940 until 2.5.1941: Repaired at Elsinore.
31.5.1941 until 31.8.1941: Service: Copenhagen-Aalborg.
31.8.1941 until 7.5.1942: Laid up at Copenhagen.
7.5.1942 until 12.5.1942: Docked at Elsinore.
12.5.1942 until 3.1.1943: Remained idle at Copenhagen.
15.1.1943: Left Kiel, chartered by the Germans.
18.1.1943 until 8.3.1944: Service: Gedser-Warnemünde.
10.3.1944 until 23.3.1944: Docked at Elsinore.
28.3.1944: Returned to the service: Gedser-Warnemünde.
18.4.1944: Seized by the Germans.
11.4.1945: Sunk by Danish saboteurs at Asiatisk Plads, Copenhagen.
22.4.1945: Raised.
22.5.1945 until 12.10.1945: Repaired by A/S Burmeister & Wain, Copenhagen.
5.11.1945 until 4.12.1945: Hotel ship at Copenhagen during a shipping conference.
21.12.1945 until 28.2.1946: Service: Copenhagen-Aalborg/Aarhus.
2.3.1946 until 18.3.1946: Two return trips: Copenhagen-Oslo.
9.4.1946 until 11.4.1946: One return trip: Copenhagen-Aarhus.
16.5.1946 until 15.6.1946: Four return trips: Copenhagen-Oslo.
24.5.1946 until 31.5.1946: One return trip: Copenhagen-Stockholm with 200 Danish engineers attending a congress at Stockholm.
1946 until 1948: Service mainly: Copenhagen-Aalborg.
18.10.1946 until 1.11.1946: Five return trips: Copenhagen-Aarhus.
10.5.1947 until 22.5.1947: Five return trips: Copenhagen-Aarhus.
22.5.1947 until 21.6.1947: Converted into oilfiring.
27.6.1947: On voyage Aalborg-Copenhagen collided with S/S METTE SKOU of København 1909/06, which sank 1.5 miles S of Elsinore.
27.6.1947 until 17.7.1947: Repaired at Elsinore.
1.4.1948 until 24.4.1948: Eleven return trips: Copenhagen-Aarhus.

11.6.1948: On voyage Copenhagen-Aalborg with passengers and general cargo, struck a mine and sank SE of Aalborg Bugt Lightship. 48 passengers and crew members were lost.
1948: The wreck was sold to Valdemar Nielsen.
19.8.1948: Demolition of the wreck on site was commenced.
8.1950: Demolition completed.

KJØBENHAVN, the dining saloon.

KJØBENHAVN at Aalborg.

KJØBENHAVN after the conversion by the end of 1930es.

KJØBENHAVN after the loss.

226. DAGMAR (IV) 1919-1941

Passenger and cargo steamship, 1 deck and aw • 2471gt, 1531nt, 2360dw • 304'9"/290'0"x40'0"x 28'0"/19'5.5" • R.Stephenson &Co. Ltd., Hebburn, no.80 • 1T 3cyl. (22"-38"-64")x42", 2110ihp, 12kn., Wallsend Slipway &Engineering Co. Ltd., Newcastle • 2(SB) Scotch 8(cf) GS154 HS6232, Wallsend Slipway &Engineering Co. Ltd., Newcastle • Passengers: 27 I, 20 II.

307

1902: Ordered by DFDS for their newly formed company Russisch Überseeische Dampfschiffs-Gesellschaft Courier, Riga. However, the Russian authorities didn't recognized the company as Russian owned. Therefore the company was not entitled to receive special freight rights or subsidies, and the contract was sold to Handelshaus Gebr. Lassmann, a DFDS agent in Russia. It was so arranged, that DFDS held securities in the ship for more than her total value.
3.3.1903: Launch.
7.1903: Delivered to Handelshaus Gebr. Lassmann, Windau as IRKUTSK.
29.11.1910: Sold to Privatbanken i Kjøbenhavn A/S, Helsingør without change of name.
8.12.1910: Sold to Helmsing & Grimm, Riga and renamed IMPERATOR NICOLAI II.

16.4.1919: (Deed of conveyance) sold to DFDS, Kjøbenhavn (from 19.3.1924: Esbjerg, 10.5.1927: Aalborg). Taken over by a DFDS crew at Constantinople.
18.6.1919 until 29.4.1920: Time charter to the French Government for service mainly: Marseilles-Beirut/Constantinople/Salonica/Black Sea.
29.4.1920: Delivered at Liverpool after end of charter.
30.5.1920: Arrived at Copenhagen, docked and renamed DAGMAR.
6.1920: Laid up at Copenhagen due to a dispute with Ellerman's Wilson Line Ltd. about the ownership of the vessel.
15.6.1923: Finally registered as owned by DFDS.
3.8.1923: Left Copenhagen for Grimsby via Hull.
1923 until 1926: Service: Esbjerg-Grimsby.

8.12.1926: Service now: Copenhagen-London.
9.1939: Service now: Copenhagen-Aarhus-Grimsby/Hull.
1939: In the "Maltese Cross Fleet" (see no.116).
1940: Service also: Copenhagen-Manchester.
9.4.1940: At the German occupation of Denmark she was at Manchester, where she had arrived the previous day.
13.5.1940: Requisitioned by the British Government (Ministry of Transport) and allocated to George Nisbet & Co., London and renamed DAGMAR I.
9.2.1941: On voyage Malaga-Clyde with 1,100 tons of oranges, sunk by an air attack in a position 35.42N-14.38W, 200 miles SW of Cape St.Vincent (400 miles W of Gibraltar). Five men were lost.

227. JOHAN SIEM 1920-1922

Cargo steamship, 1 deck • Built of iron • 1660gt, 1031nt, 2360dw • 268'0"/258'2"x34'7"x19'7"/20'0" • Wm.Gray &Co., West Hartlepool, no.286 • 1C 2cyl. (32.5"-60")x39", 560ihp, 8kn., Blair &Co. Ltd., Stockton • 2(SB) Scotch 4(pf) GS66 HS2580, Blair &Co. Ltd., Stockton.

15.12.1883: Launch.
3.3.1884: Delivered to William Gray (40/64) and John Cornforth (24/64), West Hartlepool as CATHAY.
3.3.1894: John Cornforth became sole owner.
7.3.1894: Sold to A/S Det Dansk Russiske Dampskibsselskab, Kjøbenhavn and renamed JOHAN SIEM. Price paid: £ 9,000.
8.9.1896: On voyage St.Petersburg-Hamburg loaded with grain, grounded in the Kaiser Wilhelm Canal, while trying to prevent a collision with a vessel already grounded. A severe leak had developed, and she capsized and sank.
6.10.1896: Raised by Nordische Bergungs Verein. For almost a month no ships with a draft of more than 4 metres had been able to pass the canal.
25.11.1896: Left Kiel after repairs.
23.3.1917: Requisitioned by the British Government and allocated to Lambert Bros. Ltd., London.
14.9.1917: Taken over by The Shipping Controller and Lambert Bros. Ltd., London became managers.
5.4.1919: Returned to the owners.

7.4.1920: Sold to DFDS, Kjøbenhavn.
22.10.1920: Taken over by DFDS. She made one trip: Frederikshavn-Newcastle-Italy-Copenhagen.
11.2.1921: Arrived at Copenhagen and laid up.
25.5.1921: Moved to Esbjerg and remained idle.
6.8.1921: Arrived at Frederikshavn and laid up until sale.
30.1.1922: Sold to Claes T.Abrahamsen, Stockholm.

JOHAN SIEM sunk in the Kiel Canal.

2.2.1922: Taken over by her new owners and renamed IRIS. Price paid: Kr. 121,250.
16.6.1923: Transferred to Rederi A/B Iris (C.T.Abrahamsen), Stockholm. Name unchanged.

17.2.1924: On voyage Hangö-Kolding loaded with oil cakes assisted by an icebreaker, sprang a leak due to storm and heavy ice and was pressed down by the ice, 11 miles SE of Russarö at Hangö. The crew was rescued by the icebreaker and landed at Hangö.

228. RUSS 1920-1922

Cargo steamship, 1 deck • 2463gt, 1535nt, 4160dw • 325'0"/315'0"x43'0"x22'11"/19'4" • Sir Raylton Dixon &Co., Middlesbrough, no.442 • 1T 3cyl. (22"-36.5"-60")x42", 960ihp, 9kn., George Clark Ltd., Sunderland • 2(SB) Scotch 6(f) GS106 HS3635, George Clark Ltd., Sunderland.

17.4.1897: Launch.
15.6.1897: Trial and delivered to A/S Det Dansk Russiske Dampskibsselskab, Kjøbenhavn. Price paid: Kr. 532,507.

7.4.1920: Sold to DFDS, Kjøbenhavn.
1.7.1920: Taken over by DFDS while in time charter to "Fragtnævnet" (see no.6).
9.9.1920: Time charter terminated. One return trip Copenhagen-South America.
23.1.1921 until 9.4.1922: Laid up at Copenhagen.
1922: One return trip: Copenhagen-New Orleans. and finally before the sale one return trip: Copenhagen-London.

28.8.1922: Sold to Ångfartygs A/B Kjell (Harald Jeansson), Kalmar (from 9.12.1937: Stockholm).
13.10.1922: Taken over by her new owners and renamed FRAM. Price paid: Kr. 280,000.

1.2.1940: On voyage Stockholm-West Hartlepool in ballast, torpedoed and sunk by the German submarine U-13 off Rosehearty Bay, Scotland in a position 57.43N-2.06W. Nine men were lost.

RUSS when owned by A/S Det Dansk Russiske Dampskibsselskab, Copenhagen.

229. WLADIMIR SAWIN 1920-1922

Cargo steamship, 1 deck • 2058gt, 1295nt, 3083dw • 279'3"/271'0"x40'6"x18'9"/17'9" • Craig, Taylor & Co., Thornaby-on-Tees, no.55 • 1T 3cyl. (20"-32.5"-53")x36", 740ihp, 8kn., Sir C.Furness, Westgarth &Co. Ltd., Middlesbrough • 2(SB) Scotch 4(cf) GS90 HS2930, Sir C.Furness, Westgarth &Co. Ltd., Middlesbrough.

7.5.1898: Launch.
1.9.1898: Trial and delivered to A/S Det Dansk Russiske Dampskibsselskab, Kjøbenhavn.
1917: Requisitioned by the British Government (The Shipping Controller) and allocated to Lambert Bros. Ltd., London.
15.3.1919: Returned to the owners.

7.4.1920: Sold to DFDS, Kjøbenhavn.
24.8.1920: Taken over at Copenhagen during time charter to "Fragtnævnet" (see no.6).
24.10.1920: Charter terminated.
14.2.1921: Arrived at Copenhagen from Baltimore and laid up.
10.5.1922 until 14.6.1922: Two return trips: Copenhagen-Newcastle.

30.6.1922: Sold to Nils Hammar, Helsingborg.
1.7.1922: Taken over by her new owners and renamed HARMONIA. Price paid: kr. 235,000.
18.7.1922: Transferred to Rederi A/B Harmonia (Nils Hammar), Helsingborg.

2.6.1939: Sold to Rederi A/B Parma (Algot Johansson), Mariehamn and renamed PARMA. Price paid: Swedish Kr. 200,000.
1.12.1950: Company amalgamated with Rederi-A/B Sally (Algot Johansson), Mariehamn. Name unchanged.

31.12.1952: Arrived at Mariehamn and laid up.

28.9.1953: Arrived at Ystad to be broken up by Persöner A/B.

309

230. NEWA 1920-1923 / DELAWARE (I) 1923-1926

Cargo steamship, 1 deck • 2441gt, 1522nt, 4150dw • 316'0"/305'0"x43'0"x23'0"/19'7.25" • Wm.Dobson &Co., Newcastle-on-Tyne, no.123 • 1T 3cyl. (22"-36"-58")x39", 1100ihp, 9kn., North-Eastern Marine Engineering Co. Ltd., Wallsend-on-Tyne • 2(SB) Scotch 6(pf) GS107 HS3840, Northumberland Engine Works, Wallsend.

2.10.1902: Launch.
1.11.1902: Trial and delivered to The Morpeth Steam Ship Co. Ltd. (James C.Adam), Newcastle as MICKLEY.
24.5.1907: Sold to George Sydenham Coram, Newcastle. Name unchanged.
30.5.1907: Registered as sold to Northern Steam Ship Co. Ltd., St.Petersburg and renamed NEWA.
15.1.1909: Sold to A/S Det Dansk Russiske Dampskibsselskab, Kjøbenhavn without change of name. Price paid: kr. 441,443.

7.4.1920: Sold to DFDS, Kjøbenavn.
25.7.1920: Taken over at Copenhagen. Service: Copenhagen-North America. Occasionally time chartered.
6.10.1923: Renamed DELAWARE.

4.10.1926: Sold to Rederi A/B Lily (A/B Nielsen & Thorden O/Y), Helsinki and taken over the next day without change of name. Price paid: £ 13,500.
4.1927: Transferred to A/B Helsingfors Steamship Co. Ltd., Helsinki, managers unchanged.

27.12.1941: Requisitioned by U.S. Government at Galveston. Renamed PUCHERO and transferred to Panamanian registry.
3.1.1942: Delivered at Galveston to Watermann S.S. Agency Ltd.

7.9.1942: On voyage Belize-Pensacola with mahogany logs, grounded and wrecked at Herrero Point, Caribbean coast of Mexico in a position 19.18N-87.27W. Broken up about six months later by a Mexico City firm.

231. GENERALKONSUL PALLISEN 1920-1923 / KENTUCKY (II) 1923-1953

Cargo steamship, 1 deck • 2130gt, 1350nt, 3760dw • 306'0"/295'0"x41'9"x22'0"/19'10.5" • The Clyde Shipbuilding & Engineering Co. Ltd., Port Glasgow, no.262 • 1T 3cyl. (22"-35"-59")x39", 1250ihp, 9kn. • 2(SB) Scotch 6(cf) GS106 HS3300.

KENTUCKY loading cargo in Fowey.

5.5.1905: Launch.
5.1905: Delivered to A/S Det Dansk Russiske Damsskibsselskab, Kjøbenhavn. Price paid: Kr. 597,166.
4.6.1905: Arrived at Kronstadt on her maiden voyage from Port Glasgow.

7.4.1920: Sold to DFDS, Kjøbenhavn.
7.12.1920: Taken over by DFDS at New York.
14.7.1921: Arrived at Copenhagen and laid up until 3.2.1922.
1922 until 1940: Service mainly: Copenhagen-North America. Occasionally in other services.
13.11.1923: Renamed KENTUCKY.
1938 and 1939: Service also: Copenhagen-North America.
1940: Service: Denmark-Germany/Norway.

1941 until 1944: Service mainly: Luleå/Oxelösund-Emden/Hamburg with iron ore, returning to Denmark with coal and coke.
25.3.1945: Seized by the Germans.
10.4.1945: Returned to DFDS.
1945 until 1951: Service mainly: Denmark-U.K. or Copenhagen-Antwerp-(Levant).
1951 and 1952: Various tramp voyages: Gdynia-France and Huelva-Rotterdam-Emden.
11.3.1951: Arrived at Aalborg and laid up.
22.3.1952: Drydocked at Elsinore.
18.4.1952: Laid up at Elsinore.
28.8.1952: Towed to Copenhagen, remaining idle.
29.7.1953: Sold to Compañia de Navigación Costaricense "San Juan" Ltda.,

Puerto Limon and renamed LUGANO. Price paid: £ 50,000.
1957: Sold to Compañia de Navegación San Rocco, Panama without change of name.
1959: Sold to Dorset Shipping Corp. (Purvis Shipping Co. Ltd.), Panama. Name unchanged.
1962: Sold to Cia. de Navigation Méridional S.A., Beirut without change of name.

3.8.1964: Arrived at BRODOSPAS, Split for demolition.
8.1964: Demolition commenced.

Photo by F.W.Hawks, 6 June 1950.

232. HELMER MØRCH 1920-1923 / MAINE (I) 1923-1937

Cargo steamship, 1 deck • 2132gt, 1315nt, 3760dw • 306'0"/295'0"x41'9"x22'0"/19'10.4" • The Clyde Shipbuilding & Engineering Co. Ltd., Port Glasgow, no.264 • 1T 3cyl. (22.4"-35"-59")x39", 1250ihp, 9kn. • 2(SB) Scotch 6(cf) GS106 HS3268.

19.7.1905: Launch.
8.1905: Delivered to A/S Det Dansk Russiske Dampskibsselskab, Kjøbenhavn. Price paid: Kr. 601,438.
9.8.1905: Left Port Glasgow for St.Petersburg on her maiden voyage.

7.4.1920: Sold to DFDS, Kjøbenhavn.
17.7.1920: Taken over at Copenhagen during a time charter to "Fragtnævnet" (see no.6).
17.9.1920: Time charter terminated.
1921 until 1937: Service mainly: Copenhagen-North America.
28.11.1923: Renamed MAINE.
1932 and 1933: Mainly laid up.
1934 until 1937: Service also: Baltic-Copenhagen-Manchester-Liverpool-Swansea or Denmark-Antwerp.

12.8.1937: On voyage Aalborg-Port Everglades with a cargo of cement, sank in the Atlantic in a position 41.37N-66.50W after a collision with S/S DUCHESS OF ATHOLL of London 20,119/28. The crew was rescued by the British steamer.

233. OLAF 1920-1943

Cargo steamship, 1 deck • 1890gt, 1194nt, 3032dw • 290'6"/280'0"x39'6"x21'0"/18'1" • Wm.Gray & Co. Ltd., West Hartlepool, no.530 • 1T 3cyl. (21"-33"-56")x36", 750ihp, 8.5kn., Central Marine Engine Works, West Hartlepool • 2(SB) Scotch 4(rf) GS63 HS3110, Central Marine Engine Works, West Hartlepool.

4.2.1897: Launch.
15.3.1897: Trial and delivered to A/S Dampskibsselskabet Carl (L.H.Carl), Kjøbenhavn.
19.11.1918: Transferred to A/S Dampskibsselskabet Gorm, Kjøbenhavn. Name unchanged.

6.5.1920: Sold to DFDS, Kjøbenhavn.
27.10.1920: Taken over by DFDS at Rouen.
1922 until 1923: Service mainly: Copenhagen-Liverpool-Swansea.
1924 until 1925: Service now: Copenhagen-Antwerp-Mediterranean.
1925: Also two trips: Copenhagen-Antwerp-Levant.
1928 until 1929: Service: Copenhagen-North America.
1929 until 1939: Service now mainly: Copenhagen-Antwerp-(Portugal)/(Mediterranean) or Baltic-Copenhagen-Liverpool-Manchester-Swansea. Occasionally in time charter. Various tramp voyages: Sweden/Finland-U.K./France or U.K.-Mediterranean/Denmark.
1939: One trip: Copenhagen-Montreal.
1939 until 1940: Service now: Denmark-U.K. or Copenhagen-Antwerp.
1940: Service also: Denmark-Germany/Holland/Sweden/Norway.
1941 until 1943: Service mainly: Luleå/Oxelösund/Gävle-Emden/Bremen with iron ore, returning to Denmark with coal and coke.
2.10.1943: Severely damaged and sunk by an Allied air attack at Emden.
12.1943: Salvage attempts of the aft part of the ship was in vain. Later condemned.

234. KNUD II 1920-1923 / KNUD 1923-1953

Cargo steamship, 1 deck • 1946gt, 1189nt, 3002dw • 291'0"/280'0"x40'0"x20'6.5"/17'8" • Wm.Gray & Co. Ltd., West Hartlepool, no.618 • 1T 3cyl. (21"-33"-56")x36", 850ihp, 8.5kn., Central Marine Engine Works, West Hartlepool • 2(SB) Scotch 4(rf) GS70 HS3008, Central Marine Engine Works, West Hartlepool • Passengers: 2.

28.8.1900: Launch.
4.10.1900: Trial and delivered to A/S Dampskibsselskabet Skjold (L.H.Carl), Kjøbenhavn.
19.11.1918: Transferred to A/S Dampskibsselskabet Gorm, Kjøbenhavn. Name unchanged. Price paid: Kr. 561.412.

6.5.1920: Sold to DFDS, Kjøbenhavn (from 8.10.1929: Aalborg).
26.8.1920: Taken over at Copenhagen during a time charter to "Fragtnævnet".
30.10.1920: Charter terminated while at Landskrona.
24.3.1921 until 7.4.1922: Laid up and docked.
1922 until 1938: Various tramp voyages: U.K.-Baltic and U.K.-Mediterranean.
13.12.1923: Renamed KNUD.
31.8.1924: Left Copenhagen for Antwerp reopening the Levant service, three trips only.
1928 until 1940: Service mainly: Baltic-Copenhagen-Manchester-Liverpool-Swansea or Denmark-Antwerp.
1939: Service also: Copenhagen-Newcastle.
9.4.1940: At the German occupation of Denmark she left Bergen in a convoy bound for U.K.

12.4.1940: Arrived at Middlesbrough.
13.5.1940: Requisitioned by the British Government (Ministry of Transport) and allocated to Chr.Salvesen & Co. Ltd., Leith.
8.1942: Renamed HARDICANUTE.
6.1944: Participated in the Allied invasion of Normandy.
22.9.1945: Returned to DFDS and renamed KNUD.
1945 until 1946: Service now: Denmark-U.K.

1946 until 1952: Service mainly: Denmark-Antwerp/Liverpool-Manchester-Swansea.
1951 and 1952: Various tramp voyages: Gdynia-France and Huelva-Rotterdam/Antwerp.
11.7.1952: Arrived at Copenhagen and laid up.

3.3.1953: Sold to Van Heyghen Frères N.V., Ghent for demolition.
11.3.1953: Demolition commenced.

235. ERIK II 1920-1923 / ERIK 1923-1926

Cargo steamship, 1 deck • 1918gt, 1202nt, 3002dw • 291'0"/280'0"x40'0"x20'6.5"/17'8" • Wm.Gray & Co. Ltd., West Hartlepool, no.622 • 1T 3cyl. (21"-33"-56")x36", 850ihp, 8kn., Central Marine Engine Works, West Hartlepool • 2(SB) Scotch 4(rf) GS70 HS3008, Central Marine Engine Works, West Hartlepool.

26.9.1900. Launch.
29.10.1900: Trial and delivered to A/S Dampskibsselskabet Gorm (L.H.Carl), Kjøbenhavn. Price paid: Kr. 562,226.

6.5.1920: Sold to DFDS, Kjøbenhavn.
10.6.1920: Taken over by DFDS at Antwerp.
27.9.1920 until 3.2.1922: Time chartered.
29.12.1923: Renamed ERIK.
1922 until 1926: Various tramp voyages: Baltic-U.K. and U.K.-Mediterranean/Denmark.
1923: Service also: Denmark-Antwerp.

22.10.1926: Sold to Erik Larsen, Rostock and renamed ELLEN LARSEN. Price paid: £ 12,600.
1.4.1931: Sold to Orion Schiffahrts-Gesellschaft m.b.H. (Erik Larsen), Rostock. Name unchanged.
1934: Taken over by Erik Larsen, Rostock.
1935: Erich Ahrens became manager.

24.2.1945: Struck a mine and ran ashore at Warnemünde. Wrecked.

236. SVEND II 1920-1924 / SVEND 1924-1927

Cargo steamship, 1 deck • 2104gt, 1316nt, 3500dw • 301'0"/290'0"x42'3"x21'7.5"/18'4.5" • John Priestman &Co., Sunderland, no.85 • 1T 3cyl. (21"-35"-58")x39", 930ihp, 8kn., North-Eastern Marine Engineering Co. Ltd., Sunderland • 2(SB) Scotch 6(pf) GS78 HS2940, North-Eastern Marine Engineering Co. Ltd., Sunderland.

23.11.1900: Launch.
24.12.1900: Trial and delivered to A/S Dampskibsselskabet Carl (L.H.Carl), Kjøbenhavn. Price paid: Kr. 650.700.
24.4.1917: Requisitioned by the British Government (The Shipping Controller) and allocated to Lambert Bros. Ltd., London.
13.3.1919: Returned to the owners.
19.11.1918: Transferred to A/S Dampskibsselskabet Gorm, København. Name unchanged.
6.5.1920: Sold to DFDS, København.
14.8.1920: Taken over at Korsør during a time charter to "Fragtnævnet" (see no.6).
18.10.1920: Time charter terminated.
1920 and 1921: Mainly time chartered.
1922 until 1927: Various tramp voyages: Baltic-U.K. and U.K.-Mediterranean.
21.6.1924: Renamed SVEND.
1926: Service also: Copenhagen-North America.

31.1.1927: Sold to Otto Zelck, Rostock and renamed LENA PETERSEN. Price paid: £ 13.250.

4.2.1927: Taken over by her new owner at Middlesbrough.
1932: Sold to Orion Schiffahrts-Gesellschaft m.b.H., Rostock. Name unchanged.
1939: Sold to Egon Oldendorff, Lübeck and renamed ERNA OLDENDORFF.

11.8.1941: Damaged by a collision at St.Nazaire.
9.9.1941: Sunk by an Allied air attack at St.Nazaire.
3.1947: Salvage attempts proceeding.
14.4.1949: Reported blown up as she was a danger to navigation.

237. HARALD 1920-1953

Cargo steamship, 1 deck • 1955gt, 1208nt, 3002dw • 291'0/280'0"x40'0"x20'6.5"/17'8" • Wm.Gray & Co. Ltd., West Hartlepool, no.669 • 1T 3cyl. (21"-33"-56")x36", 850ihp, 8.5kn., Central Marine Engine Works, West Hartlepool • 2(SB) Scotch 4(rf) GS62 HS3008, Central Marine Engine Works, West Hartlepool.

HARALD beached in heavy weather at Stornoway, February 1949.
Photo by McLauchlan.

27.4.1903: Launch.
9.6.1903: Trial and delivered to A/S Dampskibsselskabet Carl (L.H.Carl), Kjøbenhavn.
19.11.1918: Sold to A/S Dampskibsselskabet Gorm, Kjøbenhavn. Name unchanged. Price paid: Kr. 499,736.

6.5.1920: Sold to DFDS, Kjøbenhavn.
22.7.1920: Taken over at Korsør during time charter to "Fragtnævnet".
22.9.1920: Charter terminated.
1920 until 1929: Various tramp voyages: Baltic-U.K. and U.K.-Mediterranean/ Denmark.
1.9.1924: Reopened the Levant service, three trips in all until 19.7.1925.
1930 until 1939: Service mainly: Baltic-Copenhagen-Liverpool-Manchester-Swansea or Denmark-Antwerp.
1938: Tramp voyage: Sweden-U.K. and U.K.-Mediterranean.
1939 until 1940: Service now mainly: Copenhagen-Antwerp-Levant.
9.4.1940: At the German occupation of Denmark she was at Methil.
10.4.1940: Arrived at Sunderland.
10.5.1940: Seized by the British Government (Ministry of Transport). Chartered to the French Government.
5.1940: Left U.K. with a cargo of coal for France. About 9.7.1940: Transferred to French registry.
17.7.1940: At the French capitulation she was at Dakar, where she had arrived 19.6.1940. Taken over by the Vichy Government and allocated to Societé Naval Delmas Vieljeux and renamed SAINT CLAUDE.
27.3.1943: Captured by the Allied at Dakar. Taken over by Ministry of War Transport and allocated to Stott, Mann & Fleming Ltd., Newcastle and renamed HARALD.

HARALD with the tide out.

7.1943: Left Dakar.
6.1944: Participated in the Allied invasion of Normandy.
5.9.1945: Returned to DFDS.
1946 until 1951: Service mainly: Denmark-Antwerp or Baltic-Copenhagen-Liverpool-Manchester-Swansea.
22.2.1949: On voyage Aalborg-Liverpool arrived at Stornoway for bunkering. Moored alongside a coal hulk. During the night she drifted across the harbour in a gale and struck a rock.
26.2.1949: Refloated with severe bottom damage. Temporarily repaired at the Clyde.

23.3.1949: Docked at Antwerp for final repairs.
1950: One trip: Newcastle-Casablanca-Copenhagen.
1951 and 1952: Various tramp voyages: e.g. Gdynia-France and Huelva-Rotterdam.
9.7.1952: Laid up at Copenhagen.

3.3.1953: Sold together with KNUD (no.234) to Van Heyghen Frères N.V., Ghent for demolition. Price paid for both vessels: Kr. 800,000.
10.3.1953: Arrived in tow at Bruges to be broken up.
11.3.1953: Demolition commenced.

238. SKJOLD   1920-1954

Cargo steamship, 1 deck • 1300gt, 798nt, 2200dw • 250'0"/240'0"x36'6"x19'0"/16'8" • Sunderland Shipbuilding Co. Ltd., Sunderland, no.224 • 1T 3cyl. (18"-29"-48")x33", 760ihp, 8.5kn., North-Eastern Marine Engineering Co. Ltd., Sunderland • 1(SB) Scotch 3(pf) GS62 HS2255, North-Eastern Marine Engineering Co. Ltd., Sunderland • Passengers: 2.

2.5.1904: Launch.
8.6.1904: Trial and delivered to A/S Dampskibsselskabet Skjold (L.H.Carl), Kjøbenhavn. Price paid: Kr. 362.169.
19.11.1918: Sold to A/S Dampskibsselskabet Gorm, Kjøbenhavn. Name unchanged.

6.5.1920: Sold to DFDS, Kjøbenhavn (from 21.12.1926: Aarhus, 3.8.1931: Midddelfart).
26.9.1920: Taken over by DFDS at Elsinore.
1.3.1921 until 13.3.1922: Laid up at Copenhagen.
1922 and 1923: Service: London-Copenhagen-Libau.
1923 until 1930: Service now mainly: Denmark-Antwerp.

20.3.1930 until 25.4.1930: Equipped with tween deck at Frederikshavn.
1930 until 1939: Service now: Baltic-Copenhagen-France.
1939: One trip: Copenhagen-Portugal-Spain-North Africa.
1939 and 1940: Service mainly: Denmark-U.K.
1939: In the "Maltese Cross Fleet" (see no.116).
9.4.1940: At the German occupation of Denmark she arrived at Manchester.
16.5.1940: Requisitioned by the British Government (Ministry of Transport) and allocated to Ellerman's Wilson Line Ltd., London.
7.6.1944: Arrived at "Omaha Beach" during the Allied invasion of Normandy.
8.9.1945: Returned to DFDS.

1945 and 1951: Service: Denmark-U.K./Antwerp or Copenhagen-Antwerp-(France)/(Portugal).
1952 and 1953: Service now: Copenhagen-west coast of Norway.
20.5.1953: Laid up at Copenhagen.

5.11.1954: Sold to Cie. Syriennes des Transports Maritimes (Soc. Vve. Basile Chachaty & Cie.), Latakia and renamed ALEP. Price paid: £ 13,500.
1959: Sold to The United Storage, Navigation & Commercial Co. S.A.E., Suez and renamed EL GAMIL.

24.10.1960: On voyage Suez-Aden with cement, sank 30 miles NNW of Abu Ail in the Red Sea in a position 14.28N-42.30E. 23 men were lost.

239. HJORTHOLM   (I) 1920-1935

Cargo steamship, 1 deck • 1471gt, 866nt, 2495dw • 261'6"/251'6"x38'0"x18'6"/17'3.75" • Wood, Skinner &Co. Ltd., Newcastle-on-Tyne, no.126 • 1T 3cyl. (19"-31"-51")x33", 800ihp, 8.5kn., North-Eastern Marine Engineering Co. Ltd., Newcastle • 2(SB) Scotch 4(cf) GS66 HS2714, North-Eastern Marine Engineering Co. Ltd., Newcastle.

29.6.1905: Launch.
1.9.1905: Trial and delivered to A/S Dampskibsselskabet Steam (Johnsen & Jeppesen), Kjøbenhavn.
3.8.1909: Sold to Dampskibsselskabet Codan A/S, Kjøbenhavn without change of name.
1913: The company was liquidated.
24.2.1917: Sold to A/S Dampskibsselskabet Gorm, Kjøbenhavn. Price paid: Kr. 320,083.
16.7.1918: Captured by the German submarine UB-123. Later on released.

6.5.1920: Sold to DFDS, Kjøbenhavn (17.12.1926: Aalborg).
18.7.1920: Taken over by DFDS at Copenhagen.
1921 until 1935: Service mainly: Baltic-Copenhagen-Liverpool-Manchester-Swansea.
24.12.1923: On voyage Maryport-Copenhagen stranded at Skagen.
6.1.1924: Refloated and taken to Frederikshavn for repairs.

18.4.1924: Returned to service.
26.1.1935: On voyage Bramborough-Swansea with general cargo, sank at Swansea after a collision with M/S CLAN MACDOUGALL of Glasgow 6843/29. Later refloated.

5.3.1935: Condemned, and the wreck sold to Edward F. Riis, Llanelly for demolition and handed over the same day. Price paid: £ 1400.

240. TAARNHOLM   1920-1951

Cargo steamship, 1 deck • 1420gt, 839nt, 2495dw • 261'6"/251'6"x38'0"x18'6"/17'3.75" • Wood, Skinner &Co. Ltd., Newcastle-on-Tyne, no.128 • 1T 3cyl. (19"-31"-51")x33", 800ihp, 8.5kn., North-Eastern Marine Engineering Co. Ltd., Newcastle • 2(SB) Scotch 4(cf) GS66 HS2714, North-Eastern Marine Engineering Co. Ltd., Newcastle • Passengers: 3.

14.10.1905: Launch.
9.12.1905: Trial and delivered to A/S Dampskibsselskabet Steam (Johnsen & Jeppesen), Kjøbenhavn. Price paid: Kr. 320,083.
3.8.1909: Sold to Dampskibsselskabet Codan A/S, Kjøbenhavn without change of name.
1913: The company was liquidated.
24.2.1917: Sold to A/S Dampskibsselskabet Carl, Kjøbenhavn. Price paid: Kr. 297,583.
24.4.1917: Requisitioned by the British Government (The Shipping Controller) and allocated to Foster, Hain & Read, London.
14.2.1919: Returned to the owners.
19.11.1918: In the meantime sold to A/S Dampskibsselskabet Gorm, Kjøbenhavn. Name unchanged.

6.5.1920: Sold to DFDS, Kjøbenhavn (from 20.12.1926: Aalborg).
23.5.1920: Taken over by DFDS at Frederikshavn.
1920 until 1939: Service mainly: (Baltic)-Copenhagen-Manchester-Liverpool-Swansea.

1939: In the "Maltese Cross Fleet" (see no.116).
1939 and 1940: Service: Denmark-U.K.
1940 until 1945: Service: Denmark-Germany.
1943: Service also: Oxelösund-Hamburg/Emden with iron ore.
1945 until 1947: Service now: Denmark-U.K./Antwerp.
1948 until 1951: Service mainly: Copenhagen-Swansea-Liverpool.
30.5.1951: Laid up at Copenhagen.

14.6.1951: Sold to Societa Armamento Marittima a.r.l. (SOARMA) (Fernando Vigo), Genova, taken over the next day and renamed ISA VIGO. Price paid: £ 30,000.
1954: Sold to Nicola Guida, Napoli and renamed NUOVO ARNO.

19.5.1966: Arrived at Vado Legure, near Savona.
8.1966: Demolition commenced by Giuseppe Riccardi.

241. UFFE 1920-1956

Cargo steamship, 1 deck • 1869gt, 1164nt, 3020dw • 290'0"/280'0"x40'0"x20'6.5"/17'8.5" • Wm.Gray &Co. Ltd., West Hartlepool, no.728 • 1T 3cyl. (21"-33"-56")x36", 850ihp, 8.5kn., Central Marine Engine Works, West Hartlepool • 2(SB) Scotch 4(cf) GS70 HS3030, Central Marine Engine Works, West Hartlepool • Passengers: 2.

9.4.1906: Launch.
18.5.1906: Trial and delivered to A/S Dampskibsselskabet Gorm (L.H.Carl), Kjøbenhavn. Price paid: Kr. 516,023.

6.5.1920: Sold to DFDS, Kjøbenhavn (from: 30.6.1931: Middelfart).
10.7.1920: Taken over by DFDS during a time charter to "Fragtnævnet" (see no.6).
9.10.1920: Charter terminated.
1920 until 1922: Mainly in time charter.
1922 and 1923: Service: London-Copenhagen-Libau.
1923 until 1935: Service mainly: Denmark-Antwerp/(U.K.). Also various tramp voyages: Baltic-Holland/France.
4.3.1930 until 4.4.1930: Equipped with tween deck at Frederikshavn.
1935 until 1939: Service now mainly: Baltic-Copenhagen-Manchester-Liverpool-Swansea.
1938 and 1939: Service also: Copenhagen-Antwerp-Levant.
1940: Service now: Denmark-Germany/Norway.
1941 until 1944: Service: Germany-Denmark with coal and coke and Luleå/Oxelösund-Emden/Bremen with iron ore.
5.3.1941: On voyage Esbjerg-Bremen damaged by a British air attack. Towed by Bugsier to Wangerooge. Temporarily repaired by A.G. Weser, Bremen.
21.3.1941: Left Bremen for Copenhagen.
1.4.1941 until 14.5.1941: Final repairs at Frederikshavn.
1945 until 1949: Service now mainly: Denmark-U.K./Antwerp.
1949 until 1955: Service mainly: Copenhagen-London-Swansea-Liverpool-Manchester.
1954 and 1955: Service also: Denmark-Ghent.
1955 and 1956: Service: Kleipeda-Swansea-Aabenraa-Kleipeda.
4.2.1956: Laid up at Copenhagen.

4.4.1956: Sold to Compañia Marítima Virona S.A. (Bernhard Sergo), Puerto Limon and renamed VIRON. Price paid: £ 38.000.

11.4.1960: Arrived at La Spezia for demolition.
5.1960: Demolition commenced by Cantieri Navali "Santa Maria" S.p.A., La Spezia.

UFFE inward bound for Boston, 14 May 1922.

242. MAGNUS 1920-1939

Cargo steamship, 1 deck • 1297gt, 796nt, 2120dw • 250'0"/240'0"x36'6"x19'0"/16'8" • Sunderland Shipbuilding Co. Ltd., Sunderland, no.239 • 1T 3cyl. (18"-29"-48")x33", 760ihp, 8.5kn., North-Eastern Marine Engineering Co. Ltd., Sunderland • 1(SB) Scotch 3(cf) GS58 HS2256, North-Eastern Marine Engineering Co. Ltd., Sunderland • Passengers: 2.

25.4.1906: Launch.
24.5.1906: Trial and delivered to A/S Dampskibsselskabet Carl (L.H.Carl), Kjøbenhavn. Price paid: Kr. 369.536.
18.5.1917: Captured by the German submarine UC-79. Later on released.
19.11.1918: Transferred to A/S Dampskibsselskabet Gorm, Kjøbenhavn. Name unchanged.

6.5.1920: Sold to DFDS, Kjøbenhavn (from 27.6.1931: Middelfart).
18.8.1920: Taken over by DFDS at Aarhus during a time charter to "Fragtnævnet" (see no.6).
15.10.1920: Charter terminated.
7.10.1921 until 9.12.1921: Equipped with tween deck at Frederikshavn.
1922 until 1939: Service mainly: Baltic-Copenhagen-France. Occasionally Copenhagen-Antwerp/Portugal/Mediterranean.

9.12.1939: On voyage Gothenburg-Methil in ballast, torpedoed and sunk by the German submarine U-20 in a position 57.48N-0.35W 40 miles ENE of Peterhead. Two crew members were rescued on a liferaft. However, one of them died the following day. 20 men lost.
13.12.1939: The sole survivor was picked up by a British trawler PHILIPPE of Aberdeen 203/18 and taken to Aberdeen.

243. GORM 1920-1940

Cargo steamship, 1 deck • 2130gt, 1282nt, 3810dw • 300'0"/289'0"x44'0"x21'6"/19'1.1" • Nylands Verksted, Christiania, no.250 • 1T 3cyl. (21.5"-34.5"-60")x39", 1370ihp, 9.5kn. • 2(SB) Scotch 6(cf) GS115 HS4380.

21.1.1915: Ordered. Contract price: Norwegian Kr. 635,000.
24.10.1916: Launch.
22.12.1916: Trial and delivered to A/S Dampskibsselskabet Gorm (Poul Carl & A.O.Andersen), Kjøbenhavn. Price paid: Kr. 856.620. Remained at Christiania.
23.9.1917: Left Christiania for Copenhagen and arrived two days later.

6.5.1920: Sold to DFDS, København.
3.12.1920: Taken over by DFDS at Boston.
1920 until 1921 and 1928 until 1930: Time chartered.
1922 until 1940: Service mainly: Copenhagen-North America.
1938 and 1939: One trip each year: Copenhagen-South America.
9.4.1940: At the German occupation of Denmark she was at Antwerp, where she had arrived 5.4.1940.
10.5.1940: Requisitioned by the Belgian Government.

13.5.1940: On voyage Antwerp-Ostend with general cargo, struck a mine and sank off Zeebrugge. All hands saved.

244. IVAR 1920-1954

Cargo steamship, 1 deck • 2144gt, 1290nt, 3820dw • 300'0"/289'0"x44'2"x21'6"/19'1.25" • Nylands Verksted, Christiania, no.252 • 1T 3cyl. (21.5"-34.5"-60")x39", 1380ihp, 9.5kn. • 2(SB) Scotch 6(cf) GS115 HS4380.

15.3.1916: Keel.
22.6.1917: Launch.
9.10.1917: Trial and delivered to A/S Dampskibsselskabet Carl (L.H.Carl), Kjøbenhavn. Price paid: Kr. 856.620. Remained at Christiania.
19.11.1918: Transferred to A/S Dampskibsselskabet Gorm, Kjøbenhavn. Name unchanged.
2.12.1918: Left Christiania on her maiden voyage.

6.5.1920: Sold to DFDS, Kjøbenhavn.
16.11.1920: Taken over by DFDS at Rio de Janeiro.
4.5.1921: Laid up at Copenhagen.
1922 until 1940: Service mainly: Copenhagen-North America. Occasionally in other services, e.g. Denmark-Antwerp, Copenhagen-South America.
1940: Service: Denmark-Germany/Sweden.
1941 until 1944: Service: Oxelösund/Luleå-Emden/Bremen with iron ore, returning to Copenhagen with coal and coke.
1945: Service now: Denmark-U.K.
1946 until 1951: Service now mainly: Denmark-Antwerp/Levant.
24.10.1949: On voyage Gdynia-Rotterdam via Hamburg with grain, struck a mine about 20 miles NNW of Terschelling Lightship. Five men were lost.
31.10.1949: Arrived at Rotterdam for repairs.

14.3.1950: Delivered after repairs.
1951: Service now: Copenhagen-Swansea-Liverpool.
1951 and 1952: Various tramp voyages: e.g. Gdynia-France, Huelva-Rotterdam-Antwerp and Murmansk-Antwerp.
6.7.1952: Laid up at Copenhagen.
7.1954: Docked at A/S Burmeister & Wain, Copenhagen.

29.7.1954: Sold to Sadikzade Nazim Ogullari Vapurculuk Komandit Sirketi (Fuad Sadigkoglu), Istanbul, taken over the next day and renamed KARADENIZ II. Price paid: £ 30,000.

15.5.1968: Demolition commenced by Boznacilar Tic. ve San. Ltd., Haskoy (Turkey).

319

245. FRODE 1920-1944

Cargo steamship, 1 deck • 2137gt, 1285nt, 3843dw • 300'0"/289'0"x44'2"x21'6"/19'1.5" • Nylands Verksted, Christiania, no.254 • 1T 3cyl. (21.5"-34.5"-60")x39", 1380ihp, 9.5kn. • 2(SB) Scotch 6(cf) GS115 HS4380 • Passengers: 1.

24.3.1915: Ordered. Contract price: Norwegian Kr. 660,000.
25.7.1917: Launch.
27.11.1918: Trial.
28.11.1918: Delivered to A/S Dampskibs-selskabet Gorm (Paul Carl & A.O.Andersen), Kjøbenhavn. Price paid: Kr. 1,527,384.

6.5.1920: Sold to DFDS, Kjøbenhavn.
11.7.1920: Taken over by DFDS at Aalborg.
1920 until 1930: Frequently in time charter.
1921 until 1940: Service mainly: Copenhagen-North America.
1936: Service also: Denmark-Antwerp/west coast of U.K.
1938: Service also: Copenhagen South America.
1939: In the "Maltese Cross Fleet" (see no.116).
9.4.1940: At the time of the German occupation of Denmark she was on her way to Norfolk, Virginia.
11.4.1940: Arrived at Norfolk and laid up.
30.3.1941: Taken over for "protective costedy" by U.S. Coast Guard.
11.8.1941: Seized by the U.S. Government and transferred to Panamanian registry.
8.10.1941: Renamed OMAHA.
19.10.1941: Delivered at Norfolk to Marine Operating Co. in time charter.
9.3.1942: Charter taken over at New York by Marine Transport Lines.
31.10.1942: Charter taken over at Boston by Isbrandtsen Steam Ship Co.

OMAHA moored alongside the MOKATAM, 4691/06 at a wharf at Stockton, Hunter River, Newcastle NSW.

27.2.1944: Grounded on Egret Reef 7 miles E of Monkhouse Point near Cooktown.
6.3.1944: Refloated and taken to Cairns, Australia.
6.6.1944: Arrived at Sydney, N.S.W.
8.2.1945: Condenmed.
27.7.1945: Left Sydney towed by steam tug ST.HILARY of Newcastle N.S.W. 390/19 and arrived at Newcastle, N.S.W. the same day. Later on cut down to the bilges at Stockton, Hunter River, presumably by R.Cunningham. The scrap iron was loaded in the hulk of the turret decker S/S MOKATAM of Panama 4662/06.
30.3.1950: The hull of MOKATAM was shifted to BHP steelworks wharf and the scrap was unloaded. The remains of the OMAHA sank at Stockton during heavy weather and sank deep in the mud.

246. HALFDAN 1920-1954

Cargo steamship, 1 deck, trunk deck • 1448gt, 859nt, 2163dw • 245'0"/235'0"x37'6"x18'7"/17'1.5" • Kockums Mekaniska Verkstads A/B, Malmö, no.130 • 1T 3cyl. (18.1"-28.75"-48.8")x31.5", 875ihp, 9kn. • 2(SB) Scotch 4(cf) GS64 HS2546 • Passengers: 2.

22.9.1916: Ordered. Contract price: Swedish Kr. 1,000,000.
12.8.1918: Launch. 15.1.1919: Delivered to A/S Dampskibsselskabet Gorm (Paul Carl & A.O.Andersen), Kjøbenhavn. Price paid: Kr. 1,270,728.

6.5.1920: Sold to DFDS, Kjøbenhavn (from 30.12.1931: Middelfart).
14.7.1920: Taken over by DFDS at Odense during time charter to "Fragtnævnet" (see no.6).
22.9.1920: Charter terminated.
2.10.1920 until 5.10.1921: Laid up at Copenhagen.
6.10.1921 until 5.12.1921: Equipped with tween deck at Elsinore.
13.1.1922: Laid up at Copenhagen.
1922 until 1939: Service mainly: Baltic-Copenhagen-France. Occasionally in other services.
1939 until 1940: Service now: Denmark-U.K.
9.4.1940: At the German occupation of Denmark she was lying at anchor off Bergen, while on voyage Liverpool-Copenhagen.
18.4.1940: Seized by the Germans and continued to Bergen.
11.5.1940: Left Bergen for Hamburg, where she arrived 16.5.1940.
23.5.1940: Released.
1940 until 1945: Service: Germany-Denmark with coal and coke.
25.3.1945: Seized by the Germans.
10.4.1945: Returned to DFDS.
1945 until 1946: Service now: Denmark-U.K./Antwerp/Liverpool-Manchester-Swansea.
1947 until 1951: Service: Copenhagen-Antwerp/Portugal/France.
1951 and 1952: Service also: Copenhagen-Hamburg-Rotterdam-Antwerp.
1952 until 1953: Service now: Copenhagen-west coast of Norway.
25.4.1953: Laid up at Copenhagen.

2.12.1954: Sold to Mar Rojo Compania Naviera (Faros Shipping Co. Ltd.), Puerto Limon.
23.12.1954: Taken over by her new owners and renamed TIO. Price paid: £ 18,500.
1955: Registry transferred to Massawa, Ethiopia and renamed THIO.
1955: Manager now A.Chalkoussis.

15.9.1956: On voyage Mormugao-Rijeka with iron ore stranded at Ras Fartak, W of Aden, and sank up to the bridge.
3.10.1956: Abandoned by the crew. Declared a CTL.

247. EBRO (II) 1920-1942

Cargo steamship, 1 deck and sh • 1547gt, 914nt, 1925dw • 248'0"/235'0"x36'0"x16'6"/17'6" • Hall, Russell & Co. Ltd., Aberdeen, no.676 • 1T 3cyl. (18"-29"-48")x33", 800ihp, 10.5kn. • 2(SB) Scotch 4(cf) GS58 HS2532 • Passengers: 12.

321

30.5.1919: Ordered. Contract price: Kr. 2,628,000.
21.4.1920: Launch.
14.7.1920: Trial.
15.7.1920: Delivered to DFDS, Kjøbenhavn.
15.7.1920: Left builder.
1920 until 1922: Service mainly: Copenhagen-Bordeaux/Antwerp.
1922 until 1925: Service: London-Copenhagen-(Libau).
1922 until 1939: Service also: Copenhagen-Antwerp-Western Mediterranean.
Occasionally in service: Denmark-Leith/Newcastle/London.
11.4.1924 until 6.6.1924: Cooling plant installed at Copenhagen, dead weight now: 1565dw, draught now: 16'1".
1927 until 1929: Service also: Copenhagen-Leningrad and 1930 until 1932: Copenhagen-Hamburg.
29.1.1936 until 8.12.1936: Laid up at Copenhagen and docked at Elsinore.
1939: In the "Maltese Cross Fleet" (see no.116).
1939 until 1940: Service: Denmark-U.K.
9.4.1940: At the German occupation of Denmark she arrived at Glasgow.
11.5.1940: Requisitioned by the British Government (Ministry of Transport) and allocated to Yeoward Line, London (later Ellerman's Wilson Line Ltd.).

18.3.1942: On voyage Isafjord-Reykjavik-Scrabster-Hull loaded with fish, stranded one mile NW of Rattray Head and wrecked.

248. AVANTI (III) 1921-1921 / KATHOLM (I) 1921-1959

Cargo steamship, 1 deck and sh • 1510gt, 877nt, 2775dw • 261'6"/251'6"x39'0"x18'6"/17'11.5" • Frederikshavns Værft &Flydedok A/S, Frederikshavn, no.162 • 1T 3cyl. (18"-30"-50")x36", 800ihp, 9kn., A/S Helsingørs Jernskibs- og Maskinbyggeri, Elsinore • 2(SB) Scotch 4(cf) GS63 HS2652, A/S Helsingørs Jernskibs- og Maskinbyggeri, Elsinore • Passengers: 2.

18.4.1916: Ordered by A.O.Andersen & Co. Contract price: Kr. 800,000.
20.11.1917: Keel.
1920: Contract taken over by DFDS.
28.8.1920: Launch.
17.2.1921: Trial and delivered to DFDS, Kjøbenhavn (from 14.12.1926: Aalborg). Price paid: Kr. 2,400,000. Remained at Frederikshavn.
2.8.1921: Arrived at Copenhagen from Frederikshavn and left the next day for Avenmouth.
1921 until 1939: Service: (Baltic)-Copenhagen-Manchester-Liverpool-Swansea.
6.9.1921: Renamed KATHOLM.
1922: Service also: Copenhagen-the Faroes-Iceland. In the "Maltese Cross Fleet" (see no.116).
1939 until 1940: Service now: Denmark-U.K.
1940 until 1945: Service mainly: Denmark-Germany.
1945 and 1946: Service: Denmark-U.K.
1945 until 1957: Service mainly: Copenhagen-Manchester/Liverpool/Swansea.
1946 and 1947: Service: Copenhagen-Antwerp-(Western Mediterranean).
8.10.1957: Laid up at Copenhagen.

23.12.1959: Sold together with HINDSHOLM (no.252) and SVANHOLM (no.253) to Brugse Scheepssloperij N.V., Bruges for demolition. Price paid for all three vessels: £ 41,000.

30.12.1959: Handed over to the breakers at Copenhagen.
8.1.1960: Arrived at Bruges to be scrapped.
2.1960: Demolition commenced.

249. ALGARVE (II) 1921-1941

Cargo steamship, 1 deck • 1307gt, 751nt, 2042dw • 266'6"/253'0"x37'0"x18'6"/17'2.25" • Frederikshavns Værft & Flydedok A/S, Frederikshavn, no.166 • 1T 3cyl. (20"-33"-54")x36", 1000ihp, 10.5kn., David Rowan &Co. Ltd., Glasgow • 2WTB GS79 HS3520, type Howden [1] • Passengers: 4.

9.1.1919: Ordered.
10.12.1919: Keel. Intended name ALS.
13.1.1921: Launched as the first vessel from the new building dock.
20.10.1921: Trial.
21.10.1921: Delivered to DFDS, Kjøbenhavn.
25.10.1921: Left Copenhagen for the Mediterranean via Aarhus and Antwerp on her maiden voyage.
1921 until 1940: Service mainly: Copenhagen-Antwerp-Western Mediterranean.
14.1.1937: Trial after installation of exhaust steam turbine at A/S Helsingørs Jernskibs- og Maskinbyggeri, Elsinore, ihp now: 1240.
1937 until 1939: Service also: Copenhagen-Antwerp-Levant.
9.4.1940: At the German occupation of Denmark she was at Liverpool, where she had arrived 31.3.1940.
1.5.1940: Seized by the British Government (Ministry of Transport) and allocated to Chr.Salvesen & Co., London.

19.2.1941: On voyage London-Leith with general cargo, torpedoed and sunk by the German E-boat S-102 near Sheringham Lighthouse, with the loss of 27 men.
10.4.1941: A liferaft was picked up about 6 miles ENE of Seaborough.

[1] The first two boilers built by the shipyard on a licence from Howden Boiler & Armaments Co. Ltd., Glasgow

250. MARYLAND (II) 1921-1940

Cargo steamship, 2 decks • 4895/3760gt, 3055/2283nt, 7590/-dw • 375'0"/360'0"x50'0"x34'9"/26'7" • Hall, Russell & Co. Ltd., Aberdeen, no.679 • 1T 3cyl. (26"-43"-71")x42", 2100ihp, 10kn. • 3(SB) Scotch 9(cf) GS118 HS5100 • Passengers: 6.

MARYLAND docking at Frederikshavn.

10.7.1919: Ordered.
24.3.1921: Launch.
7.11.1921: Trial.
15.11.1921: Delivered to DFDS, Kjøbenhavn. Price paid: Kr. 6,250,000.

21.11.1921: Left Aberdeen for Cardiff.
1922 until 1940: Service mainly: Copenhagen-South America. Occasionally: Copenhagen-North America.
1936 and 1937: Also in time charter.

15.2.1940: On voyage Santos-Copenhagen via Madeira loaded with oilcakes, torpedoed and sunk by the German submarine U-50 in a position 57.09N-12.00W. All 32 men were lost.

323

251. LOUISIANA (II) 1922-1959

Twin screw cargo motorship, 1 deck and sh • 6513/4898gt, 4046/2988nt, 9900/-dw • 423'9"/405'3"x 55'2"/55'0"x36'6"/28'1"//- • The Ardrossan Dry Dock & Shipbuilding Co. Ltd., Ardrossan, no.326 [1] • 2D 4SA 2x6cyl. (590x900), type B&W 6200-X, 2100bhp, 10kn., A/S Burmeister & Wain's Maskin-og Skibsbyggeri, Copenhagen • Passengers: 6.

23.1.1920: Ordered.
29.7.1920: Contract signed by A/S Burmeister & Wain for the delivery of the engines (Kr. 1,700,000).
4.10.1921: Launch.
17.3.1922: Trial.
18.3.1922: Delivered to DFDS, Kjøbenhavn. Price paid: Kr. 7,946,000.
22.3.1922: Left Glasgow for Barry.
1922 until 1940 and 1945 until 1957: Service mainly: Copenhagen-South America. Occasionally: Copenhagen-North America.
1940: Service mainly: Oxelösund-Hamburg with iron ore.
1.12.1940 until 16.8.1942: Laid up at Copenhagen.
1942 until 1944: Service mainly: Gotenhafen/Danzig-Copenhagen with coal.
22.9.1944 until 17.9.1945: Laid up and docked at Copenhagen.
17.9.1945: Left Copenhagen for South America.
10.12.1957: Laid up at Esbjerg.
10.4.1959: Arrived at Aalborg.
11.4.1959: Sold to Rederij Gebr. Wijsmüller N.V., Baarn for demolition.
15.4.1959: Taken over by her new owners. Handed over to Cometals Canada Ltd., Rotterdam and renamed LOU for her final voyage to Japan.
6.8.1959: Arrived at Tokyo for demolition.
7.10.1959: Demolition commenced by Kasho K.K. at Yokosuka.

[1] The first Ardrossan built motorship.

252. HINDSHOLM 1922-1959

Cargo steamship, 1 deck and sh • 1512gt, 876nt, 2775dw • 261'6"/251'6"x39'0"x18'6"/17'11.5" • Frederikshavns Værft & Flydedok A/S, Frederikshavn, no.163 • 1T 3cyl. (18"-30"-50")x36", 800ihp, 8.5kn., A/S Helsingørs Jernskibs-og Maskinbyggeri, Elsinore • 2(SB) Scotch 4(cf) GS63 HS2652, A/S Helsingørs Jernskibs-og Maskinbyggeri, Elsinore • Passengers: 7.

Photo by F.W. Hawks 7 July 1951.

18.4.1916: Ordered by A.O.Andersen & Co. Contract price: Kr. 800,000.
1920: Contract taken over by DFDS.
24.1.1921: Keel. Intended name EGHOLM.
5.9.1921: Launch.
10.5.1922: Trial.
20.5.1922: Delivered to DFDS, Kjøbenhavn (from 17.12.1926: Aalborg).
21.5.1922: Left Frederikshavn for Copenhagen.
1922 until 1939: Service mainly: Baltic-Copenhagen-Manchester-Liverpool-Swansea.
1923: Service also: Cardiff-Bordeaux.
1926 and 1927: Service also: Copenhagen-Antwerp/Western Mediterranean.
1939: In the "Maltese Cross Fleet" (see no.116).
1939 until 1940: Service now: Denmark-U.K.
9.4.1940: At the German occupation of Denmark she had arrived at Manchester the previous day.
13.5.1940: Requisitioned by the British Government (Ministry of Transport) and allocated to Ellerman's Wilson Line Ltd., London.
17.12.1945: Returned to DFDS at Plymouth.
1946 until 1948: Service now: Denmark-U.K. or Copenhagen-Antwerp/Western Mediterranean.
1946: Service also: Copenhagen-Liverpool-Manchester.
1946 until 1950: Service also: Denmark-Antwerp-Rotterdam.
1947: Tramp voyages: Sweden-Ymuiden and Emden-Denmark.
1948 until 1958: Service now mainly: Copenhagen-Swansea-Manchester-Liverpool.
1949 and 1950: Service also: Copenhagen-London.
1951: Various tramp voyages: Gdansk-France.
20.3.1958: Laid up at Copenhagen.
23.12.1959: Sold together with KATHOLM (no.248) and SVANHOLM (no.253) to Brugse Scheepssloperij N.V., Bruges for demolition.
29.12.1959: Taken over by the breakers at Copenhagen.
29.1.1960: On voyage Copenhagen-Zeebrugge, towed by WITTE ZEE of Rotterdam 328/46, the tow rope broke off Texel.
31.1.1960: Arrived at Bruges to be scrapped.
2.1960: Demolition commenced.

253. SVANHOLM 1922-1959

Cargo steamship, 1 deck and sh • 1321gt, 764nt, 2368dw • 260'0"/248'0"x38'0"x24'6"/17'0.25" • A/S Helsingørs Jernskibs-og Maskinbyggeri, Elsinore, no.164 • 1T 3cyl. (18"-30"-50")x36", 700ihp, 8.5kn. • 2(SB) Scotch 4(cf) GS57 HS2301 • Passengers: 2.

Photo by A. Duncan.

18.11.1920: Ordered.
13.5.1921: Keel.
31.1.1922: Launch.
29.7.1922: Trial and delivered to DFDS, Kjøbenhavn (from 6.12.1926: Aalborg). Price paid: Kr. 1,755,505.
12.8.1922: Left Copenhagen for Libau on her maiden voyage.
1922 until 1938: Service: Baltic-Copenhagen-Manchester-Liverpool-Swansea.
1938 until 1939: Service now: Copenhagen-Antwerp-Western Mediterranean/Levant.
1939: In the "Maltese Cross Fleet" (see no.116).
1939 until 1940: Service: Denmark-U.K.
9.4.1940: At the German occupation of Denmark she was at Manchester, where she had arrived 2.4.1940.
10.5.1940: Seized by the British Government (Ministry of Transport) allocated to Ellerman's Wilson Line Ltd., London.
28.9.1945: Returned to DFDS at Liverpool.
1945 until 1957: Service mainly: Denmark-U.K., e.g. Copenhagen-Swansea/Liverpool/Manchester. Service also: Denmark-Antwerp.
1947 until 1951: Service also: Denmark-Antwerp.
1955: Service also: Ghent-Denmark.
1956: Various tramp voyages: Baltic-Holland/Belgium.
24.9.1957: Arrived at Copenhagen from London and laid up.
23.12.1959: Sold together with KATHOLM (no.248) and HINDSHOLM (no.252) to Brugse Scheepssloperij N.V., Bruges for demolition.
30.12.1959: Taken over by the breakers at Copenhagen.
28.1.1960: Arrived at Bruges to be scrapped.
3.1960: Demolition commenced.

325

254. FRIGGA   1922-1950

Cargo steamship, 1 deck and sh • 1504/1095gt, 899/571nt, -/1488dw • 247'6"/235'0"x35'6"x16'8"/16'5.4" • Frederikshavns Værft &Flydedok A/S, Frederikshavn, no.172 • 1T 3cyl. (18"-30"-50")x36", 800ihp, 11kn., A/S Helsingørs Jernskibs-og Maskinbyggeri, Elsinore • 2WTB GS66 HS3520, type Howden • Passengers: 12.

FRIGGA, a member of the "Maltese Cross Fleet".

The loss of FRIGGA.

11.6.1921: Ordered. Contract price: Kr. 1,900,000.
7.9.1921: Keel.
20.6.1922: Launched from building dock.
2.11.1922: Trial
7.11.1922: Delivered to DFDS, Esbjerg (from 28.6.1946: Aalborg).
8.11.1922: Left Frederikshavn for Esbjerg.
1922 until 1939: Service mainly: Esbjerg-London/Grimsby/(Harwich). Occasionally: Denmark-Newcastle/Leith.
1935: One trip: Esbjerg-Spain-Portugal-Copenhagen.
4.1.1936 until 13.3.1936: Exhaust steam turbine installed at Elsinore, ihp now: 1350.
1939: In the "Maltese Cross Fleet" (see no.116).
1939 until 1940: Service: Denmark-Manchester/Leith/Grimsby.
9.4.1940: At the German occupation of Denmark she was at sea off Pentland.
11.4.1940: Arrived at Manchester.
18.5.1940: Requisitioned by the British Government (Ministry of Transport) allocated to Ellerman's Wilson Line Ltd., London.
28.6.1945: Returned to DFDS.
1945 until 1950: Service mainly: Denmark-London/Hull/Grimsby/Newcastle/Leith.
1945: One trip: Aarhus-Calais.
1946: Service also: Denmark-Antwerp.
1948: One trip: Aalborg-Esbjerg-Le Havre.
27.11.1950: On voyage Odense-Hull with agricultural products, struck a mine in a position 56.54.48N-10.50E. Taken in tow but sank 11-12 miles SE by E of Hals Lighthouse in 12 metres. The crew was saved.
12.1950: Salvage attempts given up by Svitzer.

255. ARIZONA   (I) 1922-1942/1945-1959

Twin screw cargo motorship, 1 deck and sh • 6385/4796gt, 4013/2966nt, 9900/-dw • 422'4"/405'0"x 54'0"x27'9"/28'0.75" • A/S Nakskov Skibsværft, Nakskov, no.6 • 2D 4SA 2x6cyl. (590x900), type B&W 6200-X, 2100bhp, 10kn., A/S Burmeister & Wain's Maskin-og Skibsbyggeri, Copenhagen • Passengers: 9.

24.1.1920: Ordered. Contract price: Kr. 7,600,000.
29.7.1920: Contract signed by A/S Burmeister & Wain for the delivery of the engines (Kr. 1,800,000).
11.11.1920: Keel.
10.6.1922: Launch.
8.11.1922: Delivered to DFDS, Kjøbenhavn.
17.11.1922: Left Copenhagen. Maiden voyage to South America via Cardiff.
1922 until 1940 and 1945 until 1958: Service: Copenhagen-South America.
1938: One trip: Copenhagen-North America.
4.9.1940: At the German occupation of Denmark she was on her way to Victoria, Brazil, where she arrived 13.4.1940 and was laid up.

Photo by A. Duncan.

About 1.10.1941 moved to Rio de Janeiro and laid up.
26.2.1942: Requisitioned by the Brazilian Government.

1.3.1942: Forced sale to Lloyd Brasileiro, Rio de Janeiro and renamed GAVEALOIDE.

27.8.1945: Resold to DFDS, København and renamed ARIZONA. Taken over at Santos.
1947: One trip: Copenhagen-Montreal.

1948 and 1949: Various tramp voyages: Gdynia/Antwerp-Italy.
1949: Two trips: Copenhagen-North America.
1949: Also tramp voyages: Bona-Birkenhead/Hamburg.
11.1.1955: On voyage Aalborg-Kotka via Gdynia with cement, struck a submerged rock at Kotka. Beached on a sand bank to prevent her from sinking.
25.4.1955: Left Helsinki after repairs.
3.5.1955: On voyage Raumo-Copenhagen grounded on a reef at Flotjan.

31.5.1955 until 5.8.1955: Repaired at Helsinki.
14.3.1958: Laid up at Esbjerg.
5.4.1959: Left Esbjerg for Aalborg and docked.

13.4.1959: Sold to Rederij Gebr. Wijsmüller N.V., Baarn. Immediately resold to Cometals Canada Ltd., Rotterdam and renamed ARI for her last voyage.
9.7.1959: Arrived at Osaka for demolition.
30.8.1959: Demolition commenced by Fuji Kosan K.K.

256. BERGENHUS (II) 1922-1961

Passenger and cargo steamship, 1 deck and aw • 1398gt, 825nt, 1555dw, 1945: 1399gt, 798nt, 1380dw • 242'3"/230'0"x35'0"x23'8"/16'6.6" • A/S Helsingørs Jernskibs-og Maskinbyggeri, Elsinore, no.167 • 1T 3cyl. (18"-30"-50")x36", 900ihp, 11kn. • 2(SB) Scotch 4(cf) GS63 HS2529 • Passengers: 26 I, 16 II, 10 III, 1945: 8.

▲ *Photo by F.W. Hawks 10 June 1950.* ▼ *BERGENHUS, the smoking saloon.*

18.11.1920: Ordered.
19.12.1921: Keel.
23.9.1922: Launch.
29.11.1922: Trial.
30.11.1922: Delivered to DFDS, Kjøbenhavn (from 28.6.1946: Odense). Price paid: Kr. 1,788,401.
5.12.1922: Left Copenhagen for Arendal on her maiden voyage.
1922 until 1939: Service: Stettin-Copenhagen-Arendal-Christianssand-Stavanger-Haugesund-Bergen-Aalesund-Trondheim.
8.11.1939 until 5.3.1940: Three trips: Copenhagen-the Faroes-Iceland.
1940: Service mainly: Denmark-Germany/west coast of Norway.
1941 until 1944: Service now: Stettin-Copenhagen-Gothenburg-east coast of Norway.
24.7.1944 until 30.5.1945: Rebuilt at Elsinore. Most of the passenger accommodation removed, refrigeration plant installed.
1945: Service: Denmark-Antwerp or Copenhagen-London.
1946 until 1958: Service: Denmark-London/Hull/Grimsby/Newcastle/Leith/Middlesbrough.

1948: One trip: Copenhagen-Gdynia.
1949: Service also: Esbjerg-Antwerp.
1949 until 1952: Service also: Århus-Aalborg-Esbjerg-Le Havre.
1956: Service also: Copenhagen-the Faroes.
1959: Laid up all year.
17.9.1961: Arrived at Esbjerg and laid up.
30.9.1961: Reported sold to Brugse Scheepssloperij N.V., Bruges for demolition.
2.10.1961: Taken over by the breakers. Price paid: £ 17,000.
2.10.1961: Tug SCALDIS of Antwerpen 401/55 arrived at Esbjerg for towing BERGENHUS to Bruges.
8.1.1962: Demolition commenced at Bruges.

257. TRONDHJEM (II) 1923-1963

Passenger and cargo steamship, 1 deck and aw • 1399gt, 826nt, 1525dw, 1945: 1398gt, 791nt, 1385dw • 242'3"/230'0"x35'0"x23'8"/16'6.6" • A/S Helsingørs Jernskibs-og Maskinbyggeri, Elsinore, no.168 • 1T 3cyl. (18"-30"-50")x36", 900ihp, 11kn. • 2(SB) Scotch 4(cf) GS63 HS2529 • Passengers: 26 I, 16 II, 10 deck, 1946: 24, 1958: 12.

18.11.1920: Ordered.
6.7.1922: Keel.
16.12.1922: Launch.
3.3.1923: Trial.
4.3.1923: Delivered to DFDS, Kjøbenhavn (from 29.1.1946: Esbjerg, 28.6.1946: Odense, 13.4.1948: Esbjerg, 8.5.1951: Aalborg, 19.10.1961: Esbjerg). Price paid: Kr. 1,619,659.
18.3.1923: Left Copenhagen for Arendal on her maiden voyage.
1923 until 1940: Service: Stettin-Copenhagen-west coast of Norway.
1940: Service now: Denmark-Hamburg and domestic service.
1941 until 1943: Service mainly: Danzig/Gotenhafen-Denmark with coal.
1941: Service also: Copenhagen-east coast of Norway.
26.8.1941: On voyage Gotenhafen-Bandholm with a cargo of coal, struck a mine off Kragenæs. However, she was able to continue by her own power. After unloading at Bandholm, assisted by SEJRØ (no.12A) to Elsinore for repair.
30.8.1941 until 27.11.1941: Repaired.
1944 until 1945: Service: Stettin-Copenhagen-Gothenburg-east coast of Norway.
25.3.1945 until 10.4.1945: Seized by the Germans.
6.3.1946 until 13.7.1946: Passenger accommodation diminished and refrigeration plant installed at Frederikshavn.

1945: Service: Copenhagen-Odense-Leith, Copenhagen-Odense-Aarhus-Boulogne or Denmark-Antwerp.
1946 until 1962: Service mainly: Denmark-London/Hull/Grimsby/Newcastle/Leith.
1946, 1948 and 1949: Service also: Esbjerg-Antwerp.
1949 until 1953: Service also: Copenhagen-Aalborg-Esbjerg-Le Havre.
1950: Service also: Copenhagen-Helsinki.
1951 and 1952: Service also: Denmark-Antwerp.
1952 until 1955: Service also: Copenhagen-Aalborg-Leith-Torshavn-Trangisvaag.

29.4.1956 until 23.6.1956: Converted to oil firing at Nakskov.
1958 until 1963: Service now mainly: Esbjerg-Harwich/Grimsby.
1.6.1963: Arrived at Esbjerg from Grimsby and laid up.

13.8.1963: Sold to Brugse Scheepssloperij N.V., Bruges. Price paid: £ 12,750.
20.8.1963: Taken over by her new owners.
25.8.1963: Arrived at Bruges for demolition.
9.1963: Demolition commenced.

258. THYRA (II) 1923-1957

Cargo steamship, 1 deck and aw • 1088gt, 560nt, 1535dw • 247'6"/235'0"x35'6"x16'8"/16'5.4" • Frederikshavns Værft &Flydedok A/S, Frederikshavn, no.173 • 1ST, 915shp, 10kn., A/S Atlas, Copenhagen • 2WTB GS67 HS4000, type Howden, Howden Boiler &Armaments Co. Ltd., Glasgow • Passengers: 12.

9.1.1919: Ordered.
11.6.1921: Contract changed.
23.6.1922: Keel. The board of DFDS decided to name her HELGE. However, before launch the decision was changed.
6.12.1922: Launched from building dock.
7.4.1923: Trial.
8.4.1923: Delivered to DFDS, Odense (from 18.11.1929: Esbjerg, 6.12.1929: Odense). Price paid: Kr. 1,900,000.
10.4.1923: Left Frederikshavn for Esbjerg and Grimsby.
1923 until 1940: Service mainly: Denmark-Newcastle/Leith.
1923 and 1924: Service also: Esbjerg-London/Grimsby.
1938: Service also: Copenhagen-Hull/London.
1939: In the "Maltese Cross Fleet" (see no.116).
1940: Service now: Denmark-Leith/Hull/Glasgow.
9.4.1940: At the German occupation of Denmark she was at Hull, where she had arrived 3.4.1940.
9.5.1940: Requisitioned by the British Government (Ministry of Transport) and allocated to Ellerman's Wilson Line Ltd., London and renamed THYRA II.
6.1944: Participation in the Allied invasion of Normandy.
28.6.1945: Returned to DFDS and renamed THYRA.
1945 until 1956: Service mainly: Denmark-U.K., e.g. Denmark-Newcastle/Leith or Esbjerg-Grimsby.
1945 and 1948: Service also: Denmark-Antwerp.
1946: Service also: Copenhagen-Leningrad.
1949 until 1951: Service also: Copenhagen-Århus-Aalborg-Esbjerg-Le Havre.
1951: Service also: Copenhagen-Helsinki-Gdynia.
6.8.1956: Arrived at Copenhagen from Grimsby and laid up.
8.2.1957: Sold to Eisen und Metall K.G., Lehr & Co., Hamburg and taken over the next day. Price paid: £ 32,500.
19.2.1957: Arrived at Bremerhaven for demolition.
3.1957: Work commenced.

259. HROAR 1923-1960

Passenger and cargo steamship, 2 decks • 1401gt, 748nt, 1466dw • 266'8"/252'0"x37'0"x19'6"/17'3.6" • Frederikshavns Værft &Flydedok A/S, Frederikshavn, no.174 • 1T 3cyl. (21"-33.5"-56")x39", 1400ihp, 13kn., A/S Helsingørs Jernskibs-og Maskinbyggeri, Elsinore • 2WTB GS100 HS5280, type Howden • Passengers: 24 I, 12 III.

4.11.1922: Ordered. Contract price: Kr. 1,400,000.
8.12.1922: Keel.
11.6.1923: Launched from building dock.
5.10.1923 and 7.10.1923: Trials.
5.10.1923: Delivered to DFDS, Kjøbenhavn (from 8.10.1930: Esbjerg, 12.8.1931: København).
6.10.1923: Left Frederikshavn for Copenhagen.
11.10.1923: Left Copenhagen for Hull on her maiden voyage.
1923 until 1939: Service: Copenhagen-Hull.
7.10.1930 until 28.3.1931: Service now: Esbjerg-Grimsby.
1939: In the "Maltese Cross Fleet" (see no.116).

329

1939: Service also: Esbjerg-Tilbury.
1939 until 1940: Service: Denmark-Newcastle/Manchester/Grimsby.
1940: Service now mainly: Copenhagen-Hamburg.
17.8.1940: Arrived at Copenhagen from Hamburg and laid up.
8.7.1941 until 15.12.1941: Time chartered to the German authorities for service: Baltic-Danish and Norwegian ports.
15.12.1941 until 21.1.1943: Laid up at Copenhagen.
1943 until 1945: Service now: Germany-Denmark with coal and coke.
1945 until 1946: Service: Denmark-London/Grimsby/Hull/Newcastle.
1946: One return trip: Copenhagen-Torshavn.
1946: One return trip: Copenhagen-Oslo-Drammen.
4.1.1947 until 1960: Service: Copenhagen-Helsinki/Hangö.
1948 and 1949: Service also: Copenhagen-London.
1948 until 1956: Service also: Denmark-Hull.
1.5.1956 until 12.6.1956: Converted into oil firing at Frederikshavn.
1957 and 1958: Service also: Aalborg-Leith.
1957 and 1959: Service also: Copenhagen-Odense/Århus/Aalborg-London.
1958: Service also: Esbjerg-Grimsby.
26.1.1960: On voyage Copenhagen-Helsinki grounded at Porkala. Refloated with assistance of S/S HERKULES of Helsinki 225/96.
6.2.1960: Arrived at Copenhagen from Hangö, docked at A/S Burmeister & Wain and then laid up.
28.5.1960: Reported sold to Brugse Scheepssloperij N.V., Bruges for demolition and taken over the same day. Price paid: £ 17,500.
3.6.1960: Arrived at Bruges to be scrapped.
6.1960: Demolition commenced.

260. ROTA   1923-1962

Cargo steamship, 1 deck and sh • 840/1324gt, 418/771nt, 1030/-dw • 241'0"/230'0"x33'11"x 14'6"/14'8.5"//- • Deutsche Werke A.G., Kiel, no.171 • 1T 3cyl. (19.75"-32.25"-52.4")x35", 1100ihp, 12kn. • 2(SB) Scotch 6(cf) GS76 HS3056 • Passengers: 12.

3.1923: Ordered.
23.6.1923: Keel.
20.10.1923: Launch.
15.12.1923: Trial.
18.12.1923: Delivered to DFDS, Odense (from 28.6.1946: Esbjerg, 11.7.1947: Odense, 19.10.1961: Aalborg). Price paid: Kr. 760,000.
18.12.1923: Left Kiel for Copenhagen.
1923 until 1962: Service mainly: Denmark-Leith/Newcastle/Grimsby/Hull/London with agricultural products.
1939: In the "Maltese Cross Fleet" (see no.116).
1940: Service also: Esbjerg-Manchester.
9.4.1940: At the German occupation of Denmark she was at Glasgow, where she had arrived 4.4.1940.
9.5.1940: Requisitioned by the British Government (Ministry of Transport) and allocated to Ellerman's Wilson Line Ltd., London.
28.6.1945: Returned to DFDS.
1947: Service also: Denmark-Antwerp.
1947 and 1958: Service also: Esbjerg-Harwich.
1959: Service also: Esbjerg-Dunkirk/Antwerp.
25.1.1962: Arrived at Aalborg from Leith.
3.2.1962: Laid up at Copenhagen. She was the last coalfired steamer in the fleet.
19.2.1962: Sold and taken over by Petersen & Albeck A/S, Copenhagen for demolition. Price paid: Kr. 265,000.
23.5.1962: Reported broken up.

261. BELLONA (I) 1924-1940

Cargo steamship, 1 deck and sh • 840/1324gt, 418/771nt, 1030/-dw • 241'0"/230'0"x33'11"x 14'6"/14'8.5"//- • Deutsche Werke A.G., Kiel, no.172 • 1T 3cyl. (19.75"-32.25"-52.4")x35", 1100ihp, 12kn. • 2(SB) Scotch 6(cf) GS76 HS3056 • Passengers: 12.

3.1923: Ordered.
3.11.1923: Launch.
5.1.1924: Trial.
7.1.1924: Delivered to DFDS, Odense. Price paid: Kr. 760,000.
7.1.1924: Left Kiel for Newcastle.
1924 until 1933: Service mainly: Denmark-Leith. Occasionally Denmark-Newcastle.
18.12.1924: On voyage Leith-Frederikshavn with 762 tons of coal and general cargo, stranded at Tornby Strand.
27.1.1925: Refloated by Svitzer's S/S VIKING 386/04 and S/S Ægir 162/06 and arrived in tow at Frederikshavn for inspection.
28.6.1925: Returned to service.
1933: Service also: Copenhagen-west coast of Norway.
1934 until 1939: Service exclusively: Denmark-Newcastle.
1939: In the "Maltese Cross Fleet" (see no.116).
1940: Service also: Esbjerg-Manchester/Glasgow.
9.4.1940: At the German occupation of Denmark she was at Glasgow, where she had arrived 4.4.1940. Requisitioned by the British Government (Ministry of Transport) and allocated to Ellerman's Wilson Line Ltd., London and renamed BELLONA II.
9.10.1940: On voyage Hull-Reykjavik with 300 tons of ice set on fire by a German air attack 4 miles E of Gourdon, Kincardineshire. Nine men were lost. Drifted aground at Strathlethan Bay S of Stonehaven and wrecked.

BELLONA beached 1924 off Hirtshals.

331

262. EGHOLM (I) 1924-1945

Cargo steamship, 1 deck and aw • 1317gt, 758nt, 2135dw • 267'3"/253'0"x37'0"x18'6"/17'10" • Frederikshavns Værft &Flydedok A/S, Frederikshavn, no.167 • 1ST, 915shp, 10.5kn., A/S Atlas, Copenhagen • 2WTB GS71 HS4000, type Howden • Passengers: 4.

9.1.1919: Ordered.
16.6.1923: Keel.
14.12.1923: Launched from building dock.
19.2.1924: Trial.
21.2.1924: Delivered to DFDS, Kjøbenhavn.
23.2.1924: Left Frederikshavn for Bordeaux on her maiden voyage.
1924 until 1940: Service mainly: Copenhagen-Antwerp-Western Mediterranean.
1925 and 1936 until 1938: Service also: Baltic-Copenhagen-Manchester-Liverpool-Swansea.
1938 and 1939: Also service: Copenhagen-Antwerp-Levant.
9.4.1940: At the German occupation of Denmark she was off Ireland.
11.4.1940: Arrived at Lisbon and laid up.
16.11.1943: Left Lisbon. Taken over by the British Government (Ministry of War Transport) and allocated to Ellerman's Wilson Line Ltd., London.
25.2.1945: On voyage Leith-London with general cargo in a convoy, torpedoed and sunk by the German submarine U-2322 in the Northsea in a position 55.50N-1.32W off St.Abbs Head. She sank within seven minutes. Five men were lost.

263. ATLANTERHAVET 1924-1924 / BRASILIEN (I) 1924-1952

Cargo steamship, 1 deck and sh • 5334/4076gt, 4084/2506nt, 8670/7430dw • 390'1"/375'0"x 52'0"x35'8"/27'2.5"//24'9" • A/S Kjøbenhavns Flydedok og Skibsværft, Søndre Værft, Copenhagen, no.144 • 1ST, type de Laval geared to screwshaft, 2400shp, 11kn., A/B de Lavals Ångturbin, Stockholm • 2(SB) Scotch 6(cf) GS126 HS4980 [1] • Passengers: 3.

5.2.1919: Ordered.
10.11.1919: Keel.
3.2.1921: Launched from building dock at Søndre Værft.
1.7.1921: Trial and delivered to Dampskibsselskabet Atlanterhavet A/S (O.J.Eskildsen), Kjøbenhavn.
1924: Company liquidated.
18.3.1924: Sold to DFDS, Kjøbenhavn (from 10.5.1940: Vejle). Price paid: Kr. 2 mill.
2.3.1924: Already taken over by DFDS. Left the same day Singapore for Shanghai-North Fremantle-Aden-Port Said-Ceuta-St.Nazaire-Cardiff-St.Vincent-Buenos Aires-Rosario-Buenos Aires-St.Thomas-Norfolk-Montreal-Copenhagen, where she arrived 22.11.1924.
8.7.1924: The board of DFDS decided to have her converted into coalfiring due to the high oil prices.
1924 until 1940 and 1945 until 1951: Service mainly: Copenhagen-South America/ North America.
11.12.1924: Renamed BRASILIEN. 1940 until 1944: Mainly in service: Luleå/ Oxelösund-Hamburg/Emden/Bremen with iron ore, returning to Copenhagen with coal and coke.
18.9.1944: Arrived at Stockholm and docked.
20.10.1944: Laid up at Stockholm until the end of the war.
18.6.1945: Left Stockholm for Norrköping and Copenhagen.
1946: Service also: Copenhagen-London.
1946 and 1952: Service also: Copenhagen-Antwerp-Levant.
1947: Service also: Denmark-Antwerp.
20.6.1947 until 3.2.1948: Converted into oilfiring.
1948: Tramp voyages: U.K.-Levant-Odessa-U.K., Gdansk-Amsterdam and Rotterdam-Bagnoli-Toulon-Newport.
1949: Service also: Copenhagen-Antwerp-Western Mediterranean.
1949 and 1950: Tramp voyages: Gdansk/ Rotterdam/Emden-Italy.
7.8.1952: Laid up at Copenhagen.
29.10.1952: Sold to Nordmeer Bremen, Stier & Co. (Adolf E.H.Rönnebaum), Bremen, taken over the next day and renamed ADOLF RÖNNEBAUM. Price paid: £ 75.000.

10.1954: Sold to Frank Rijsdijk Industries Ltd., Hendrik Ido Ambacht for demolition.

___
[1] Fitted for oilfiring.

264. POLARHAVET 1924-1924 / ARGENTINA (I) 1924-1940

Twin screw cargo motorship, 1 deck and sh • 5375/4104gt, 3325/2460nt, 8590/6950dw • 390'1"/375'0"x 52'0"x27'6"/27'2.5"//- • A/S Kjøbenhavns Flydedok og Skibsværft, Søndre Værft, Copenhagen, no.143 • 2D 4SA (590x900) type B&W 6200-X, 2100bhp, 10.5kn., A/S Burmeister & Wain's Maskin-og Skibsbyggeri, Copenhagen • Passengers: 4.

23.12.1920: Keel.
31.8.1921: Launched from building dock at Søndre Værft and towed to A/S Burmeister & Wain, Copenhagen for installation of the engines.
7.12.1921: Trial and delivered to Dampskibsselskabet Atlanterhavet A/S (O.J.Eskildsen), Kjøbenhavn. Price paid: Kr. 6.022.715.
1924: Company liquidated.

18.3.1924: Sold to DFDS, Kjøbenhavn. Price paid: Kr. 2.000.000.
15.3.1924: Already taken over by DFDS at New Orleans while in time charter.
30.4.1924: Time charter terminated.
25.6.1924: Renamed ARGENTINA.
1924 until 1940: Service mainly: Copenhagen-South America.
1933: Two return trips: Rotterdam/Antwerp-Rosario.
1938: Two trips: Copenhagen-North America. During her DFDS career she made 44 return trips: Copenhagen-South America.

17.3.1940: On voyage Frederikshavn-South America via Las Palmas in ballast, torpedoed and sunk by the German submarine U-38 in the Northsea. 33 men were lost.

265. ODENSE 1924-1962

Passenger and cargo motorship, 1 deck • 555gt, 251nt, 608dw • 192'9"/180'0"x31'0"x13'6"/12'6.5" • A/S Helsingørs Jernskibs-og Maskinbyggeri, Elsinore, no.170 • 1D 4SA 6cyl. (400x750), type B&W 660M, 500bhp, 10.75kn., A/S Holeby Dieselmotorfabrik, Holeby • Passengers: 198.

1.10.1923: Ordered.
24.4.1924: Keel.
9.8.1924: Launch.
24.10.1924: Trial.
2.11.1924: Delivered to DFDS, Odense (from 14.8.1952: Randers, 30.5.1956: Svendborg, 16.5.1958: Odense, 11.8.1958: Svendborg, 18.2.1960: Randers). Price paid: Kr. 761,869.
1924 until 22.5.1940: Service exclusively: Copenhagen-Samsø-Odense.
25.5.1940 until 30.5.1940: In service: Copenhagen-Fredericia-Kolding.
2.6.1940 until 1950: Service mainly: Copenhagen-Samsø-Odense.
1945: Service also: Copenhagen-Aalborg/Horsens-Vejle.
1950: Service also: Copenhagen-Hobro-Hadsund or Copenhagen-Sønderborg-Haderslev.
1951 until 1952: Service: Copenhagen-east coast of Norway/Gdynia/Helsinki.
1951: One trip: Copenhagen-Hamburg.
1951: Service also: Copenhagen-Gothenburg.
1952 until 1955: Service mainly: Copenhagen-Randers.
1955 until 1956: Service mainly: Copenhagen-Hobro-Hadsund or Copenhagen-Sønderborg-Aabenraa-Haderslev.
1957 and 1958: Service: Copenhagen-Samsø-Odense and Copenhagen-Sønderborg-Aabenraa-Svendborg- Rudkøbing.
1959 until 1961: Service again mainly: Copenhagen-Randers.
1951 until 1959: Occasionally in other domestic services.
11.4.1961: Arrived at Copenhagen from Randers and laid up at Copenhagen.

2.5.1962: Sold to A/S H.J.Hansen, Odense for demolition. Price paid: Kr. 135,000.
7.5.1962: Towed by the tug STORE OLE of Kalundborg 48/13 to Odense to be scrapped.
28.7.1962: Reported broken up.

333

266. PARKESTON 1925-1964

Passenger and cargo motorship, 2 decks and aw • 2762gt, 1572nt, 1670dw • 324'0"/304'0"x 44'0"x28'6"/17'10" • A/S Helsingørs Jernskibs-og Maskinbyggeri, Elsinore, no.173 • 2D 4SA 2x6cyl. (550x900), type B&W 6150-MFX, 3254bhp, 15.5kn., A/S Burmeister & Wain's Maskin-og Skibsbyggeri, Copenhagen • Passengers: 124 I, 88 III.

31.3.1924: Ordered.
30.9.1924: Keel.
31.1.1925: Launch.
25.7.1925: Trial.
31.7.1925: Delivered to DFDS, Esbjerg (from 2.3.1950: Aalborg, 10.9.1953: Esbjerg). Price paid: Kr. 3,344,407.
31.7.1925: Left Elsinore for Copenhagen.
4.8.1925: Left Copenhagen for Esbjerg, where she arrived the next day.
8.8.1925 until 3.9.1939: In service mainly: Esbjerg-Harwich.
22.6.1935 until 4.9.1935: During this period she made 11 trips: Esbjerg-Antwerp-Dunkirk-Esbjerg and 9 trips: Esbjerg-Antwerp.
8.9.1939: Arrived at Frederikshavn from Harwich and laid up.
23.4.1940: Shifted to Copenhagen and laid up.
20.1.1944: Seized by the Germans.
15.3.1944: Left Copenhagen.
17.3.1944: Arrived at Gotenhafen and later on renamed PIONIER. Used as a target vessel.
3.5.1945: While placed as a U-boat depot ship S of Fehmarn, attacked by Allied aircraft. Although no damage was done, the captain panicked and put the ship ashore. Abandoned by the crew.
23.7.1945: Left Lübeck together with ESBJERG (no.276) with a Danish crew.
26.7.1945: Arrived at Copenhagen and the next day handed over to DFDS. Renamed PARKESTON.

PARKESTON, the smoking saloon.

Top of portside main engine.

PARKESTON leaving Copenhagen.

19.11.1945: Left Copenhagen for Aarhus-Newcastle-Copenhagen-Holtenau-Harwich.
7.12.1945: Arrived at Harwich.
12.12.1945 until 31.7.1949: In service again: Harwich-Esbjerg.
20.2.1946: Left Harwich with 153 prisoners of war for Esbjerg.
1.5.1947: On voyage Elsinore-Esbjerg damaged by a mine explosion.
3.9.1949 until 23.4.1953: Service now: Copenhagen-Aalborg-Newcastle.
23.6.1953 until 15.9.1953: Returned to Esbjerg-Harwich service during the salvage of KRONPRINS FREDERIK (no.294).
17.9.1953 until 15.9.1963: Mainly in service during summer season (June to September): Esbjerg-Newcastle.
1954 and 1955: Occasionally in Esbjerg-Harwich service.
22.4.1955 until 5.1955: Chartered to the Danish State for a trip to the Faroes with Danish policemen.
15.9.1963: Arrived at Esbjerg from Newcastle and laid up.
21.5.1964: Left Esbjerg for Frederikshavn, where she arrived the next day for docking.
2.7.1964: Left Frederikshavn for Copenhagen and laid up until sale.

18.9.1964: Sold to A/S Akers Mek. Verksted, Oslo. Price paid: £ 65,000.
19.9.1964: Left Copenhagen for Elsinore and left the same day after bottom inspection.
22.9.1964: Handed over to her new owner at Oslo. Renamed AKER 2. Accommodation vessel for shipyard workers at A/S Akers Mek. Verksted, Oslo.

8.1975: Sold to Paul Bergsøe & Søn A/S, Glostrup for demolition.
15.9.1975: Demolition commenced at Jernhavnen, Masnedø.

PARKESTON leaving Elsinore on her delivery voyage to Norway, 22 september 1964.

AKER-2 accomodation ship at Oslo.

267. BROHOLM 1925-1944

Cargo steamship, 1 deck and sh • 1350gt, 781nt, 2125dw, 1937: 1544gt, 913nt, 2600dw • 267'3"/253'0"x 37'6"x18'6"/17'10", 1937: 293'3"/279'0"x37'6"x18'6"/18'2.5" • Frederikshavns Værft &Flydedok A/S, Frederikshavn, no.181 • 1C 4cyl. (2x15"-2x31.5")x35.5", type L.E.S.9, 1100ihp, 11kn., A/S Svendborg Skibsværft &Maskinbyggeri, Svendborg • 2WTB GS71 HS4000, type Howden • Passengers: 9 I, 2 III.

1.10.1924: Ordered.
5.11.1924: Keel.
20.8.1925: Launched from building dock.
23.11.1925 and 28.11.1925: Trials.
1.12.1925: Delivered to DFDS, København.
1.12.1925: Left Frederikshavn for the Mediterranean.
1925 until 1937: Service mainly: Copenhagen-Antwerp-Western Mediterranean. Occasionally in service: Baltic-Copenhagen-Liverpool-Manchester-Swansea.
15.9.1936 until 25.10.1936: Exhaust steam turbine from A/S Atlas, Copenhagen installed at Elsinore. Power now 1300ihp.
12.4.1937: Grounded in the port of Leixoes.
20.4.1937: Refloated and left for Frederikshavn accompanied by Svitzer's S/S GEIR 323/08.
20.5.1937: Arrived at Frederikshavn for repairs and lengthening. Converted into oilfiring.
21.8.1937: Delivered after rebuilding.
1937 until 1940: Service now mainly: Copenhagen-Antwerp-Levant.
3.4.1940: On voyage Copenhagen-New York attacked by an aircraft in the North Atlantic in a position 61.53N-2.25E. No damage.
20.4.1940: Arrived at New York and was laid up.
11.8.1941: Requisitioned by the U.S. Maritime Commission, transferred to Panamanian registry and renamed HINDOO.

BROHOLM being lengthened at the yard in Frederikshavn.

BROHOLM after lengthening.

11.12.1941: Delivered at New York to Marine Transport Lines Inc.
27.10.1942: Charter taken over at New York by Norton Lilly Management Corp.
16.2.1944: Charter taken over at Jacksonville by Danish Ship Operating Corp.
9.9.1944: On voyage New York-Guantanamo Bay-Cartagena in a convoy, sunk after a collision with M/S AUSTRALIA STAR 11,124/35 in the Atlantic Ocean in a position 11.00N-77.57W. All hands saved.

268. SVAVA 1926-1944

Cargo steamship, 1 deck • 1190gt, 697nt, 1875dw • 242'0"/232'0"x34'0"x18'10"/17'0" • A/S Kjøbenhavns Flydedok og Skibsværft, Copenhagen, no.44 • 1T 3cyl. (18"-29"-48")x33", 700ihp, 8.5kn. • 2(SB) Scotch 4(cf) GS48 HS1912.

16.12.1903: Launch.
9.2.1904: Delivered to A/S Dampskibsselskabet Viking (A.O.Andersen & Co.), Kjøbenhavn as BJØRN. Price paid: Kr. 364.356.
18.3.1914: Sold to A/S Dampskibsselskabet Valkyrien (A.O.Andersen & Co.), Kjøbenhavn (from 10.4.1926: Helsingør) and renamed SVAVA.
1922 until 1926: Time charter to DFDS for service: 1922 and 1923: Libau-Copenhagen-London/Hull and 1924 and 1925: Copenhagen-Antwerp-Western Mediterranean.

7.6.1926: Sold to A/S Dampskibsselskabet Viking, Helsingør.

7.6.1926: Sold to DFDS, Helsingør (from 28.7.1931: Middelfart).
1927: Various tramp voyages: Germany/U.K.-Western Mediterranean.
1928 until 1939: In service: Denmark-Antwerp.
1938: One trip: Copenhagen-Sukkertoppen-Mamorilik-Umanak-Jacobshavn.
1939 until 1940: Service now: Denmark-Leith/London/Liverpool/Swansea.
9.4.1940: At the German occupation of Denmark she was at Antwerp, where she

had arrived 5.4.1940.
10.5.1940: Requisitioned by the Belgian Government.
12.5.1940: Left Antwerp for Ostend and arrived the next day.
13.6.1940: Requisitioned by the British Government (Ministry of Transport) and allocated to S.Marchall & Co., London. Main occupation: coastal and short sea service.

10.3.1944: On voyage Amble-London with coal, sank off Blyth after a collision with FORT DE BEAUSÉJOUR. Nine men were lost.

269. SIGRUN 1926-1940

Cargo steamship, 1 deck • 1337gt, 799nt, 2200dw • 250'0"/240'0"x36'6"x19'0"/16'8" • Sunderland Shipbuilding Co. Ltd., Sunderland, no.223 • 1T 3cyl. (18"-29"-48")x33", 760ihp, 8.5kn., North-Eastern Marine Engineering Co. Ltd., Sunderland • 1(SB) Scotch 3(pf) GS62 HS2255, North-Eastern Marine Engineering Co. Ltd., Sunderland.

31.3.1904: Launch.
30.4.1904: Trial.
2.5.1904: Delivered to A/S Dampskibsselskabet Viking (A.O.Andersen & Co.), Kjøbenhavn as VAGN. Price paid: Kr. 368,006.
5.5.1904: Left Sunderland.
30.3.1914: Sold to A/S Dampskibsselskabet Valkyrien (A.O.Andersen & Co.), Kjøbenhavn (from 13.4.1926: Helsingør) and renamed SIGRUN. Price paid: Kr. 205.000.
26.11.1923: Time charter to DFDS, service: Denmark-Antwerp.
7.6.1926: Sold to A/S Dampskibsselskabet Viking, Helsingør.

7.6.1926: Sold to DFDS, Helsingør (from 1.12.1926: Aarhus, 4.1.1932: Middelfart).
1926 until 1939: Service mainly: Denmark-Antwerp. Occasionally in service: Baltic-Copenhagen-France/Manchester-Liverpool-Swansea.

1938: One trip: Copenhagen-Le Havre-Dunkirk.
1939: One trip: Copenhagen-Bordeaux.
1939: In the "Maltese Cross Fleet" (see no.116).
9.1939 until 4.1940: Service: Denmark-Newcastle/Middlesbrough/Leith/Liverpool/Manchester.

5.1940: Service now: Denmark-Gothenburg/Germany/east coast of Norway.

3.11.1940: On voyage Oslo-Skien torpedoed and sunk by a British submarine off Svenør. 19 men were lost.

270. ULF 1926-1930

Cargo steamship, 1 deck • 1344gt, 797nt, 2200dw • 250'0"/240'3"x36'0"x20'3"/16'10" • Sunderland Shipbuilding Co. Ltd., Sunderland, no.231 • 1T 3cyl. (18"-29"-48")x33", 760ihp, 8.5kn., North-Eastern Marine Engineering Co. Ltd., Sunderland • 1(SB) Scotch 3(cf) GS62 HS2256, North-Eastern Marine Engineering Co. Ltd., Sunderland.

15.6.1905: Launch.
10.7.1905: Trial and delivered to A/S Dampskibsselskabet Viking (A.O.Andersen & Co.), Kjøbenhavn (from 9.4.1926: Helsingør). Price paid: Kr. 362.455.
1923 until 1926: Charter to DFDS for service: 1923 until 1924: London-Copenhagen-Libau or Denmark-Antwerp and 1924 until 1926: Baltic-Copenhagen-France.
27.4.1924 until 5.1924: Equipped with tween deck at Elsinore.

7.6.1926: Sold to DFDS, Helsingør. Service: Baltic-Copenhagen-France.

2.3.1930: On voyage Dunkirk-Middelfart in fog, sank after a collision with S/S ICELAND of London 1236/14 off Norderney lightship. Abandoned by the crew, who rowed to the lightship.

271. BRYNHILD 1926-1953

Cargo steamship, 1 deck • 2195gt, 1345nt, 3650dw • 296'0"/285'0"x43'6"x21'3"/18'6" • Sunderland Shipbuilding Co. Ltd., Sunderland, no.244 • 1T 3cyl. (22"-36.5"-60")x39", 1200ihp, 9kn., North-Eastern Marine Engineering Co. Ltd., Sunderland • 2(SB) Scotch 6(cf) GS96 HS3536, North-Eastern Marine Engineering Co. Ltd., Sunderland.

11.4.1907: Launch.
1.5.1907: Delivered to A/S Dampskibsselskabet Viking (A.O.Andersen & Co.), Kjøbenhavn as LEIF. Price paid: Kr. 581.002.
1.1.1914: Sold to A/S Dampskibsselskabet Valkyrien (A.O.Andersen & Co.), Kjøbenhavn (from 14.4.1926: Helsingør) and renamed BRYNHILD.
1921 until 1926: Frequently time chartered to DFDS, e.g. 1924 and 1925: two trips: Copenhagen-Antwerp-Levant.
7.6.1926: Sold to A/S Dampskibsselskabet Viking, Helsingør.

7.6.1926: Sold to DFDS, Helsingør.
1926 until 1929, 1937 until 1940: Service: Copenhagen-North America.
1927: Also various tramp voyages: e.g. U.K.-Denmark/Western Mediterranean.
1928 and 1929: Also time charter.
1934 until 1936: Service mainly: Baltic-Copenhagen-Manchester-Liverpool-Swansea.
1934 until 1937 and 1946 until 1952: Service also: Copenhagen-Antwerp.
1935: Service also: Baltic-Spain/Portugal.
1938 and 1939: Service also: Copenhagen-South America.
9.4.1940: At the German occupation of Denmark she arrived at Blyth.
10.5.1940: Requisitioned by the British Government (Ministry of Transport) and allocated to Gibson, Rankin Line (G.Gibson & Co.), London.
6.1944: Participated in the Allied invasion of Normandy.
8.11.1945: Returned to DFDS.
17.12.1945 until 6.8.1946: Rebuilt at Elsinore.
1948 until 1950: Service also: Copenhagen-London.
1948: Various tramp voyages.
1950: Service also: Copenhagen-Antwerp-Levant.
1951: Various tramp voyages: Gdansk-France/Hangö-Luleå-Gdansk.
1952: Tramp voyages: Rotterdam/Antwerp-Huelva.
1952: Service also: Copenhagen-Antwerp-Spain/Portugal.
3.7.1952: Laid up at Copenhagen.

9.10.1953: Sold to Sadikzade Nazim Ogullari Vapurculu Komandit Sirketi, Istanbul.
13.10.1953: Taken over by her new owners and renamed KOMODORE HAKKI BURAK. Price paid: £ 25.000.
15.5.1965: Demolition commenced by Sabri Kirzil ve Sukru Turk at Istanbul.

338

272. SVANHILD   1926-1944

Cargo steamship, 1 deck • 2147gt, 1284nt, 3810dw • 300'6"/289'0"x44'0"x21'6"/19'1" • Nylands Verksted, Christiania, no.256 • 1T 3cyl. (21.5"-34.5"-60")x39", 1380ihp, 9.5kn. • 2(SB) Scotch 6(cf) GS115 HS4380 • Passengers: 2.

23.9.1915: Ordered. Contract price: Norwegian Kr. 770,000.
17.1.1919: Launch.
11.4.1919: Trial and delivered to A/S Dampskibsselskabet Valkyrien (A.O.Andersen & Co.), Kjøbenhavn (from 13.4.1926: Helsingør). Price paid: Kr. 1.527.384.
3.3.1922 until 1926: Time charter to DFDS for service: Copenhagen-North America.
7.6.1926: Sold to A/S Dampskibsselskabet Viking, Helsingør.

7.6.1926: Sold to DFDS, Helsingør.
1926 until 1940: Service mainly: Copenhagen-North America.
1929, 1938 and 1939: Occasionally in time charter for service: U.S.A.-West Indies.
1930 and 1934 until 1937: Service also: Denmark-Antwerp.
1934 and 1935: Service also: Baltic-Copenhagen-Manchester-Liverpool-Swansea.

1940: Service now mainly: Denmark-Germany/Sweden.
1941 until 1944: Service mainly: Luleå/Oxelösund-Emden/Bremen with iron ore, returning to Denmark with coal and coke.

9.11.1944: On voyage Copenhagen-Gotenhafen in ballast, sank after a collision with S/S FORTUNA of Bremen 513/93 in the Baltic. The crew was rescued.

273. JYLLAND   1926-1945

Twin screw passenger and cargo motorship, 2 decks and aw • 2762gt, 1559nt, 1620dw, 324'0"/304'0"x 44'0"x28'6"/17'10" • A/S Helsingørs Jernskibs-og Maskinbyggeri, Elsinore, no.176 • 2D 4SA 2x6cyl. (550x900), type B&W 6150-MFX, 3200bhp, 15.5 kn., A/S Burmeister & Wain's Maskin-og Skibsbyggeri, Copenhagen • Passengers: 132 I, 88 III.

26.9.1925: Ordered.
7.10.1925: Keel.
10.4.1926: Launch.
19.6.1926: Trial.
24.6.1926: Delivered to DFDS, Esbjerg. Price paid: Kr. 2,883,112.
24.6.1926: Left Elsinore for Esbjerg and arrived the next day.
26.6.1926 until 3.9.1939: Service mainly: Esbjerg-Harwich.
16.5.1928 until 31.5.1928: One trip: Esbjerg-Leith-Copenhagen-Danish provincial ports-Leith-Esbjerg with 300 Scottish merchants.
25.2.1933 until 8.3.1933: Two trips: Esbjerg-Antwerp-Dunkirk-Esbjerg.
10.2.1934 until 14.2.1934: One trip: Esbjerg-Antwerp-Dunkirk-Esbjerg.
3.9.1939: Laid up at Esbjerg due to the war.
23.6.1940: Left Esbjerg and arrived the next day at Hamburg.
29.6.1940: Left Hamburg for Copenhagen.
1.7.1940: Arrived at Copenhagen from Hamburg and laid up.
19.1.1944: Seized by the Germans.
5.4.1944: Left Copenhagen in tow for Danzig. In service as a target vessel and renamed MUSKETIER.
4.1944: Lying at Gotenhafen as a barrack vessel.

1.6.1944: Management allocated to Weichsel-Dampfschiffsfahrts-A.G., Danzig.
24.4.1945: Left Wismar in tow for Kiel.

3.5.1945: Bombed in an Allied air attack off Travemünde with about 800 refugees from East Prussia. She sank in a position 54.31N-10.21E, while towed by the tug WOGRAM 295/38.

274. DRONNING ALEXANDRINE 1927-1965

Passenger and cargo motorship, 2 decks and aw • 1854gt, 1090nt, 1695dw • 264'0"/250'0"x 38'10"x18'6"/18'3" • A/S Helsingørs Jernskibs-og Maskinbyggeri, Elsinore, no.179 • 1D 4SA 6cyl. (550x1500), type B&W 6150-SS, 1470bhp, 13kn., A/S Burmeister & Wain's Maskin-og Skibsbyggeri, Copenhagen • Passengers: 95 I, 58 II.

DRONNING ALEXANDRINE, the I class dining saloon.

24.6.1926: Ordered.
4.1.1927: Keel.
9.4.1927: Launch.
12.6.1927: Trial.
18.6.1927: Delivered to DFDS, Kjøbenhavn. Price paid: Kr. 1,676,460.
18.6.1927: Left Elsinore for Copenhagen.

22.6.1927 until 1.11.1939: Service: Copenhagen-(Leith)-Torshavn-Vestmanna-Reykjavik-Isafjord-Siglufjord-Akureyri-Øfjord-Copenhagen. Calls at Leith were cancelled in 1934 and 1935.
7.1.1936: Last call at Leith.
10.1.1931: On voyage Leith-Copenhagen with 43 passengers, grounded off Svinbodan at Höganäs. Refloated the same day and towed by the steam tugs EM.Z.SVITZER 370/85 and PLUTO 162/24 to Copenhagen, where she arrived the next day.
12.1.1931: Left Copenhagen for Elsinore and repaired.

1.11.1939: Arrived at Copenhagen and laid up.
19.6.1944: Seized by the Germans.
27.6.1944: Left Copenhagen for Germany. Taken to "Marinelager Frauendorf" where various parts were taken ashore. (These parts were destroyed 30.8.1944 by an air attack).
1.9.1944: Barrack vessel at Stettin renamed ALEX.
1.1945: Used as a target vessel for torpedo training. Renamed LOME.
26.1.1945: Allocated to Hamburg Amerika Linie.
6.8.1945: Returned to DFDS and renamed DRONNING ALEXANDRINE.
23.8.1945 until 7.11.1945: Refurbished at Elsinore.
11.11.1945: Returned to service.
1945 until 1965: Service now: Copenhagen-Torshavn-Reykjavik.
1950 until 1965: Occasionally called at other ports, e.g. Vaag and Trangisvaag.
1950 until 1959: Each year occasionally in time charter to Grønlands Styrelse/Den Kongelige Grønlandske Handel for trips to Greenland. These trips were abandoned after the loss of M/S HANS HEDTOFT of København 1368/58.
3.4.1965: Arrived at Copenhagen from Torshavn and laid up.
24.5.1965: Sold to Walter Ritscher, Hamburg for demolition.
28.5.1965: Taken over by the breakers at Copenhagen. Price paid: £ 24,000.
31.5.1965: Left Copenhagen in tow of FAIRPLAY XIV of Hamburg 136/55 for Hamburg.
3.6.1965: Arrived at Hamburg.
21.6.1965: Demolition commenced.

DRONNING ALEXANDRINE at Larsens Plads, Copenhagen.

275. C.F. TIETGEN (II) 1928-1969

Passenger and cargo motorship, 1 deck and aw • 1850gt, 1036nt, 901dw, 1939: 1938gt, 1065nt, 794dw, 1954: 2785gt, 1652nt, 935dw • 284'6"/270'0"x40'11"x17'0"/15'9.6", 1954: 325'7"/302'3"x40'11"x 17'0"/15'9.6" • A/S Helsingørs Jernskibs-og Maskinbyggeri, Elsinore, no.185 • 1D 4SA 8cyl. (550x1000), type B&W 855-MTF-100, 1950bhp, 14.5 kn., A/S Burmeister & Wain's Maskin-og Skibsbyggeri, Copenhagen, 1939: 1D 2SA 10cyl. (500x900), type B&W 1050-VF-90, 3600bhp, 16.75kn. • Passengers: 173 I, 109 II, 293 III, 1939: 107 I, 104 II, 894 deck, 1954: 126 I, 168 II, 956 deck.

341

▲ C. F. TIETGEN, the smoking saloon.   C. F. TIETGEN, after conversion. Photo after World War II. ▼

C.F. TIETGEN, a four berth cabin with wash basin, II class.

C.F. TIETGEN, the dining saloon after conversion 1954.

C.F. TIETGEN after conversion 1954.

24.1.1928: Ordered.
9.7.1928: Keel.
20.10.1928: Launch.
15.12.1928: Trial.
19.12.1928: Delivered to DFDS, Aarhus. Price paid: Kr. 2,105,000.
20.12.1928: In service.
1928 until 1940 and 1945 until 1969: Service: Copenhagen-Aarhus.
29.5.1930: One return trip: Copenhagen-Elsinore with the participants of an international shipping conference at Copenhagen.
4.2.1939 until 15.6.1939: Rebuilt at Elsinore. New engine installed. The original engine was transferred to TEXAS (no.292).
10.6.1939: Trial after installation of new engine.
16.6.1939: Returned to service.
24.10.1939: Neutrality markings were painted on deck and hull.
17.2.1940: Passenger accommodation gutted by fire, while lying at Aarhus. Two firemen were killed.
7.3.1940 until 27.6.1940: Repaired at Elsinore.
27.6.1940: Laid up at Copenhagen.
6.5.1944: Seized by the Germans instead of M.G.MELCHIOR (no.98).
12.5.1944: Left Copenhagen.
14.5.1944: Used as a depot vessel for the 4th U-boat flotilla at Stettin.
14.5.1944 until 5.9.1944: Management allocated to J.T.Essberger. Renamed ULAN, later on renamed DRAGONIER.
1.9.1944: Barrack vessel for the 24th U-boat flotilla.
5.9.1944: Taken over by the German Navy.
6.3.1945: Used as a target vessel by the 4th U-boat flotilla. Participated in the evacuation of refugees from East Prussia.
18.5.1945: Detected at Flensburg.
16.7.1945: Arrived at Copenhagen.
17.7.1945: Returned at Copenhagen by the Allied to DFDS and renamed C.F.TIETGEN.
11.10.1945 until 1.12.1945: Refurbished at Elsinore.
6.12.1945: One return trip: Copenhagen-Aalborg.
9.12.1945: Returned to service: Copenhagen-Aarhus.
9.2.1947 until 31.3.1947: Laid up due to ice.
1.9.1954: Arrived at A/S Burmeister & Wain, Copenhagen to be lengthened.
7.12.1954: Delivered after lengthening.
21.6.1969: Laid up at Copenhagen.

18.8.1969: Sold to Paul Bergsøe & Søn A/S, Glostrup.
10.12.1969: Left Copenhagen for Masnedø towed by the tugs FRODE of København 96/60 and BRAGE of København 113/65.
5.1970: Demolition commenced by A/S Jernhavnen, Masnedø.
28.10.1970: Reported scrapped.

343

276. ESBJERG (II) 1929-1946

Twin screw, passenger and cargo motorship, 2 decks and aw • 2762gt, 1553nt, 1620dw • 324'0"/304'0"x44'0"x28'6"/17'10" • A/S Helsingørs Jernskibs-og Maskinbyggeri, Elsinore, no.186 • 2D 4SA 2x6cyl. (550x900), type B&W 655-MTF-90, 3200bhp, 15.5kn., A/S Burmeister & Wain's Maskin-og Skibsbyggeri, Copenhagen • Passengers: 132 I, 88 III.

24.1.1928: Ordered.
4.8.1928: Keel.
23.1.1929: Launch.
21.4.1929: Trial.
23.4.1929: Delivered to DFDS, Esbjerg. Price paid: Kr. 2,772.505.
23.4.1929: Left Elsinore for Esbjerg where she arrived the next day.
25.4.1929 until 2.9.1939: Service: Esbjerg-Harwich.
2.9.1939: Arrived at Harwich from Esbjerg and laid up.
6.9.1939: Left Harwich for Frederikshavn and arrived two days later.
9.9.1939: Laid up at Frederikshavn.
23.4.1940: Left Frederikshavn for Copenhagen.
24.4.1940: Laid up at Copenhagen.
20.1.1944: Seized by the Germans.
30.3.1944: Left Copenhagen and arrived at Pillau the next day. Renamed KÜRASSIER.
1.6.1944: Management allocated to Weichsel-Dampfschiffahrts-A.G., Danzig.
10.9.1944: Used by the 23th U-boat flotilla as a target vessel.
1.12.1944: Management taken over by Rickmers-Reederei A.G., Hamburg. Participated in the evacuation of German refugees from East Prussia.
5.1945: Lying at Lübeck.
5.6.1945: Abandoned by the German Navy.
23.7.1945: Left Lübeck with a Danish crew.
25.7.1945: On voyage Lübeck-Copenhagen struck a mine off Stevns and sank in a position 55.14.4N-12.36.7E.

20.6.1946: Salvage attempts commenced by Svitzer.
30.7.1946: S/S ODIN of København 1688/01 ran into the wreck and sank.
1.8.1946: ESBJERG was raised and tightened.
18.9.1946: Arrived at Copenhagen towed by the steam tugs SVAVA 190/07, BIEN 123/17 and SIGYN 198/16, but was found not worth repairing at Danish shipyards.

7.1947: Wreck sold to Spain.
2.8.1947: Left Copenhagen towed by Svitzer's tug FREJA 347/15 for Valencia to be rebuilt. Taken over by Cia. Trasmediterránea S.A., Valencia and renamed CIUDAD DE IBIZA. Service: Valencia-Ibiza.

11.1978: Sold to D.Ricardo Villanova & Cia., Valencia for demolition. Price paid: £ 15,000.
12.1978: Demolition commenced by Salvamento y Demolicion Naval S.A., Vilanova y Geltrú. At Museo Maritimo Roig Toiqs, Vilanova y Geltrú a part of the stem and the stern is at public display.

ESBJERG, the I class hall.

344

277. FREDERICIA   1930-1963

Passenger and cargo motorship, 1 deck • 693gt, 389nt, 500dw • 200'1"/188'0"x32'3"x14'0"/13'2.5" • Frederikshavns Værft &Flydedok A/S, Frederikshavn, no.187 • 1D 4SA 6cyl. (450x850), type B&W 645-MTF-85, 1040bhp, 12kn., A/S Burmeister & Wain's Maskin-og Skibsbyggeri, Copenhagen • Passengers: 16 I, 365 deck.

FREDERICIA, the saloon.

24.5.1929: Ordered.
18.7.1929: Keel.
14.11.1929: Launch.
14/15.5.1930: Trial.
15.5.1930: Delivered to DFDS, Kolding (from 15.4.1941: Fredericia, 25.9.1945: Aalborg, 25.1.1946: Kolding, 9.5.1959: Odense).
19.5.1930 until 7.4.1940: In service: Copenhagen-Fredericia-Middelfart-Kolding.
1937 until 1939 and 1947 until 1950: Each summer she made a trip: Copenhagen-Køge or Elsinore with members of DFDS' own sports club.
16.5.1940 until 21.6.1940: Service mainly: Copenhagen-Fredericia-Kolding.
24.5.1940 until 28.5.1940: Service temporarily: Copenhagen-Samsø-Odense.
23.6.1940 until 3.8.1940: Service: Copenhagen-Aarhus-Fredericia-Kolding.
6.8.1940 until 21.9.1940: Service: Copenhagen-Fredericia-Kolding.
24.9.1940: In service mainly: Copenhagen-Fredericia-Vejle-Horsens.
29.6.1941 until 20.9.1941: Service also: Copenhagen-Aarhus.
20.9.1941 until 5.4.1943: Laid up at Copenhagen.
5.4.1943 until 25.7.1943: Service: Copenhagen-Samsø-Odense.
25.7.1943 until 26.3.1944: Laid up at Copenhagen.
26.3.1944 until 30.4.1944: Service again: Copenhagen-Samsø-Odense.
30.4.1944 until 2.11.1944: Laid up at Copenhagen.
2.11.1944 until 15.2.1945: Service: Copenhagen-Fredericia/Kolding/Vejle/Horsens.
17.2.1945 until 14.12.1945: Service Copenhagen-Aarhus/Aalborg.

1946 until 19.3.1959: Service again mainly: Copenhagen-Fredericia-Kolding.
1953: Occasionally, proceeded to Vejle or Sønderborg.
29.5.1959 until 14.8.1963: Service mainly during summer season: Copenhagen-Samsø-Odense.
1960: Service also: Copenhagen-Randers/Horsens-Vejle.
14.8.1963: Arrived at Copenhagen from Odense and laid up.

30.12.1963: Sold to Cross Channel Container Services Ltd. (Ronan O'Rahilly), Greenore Harbour. Price paid: £ 20,000.
8.1.1964: Taken over by her new owners, who claimed to use her in service U.K.-Ireland and to have her renamed ISEULT. However transferred to Astrenic S.A. (Ronan O'Rahilly), Panama and renamed CAROLINE. Towed from Rotterdam to Greenore Harbour and converted into a broadcasting ship.
27.3.1964: Anchored in a position 51.59.30N-1.32E off the coast of Suffolk as a pirate radio sender. Later shifted to the Irish Sea.
13.7.1964: Still lying at Ramsey Bay off Isle of Man as a pirate radio sender.
15.8.1967: After the British Government legislation prevented supplies being delivered to any radio ship from British ports, CAROLINE continued broadcasting with supplies from the Netherlands.
In 1968 a dispute with Wijsmuller arose over non-payment of supplies, and
3.3.1968 the tug UTRECHT towed her to Amsterdam and she was laid up.

6.1972: Auctioned to Frank Rijsdijk Holland N.V., Hendrik-Ido-Ambacht for demolition. Price paid: £ 3.117.
1972: Demolition commenced.

278. VISTULA   1930-1966

Passenger and cargo motorship, 1 deck and aw • 1250gt, 753nt, 425dw, 1936: 1337gt, 806nt, 355dw • 234'3"/220'0"x35'9"x21'6"/13'1.4", 1936: 261'3"/241'1"x35'9"x21'6"/13'1.25" • A/S Burmeister & Wain's Maskin-og Skibsbyggeri, 'Strandgadeværftet', Copenhagen, no.583 • 1D 4SA 6cyl. (500x900), type B&W 650-MTF-90, 1375bhp, 13kn. • Passengers: 45 I, 216 III, 1936: 48 I, 108 II, 294 deck.

11.9.1929: Ordered. Contract price: Kr. 1,115,000.
4.12.1929: Keel.
10.4.1930: Launch.
7.6.1930: Trial and delivered to DFDS, København (from 6.11.1937: Frederikshavn).
10.6.1930 until 5.7.1930: Maiden voyage with guests for the "Rebild" day: Copenhagen-Rønne-Nakskov-Kalundborg-Odense-Svendborg-Aabenraa-Kolding-Fredericia-Vejle-Ebeltoft-Aarhus-Randers-Mariager-Hobro-Frederikshavn-Aalborg-Copenhagen.
31.7.1930 until 1932: Service (emigrants from Baltic ports to Skandinavien-Amerika Linien): Copenhagen-Gdynia-Danzig/Memel/Libau/(Leningrad)-Copenhagen.
21.6.1931 until 30.6.1931: One return trip: Copenhagen-Stockholm.
1932 until 1935: Occasionally relief vessel: Copenhagen-Aarhus/Aalborg/Oslo.
6.7.1932 until 12.7.1932: Cruise: Copenhagen-Visby-Sopot-Sassnitz-Copenhagen.
16.7.1932 until 25.8.1932: One trip: Copenhagen-Frederikshavn-Copenhagen-Middelfart-Svendborg-Copenhagen-Aarhus-Svendborg-Copenhagen.
31.10.1932 until 12.4.1933: Laid up at Copenhagen.
14.6.1933 until 18.6.1933: One trip: Copenhagen-Memel-Helsinki-Copenhagen.
24.6.1933 until 17.7.1933: Service: Copenhagen-Aarhus/Svendborg.
18.7.1933 until 5.6.1934: Mainly laid up at Copenhagen.

5.6.1934 until 8.6.1934: One trip: Copenhagen-Gdynia-Memel-Libau-Copenhagen.
16.6.1934 until 23.6.1934: One trip: Copenhagen-Aarhus-Svendborg-Copenhagen.
23.6.1934 until 22.9.1934 and 26.6.1935 until 19.8.1935: Service: Copenhagen-Frederikshavn-Copenhagen-Sopot-Danzig-Copenhagen.
24.9.1934 until 2.2.1935: Laid up at Copenhagen.
3.2.1935 until 13.3.1935 and 3.1.1936 until 15.3.1936: Service: Copenhagen-Oslo.
24.4.1935 until 4.5.1935, 8.6.1935 until 18.6.1935 and 19.8.1935 until 12.9.1935: Four return trips: Copenhagen-Brussels.
25.8.1936 until 10.9.1936: One trip: Copenhagen-Harwich-Svendborg-Copenhagen-Aarhus-Harwich-Copenhagen. During the voyage with 150 British guests invited by DFDS and the Danish Bacon Co., VISTULA grounded near Flæskegrunden (the Pork Ground) in Grønsund on 1.9.1936. Refloated by SVAVA 162/07 and BIEN 116/17 and continued her voyage.
29.9.1936 until 17.12.1936: New bow section fitted at Elsinore and converted for carrying cars.

VISTULA after lengthening 1936. Photo taken 22 May 1937

346

25.3.1937 until 30.9.1937, 13.4.1938 until 12.9.1938 and 26.5.1939 until 4.9.1939: Service: Copenhagen-Stettin.
1.1.1937 until 3.1.1937: One return trip: Copenhagen-Oslo.
2.11.1937 until 1.4.1938, 14.9.1938 until 31.3.1939, 12.4.1939 until 10.5.1939 and 6.9.1939 until 29.9.1939: Service: Copenhagen-Frederikshavn-Horten-Oslo.
4.4.1939 until 12.4.1939: Three trips: Copenhagen-Aarhus.
1939: While at Frederikshavn fitted with a propeller nozzle, which seems to have been removed in the 1940'es.
29.9.1939: Laid up at Copenhagen.
18.4.1944: Seized by the Germans.
29.4.1944: Left Copenhagen in tow for Germany. Management allocated to Weichsel-Dampfschiffsfahrts-A.G., Danzig.
Converted into a hospital vessel.
15.9.1944: Renamed WÜRZBURG.
6.1.1945 until 15.5.1945: In service as a hospital ship at Danzig.
18.5.1945: Detected in Flensburg Fjord.
12.8.1945: Arrived at Copenhagen from Flensburg.
13.8.1945: Returned to DFDS by the Allied forces. Renamed VISTULA.
11.9.1945 until 16.12.1945: Refurbished at Frederikshavn. Charter to The Danish Government, handed over free of charge to U.K. Government for service as a troopship.
19.12.1945: Left Copenhagen for Tilbury, where she arrived 24.12.1945. Converted at Tilbury for use as a troopship.
26.1.1946 until 30.1.1946: In service: Tilbury-Ostend.
19.2.1946 until 6.3.1946: Service now: Tilbury-Hook of Holland.
9.3.1946: Returned to Copenhagen and laid up.
20.9.1946 until 16.12.1947: Refurbished at Elsinore.

21.12.1947 until 4.1.1948: Service: Copenhagen-Oslo/Aarhus.
31.1.1948 until 1965: Service mainly: Frederikshavn-Oslo and Frederikshavn-Copenhagen until 1958.
21.4.1948 until 14.5.1948, 21.12.1949 until 3.1.1949 and 23.4.1949 until 13.5.1949: Service also: Copenhagen-Oslo.
1948 until 1953 and 1959: Occasionally relief vessel: Copenhagen-Aalborg/Århus.
8.5.1952 until 11.5.1952: Charter to the insurance company Hafnia for a trip: Copenhagen-Grenaa-Århus-Copenhagen.
21.6.1964 until 1.9.1964: In service: Copenhagen-Frederikshavn.
3.9.1964 until 20.2.1965: Service: Frederikshavn-Oslo.
21.2.1965: Laid up at Copenhagen.
15.3.1966: Arrived at Aalborg and docked for inspection.

20.4.1966: Sold to Laiva O/Y Polar (Antti Lempiäinen O/Y), Helsinki.
27.4.1966: Taken over and renamed POLAR. Price paid: £ 50.000.
16.5.1967 until 4.9.1967: Service: Rauma-Gävle.
1.12.1968: Laid up at Helsinki, after the company went bankrupt.
1968: Sold to O/Y Thun & Co. A/B, Helsinki and renamed STELLA POLAR. Service: Fredrikstad-(Kungshamn-Marstrand)-Skagen.
6.7.1968 until 30.4.1969: In service: Copenhagen-Trelleborg.

11.12.1969: Deleted from Finnish registry, sold to Jos.Boel & Fils, Tamise, Belgium for demolition. Price paid: £ 15.000.
18.12.1969: Taken over by the breakers.
8.1970: Demolition commenced by N.V. Boelwerf at their Tamise yard.

VISTULA, propeller nozzle fitted 1939.

Hospital ship WÜRZBURG

347

279. ALEXANDRA (II) 1931-1964

Cargo steamship, 2 decks • 1463gt, 766nt, 1700dw • 280'0"/265'0"x39'0"x19'6"/17'7" • A/S Helsingørs Jernskibs-og Maskinbyggeri, Elsinore, no.200 • 1C 4cyl. (2x18.3"-2x39.4")x39.4", type L.E.S.10, 1570ihp, 12 kn. 2(SB) Scotch 6(cf) GS100 HS3960 • Passengers: 12.

15.5.1930: Ordered. She was the last steamer contracted by DFDS.
17.9.1930: Keel.
20.12.1930: Launch.
26.2.1931: Trial and delivered to DFDS, Esbjerg (from 28.6.1946: Aalborg, 18.11.1946: Esbjerg). Price paid: Kr. 1,172,658.
28.2.1931: Left Elsinore for Esbjerg and arrived two days later.
3.3.1931 until 1964: Service mainly: Esbjerg-Grimsby.
1939: In the "Maltese Cross Fleet" (see no.116).
9.1939 until 4.1940: Service now: Esbjerg-Tilbury/Grimsby/Newcastle/Manchester/Glasgow.
1940: Service: Denmark-Hamburg.
21.8.1940: Laid up at Esbjerg.
19.9.1941: Left Esbjerg for Frederikshavn via the Kiel Canal.
24.9.1941: Arrived at Frederikshavn and laid up.
22.11.1941: Left Frederikshavn for Copenhagen, arrived the next day and laid up.
21.1.1943: Left Copenhagen for Danzig. Service: Denmark-Danzig/Gotenhafen/Stettin.
24.12.1943 until 5.11.1944: Laid up at Copenhagen.
5.11.1944 until 16.11.1944: One return trip: Copenhagen-Assens.
4.12.1944 until 13.2.1945: Service: Stettin-Denmark with coal.
25.3.1945: Seized at Svendborg by the Germans.
8.4.1945: Returned to DFDS.
1945 and 1951: Service also: Copenhagen/Aarhus/Aalborg/Esbjerg-Le Havre.
1945, 1946 and 1957 until 1961: Service also: Copenhagen/Århus-London.
1945: Service also: Denmark-Antwerp.
1945: One tramp voyage: Menstad-Bandholm.
1946, 1948 and 1951: Service also: Copenhagen/Århus/Aalborg-Hull.
1950 until 1958: Service also: Esbjerg-London.
19.6.1956 until 13.8.1956: Converted into oilfiring at Aarhus.
1956 until 1961: Service also: Copenhagen-Aarhus-Aalborg-Newcastle-Middlesbrough.
1961 until 1963: Service now mainly: Esbjerg-Harwich.
30.8.1964: Arrived at Esbjerg from Grimsby and laid up.

TYR (168) and ALEXANDRA, members of the "Maltese Cross Fleet".

3.12.1964: Sold to Dionysios Vassilatos (12%), Solon Condos (28%), Ilias Condos (10%), Ilias Goumas(15%), Gerassimos Moriatis (12%), Vassiliki Widow Dionyssioy Valianatou (15%) and Ourania Widow Dionyssiou Messary (8%), Piraeus.

5.12.1964: Taken over by her new owners without change of name. Price paid: £30,500.

21.2.1965: On voyage Piraeus-Tripoli, Libya stranded off Tripoli, subsequently refloated and arrived at Piraeus 8.3.1965. Sold to Yugoslavia for demolition.

31.7.1965: Left Piraeus in tow for Split.
9.1965: Demolition commenced by BRODOSPAS.

280. ENGLAND (I) 1932-1944

Twin screw passenger and cargo motorship, 2 decks and aw • 2767gt, 1543nt, 1715dw • 324'2"/304'0"x 44'0"x28'6"/18'2" • A/S Helsingørs Jernskibs-og Maskinbyggeri, Elsinore, no.204 • 2D 4SA 2x6cyl. (550x900), type B&W 655-MTF-90, 3200bhp, 15.5kn., A/S Burmeister & Wain's Maskin- og Skibsbyggeri, Copenhagen • Passengers: 108 I, 82 III.

25.6.1931: Ordered.
20.8.1931: Keel.
14.1.1932: Launch.
19.4.1932: Trial.
20.4.1932: Delivered to DFDS, Esbjerg. Price paid: Kr. 2,259,884.
21.4.1932: Left Elsinore for Esbjerg and arrived the next day.
23.4.1932 until 2.9.1939: Service mainly: Esbjerg-Harwich.
12.11.1932 until 16.11.1932: One trip: Esbjerg-Antwerp-Dunkirk-Esbjerg.
2.9.1939: Laid up at Esbjerg at the outbreak of the war.
26.6.1940: Left Esbjerg for Hamburg and arrived the next day.
30.6.1940: Left Hamburg for Copenhagen.
2.7.1940: Arrived at Copenhagen from Hamburg and laid up.
19.1.1944: Seized by the Germans.
22.3.1944: Left Copenhagen in tow for Stettin, where she arrived the next day. Used as a barrack vessel by the 4th U-boat flotilla and renamed GRENADIER.
28.4.1944: Management allocated to J.T.Essberger.
14.5.1944: Taken over by the German Navy to be repaired by Howaldtswerke, Kiel.
27.8.1944: Heavily damaged during an air attack during repair at Kiel. Towed from the shipyard while on fire and beached.
22.9.1944: Inspected and was found not worth repairing.
17.6.1949: Reported refloated by Peter Riggelsen, Tønder and J.Martensens Maskinfabrik, Sønderborg.
3.6.1950: Arrived in tow at Flensburg Schiffsbau-Gesellschaft. The engines were removed.
7.1950: The hull towed to Odense and scrapped by H.J.Hansen.

ENGLAND, a view of the promenade deck.

281. DELAWARE (II) 1933-1956

Cargo steamship, 1 deck and sh • 2280/3212gt, 1333/2354nt, 4460/-dw • 323'0"/310'0"x44'9"/44'6"x 30'0"/21'0" • A/B Öresundsvarvet, Landskrona, no.3 • 2ST, type de Laval geared to screw shaft, 1350shp, 9kn., A/B de Lavals Ångturbin, Stockholm • 2(SB) Scotch 6(cf) GS82 HS3533, Karlstads Mekaniske Verkstad, Karlstad • Passengers: 2.

1.12.1917: Ordered.
2.1919: Keel.
9.8.1919: Launch.
29.11.1919: Trial.
1.12.1919: Delivered to A/S Det Oversøiske Compagnie (F.Hoppe), København as COPENHAGEN.
1929: Company liquidated.
9.9.1929: Sold to A/S Dampskibsselskabet Viking (A.O.Andersen), København and renamed DELAWARE.
24.9.1929: Taken over by her new owners and chartered by DFDS for service: Copenhagen-North America.

23.3.1933: Company amalgamated with DFDS, København.
1933 until 1940: Service mainly the same: Copenhagen-North America.
1935: Also in time charter.
1940: Service now: Denmark-Germany/Baltic/Norway.
1941 and 1942: Service mainly: Germany/Holland-Denmark with coal.
7.7.1941: On voyage Rotterdam-Copenhagen with coke, heavily damaged by a British air attack in the Northsea off the Elbe estuary. Four men were killed.
8.7.1941: Returned to Rotterdam.
22.7.1941 until 2.8.1941: Docked at Rotterdam and temporarily repaired.
5.8.1941: Left Rotterdam for Copenhagen.
14.8.1941 until 17.11.1941: Finally repaired at Frederikshavn.

1942 until 1943: Service mainly: Luleå/Oxelösund-Hamburg/Emden with iron ore and returned to Denmark with coal.
11.2.1945: Laid up at Troense.
30.3.1945: To prevent her from being seized by the Germans, important parts of the machinery were removed by saboteurs.
26.5.1945: Left Troense.
1945 until 1946: Service: Copenhagen-Spain/Portugal.
1945: One trip: Copenhagen-Haparanda-Grangemouth.
1946: Service: Copenhagen-South America.
1946 and 1951 until 1956: Service also: Copenhagen-London.
1946 until 1951: Service now mainly: Copenhagen-Antwerp-Levant.
1948: Service also: Antwerp-Dunkirk.

1948 until 1949: Service also: Denmark-Antwerp.
27.3.1956: Laid up at Copenhagen.

16.5.1956: Sold to Achilles Compañia de Comercio y Navegación S.A. (Unióne Società Navigazione di Catania), Panama.
22.5.1956: Taken over and renamed GALATEA. Price paid: £ 80,000. On her first voyage for her new owners from Gdansk to Taormina, she had a turbine breakdown in the Channel due to water in the low presure turbine.
7.1957: Converted into oilfiring.

30.12.1960: On voyage Saigon-the Philippines grounded on Pearson Reef in a position 8.50N-113.00E. The bow firmly rested on the coral reef. Abandoned as a total loss.

282. GEORGIA 1933-1956

Cargo steamship, 1 deck and sh • 2272/3212gt, 1327/2354nt, 4460/-dw • 323'0"/310'0"x44'9"/44'6"x 30'0"/21'0.25" • A/B Öresundsvarvet, Landskrona, no.4 • 2ST, type de Laval geared to screw shaft, 1350shp, 9kn., A/B de Lavals Ångturbin, Stockholm • 2(SB) Scotch 6(cf) GS82 HS3533, Karlstads Mekaniske Verkstad, Karlstad • Passengers: 4.

1.12.1917: Ordered.
7.1919: Keel.
15.12.1919: Launch.
31.5.1920: Delivered to A/S Det Oversøiske Compagnie (F.Hoppe), København as YOKOHAMA.
1929: Company liquidated.
9.9.1929: Sold to A/S Dampskibsselskabet Viking (Axel Olaf Andersen), København and renamed GEORGIA.
28.9.1929: Taken over by her new owners and chartered to DFDS for service: Copenhagen-North America.

23.3.1933: Company amalgamated with DFDS, København.
1933 until 1940: Service: Copenhagen-North America/South America.

GEORGIA renamed ARISTIDES during World War II, heavily armed with anti aircraft armament. For safety the lifeboats were swung out ready to be used

9.4.1940: At the German occupation of Denmark she arrived at New York and was laid up.
12.7.1941: Requisitioned by U.S. Maritime Commission.
26.9.1941: Transferred to Panamanean registry and renamed ARISTIDES.
14.12.1941: Delivered at New York for charter to United States Lines Co.
25.9.1942: Delivered at New York for charter to Isbrantsen Steam Ship Co. Inc.
2.8.1943: Bareboat chartered by War Shipping Administration and allocated to U.S. Army Transport.
30.5.1944: Delivered at Mobile for charter to Watermann Steam Ship Corp.
29.7.1944: Delivered at Mobile for charter to Danish Ship Operating Corp.
22.9.1945: Transferred to the Reserve Fleet. Laid up at Charleston after an engine breakdown. Used for training in loading/unloading of heavy war materiel.
13.6.1946: Taken over by War Shipping Administration.
14.6.1946: Returned at Norfolk to DFDS and renamed GEORGIA.
1946: Service: Copenhagen-North America.
1947 until 1950: Service mainly: Copenhagen-Antwerp-Levant/Western Mediterranean.
1948 until 1951: Service also: Denmark-Antwerp.
1948 and 1949: Various tramp voyages: Gdynia-France.
1949: Service also: Copenhagen-South America.
1949: Tramp voyages: Rotterdam-Italy, Bona-Dublin and Sfax-Barrow in Furness.
1950: One trip: Århus-Hull-London.
1951 until 1956: Service now mainly: Copenhagen-London.
5.4.1956: Arrived at Copenhagen from London and laid up.

16.5.1956: Sold together with DELAWARE (no.281) to Achilles Compañia de Comercio y Navegación S.A. (Unióne Società Navigazione di Catania), Panama.
22.5.1956: Taken over by her new owners and renamed ACI. Price paid: £ 80,000.
10.8.1962: Laid up at Catania.

20.7.1964: Arrived at Split to be broken up by BRODOSPAS.
8.1964: Demolition commenced.

283. VIRGINIA (II) 1933-1952

Cargo steamship, 1 deck and sh • 4088/5343gt, 2506/4159nt, 7505/8150dw • 389'4"/375'0"x 52'0"x35'8"/24'7.5"//26'0" • A/S Kjøbenhavns Flydedok og Skibsværft, Søndre Værft, Copenhagen, no.145 • 2ST, type STAL geared to screw shaft, 2500shp, 10kn., Svenska Turbinfabriks A/B Ljungström (STAL), Finspång • 2(SB) Scotch 6(cf) GS115 HS4666 [1] • Passengers: 2.

6.3.1918: Ordered by Hans Jensen, Copenhagen. Contract price: about kr. 3.7 mil.
12.12.1918: Contract sold.
1.10.1919: Keel.
22.9.1920: Launched from building dock at Søndre Værft.
29.12.1920: Trial and delivered to A/S Det Oversøiske Compagnie (F.Hoppe), København as PACIFIC.
1929: Company liquidated.
9.9.1929: Sold to A/S Dampskibsselskabet Viking (A.O.Andersen), København.
17.1.1930: Taken over by her new owners at Elsinore.
28.1.1930: Renamed VIRGINIA and

chartered to DFDS for service: Copenhagen-South America.

23.3.1933: Company amalgamated with DFDS, København.
1933 until 1940: Service remained the same: Copenhagen-South America.
1938: Service also: Copenhagen-North America.
1940 until 1945: Service mainly: Oxelösund/Luleå-Bremen/Emden/Hamburg with iron ore. On the return trips coal or coke for Denmark.
30.9.1941: On voyage Luleå-Emden with 7,200 tons of iron ore, grounded off Stockholm.
2.10.1941: Refloated and continued to Stockholm for inspection.
21.7.1942: On voyage Emden-Luleå in ballast struck a mine off Trelleborg. Arrived in a severely damaged condition at Trelleborg and was eventually towed by SEJRØ (no.12A) and TYR 119/08 to Elsinore for repairs.
23.7.1942 until 5.11.1942: Repaired at Elsinore.
1945 and 1947: Service: Copenhagen-North America.
8.2.1946: Arrived at Glasgow with rudder damage, while on a voyage Copenhagen-New York. Cargo discharged and then loaded in MAINE (no.301).
12.6.1946: Left Glasgow for the Levant after repairs.
1946: Service: Copenhagen-Immingham.

1946 until 1952: Service again mainly: Copenhagen-South America.
1946 until 1950: Service also: Copenhagen-Antwerp-Levant.
28.3.1947 until 23.6.1947: Converted into oilfiring at Nordhavnsværftet A/S, Copenhagen.
1947: One trip: Copenhagen-Safi-Portugal.
17.7.1949 until 28.9.1949: Refurbished at Elsinore. Price paid: Kr. 500,000.
1949 and 1950: Tramp voyages: Gdynia-Italy.
21.1.1951: On voyage Korsør-Aarhus with a cargo of oilcakes, a fire broke out in the cargo. She continued to Århus, where she sank due to the water from the fire extinction. Refloated.
12.2.1951: Left Århus and returned to service.
1952: Two trips: Murmansk-Szczecin.

22.12.1952: Sold to Israeli Judges Lines Ld. (Trade Winds Corp.), Haifa.
27.12.1952: Taken over by her new owners and renamed BEN NUN. Price paid: £100,000.
9.8.1953: Laid up at Taranto with engine trouble.

10.1954: Demolition commenced in Italy.

---

[1] Fitted for oilfiring, later converted into coalfiring.

VIRGINIA at Copenhagen. Notice the old-fashioned counter stern and the single-plate rudder. The emergency steering gear is arranged on top of the deckhouse on the poop. Mostly the port of registry for the DFDS's ships was KØBENHAVN, till the 1920es spelled KJØBENHAVN.

284. ALABAMA (II) 1933-1949

Cargo steamship, 2 decks and sh • 4575/6131gt, 2748/4500nt, 8462/9256dw • 417'8"/400'0"x53'8/53'6"x 36'6"/25'5"//26'8" • A/B Öresundsvarvet, Landskrona, no.18 • 1ST, type de Laval geared to screw shaft, 2400shp, 9.5kn., A/B de Lavals Ångturbin, Stockholm • 3(SB) Scotch 9(cf) GS123 HS5580, A.G. Vulcan, Bremen-Vegesack [1] • Passengers: 6.

19.7.1918: Ordered.
3.9.1919: Keel.
5.10.1920: Launch.
13.1.1921: Delivered to A/S Det Oversøiske Compagnie (F.Hoppe), København as ATLANTIC. Service: West Indies and South Pacific.
1929: Company liquidated.
9.9.1929: Sold to A/S Dampskibsselskabet Viking (A.O.Andersen), København.
30.1.1930: Taken over by her new owners at Newport, Monmouth.
21.2.1930: Renamed ALABAMA and chartered to DFDS for service: Copenhagen-South America.

23.3.1933: Company amalgamated with DFDS, København (from 3.5.1940: Odense).
1933 until 1940: Service remained mainly the same: Copenhagen-South America.
1935: Service also: Copenhagen-North America or in time charter.
1940 until 1944: Service mainly: Luleå/Oxelösund-Hamburg/Bremen/Emden with iron ore, returning to Denmark with coal or coke.
17.9.1944: Arrived at Stockholm from Copenhagen for minor repairs.
11.1944: Detained by the Swedish authorities together with BRASILIEN (no.264) and laid up until the end of the war.
18.6.1945: Left Stockholm for Copenhagen.
1945 until 1949: Service now: Copenhagen-North America/South America.
1946: Service also: Copenhagen-Levant/Aalborg-Portugal-Spain-Marocco.

20.1.1947 until 18.3.1947: Converted into oilfiring at Nordhavnsværftet A/S, Copenhagen.
1948: Various tramp voyages: Melilla-Ymuiden, Cardiff/Rotterdam-Italy and Tunis/Toulon-U.K.
1948: Service also: Denmark-Antwerp.
1949: Tramp voyages: Gdynia/Antwerp-Italy.
30.8.1949: Arrived at Århus and laid up.

19.10.1949: Sold to Luigi Monta fu Carlo, Genova.
21.10.1949: Taken over by the new owners and renamed MARILU. Price paid: $ 180,000.
1953: On voyage Tsingtao-Singapore during charter to China Ocean Navigation Company, loaded with 7,000 tons of ore and 1,000 tons of raw silk, beancake and other commodities, captured by Chinese Nationalists and taken to Keelung.
1956: Sold to Società Armamento Marittimo A.R.L. (SOARMA), Genova and renamed PRATELLA.

24.7.1960: Sold to "CARBOCOKO" Società di Navigazione S.p.A., Palermo for demolition.
5.1961: Demolition commenced by Terrestre Marittima S.p.A., La Spezia.

___
[1] Fitted for oilfiring, later converted into coalfiring.

285. TENNESSEE 1933-1942

Cargo steamship, 1 deck • 2342gt, 1368nt, 4225dw • 315'0"/300'0"x44'0"x22'11"/20'10" • Baltica-Værftet A/S, Copenhagen, no.4 • 2ST geared to screw shaft, 1350shp, 9kn., Jönköping Mekaniska Werkstads A/B, Jönköping, 1927: 1T 3cyl. (20"-32"-53")x36", 1050ihp, 9kn., A/S Helsingørs Jernskibs-og Maskinbyggeri, Elsinore • 2(SB) Scotch 4(cf) HS2800, Jönköping Mekaniska Werkstads A/B, Jönköping [1] • Passengers: 2.

29.9.1920: Launch.
24.2.1921: Trial and delivered to A/S Det Kjøbenhavnske Dampskibsselskab (F. Hoppe), København as FREDENSBRO.
19.10.1923: Sold to A/S Det Oversøiske Compagnie (F.Hoppe), København. Name unchanged.
27.10.1926: On voyage Philadelphia-Belfast with coal, collided with S/S MANCHESTER SHIPPER of Manchester 4038/00 during manouvering on Delaware River and sank.

353

18.12.1926: Refloated by the Philadelphia Salvage Corp., after her cargo had been discharged.
4.4.1927: Left Philadelphia for Elsinore, after being repaired by Moe & Co., Philadelphia.
28.4.1927: Arrived at Copenhagen.
14.5.1927: Arrived at Kiel. New engine installed by Howaldts Werke.
8.1927: Returned to service.
1929: Company liquidated.
24.8.1929: Sold to A/S Dampskibsselskabet Viking (A.O.Andersen), København, renamed TENNESSEE and chartered to DFDS for service: Copenhagen-North America.

23.3.1933: Company amalgamated with DFDS, København.

1933 until 1940: Service remained mainly the same: Copenhagen-North America.
1935: One trip: U.K.-Western Mediterranean-Denmark.
1936, 1938 and 1939: Service also: Copenhagen-South America.
10.4.1940: Arrived at Torshavn after the German occupation of Denmark.
15.4.1940: Proceeded to Kirkwall and Aberdeen and arrived 17.4.1940.
1.6.1940: Seized by the British Government (Ministry of Transport) and allocated to Common Bros. Ltd., London.
4.4.1942: On voyage from Tyne in a convoy, damaged in a collision with S/S LAB of Porsgrunn 1118/12. Repaired and returned to service.

22.9.1942: On voyage Three Rivers, Canada-Tyne loaded with 3438 tons of wheat, torpedoed by the German submarine U-617 while in a convoy and sank in a position 58.40N-33.41W. She sank within three minutes. 16 men were lost. Twelve crew members were rescued in a lifeboat and later picked up by a British corvette. The eight remaining crew members were picked up by an American patrolboat INGHAM after four days on a liferaft.

———

[1] Fitted for oilfiring, later converted into coalfiring.

286. TUNIS 1936-1966

Cargo motorship, 1 deck and sh • 1641gt, 925nt, 2545dw, 1949: 1690gt, 917nt, 2220dw • 288'1"/270'0"x 40'3"x26'6"/18'3.5" • A/S Helsingørs Jernskibs-og Maskinbyggeri, Elsinore, no.231 • 1D 2SA 5cyl. (500x900), type B&W 550-VF-90, 1600bhp, 12.5kn., A/S Burmeister & Wain's Maskin- og Skibsbyggeri, Copenhagen • Passengers: 12.

31.5.1935: Ordered.
10.8.1935: Keel.
8.11.1935: Launch.
14.1.1936: Trial.
15.1.1936: Delivered to DFDS, København. Price paid: Kr. 1,313,037.
16.1.1936: Left Elsinore for Copenhagen.
18.1.1936: Left Copenhagen for Antwerp on her maiden voyage.
1936 until 1938: Service: Copenhagen-Antwerp-Western Mediterranean.
1938 until 1939: Service now: Copenhagen-Antwerp-Levant.

1939 until 1940: Service now: Copenhagen-North America.
3.4.1940: Left New York for Copenhagen.
9.4.1940: At the German occupation of Denmark it was decided to return to New York, where she arrived 15.4.1940 and laid up.
21.7.1941: Requisitioned by U.S. Maritime Commission, transferred to Panamanean registry and renamed AQUILA.
21.7.1941: Delivered at New York for charter to Marine Operating Co. Inc.
11.8.1941: Taken over at Baltimore, bareboat chartered by the Navy Department. Renamed AK-47 AQUILA.
1.12.1941 until 10.10.1942: Five trips: New York/Boston-Reykjavik.
10.1942 until 9.10.1945: Operated out of New York and Norfolk. 22 trips to Guantanamo Bay, Cuba, 8 trips to Bermuda, two trips to San Juan, Puerto Rico, two trips to Cristobal and finally one trip to the Azores.
9.10.1945: Delivered at Portsmouth, Virginia for new charter to Alcoa Steam Ship Co. Inc. and renamed BONANZA.

25.6.1946: Returned to DFDS at New York and renamed TUNIS.
28.6.1946: Left New York via Newport News for Bremen and Copenhagen.
1946 until 1949, 1952 and 1953: Service mainly: Copenhagen-Antwerp-Levant/Western Mediterranean.
1948: Service also: Copenhagen-Antwerp.
27.1.1949 until 31.5.1949: Refrigerated space enlarged at Frederikshavn.
1949 until 1952: Service now mainly: Denmark-London.
1953 until 1965: Service: Denmark-U.K.
1965: One return trip: Esbjerg-Algier.
20.12.1965: Laid up at Copenhagen.
9.3.1966: Docked at Frederikshavn for inspection.

5.4.1966: Sold to Eletson Maritime Corp., Piraeus.
13.4.1966: Taken over by her new owners and renamed MARIA T. Price paid: £ 52,000.

TUNIS renamed AQUILA during World War II, heavily armed with anti aircraft armament.

1972: Sold to Rigas Bros. & Dinos Mitropoulis, Piraeus and renamed MATHIOS.

8.1978: Demolition commenced by Kyriazis Bros.

287. MAROCCO 1936-1966

Cargo motorship, 1 deck and sh • 1641gt, 924nt, 2545dw, 1949: 1684gt, 925nt, 2306dw • 288'1"/270'0"x 40'3"x26'6"/18'3.5" • A/S Helsingørs Jernskibs-og Maskinbyggeri, Elsinore, no.232. 1D 2SA 5cyl. (500x900), type B&W 550-VF-90, 1600bhp, 12.5kn., A/S Burmeister & Wain's Maskin- og Skibsbyggeri, Copenhagen • Passengers: 12.

31.5.1935: Ordered.
14.9.1935: Keel.
17.12.1935: Launch.
14.2.1936: Trial.
15.2.1936: Delivered to DFDS, København. Price paid: Kr. 1,313,286.
17.2.1936: Left Elsinore for Copenhagen.
19.2.1936: Left Copenhagen for Antwerp on her maiden voyage.
1936 until 1939: Service: Copenhagen-Antwerp-Western Mediterranean.
1939 until 1940: Service now: Copenhagen-North America.
9.4.1940: At the German occupation of Denmark she was at Oslo, where she had arrived 3 days before.
25.4.1940: Left Oslo.
27.4.1940: Arrived at Copenhagen from Oslo and laid up until the end of the war.
31.5.1945 until 22.6.1945: Docked at Elsinore.
1945 until 1949: Service mainly: Copenhagen-Antwerp-Western Mediterranean.
1945: Service also: Copenhagen-Grimsby and Herøya-Denmark.
1946: Service also: Copenhagen-Antwerp-Levant.
11.4.1949 until 31.7.1949: Refrigerated space enlarged at Frederikshavn.
1949 until 1964: Service mainly: Denmark-London.
1951: One trip: Kolding-Esbjerg-Montreal.
1952 and 1953: Service also: Copenhagen-Antwerp-Western Mediterranean.
1952 and 1956 until 1962: Service also: Esbjerg-Grimsby.
1965 and 1966: Service now: Denmark-U.K.
4.6.1966: Arrived at Århus from Esbjerg and docked.

22.6.1966: Sold to Fetouris Gerassimos, Androulakis Minas and Papadopulos Dimitrios, Piraeus.
29.6.1966: Taken over by her new owners and renamed SANTA CRUZ. Price paid: £ 49,000.
1971: Sold to Dimitrios Maganoudatsis, Piraeus and renamed DIMITRA M.

11.1978: Demolition commenced at a Greek port.

288. AALBORGHUS (II) 1936-1968

Passenger motorship, 2 decks and aw • 2079gt, 1186nt, 960dw • 292'11"/270'0"x42'3"x17'6"/15'11.4" • A/S Nakskov Skibsværft, Nakskov, no.72 • 1D 2SA 9cyl. (500x900), type B&W 950-VF-90, 2975bhp, 16kn., A/S Burmeister & Wain's Maskin- og Skibsbyggeri, Copenhagen • Passengers: 66 I, 216 II, 875 deck.

3.7.1935: Ordered.
16.11.1935: Keel.
16.4.1936: Launch, postponed from 7.3.1936 due to lockout.
25.6.1936: Delivered to DFDS, Aalborg. Price paid: about Kr. 2,200,000.
27.6.1936 until 17.4.1940: In service: Copenhagen-Aalborg. Occasionally relief vessel in service: Copenhagen-Aarhus.
26.10.1939: Neutrality markings painted on deck and hull.
17.4.1940: Arrived at Copenhagen from Aalborg.
20.4.1940 until 13.7.1940: Docked at A/S Burmeister & Wain, Copenhagen.
13.7.1940: Laid up at Copenhagen.
25.11.1944: Seized by the Germans as a reprisal for the escape to Swedish waters of the motorferry STOREBÆLT of Korsør 2942/39.
10.12.1944: Left Copenhagen for Germany and renamed SCHILL. In service as "Begleit-& Führerschiff".
8.5.1945: Returned to DFDS at Kolding by the Allied and renamed AALBORGHUS.
19.8.1945: In service: Copenhagen-Aarhus.
8.11.1945 until 20.6.1950: Service again: Copenhagen-Aalborg.
1950 until 1956: Service now mainly in the summer season: Copenhagen-Oslo.
1951 until 1966: Occasionally relief vessel in service: Copenhagen-Aalborg/Århus.
1957 until 1958: Service now mainly in the summer season: (Copenhagen-Frederikshavn) and Frederikshavn-Oslo.
1959 until 1964: Service now (normally from June to September): Frederikshavn-Oslo.

8.6.1965 until 15.6.1965: Chartered for two return trips: Copenhagen-Oslo.
1965 until 1967: Summer service now: Copenhagen-Frederikshavn.
9.1965: Chartered for a trip: Copenhagen-Travemünde-Stockholm-Travemünde-Copenhagen.
7.6.1966 until 14.6.1966: Chartered for two trips: Copenhagen-Oslo.
7.8.1967: Arrived at Copenhagen from Frederikshavn and laid up.

15.10.1968: Sold to Jernhavnen Masnedø (Svend Bergsøe's Fond) for demolition. Price paid: Kr. 490,000.
16.10.1968: Taken over by the breakers.
18.10.1968: Left Copenhagen in tow for Masnedø.
21.10.1968: Arrived at Masnedø to be broken up.

26.2.1969: However sold to A/S Burmeister & Wain's Maskin- og Skibsbyggeri, København and renamed ØBO. Due to the sale for further use DFDS got an extra Kr. 80,000.
1.3.1969: Arrived at A/S Burmeister & Wain, Copenhagen.
14.4.1969: Inaugurated as an accommodation vessel for shipyard workers, permanently moored at Christianshavn.

1.9.1972: Sold via Poul Christensen, Nakskov to Metaalhandel en Sloopwerken H.P.Heuvelman B.V., Krimpen a/d Ijssel.
4.9.1972: Left Copenhagen in tow for Rotterdam.
6.9.1972: Sank 8 miles N of Hanstholm in a position 57.14N-8.82E.

AALBORGHUS at Frederikshavn loading passenger cars for Oslo.

289. KRONPRINS OLAV   1937-1967

Twin screw passenger motorship, 2 decks • 3038gt, 1807nt, 1200dw • 327'3"/300'0"x45'6"x27'6"/16'1" • A/S Helsingørs Jernskibs-og Maskinbyggeri, Elsinore, no.246 • 2D 2SA 2x7cyl. (500x900), type B&W 750-VF-90, 4800bhp, 18.5kn. • Passengers: 127 I, 96 II, 70 III, 977 deck, 1964: 123 I, 93 II, 70 III.

14.8.1936: Ordered.
1.6.1937: Keel.
9.9.1937: Launch.
12/15/17.12.1937: Trials.
15.12.1937: Left Elsinore for Copenhagen.
17.12.1937: Delivered to DFDS, København (from 25.5.1961: Frederikshavn). Price paid: Kr. 3,203,252. She was equipped with the first two diesel engines constructed by the builder under a licence agreement with A/S Burmeister & Wain's Maskin- og Skibsbyggeri, Copenhagen.
18.12.1937 until 6.9.1939: Service exclusively: Copenhagen-Oslo.
7.9.1939: Laid up at Copenhagen.
9.1944: The Germans demanded to have her converted into a hospital ship by the Danish Red Cross. However, the work was deliberately delayed by the Danes.
24.11.1944: Seized by the Germans as a reprisal for the escape to Swedish waters of the motorferry STOREBÆLT of Korsør 2942/39.
14.12.1944: Left Copenhagen for Germany.
12.1944: Renamed FRANKFURT. Converted into a hospital ship at Gotenhafen.
15.3.1945: In service as a hospital ship.
4.1945: Towed to Rendsburg.
22.5.1945: Detected at Rendsburg.
23.7.1945: Returned to DFDS by the British authorities and renamed KRONPRINS OLAV.
11.9.1945 until 27.12.1945: Refurbished at Elsinore.
30.12.1945: Left Copenhagen.
2.1.1946: Arrived at Hull.
16.1.1946 until 14.3.1946: Service: Hull-Cuxhaven as a troopship, chartered by the Danish Government and handed over free of charge to U.K. Government.
16.3.1946: Arrived at Copenhagen.
21.3.1946 until 8.6.1946: Refurbished at Elsinore.
15.6.1946 until 1961: Service again mainly: Copenhagen-Oslo.

The hydraulic car lift.

26.7.1946 until 27.7.1946, 2.8.1946 until 3.8.1946 and 23.12.1946 until 27.12.1946: Three trips: Copenhagen-Aarhus-Copenhagen.
12.2.1947 until 20.2.1947: Called at Elsinore instead of Copenhagen due to ice in the Sound.
20.2.1950: On voyage Oslo-Copenhagen extensively damaged by fire, caused by a superheated cooker. The passengers abandoned the ship in the lifeboats and were soon afterwards picked up by M/S STOCKHOLM of Göteborg 11,650/48. Towed to Elsinore for inspection.
4.3.1950: Left Elsinore for Nakskov.
6.3.1950 until 3.6.1950: Repaired at Nakskov.
7.6.1950: Returned to service: Copenhagen-Oslo.
1.2.1955 until 17.2.1955: Service temporarily: Copenhagen-Aalborg.
1961 until 1964: Service now in the summer season mainly: Frederikshavn-Oslo.
14.12.1963 until 20.12.1963: Chartered for a trip: Bergen-Malmö-Uddevalla-Bergen.
1962 until 1964: Occasionally in service: Copenhagen-Oslo.

26.8.1964 until 9.9.1964: Cruise: Copenhagen-London-Cobh-St.Helier-Rouen-Amsterdam-Copenhagen.
10.9.1964 until 20.9.1964: Cruise: Copenhagen-Stockholm-Leningrad-Helsinki-Copenhagen.
8.4.1965 until 1.10.1965 and 4.6.1966 until 16.9.1966: Service: Copenhagen-the Faroes-Iceland.
3.12.1966 until 9.12.1966: Service: Copenhagen-Oslo.
9.12.1966: Laid up at Copenhagen.

20.10.1967: Sold to Traghetti del Tirrena "T.T" S.p.A., Cagliari.
25.10.1967: Taken over by her new owners and renamed CORSICA EXPRESS. Price paid: £ 71,250. Thoroughly rebuilt at Genoa. New funnel installed, mast and derricks removed, car capacity increased by removing cabin accommodation, stern and side doors installed. Service: Genoa-Bastia, Corsica.
1967: Transferred to Corsica Line S.p.A., Cagliari.

KRONPRINS OLAV after the reconstruction in 1950.

15.4.1969: Left Genoa for Porto Torres with 325 prisoners from prisons in Milan and Torino.
1975: Sold to Libera Navigazione Lauro S.a.S., Napoli and renamed EXPRESS FERRY ANGELINA LAURO.
1978: Renamed CAPO FALCONARA.
1980: Sold to C.& L. Espressi, Napoli without change of name.
1982: Sold to Navaltour Società di Navigazione S.r.l., Messina. Name unchanged.
1986: Sold to Deiulemar S.r.l., Napoli for demolition.
4.12.1986: Demolition commenced by Marnavi Cantieri Navale, Naples.

KRONPRINS OLAV converted into the Italian carferry CAPO FALCONARA.

290. ALGIER 1938-1940

Cargo motorship, 1 deck and sh • 1654gt, 910nt, 2524dw • 288'1"/270'0"x40'3"x26'6"/18'3.5" • A/S Helsingørs Jernskibs-og Maskinbyggeri, Elsinore, no.251 • 1D 2SA 5cyl. (500x900), type B&W 550-VF-90, 1600bhp, 12kn. • Passengers: 12.

30.4.1937: Ordered. 22.1.1938: Keel.
12.4.1938: Launch. 29.6.1938: Trial.
1.7.1938: Delivered to DFDS, København. Price paid: Kr. 1,842,825.
2.7.1938: Left Copenhagen for Antwerp.
1938: Service: Copenhagen-Antwerp-Levant.
1938 until 1939: Service now: Copenhagen-Antwerp-Western Mediterranean.
29.8.1939 until 11.1939: One return trip: Copenhagen-South America.
21.11.1939: Service now: Copenhagen-New York.

21.3.1940: On voyage New York-Copenhagen via Oslo torpedoed and sunk in the Northsea by the German submarine U-38 in a position 60.17N-2.49W. Five men were lost. She sank immediately. The survivors were picked up the next day by the steam trawler MANX KING of Aberdeen 235/16 and taken to Scalloway.

291. SICILIEN 1938-1942

Cargo motorship, 1 deck and sh • 1654gt, 910nt, 2525dw • 288'1"/270'0"x40'3"x26'6"/18'3.5" • A/S Helsingørs Jernskibs-og Maskinbyggeri, Elsinore, no.252 • 1D 2SA 5cyl. (500x900), type B&W 550-VF-90, 1600bhp, 12kn. • Passengers: 12.

30.4.1937: Ordered. 12.3.1938: Keel.
21.6.1938: Launch. 25.8.1938: Trial.
29.8.1938: Delivered to DFDS, København. Price paid: Kr. 1,842,903.
29.8.1938: Left Elsinore for Copenhagen.
1.9.1938: Left Copenhagen for Antwerp.
1938: Service: Copenhagen-Antwerp-Western Mediterranean.
1938 until 1939: Service now: Copenhagen-Antwerp-Levant.
1939: Service now: Copenhagen-New York.
9.4.1940: At the German occupation of Denmark she was at New York, where she had arrived 7.4.1940. Laid up.
30.3.1941: Taken under "protective custody" by U.S. Coast Guard.
2.4.1941: Shifted from the Port Johnson Coal Pier to Bayonne Port Terminal.
12.7.1941: Requisitioned by the U.S.Maritime Commission.
23.7.1941: Taken over by the War Department, bareboat charter to U.S. Army Transport. Renamed USAT SICILIEN.

1941: In service to Baffin Island as a troopship.

7.6.1942: On voyage Jamaica-San Juan, Puerto Rico torpedoed and sunk by the German submarine U-172 off Haiti in a position 17.30N-71.20W. 46 men lost.

359

292. TEXAS (II) 1939-1963

Cargo motorship, 1 deck and sh • 2328gt, 1309nt, 4077dw • 346'10"/325'0"x45'9"x29'0"/20'6.5" • A/S Helsingørs Jernskibs-og Maskinbyggeri, Elsinore, no.257 • 1D 4SA 8cyl. (550x1000), type B&W 855-MTF-100, 1950bhp, 12.5kn., A/S Burmeister & Wain's Maskin- og Skibsbyggeri, Copenhagen [1] • Passengers: 8.

13.10.1938: Ordered. 14.1.1939: Keel.
14.4.1939: Launch. 13.6.1939: Trial.
14.6.1939: Delivered to DFDS, København (from 10.5.1940: Vejle, 8.6.1945: København). Price paid: Kr. 1,663,412.
14.6.1939: Left Elsinore for Copenhagen.
14.6.1939: Left Copenhagen for U.S.A. via Swedish ports on her maiden voyage.
1939 until 1940: Service: Copenhagen-North America.
1940: Service: Copenhagen-South America.
4.4.1940: Arrived at Vejle and laid up.
15.12.1940: Shifted to Copenhagen and laid up the next day, until the end of the war.

27.5.1945 until 15.6.1945: Docked at Elsinore.
1945 until 1946: Service: Copenhagen-Portugal/Spain.
1945: Service also: Sweden-Antwerp-London.
1946 until 1956: Service now mainly: Copenhagen-Antwerp-Levant.
1947, 1951 and 1955: Service also: Copenhagen-North America.

1948, 1955 until 1960: Service also: Copenhagen-South America.
1951, 1957 and 1958: Service also: Copenhagen-London.
1959: Service also: Copenhagen-Antwerp.
1961 until 1962: Service now: Nordana Line.
23.4.1962: Arrived at Copenhagen from Alexandria and laid up.

4.6.1963: Sold to The Cretan Shipping Co. (Tsourinakis Brothers), Piraeus.
10.6.1963: Taken over by her new owners and renamed TEXAS T. Price paid: £ 55,500.
1963: Renamed ALEXANDROS T. II.

5.1972: Sold to Fercomit S.p.A., Brindisi for demolition.
6.1972: Demolition commenced.

[1] The diesel engine was built in 1928 for C.F.TIETGEN (no.275).

293. HANS BROGE 1939-1970

Passenger motorship, 2 decks • 2013gt, 1156nt, 850dw, 1955: 2927gt, 1673nt, 1050dw • 294'0"/270'0"x43'0"x17'6"/15'10.75", 1955: 324'11"/300'11"x43'0"x17'6"/15'10.75" • A/S Helsingørs Jernskibs-og Maskinbyggeri, Elsinore, no.256 • 1D 2SA 9cyl. (500x900), type B&W 950-VF-90, 3350bhp, 17.5kn. • Passengers: 99 I, 140 II, 865 deck. 1955: 132 I, 172 II, 946 deck.

29.9.1938: Ordered.
28.12.1938: Keel.
25.3.1939: Launch.
21.6.1939: Trial.
22.6.1939: Delivered to DFDS, Aarhus. Price paid: Kr. 2,940,039.
24.6.1939: In service: Copenhagen-Aarhus.
25.10.1939: Neutrality markings were painted on deck and hull.
10.4.1940: Arrived at Copenhagen from Aarhus.
11.4.1940 until 18.4.1940: Docked at Elsinore.
18.4.1940: Laid up at Copenhagen.
18.6.1940 until 10.9.1940: Returned to Elsinore.
11.9.1940: Arrived at Copenhagen from Elsinore and laid up the next day.
25.11.1944: Seized by the Germans as a reprisal for the escape to Swedish waters of the motorferry STOREBÆLT.
10.12.1944: Left Copenhagen. Used as a target vessel.
1945: Barrack vessel at Sassnitz. Participated in the transport of refugees from East Prussia.
5.1945: Arrived at Copenhagen Roads with refugees.
15.5.1945: Returned to DFDS at Copenhagen by the British authorities.
19.5.1945 until 5.8.1945: Docked at A/S Burmeister & Wain.
8.8.1945: Returned to Copenhagen-Aarhus service.
3.1.1955: Arrived at A/S Burmeister & Wain, Copenhagen to be lengthened.
4.4.1955: Delivered after rebuilding.
16.4.1964 until 19.4.1964: Chartered by the Association of Danish Soldiers for a trip: Copenhagen-Fredericia-Sønderborg-Fredericia-Copenhagen.

ACHILLEUS at Stockholm.

1.8.1969: Arrived at Copenhagen from Århus and laid up.

25.2.1970: Sold to Potamianos Ionian Lines Co. Ltd. (Epirotiki Line S.A.), Famagusta (from 1975: Limassol).
6.3.1970: Taken over by her new owners and renamed ACHILLEUS. Price paid: £ 57,500. Rebuilt for cruising purposes. Cruises in the Mediterranean.
1971 until 1979: Chartered for one day cruises: Stockholm-Mariehamn.
1971 until 1972: Charter to Bore Line, 1973 until 1974: Resman Resbyrå and 1975 until 1979: Ånedin-Linjen.
2.6.1976 until 22.6.1976: Relet to Jakob Line for service: Skellefteå-Jakobstad.

8.8.1979: Laid up at Stockholm.

17.7.1983: Left Stockholm in tow for Hamina, Finland where she arrived 20.7.1983.
12.1983: Demolition commenced by Haminan Laivaromu O/Y.

361

294. KRONPRINS FREDERIK   1941-1976

Twin screw passenger motorship, 2 decks and aw • 3895gt, 2284nt, 1720dw • 375'6"/348'6"x 49'9"x28'0"/18'6.5" • A/S Helsingørs Jernskibs-og Maskinbyggeri, Elsinore, no.262 • 2D 2SA 2x10cyl. (500x900), type B&W 1050-VF-90, 7100bhp, 20.25kn. • Passengers: 143 I, 159 II, 56 deck, 1971: 311 in all.

KRONPRINS FREDERIK in service again May 1954 after the reconstruction after the fire April 1953.

11.1.1939: Ordered.
14.11.1939: Keel.
20.6.1940: Launch, where she left the building berth a few minutes before planned.
19.6.1941: Delivered to DFDS, Esbjerg. Laid up at Copenhagen with some essential engine parts removed to prevent her from being seized by the Germans. Price paid: Kr. 5,660,000.
5.11.1945: Left Copenhagen in tow for Elsinore.
6.11.1945: Arrived at Elsinore for final fitting out.
11.3.1946: Left Elsinore for Copenhagen.
16.3.1946 and 21.5.1946: Trials.
23.5.1946: Left Copenhagen for Esbjerg.
25.5.1946: Finally delivered to DFDS at Esbjerg.
26.5.1946 until 1964: In service mainly: Esbjerg-Harwich.
14.9.1946: Arrived at Esbjerg after having been equipped as the first Danish vessel with a radar, delivered by Metropolitan Vickers Electrical Export Co. Ltd.
1953 until 1956 and 1964: Occasionally relief vessel in service: Copenhagen-Oslo.
19.4.1953: Gutted by fire while at Harwich. Capsized and sank the following day.
26.8.1953: Refloated by The Liverpool and Glasgow Salvage Association and temporarily repaired.
13.9.1953: Left Harwich in tow of the steam tugs SUPERMAN 359/33 and SEAMAN 369/24.
18.9.1953: Arrived at Elsinore to be rebuilt.

KRONPRINS FREDERIK in tow from Harwich to Elsinore.

20.4.1954: Trial after the rebuilding.
23.4.1954: Redelivered to DFDS.
7.5.1954: Returned to service: Esbjerg-Harwich.
22.5.1963 until 29.5.1963: Charter to Carlsberg Distributers Ltd., London for a trip: Harwich-Oslo-Copenhagen-Harwich.
17.9.1963 until 24.9.1963: Charter to Carlsberg Sales Ltd., Birmingham for a trip: Harwich-Oslo-Copenhagen-Harwich.
26.6.1964 until 13.9.1964, 9.6.1965 until 12.9.1965 and 10.6.1966 until 11.9.1966: Service now: Esbjerg-Newcastle.
24.5.1965 until 1.6.1965: Charter to Kungliga Automobil Klubben, Stockholm for a cruise: Copenhagen-Stockholm-Leningrad-Copenhagen.
2.6.1965 until 8.6.1966: Cruise: Copenhagen-Leith-Newcastle-Esbjerg.
1965: Bow thruster and anti rolling tanks installed before service on the North Atlantic.
15.1.1966 until 1971: Service now mainly: Copenhagen-Torshavn-Klaksvig-Trangisvaag-Reykjavik.
5.10.1970: From this date Reykjavik was cancelled from the service.
1971: Converted into a single class ship.
2.5.1972: In service: Esbjerg-Torshavn/Trangisvaag.
1972 until 1974: Service during summer season: Esbjerg-Newcastle/Torshavn-Trangisvaag.
9.7.1974: Arrived at Esbjerg from Newcastle for the last time and laid up.

10.3.1976: Sold to Arab Navigation Co., Suez.
16.3.1976: Taken over by her new owners at Frederikshavn and renamed PATRA. Price paid: $ 650,000.

24.12.1976: On voyage Jeddah-Suez with pilgrims a fire broke out, and she sank 50 miles from Jeddah in a position 21.56N-38.28E. 102 men were lost.

KRONPRINS FREDERIK calling at Harwich at her first return trip after the reconstruction.

KRONPRINS FREDERIK leaving Esbjerg for her last return trip to Newcastle, July 1974.

295. ARGENTINA (II) 1943-1964

Cargo motorship, 1 deck and sh • 3556/4629gt, 2086/3509nt, 5660/6650dw • 374'0"/350'0"x 50'6"x31'9"/21'9.25"//23'11" • A/S Helsingørs Jernskibs-og Maskinbyggeri, Elsinore, no.267 • 1D 2SA 8cyl. (500x900), type B&W 850-VF-90, 2550bhp, 12kn. • Passengers: 12.

363

19.11.1941: Ordered.
13.5.1942: Keel.
14.11.1942: Launch.
5.4.1943: Delivered to DFDS, København and laid up at Copenhagen. Price paid: Kr. 3,950,000.
17.5.1944: Shifted to Holbæk Fjord and laid up until the end of the war.
13.6.1945: Returned to the builder.
17.7.1945: Left the shipyard.
23.7.1945: Trial.
24.7.1945: In service.
2.8.1945: Left Copenhagen for a trip to West Africa and Western Mediterranean.
1945 until 1946 and 1954: Service: Copenhagen-South America.
1946 until 1964: Service now mainly: Copenhagen-North America.
1960: One trip in the Nordana Line service.
15.10.1964: Arrived at Copenhagen and laid up.

10.11.1964: Sold to Triton Tramping Corp (Overland Trust Bank), Monrovia.
13.11.1964: Taken over by her new owners and renamed TRITON TRAMPER. Price paid: £ 125,000.
1971: Sold to Cia. Maritima Marina S.A. (Alex.Athanassiades), Monrovia and renamed SANTA ANTHOUSA II.
1971: Port of registry changed to Piraeus.

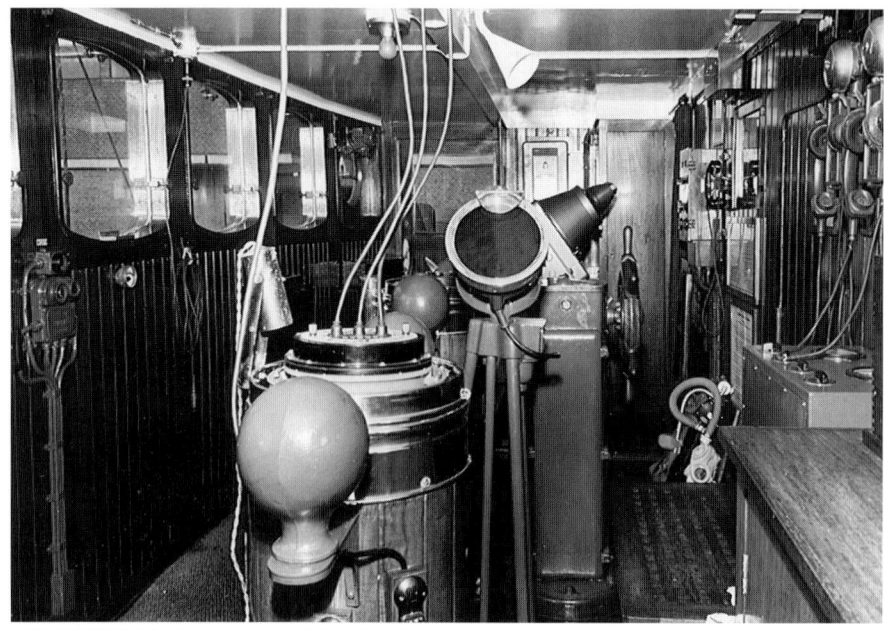

ARGENTINA, the interior of the wheel house. See also the modern interior of Missouri (369).

1975: Sold to Nikolas Shipping Co. S.A., Piraeus and renamed NIKOLAS.

12.12.1975: On voyage Zhdanov-Piraeus with coal a fire broke out near Theodosia.
14.12.1975: Taken in tow and beached in the Kertch strait to prevent her from sinking. Discharged, refloated by ASPTR, Odessa.
22.12.1975: Towed to Zhdanov and abandoned as a constructive total loss. Dispute about payment for the salvage.

296. BOLIVIA   1943-1964

Cargo motorship, 1 deck and sh • 4642/3580gt, 3496/2075nt, 6265/5345dw • 374'0"/350'0"x 50'6"x31'9"/23'11"//-• Frederikshavns Værft &Flydedok A/S, Frederikshavn, no.211 • 1D 2SA 8cyl. (500x900), type B&W 850-VF-90, 2650bhp, 12kn., A/S Burmeister & Wain's Maskin- og Skibsbyggeri, Copenhagen • Passengers: 12.

19.12.1939: Ordered.
30.4.1941: Keel.
22.4.1942: Launch.
1.8.1943: Delivered to DFDS, København.
2.8.1943: Arrived at Copenhagen and laid up.
27.4.1944: Shifted to Holbæk Fjord and laid up until the end of the war.
23.6.1945: Returned to the builder.
1.9.1945: Left the shipyard for Copenhagen where she arrived the next day.
6.9.1945: Trial.
7.9.1945: Left Copenhagen for Huelva.
1945 until 1946: Service: Copenhagen-South America.
1946 until 1964: Service now mainly: Copenhagen-North America.
30.6.1947: On voyage New York-Copenhagen collided with S/S ST. ALBANS VICTORY of Baltimore 7607/44 at Nantucket. Repaired by Todd Shipyard, New York.
2.10.1947: Repairs completed.
1948: One return trip: Copenhagen-Trinidad.
1949: One return trip: Denmark-Spain.
1950: Service also: Copenhagen-Antwerp-Levant.
1956, 1957 and 1959: Service also: Copenhagen-South America.

1958 until 1960: Service also: Nordana Line.
6.10.1964: Arrived at Copenhagen and laid up.

3.12.1964: Sold to Imextracom Etablissement (a Liechtenstein company, which purchased her on behalf of Bulgaria), Bourgas.
5.12.1964: Taken over by her new owners and renamed AFELION. Price paid: £ 150,000.
1967: Taken over by Navigation Maritime Bulgare, Varna name unchanged.
1970: Renamed VRATZA.

3.4.1973: Arrived at Split.
7.5.1973: Demolition commenced by BRODOSPAS.

364

297. URUGUAY 1943-1965

Cargo motorship, 1 deck and sh • 3565/4627gt, 2074/3487nt, 5775/6650dw • 374'0"/350'0"x 50'6"x31'9"/22'3.25"//23'11" • A/S Helsingørs Jernskibs-og Maskinbyggeri, Elsinore, no.273 • 1D 2SA 8cyl. (500x900), type B&W 850-VF-90, 2550bhp, 12kn. • Passengers: 12.

19.11.1941: Ordered. 9.9.1942: Keel.
4.2.1943: Launch.
6.8.1943: Delivered to DFDS, København and laid up at Copenhagen until the end of the war. Price paid: Kr. 4,002,155.
13.8.1945: Returned to the builder.
2.10.1945: Left the shipyard for Copenhagen where she arrived the same day.
6.10.1945: Trial.
7.10.1945: Left Copenhagen for South America.
1945 until 1949: Service mainly: Copenhagen-South America/North America.
1950 until 1964: Service now mainly: Copenhagen-North America.
1953: Service also: Copenhagen-Antwerp-Levant.
1958 until 1960: Service also: Nordana Line.
15.9.1964: Arrived at Copenhagen and laid up.

23.2.1965: Sold to P.V.Christensen, København and renamed EDITH CHRISTENSEN. Price paid: £ 133,500.

23.2.1966: Sold to Ntanina Compania Naviera S.A. (M.A.Karageorgios), Piraeus and renamed GEORGIOS NTANES.

Price paid: £ 180,000. Three years charter back to the seller.
8.3.1968: On voyage Sfax-Rouen with phosphate, abandoned by the crew in a position 34.33.30N-11.18E 27 miles off Sfax, after a fire had broken out in the engine room.
10.3.1968: Towed to Sfax Roads and anchored. Fire extinguished.
9.5.1968: Arrived at Sfax and declared a CTL.
23.5.1968: Left Sfax to Gandia for demolition.
29.5.1968: Arrived at Gandia.
7.1968: Demolition commenced by Hieros Ardes, Gandia.

298. BOGØ (II) 1943-1945

Passenger and cargo motorvessel, 1 deck • 98gt, 54nt, 120dw • 86'11"/80'0"x19'0"x9'0"/8'6" • Frederikshavns Værft & Flydedok A/S, Frederikshavn, no.193 • 1D 2SA 2cyl. (220x370), type B&W 222-VF-37, 124bhp, 8.5kn., A/S Burmeister & Wain's Maskin- og Skibsbyggeri, Copenhagen.

21.8.1930: Ordered.
11.11.1930: Keel.
31.1.1931: Launch.
15.5.1931: Trial and delivered to A/S Dampskibsselskabet Øresund, København as SUNDET I. Service: Copenhagen-Malmö.
22.6.1940 until 27.7.1940: Time charter to DFDS for service: Copenhagen-Frederikshavn.
2.2.1943: Time charter to DFDS for service: Aalborg-Limfjorden until the sale.

11.12.1943: Sold to DFDS, Nykøbing M. and renamed BOGØ. Price paid: Kr. 150,000.
13.12.1943: Taken over by DFDS.
30.12.1943 until 3.3.1945: In service: Aalborg-Løgstør-Struer-Nykøbing M. Løgstør-Aalborg.
5.3.1945: Service now: Copenhagen-Haderslev/Svendborg/Faaborg/Frederikshavn.

BOGØ photographed as SUNDET I.

29.7.1945: On voyage Copenhagen-Frederikshavn with general cargo, capsized and sank during a gale in Kattegat. All hands saved.

365

299. PARAGUAY 1944-1964

Cargo motorship, 1 deck and sh • 3565/4625gt, 2064/3484nt, 5642/6650dw • 374'0"/350'0"x50'6"/50'4"x 31'9"/22'3.25"//23'11" • A/S Helsingørs Jernskibs-og Maskinbyggeri, Elsinore, no.274 • 1D 2SA 8cyl. (500x900), type B&W 850-VF-90, 2550bhp, 12kn. • Passengers: 12.

19.11.1941: Ordered.
14.11.1942: Keel.
2.4.1943: Launch.
30.4.1944: Delivered to DFDS, København. Price paid: Kr. 4,005,497. The same day left Elsinore in tow by SEJRØ (no.12A) and FENRIS (no.16A) for Holbæk to be laid up. Struck a mine in a position 56.14N-12.11E. Returned to the builder for repairs.
8.6.1944: Left the builder after repairs for Holbæk Fjord, where she arrived the next day. Laid up until the end of the war.
18.6.1945: Returned to the builder.
11.8.1945: Finally delivered to DFDS.
11.8.1945: Left the shipyard for Copenhagen.
18.8.1945: Trial.
21.8.1945: Left Copenhagen for South America.
1945 until 1946: Service: Copenhagen-South America.
1946 until 1964: Service now mainly: Copenhagen-North America. Occasionally: Copenhagen-South America.
1958: Service also: Copenhagen-Antwerp-Levant.
1960 until 1961: Service also: Nordana Line.
13.11.1964: Arrived at Copenhagen and laid up.
14.12.1964: Sold to Triton Tramping Corporation (Overland Trust Bank), Monrovia.
17.12.1964: Taken over by her new owners and renamed TRITON TRADER. Price paid. £ 128,000.
10.12.1971: Arrived at Cartagena for demolition.
12.1.1972: Demolition commenced by D.Francisco Timertz.

300. FLORIDA (II) 1944-1966

Cargo motorship, 1 deck and sh • 2462/3538gt, 1324/2510nt, 4065/4825dw • 351'0"/325'0"x 47'0"x29'0"/20'8.25"//22'7" • A/S Helsingørs Jernskibs- og Maskinbyggeri, Elsinore, no.268 • 1D 2SA 7cyl. (500x900), type B&W 750-VF-90, 2250bhp, 12kn. • Passengers: 12.

26.1.1942: Preliminary contract.
4.2.1943: Keel.
18.5.1943: Finally ordered.
29.6.1943: Launch.
12.6.1944: Delivered to DFDS, København. Price paid: Kr. 3,839,648.
13.6.1944: Arrived at Holbæk fjord, towed by FENRIS (no.16A) and laid up until the end of the war.
20.6.1945: Returned to Elsinore Roads.
2.7.1945: Docked by the builder.
27.8.1945: Trial.
29.8.1945: Finally delivered to DFDS.
29.8.1945: Arrived at Copenhagen.
1.9.1945: Trial.
2.9.1945: Left Copenhagen for Sfax and returned to Copenhagen.
1945: One trip to South America.
1945 until 1954: Service mainly: Copenhagen-Antwerp-Levant or Copenhagen-North America.
1955 until 1964: Service now mainly: Copenhagen-North America.
1958, 1959 and 1964 until 1966: Service also: Nordana Line.
11.8.1966: Arrived at Copenhagen from Oslo and laid up.
15.11.1966: Sold to Norgreek Shipping Co. Ltd. (Zachos Hazifotiou & Gunnar Gran), Piraeus together with MAINE (no.301).
18.11.1966: Taken over by her new owners and renamed HILDE IRINA. Price paid: £ 143,750.
8.1969: Laid up at Eleusis Bay awaiting auction due to financial problems.
9.9.1969: Arrested.
21.12.1969: A planned auction was cancelled. DFDS still held security in the ship.
1970: Sold at auction to Valikon Compania Navigation, Piraeus and renamed MINERVA.
28.4.1972: Laid up at Piraeus.

8.1972: Sold to Lendaris Kavroudakis, Piraeus for demolition.
1.1973: Demolition completed.

366

301. MAINE (II) 1945-1966

Cargo motorship, 1 deck and sh • 2463/3541gt, 1350/2521nt, 3979/4825dw • 351'0"/325'0"x 47'2"/47'0"x29'0"/20'8.25"//22'6.5" • Frederikshavns Værft &Flydedok A/S, Frederikshavn, no.212 • 1D 2SA 7cyl. (500x900), type B&W 750-VF-90, 2250bhp, 12kn., A/S Helsingørs Jernskibs- og Maskinbyggeri, Elsinore • Passengers: 12.

1.10.1942: Ordered.
10.5.1943: Keel.
28.7.1944: Launch.
23.10.1945: Left the builder for Copenhagen and arrived the next day.
27.10.1945: Trial and delivered to DFDS, København. Price paid: Kr. 4,000,000.
1.11.1945: Left Copenhagen on her maiden voyage.
1945 until 1954: Service mainly: Copenhagen-Antwerp-Levant or Copenhagen-North America.
1946: Service also: Copenhagen-South America.
1956 until 1966: Service now mainly: Copenhagen-North America.
20.6.1964 until 21.10.1964: Laid up at Copenhagen.
1964 and 1965: Service also: Nordana Line.
22.7.1966: Arrived at Copenhagen from Gdynia and laid up.

15.11.1966: Sold to Norgreek Shipping Co. Ltd. (Zachos Hazifotiou & Gunnar Gran), Piraeus together with FLORIDA (no.300).
18.11.1966: Taken over by her new owners and renamed HILDE MANITA. Price paid: £ 143,750.
8.1969: Laid up at Eleusis Bay awaiting auction due to financial problems.
9.9.1969: Arrested.
6.12.1969: Drifted aground during a gale.
12.12.1969: Refloated.
21.12.1969: Auction postponed. DFDS still held security in the ship.
25.1.1970: Sold by auction to Baltic Levant Co. (Stanley Beja), Piraeus on behalf of DFDS. Price paid: Drachma 2,666,000.
18.3.1970: Sold to Nikopan Shipping Co. S.A. (Pan.Vlastos), Piraeus.
2.4.1970: Taken over by her new owners and renamed AGHIOS GEORGIOS. Price paid: £ 51,000.
1973: Sold to Stereoship Shipping Co. S.A. (Titika Shipping Co. S.A.), Piraeus and renamed LUCKY.
1975: Sold to Panagitza Shipping Co. S.A (Costas Velissarios), Piraeus and renamed CAPETAN COMNINOS.
20.6.1975: On voyage Piraeus-Lagos with cement, while at anchor in Lagos Roads M/T TEXACO BRUSSEL of London 14,948/68 ran into her.
23.6.1975: Towed to Lagos. However, during unloading the holds flooded. To prevent her from sinking with her cargo of 4,000 tons of cement she was beached the same day.
18.7.1975: Towed from Lagos and beached 3 miles E of the harbour.
26.9.1975: Broke in two.
3.3.1976: Considered a CTL.

302. EGHOLM (II) 1945-1963

Cargo steamship, 1 deck and sh • Hansa A type • 1751gt, 920nt, 3187dw • 301'4"/279'10"x 44'3.5"/44'2"x18'8.5"/18'5" • Odense Staalskibsværft A/S, Odense, no.102 • 1C 4cyl. (2x16.6"-2x35.4") x35.4", type L.E.S. 9, 1200ihp, 10kn., Helsingør Skibsværft og Maskinbyggeri A/S, Elsinore • 2 Prudhon &Capus 6(cf) GS90 HS3658, Helsingør Skibsværft og Maskinbyggeri A/S, Elsinore.

3.4.1943: Ordered.
5.6.1943: Keel.
8.1.1944: Launch.
10.8.1944: Trial and delivered to the Danish Government (A/S af 6.Februar 1943) and allocated to A/S Det Dansk-Franske Dampskibsselskab, København as RØSNÆS.
10.8.1944: Sunk alongside quay at Odense by sabotage. Refloated and repaired.
8.4.1945: Deliberately grounded at Hven in the Sound, whereby most of Svitzer's and FB's tugs got the oppertunity to escape from German control into Swedish waters.
29.9.1945: On voyage Immingham-Copenhagen with coal, struck a mine in the Northsea about 23 miles W of Lister Light. The aft hold flooded, but she was able to continue to Farsund.

RØSNÆS sunk at Odense, April 1944.

367

8.12.1945: Sold to DFDS, København and renamed EGHOLM.
26.12.1945: Taken over at Elsinore.
8.1.1946: Left Elsinore.
1946 until 1950, 1953 and 1961: Service mainly: Copenhagen-Antwerp-Western Mediterrenean.
3.9.1949 until 9.11.1949: Converted into oilfiring at Aalborg Værft A/S.
1949 until 1956 and 1961 and 1962: Service also: Copenhagen-Antwerp-Levant.
1950, 1957 and 1958: Service also: Copenhagen-Swansea-Manchester-Liverpool.
1958: Service also: Copenhagen-Antwerp-Portugal.
31.3.1958 until 3.1961: Laid up at Copenhagen.
6.3.1961 until 30.5.1961: Docked and then laid up at Frederikshavn.
2.6.1961: Returned to service.
10.4.1962: Arrived at Copenhagen from Aalborg and laid up.

22.1.1963: Sold to Konstantinos, Elefterios and Michael Kontos and Loukos Psarelis, Piraeus.
28.1.1963: Taken over by her new owners and renamed CHIOS. Price paid: £ 34,500.
8.3.1969: On voyage Dunkirk-Lattakia grounded N of Lattakia in a position 35.32.07N-35.46.09E.
26.3.1969: Refloated. 11.6.1969: Left Lattakia in tow for Piraeus where she arrived 15.6.1969. Laid up in a damaged condition at Kynossoura.

8.1970: Broken up by D.Kopsaftis & E.Kavroudakis, Perama.

303. HJORTHOLM (II) 1946-1962

Cargo steamship, 1 deck and sh • Hansa A type • 1732gt, 903nt, 3225dw • 301'4"/279'10"x44'3.5"/44'3"x18'8.5"/18'3" • A/S Burmeister & Wain's Maskin- og Skibsbyggeri, Copenhagen, no.678 • 1C 4cyl. (2x16.6"-2x35.4")x35.4", type L.E.S. 9, 1200ihp, 10kn. • 2 Prudhon & Capus 6(cf) GS90 HS3658.

HJORTHOLM. Photo by F.W. Hawks, 4 June 1950

22.2.1943: Ordered.
1.3.1943: Keel.
27.1.1944: Launch.
15.11.1944: Sunk by sabotage at the fitting out quay. Raised and repaired.
16.1.1945: Delivered to the Danish Government (A/S af 6.Februar 1943) and allocated to A/S Dampskibsselskabet Nautic (Aage Vollmond), København as ASNÆS.

3.1.1946: Sold to DFDS, København. Intended name ASKHOLM. However, this name was already occupied in the Danish register of Shipping. Instead she was renamed HJORTHOLM.
5.1.1946: Taken over by DFDS.
6.1.1946: Left Copenhagen for Antwerp.

1946 until 1951: Service mainly: Copenhagen-Antwerp/Western Mediterranean.
7.10.1949 until 17.12.1949: Converted into oilfiring at Aalborg Værft A/S.
1949 until 1958 and 1962: Service mainly: Copenhagen-Antwerp-Levant.
1958: Service also: Copenhagen-Manchester-Liverpool-Swansea.
22.6.1958: Arrived at Copenhagen from Odense and laid up.
28.2.1961: Docked at Århus and laid up.
15.10.1961: Left Århus for Frederikshavn and docked.
28.5.1962: Left Århus for Copenhagen and laid up.

14.12.1962: Sold to Glysca Compania Naviera S.A., Piraeus.

3.1.1963: Taken over by her new owners and renamed LIAKOST. Price paid: £ 34,000.
1965: Sold to Star of Athens Compania Naviera S.A. (Athanassios & Petros Callitsis), Piraeus and renamed STAR OF ATHENS.
1968: Sold to Simfonia Segunda Compania Maritime de Vapores, Piraeus and renamed SIMFONIA.

1.2.1973: Left Piraeus in tow for Istanbul to be broken up.
3.2.1973: Arrived at Istanbul for demolition by Ark Celik Sanayi ve Ticaret Ltd.
14.4.1973: Work commenced.
15.5.1973: Reported broken up by Avram Kohen & Mehmet Canakci, Hahi.

304. NEVADA (II) 1947-1959

Cargo steamship, 2 decks • Liberty type • 7167gt, 5178nt, 10865dw • 441'6"/416'0"x57'0"/56'11"x 37'4"/27'8.9" • California Shipbuilding Corp., Los Angeles, no.159 • 1T 3cyl. (24.5"-37"-70")x48", 2500ihp, 11kn., Joshua Hendy Iron Works, Sunnyvale, California • 2WTB HS10232, Babcock & Wilcox Co., Barberton • Passengers: 5.

27.3.1943: Launch.
10.4.1943: Delivered to U.S. Maritime Commission, War Shipping Administration as AMY LOWELL of Jacksonville.
10.4.1943: Allocated to Seas Shipping Co. Inc. at Los Angeles.
8.6.1946: Transferred to the Reserve Fleet at Lee Hall, Virginia.
4.3.1947: Delivered at Lee Hall for charter to: Dichman, Wright & Pugh Inc.

14.4.1947: Sold to DFDS, København. Price paid: Kr. 3,000,000.
17.4.1947: Taken over by DFDS at Jacksonville and renamed NEVADA.
20.4.1947: Left Jacksonville for Copenhagen via Norfolk.
1947 until 1959: Service mainly: Copenhagen-North America/South America.
18.1.1959: Arrived at Copenhagen from Rotterdam and laid up.

29.10.1959: Sold to White Sea Maritime Co. Ltd., Monrovia.

31.10.1959: Taken over by her new owners and renamed WHITE SEA. Price paid: £ 71,500.

11.3.1967: Arrived at Kaohsiung for demolition.
1.7.1967: Work commenced.

305. OREGON (II) 1947-1959

Cargo steamship, 2 decks • Liberty type • 7170gt, 5179nt, 10665dw • 441'6"/416'0"x57'0"/56'11"x 37'4"/27'8.9" • California Shipbuilding Corp., Los Angeles, no.193 • 1T 3cyl. (24.5"-37"-70")x48", 2500ihp, 11kn., Joshua Hendy Iron Works, Sunnyvale, California • 2WTB HS10232, Babcock & Wilcox Co., Barberton • Passengers: 5.

23.5.1943: Launch.
6.6.1943: Delivered to U.S.Maritime Commission, War Shipping Administration as CLARENCE DARROW of Jacksonville.
6.6.1943: Handed over at Los Angeles for charter to: Matson Navigation Co.
1.6.1946: Transferred to the Reserve Fleet at Lee Hall, Virginia.
1.3.1947: Delivered at Lee Hall for charter to: Dichmann, Wright & Pugh Inc.

14.4.1947: Sold to DFDS, København. Price paid: Kr. 3,000,000.
17.4.1947: Handed over to DFDS at Jacksonville and renamed OREGON.
20.4.1947: Left Jacksonville for Copenhagen via Norfolk.
1947 until 1957: Service mainly: Copenhagen-North America/South America.
1948: Also one trip to Sydney, NSW via the Suez Canal.
27.3.1958: Laid up at Copenhagen.

3.11.1959: Sold to White Cross Maritime Co.Ltd.(United White Shipping Co.Ltd.), Monrovia.

7.11.1959: Taken over by her new owners and renamed WHITE CROSS. Price paid: £ 71,500.
1964: Sold to Century Shipping Lines Inc., Manila and renamed DON RAMON.
29.5.1964: Thrown against the breakwater at Osaka by the typhoon "Wilda" and heavily damaged.
4.10.1964: Refloated.
1965: Renamed SAFE PHILIPPINE ANCHORAGE.

11.1968: Demolition commenced by Keun Hwa Iron Steel Works & Enterprises Ltd., Kaohsiung.

306. ARKANSAS (II) 1947-1966

Cargo motorship, 1 deck and sh • *2496/3591gt, 1336/2528nt, 4035/4825dw* • *351'0"/325'0"x 47'2"/47'0"x29'0"/21'6"//22'7"* • *Helsingør Skibsværft og Maskinbyggeri A/S, Elsinore, no.265* • *1D 2SA 8cyl. (500x900), type B&W 850-VF-90, 2550bhp, 12.5kn.* • *Passengers: 12.*

6.7.1939: Originally ordered by North American Navigation Co. (Hans Isbrandtsen), New York as a twin screw motorship of 6,000dw.
About 1941 contract taken over by DFDS and changed.
19.12.1945: Keel.
21.8.1946: Launch and the same day contract finally signed.
30.9.1947: Trial and delivered to DFDS, København. Price paid: Kr. 4,411,185.
2.10.1947: Left Copenhagen for New York on her maiden voyage.
1947 until 1966: Service mainly: Copenhagen-North America.
1947 until 1958 and 1962: Service also: Copenhagen-Antwerp-Levant.
1959 and 1964 until 1966: Service also: Nordana Line.
6.8.1966: Arrived at Copenhagen from Leghorn.
8.8.1966: Docked at A/S Burmeister & Wain for inspection before the sale.

18.8.1966: Sold to Dicta Maritime Corp. (Union Commercial Steam Ship Co., J.Dritsonas), Piraeus, taken over the next day and renamed ARGY. Price paid: £ 150,000.
1968: Sold to N.Cotzias Co. Ltd., Piraeus without change of name.
1969: Resold to Dicta Maritime Corp.

(Mark Scufalos), Piraeus and renamed FRATERNITY.

5.1.1976: On voyage Nigeria-Gaza with cement, grounded off Gaza after breaking moorings while unloading cargo in heavy weather. Became a total loss.

307. COLOMBIA 1947-1965

Cargo motorship, 1 deck and sh • *Modified Hansa C type* • *5146gt, 2978nt, 9200dw* • *439'10"/415'8"x 57'1"/57'0"x39'6"/25'0.75"* • *A/S Burmeister & Wain's Maskin- og Skibsbyggeri, Copenhagen, no.681* • *1D 2SA 7cyl. (620x1150), type B&W 762-VTF-115, 3850bhp, 14kn.* • *Passengers: 12.*

11.3.1943: Ordered by the German Government (Schiffahrt Treuhand G.m.b.H.) as a Hansa C type steamship.
26.2.1944: Keel. After the war the contract was transferred to the Danish Government.
15.12.1945: Launched and the hull laid up.

23.3.1946: Contract sold to DFDS and changed into a motorship (main engine and boilers, originally intended for her, had already been built by Helsingør Skibsværft og Maskinbyggeri A/S, Elsinore. They were installed in S/S LEENA DAN of Esbjerg 4567/49).
20.12.1947: Trial and delivered to DFDS, København.
23.12.1947: Left Copenhagen for South America.
1947 until 1962: Service mainly: Copenhagen-South America.
1949 until 1951: Service also: Copenhagen-North America.
27.6.1950: On voyage Philadelphia-New York collided in fog at the entrance to New York with S/S EXCALIBUR of New York 9644/44. Her bow was damaged and fire broke out.
1962 until 1964: Service now: Nordana Line.

1964 until 1965: Service: Copenhagen-North America.
12.12.1965: Docked at Frederikshavn.

20.12.1965: Sold to Peder Vilhelm Christensen and Charles Willy Larsen, København. Taken over the same day and renamed EVA CHRISTENSEN. Price paid: Kr. 4,831,250.
17.10.1967: Sold to Endeavour Compañia Naviera S.A. (M.A. & M.S. Lemos), Piraeus and renamed SPALMATORI ISLANDS.
1972: Sold to Maritime Altruists Ltd. (Adamantios Scoufalos), Famagusta (from 1975: Limassol) and renamed MAGNA SPES.

10.4.1984: Arrived at San Estaban de Pravia, Spain for demolition. Work commenced the same day by Desguaces Vige S.A.

308. SAMOS 1948-1968

Cargo motorship, 1 deck and sh • 1774gt, 925nt, 2655dw • 331'3"/305'0"x43'5"/43'3"x26'6"/18'4" • Helsingør Skibsværft og Maskinbyggeri A/S, Elsinore, no.275 • 1D 2SA 8cyl. (500x900), type B&W 850-VF-90, 2550bhp, 14.5kn. • Passengers: 12.

21.1.1942: Preliminary contract.
27.5.1946: Keel.
31.8.1946: Finally ordered.
23.5.1947: Launch.
20.1.1948: Trial and delivered to DFDS, København. Price paid: Kr. 4,800,000.
22.1.1948: Left Copenhagen for Antwerp on her maiden voyage.
1948 until 1967: Service mainly: Copenhagen-Antwerp-Western Mediterranean/Levant.
1956 and 1957: Service also: Copenhagen-North America/South America.
6.6.1967: Evacuated 80 tourists from Beirut, who were later landed on Cyprus.
1.7.1967: Arrived at Copenhagen from Leith and laid up.
28.11.1967 until 9.2.1968: Time charter to Koninklijke Nederlandsche Stoomboot-Maatschappij N.V. for one round trip: Antwerp-Rotterdam-Amsterdam-West Indies.

11.3.1968: Sold to Associated Levant Lines Ltd. S.A.R.L. (T.Gargour & Fils), Beirut.
12.3.1968: Taken over by her new owners and renamed BAALBECK. Price paid: £ 70,000.
1.12.1978: Sprang leak and sank, while she was laid up in Beirut Roads. Possibly a war loss.

309. VENEZUELA 1948-1965

Cargo motorship, 1 deck and sh • Modified Hansa C type • 5146gt, 2981nt, 9200dw • 439'10"/415'7"x 57'2"/57'0"x39'9"/25'0.75" • A/S Burmeister & Wain's Maskin- og Skibsbyggeri, Copenhagen, no.684 • 1D 2SA 7cyl. (620x1150), type B&W 762-VTF-115, 3850bhp, 14kn. • Passengers: 12.

11.3.1943: Ordered by the German Government (Schiffahrt Treuhand G.m.b.H.) as a Hansa C type steamer. Should have been allocated to Hamburg-Amerika Linie, Hamburg and named KATHARINENFLEET.
25.11.1944: Keel.
5.1945: Contract taken over by the Danish Government.
4.5.1945: Work on engine and boilers stopped.
23.3.1946: Contract sold to DFDS, and the project was converted into a motorship.
30.8.1946: Launch.

23.3.1948: Trial and delivered to DFDS, København.
25.3.1948: Left Copenhagen on her maiden voyage for South America via Gdansk.
1948 until 1963: Service mainly: Copenhagen-South America.
1949 until 1952: Service also: Copenhagen-North America.
1959 until 1964: Service also: Nordana Line.
1964 until 1965: Service now: Copenhagen-North America.
13.11.1965: Docked at Elsinore.
15.11.1965: Sold to Astroprospero Compania Naviera S.A. (Lemos & Pateras Ltd.), Piraeus.
17.11.1965: Taken over by her new owners and renamed PANTELIS A. LEMOS. Price paid: £ 265,000.
1970: Sold to Sun Line Ltd., Mogadishu and renamed SUN YU.
1976: Sold to Azeem Shipping Corp. S.A., Panama and renamed AZEEM.
1978: Abandoned at Tema, Ghana.
3.1980: Reported sold to Spanish breakers.
3.9.1981: Beached near Tema
4.1982: Scuttled by the Ghanesian Navy in a position 5.38N-0.01E off Tema.

371

310. RHODOS 1948-1968

Cargo motorship, 1 deck and sh • 1773gt, 925nt, 2675dw • 331'3"/305'0"x43'5"/43'3"x26'6"/18'4" • Helsingør Skibsværft og Maskinbyggeri A/S, Elsinore, no.285 • 1D 2SA 8cyl. (500x900), type B&W 850-VF-90, 2550bhp, 14.5kn. • Passengers: 12.

31.8.1946: Ordered.
27.11.1946: Keel.
19.8.1947: Launch.
14.9.1948: Trial and delivered to DFDS, København. Price paid: Kr. 4,800,000.
21.9.1948: Left Copenhagen for Antwerp via Aalborg.
1948 until 1967: Service mainly: Copenhagen-Antwerp-Western Mediterranean/Levant.
1958: The first DFDS ship in Nordana Line service.
1965: One trip: Copenhagen-North America.
1967: One trip: Copenhagen-South America.
12.5.1967 until 3.12.1967: Laid up at Copenhagen.
3.12.1967: Returned to service.
20.2.1968: Arrived at Copenhagen from Antwerp and laid up.
20.3.1968: Sold to Associated Levant Lines Ltd. S.A.R.L. (T.Gargour & Fils), Beirut.
25.3.1968: Taken over by her new owners and renamed BEYROUTH. However, before leaving Copenhagen renamed BEKAA.
30.3.1968: Left Copenhagen. Price paid: £ 70,000.
9.10.1977: Arrived at Vigo from Beirut.
22.11.1977: Arrived at San Esteban de Pravia for demolition.
12.1.1978: Demolition commenced by Aviles Desguaces S.A.

311. LEMNOS 1949-1968

Cargo motorship, 1 deck and sh • 1768gt, 919nt, 2675dw • 331'3"/305'0"x43'5"/43'3"x26'6"/18.4" • Helsingør Skibsværft og Maskinbyggeri A/S, Elsinore, no.286 • 1D 2SA 8cyl. (500x900), type B&W 850-VF-90, 2550bhp, 14.5kn. • Passengers: 12.

31.8.1946: Ordered.
19.8.1947: Keel.
16.3.1948: Launch.
6.1.1949: Trial and delivered to DFDS, København. Price paid: Kr. 4,800,000.
8.1.1949: Left Copenhagen for Western Mediterranean.
1949 until 1967: Service mainly: Copenhagen-Antwerp-Levant/Western Mediterranean.
1953: Service also: Copenhagen-South America.
24.12.1953: On voyage Antwerp-Casablanca with general cargo, collided with M/S BABITONGA of Hamburg 4609/53 off Terneuzen. To prevent her from sinking she was run aground.
27.12.1953: Refloated and towed to Antwerp.
18.1.1954: Left Antwerp for Aalborg towed by SEAMAN 369/24 and SUPERMAN 359/33.
24.1.1954 until 14.4.1954: Repaired by Aalborg Værft A/S, Aalborg.
1964 and 1965: Service also: Copenhagen-North America.
12.7.1967: Arrived at Copenhagen from Randers and laid up.
4.4.1968: Sold to Associated Levant Lines Ltd. S.a.r.l., Beirut and renamed BEITEDDINE. Price paid: £ 70,000.
5.4.1968: Taken over by her new owners.
23.8.1973: Left Hamburg for Beirut, Lattakia and Famagusta with general cargo, explosives, nitrate and agricultural products.
5.9.1973: Fire broke out in the engine room due to generator explosion. The fire since spread to the holds and the accommodation, and crew abandoned the ship.
7.9.1973: Drifted aground at Bejaia Roads.
15.9.1973: The fire was extinguished. All cargo destroyed. Later sold to Edward Loshkapan, Beirut, who attempted salvage.
4.1975: The wreck still lying aground.

312. MELOS 1949-1968

Cargo motorship, 1 deck and sh • 1767gt, 918nt, 2675dw • 331'3"/305'0"x43'5"/43'3"x26'6"/18'4.75" • Frederikshavns Værft &Flydedok A/S, Frederikshavn, no.214 • 1D 2SA 8cyl. (500x900), type B&W 850-VF-90, 2550bhp, 14.5kn., A/S Burmeister & Wain's Maskin- og Skibsbyggeri, Copenhagen • Passengers: 12.

7.9.1946: Ordered.
10.2.1947: Keel.
20.5.1948: Launch.
29.3.1949: Delivered to DFDS, København. (30.3.1949: Trial).
2.4.1949: Left Copenhagen for the Western Mediterranean.
1949 until 1968: Service mainly: Copenhagen-Antwerp-Western Mediterranean/Levant.
5.3.1965: Inaugurated the new service: Copenhagen-London-Vera Cruz-Tampico.
2.4.1965: Heavily damaged while at quay at New Orleans, when M/S NORTH DEVON of Newcastle 7905/58 ran into her.
12.1967 until 1.1968: Also in Nordana Line service.
9.4.1968: Arrived at Copenhagen from Famagusta and docked at A/S Burmeister & Wain before sale.

16.4.1968: Sold to Associated Levant Lines Ltd. S.A.R.L. (T.Gargour & Fils), Beirut. Price paid: £ 70,000.
17.4.1968: Taken over by her new owners and renamed BOUAR.
1978: Transferred to Nouran Shipping Co.

(T.Gargour & Fils), Beirut and renamed NOURAN.
20.5.1981: Demolition commenced by Muzammilullah Khan, Gadani Beach.

313. KRONPRINSESSE INGRID 1949-1969

Twin screw passenger motorship, 2 decks and aw • 3968gt, 2292nt, 1967dw • 375'6"/348'6"x 49'9"/49'7"x28'0"/18'5.75" • Helsingør Skibsværft og Maskinbyggeri A/S, Elsinore, no.289 • 2D 2SA 2x10cyl. (500x900), type B&W 1050-VF-90, 7100bhp, 20.5kn., A/S Burmeister & Wain's Maskin- og Skibsbyggeri, Copenhagen • Passengers: 148 I, 146 II, 40 deck.

21.8.1946: Ordered.
23.5.1947: Keel.
16.1.1948: Launch.
1.6.1949: Trial.
2.6.1949: Delivered to DFDS, Esbjerg. Price paid: Kr. 12,900,000.
2.6.1949: Arrived at Copenhagen.
8.6.1949: Left Copenhagen for Esbjerg.
13.6.1949 until 1966: In service: Esbjerg-Harwich.

7.11.1949 until 2.12.1949, 21.2.1950 until 12.4.1950, 11.2.1952 until 29.2.1952, 19.1.1957 until 11.3.1957 and 13.10.1964 until 20.11.1964: Service temporarily changed to: Copenhagen-Oslo.
19.5.1962: Charter to Carlsberg Distributors Ltd., London for a trip: Harwich-Kristianssand-Larvik-Gothenburg-Copenhagen-Harwich.
15.9.1964 until 5.10.1964: Cruise: Copen-

hagen-Lisbon-Madeira-Tenerife-Casablanca-Cadiz-Amsterdam-Copenhagen.
8.10.1964 until 12.10.1964: Charter to 'Bennett's Rejsebureau' for two trips: Copenhagen-Oslo.
15.4.1965 until 5.5.1965: Cruise: Copenhagen-Kiel-Lisbon-Funchal-Santa Cruz-Casablanca-Cadiz-Amsterdam-Copenhagen.

8.5.1965 until 31.5.1965: Cruise: Copenhagen-Brest-Lisbon-Tanger-La Goulett, Tunesia-Sicily-Naples-Corsica-Malaga-La Coruna-Antwerp-Esbjerg.
16.9.1965 until 6.10.1965: Cruise: Copenhagen-Lisbon-Funchal-Tenerife-Casablanca-Cadiz-Amsterdam-Copenhagen.
9.10.1965 until 3.11.1965: Cruise: Copenhagen-Brest-Lisbon-Tanger-Valletta-Catania-Naples-Ajaccio, Corsica-Malaga-La Coruna-Rouen-Copenhagen.
2.4.1966 until 26.4.1966: Cruise: Copenhagen-Lisbon-Malaga-Tunisia-Catania-Naples-Tanger-La Coruna-Brest-Copenhagen.
28.4.1966 until 14.5.1966: Cruise: Copenhagen-Madeira-Tenerife-Tanger-Copenhagen.
24.9.1966 until 16.10.1966: Cruise: Copenhagen-Lisbon-Cadiz-Cagliari-Ajaccio-Palma-Casablanca-Amsterdam-Copenhagen.
17.1.1967 until 20.1.1967: One return trip: Esbjerg-Grimsby.
9.2.1967 until 14.2.1967: One return trip: Rotterdam-Oslo.
23.6.1967 until 10.9.1967 and 21.6.1968 until 8.9.1968: Service now: Esbjerg-Newcastle.
9.9.1968: Laid up at Esbjerg.

6.5.1969: A "Memorandum of Agreement" was signed by DFDS and I/S Copenhagen (Montana A/S, Danhol Shipping A/S, Albert Jensen A/S and Johs. van Hagens & Co. A/S, Copenhagen and Thord Johansson, Gothenburg and Porre Shipping AB, Malmö).
17.5.1969: Left Esbjerg for Aalborg Værft A/S, Aalborg and docked. Fitted with side doors for cars. Car capacity about 20. However, the sale did not materialize.
28.5.1969 Sold to Rederi- og Handelsselskabet Montana A/S (Jan Johannes Neleman), København and renamed COPENHAGEN. Price paid: Kr. 3,765,000.
29.5.1969: Taken over at Aalborg Værft A/S, Aalborg.
30.5.1969: Arrived at Copenhagen from Halmstad.
31.5.1969 until 31.8.1969: In service: Copenagen-Halmstad.
1.9.1969: Laid up at Copenhagen.

3.11.1969: Sold to Costas Spyrou Latsis, Piraeus.
8.11.1969: Taken over by her new owners and renamed MIMIKA L.
21.11.1969: Left Copenhagen for Piraeus. Service: Piraeus-Mykonos-Patmos-Leros-Kalymnos-Kos-Rhodes.
1976: Sold to Dodekanissos Shipping Enterprises, Piraeus. Name unchanged.
1977: Laid up at Piraeus due to financial troubles.
1978: Sold to Astir Shipping Enterprises Co. Ltd., Piraeus and renamed ALKYON.
1980: Sold to Dimitrios Ventouris, Piraeus without change of name.
10.1983: Laid up at Piraeus.

23.4.1985: Left Piraeus for Karachi.
9.6.1985: Arrived at Gadani Beach.
10.6.1985: Demolition commenced by Talha & Haroon.

KRONPRINSESSE INGRID, the I class saloon.

MIMIKA L. at Piraeus. Photo by A. Scrimali.

314. KLINTHOLM 1950-1965

Cargo motorship, 1 deck • 965gt, 466nt, 1255dw • 66.70/60.96x10.08/10.03x4.42/4.41 • Frederikshavns Værft &Flydedok A/S, Frederikshavn, no.215 • 1D 2SA 5cyl. (340x570), type Atlas-Polar M55M, 580bhp, 10kn., A/B Atlas Diesel, Stockholm • Passengers: 2.

16.12.1947: Ordered.
Contract price: Kr. 2,100,000.
22.1.1949: Keel.
15.11.1949: Launch.
24.1.1950: Trial and delivered to DFDS, Middelfart.
25.1.1950: Left Copenhagen for Antwerp via Rotterdam on her maiden voyage.
1950 until 1965: Service mainly: Copenhagen-Antwerp.
1958 until 1965: Service also: Copenhagen-Ipswich/Felixstowe.
1961: Temporarily in service: Copenhagen-west coast of Norway.
10.12.1965: Arrived at Copenhagen from Århus and docked at Nordhavnsværftet before the sale.

21.12.1965: Sold to Elias S.Condos (25%), Solon E.Condos (15%), Elias G.Goumas (10%), D.Th.Bertzeletos Brothers S.A. (20%), Nicolos A.Chatzigeorgion (15%) and Aristotelis N.Arapis (15%), Piraeus.
30.12.1965: Taken over by her new owners and renamed DIMITRIOS. Price paid: £ 52,000.
1976: Sold to Omonia Shipping Co. Ltd. (Georgios Molaris), Piraeus without change of name.
1979: Sold to Anepap Ltd. (Seven Seas Shipping Co. Ltd.), Piraeus and renamed CORNILIA.

2.4.1982: Beached near Gythion, Isle of Peloponnesos and abandoned.
7.1983: Demolition commenced by Georgios Molaris, Gythion.

DIMITRIOS beached near Gythion, Greece.

315. DIANA (III) 1950-1965

Refrigerated cargo steamship, 1 deck and sh • 1609/1082gt, 891/546nt, 1500/1320dw • 79.86/73.15x 10.97/10.92x6.71/-//4.78 • A/S Svendborg Skibsværft, Svendborg, no.49 • 1C 4cyl. (2x16.5"-2x35.4")x 35.4", type L.E.S. 9, 1200ihp, 11.3kn., Helsingør Skibsværft og Maskinbyggeri A/S, Elsinore • 2(SB) Scotch 4(cf) GS45 HS3030, Helsingør Skibsværft og Maskinbyggeri A/S, Elsinore • Passengers: 5.

16.6.1943: Ordered.
19.2.1944: Keel.
13.8.1944: Launch.
3.2.1945: Delivered to C.Clausen Dampskibsrederi A/S, Svendborg (from 23.5.1945: Esbjerg) as LINDA CLAUSEN. Price paid: Kr. 1,681,211.
1948: Converted into oilfiring.

23.2.1950: Sold to DFDS, Odense. She was the last steamer purchased by DFDS.
Price paid: Kr. 3,500,000.
25.2.1950: Taken over at Aalborg and renamed DIANA.
6.5.1950: Left Aalborg for London.
1950 until 1965: Service mainly: Denmark-U.K., e.g. Denmark-Leith/Hull.
19.3.1965: Arrived at Copenhagen from Leith via Aalborg and laid up.

23.11.1965: Sold to V.Makris, N.Chryssovelonis, L.Sarides, A.Mamakos and D.Economides, Piraeus without change of name.

DIANA. Photo by F.W. Hawks, 10 June 1950.

25.11.1965: Taken over by her new owners. Price paid: £ 50,000.
1967: Renamed TWIGA.

14.5.1968: On voyage Setubal-Venice loaded with pulp, a fire broke out in a position 38.27N-16.35E near Punta Stilo. Later on grounded 60 miles from Reggio di Calabria.
15.5.1968: Refloated and towed to Messina.
17.5.1968: Arrived at Messina still on fire. Condemned.
10.2.1969: The wreck sank while lying at Messina.

316. JENS BANG 1950-1971

Twin screw passenger motorship, 4 decks • 3155gt, 1814nt, 923dw, 1955: 3284gt, 1752nt, 830dw • 103.99/94.49x14.86/14.81x7.85/4.89 • Helsingør Skibsværft og Maskinbyggeri A/S, Elsinore, no.297 • 2D 2SA 2x9cyl. (500x900), type B&W 950-VF-90, 6050bhp, 20kn. • Passengers: 86 I, 224 II, 1190 deck, 1955: 110 I, 224 II, 1166 deck.

▲ *JENS BANG after conversion 1955.*

19.12.1947: Ordered.
14.1.1949: Keel.
15.9.1949: Launch.
15.3.1950: Trial.
21.3.1950: Left the builder.
22.3.1950: Trial in the Sound.
24.3.1950: Delivered to DFDS, Aalborg. Price paid: Kr. 11,581,828.
29.3.1950 until 30.3.1950: Presentation trip Copenhagen-Aalborg-Copenhagen.
1.4.1950: In service: Copenhagen-Aalborg.
12.4.1950 until 7.6.1950: Transferred to the Copenhagen-Oslo service, while KRONPRINS OLAV (no.289) was rebuilt after fire.
15.6.1950: Returned to service: Copenhagen-Aalborg.
4.11.1955 until 15.12.1955: Minor conversion of the accommodation at the builder.
12.2.1956 until 5.3.1956: Laid up due to ice.
19.3.1956 until 24.4.1956: Laid up at Copenhagen due to strike.
6.2.1963 until 1.3.1963: Laid up due to ice.
8.5.1968 until 24.5.1968: Laid up due to strike.
1968: Refurbished.
26.6.1968 until 11.8.1968: Transferred to Copenhagen-Århus service.
21.6.1969 until 18.8.1969: Service now: Copenhagen-Århus-Helsingborg-Århus-Copenhagen.
18.8.1969 until 2.10.1970: Service again: Copenhagen-Århus.
2.10.1970: Laid up at Copenhagen.
7.12.1970: Left Copenhagen for Frederikshavn where she was docked.
11.12.1970: Laid up at Frederikshavn.

12.1.1971: Sold to Sbarbara Compañia Maritima S.A., Piraeus.
19.1.1971: Taken over by her new owners and renamed NAIAS. Price paid: $ 465,000. Service: Piraeus-Syros-Tinos-Mykonos.
1976: Sold to Kriton S.A., Piraeus. Name unchanged.
1979: Sold to Naias Shipping Co. S.A. (Sigalas Minas), Piraeus without change of name.

10.1984: Demolition commenced by K.Alexiou & Co. at Nikolau Sava S.Y., Eleusis.

JENS BANG, the I class saloon.

NAIAS at breaker's yard.

377

317. H.P. PRIOR (II) 1950-1970

Twin screw passenger motorship, 4 decks. 3155gt, 1814nt, 903dw, 1956: 3277gt, 1747nt, 785dw • 103.99/94.49x14.86/14.81x7.85/4.89 • Helsingør Skibsværft og Maskinbyggeri A/S, Elsinore, no.298 • 2D 2SA 2x9cyl. (500x900), type B&W 950-VF-90, 6050bhp, 20kn. • Passengers: 86 I, 224 II, 1190 deck, 1956: 110 I, 224 II, 1166 deck.

19.12.1947: Ordered.
29.4.1949: Keel.
15.12.1949: Launch.
15.6.1950: Trial and delivered to DFDS, Aalborg. Price paid: Kr. 11,581,828.
20.6.1950: In service: Copenhagen-Aalborg.
6.1.1951 until 12.1.1951, 6.6.1951 until 11.6.1951 and 7.6.1952 until 9.6.1952: Relief ship in the Copenhagen-Oslo service.
13.2.1953: Called at Frederikshavn instead of Aalborg due to ice.
6.1.1956 until 17.2.1956: Minor conversion of the accommodation at Elsinore.
18.2.1956: Laid up at Elsinore due to the ice.
9.3.1956: Shifted to Langelinie, Copenhagen.
16.3.1956: Returned to service.

19.3.1956 until 28.4.1956: Laid up at Aalborg due to strike.
24.11.1961: On voyage Copenhagen-Aalborg with passengers damaged in a collision with M/S KRISTINA THORDEN of Uddevalla 3605/45 in fog. Returned to Copenhagen.
24.11.1961 until 10.12.1961: Repaired by the builder.
6.2.1963 until 1.3.1963: Laid up due to ice.
8.5.1968 until 24.5.1968: Laid up due to a strike.
1968: Refurbished.
21.6.1969 until 1.8.1969: Service now: Copenhagen-Helsingborg-Aalborg-Copenhagen until the delivery of AALBORGHUS (no.388).
1.8.1969 until 19.8.1969: Service: Copenhagen-Århus-Helsingborg-Århus-Copenhagen.

19.8.1969 until 1.10.1970: Service: Copenhagen-Århus.
1.10.1970: Laid up at Copenhagen.

28.10.1970: Sold to Compañia Naviera Lanena Ltda., Panama.
29.10.1970: Left Copenhagen for Frederikshavn, where she docked for inspection. Price paid: $ 450,000.
10.11.1970: Taken over by her new owners. Immediately resold to Sweet Lines Inc., Manilla (from 1972: Cebu City) and renamed SWEET FAITH. Service: Manila-Cebu.

20.9.1980: Delivered to Mario R.Cruel and Julito Macapagal, Quezon City for demolition.
1981: Demolition commenced.

H.P. PRIOR at Aalborg.

318. KORSHOLM 1950-1966

Cargo motorship, 1 deck • 965gt, 466nt, 1255dw • 66.71/60.96x10.05/10.01x4.42/4.41 • Frederikshavns Værft &Flydedok A/S, Frederikshavn, no.216 • 1D 2SA 5cyl. (340x570), type Atlas-Polar M.55.M, 580bhp, 10kn., A/B Atlas Diesel, Stockholm • Passengers: 2.

16.12.1947: Ordered.
Contract price: Kr. 2,100,000.
19.11.1949: Keel.
31.3.1950: Launch.
21.6.1950: Trial and delivered to DFDS, Horsens.
24.6.1950: Left Copenhagen for Antwerp via Rotterdam on her maiden voyage.
1950 until 1965: Service mainly: Copenhagen-Antwerp.
1958 until 1965: Service also: Copenhagen-Ipswich/Felixstowe and occasionally Copenhagen-Helsinki.
24.12.1965: Laid up at Copenhagen.

3.2.1966: Sold to Nevadamar S.A., Panama.
7.2.1966: Taken over by her new owners and renamed RONALD. Price paid: £ 53,000.
1971: Sold to Cave di Sistiana S.p.A., Trieste and renamed CA NEGRA.
1979: Sold to Im. Com. Sider S.p.A., Olbia and renamed BETA.

About 1982: Sold at auction to Sidermar S.p.A., Trieste for demolition.
1.5.1982: Arrived at Trieste.

However 6.1984 still lying at their shipyard at Trieste for demolition.
3.1985: Demolition commenced.

319. RIBERHUS 1950-1968

Cargo motorship, 1 deck and sh • Containerised • 471gt, 195nt, 644dw • 64.05/58.50x10.52/10.46x 5.94/3.84 • Helsingør Skibsværft og Maskinbyggeri A/S, Elsinore, no.296 • 1D 2SA 6cyl. (350x620), type B&W 635-VF-62, 1200bhp, 14kn., A/S Burmeister & Wain's Maskin- og Skibsbyggeri, Copenhagen • Passengers: 12.

25.3.1949: Ordered.
15.9.1949: Keel laid on the same building berth as AXELHUS (no.321.), but half an hour later.
3.2.1950: Launch.
24.8.1950: Trial and delivered to DFDS, Horsens. Price paid: Kr. 2.992,061.
29.8.1950: Left Copenhagen for Horsens on her maiden voyage.
1950 until 1967: Service mainly: Copenhagen-Horsens/Vejle.
1964 and 1965: Occasionally in service: Copenhagen-Samsø-Odense.
21.1.1967: Arrived at Copenhagen from Vejle and laid up.

26.9.1968: Sold to Beekay Lines Ltd., Georgetown (Cayman Islands) without change of name. Taken over by her new owners the next day. Price paid: £ 26,000.
1969: Transferred to Beekay Shipping Co. Ltd., Georgetown. Name unchanged.
1974: Renamed NORD CARGO.
1977: Sold to Negocios Marítimos S.A., Panama and renamed KIRKE.
1983: Sold to International Maritime Operations Inc., Panama and renamed NEW PORT.

Still extant.

320. BASTHOLM 1950-1967

Cargo motorship, 1 deck and sh • 1797gt, 902nt, 2951dw • 92.39/84.00x13.34/13.29x8.50/5.91 • Helsingør Skibsværft og Maskinbyggeri A/S, Elsinore, no.299 • 1D 2SA 6cyl. (500x900), type B&W 650-VF-90, 2050bhp, 13kn. • Passengers: 4.

14.12.1948: Ordered.
15.12.1949: Keel.
28.3.1950: Launch.
22.9.1950: Trial and delivered to DFDS, Odense.
Price paid: Kr. 5,940,000.
29.9.1950: Left Copenhagen for the Levant via London and Antwerp.
1950 until 1965: Service mainly: Copenhagen-Antwerp-Levant/Western Mediterranean.
1963 and 1964: Occasionally in Nordana Line service.
1965 until 1966: Service now: Copenhagen-North America.
1966 until 1967: Service changed to: Aalborg-Leith.
10.3.1967: Arrived at Copenhagen from Leith via Århus and docked before the sale.
15.3.1967: Sold to Panatrans S.A. (Cesare Occhetti), Panama.
16.3.1967: Taken over by her new owners and renamed KASTEL CONGO.

Price paid: £ 98,500.
1977: Sold to Suwaidi Shipping and Trading Co., Muscat (Emirate of Oman) and renamed RAS AL HADD.
1978: Taken over by the Bank of Melli, Iran name unchanged.

28.11.1979: Sold to Saad Steel Corp., Sharjah (Emirate of Oman).
Name unchanged.
4.1980: Demolition commenced by Muslim Rolling Mills Ltd., Karachi.
5.1980: Demolition completed.

321. AXELHUS 1950-1968

Cargo motorship, 1 deck and sh • Containerised • 471gt, 195nt, 644dw • 64.05/58.50x10.52/10.46x 5.94/3.84 • Helsingør Skibsværft og Maskinbyggeri A/S, Elsinore, no.295 • 1D 2SA 6cyl. (350x620), type B&W 635-VF-62, 1200bhp, 14kn., A/S Burmeister & Wain's Maskin-og Skibsbyggeri, Copenhagen • Passengers: 33 deck.

380

25.3.1949: Ordered.
15.9.1949: Keel laid half an hour earlier than RIBERHUS (see no.319).
3.2.1950: Launch.
25.10.1950: Trial and delivered to DFDS, Odense. Price paid: Kr. 2,990,175.
30.10.1950 until 1966: Service mainly: Copenhagen-Samsø-Odense.
1951 until 1966: Occasionally in service: Copenhagen-Horsens/Vejle or other domestic services.
1957 until 1963: During summer seasons in service with cars: Frederikshavn-Oslo along with AALBORGHUS (no.288).
5.11.1966: Arrived at Copenhagen and laid up.

11.6.1968: Sold to Hoe Hoe Shipping Co. (Pte.) Ltd., Singapore.
17.6.1968: Taken over by her new owners and renamed HOE ONN. Price paid: £ 32,500.
1974: Sold to P.T. Susinna Lines, Belawan (Indonesia) and renamed PUTRA HARAPAN.
1974: Renamed PUTRA MULIA.

1989: Broken up at Belawan, Indonesia.

AXELHUS loading passenger cars at Frederikshavn.

322. BIRKHOLM 1950-1968

Cargo motorship, 1 deck and sh • 1797gt, 902nt, 2951dw • 92.39/84.00x13.34/13.29x8.50/5.91 • Helsingør Skibsværft og Maskinbyggeri A/S, Elsinore, no.300 • 1D 2SA 6cyl. (500x900), type B&W 650-VF-90, 2050bhp, 13kn. • Passengers: 4, About 1970: 421.

14.12.1948: Ordered.
3.2.1950: Keel.
2.6.1950: Launch.
16.11.1950: Delivered to DFDS, Randers (from 11.11.1958: København). Price paid: Kr. 5.940,000.
22.11.1950: Left Copenhagen for the Levant via Antwerp.
1950 until 1964: Service mainly: Copenhagen-Antwerp-Levant/Western Mediterranean. Occasionally in service: Copenhagen-Madeira-Canary Islands or Copenhagen-South America/North America.
1964 until 1967: In Nordana Line service.
10.6.1967: Arrived at Copenhagen from Elsinore and laid up.

16.4.1968: Sold to Litton & Co. Inc., Manilla.
18.4.1968: Taken over by her new owners and renamed SULU SEA. Price paid: $ 225,000.

1969: Sold to Sweet Lines Inc., Cebu City and renamed SWEET LIFE. 1970: Renamed SWEET DREAM. Converted into a passenger and cargo motorship.

1984: Broken up by Acuario Marketing, Caloocan City, the Philippines.

381

323. BYGHOLM 1950-1967

Cargo motorship, 1 deck and sh • 1797gt, 902nt, 2951dw • 92.39/84.00x13.34/13.29x8.50/5.91 • Helsingør Skibsværft og Maskinbyggeri A/S, Elsinore, no.301 • 1D 2SA 6cyl. (500x900), type B&W 650-VF-90, 2050bhp, 13kn. • Passengers: 4.

14.12.1948: Ordered.
29.3.1950: Keel.
11.8.1950: Launch.
30.12.1950: Delivered to DFDS, Aalborg. Price paid: Kr. 5,940,000.
5.1.1951: Left Copenhagen for London on her maiden voyage.
1951 until 1963: Services mainly: Copenhagen-Antwerp-Levant/Western Mediterranean. Occasionally in service: Copenhagen-London/North America/South America or Copenhagen-Madeira-Canary Islands.
1958 and 1964 until 1967: Service: Nordana Line.
20.1.1967: Arrived at Copenhagen from London and laid up.

20.3.1967: Sold to Green Vale (Middle East) Produce & Shipping Co. Ltd. (Doric Cyprian Lines Ltd.), Famagusta (from 1975: Limassol).
22.3.1967: Taken over by her new owners and renamed CYPRIAN TRADER. Price paid: £ 98,500.
1976: Sold to Sealink Co. Ltd., Limassol and renamed COURAGE.

18.1.1977: On voyage Marseilles-Iskenderun stranded in a position 36.11N-35.52E off Lattakia.
26.2.1977: Discharging of cargo into lighters commenced.

4.1977: Salvage attempts by ALEMDAR II of Istanbul 952/66. Later abandoned as a total loss.

324. FICARIA (II) 1951-1972

Refrigerated cargo motorship, 1 deck and sh • 1811gt, 855nt, 2428dw • 101.10/93.00x14.03/13.97x 8.50/5.59 • Helsingør Skibsværft og Maskinbyggeri A/S, Elsinore, no.305 • 1D 2SA 8cyl. (500x900), type B&W 850-VF-90, 2550bhp, 14.5kn. • Passengers: 6, about 1972: 377.

10.10.1950: Ordered.
5.4.1951: Keel.
10.8.1951: Launch.
7.12.1951: Delivered to DFDS, København (from 14.8.1952: Esbjerg). Price paid: Kr. 8,125,000.
12.12.1951: Left Copenhagen for London via Århus on her maiden voyage.
1951 until 1952: Service: Copenhagen-Århus-London.
1952 until 1969: Service mainly: Denmark-U.K. with agricultural products, mainly Esbjerg-London/Grimsby.
1970: Service now: Copenhagen-Antwerp-Levant.
26.1.1971: Arrived at Copenhagen from Tanger and laid up.

28.4.1972: Sold to Sweet Lines Inc., Cebu City and renamed SWEET LORD. Price paid: $ 220,000.
19.4.1972: Already taken over by her new owners at Frederikshavn. Converted into a passenger and cargo motorship.
1974: Renamed SWEET LAND.
16.4.1979: Grounded near Romblon during a typhoon. Later on refloated.

5.7.1981: Stranded off Sepoc Point, Maricaban Island. Passengers transferred to M/S SWEET GRACE of Cebu City 1489/68 and M/S WILCON II of Cebu 1946/68. Later declared a total loss.

382

325. PRIMULA (II) 1952-1972

Refrigerated cargo motorship, 1 deck and sh • 1812gt, 855nt, 2401dw • 101.10/93.00x14.03/13.97x 8.50/5.59 • Helsingør Skibsværft og Maskinbyggeri A/S, Elsinore, no.309 • 1D 2SA 8cyl. (500x900), type B&W 850-VF-90, 2550bhp, 14.5kn. • Passengers: 6, 1972: 377.

10.10.1950: Ordered.
29.1.1952: Keel.
15.5.1952: Launch.
12.9.1952: Delivered to DFDS, Esbjerg (from 19.5.1959: Odense, 12.10.1962: Esbjerg). Price paid: Kr. 8,500,000.
18.9.1952: Left Copenhagen for Århus.
1952 until 1970: In service mainly: Denmark-U.K. with agricultural products.
1952 until 1957: Service mainly: Denmark-London, e.g. Århus-London-Esbjerg.
1957 until 1960: Service mainly: Copenhagen-Odense-Århus-Hull.
1959 until 1963: Service mainly: Esbjerg-Grimsby.
1961: Service also: Grimsby-Hamburg.
1963 until 1969: Service mainly: Esbjerg-London.
1969: Service: Copenhagen-Århus-Hull.
24.5.1971: Arrived at Copenhagen from Hull and laid up.

18.4.1972: Sold to Sweet Lines Inc., Cebu City.
24.4.1972: Taken over by her new owners and renamed SWEET LOVE. Price paid: $ 220,000.
1972: Converted into a passenger and cargo motorship.

3.1985: Demolition commenced by Phil-Asia Shipbreaking at Batangas, the Philippines.
5.1985: Work completed.

326. BANGSBO 1952-1968

Cargo motorship, 1 deck and sh • 1866gt, 947nt, 2800w • 92.40/84.00x13.34/13.26x8.50/5.91 • Helsingør Skibsværft og Maskinbyggeri A/S, Elsinore, no.310 • 1D 2SA 6cyl. (500x900), type B&W 650-VF-90, 2050bhp, 13kn. • Passengers: 8.

16.3.1951: Ordered.
15.5.1952: Keel.
23.9.1952: Launch.
30.12.1952: Trial and formally delivered to DFDS, Aalborg. Price paid: Kr. 8,169,392.
13.1.1953: Finally delivered to DFDS.
13.1.1953: Left Copenhagen for the Canary Islands.
1953 until 1963: Services mainly: Copenhagen-Madeira-Canary Islands or Copenhagen-Antwerp-Western Mediterranean. Occasionally in service: Copenhagen-South America or Copenhagen-Antwerp-Levant.
1963 until 1967: Mainly in Nordana Line service.
1964: One trip: Copenhagen-North America.
1965 and 1966: Service also: Copenhagen-North America or Denmark-U.K.
7.1967: Arrived at Copenhagen from Elsinore and laid up.

11.1.1968: Sold to Mario Mattiello, Napoli.
15.1.1968: Taken over by her new owners and renamed ELVIRA M. Price paid: $ 221,200.
1976: Transferred to Mario Mattiello (S.Panachrantos and others), Piraeus and renamed RODONAS.

1982: Sold to Pan-Freight Maritime, Piraeus. Name unchanged.

3.3.1982: Arrived at Piraeus and laid up.

1985: Broken up by unknown breaker.

327. BORREBY 1953-1967

Cargo motorship, 1 deck and sh • 1875gt, 945nt, 2800dw • 92.40/84.00x13.34/13.26x8.50/5.91 • Helsingør Skibsværft og Maskinbyggeri A/S, Elsinore, no.313 • 1D 2SA 6cyl. (500x900), type B&W 650-VF-90, 2050bhp, 13kn. • Passengers: 8.

4.7.1951: Ordered.
16.12.1952: Keel.
22.5.1953: Launch.
15.9.1953: Trial.
18.9.1953: Delivered to DFDS, Aarhus. Price paid: Kr. 8,143,500.
22.9.1953: Left Copenhagen for the Levant via Antwerp.
1953 until 1964: Services mainly: Copenhagen-Madeira-Canary Islands or Copenhagen-Antwerp-Western Mediterranean/Levant.
1964 until 1966: Service now: Nordana Line or Copenhagen-North America.
1967: Service: Copenhagen-South America or Aalborg-Leith.
6.5.1967: Arrived at Elsinore from Aalborg and docked.

11.5.1967: Sold to Green Vale (Middle East) Produce & Shipping Co. Ltd. (Doric Cyprian Lines Ltd.), Famagusta.
16.5.1967: Taken over by her new owners and renamed CYPRIAN PRODUCER. Price paid: £ 122,000.
1967: Sold to Star Steam Navigation Ltd., Famagusta. Name unchanged.
1973: Resold to Green Vale (Middle East) Produce & Shipping Co. Ltd., Famagusta (from 1975: Limassol) without change of name.
1976: Sold to Sealink Shipping Co. Ltd., Limassol and renamed GUARDIAN.
1979: Sold to Seawinner Marine Ltd., Limassol and renamed ABUSABAA I.
9.12.1979: On voyage Taranto-Jeddah with marble, grounded 20 miles from Jeddah off Ski'b al Kabir. The following day a fire broke out in forecastle store.
15.12.1979: Capsized during heavy weather.

328. BROAGER 1953-1967

Cargo motorship, 1 deck and sh • 1875gt, 945nt, 2800dw • 92.46/84.00x13.29/13.26x8.51/5.92 • Helsingør Skibsværft og Maskinbyggeri A/S, Elsinore, no.314 • 1D 2SA 6cyl. (500x900), type B&W 650-VF-90, 2050bhp, 13kn. • Passengers: 8, 1972: 320.

4.7.1951: Ordered.
27.4.1953: Keel.
7.8.1953: Launch.
20.11.1953: Trial.
25.11.1953: Delivered to DFDS, Aarhus. Price paid: Kr. 8,143,500.
27.11.1953: Left Elsinore for Aalborg on her maiden voyage.
1953 until 1966: Services mainly: Copenhagen-Antwerp-Western Mediterranean or Copenhagen-Madeira-Canary Islands. Occasionally in service: Denmark-U.K.
1963 until 1965: Service also: Copenhagen-Antwerp-Levant.
1964: One trip: Copenhagen-France-Spain.
7.11.1964: Collided with KYHOLM (no.350).
1965 and 1966: In Nordana Line service.
3.12.1966: Arrived at Copenhagen from the Mediterranean and laid up.

24.11.1967: Sold to Sweet Lines Inc., Cebu City.
24.11.1967: Taken over by her new owners and renamed SWEET BLISS. Price paid: $ 252,000.
1972: Converted into a passenger and cargo motorship.
1984: Demolition commenced by Phil-Asia Shipbreaking, Quezon, City, the Philippines.

329. ANDROS 1954-1969

Cargo motorship, 1 deck and sh • Partly refrigerated • 1810gt, 910nt, 2652dw • 101.15/93.00x 13.68/13.64x8.08/5.60 • Frederikshavns Værft &Flydedok A/S, Frederikshavn, no.220 • 1D 2SA 8cyl. (500x900), type B&W 850-VF-90, 2575bhp, 14.5kn., A/S Burmeister & Wain's Maskin-og Skibsbyggeri, Copenhagen • Passengers: 12.

19.12.1952: Ordered.
1.7.1953: Keel.
23.3.1954: Launch.
5/6.8.1954: Trial.
6.8.1954: Delivered to DFDS, København.
8.8.1954: Left Copenhagen for the Western Mediterranean.
1954 until 1969: Service mainly: Copenhagen-Antwerp-Western Mediterranean/Levant.
1956: One trip: Copenhagen-the Canary Islands.
22.10.1969: Arrived at Frederikshavn to be docked before sale.

23.10.1969: Sold to Compañia Naviera Vivi S.A. (F.Gerassimos and H.Kydonief), Panama.
28.10.1969: Taken over by her new owners and renamed GEORGE BOWER. Price paid: £ 135,000.
1971: Renamed BILKIS.
1972: Sold to Union Navigation Co., Panama without change of name.

12.1.1982: Sold to Tartour Brothers Marine Works, Alexandria for demolition.
18.2.1982: Work began.

330. BRASILIEN (II) 1954-1968

Cargoliner, 1 deck and sh • 5431gt, 3018nt, 9042dw • 137.20/126.50x17.86/17.84x11.21/7.67 • Helsingør Skibsværft og Maskinbyggeri A/S, Elsinore, no.318 • 1D 2SA 8cyl. (620x1150), type B&W 862-VTF-115, 4800bhp, 14.5kn. • Passengers: 12.

20.10.1951: Ordered.
17.12.1953: Keel.
25.5.1954: Launch.
30.8.1954: Trial and delivered to DFDS, København. Price paid: Kr. 15,100,000.
1.9.1954: Left Copenhagen for South America via Finland.
1954 until 1966: Service mainly: Copenhagen-South America.
1962: Service also: Nordana Line.
1964 until 1966: Service also: Copenhagen-North America.
1965 until 1967: Some trips: Copenhagen-Haifa.
4.1967: Time charter to West Coast Line for service: Canada-U.S.A.-South America.

4.1968: Time charter to Westfair Shipping Corp. (Panama), Panama for a trip: U.S.A.-Europe.
7.1968: Time charter to Transmarine for service: U.S.A.-Europe.
8.1968: Time charter to Koninklijke Nederlandsche Stoomboot-Maatschappij N.V., Amsterdam for service: Hamburg-Bremen-West Indies.
21.11.1968: Arrived at Elsinore to be docked before sale.

5.12.1968: Sold to Ethiopian Shipping Lines S.C. (Ashenge Haiq Private Co. Ltd.), Assab.
6.12.1968: Taken over by her new owners and renamed TANA HAIQ. Price paid: $ 1,100,000.
1972: Transferred to Ashenge Haiq Private Co. Ltd., Assab without change of name.
1973: Sold to Raphael D.Melachrinos & Sons, Piraeus and renamed RAPHAEL M.
1980: Sold to Ningpotao Shipping S.A., Panama and renamed PROGRESS I.

27.10.1981: Left Kunsan for Kaohsiung.
19.1.1982: Delivered to Kuo Dar Steel & Iron Enterprise Co. Ltd., Kaohsiung to be broken up.
1.2.1982: Demolition commenced.
3.1982: Work completed.

331. NAXOS 1955-1969

Cargo motorship, 1 deck and sh • Partly refrigerated • 1799gt, 913nt, 2652dw • 101.15/93.00x 13.68/13.64x8.08/5.60 • Frederikshavns Værft &Flydedok A/S, Frederikshavn, no.221 • 1D 2SA 8cyl. (500x900), type B&W 850-VF-90, 2550bhp, 14.5kn., Helsingør Skibsværft og Maskinbyggeri A/S, Elsinore • Passengers: 12.

19.11.1952: Ordered.
29.3.1954: Keel.
Intended name PAROS.
18.11.1954: Launch.
25.2.1955: Trial and delivered to DFDS, København.
25.2.1955: Left Frederikshavn for Elsinore.
26.2.1955 until 3.3.1955: Check of engine at Elsinore.
6.3.1955: Left Copenhagen for Antwerp on her maiden voyage.
1955 until 1969: Service mainly: Copenhagen-Antwerp-Western Mediterranean/ Levant.
1964 until 1966 and 1968: Service also: Copenhagen-North America.
1966: Service also: Nordana Line.
1967: Service also: Copenhagen-South America/Madeira-Canary Islands.
1968: Service also: Aalborg-Leith.
11.1968: Time charter to Van Nievelt Goudrian for service: Europe-Canada.
14.9.1969: Arrived at Copenhagen from Tanger and laid up.

27.11.1969: Sold to Compañia Naviera Odiseo S.A., Piraeus (from 1971:Ithaka).
28.1.1970: Taken over by her new owners at Frederikshavn and renamed ULYSSES OGYGIA. Price paid: $ 325,000.
1971: Renamed CALYPSO.
1973: Sold to Syntrofia Shipping Corp. (P.Hantzis), Ithaka and renamed MANUELLA PRIDE.

1974: Sold to Hoe Hoe Shipping Co. (Private) Ltd., Singapore and renamed HOE HING.
1981: Sold to Bagus Shipping (M) Sendirian Berhad (Hoe Hoe Shipping Co. Pte. Ltd.), Singapore without change of name.

14.9.1983: Arrived at Bangkok to be broken up by Thai Steel & Iron Corp.
10.1983: Demolition completed.

332. ECUADOR 1955-1968

Cargoliner, 1 deck and sh • 5325gt, 2967nt, 9041dw • 137.20/126.50x17.86/17.84x11.21/7.67 • Helsingør Skibsværft og Maskinbyggeri A/S, Elsinore, no.319 • 1D 2SA 8cyl. (620x1150), type B&W 862-VTF-115, 4800bhp, 14.5kn. • Passengers: 12.

20.10.1951: Ordered.
25.5.1954: Keel.
7.1.1955: Launch.
2.4.1955: Delivered to DFDS, København.
2.4.1955: Left Elsinore for Gdynia on her maiden voyage.
1955 until 1966: Service mainly: Copenhagen-South America.
1963: Service also: Nordana Line.
1964 and 1965: Service also: Copenhagen-North America.
1965: One trip: Copenhagen-Haifa.
1966: Time charter for service: U.S.A.-Arabian Gulf and Europe-West Indies.
1967: Time charter to West Coast Line for service: Canada-U.S.A.-South America.
18.2.1968: Arrived at Frederikshavn from Brake to be docked before sale.

22.2.1968: Sold to Pelikan Shipping Co. S.A., Panama.
27.2.1968: Taken over by her new owners and renamed EQUADOR. Price paid: $ 960,000.
1970: Sold to Tarrens International Carriers S.A. (Consulenze Rappresentanze Maritime S.r.l.), Panama and renamed TARRENS.

1972: Transferred to Tabriz Shipping Co. S.A., Panama. Manager remained the same.
1976: Sold to Notis Shipping Corp. (Commercial Shipping Corp. S.A.), Piraeus and renamed NOTIS.
1981: Sold to Itraco Ltd., Panama and renamed BHOJA TRADER.

1982: Sold to Naservi Cia. Naviera S.A., San Lorenzo and renamed ASHAR.
1983: Taken over by Universal Maritime Corp., San Lorenzo. Name unchanged.

25.8.1984: Arrived at Gadani Beach and demolition commenced by Amica Construction Works the same day.

333. BELLONA (II) 1956-1972

Refrigerated cargo motorship, 1 deck and sh • 1481gt, 716nt, 2022dw • 89.31/82.25x12.97/12.91x 8.25/5.69 • Frederikshavns Værft &Flydedok A/S, Frederikshavn, no.222 • 1D 2SA 5cyl. (500x900), type B&W 550-VF-90, 1680bhp, 13kn., Helsingør Skibsværft og Maskinbyggeri A/S, Elsinore • Passengers: 8, 1972: 300.

9.9.1954: Ordered.
30.12.1954: Keel.
9.12.1955: Launch.
25.4.1956: Trial and delivered to DFDS, Aalborg.
25.4.1956: Left Frederikshavn for Århus and arrived two days later.
3.5.1956: Left Århus for Aalborg.
1956 until 1972: Service mainly: Denmark-U.K. with agricultural products, e.g. Copenhagen-Århus-Aalborg-Newcastle-Middlesbrough, Aalborg-Leith, Copenhagen-Odense-Århus-London/Hull or Esbjerg-London/Grimsby/Harwich.
24.2.1972: Arrived at Frederikshavn from Hull to be docked before sale.

12.4.1972: Sold to William Lines Inc., Cebu.
14.4.1972: Taken over by her new owners and renamed TAGBILARAN CITY. Price paid: $ 267,500.
1972: Renamed DAVAO CITY. Converted into a passenger and cargo motorship.

1984: Renamed WILCON IX. Homeport now Cebu City.
18.5.1986: Beached 2 miles off Tulungin Point in a position 7.35N-122.07E, after the engine room was flooded.

7.6.1986: Refloated and towed to Cebu. Later on declared a constructive total loss.
10.1987: Sold to be broken up by L.Acuario Marketing Corp., Manila.

334. OKLAHOMA 1956-1970

Cargo motorship, 1 deck and sh • 4048/2806gt, 2333/1448nt, 4948/4216dw • 108.30/99.00x 15.13/15.09x9.15/6.88//6.30 • Helsingør Skibsværft og Maskinbyggeri A/S, Elsinore, no.329 • 1D 2SA 6cyl. (500x1100), type B&W 650-VTBF-110, 3200bhp, 14kn. • Passengers: 12.

11.3.1955: Ordered.
3.2.1956: Keel.
22.6.1956: Launch.
12.10.1956: Trial.
23.10.1956: Delivered to DFDS, København.
25.10.1956: Left Copenhagen for North America.
1956 until 1969: Service mainly: Copenhagen-North America.
1958: Service also: Nordana Line.
1958 until 1961: Service also: Copenhagen-Antwerp-Levant/Western Mediterranean.
1959: Service also: Copenhagen-Odense-Århus-Hull.
1960 and 1962: Service also: Copenhagen-London.
1966 until 1970: Service mainly: Nordana Line.
30.5.1970: Arrived at Frederikshavn from Preston to be docked. Laid up until sale.

4.8.1970: Sold to Euroship Navigation Co. S.A., Piraeus.
6.8.1970: Taken over by her new owners and renamed EURODAWN. Price paid: $ 645,000.
1972: Sold to Dalex Shipping Co., Piraeus and renamed BARMA.

1973: Sold to Baltica Armadores S.A., Piraeus and renamed VARRES.
1974: Taken over by Varres Compañia Naviera S.A., Piraeus without change of name.
1976: Sold to Efxinos Shipping Co. Ltd., Limassol and renamed ASPAKI.

1978: Renamed TRIAENA I.
29.4.1982: Arrived at Chalkis and laid up.

13.6.1988: Arrived prior to this date at Aliaga for demolition.
16.9.1988: Demolition commenced.

387

335. BLENDA (II) 1956-1972

Refrigerated cargo motorship, 1 deck and sh • 1481gt, 717nt, 2032dw • 89.31/82.25x12.97/12.91x 8.25/5.69 • Frederikshavns Værft &Flydedok A/S, Frederikshavn, no.223 • 1D 2SA 5cyl. (500x900), type B&W 550-VF-90, 1680bhp, 13kn., Helsingør Skibsværft og Maskinbyggeri A/S, Elsinore • Passengers: 8, 1972: 300.

1.1955: Ordered.
20.12.1955: Keel.
1.8.1956: Launch.
9.11.1956: Trial and delivered to DFDS, Odense.
14.11.1956: Left Copenhagen for Hull via Odense and Århus. Service: Denmark-U.K. with agricultural products, e.g. Copenhagen-Odense-Århus-Hull-Copenhagen, Copenhagen-Århus-Aalborg-Newcastle-Middlesbrough, Esbjerg-Grimsby or Aalborg-Leith.
1957: One trip: Copenhagen-Spain.
18.5.1971: Arrived at Copenhagen from Harwich and laid up.

17.3.1972: Sold to William Lines Inc., Cebu. Price paid: $ 267,500.
22.3.1972: Taken over by her new owners and renamed GEN. SANTOS CITY. Converted into a passenger and cargo motorship.

24.12.1976: On voyage Manila-Zamboanga a fire broke out after an explosion, caused by blow back of an oxygen-acetylene torch during repairs off San Nicolas Shoals in Manila Bay. All passengers (46) and crew (54) were rescued.
27.12.1976: Sank 7 miles NE of San Nicolas Shoals.
3.1977: Abandoned as a total loss.

336. OHIO 1956-1971

Cargo motorship, 1 deck and sh • 4052/2812gt, 2339/1450nt, 4938/4206dw • 108.30/99.00x 15.13/15.09x9.15/6.88//6.30 • Helsingør Skibsværft og Maskinbyggeri A/S, Elsinore, no.331 • 1D 2SA 6cyl. (500x1100), type B&W 650-VTBF-110, 3200bhp, 14kn. • Passengers: 12.

11.3.1955: Ordered.
15.5.1956: Keel.
31.8.1956: Launch.
3.12.1956: Delivered to DFDS, København.
6.12.1956: Left Copenhagen for Boston and New York.
1956 until 1969: Service mainly: Copenhagen-North America.
1959, 1967 and 1969: Service also: Nordana Line.
1959 until 1970: Service also: Copenhagen-Antwerp-Levant/Western Mediterranean.
1961: Service also: Copenhagen-Århus-Hull.

1964 until 1966 and 1969: Service also: Copenhagen-South America.
10.1970: Time chartered for a trip: Italy-Antwerp-Turkey.
11.1970: Time chartered for a trip: Italy-France-Spain-South America.
4.2.1971: Arrived at Copenhagen from Marina de Carrara and laid up.

29.3.1971: Sold to Tutsa Shipping Co. S.A., Piraeus.

6.4.1971: Taken over by her new owners and renamed VASIA. Price paid: $ 587,500.
12.1971: Time charter to DFDS for six weeks service: U.S.A.-West Africa.
1975: Sold to Larmox Compañia Naviera S.A., Piraeus and renamed STAVRONIKITA.

26.8.1976: On voyage Foynes-Barbados with cement in bags, caught fire after explosion in 15.25N-58.08W about 200 miles off Guadelope. Towed to Bridgetown by tug BARBADOS 215/72. Declared a CTL.
1977: Sold to Barbados Parks and Beaches Commission to be sunk as an artificial reef off the coast. Price paid: Barbados- $ 60,000.
22.11.1978: Sunk by 100 kiloes of explosives off Prospect St.James, Barbados in 13.09.30N-59.39.24W.

337. PRINSESSE MARGRETHE (I) 1957-1968 / PRINSESSEN → 1971

Twin screw passengership, 4 decks • 5061gt, 2460nt, 994dw • 121.03/106.50x16.18/16.15x8.55/4.88 • Helsingør Skibsværft og Maskinbyggeri A/S, Elsinore, no.332 • 2D 2SA 2x8cyl. (500x900), type B&W 850-VBF-90, 7300bhp, 20.25kn. • Passengers: 117 I, 278 II, 805 deck. Cars: 35.

11.3.1955: Ordered.
31.8.1956: Keel.
20.12.1956: Launch.
9/11.5.1957: Trial.
24.5.1957: Delivered to DFDS, København. Price paid: Kr. 23,256,000.
First Danish ship fitted with stabilizers.
28.5.1957: Presentation trip.
30.5.1957 until 21.9.1968: In service: Copenhagen-Oslo.
8.5.1968 until 24.5.1968: Service temporarily: Landskrona-Oslo during a strike among mates and telegraphers.
20.8.1968: Renamed PRINSESSEN.
21.12.1968 until 8.1.1969: Service again: Copenhagen-Oslo.
13.6.1969 until 21.9.1969: Service now: Esbjerg-Newcastle.
23.9.1969 until 10.5.1970: Service now: Copenhagen-Aalborg.
2.4.1970 until 22.4.1970: Colour of hull changed from black to grey, while docking at Elsinore.
22.4.1970 until 10.5.1970: Service: Copenhagen-Aalborg.
10.5.1970 until 28.5.1970: Service: Copenhagen-Århus.
5.6.1970 until 10.6.1970: Service: Copenhagen-Oslo.

389

▲ *PRINSESSE MARGRETHE, the I class saloon.*

12.6.1970 until 19.9.1970: Service: Esbjerg-Newcastle.
1.2.1971 until 12.2.1971: Service: Copenhagen-Oslo.
30.4.1971 until 28.9.1971: Service again: Esbjerg-Newcastle.
18.10.1971: Arrived at Frederikshavn for docking before the sale.

12.11.1971: Sold to Rederi A/B Birka Line (B.Husell), Mariehamn.
16.11.1971: Taken over by the new owners and renamed PRINSESSAN. Price paid: Kr. 10,450,000.
20.11.1971: Service: one day cruises: Stockholm-Mariehamn.
1972: Taken over by Rederi A/B Flipper (B.Husell), Mariehamn. Name unchanged.
1973: Transferred to Birka Line A/B (Bror Husell), Mariehamn without change of name.
13.12.1977: Renamed PRINSEN.
30.5.1978: Deleted from Finnish registry as sold to Fayez Trading & Shipping Establishment, Jeddah and renamed WID.
7.1.1980: Damaged by fire in the galley during repairs at Malta Drydocks, Valetta. Repaired.
16.2.1980: Left Valetta for Suez. Service: Suez-Jeddah.

28.3.1987: Arrived at Gadani Beach for demolition.
30.3.1987: Work commenced by Molasses Trading & Export.

▲ *PRINSESSE MARGRETHE, the cafeteria.*

PRINSESSEN leaving Elsinore. ▼

390

338. ALABAMA (III) 1957-1971

Cargoliner, 1 deck and sh • 5506gt, 2989nt, 9266dw • 137.40/126.50x17.86/17.84x11.28/7.73 • Helsingør Skibsværft og Maskinbyggeri A/S, Elsinore, no.334 • 1D 2SA 7cyl. (620x1150), type B&W 762-VTBF-115, 5750bhp, 15kn. • Passengers: 12.

21.12.1955: Ordered.
20.12.1956: Keel.
Intended name PERU.
7.5.1957: Launch.
12.9.1957: Trial and delivered to DFDS, København. Price paid: Kr. 17,249,000.
13.9.1957: Left Copenhagen for South America.
1957 until 1966: Service mainly: Copenhagen-South America.
1963 and 1968 until 1970: Service: Nordana Line.
1965 and 1967: Service also: Copenhagen-North America.
5.6.1967: Time charter for service: U.S.A.-Far East.
6.1968: Time charter for one trip: Ilichevsk-Mexico.
7.1968: Time charter to P.V.Christensen A/S, Copenhagen for a trip: U.S. Gulf-Guayaquil.
8.1968: Time charter to Armement Deppe S.A., Antwerp for service: Houston-Antwerp/Rotterdam.
10.1968: Time charter to Koninklijke Nederlandsche Stoomboots-Maatschappij N.V., Amsterdam for service: Hamburg/Bremen-West Indies.
5.1970: Time chartered for a trip: Canada-U.S.A.-South Africa.
6.1970: Time chartered for service: South Africa-London.
8.1970: Time chartered for service: Bremen-Hamburg-Rotterdam-Antwerp-Amsterdam-West Indies.
10.1970: Time charter for a trip: U.S. Gulf-Scotland.
11.1970: Time charter for service: Liverpool-West Indies.
12.1970: Time charter for a trip: U.S. Gulf-Scotland.

ALABAMA, two berths passenger cabin.

24.1.1971: Arrived at Frederikshavn from Grangemouth and docked.

12.5.1971: Sold to Pioneer Carriers (Liberia) Inc., Monrovia.
19.5.1971: Taken over by her new owners and renamed UNISTATE. Price paid: $ 1,035,000.
1971: Sold to Gesuri Lloyd (Liberia) Inc., Monrovia and renamed GELORA I.
1971: Taken over by Asia Africa Shipping Co. Ltd., Monrovia without change of name.
1973: Taken over by P.T. Perusahaan Pelayaren Samudera "Gesuri Lloyd", Jakarta. Name unchanged.

25.1.1984: Arrived at Kaohsiung for demolition.

13.2.1984: Work commenced at Chi Hsiang Steel Enterprise Co. Ltd., Kaohsiung.
18.2.1984: Work completed.

339. VIRGINIA (III) 1957-1968

Cargoliner, 1 deck and sh • 5512gt, 2992nt, 9261dw • 137.40/126.50x17.86/17.84x11.28/7.73 • Helsingør Skibsværft og Maskinbyggeri A/S, Elsinore, no.335 • 1D 2SA 7cyl. (620x1150), type B&W 762-VTBF-115, 5750bhp, 15kn. • Passsengers: 12.

21.12.1955: Ordered.
27.2.1957: Keel.
Intended name CHILE.
29.8.1957: Launch.
17.12.1957: Delivered to DFDS, København.
18.12.1957: Left Copenhagen for South America.
1957 until 1966: Service mainly: Copenhagen-South America.
1964 until 1967: Service also: Copenhagen-North America.
1966 and 1967: Service also: Nordana Line.
10.1966: Time charter for a trip: U.S. Gulf-West Africa.
7.1967: Time charter to South African Marine Corp. Ltd. for two trips: U.S. Gulf-South Africa.
1.1968: Time charter to Pillsbury, New York for a trip: U.S. Gulf-Europe.
14.2.1968: Arrived at Copenhagen from Gdynia.

15.3.1968: Sold to "SIDARMA" Società Italiana di Armamento S.p.A., Venezia.
19.3.1968: Taken over by her new owners and renamed PIERO FOSCARI. Price paid: $ 1,251,600.
1977: Sold to Erico Enterprises S.A. (Trico Enterprises S.A.), Piraeus and renamed LEONIDAS.
4.3.1982: Laid up until 8.1984.
1984: Sold to Meridien Shipping Ltd. Intertrans Shipping Ltd.), Valetta and renamed MERIDIEN.

14.9.1984: Arrived at Gadani Beach for demolition. Work commenced the next day by Akber Ali & Co. Ltd.

340. KLAUSHOLM 1958-1966

Cargo motorship, 1 deck and sh • 694/1156gt, 272/696nt, 1132/1590dw • 73.49/67.11x10.32/10.22x 6.00/3.82//4.57 • N.V. Scheepswerf Westerbroek v/h J.G.Bröerken, Westerbroek, no.154 • 1D 4SA 6cyl. (385x580), type MaK MSU 582A, 1150bhp, 11.5kn., MaK Maschinenbau Kiel A.G., Kiel.

4.6.1956: Ordered. Contract price: Kr. 3,200,000.
7.6.1958: Launched sideways.
6.8.1958: Delivered to DFDS, København.
7.8.1958: Left Delfzijl for Copenhagen via Kolding.
1958 until 1965: Service mainly: Copenhagen-Liverpool-Manchester-Swansea. Occasionally in service: Copenhagen-Felixstowe/Helsinki.
1963 until 1966: Also in service: Copenhagen-Antwerp.
29.8.1966: Arrived at Copenhagen from Antwerp and laid up.

21.10.1966: Sold to I/S Coasting II (Robert Fischer-Nielsen and Harry Duelund), København, taken over the same day and renamed SKALS. Price paid: Kr. 2.35 mil.
1.5.1968: Sold to Harry Duelund, København and renamed VILSUND.
11.4.1969: Sold to Saguaro Shipping Co. (Saguaro Ship Management Ltd.), Monrovia and renamed JOVO.
1978: Sold to Marine Sales Ltd., Nassau and renamed HOURICO.

1981: Homeport now Castries (St.Lucia).
1982: Renamed CARIGULF FREEDOM.
1984: Sold to Robert K. Ltd., Georgetown (Cayman Islands) and renamed ROBERT K.

1986: Sold to Sea Mates Inc., (Honduras) and renamed SANTA MARIA.
2.5.1986: Laid up at St.Anna Bay.

2.11.1987: Reported to have sprung leak and developed a list at St.Anna Bay.
8.11.1987: Scuttled off Curacao.

392

341. COLORADO 1958-1968

Cargoliner, 1 deck and sh • 5510gt, 2981nt, 9261dw • 137.40/126.50x17.86/17.84x11.28/7.73 • Helsingør Skibsværft og Maskinbyggeri A/S, Elsinore, no.339 • 1D 2SA 7cyl. (620x1150), type B&W 762-VTBF-115, 5750bhp, 15kn. • Passengers: 12.

27.9.1956: Ordered. 17.1.1958: Keel.
17.6.1958: Launch.
30.9.1958: Trial and delivered to DFDS, København.
2.10.1958: Left Copenhagen on her maiden voyage to South America.
1958 until 1966: In service mainly: Copenhagen-South America.
28.2.1964: On voyage South Africa-Copenhagen damaged in a collision with M/T DELIAN APOLLON of Piraeus 16147/62 in fog 4 miles NW of Ushant. Towed to Rotterdam. Repaired.
1965: One trip: Antwerp-Haifa-Copenhagen.
1966 until 1967: Service now: Copenhagen-North America.
7.1967 until 8.1967: Time charter to Koninklijke Nederlandsche Stoomboot-Maatschappij N.V.
10.1967 until 2.1968: Time charter to Messageries Maritimes for service: France-Madagascar.
11.2.1968: Arrived at Aalborg from Dunkirk and docked before sale.

4.3.1968: Sold to Eastern Africa National Shipping Line Ltd., Jinja (Uganda). Price paid: DM 5,466,000.

5.3.1968: Taken over by her new owners and renamed UGANDA.
1980: Sold by forced sale to Sea King Maritime Corp., Panama and renamed KITMEER.
1981: Sold to Amarline Maritime Co. Ltd. & A.A.O.Bamaodah, Jeddah and renamed AL MEDINA.
1984: Taken over by Ahmed Abdul Oawi Bamaodah (Holbud Ltd.), Jeddah without change of name.

1985: Manager now Hydery (P.) Ltd. 1986: Renamed AL MADINA.
1986: Sold to Ettrick Shipping Ltd. (Holbud Ltd.), Gibraltar and renamed A. ALAMDAR.

21.4.1988: Arrived at Port Alang (India) for demolition.
2.5.1988: Demolition commenced by Gupta Steel.

342. KNUDSHOLM 1959-1966

Cargo motorship, 1 deck and sh • 699/1158gt, 273/699nt, 1128/1585dw • 73.49/67.11x10.32/10.22x 6.00/3.82//4.57 • N.V.Scheepswerf Westerbroek v/h J.G.Bröerken, Westerbroek, no.155 • 1D 4SA 6cyl. (385x580), type MaK MSU 582A, 1150bhp, 11.5kn., MaK Maschinenbau Kiel A.G., Kiel.

4.6.1956: Ordered.
Contract price: Kr. 3,200,000.
6.12.1958: Launched sideways.
3.3.1959: Delivered to DFDS, København.
4.3.1959: Left Delfzijl for Copenhagen via Dagenham.
1959 until 1965: In service mainly: Copenhagen-Liverpool-Manchester-Swansea.
1959: Occasionally in service: Copenhagen-Helsinki.
1959 until 1963: Service also: Copenhagen-Felixstowe.
1962: Service also: Aalborg-Leith or Copenhagen-London.
1963 until 1965: In service also: Copenhagen-Antwerp.
1966: Service now: Copenhagen-west coast of Norway.
22.8.1966: Arrived at Copenhagen from Kristiansand and docked before the sale.

9.9.1966: Sold to P/R Coast Tramp (Niels Blæsbjerg), Aarhus.
10.9.1966: Taken over by her new owners and renamed BIRTHE SCAN. Price paid: kr. 2,412,500. Service on West African rivers.

17.11.1969: Sold to Sealife Shipping Corp., Monrovia and renamed CORAL.
1974: Sold to Navigazione San Paolo S.p.A., Genova and renamed AZIZA.
1981: Sold to Medafrica Line S.p.A., Genova without change of name.
1982: Sold to SADAV S.r.l., Napoli and renamed MONTANA.

1984: Sold to Marittima Italiana Marital S.r.l., Napoli and renamed TESSIE.

29.9.1986: Arrived at La Spezia for demolition.
13.7.1987: Work commenced by Demolizioni Decomar S.p.A.

393

343. KOLDINGHUS (II) 1959-1969

Cargo motorship, 1 deck and sh, containerised • 760gt, 304nt, 1031dw • 77.32/70.00x11.02/11.00 x6.25/4.02 • A/S Aarhus Flydedok &Maskinkompagni, Århus, no.105 • 1D 2SA 6cyl. (350x620), type B&W 635-VBF-62, 1680bhp, 13.5kn., Helsingør Skibsværft og Maskinbyggeri A/S, Elsinore • Passengers: 12.

4.9.1957: Ordered. 22.4.1958: Keel.
26.9.1958: Launch.
17.3.1959: Trial.
18.3.1959: Delivered to DFDS, Kolding.
19.3.1959 until 1967: In service: Copenhagen-Fredericia-Kolding-Aabenraa/Sønderborg/Svendborg.
1964 until 1965: Occasionally in service: Copenhagen-Horsens/Vejle.
26.10.1967: Service now: Copenhagen-Kolding-Fredericia-Randers.
16.11.1967: Laid up at Copenhagen.

28.4.1969: Sold to La Co-operative de Transport Maritime et Aérien, Grindstone (Canada).
5.5.1969: Taken over by the new owners and renamed C.T.M.A. Price paid: £ 108,000.
1975: Renamed MADELEINE.
1988: Sold to Cayman Islands Transport Co. Ltd., Georgetown without change of name.
1990: Renamed ST. MARC.

Still in service.

344. PENNSYLVANIA (II) 1959-1970

Cargoliner, 1 deck and sh • 5510gt, 2981nt, 9259dw • 137.40/126.50x17.86/17.84x11.28/7.73 • Helsingør Skibsværft og Maskinbyggeri A/S, Elsinore, no.340 [1] • 1D 2SA 7cyl. (620x1150), type B&W 762-VTBF-115, 5750bhp, 15kn. • Passengers: 12.

27.9.1956: Ordered.
31.10.1958: Keel.
10.3.1959: Launch.
2.6.1959: Trial and delivered to DFDS, København.
2.6.1959: Left Copenhagen for South America on her maiden voyage.
1959 until 1967: Service mainly: Copenhagen-South America.
1960 until 1963: Occasionally in service: Copenhagen-Antwerp-Levant.
19.2.1961: On voyage Rosario-Brazil damaged in a collision with M/T PETROMAR on the Parana River. The tanker was gutted by fire. One Dane and 26 Argentineans were lost. Continued her voyage.
9.4.1961: Arrived at Hamburg and repaired.
19.5.1961: Left Hamburg after repairs.
1962: Service also: Nordana Line.
1967: Service now mainly: Copenhagen-North America.
7.1967 until 12.1969: Mainly in time charter to various companies for service to Europe, North America, South America, Australia and Africa.
12.12.1969: Arrived at Frederikshavn from Bremen and docked before the sale.
8.1.1970: Sold to Eastern Africa National Shipping Line Ltd., Dar-es-Salaam.
12.1.1970: Taken over by her new owners and renamed UJAMAA. Price paid: $ 1,590,000.
1979: Sold to Tenacity Shipping Co. Ltd. (Bacolitsas Naviera), Limassol and renamed TENACITY.
5.1983: Laid up.
5.1987: Arrived at Aliaga for demolition.
7.6.1987: Demolition commenced by Gumus Cubuk Celik Sanayi.

---

[1] She was the first wholly welded vessel from the shipyard.

345. MINNESOTA 1960-1969

Cargoliner, 1 deck and sh • 5513gt, 2983nt, 9256dw • 137.40/126.50x17.86/17.84x11.28/7.73 • Helsingør Skibsværft og Maskinbyggeri A/S, Elsinore, no.346 • 1D 2SA 7cyl. (620x1150), type B&W 762-VTBF-115, 5750bhp, 15kn. • Passengers: 12.

5.9.1957: Ordered.
15.5.1959: Keel.
Intended name INDIANA.
9.10.1959: Launch.
2.2.1960: Delivered to DFDS, København.
4.2.1960: Left Copenhagen for South America on her maiden voyage.
1960 until 1967: In service mainly: Copenhagen-South America.
1963 until 1964: Occasionally in service: Copenhagen-Antwerp-Levant.
1966 and 1968: Occasionally in service: Copenhagen-North America.
4.1967 until 4.1969: Mainly in time charter to various companies for service to Europe, North America, South America, South Africa and Arabian Gulf.
1968: Occasionally in Nordana Line service.
17.4.1969: Arrived at Frederikshavn from Pernis and docked before the sale.

12.5.1969: Sold to Eastern Africa National Shipping Line Ltd., Lusaka (Zimbabwe).
16.5.1969: Taken over by her new owners and renamed MULUNGUSHI. Price paid: DM 6,482,260.
1979: Sold to Enamel Maritime Co. Ltd. (A.Bacolitsas), Limassol and renamed ENAMEL.

1984: Sold to Amouage Shipping Co. Ltd., Limassol and renamed GLADIATOR.
1986: Sold to Rota Shipping S.A., Colombo (Sri Lanka). Name unchanged.

15.11.1986: Arrived at Gadani Beach for demolition by Sadaf Enterprise, who began work the same day.

346. ARIZONA (II) 1960-1967

Cargoliner, 1 deck and sh • 5513gt, 2983nt, 9254dw • 137.40/126.50x17.86/17.84x11.28/7.73 • Helsingør Skibsværft og Maskinbyggeri A/S, Elsinore, no.347 • 1D 2SA 7cyl. (620x1150), type B&W 762-VTBF-115, 5750bhp, 15kn. Passengers: 12.

5.9.1957: Ordered.
18.7.1959: Keel.
Intended name MINNESOTA.
17.12.1959: Launch.
18.3.1960: Trial and delivered to DFDS, København.
23.3.1960: Left Copenhagen for Gdynia on her maiden voyage.
1960 until 1966: In service mainly: Copenhagen-South America.
1962 and 1963: Occasionally in service: Copenhagen-Antwerp-Levant.
1965 until 1967: Service: Copenhagen-North America.
10.1966: Chartered for a trip: Europe-West Indies.

1967: Also in Nordana Line service.
26.11.1967: Arrived at Copenhagen from Leith.
30.11.1967: Left for Elsinore and docked there before the sale.

7.12.1967: Sold to "SIDARMA" Società Italiana di Armamento S.p.A., Venezia.
8.12.1967: Taken over by her new owners and renamed ENRICO DANDOLO. Price paid: $ 1,540,000.
1977: Sold to Greekland Shipping Co. (Trico Enterprise S.A.), Piraeus and renamed FILIA.
1981: Sold to Discus Maritime Inc. (Mavris Georgios), Piraeus and renamed CALIOPE.
1982: Transferred to Panamanean registry.
1984: Sold to Calmare Navigation Co. Ltd. (Album Maritime Co. Ltd.), Panama and renamed LUCKY.
26.11.1984: Left Safi for Chittagong Roads, where she arrived 2.2.1985 and laid up.

27.2.1987: Demolition commenced by Amin Shipbreakers, Bhatiyari, Chittagong.

347. KATHOLM (II) 1961-1968

Cargo motorship, 1 deck and sh • 684/1166gt, 262/659nt, 1092/1536dw • 73.45/67.10x10.24/10.20x 6.00/3.82//4.57 • A/S Aarhus Flydedok &Maskinkompagni, Århus, no.113 • 1D 4SA 6cyl. (385x580), type MaK MSU 582A, 1150bhp, 11.5kn., MaK Maschinenbau Kiel GmbH, Kiel.

29.12.1959: Ordered. 24.6.1960: Keel.
13.9.1960: Launch.
12.1.1961: Trial.
17.1.1961: Delivered to DFDS, København. Price paid: kr. 3,500,000.
21.1.1961: Left Copenhagen for Helsinki on her maiden voyage.
1961 until 1967: In service mainly: Copenhagen-Helsinki.

1961 until 1965: Also in service: Copenhagen-west coast of Norway.
1961 and 1962: Service also: Copenhagen-Liverpool-Manchester-Swansea.
1962: Service also: Copenhagen-Odense-Århus-London.
1964: Service also: Copenhagen-Spain-France.
6.7.1967: Arrived at Copenhagen from Næstved and laid up.

20.3.1968: Sold to Laivanisännistöyhtiö Kaste (August Soini), Turku.
22.3.1968: Taken over by her new owners and renamed KASTE. Price paid: £ 127,500.

12.6.1980: Registered sold to Silver Eagle Compañia Naviera S.A. (Gillas Athanassios), Panama and renamed OLYMPIOS APOLLON.

1984: Arrived at Menzel Bourguiba, Tunesia and laid up.

1989: Broken up.

348. KONG OLAV V (I) 1961-1968 /OLAV 1968-1969

Twin screw passengership, 3 decks • 5150gt, 2509nt, 1112dw • 121.01/106.51x16.18/16.16x8.56/4.88 • Aalborg Værft A/S, Aalborg, no.135 • 2D 2SA 2x8cyl. (500x900), type B&W 850-VBF-90, 7500bhp, 21.5kn., Helsingør Skibsværft og Maskinbyggeri A/S, Elsinore • Passengers: 117 I, 278 II, 805 deck.

OLAV at Helsingborg.

8.10.1959: Ordered.
7.4.1960: Keel.
13.12.1960: Launch.
2.7.1961: Trial.
5.7.1961: Delivered to DFDS, København. Price paid: kr. 24,900,000.
7.7.1961 until 1968: In service exclusively: Copenhagen-Oslo.
8.5.1968 until 24.5.1968: Called at Landskrona instead of Copenhagen during a strike among officers.
29.5.1968: Renamed OLAV.
26.6.1968 until 12.8.1968: Service now: Copenhagen-Aalborg.
21.6.1969 until 19.8.1969: Service now: Copenhagen-Helsingborg-Aalborg.

19.8.1969 until 23.9.1969: Service again: Copenhagen-Aalborg.
23.9.1969: Docked at Aalborg before the sale.

2.10.1969: Sold to China Navigation Co. Ltd. (John Swire & Sons Ltd.), London.
3.10.1969: Taken over by her new owners and renamed TAIWAN. Price paid: $ 1,550,000.
1970: Rebuilt by Taikoo Dockyard and Engineering Co. Ltd., Hong Kong. Service: Hong Kong-Keelung.
19.4.1972: Registered sold to Birka Line A/B (Bror Husell), Mariehamn and renamed BARONESSAN. Service now one day cruises: Mariehamn-Stockholm.
16.12.1980: Registered sold to Yick Fung Shipping & Enterprises Co. Ltd., Panama and renamed MIN FUNG.
1981: Taken over by China Ocean Shipping Co. (COSCO), (Peoples Rep. of China) and renamed JI MEI.
1983: Sold to Fujian Province Shipping Co. (Fuzhou Branch), Xiamen and renamed NAN HU.
1985: Sold to Guangdong Province, Hong Kong & Macau Navigation Co., Guangzhou without change of name.

Still extant.

BARONESSAN at Stockholm.

349. FREESIA 1961-1972

Refrigerated cargo motorship, 1 deck and sh • 2683gt, 1302nt, 3054dw • 110.45/100.00x 15.53/15.50x9.30/6.16 • Frederikshavns Værft &Flydedok A/S, Frederikshavn, no.230 • 1D 2SA 6cyl. (500x1100), type B&W 650-VTBF-110, 3450bhp, 16kn., Helsingør Skibsværft og Maskinbyggeri A/S, Elsinore • Passengers: 12.

17.11.1959: Ordered.
22.3.1960: Keel.
Intended name ERICA.
13.12.1960: Launch.
14.6.1961: Fire broke out in the insulation, trial postponed from 21.6.1961 until:
26.8.1961: Trial.
29.8.1961: Delivered to DFDS, Odense. Price paid: Kr. 14,000,000.
30.8.1961: Left Copenhagen for Hull via Odense and Århus.
1961 until 1969: Mainly in service: Copenhagen-Odense-Århus-Hull with agricultural products.
1967 until 1971: Service also: Copenhagen-Antwerp-Levant.
8.1970: Service also: Esbjerg-Grimsby-Leith.
5.1971: Last trip in the Levant service, being terminated by DFDS.
29.6.1971: Arrived at Copenhagen from Tanger via Aalborg and laid up.

17.11.1972: Sold to Able Reefer Pte. Ltd. (Hui Shune Ming), Singapore.

24.11.1972: Taken over by her new owners and renamed ABLE REEFER. Price paid: $ 560,000.
6.12.1972: Grounded off Kristiansund N. Refloated the same day with a severe bottom damage.

8.8.1980: Arrived at Kaohsiung.
18.8.1980: Demolition commenced by Li Chong Co. Ltd., Kaohsiung.

350. KYHOLM 1961-1965

Cargo motorship, 1 deck and sh • 688/1166gt, 261/659nt, 1083/1542dw • 73.46/67.52x10.22/10.20x 6.02/3.82//4.57 • A/S Aarhus Flydedok &Maskinkompagni, Århus, no.115 • 1D 4SA 6cyl. (385x580), type MaK MSU 582A, 1150bhp, 11.5kn., MaK Maschinenbau Kiel GmbH, Kiel.

23.6.1960: Ordered.
10.1.1961: Keel.
14.6.1961: Launch.
5.10.1961: Trial and delivered to DFDS, København.
Price paid: Kr. 3,664,000.
7.10.1961: Left Copenhagen for Stavanger on her maiden voyage.
1961 until 1964: Service mainly: Copenhagen-west coast of Norway.
1961: Service also: Denmark-U.K. or Copenhagen-Antwerp.
15.4.1963: On voyage Bergen-Haugesund grounded during heavy snow off Saltskjærsholmen E of Huftarøy. She developed a severe leak and was moved to shallow water, where she sank. All crew were saved.
22.4.1963: Salvage attempt commenced by Norsk Bjergningskompagni A/S, Bergen.
28.5.1963: Refloated.
9.6.1963: Arrived at Frederikshavn to be repaired.
15.9.1963: Returned to DFDS.
20.9.1963: In service again.
1964: Service now: Copenhagen-Antwerp.
3.11.1964: On voyage Tuborg Havn-Sluseholmen collided in a fog with M/S CHIQUITA of Stocksund 499/58.
7.11.1964: On voyage Copenhagen-Antwerp loaded with beer, sank after a collision with BROAGER (no.328) off the entrance to the port of Copenhagen.
13.11.1964: Salvage attempts commenced by Svitzer.
6.2.1965: Refloated and taken to Copenhagen.

2.4.1965: Sold to O.H.Meling, Stavanger in a damaged condition.
Price paid: Kr. 500,000.
6.4.1965: Left Copenhagen in tow for Karmsund Verft & Mek. Verksted for repairs. Renamed STAVHOLM.
1969: Sold to A/S Verona (A.O.Olsen), Oslo and renamed PASSAT. Price paid: Norwegian Kr. 2,500,000.
1973: Sold to G.A.Gudmansson H/f, Reykjavik and renamed SÆBORG.
1977: Sold to Flavia Navigation Co. Ltd., Limassol and renamed EMEBORG.
1982: Sold to Friend Navigation Co. Ltd., Limassol and renamed PIA TIA.
1984: Renamed RIA TIA.
1987: Renamed LONSDALE.
1987: Renamed VANIA I.
1987: Sold to Philippine Lines S.A., San Lorenzo and renamed ARMENI.

29.8.1987: On voyage Formia-the Black Sea sank after a collision in fog with M/S PETKO R. SLAVEJKOV of Varna 9069/68, off Poyrakzoy at the entrance to the Black Sea in the straits of Istanbul. Two men lost.

---

351. ATHOS 1962-1974

Cargo motorship, 1 deck and sh • Partly refrigerated • 2661gt, 1285nt, 3317dw • 110.41/100.00x 15.52/15.50x9.30/6.10 • Frederikshavns Værft &Flydedok A/S, Frederikshavn, no.231 • 1D 2SA 6cyl. (500x1100), type B&W 650-VTBF-110, 3450bhp, 15.25kn., Helsingør Skibsværft og Maskinbyggeri A/S, Elsinore • Passengers: 12.

16.5.1960: Ordered.
22.12.1960: Keel.
19.10.1961: Launch (postponed from 10.10 due to strike).
23.2.1962: Trial.
27.2.1962: Delivered to DFDS, København. Price paid: Kr. 13,300,000.
1.3.1962: Left Copenhagen for Funchal and Las Palmas.
1962 until 1966: Service mainly: Denmark-Madeira-Canary Islands.
1962 and 1968: Occasionally in service: Aalborg-Leith.
1962, 1963 and 1966: Occasionally in service: Copenhagen-London.

1967 until 1971: Service now: Copenhagen-South America/Antwerp-Levant.
1967: Service also: Copenhagen-North America.
1971 until 1973: Service now: Copenhagen-South America.
14.12.1973: Arrived at Frederikshavn from Copenhagen and docked before the sale.
29.1.1974: Sold to Associated Levant Lines S.A.L. (T.Gargour & Fils), Beirut.
7.2.1974: Taken over by her new owners and renamed BAABDA. Price paid: Kr. 5,250,000.

1984: Transferred to Associated Levant Lines (Cyprus) Ltd., Limassol. Name unchanged.
1984: Sold to Wing Ko Maritime S.A., (Honduras) and renamed WING HOA.
1985: Transferred to Improvement Maritime S. de R.L., San Lorenzo without change of name.

30.4.1989: On voyage Singapore-Vietnam collided with an unknown object and sank in the Dinh An channel, Vietnam. Declared CTL.

352. SKYROS 1962-1973

Cargo motorship, 1 deck and sh • Partly refrigerated • 2661gt, 1286nt, 3317dw • 110.41/100.00x 15.52/15.50x9.30/6.10 • Frederikshavn Værft & Tørdok A/S, Frederikshavn, no.232 • 1D 2SA 6cyl. (500x1100), type B&W 650-VTBF-110, 3450bhp, 15.25kn., Helsingør Skibsværft og Maskinbyggeri A/S, Elsinore • Passengers: 12.

16.5.1960: Ordered.
21.10.1961: Keel.
13.4.1962: Launch (postponed from the previous day due to the weather).
30.8.1962: Trial and delivered to DFDS, København. Price paid: Kr. 13,300,000.
1.9.1962: Left Copenhagen for Funchal on her maiden voyage.
1962 until 1967: Service mainly: Copenhagen-Madeira-Canary Islands.
1966: One trip: Copenhagen-South America.
1967: One trip: Copenhagen-North America.
1967 until 1971: Service: Copenhagen-South America/Antwerp-Levant.
6.1971 until 9.1971: Service now: Nordana Line.
9.1971 until 11.1971: One trip: U.S. Gulf-West Africa-Copenhagen.
11.1971 until 2.1972: Service: Copenhagen-South America.
2.1972 until 4.1972: Service now: Esbjerg-Harwich/Hull.
4.1972 until 9.1972: Laid up at Copenhagen.
10.1972 until 2.1973: Service: Copenhagen-South America.
2.1973: Time charter for about two months to Oldenburg-Portugiesische Dampfschiffs Reederei, Hamburg for service: Europe-Canary Islands.
6.1973: Arrived at Esbjerg from Hamburg and laid up.

6.12.1973: Sold to Associated Levant Lines S.A.L. (T.Gargour & Fils), Beirut.
12.12.1973: Taken over by her new owners and renamed BERYTE. Price paid: Kr. 5,250,000.
1984: Sold to Wing Ko Maritime S.A., Panama and renamed WING KO.

Still in service.

353. KRONHOLM 1962-1969

Cargo motorship, 1 deck and sh • 693/1168gt, 288/692nt, 1124/1590dw • 73.45/67.10x10.24/10.22x 6.00/3.81//4.57 • N.V. Scheepswerf Westerbroek v/h J.G.Bröerken, Westerbroek, no.171 • 1D 4SA 6cyl. (385x580), type MaK MSU 582A, 1150bhp, 11.5kn., MaK Maschinenbau Kiel GmbH, Kiel.

27.3.1961: Ordered.
Contract price: Guilders 1,998,000.
12.61: Keel.
18.7.1962: Launched sideways.
5.10.1962: Delivered to DFDS, København.
5.10.1962: Left builder for Copenhagen via London.
1962 until 1964: Service mainly: Copenhagen-Liverpool-Manchester-Swansea.
1963: One trip: Copenhagen-west coast of Norway.
1964 until 1966: Service now: Copenhagen-Antwerp.
1965: Service also: Copenhagen-west coast of Norway/London/Felixstowe/France-Spain.
1966: Service also: Copenhagen-Antwerp-Levant, Copenhagen-the Faroes-Reykjavik or Copenhagen-France-Spain-Portugal.
15.1.1967: Arrived at Copenhagen from Århus and Antwerp and laid up.

7.2.1969: Sold to Southern Line Ltd., Mombasa.
10.2.1969: Taken over by her new owners and renamed SOUTHERN TRADER. Price paid: £ 108,000.
1978: Sold to Zaburwa Exporters Ltd., Mombasa and renamed NABILA.
1984: Sold to Nabila Navigation Inc., San Lorenzo without change of name.
1986: Sold to JHG Shipping Lines Ltd., Mombasa. Name unchanged.
14.2.1986: Damaged by fire during repairs at Mombasa. Sold to Southern Engineering Company, Mombasa for demolition.

354. KONGSHOLM 1962-1967

Cargo motorship, 1 deck and sh • 693/1168gt, 288/692nt, 1124/1590dw • 73.45/67.10x10.24/10.22x 6.00/3.81//4.57 • G.J. van der Werff's Scheepsbouw Mij., Westerbroek, no.289 • 1D 4SA 6cyl. (385x580), type MaK MSU 582AK, 1150bhp, 11.5kn., MaK Maschinenbau Kiel GmbH, Kiel.

27.3.1961: Ordered.
Contract price: Guilders 1,998,000.
1.1962: Keel.
18.7.1962: Launched sideways.
Completed by N.V. Scheepswerf Westerbroek, Westerbroek, no.172.
18.12.1962: Delivered to DFDS, København.
18.12.1962: Left Delfzijl for Felixstowe and Copenhagen.
1962 until 1967: Service: Copenhagen-France-Spain.
10.1967: One trip: Copenhagen-Felixstowe-Copenhagen.
30.10.1967: Arrived at Copenhagen from Felixstowe and laid up.

12.12.1967: Sold to Durban Lines (Pty) Ltd. (Grindrod, Gersigny & Co. (Pty) Ltd.), Durban.
13.12.1967: Taken over by her new owners and renamed BEREA. Price paid: £ 130,000.
1975: Sold to New Maydon Shipping Co. Inc. (Unicorn Lines (Pty) Ltd.), Panama and renamed LIMPOPO.
1977: Sold to N.Zoulis, G.Katsaros & Co. (Nikos Zoulis), Piraeus and renamed SPYROS.

1983: Sold to Waterlook Shipping Ltd., Limassol and renamed BOA NOVA.
1984: Sold to Happysail Navigation Ltd., Limassol without change of name.

4.4.1985: Deleted from Cyprus registry. Further fate unknown.

355. PETUNIA 1963-1973

Refrigerated cargo motorship, 2 decks and sh • 2383gt, 1139nt, 2830dw • 106.89/98.00x15.12/15.10x 9.00/5.85 • Aalborg Værft A/S, Aalborg, no.139 • 1D 2SA 6cyl. (500x1100), type B&W 650-VTBF-110, 3450bhp, 15.5kn., Helsingør Skibsværft og Maskinbyggeri A/S, Elsinore • Passengers: 4.

3.8.1961: Ordered.

26.7.1962: Launch.
13.3.1963: Trial and delivered to DFDS, Esbjerg. Price paid: Kr. 15,700,000.
13.3.1963: Left Aalborg for Esbjerg and arrived the next day.
16.3.1963: Left Esbjerg for Grimsby.
1963 until 1969: Service mainly: Esbjerg-Grimsby.
1968: Service also: Aalborg-Leith.
1968 and 1969: Service also: Århus-Aalborg-Newcastle.
7.1968: Time charter to Norship Reefer Express Line for service: Felixstowe/London/Le Havre-Canada/U.S.A.
2.1969: Time charter to Norske Sydamerika Linie for service: Norway-South America.
1969: Service also: Esbjerg-Harwich or Copenhagen-Odense-Århus-Hull.
1969 until 1970: Service also: Copenhagen-Antwerp-Levant.
1969 until 1973: Frequently also in time charter to Cie. Cherifienne Armement, Casablanca for service: Agadir/Casablanca-Tanger-Dieppe/European ports.
6.1973: Arrived at Copenhagen from Vyborg and laid up.

17.12.1973: Sold to Ben Shipping Company (Pte) Ltd., Singapore.
21.12.1973: Taken over by her new owners and renamed C. JOYCE. Price paid: Kr. 4,850,000.
1976: Sold to Khev An Lines Ltd., Singapore and renamed KALIMANTAN FORTUNE.
1977: Sold to Istia Shipping Corp., Piraeus and renamed FRIO DOLPHIN.
1979: Sold to Snowfrost Navigation Co. Ltd. (Friomar Compañia Naviera S.A.), Limassol and renamed SNOWFROST.
1980: Sold to Headway Investments Trust Inc. (Friomar Compañia Naviera S.A.), Piraeus. Name unchanged.
1985: Sold to Transmediterranean Reefers Ltd., Valletta and renamed IGUANA.

26.4.1986: Arrived at Gadani Beach for demolition.
3.5.1986: Work commenced by Pacifia Enterprises.

401

356. MAGNOLIA 1963-1974

Refrigerated cargo motorship, 2 decks and sh • 2359gt, 1122nt, 2830dw • 106.85/98.00x15.13/15.10x 9.00/5.85 • A/S Aarhus Flydedok &Maskinkompagni, Århus, no.118 • 1D 2SA 6cyl. (500x1100), type B&W 650-VTBF-110, 3450bhp, 15.5kn., Helsingør Skibsværft og Maskinbyggeri A/S, Elsinore • Passengers: 4.

9.1961: Ordered.
11.4.1962: Keel.
29.11.1962: Launch.
30.7.1963: Trial.
1.8.1963: Delivered to DFDS, Aalborg (from 18.10.1971: Esbjerg). Price paid: Kr. 15,700,000.
1.8.1963: Left Århus.
3.8.1963: Left Aalborg for Newcastle.
1963 until 1969: Service mainly: Århus-Aalborg-Newcastle.
1965: Service also: Esbjerg-Grimsby.
1967: Service also: Esbjerg-Harwich/London.
1968 until 1969: Service also: Esbjerg-Grimsby.
1969 until 1970: Service: Copenhagen-Antwerp-Levant.
1970 until 1973: Frequently also in time charter to Cie. Cherifienne Armement, Casablanca for service: Agadir/Casablanca-Tanger-Dieppe/French ports.
6.1973: Arrived at Copenhagen from Rouen and laid up.

29.1.1974: Sold to Ben Shipping (Pte.) Ltd., Singapore.
6.2.1974: Taken over by her new owners and renamed C. RANEE. Price paid: Kr. 4,850,000.
1976: Sold to Allana Lines (Allanason Pvt. Ltd.), Bombay and renamed AL GILANI.
1.9.1987: Left Bombay for Dubai, where she was laid up.

10.1987: Demolition commenced by Shri Ram Shipbreakers at Bombay.

357. BERGENHUS (III) 1964-1968

Cargo motorship, 1 deck and sh, containerised • 780gt, 290nt, 994dw • 77.32/70.00x11.03/11.00x 6.25/4.02 • A/S Aarhus Flydedok &Maskinkompagni, Århus, no.120 • 1D 2SA 6cyl. (350x620), type B&W 635-VBF-62, 1680bhp, 13.5kn., Helsingør Skibsværft og Maskinbyggeri A/S, Elsinore • Passengers: 12.

21.11.1962: Ordered.
25.4.1963: Keel.
25.9.1963: Launch.
10.1.1964: Trial.
11.2.1964: Delivered to DFDS, København. Price paid: Kr. 6,700,000.
13.2.1964: Left Århus for Copenhagen and arrived the same day.
14.2.1964 until 1967: Service mainly: Copenhagen-west coast of Norway.
1964: Service also: Copenhagen-Horsens-Vejle or Frederikshavn-Oslo.
1964, 1965 and 1966: Service also: Copenhagen-Kolding-Fredericia-Sønderborg-Svendborg-Aabenraa.
1965 and 1966: Service also: Copenhagen-Felixstowe.
1966: Service also: Copenhagen-Goole.
9.1966: Inaugurated the service: Århus-west coast of Norway.
1.1967: One trip: Copenhagen-Antwerp-Copenhagen.
21.1.1967 until 10.8.1967: Service now: Copenhagen-Horsens/Vejle.
10.8.1967: Arrived at Copenhagen and laid up.

14.11.1968: Sold to Union of Burma Five Star Line Corporation, Rangoon.

19.11.1968: Taken over by her new owners and renamed PHA SHWE GYAW YWA. Price paid: £ 137,500.
1976: Name of company now Burma Five Star Shipping Corporation.

1989: Due to change of name of the country and its capital company now named Myanma Five Star Shipping Corporation, Yangon.

Still extant.

358. ENGLAND (II) 1964-1983

Twin screw passengership, 4 decks • 8221gt, 4277nt, 1451dw • 140.00/125.00x19.33/19.31x12.00/5.54 • Helsingør Skibsværft og Maskinbyggeri A/S, Elsinore, no.369 • 2D 2SA 2x10cyl. (500x1100), type B&W 1050-VT2BF-110, 14,000bhp, 21 kn. • Passengers: 155 I, 244 II, 467 in all. Cars: 100, 1974: 120.

5.4.1962: Ordered.
9.5.1963: Keel.
10.12.1963: Launch.
14/15.5.1964: Trial.
25.5.1964: Delivered to DFDS, Esbjerg.
27/28/29/30.5.1964: Presentation trips from Copenhagen.
31.5.1964: Left Copenhagen for Harwich.
3.6.1964: Presentation trip from Harwich.
4.6.1964: Left Harwich for Esbjerg and arrived the next day.
11.6.1964: Left Esbjerg on her maiden voyage.
1964 until 1974: Service mainly: Esbjerg-Harwich.

403

7.12.1966 until 12.12.1966: Berthed at Kvæsthusbroen, Copenhagen during celebration of the company's 100 years anniversary.
11.11.1967 until 26.3.1968: Four cruises: Copenhagen-West Indies.
21.12.1968 until 16.4.1969: Two cruises: Copenhagen-West Indies and two cruises: Copenhagen-West Africa.
21.12.1969 until 31.3.1970: Cruises: Copenhagen-West Indies.
30.9.1970 until 11.11.1970: Service now: Copenhagen-Oslo.
4.1.1971 until 11.2.1971 and 5.3.1971 until 23.3.1971: Rebuilt by Aalborg Værft A/S. Berth capacity increased to 566.
12.2.1971 until 4.3.1971: Service: Copenhagen-Oslo.
1.10.1971 until 21.2.1972 and 25.10.1972 until 21.12.1972: Service also: Copenhagen-Oslo.
1972: Hull colour changed to white.
28.10.1973 until 15.12.1973: Service: Copenhagen-Oslo.
1974: Rebuilt. Berth capacity increased by 68, car capacity now 120. After being replaced by DANA REGINA (no.391) in the Esbjerg-Harwich service transferred to summer service: Esbjerg-Torshavn/Newcastle.
9.7.1974: Left Esbjerg on the first trip to Torshavn.
5.10.1974: Chartered to Det Bergenske D/S.
9.10.1974 until 21.5.1975: service: Bergen-Stavanger-Newcastle.
2.11.1975 until 6.5.1976, 8.5.1977 until 21.5.1977, 17.5.1978 until 27.5.1978, 22.4.1979 until 5.5.1979, 4.5.1980 until 25.5.1980 and 14.4.1982 until 9.6.1982: Service: Copenhagen-Oslo.

ENGLAND loading passenger cars at Harwich.

30.11.1976 until 21.12.1976 and 6.3.1977 until 20.3.1977: Service again: Esbjerg-Harwich.
1977: Rebuilt at Esbjerg, extra deck installed aft, car capacity increased by 25.
26.5.1977 until 26.9.1977: Service: Esbjerg-Torshavn/Newcastle.
23.2.1978 until 10.5.1978: Accommodation vessel at Stord Verft, Norway.
1978 until 1980: Summer service: Esbjerg-Newcastle/Torshavn.
9.1979: Service also: Esbjerg-Cuxhaven-Harwich.
28.10.1979 until 25.11.1979: Service: Esbjerg-Harwich.
9.1980: Time chartered for service: Harwich/Immingham-Zeebrügge.
1981 until 1982: Summer service: Esbjerg-Newcastle and Newcastle-Oslo.
23.3.1983: Laid up at Esbjerg.

16.9.1983: Sold to The Cunard S.S.Co. p.l.c., London without change of name.
23.9.1983: Taken over by her new owners at Frederikshavn.
29.9.1983: Left Tilbury for the South Atlantic, and two years service between Cape Town and the Falkland Islands with construction workers, while building a new airport on the islands.
3.7.1985: Arrived at Birkenhead from the South Atlantic and laid up.
1986: Sold to Start Point Investments S.A. (Bilinder Marine Corp. S.A.), Panama and renamed AMERICA XIII.
23.12.1986: Left Birkenhead and 2.1.1987 passed the Suez Canal for Jeddah.
2.9.1987: Laid up at Piraeus.
1987: Renamed ENA.
1988: Renamed EUROPA.

Still idle at Piraeus.

---

359. SKIPPER CLEMENT 1964-1976 / SLAVIJA 1976-1976

Twin screw passenger and car ferry, 2 decks and sh • 2964gt, 1464nt, 737dw • 88.10/80.00x 16.21/16.18x5.34/4.22 • Bartram &Sons, Sunderland, no.397 • 4D 4SA 4x9cyl. (300x450), type M.A.N. G9V 30/45A.L., 5240bhp, 17kn., Bremer Vulkan A.G. Schiffbau und Maschinenfabrik, Bremen-Vegesack • Passengers: 114 I, 154 II, 1000 in all. Cars: 100.

11.8.1962: Ordered. Contract price: DM 11,500,000.
28.1.1963: Keel.
9.5.1963: Launch. Towed to Bremen.
20.5.1963: Bremer Vulkan commenced final fitting out.
30/31.7.1963: Trial.
4.8.1963: Delivered to A/S Bornholmsfærgen af 1962 (Børge Jepsen), Rønne as JENS KOFOED.
5.8.1963: In service: Rønne-Copenhagen/Ystad.
2.4.1964: Service also: Ystad-Świnoujście.

25.11.1964: Sold to DFDS, København. Price paid: Kr. 19,000,000.
8.12.1964: Taken over and renamed SKIPPER CLEMENT.
22.12.1964 until 4.1.1965: Service: Copenhagen-Aalborg.

1.1965 until 2.1965: Hull colour changed to black at Elsinore.
20.2.1965: In service: Frederikshavn-Oslo.
1965 until 1974: Service mainly: Frederikshavn-Oslo.
1965 until 1970: Occasionally in service: Copenhagen-Aalborg/Århus.
1966 until 1968: Occasionally in service. Odden-Ebeltoft.
1971 until 1974: Service changed to Aalborg-Oslo during winter season (September to May).
Spring 1973: Colour of hull changed to white.
1.1974: Aalborg-Oslo service terminated.
26.6.1974 until 6.7.1974: Chartered by BP for service between Newcastle and a Northsea oil rig.
11.8.1974 until 22.8.1974: Charter to BP for service between Leith and a Northsea oil rig.
21.10.1974 until 3.11.1974: Service now: Copenhagen-Oslo.
6.1975 until 9.1975: Chartered by Aznar Line, Spain for service: Port Vendres-Alcudia (Mallorca).
8.4.1976: Renamed SLAVIJA and time chartered for six months to JADROLINIJA with purchase option.

6.9.1976: Sold to Jadranska Linijska Plovidba (JADROLINIJA), Rijeka.
16.9.1976: Taken over by her new owners and renamed SLAVIJA I. Price paid: $ 2,400,000. Service: Rijeka-Rab-Zadar-Split-Hvar-Korcula-Dubrovnik-Corfu-Igoumenitsa.
1991: Name of owner now JADROLINIJA P.O.
Still in service.

360. AKERSHUS 1965-1973

Twin screw passenger and car ferry, 2 decks • 5012gt, 2254nt, 864dw • 108.90/99.00x17.27/17.25x 11.50/4.64 • Helsingør Skibsværft og Maskinbyggeri A/S, Elsinore, no.373 • 2D 2SA 2x7cyl. (500x900), type B&W 750-VBF-90, 8600bhp, 19.5kn. • Passengers: 72 I, 152 II, 576 deck. Cars: 150.

▲ *AKERSHUS at Aalborg. Notice the new funnel fitted autumn 1965.*

20.12.1963: Ordered.
3.7.1964: Keel.
18.12.1964: Launch.
13.5.1965: Trial.
17.5.1965: Delivered to DFDS, Frederikshavn.
17.5.1965: Arrived at Copenhagen.
20.5.1965 until 29.5.1965: Presentation trip: Copenhagen-Hamburg-Århus-Aalborg-Oslo-Frederikshavn.
31.5.1965 until 3.10.1973: Service mainly: Frederikshavn-Oslo.
17.10.1965 until 16.12.1965, 26.10.1966 until 3.12.1966, 12.11.1967 until 14.12.1967 and 25.11.1968 until 17.12.1968: Service: Copenhagen-Oslo.
24.10.1967 until 26.10.1967: Service: Copenhagen-Århus.
28.10.1969 until 11.12.1969: Service: Copenhagen-Oslo.
From 1.9.1971: during winter season (September to May) service changed to: Aalborg-Oslo.
5.10.1973: Arrived at Elsinore from Aalborg and docked before the sale.

3.10.1973: Sold to Government of Mexico (Caminos y Puentes Federales de Ingresos y Servicios Conexos), La Paz.
11.10.1973: Taken over by her new owners and renamed MAZATLAN. Price paid: $ 5,600,000. Service: La Paz-Topolobampo (the Bay of California).
1981: Manager now Secretaría de Comunicacións y Transportes Servicio de Transbordadores, Direcion General.

20.8.1989: On voyage La Paz-Topolobampo with 301 passengers, a fire broke out. All passengers and crew were saved. Later the same day she sank in a position 25.08N-109.38W with 13 trailers and 20 cars.

AKERSHUS, the resting saloon.

361. MALLORCA 1965-1972

Cargo motorship, 1 deck and sh • 499gt, 274nt, 1092dw • 70.08/63.00x11.02/11.00x6.55/3.80 • A/S Aarhus Flydedok &Maskinkompagni, Århus, no.126 • 1D 4SA 8cyl. (320x450), type MaK 8MU 451AK, 1199bhp, 12kn., MaK Maschinenbau Kiel GmbH, Kiel.

1.9.1964: Ordered.
9.1.1965: Keel.
3.6.1965: Launch.
12.10.1965: Trial.
14.10.1965: Delivered to DFDS, København.
14.10.1965: Left Aarhus for Copenhagen via Randers.
16.10.1965 until 1972: Service mainly: Copenhagen-Antwerp-Western Mediterranean.
1968: Service also: Copenhagen-Felixstowe.
1971: Service also: Copenhagen-France-Spain-Portugal.
26.5.1972: Arrived at Copenhagen from Århus and docked at Nordhavnsværftet before the sale.

30.5.1972: Sold to Empresa Insulana de Navegação S.a.r.l., Lisboa.
19.6.1972: Taken over by her new owners and renamed GORGULHO. Price paid: Kr. 3,185,000.
1974: Taken over by C.T.M. Companhia Portuguesa de Transportes Maritimos S.a.r.l., Lisboa (an amalgamation of the former owner and Cia. Colonial de Navegação).
1979: Name of company now C.T.M. Companhia Portuguesa de Transportes Maritimos E.P.
1986: Sold to Transinsular-Transportes Maritimos Insulares S.a.r.l., Lisboa and renamed VITORINO NEMESIO.

19.6.1987: Arrived at Lisbon.
27.5.1988: Demolition commenced by Baptista & Irmaos L.da., Lisbon.

362. MALTA 1965-1971

Cargo motorship, 1 deck and sh • 499gt, 285nt, 1089dw • 70.00/63.00x11.03/11.00x6.55/3.80 • Rolandwerft G.m.b.H., Bremen-Hemelingen, no.931 • 1D 4SA 8cyl. (320x450), type MaK 8MU 451AK, 1199bhp, 12kn., MaK Maschinenbau Kiel GmbH, Kiel.

2.9.1964: Ordered.
Contract Price: DM 2,715,000.
3.1965: Keel.
24.8.1965: Launched sideways.
25.11.1965: Trial.
30.11.1965: Delivered to DFDS, København.
1.12.1965: Left Bremen for Antwerp.
1965 until 1971: Service mainly: Copenhagen-Antwerp-Western Mediterranean.
1966: Service also: Copenhagen-Samsø-Odense.
1967 and 1971: Service also: Copenhagen-France-Spain.
1967: Service also: Copenhagen-Spain-Portugal.
1968 until 1970: Occasionally in service: Copenhagen-London.
13.10.1971: Arrived at Copenhagen from Svendborg and docked at Nordhavnsværftet before the sale.

21.10.1971: Sold to Companie Phoceenne d'Armement Maritime (Lucien Rodrigues-Ely), Marseilles.
26.10.1971: Taken over by her new owners and renamed DINA R. E. Price paid: $ 900,000.
1981: Sold to Sinno Trading & Navigation Agency (Sinno Line), Beirut and renamed SINNO M.E.V.

3.11.1986: Stranded off Ouzai at Beirut in heavy weather when trying to leave Beirut. Badly damaged. Later refloated and towed to Tripoli.
23.6.1987: Arrived in tow at Tripoli for demolition and broken up.

363. IBIZA 1966-1972

*Cargo motorship, 1 deck and sh • 499gt, 276nt, 1092dw • 70.06/63.00x11.03/11.00x6.56/3.80 •
A/S Aarhus Flydedok &Maskinkompagni, Århus, no.127 • 1D 4SA 8cyl. (320x450), type Mak
8MU 451AK, 1199bhp, 12kn., Atlas MaK Maschinenbau Kiel GmbH, Kiel.*

1.9.1964: Ordered. 3.6.1965: Keel.
1.10.1965: Launch. 12.1.1966: Trial.
13.1.1966: Delivered to DFDS, København. Price paid: Kr. 5,214,432.
14.1.1966: Left Aarhus on her maiden voyage: Copenhagen-Hamburg-Antwerp-Santander.
1966 until 1972: Service mainly: Copenhagen-Antwerp-Western Mediterranean.
1969: Service also: Copenhagen-London/Felixstowe/Portugal.
1970: Occasionally in service: Copenhagen-London.
1971 and 1972: Service also: Copenhagen-France-Spain-Portugal.

15.5.1972: Sold to Empresa Insulana de Navegação S.a.r.l., Lisboa.
16.5.1972: Arrived at Copenhagen from Svendborg and docked for inspection.
30.5.1972: Taken over by her new owners and renamed CEDROS. Price paid: Kr. 3,185,000.
1974: Taken over by C.T.M. Companhia Portuguesa de Transportes Maritimos S.a.r.l., Lisboa (an amalgamation of the former owner and Cia. Colonial de Navegação).
1979: Name of company now C.T.M. Companhia Portuguesa de Transportes Maritimos E.P.
1986: Sold to Companhia Portuguesa de Navegação Lda. (COMPONAVA), Lisboa. Name unchanged.
9.7.1986: Arrived at Lisbon and laid up.
8.6.1990: Demolition commenced by Baptista & Irmaos L.da., Lisbon.
9.7.1990: Work completed.

364. ELBA 1966-1971

*Cargo motorship, 1 deck and sh • 499gt, 285nt, 1089dw • 69.96/63.00x11.03/11.00x6.55/3.80 •
Rolandwerft G.m.b.H., Bremen-Hemelingen, no.932 • 1D 4SA 8cyl. (320x450), type Mak
8MU 451AK, 1199bhp, 12kn., Atlas MaK Maschinenbau Kiel GmbH, Kiel.*

2.9.1964: Ordered.
Contract price: DM 2,715,000.
11.5.1965: Keel.
6.11.1965: Launched sideways.
22.1.1966: Delivered to DFDS, København.
25.1.1966: Left Bremen on her maiden voyage: Antwerp-Copenhagen-Hamburg-Antwerp-Lisbon-Casablanca.
1966 until 1971: Service mainly: Copenhagen-Antwerp-Western Mediterranean.
1968: Service also: Copenhagen-Felixstowe/Odense-Århus-Hull.
1971: Service also: Copenhagen-France-Spain-Portugal.
21.10.1971: Arrived at Copenhagen from Århus and docked at Nordhavnsværftet before the sale.

27.10.1971: Sold to Kommanditselskabet Edda Buur (Christen Verner), Randers.
28.10.1971: Taken over by her new owners and renamed EDDA BUUR. Price paid: Kr. 3,500,000.
5.12.1974: Sold to Tropical Shipping Co., Panama and renamed KOTIBE.
1977: Sold to Sipam di Luigi Mignano & Co., Napoli and renamed GEVISA.
1982: Name of company now Sipam S.n.c. di Luigi Mignano & Co.
1983: Sold to Hosanna Navigazione S.r.l., Palermo without change of name.
1984: Sold to Flowers Cove Shipping C. S.A., Panama and renamed VINEET.

1.1987: Demolition commenced at Visakhapatnam by Visakhapatnam Shipping and Metal.

365. KRETA 1966-1971

Cargo motorship, 1 deck and sh • 499gt, 285nt, 1089dw • 69.96/63.00x11.03/11.00x6.56/3.80 • Rolandwerft G.m.b.H., Bremen-Hemelingen, no.933 • 1D 4SA 8cyl. (320x450), type MaK 8MU 451AK, 1199bhp, 12kn., Atlas MaK Maschinenbau Kiel GmbH., Kiel.

2.9.1964: Ordered.
Contract price: DM 2,715,000.
20.8.1965: Keel. Intended name CAPRI.
21.1.1966: Launched sideways.
31.3.1966: Left Bremen for a trial. However a fire broke out and she returned to the builder for repairs.
16.4.1966: Trial.
20.4.1966: Delivered to DFDS, København and left Bremen the same day for Copenhagen. Service mainly: Copenhagen-Antwerp-Western Mediterranean.
1966: Service also: Copenhagen-Antwerp/west coast of Norway.
1969 and 1970: Occasionally in service: Copenhagen-London.
29.9.1971: Arrived at Copenhagen from Århus and docked at Nordhavnsværftet before the sale.

21.10.1971: Sold to Compagnie Phoceenne d'Armement Maritime (Lucien Rodrigues-Ely), Marseilles.

22.10.1971: Taken over by her new owners and renamed RENEE R. E. Price paid: $ 900,000.

1985: Sold to Daffodil Marine Co. Ltd., Limassol and renamed PRINCESS S.
1989: Renamed DALANDA.
1989: Renamed SAMRA.

Still in service.

366. FORENEDE 1966-1966 / SUFFOLK 1966-1974 and 1976-1979
NOPAL SPRAY 1974-1976

RO/RO cargo vessel, 2 decks • 999gt, 424nt, 1072dw, 1969: 1211gt, 568nt, 1471dw • 79.22/70.00x 14.71/14.25x9.20/3.73, 1969: 94.19/84.99x14.71/14.25x9.20/3.73 • Cantieri Navale Felszegi S.p.A., Trieste, no.81 • 1D 4SA 10cyl. (385x580), type MaK 10MZU 582AK, 2200bhp, 14kn., Atlas MaK Maschinenbau GmbH, Kiel.

409

29.12.1964: Ordered.
Contract price: Kr. 7,000,000.
25.3.1965: Keel.
30.10.1965: Launch.
21.4.1966: Delivered to DFDS, København.
23.4.1966: Left Trieste as FORENEDE for the trip from the builder to Copenhagen via Felixstowe.
11.5.1966: Renamed SUFFOLK at Copenhagen.
13.5.1966: Left Copenhagen for Felixstowe.
1966 until 1969: Service mainly: Copenhagen-Felixstowe (occasionally Goole).
1967 and 1968: Occasionally in service: Copenhagen-Antwerp.
1968 until 1974: Service: Esbjerg-U.K.
1.9.1969 until 14.10.1969: Lengthened by Boele's Scheepswerven en Machinefabriek N.V., Bolnes.
12.2.1974: Renamed NOPAL SPRAY during charter to Nopal Line (Øyvind Lorentzen) for service in the Caribbean.
19.2.1974: Left Århus for the Caribbean via Hamburg and Madeira.
12.7.1976: Renamed SUFFOLK.
16.7.1976: Arrived at Esbjerg from the Caribbean.
27.7.1976 until 4.8.1976 and 4.11.1976 until 13.11.1976: Service again: Esbjerg-U.K.
12.1976: Time charter to B.F.I. Line Ltd., London for service: Sherness/Antwerp-West Africa.
21.1.1977 until 5.3.1977: Service again: Esbjerg-U.K.
1.3.1977: Three weeks time charter to Jahre Line for service: Oslo-Kiel.

SUFFOLK, the trailer deck with points and rails for loading trailers.

SUFFOLK, the two halves of the ship during lengthening.

3.1977: 20 days time charter to Bore Steamship Co., Turku for service: Scandinavia-U.K.
16.4.1977 until 11.5.1977 and 3.6.1977 until 5.7.1977: Time charter to Jahre Line for service: Oslo/Drammen-Kiel.
5.1977: Time charter to Aquitaine Maritime Agencies, London for one trip: Felixstowe-Libya.
6.7.1977 until 6.8.1977 and 18.12.1977 until 1.1.1978: Service: Esbjerg-U.K.

28.9.1977 until 16.12.1977 and 25.1.1978 until 27.3.1978: Time charter to Truckline Ferries, Paris for service: Cherburg-Poole.
27.3.1978: Laid up at Esbjerg.
7.12.1978: Laid up at Copenhagen.

20.12.1979: Sold to Abdul Jaleel Musa A. Samkari Trading & Shipping Establishment, Jeddah.
31.12.1979: Taken over by her new owners and renamed NAWAF.

1982: Sold to Najd Trading & Construction Establishment (Najd Marine Corp S.A.), Jeddah without change of name.
28.12.1988: While at anchor off Jeddah ACT 8 52,055/78 ran into her.
Laid up at Jeddah in a damaged condition.

Still idle at Jeddah.

367. KORSIKA 1966-1972

Cargo motorship, 1 deck and sh • 499gt, 276nt, 1092dw • 70.08/63.00x11.03/11.00x6.56/3.80 • A/S Aarhus Flydedok &Maskinkompagni, Århus, no.128 • 1D 4SA 8cyl. (320x450), type MaK 8MU 451AK, 1199bhp, 12kn., Atlas MaK Maschinenbau GmbH, Kiel.

1.9.1964: Ordered.
1.10.1965: Keel.
Intended name LIPARI.
18.1.1966: Launch.
20.4.1966: Trial.
22.4.1966: Delivered to DFDS, København.
23.4.1966: Left Aarhus for Esbjerg and Hull.
1966 until 1972: Service mainly: Copenhagen-Antwerp-Western Mediterranean.
1966: Occasionally in service: Copenhagen-Antwerp.
1967: Service also: Copenhagen-Horsens/Vejle.
1967 and 1968: Service also: Copenhagen-Felixstowe.
1968 and 1969: Occasionally in service: Copenhagen-London.
26.4.68 until 5.5.1968 and 27.5.1968 until 23.6.1968: In service: Copenhagen-Sønderborg-Aabenraa-Svendborg during the repairs of TRILLINGEN (no.382).
1971 and 1972: Service also: Copenhagen-France-Spain-Portugal.
3.5.1972: Arrived at Copenhagen from Århus and docked at Nordhavnsværftet before the sale.

15.5.1972: Sold to Empresa Insulana de Navegação S.a.r.l., Lisboa.
18.5.1972: Taken over by her new owners and renamed LIMA. Price paid: Kr. 3,185,000.
1974: Taken over by C.T.M. Companhia Portuguesa de Transportes Maritimos S.a.r.l., Lisboa (an amalgamation of the former owner and Cia. Colonial de Navegação).

1979: Name of company now C.T.M. Companhia Portuguesa de Transportes Maritimos E.P.
17.6.1985: Arrived at Lisbon and laid up.

1.1991: Demolition commenced by Baptista & Irmaos Lta., Lisbon.

368. NEBRASKA 1966-1972

Cargoliner, 1 deck and sh • 4505gt, 2280nt, 6667dw • 141.10/127.51x18.80/18.75x11.00/7.38 • Helsingør Skibsværft og Maskinbyggeri A/S, Elsinore, no.375 • 1D 2SA 10cyl. (620x1400), type B&W 1062-VT2BF-140, 10900bhp, 19kn.

21.10.1964: Ordered.
Contract price: Kr. 25,400,000.
8.9.1965: Keel.
19.1.1966: Launch (postponed from 15.1.1966 due to cold weather).
14.6.1966: Trial and delivered to DFDS, København. Intended name ALASKA, but this name was already occupied in the Danish Register of Shipping by a fishing boat.
15.6.1966: Left Copenhagen on her maiden voyage.
1966 until 1968: Service. Copenhagen-North America.

1967 until 1972: Service also: Copenhagen-South America.
1967 and 1971: Occasionally in service: Copenhagen-Haifa.
6.1970: In time charter for a trip: Liverpool-Glasgow-Los Angeles-San Francisco-Seattle-Vancouver.
10.1970: Time charter to Canadian Transport for service: Canada-Brazil.
11.1970: One trip: Brazil-Las Palmas-Italy.

4.1972: In time charter for two trips: Hamburg-Antwerp-Rotterdam-Hamilton-Mexico-U.S. Gulf.
2.10.1972: Arrived at Elsinore from Århus for docking before the sale.

16.10.1972: Sold to Italia Società per Azioni di Navigazione, Genova.
17.10.1072: Taken over by her new owners and renamed D'AZEGLIO. Price paid: $ 2,100,000.
1984: Taken over by Grimaldi Compagnia di Navigazione S.p.A. (GRINAV), Genova without change of name.
22.2.1984: Laid up at Genoa.

6.12.1984: Left Genoa in tow for La Spezia to be scrapped.
1.9.1985: Demolition commenced by Cantieri de Lotti S.p.A., La Spezia.

369. MISSOURI 1966-1980

Cargoliner, 1 deck and sh • 4508gt, 2282nt, 6665dw • 141.10/127.51x18.80/18.75x11.00/7.38 • A/S Burmeister & Wain's Maskin- og Skibsbyggeri, Copenhagen, no.811 • 1D 2SA 10cyl. (620x1400), type B&W 1062-VT2BF-140, 10900bhp, 19kn., Helsingør Skibsværft og Maskinbyggeri A/S, Elsinore.

11.11.1964: Ordered.
Contract price: Kr. 25,400,000.
17.11.1965: Keel.
30.12.1965: Launch.
17.6.1966: Trial.
20.6.1966: Delivered to DFDS, København.
22.6.1966: Left Copnhagen for Aarhus and Copenhagen.
28.6.1966: Left Copenhagen for North America.
1966 until 1968: Services: Copenhagen-North America.
1967 and 1968: Service also: Copenhagen-South America.
1967 until 1978: Service now mainly: Nordana Line.
9.1971: One trip: U.S. Gulf-West Africa.
2.10.1978: Arrived at Copenhagen from Naples and laid up.

2.10.1980: Sold to Themistoklis Navigation Corp. (Prodomos Lines S.A.), Piraeus.
3.10.1980: Taken over by her new owners and renamed ERMIONI. Price paid: $ 2,050,000.
11.1989: Sold to Runner Maritime Ltd. (Fairdeal Traders S.A.), Valletta and renamed FAIR RUNNER.

Still in service.

MISSOURI, the interior of the wheel house. See also the old interior of ARGENTINA (295) for comparison.

412

370. UNITED 1966-1966 / SUSSEX 1966-1974 and 1976-1979
NOPAL SURF 1974-1976

RO/RO cargo vessel, 2 decks • 999gt, 424nt, 1069dw, 1969: 1211gt, 568nt, 1471dw • 79.20/70.00x 14.71/14.25x9.20/3.70, 1969: 94.19/84.99x14.71/14.25x9.20/3.73 • Cantieri Navale Felszegi S.p.A., Trieste, no.82 • 1D 4SA 10cyl. (385x580), type MaK 10MZU 582AK, 2200bhp, 14kn., Atlas MaK Maschinenbau GmbH, Kiel.

29.12.1964: Ordered. Contract price: Kr. 7,600,000.
25.4.1965: Keel.
19.2.1966: Launch.
5.8.1966: Trial.
10.8.1966: Delivered to DFDS, København. She was named UNITED for the trip from the builder to Copenhagen.
12.8.1966: Left Trieste for Copenhagen.
25.8.1966: Arrived at Copenhagen.
29.8.1966: Renamed SUSSEX.
6.9.1966: Left Copenhagen for Antwerp.
1966 until 1968: Service: Copenhagen-Antwerp.
1968 until 1974: Service now: Denmark-U.K., e.g. Copenhagen/Esbjerg-Felixstowe.
14.10.1969 until 29.11.1969: Lengthened by Boele's Scheepswerven en Machinefabriek N.V., Bolnes.
26.2.1974: Renamed NOPAL SURF during a time charter to Nopal Line (Øyvind Lorentzen) for two years service in the Caribbean.
15.3.1974: Left Aalborg for the Caribbean via Hamburg and Madeira.
29.3.1976: Renamed SUSSEX.
4.1976: Time charter to B.F.I. Line Ltd., London for four trips: Avonmouth/Sheerness-Las Palmas-Tema-Lagos-Las Palmas-Antwerp-Sheerness.
5.10.1976 until 13.10.1976: Service: Esbjerg-U.K.
15.10.1976: Laid up at Frederikshavn.
12.1976: Service now: Esbjerg-Harwich/Newcastle.
2.1977: Six months time charter to Truckline Ferries, Paris for service: Cherburg-Poole.

SUSSEX after lengthening.

8.1977: Time charter to Cobelfret N.V., Antwerp for service: Antwerp-Harwich.
2.3.1978: Arrived at Esbjerg from Harwich and laid up.
30.11.1978: Laid up at Copenhagen.

20.12.1979: Sold to Abdul Jaleel Musa A.Samkari, Jeddah.
28.12.1979: Taken over by her new owners and renamed SATTAM.

1980: Taken over by Abushal Shipping & Trading Etablishment, Jeddah. Name unchanged.
1982: Taken over by Najd Trading & Construction Etablishment (Najd Marine Corp. S.A.), Jeddah without change of name.

Still in service.

413

371. MICHIGAN 1966-1980

Cargoliner, 1 deck and sh • 4503gt, 2279nt, 6665dw • 141.10/127.51x18.80/18.75x11.00/7.35 • A/S Burmeister & Wain's Maskin-og Skibsbyggeri, Copenhagen, no.812 • 1D 2SA 10cyl. (620x1400), type B&W 1062-VT2BF-140, 10900bhp, 19kn.

11.11.1964: Ordered. Contract price: Kr. 25,400,000.
5.2.1966: Keel.
11.3.1966: Launch.
15.9.1966: Delivered to DFDS, København.
16.9.1966: Left Copenhagen for Århus and Copenhagen.
20.9.1966: Left Copenhagen for North America.
1966 until 1969: Service: Copenhagen-North America/South America.
1967 until 1978: Service: Nordana Line.
9.6.1971: While at Houston two crew members were killed by a boiler explosion.
29.7.1971 until 15.10.1971: Repaired at Frederikshavn.
12.1971: One return trip: U.S. Gulf-West Africa.
7.8.1972: On voyage La Guaire-Vera Cruz grounded 18 miles off Veracruz.
29.8.1972: Refloated.
5.9.1978: Arrived at Copenhagen from New Orleans and laid up. 
15.1.1980: Sold to Zanet Navigation Corp. (Prodomos Lines S.A.), Piraeus.
21.1.1980: Taken over by her new owners and renamed ZANET. Price paid: $ 1,850,000.

Still in service.

372. ALBERTA 1966-1972

Cargoliner, 1 deck and sh • 4507gt, 2354nt, 6660dw • 141.10/127.51x18.80/18.76x11.00/7.38 • Bergens Mekaniske Verksteder A/S, Bergen, no.456 • 1D 2SA 10cyl. (620x1400), type B&W 1062-VT2BF-140, 10900bhp, 19kn., Helsingør Skibsværft og Maskinbyggeri A/S, Elsinore.

11.9.1964: Ordered.
Contract price: Kr. 24,460,000.
28.1.1966: Keel.
18.6.1966: Launch.
8.10.1966: Trial.
10.10.1966: Delivered to DFDS, København. Price paid: Kr. 23,700,000.
26.10.1966: Left Oslo for Copenhagen and arrived the next day.

1.11.1966: Left Copenhagen for U.S.A. via Grangemouth.
1966 until 1969: Service: Copenhagen-North America/South America.
1969 until 1972: Service now: Nordana Line.
7.1971: One return trip: U.S. Gulf-West Africa.
2.11.1972: Arrived at Elsinore from Savona for docking before the sale.

4.12.1972: Sold to Italia Società per Azioni di Navigazione, Genova.
8.12.1972: Taken over by her new owners and renamed MAZZINI. Price paid: $ 2,100,000.

5.12.1984: Arrived at La Spezia.
30.9.1985: Demolition commenced by Decomar Societa, La Spezia.

373. WISCONSIN 1966-1972

Cargoliner, 1 deck and sh • 4508gt, 2282nt, 6652dw • 141.10/127.51x18.80/18.75x11.00/7.32 • Helsingør Skibsværft og Maskinbyggeri A/S, Elsinore, no.377 • 1D 2SA 10cyl. (620x1400), type B&W 1062-VT2BF-140, 10900bhp, 19kn.

21.10.1964: Ordered. 22.9.1965: Keel.
30.3.1966: Launch. 19.11.1966: Trial.
19.11.1966: Delivered to DFDS, København.
21.11.1966: Left Copenhagen for Leith-Esbjerg-Leith-Esbjerg-South America-Copenhagen-U.S.A.
1967 until 1968: Service: Copenhagen-South America/North America and Nordana Line.
1969 until 1970: Service now: Copenhagen-North America.
3.1970: Time charter for a trip: Newcastle-U.S. Gulf-South Africa-Bremen-Hamburg-Rotterdam-Antwerp.
1970 until 1971: Service mainly: Copenhagen-South America.
12.1971: Two trips: Copenhagen-Haifa.
9.11.1972: Arrived at Elsinore from Århus and docked before the sale.

17.11.1972: Sold to Italia Società per Azioni de Navigazione, Genova.
29.11.1972: Delivered to her new owners and renamed CRISPI. Price paid: $ 2,100,000.
23.4.1984: Laid up at Genoa.

4.12.1984: Left Genoa towed by tug ARIEL of Genova 454/72 for La Spezia. Arrived later the same day for demolition.
11.9.1985: Work commenced by Cantieri Navali del Golfo, La Spezia.

374. MANITOBA 1966-1980

Cargoliner, 1 deck and sh • 4507gt, 2330nt, 6691dw • 141.10/127.51x18.80/18.76x11.00/7.38 • Bergens Mekaniske Verksteder A/S, Bergen, no.457 • 1D 2SA 10cyl. (620x1400), type B&W 1062-VT2BF-140, 10900bhp, 19kn., A/S Burmeister & Wain's Maskin-og Skibsbyggeri, Copenhagen.

11.9.1964: Ordered.
Contract price: Kr. 24,460,000.
2.4.1966: Keel.
19.8.1966: Launch.
17.12.1966: Delivered to DFDS, København. Price paid: Kr. 23,700,000.
18.12.1966: Left Bergen for Århus and Copenhagen.
21.12.1966: Arrived at Copenhagen.
26.12.1966: Left Copenhagen on her maiden voyage for U.S.A.
1967 until 1969: Service: Copenhagen-North America/South America.
1969 until 1978: Service now: Nordana Line.
5.1971: Two return trips: U.S. Gulf-West Africa.
2.9.1978: Arrived at Copenhagen from Benghazi and laid up.
14.11.1980: Left Copenhagen for Aalborg Værft A/S, Aalborg, and docked there before the sale..

5.12.1980: Sold to Nour Saudi Line (Abdul Ghaffer Nour), Jeddah.

20.12.1980: Taken over by her new owners at Aalborg and renamed NOUR. Price paid: $ 1,900,000.
1983: Sold to Najd Trading & Construction (Najd Marine Corp. S.A.), Jeddah and renamed TAIBAH IV.

1986: Taken over by Najd Marine Agencies, Jeddah. Name unchanged.

24.6.1987: Arrived at Gadani Beach for demolition. Work commenced the same day by S.Z. Enterprises Ltd.

375. SOMERSET 1966-1981

Twin screw RO/RO cargo vessel, 2 decks • 2245gt, 587nt, 2195dw, 1972: 2603gt, 741nt, 2947dw, 1981: 2335gt, 745nt, 2045dw • 111.60/101.00x17.02/16.99x5.92/4.93, 1972: 124.19/113.59x17.02/16.99x 5.92/4.93 • Helsingør Skibsværft og Maskinbyggeri A/S, Elsinore, no.380 • 4D 4SA 4x10cyl. (260x400), type B&W 1026-MTBF-40V, 6600bhp, 18kn., A/S Holeby Dieselmotorfabrik, Holeby. Trailers: 113, 1973: 135.

SOMERSET after lengthening.

26.2.1965: Ordered.
30.3.1966: Keel.
16.8.1966: Contract for fitting out signed.
20.10.1966: Launch.
21.10.1966: Left Elsinore towed by tug FAIRPLAY II of Hamburg 136/59 for Howaldtswerke Hamburg A.G., where she arrived 24.10.1966 to be fitted out.
28.12.1966: Trial.
31.12.1966: Delivered to DFDS, Esbjerg. Price paid: Kr. 20,762,648.
31.12.1966: Left Hamburg for Grimsby.
4.1.1967 until 1969: In service: Grimsby/(Harwich)-Esbjerg.
7.9.1969 until 30.9.1969: Equipped with a container crane at Elsinore.
1969 until 1980: Service mainly: Esbjerg-U.K., e.g. Esbjerg-Newcastle/Harwich/Grimsby/Felixstowe.
15.11.1972: Arrived at Frederikshavn Værft & Tørdok A/S, Frederikshavn to be lengthened.
20.11.1972: Cutting of the hull commenced.
21.12.1972: Delivered to DFDS after lengthening.
1974: Height of upper trailer deck increased at Frederikshavn.
12.1978 until 3.5.1979: Time charter to Ford Motor Co. for service: U.K.-Flushing/Bremerhaven/Ireland/Esbjerg/Helsingborg.
28.1.1980 until 7.2.1980: Time charter to Ford Motor Co. for a trip: Grimsby-Bremerhaven-Southampton-Bremerhaven-Hartlepool-Esbjerg.
1980 and 1981: Service also: Hamburg-Harwich.
7.10.1980: Left Esbjerg in charter to Sicula

PURCELL LIVESTOCK.

Oceanica S.p.A. (Grimaldi), Palermo for a trip: Antwerp-Ceuta-Beirut-Augusta-Lisbon-Leghorn-Esbjerg.
3.2.1981 until 12.2.1981: Time charter to Volvo for two trips: Gothenburg-Felixstowe.
29.5.1981: Left Esbjerg for Unterweser to be converted into a livestock carrier by Detlef Hegemann GmbH & Co. and arrived the next day.

24.7.1981: Sold during conversion to Scandinavian Livestock Carriers Inc. (Siem Shipping Ltd. (50%) & DFDS (50%)), Monrovia. Price paid: $ 2,500,000.
3.9.1981: Delivered after conversion. Conversion price: DM 6,000,000.
22.9.1981: Renamed
PURCELL LIVESTOCK during a two years charter to Purcell Export Ltd.

On her first trip as a livestock carrier she transported 2310 cows from Waterford to Alexandria.
1.1982: Laid up.
1982: Renamed LIVESTOCK.
1984: Management taken over by Common Brothers (Management) Ltd. and renamed FASTOCK.
1985: Management changed to Atlantic Marine Ltd.
1987: Homeport changed to Colombo and renamed AFRODITI.
1987: Converted into a passenger and car ferry.
17.4.1988: Laid up at Piraeus.

1991: Sold to Olympic Mediterranean Cruises Shipping Co., Piraeus. Name unchanged.

Still extant.

417

376. ONTARIO 1967-1978

Cargoliner/training vessel, 1 deck and sh • 4423gt, 2327nt, 6701dw • 141.10/127.51x18.80/18.76x 11.00/7.38 • Bergens Mekaniske Verksteder A/S, Bergen, no.458 • 1D 2SA 10cyl. (620x1400), type B&W 1062-VT2BF-140, 10900bhp, 19kn., A/S Burmeister & Wain's Maskin-og Skibsbyggeri, Copenhagen • Cadets: 20.

11.9.1964: Ordered.
Contract price: Kr. 24,460,000.
24.6.1966: Keel.
25.10.1966: Launch.
20.2.1967: Trial.
22.2.1967: Delivered to DFDS, København.
23.2.1967: Left Bergen for Copenhagen.
28.2.1967: Left Copenhagen for New York via London on her maiden voyage.
1967 until 1968: Service: Copenhagen-North America/South America or Nordana Line.
1969 until 1977: Service now mainly: Copenhagen-South America.
12.7.1971 until 31.12.1972: Time charter to Oregon Steamship Co. Ltd., London for service: Chile-Australia.
4.2.1977: Arrived at Copenhagen from South America and laid up.

7.6.1978: Sold to Indoceanic Shipping Co. Ltd., Bombay.
21.6.1978: Taken over by her new owners and renamed MARHABA. Price paid: $ 2,925,000.

15.10.1985: Arrived at Bombay for demolition.
9.1988: Demolition commenced by Gupta Steel, Bombay.

ONTARIO, the class room.

377. LABRADOR 1967-1980

Cargoliner/training vessel, 1 deck and sh • 4430gt, 2333nt, 6691dw, 1982: 6968gt, 3958nt, 7323dw • 141.10/127.51x18.80/18.76x11.00/7.38, 1982: 141.10/127.51x23.75/18.76x11.00/8.64 • Bergens Mekaniske Verksteder A/S, Bergen, no.459 • 1D 2SA 10cyl. (620x1400), type B&W 1062-VT2BF-140, 10900bhp, 19kn., Helsingør Skibsværft og Maskinbyggeri A/S, Elsinore • Cadets: 20.

11.9.1964: Ordered. Contract price: Kr. 24,460,000.
25.8.1966: Keel. Intended name QUEBEC.
10.1.1967: Launch.
12.4.1967: Trial.
15.4.1967: Delivered to DFDS, København.
15.4.1967: Left Bergen for Copenhagen and arrived the next day.
18.4.1967: Left Copenhagen for North America.
1967 until 1969: Service: Copenhagen-North America/South America.
1970 until 1980: Service now mainly: Copenhagen-South America.
1.1973: One trip: Copenhagen-Ashdod.
4.1975: Time charter to C.A.V.N., Caracas for a trip: Europe-the Caribbean.
26.6.1980: Arrived at Copenhagen from Oslo and laid up.
28.11.1980: Left Copenhagen for Aalborg Værft A/S, Aalborg. She was the last conventional cargo vessel in the fleet and the last DFDS owned ship in the Copenhagen-South America service.

5.12.1980: Sold to St.Helens Shipping Co. Inc. (Weco-Shipping I/S), Monrovia.
22.12.1980: Taken over by her new owners and renamed VIBORG.
11.3.1981: Left Aalborg for Bangkok via Halmstad with general cargo.
26.3.1981: Abandoned by the crew off Cap Finisterre, after the engine room had flooded.
28.3.1981: Towed to Corcubion.
8.5.1981: Left Vigo in tow by tug SKULD of Århus 299/70 for Copenhagen, where the cargo was unloaded.
21.5.1981: Arrived at Elsinore and repaired by Helsingør Værft A/S.
30.6.1981: Taken over by Livestock-Carriers Pte. Ltd. (Weco-Shipping (H.K.) Ltd.), Monrovia. The company is equally owned by Borgships Inc., Liberia and Ortem Pte. Ltd., Singapore (a 100% daughter company of Metro Meat Ltd., Australia).
2.10.1981: Left Copenhagen for Vigo and Bangkok after reloading of her cargo.
11.11.1981: Arrived at Keppel Shipyard, Singapore to be converted into a livestock carrier. Equipped with sponson tanks.
10.2.1982: Left Singapore after conversion.
5.3.1982: Left Adelaide for Bandar Abbas with her first cargo of sheep.
1986: Sold to Cugado Shipping Co. S.A. (SIBA S.p.A. (Società Importazione Bestiame Alevamento S.p.A.)), Panama and renamed EL CORDERO.
1988: Management transferred to Barber Ship (Management) Ltd.
1990: Sold to Compañia Vize Maritima S.A. (Barber Ship (Managemant) Ltd.), Panama. Name unchanged.

Still in service.

LABRADOR converted into a sheep carrier and renamed VIBORG.

378. WINSTON CHURCHILL 1967-1985 and 1986-

Twin screw passenger and car ferry, 2 decks • 8657gt, 4487nt, 1790dw • 140.65/125.00x20.53/20.50x 13.50/5.59 • Cantieri Navale del Tirreno e Riuniti S.p.A., Rio Trigoso, Genova, no.277 • 2D 2SA 2x10cyl. (500x1100), type B&W 1050-VT2BF-110, 14000bhp, 21kn., by the builder at their Ancona factory • Passengers: 124 I, 274 II, 64 deck. Cars: 180.

14.7.1965: Ordered. Contract price: Kr. 51,000,000.
15.1.1966: Keel.
25.4.1967: Launch, postponed from 22.4.1967 due to the weather. Sailed to Genoa for final fitting out.
19.5.1967: Delivered to DFDS, Esbjerg.
20.5.1967: Left Genoa for Esbjerg and arrived 26.5.1967.
28.5.1967: Left for Harwich and London.
30.5.1967: Naming ceremony at Greenwich.
2.6.1967 until 22.5.1978: In service mainly: Esbjerg-Harwich.
1971: Passenger capacity increased to 590 at Elsinore.
4.6.1978: Service now mainly: Esbjerg-Newcastle and in the summer season also: Gothenburg-Newcastle.
1979 until 1983: Relief vessel in the Esbjerg-Harwich service each year in May.
26.8.1979: On voyage Gothenburg-Newcastle grounded on Vinga off Gothenburg. Passengers evacuated.
29.8.1979: Refloated with severe bottom damage and towed to Lindholmens Varv, Gothenburg for inspection. Later repaired by Frederikshavn Værft A/S.
24.3.1980: Left Esbjerg on her first voyage for Newcatle after repairs.
3.1980 until 9.1981: Service Esbjerg-Newcastle.
1980: Service also in summer season: Gothenburg-Newcastle.
1981: Service also in summer season: Esbjerg-Torshavn.
1982, 1983 and 1985 until 1991: Service now mainly during summer season: Esbjerg-Newcastle/Torshavn.
16.6.1984 until 17.8.1984: Service: Copenhagen-Torshavn.
25.7.1984: Called at Esbjerg instead of Copenhagen due to engine trouble.
8.1985: Time charter to Haahr Bunker Oil A/S for a trip: Esbjerg-Vejle-Copenhagen.

26.12.1985: Sold to Mols Linien A/S, Esbjerg. Price paid: Kr. 38,000,000.
30.12.1985: Taken over by her new owners.

27.8.1986: Resold to DFDS, Esbjerg. Price paid: Kr. 36,400,000.
1.9.1986: Taken over by DFDS.
1.10.1986 until 1.1987: Accommodation vessel for refugees at Copenhagen.
5.1987: Three cruises: Esbjerg-west coast of Norway-North Cape.
18.8.1987 until 9.1987: Four cruises: Esbjerg-west coast of Norway-North Cape.
5.1988 until 7.6.1988: Four cruises: Esbjerg-west coast of Norway-North Cape.
1.9.1988: Registry transferred to Dansk International Skibsregister (DIS).
20.8.1988 until 9.1988: Four cruises: Esbjerg-west coast of Norway-North Cape.
24.9.1988 until 28.9.1988: Cruise: Kiel-Visby-Stockholm-Rønne-Kiel.

28.9.1988 until 3.10.1988: Cruise: Kiel-Stettin-Warnemünde-Kiel.
6.1.1989 until 28.3.1989: Refurbished at Rendsburg.
5.1989 and 15.8.1989 until 8.9.1989: Cruises: Esbjerg-west coast of Norway-North Cape.
10.9.1989: Left Copenhagen for five Baltic cruises: Stockholm-Leningrad-Helsinki-Visby-Travemünde.
15.10.1989: Arrived at Malmö, chartered by the Swedish Government (Invandrarverket) as an accommodation vessel for refugees.
5.5.1990: Returned to DFDS.
11.5.1990 until 12.6.1990, 21.8.1990 until 29.8.1990, 26.4.1991 until 11.6.1991 and

21.8.1991 until 5.9.1991: Cruises: Esbjerg-west coast of Norway-North Cape.
29.8.1990 until 7.9.1990: Cruise: Esbjerg-Hamburg-Plymouth-Dublin-Stornoway-Invergordon-Leith-Esbjerg-Hamburg.
8.9.1990 until 29.9.1990: Three cruises: Travemünde-Copenhagen-Stockholm-Leningrad-Helsinki-Visby-Travemünde.
29.9.1990 until 13.10.1990 and 7.9.1991 until 5.10.1991: Cruises: Travemünde-Gdynia-Stockholm-Helsinki-Leningrad-Tallinn-Visby-Travemünde.

In the present fleet

421

379. STAFFORD 1967-1984 / DANA GLORIA (IV) 1984-1984

Twin screw RO/RO cargo vessel, 2 decks • 2245gt, 587nt, 2195dw, 1973: 2602gt, 741nt, 2947dw, 1985: 3956gt, 2113nt, 2169dw • 111.60/101.00x17.02/16.99x5.92/4.93, 1973: 124.19/113.59x17.02/17.00x5.92/4.93 • Helsingør Skibsværft og Maskinbyggeri A/S, Elsinore, no.381 • 4D 4SA 4x10cyl. (260x400), type B&W 1026-MTBF-40V, 6600bhp, 18kn., A/S Holeby Dieselmotorfabrik, Holeby. 1987: 2D 4SA 2x6cyl. (320x350), type Vasa R32, 6120 bhp, Oy Wärtsilä Ab, Vasa • Trailers: 113, 1973: 135.

26.2.1965: Ordered.
13.8.1966: Keel.
24.1.1967: Launch.
31.5.1967: Trial.
2.6.1967: Delivered to DFDS, Esbjerg.
3.6.1967: Left Elsinore for Copenhagen.
7.6.1967: In service.
1967 until 1983: Service mainly: Denmark-U.K., e.g. Copenhagen-Felixstowe, Esbjerg-Grimsby/Harwich-Felixstowe or Esbjerg-Newcastle.
8.10.1969 until 29.10.1969: Equipped with a container crane at Elsinore.
28.12.1972 until 8.2.1973: Lengthened by Frederikshavn Værft & Tørdok A/S, Frederikshavn.
3.1974: Height of upper trailer deck increased by Frederikshavn Værft A/S, Frederikshavn.
3.7.1979 until 14.7.1979: Time charter to Eimskipafelag Islands H/f for a trip: Hamburg-Antwerp-Reykjavik-Esbjerg.
1980 until 1983: Service also: Hamburg-Harwich.
18.1.1982 until 1.3.1982: Time charter to Ford Motor Co. for service: U.K.-Ireland/Rotterdam.
1983: Service also: Bremerhaven-Harwich.
15.11.1983: Arrived at Esbjerg from Grimsby and laid up until sale.
30.1.1984: Renamed DANA GLORIA.

28.11.1984: Sold to Tzamar Voyage Ltd. (Fanis Tzavares), Limassol. Price paid: $ 350,000.
10.12.1984: Delivered to her new owners at Esbjerg and renamed VOYAGER.
8.1.1985: Left Esbjerg for Harwich chartered to DFDS.
25.2.1985: Laid up at Piraeus.

STAFFORD after lengthening.

STAFFORD converted into a passenger and car ferry, renamed VOYAGER.

1985: Converted into a passenger and car ferry at Drapetzona. Passenger capacity: 700.
1985: Sold to Cross Med Maritime Co. (Antonis Lelakis), Piraeus and renamed MONACO. Service: Patras-Brindisi.

1987: New engines installed.
1988: Renamed SITIA. Service now Piraeus-Crete.
6.1991: Renamed TROPIC STAR.

Still in service.

380. RAVENNA 1967-1967 / ROLLINGEN 1967-1973

RO/RO cargo vessel, 2 decks • 299gt, 139nt, 399dw, 1978: 384gt, 133nt, -dw, 1979: 590gt, 355nt, 399dw • 50.85/44.50x9.60/9.50x5.70/3.31 • Cantieri Navale Felszegi S.p.A., Trieste, no.85 • 1D 4SA 6cyl. (320x450), type MaK 6MU 451AK, 799bhp, 12kn., Atlas MaK Maschinenbau GmbH, Kiel.

22.12.1965: Ordered. Contract price: Kr. 2,750,000.
15.9.1966: Keel.
7.8.1967: Launched while welded together with RAPALLO (no.381).
1.9.1967: Delivered to DFDS, København (from 19.9.1967: Odense).
3.9.1967: Left Trieste as RAVENNA for the trip from the builder to Copenhagen.
19.9.1967: Arrived at Copenhagen and renamed ROLLINGEN.
20.9.1967: In service: Copenhagen-Samsø-Odense.
12.11.1967: Naming ceremony.
1968: Service also: Copenhagen-Aalborg.
12.8.1968: Services: Copenhagen-Samsø-Odense/Kolding-Fredericia/Horsens-Vejle.
1969 and 1970: Service also: Copenhagen-Randers/Sønderborg.
1.10.1970: Service now: Copenhagen-Aalborg.
1.1.1971 until 2.9.1971: Service now: Copenhagen-Aalborg/Århus.
2.9.1971: Arrived at Copenhagen from Aalborg and laid up.

31.7.1973: Sold to Antonio Armas Curbelo S.A., Lanzarote (the Canary Islands).
20.8.1973: Taken over by her new owners and renamed VOLCAN DE TAHICHE. Price paid: Kr. 1,700,000. In service between the Canary Islands.
2.5.1975: Sold to Rederiet Lindinger A/S, Havneby and renamed LINDINGER SATELLITE. Converted into an seismic survey vessel by Husumer Schiffswerft, Husum.
4.10.1978: Sold to Lindinger Marine Services A/S, Havneby. Name unchanged. Company went bankrupt.
16.1.1979: Sold to MacDonalds Transport (North East) Ltd., Edinburgh.
2.1979: Sold to Salvesen Marine (Offshore) Ltd., Aberdeen and renamed KINCRAIG. Converted into a stand-by safety vessel.
1981: Name of company now Salvesen Offshore Services Ltd.
5.1984: Sold to George Craig & Sons Ltd. (North Star Fishing Co. Ltd.), Aberdeen and renamed GRAMPIAN HARRIER.
1990: Management now North Star Shipping (Aberdeen) Ltd.

Still in service.

RAPALLO and RAVENNA welded together during the launching.

ROLLINGEN, the trailerdeck.

381. RAPALLO 1967-1967 / TUMLINGEN 1967-1973

RO/RO cargo vessel, 2 decks • 299gt, 139nt, 399dw, 1974: 293gt, 141nt, 423dw, 1979: 468gt, 162nt, 399dw • 50.85/44.50x9.60/9.50x5.70/3.31 • Cantieri Navale Felszegi S.p.A., Trieste, no.86 • 1D 4SA 6cyl. (320x450), type MaK 6MU 451AK, 799bhp, 12kn., Atlas MaK Maschinenbau GmbH, Kiel.

22.12.1965: Ordered. Contract price: Kr. 2,750,000.
15.9.1966: Keel.
7.8.1967: Launched while welded together with (RAVENNA (no.380).
18.9.1967: Delivered to DFDS, København.
She was named RAPALLO for the trip from the builder to Copenhagen.
18.9.1967: Left Trieste for Copenhagen, where she arrived 1.10.1967.
2.10.1967: Renamed TUMLINGEN.
5.10.1967: In service: Copenhagen-Horsens-Vejle.
12.11.1967: Naming ceremony.
1968: Service also: Copenhagen-Århus/Aalborg.
13.8.1968 until 14.9.1968: Service also: Copenhagen-Samsø-Odense or Copenhagen-Kolding-Fredericia.
1.10.1968 until 20.6.1969: Laid up at Copenhagen.
20.6.1969 until 1.9.1971: Service now mainly: Copenhagen-Aalborg.
13.7.1970 until 18.7.1970: Time charter to Bornholms Fragtrute for service: Copenhagen-Rønne.
1.9.1971: Arrived at Copenhagen and laid up.

11.8.1972: Sold to Auto Shipping Ltd. (Ugland Management Co. Ltd.), Guernsey.
14.8.1972: Taken over by her new owners. Name unchanged. Price paid: Kr. 1,600,000.

2.4.1973: Registered sold to Dampskibs-A/S Rutland (J.P.Mathisen), Grimstad. Name unchanged.
22.10.1973: Sold to Rederiet Lindinger A/S, Havneby and renamed LINDINGER SURVEYOR.
1974: Converted into a seismic survey vessel by Husumer Schiffswerft, Husum.
4.10.1978: Sold to Lindinger Marine Services A/S, Havneby. Name unchanged. The company went bankrupt.
17.1.1979: Sold to MacDonalds Transport (North East) Ltd., Edinburgh.

1.1979: Sold to Salvesen Marine (Offshore) Ltd., Aberdeen and renamed FALKIRK.
1979: Converted into a stand-by safety vessel.
1981: Name of company now Salvesen Offshore Services Ltd.
2.1984: Sold to Werbler Shipping Ltd., Aberdeen and renamed DAWN FLIGHT. Converted into a research/diving support vessel.

Still in service.

382. TRILLINGEN 1967-1971

RO/RO cargo vessel, 2 decks • 299gt, 139nt, 399dw • 50.85/44.50x9.60/9.50x5.70/3.31 • Cantieri Navale Felszegi S.p.A., Trieste, no.87 • 1D 4SA 6cyl. (320x450), type MaK 6MU 451AK, 799bhp, 12kn., Atlas MaK Maschinenbau GmbH, Kiel.

22.12.1965: Ordered.
Contract price: Kr. 2,750,000.
21.11.1966: Keel. The name RIMINI was originally considered for the trip to Copenhagen.
16.9.1967: Launched while welded together with FIRLINGEN (no.383).
9.10.1967: Delivered to DFDS, København.
10.10.1967: Left Trieste.
23.10.1967: Arrived at Copenhagen from the builder.
26.10.1967: In service Copenhagen-Sønderborg/Aabenraa/Svendborg.
12.11.1967: Naming ceremony.
5.4.1968: Capsized during unloading at Sønderborg. Raised, and 8.4.1968 until 24.6.1968 repaired at Århus.
12.8.1968 until 15.6.1970: Service now: Copenhagen-Sønderborg/Randers.

1969: Service also: Copenhagen-Horsens/ Vejle/Samsø-Odense.
1969 and 1970: Service also: Copenhagen-Kolding-Fredericia.
26.5.1970 until 2.10.1970: Service now: Copenhagen-Vejle/Sønderborg/Samsø-Odense.
2.10.1970 until 16.5.1971: Service: Copenhagen-Århus/Sønderborg.

25.5.1971: Sold to Johannes Hjertaker, Bergen.
28.5.1971: Taken over by her new owner and renamed FLORNES. Price paid: Norwegian Kr. 2,200,000.
1971 until 4.1988: Time chartered by Hardanger Sunnhordlandske Dampskibsselskap for service: Stavanger-Hardangerfjorden.

5.1988 until 9.1990: Time chartered by Det Stavangerske Dampskibsselskab, service now: Bergen-Stavanger.
9.1990: Laid up at Bergen. Occasionally in service.
1991: Sold to Hans Norland, Bergen. Name unchanged.

Still extant.

383. FIRLINGEN 1967-1973

RO/RO cargo vessel, 2 decks • 299gt, 139nt, 399dw • 50.85/44.50x9.60/9.50x5.70/3.31 • Cantieri Navale Felszegi S.p.A., Trieste, no.88 • 1D 4SA 6cyl. (320x450), type MaK 6MU 451AK, 799bhp, 12kn., Atlas MaK Maschinenbau GmbH, Kiel.

22.12.1965: Ordered.
Contract price: Kr. 2,750,000.
7.12.1966: Keel. The name ROVIGO was originally considered for the trip to Copenhagen.
16.9.1967: Launched while welded together with TRILLINGEN (no.382).
26.10.1967: Delivered to DFDS, København and left the builder for Copenhagen.
10.11.1967: Arrived at Copenhagen.
12.11.1967: Naming ceremony.
16.11.1967: In service: Copenhagen-Kolding-Fredericia-Randers.
1968: Service also: Copenhagen-Aalborg.
28.8.1968 until 1.7.1970: Services now: Copenhagen-Horsens-Vejle, Copenhagen-Samsø-Odense or Copenhagen-Sønderborg/Kolding-Fredericia.

1.10.1970 until 1.5.1971: Service now: Copenhagen-Århus/Sønderborg.
3.5.1971 until 15.5.1971: Service now: Copenhagen-Rønne, time charter to Bornholms Fragtrute.
17.5.1971 until 1.9.1971: Service now: Copenhagen-Århus.
1.9.1971: Arrived at Copenhagen from Århus and laid up.

3.8.1973: Sold to Antonio Armas Curbelo S.A., Lanzarote (the Canary Islands) (from 1976: Las Palmas).
3.8.1973: Taken over by her new owners and renamed VOLCAN DE YAIZA. Price paid: Kr. 1,700,000. In service between the Canary Islands.

Still in service.

425

384. UNITRADER

Bulkcarrier, 1 deck • 16240gt, 9968nt, 28000dw • 186.87(BB)/172.29x23.47/23.40x14.30/10.71 • Cantieri Navali del Tirreno e Riuniti S.p.A., Ancona, no.263 • 1D 2SA 7cyl. (740x1600), type B&W 774-VT2BF-160, 10500bhp, 15.75kn.

15.4.1966: Ordered.
Contract price: Kr. 31,000,000.
8.1966: Keel.
10.12.1967: Launched as UNITRADER for DFDS.
26.4.1968: Contract taken over by the builder.

6.6.1968: Delivered to Fratelli d'Amico (Armatori), Roma as MARE DORICO.
1977: Sold to Società Ligure di Armamento, Genova without change of name.
1979: Renamed NEREO.
1984: Sold to Elizas Grace Shipping Co., Limassol and renamed ELIZAS GRACE.
1985: Renamed BEAUTY E.
1986: Sold to Veery Shipping C. Ltd. (Dileton Maritime S.A.), Limassol. Name unchanged.
1988: Sold to Highroads Shipping Co. Ltd. (Dileton Maritime S.A.), Limassol and renamed STARDROP.
1990: Sold to Prescott Shipping Co. Ltd., Limassol and renamed OFFI GLORIA.

Still in service.

UNITRADER during launching.

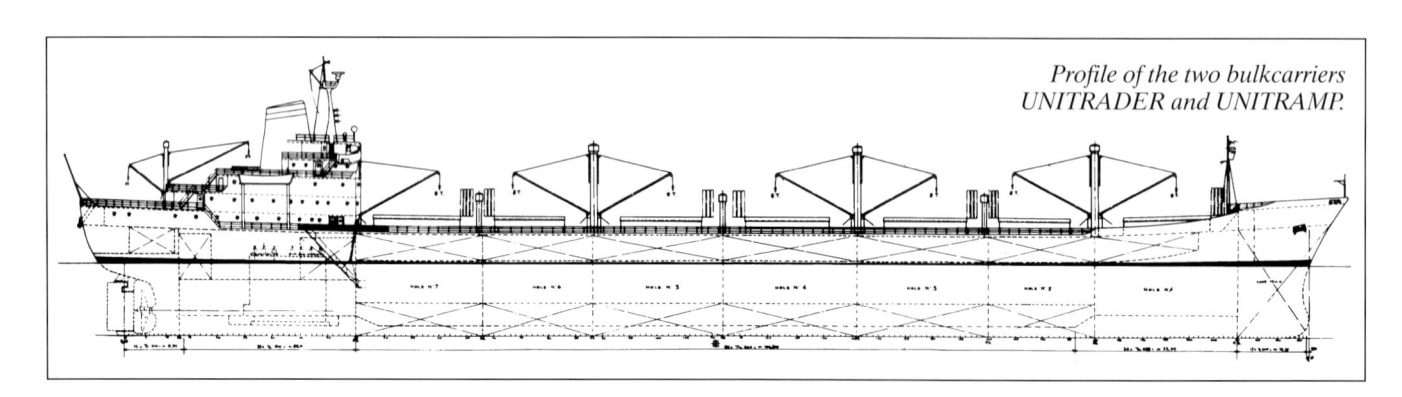

Profile of the two bulkcarriers UNITRADER and UNITRAMP.

385. UNITRAMP

Bulkcarrier, 1 deck • 16258gt, 9980nt, 27721dw • 186.87(BB)/172.12x23.47/23.40x14.30/10.71 • Cantieri Navali del Tirreno e Riuniti S.p.A., Ancona, no.264 • 1D 2SA 7cyl. (740x1600), type B&W 774-VT2BF-160, 10500bhp, 15.75kn.

15.4.1966: Ordered.
Contract price: Kr. 31,000,000.
9.1966: Keel.
24.4.1968: Launched as UNITRAMP for DFDS.
26.4.1968: Contract taken over by the builder.

10.10.1968: Delivered to Fratelli d'Amico (Armatori), Roma as MARE PICENO.

9.1.1981: While at Fos damaged by fire aft. Later towed to La Spezia, where she arrived 30.1.1981 and was sold "as is" to Leros Maritime Corp. (D.N.Benikos), Piraeus and renamed GIOVANNA II.
1983: Sold to Cobar Navigation Co. Ltd., Limassol and renamed VANNA.
1988: Sold to Arrowteam Maritime Co. Ltd., Limassol and renamed CAPETAN MANOLIS.

1989: Sold to Seawind Maritime Co. Ltd., Limassol and renamed LAKE MICHIGAN.

21.7.1990: Arrived at Alang from Cochin for demolition.
9.1990: Demolition commenced by Bharat Ship Breaking Corp.

386. KONG OLAV V (II) 1968-1984

Twin screw passenger and car ferry, 3 decks • 7956gt, 3912nt, 1100dw, 1976: 8669gt, 4441nt, 1084dw • 124.95/108.50x19.28/19.25x12.00/5.22 • Cantieri Navali del Tirreno e Riuniti S.p.A., Riva Trigoso, Genoa, no.278 • 2D 2SA 2x12cyl. (420x900), type B&W 1242-VT2BF-90, 12000bhp, 21kn. • Passengers: 200 I, 306 II, 952 total, 1976: 698 berth, 1100 total. Cars: 100, 1976: 121.

30.12.1965: Ordered. Contract price: Kr. 48,200,000.
1.12.1966: Keel.
12.5.1968: Launch.
12.5.1968 until 2.6.1968: Fitted out at Genoa.
27.5.1968 until 31.5.1968: Trial.
3.6.1968: Delivered to DFDS, København.
10.6.1968: Naming ceremony at Copenhagen. Originally intended name PRINSESSE MARGRETHE. However, due to the pregnancy of the godmother, Princess Margrethe, the names of ship no.386 and no.387 were switched.
18.6.1968: In service: Copenhagen-Oslo.
19.12.1971: Arrived at Copenhagen after conversion into a single class vessel and change of colour on the hull from black to white at Aalborg Værft A/S.
7.2.1976: Arrived at Aalborg, and thoroughly rebuilt by Aalborg Værft A/S. New funnel and new superstructure aft.
12.10.1983: Arrived at Copenhagen from Oslo on her last trip and laid up.

15.5.1984: Sold to Fujian Province Shipping Co., Xiamen/Amoy. Price paid: $ 3,700,000.
23.5.1984: Taken over by her new owners at Frederikshavn and renamed NEW GULANGYU.
26.5.1984: Left Frederikshavn for Hong Kong.
1984: Renamed GULANG YU.
1988: Sold to Donalds Shipping Inc., Panama and renamed LEADER PRINCE.
1989: Sold to Strida Navigation S.A., Panama. Name unchanged.

Still in service.

KONG OLAV V after conversion.

387. PRINSESSE MARGRETHE (II) 1968-1984

Twin screw passenger and car ferry, 3 decks • 7956gt, 3912nt, 1100dw, 1976: 8669gt, 4441nt, 1084dw • 124.95/108.50x19.28/19.25x12.00/5.22 • Cantieri Navali del Tirreno e Riuniti S.p.A., Riva Trigoso, Genoa, no.279 • 2D 2SA 2x12cyl. (420x900), type B&W 1242-VT2BF-90, 12000bhp, 21kn. • Passengers: 200 I, 306 II, 952 in all, 1976: 698 berth, 1100 in all. Cars: 100, 1976: 121.

PRINSESSE MARGRETHE on the building berth almost completed.

PRINSESSE MARGRETHE during launching.

30.12.1965: Ordered. Contract price: Kr. 48,200,000.
15.5.1967: Keel.
5.8.1968: Launch.
22/24.8.1968: Trials.
29.8.1968: Delivered to DFDS, København.
30.8.1968: Left Genoa for Copenhagen.
13.9.1968: Naming ceremony at Copenhagen (see no.386).
21.9.1968: In service: Copenhagen-Oslo.
31.1.1971: On voyage Oslo-Copenhagen grounded at Kullen. Refloated and repaired at Frederikshavn.

22.12.1971 until 18.2.1972: Converted into a single class vessel, and the hull was painted white at Aalborg Værft A/S.
3.11.1975 until 6.2.1976: Thoroughly rebuilt by Aalborg Værft A/S, Aalborg. New funnel and new superstructure aft.
13.10.1983: Arrived at Copenhagen from Oslo on her last voyage and laid up.

20.8.1984: Sold to Fujian Province Shipping Co. (Xiamen Branch), Xiamen/Amoy.
22.8.1984: Taken over by her new owners at Aalborg and renamed LU JIANG.

24.8.1984: Left Aalborg for Hong Kong.
1984 until 1988: Service: Hong Kong-China.
1988: Sold to Gold Coast Line S.A., Panama and renamed ASIA ANGEL.
12.1988: Sold to Aqua Mirabilis Ltd. (Interorient Navigation Co. Ltd.), Limassol and renamed PRINCESA CYPRIA.
1990: Sold to Princesa Cypria Co. Ltd. (Interorient Navigation Co. Ltd.), Limassol. Name unchanged.

Still in service.

PRINSESSE MARGRETHE
after conversion.

388. AALBORGHUS (III) 1969-1971
DANA SIRENA (I) 1971-1975 and 1976-1978
OLAU DANA 1975-1976 / ROBIN HOOD 1977-1977 and 1978-1978 and 1979-1979
DANA CORONA (II) 1979-1985

Twin screw passenger and car ferry, 3 decks • 7697gt, 3890nt, 1021dw, 1971: 7672gt, 3669nt, 991dw, 1979: 7988gt, 3883nt, 1100dw • 124.85/108.59x19.31/19.25x12.02/5.21 • Cantieri Navali del Tirreno e Riuniti S.p.A., Riva Trigoso, Genoa, no.280 • 2D 2SA 2x12cyl. (420x900), type B&W 1242-VT2BF-90, 12000bhp., 21kn., by the builder at their Ancona works • Passengers: 204 I, 250 II, 718 total, 1971: 622, 1979: 691. Cars: 120.

15.4.1966: Ordered.
20.3.1967: Keel.
2.7.1969: Launch.
15/17/23.7.1969: Trials.
23.7.1969: Delivered to DFDS, København. Price paid: Kr. 46,450,000.
24.7.1969: Left Genoa for Aalborg.
31.7.1969: Arrived at Aalborg.
1.8.1969 until 18.8.1969: Service: Copenhagen-Helsingborg-Aalborg.
18.8.1969 until 2.10.1970: Service now: Copenhagen-Aalborg.
12.10.1970: Left Copenhagen for Marseilles.
20.10.1970 until 21.6.1971: Rebuilt by Societé des Anciens Établissement Groignard S.A., Marseilles.
4.6.1971: Renamed DANA SIRENA.
22.6.1971: Arrived at Genoa from Marseilles.
26.6.1971 until 1.11.1971: In service: Genoa-Palma/Malaga.
11.11.1971 until 2.1.1972: Laid up at Copenhagen.
28.1.1972: In service again: Genoa-Tunis/Palma/Malaga/Patras.
1972 until 1974: Service also: Genoa-Tanger.
8.11.1972 until 10.1.1973: Laid up at Malaga.
12.1.1973: Service again: Genoa-Tunis/Palma/Malaga/Patras (Palma and Patras only 1.4.1973 until 1.11.1973).
11.4.1973 until 27.9.1973: Service also: Patras-Bari.
8.12.1973 until 1.3.1974: Laid up at Genoa.
1.3.1974: In service: Genoa-Tunis/Palma/

AALBORGHUS, I class two berths cabin with private facilities.

Malaga/Alicanta/Patras (Patras until 11.9.1974).
23.12.1974 until 14.2.1975: Laid up at Genoa.
3.1975 until 6.1975: Time charter to Prinzenlinien for service: Hamburg-Harwich.
7.7.1975 until 16.9.1975: Time charter to C.N.A.N. for service: Algier-Annaba-Tunis.
19.9.1975 until 5.10.1975: Service: Genoa-Tunis/Malaga/Alicante.
12.10.1975 until 2.11.1975: Laid up at Esbjerg.

3.11.1975: Renamed OLAU DANA during time charter to Olau Line A/S, Copenhagen. Charter period: 5.11.1975 until 1.5.1976.
8.11.1975 until 1.5.1976: In service: Flushing-Sheerness.
3.5.1976: Renamed DANA SIRENA.
5.1976 until 12.4.1977: Time charter to Stord Verft and Stavanger Catering A/S for use as an accommodation vessel at Stord Verft.

430

21.4.1977: Renamed ROBIN HOOD.
25.5.1977 until 23.10.1977: Time charter to T.T. Line for service: Travemünde-Baltic ports/Copenhagen-Gothenburg-Oslo.
23.12.1977: Renamed DANA SIRENA.
15.1.1978 until 23.2.1978: Time charter to Stena Line Ab, Gothenburg for service: Gothenburg-Kiel.
31.3.1978 until 6.5.1978: Time charter to Bergen Line for Service: Bergen-Stavanger-(Kristiansand)-Newcastle.
9.5.1978: Renamed: ROBIN HOOD.
10.5.1978 until 1.10.1978: Time charter to T.T. Line for service: Travemünde-Baltic ports/Copenhagen.
27.5.1978: Left Travemünde for Copenhagen-Oslo-Leith-London-Amsterdam-Leith-Bergen-Oslo-Copenhagen-Travemünde.
4.10.1978: Renamed: DANA SIRENA.
10.10.1978 until 15.5.1979: Time charter to Bergen Line for service: Bergen-Stavanger-Newcastle.
18.5.1979: Renamed ROBIN HOOD.
30.5.1979 until 30.9.1979: Time charter to T.T. Line for service: Travemünde-Baltic ports.
16.9.1979: Also one trip: Travemünde-Gothenburg-Oslo-Copenhagen-Travemünde.
1.10.1979 until 28.11.1979: Rebuilt by Aalborg Værft A/S.
19.11.1979: Renamed DANA CORONA.
7.12.1979: In service: Genoa-Tunis/Malaga.

AALBORGHUS after conversion 1979, renamed DANA CORONA.

25.2.1980: Service now: Genoa-Tunis/Ibiza-Malaga.
3.11.1980: Service: Genoa-Tunis/Motril-Malaga.
6.4.1981: Service: Genoa-Tunis/Ibiza-Almeria-Malaga.
30.10.1981: Service now: Genoa-Tunis.
26.3.1982: Service now: Genoa-Tunis/Palma-Motril.
22.11.1982: Mediterranean service terminated.
3.12.1982: Arrived at Copenhagen from Genoa and laid up.

2.6.1983 until 28.8.1983: Time charter to S.F. Line for service: Kapellskär-Mariehamn.

6.2.1985: Sold to China Ocean Shipping Co. (COSCO), (Peoples Rep. of China).
6.3.1985: Taken over by her new owners and renamed TIAN E. Later taken over by Dalian Steam Ship Co., Dalian. Name unchanged.

Still in service.

---

389. SURREY   1969-1979 and 1981-

Twin screw RO/RO cargo vessel, 2 decks • 3375gt, 1079nt, 3647dw, 1975: 4061gt, 1665nt, 5436dw • 114.50/105.00x19.30/19.00x6.76/5.78, 1975: 132.70/123.25x19.30/19.00x6.76/5.82 • Helsingør Skibsværft og Maskinbyggeri A/S, Elsinore, no.388 • 2D 4SA 2x8cyl. (450x540), type B&W 8S45HU, 8800bhp, 17,5kn. • Trailers: 202 (5.2 m), 1975: 128 (12 m).

12.7.1968: Ordered.
2.10.1968: Keel.
14.5.1969: Launch.
26.8.1969: Delivered to DFDS, Esbjerg. Price paid: Kr. 29,000,000.
27.8.1969: Arrived at Esbjerg from Elsinore.
2.9.1969: In service mainly: Esbjerg-Grimsby.
1972 and 1973: Service also: Esbjerg-Harwich.
1974 until 1991: Service mainly: Esbjerg-U.K., e.g. Esbjerg-Grimsby/Harwich/North Shields/Felixstowe.
11.2.1975: Arrived at Amsterdamsche Droogdok-Maatschappij N.V., Amsterdam to be lengthened and deepened. Internal ramp and hoistable deck installed.
16.4.1975: Arrived at Esbjerg after rebuilding.
10.5.1979: Sold to Ellerman Lines Ltd. & DFDS (UK) Ltd., Hull. Name and service unchanged.
19.6.1979: Taken over by her new owners.
1980 until 1982: Service also: Hamburg-Harwich.

7.8.1981: Resold to DFDS, Esbjerg after Ellerman Lines Ltd. had abandoned their Northsea service. Price paid: £ 1,600,000.
11.8.1981: Change of flag from British to Danish. Name and service unchanged.
1983: One trip: Copenhagen-Helsingborg-Immingham-Felixstowe.
1984 until 1988: Service also: Hamburg-Harwich.

1985: Service also: Gothenburg-Felixstowe.
1988: Service also: Bremerhaven-Harwich.

In the present fleet.

431

390. TREKRONER 1970-1971
DANA CORONA (I) 1971-1979 / DANA SIRENA (II) 1979-1983

Twin screw passenger and car ferry, 3 decks • 7697gt, 3890nt, 1008dw, 1971: 7672gt, 3669nt, 1021dw • 124.85/108.59x19.31/19.25x12.02/5.21 • Cantieri Navali del Tirreno e Riuniti S.p.A., Riva Trigoso, no.281 • 2D 2SA 2x12cyl. (420x900), type B&W 1242-VT2BF-90, 12000bhp, 21kn., by the builder at their Ancona works • Passengers: 204 I, 250 II, 718 total, 1971: 622. Cars: 120.

15.4.1966: Ordered.
5.1967: Keel.
27.3.1970: Launch.
30.4.1970: Delivered to DFDS, København. The delivery was postponed about one year due to strikes.
30.4.1970: Left Genoa for Copenhagen.
7.5.1970: Arrived at Copenhagen from the builder.
10.5.1970 until 1.10.1970: In service: Copenhagen-Aalborg.
12.10.1970: Left Copenhagen for Marseilles to be rebuilt by Societé des Anciens Établissement Groignard S.A.
4.6.1971: Renamed DANA CORONA.
18.6.1971: Left Marseilles after rebuilding and arrived the next day at Genoa.
25.6.1971: In service: Genoa-Tunis/Alicante.
1.11.1971: Service now: Genoa-Tunis/Malaga.
3.1972: Service now: Genoa-Tunis/Palma/Malaga/Tanger/Patras.
6.11.1972: Service again: Genoa-Tunis/Malaga.
10.1.1973 until 10.3.1973: Laid up at Malaga.
16.3.1973: Service: Genoa-Tunis/Malaga.
2.4.1973: Service: Genoa-Palma/Malaga/Tanger/Tunis/Patras.
4.4.1973 until 20.9.1973: Service also: Patras-Bari.

4.4.1973 until 20.9.1973: Service also: Patras-Bari.
7.12.1973: Service now: Genoa-Tunis/Malaga.
3.1974: Service now: Genoa-Tunis/Palma/Malaga.
3.1974 until 4.9.1974: Service also: Genoa-Patras.
6.5.1974: Service also: Genoa-Alicante/Tanger.
4.11.1974 until 13.12.1974: Laid up and docked at Genoa.
13.12.1974: Service now: Genoa-Tunis/Alicante-Malaga.
3.11.1975: Service now: Genoa-Tunis/Malaga.
15.3.1976 until 1.11.1976 and 14.3.1977 until 31.10.1977: Calls at Alicante again.
6.3.1978 until 3.12.1979 Service: Genoa-Tunis/Ibiza-Malaga.
25.11.1978 until 3.3.1979: No calls at Ibiza.
19.11.1979: Renamed DANA SIRENA.
14.12.1979: Service now Ancona-Patras-Iraklion-Alexandria.
25.11.1981: Left Iraklion for Genoa where she was laid up.
22.2.1982: Service now: Genoa-Tunis.

DANA CORONA after being renamed DANA SIRENA in 1979.

3.1982 until 11.1982: Service again: Ancona-Patras-Iraklion-Alexandria.
6.12.1982: Arrived at Copenhagen from Genoa and laid up.

7.2.1983: Sold to Al Sabah Maritime Services Co. Ltd., Jeddah.
2.3.1983: Taken over by her new owners at Landskrona and renamed

AL QAMAR AL SAUDI II. Service: Suez-Aqaba-Jeddah.
1988: Sold to Khaled Ali Fouda, Alexandria and renamed
AL QAMAR AL SAUDI.
1989: Renamed
AL-QAMAR AL-SAUDI AL-MISRI.

Still in service.

391. DANA REGINA   1974-1989

Twin screw passenger and car ferry, 4 decks • 12192gt, 6311nt, 2703dw • 153.70(BB)/138.99x 24.31/22.31x14.30/6.00 • Aalborg Værft A/S, Aalborg, no.200 • 4D 4SA 4x8cyl. (450x540), type B&W 8S45HU, 17600bhp, 21.5kn., Helsingør Værft A/S, Elsinore • Passengers: 878 berth, 975 total. Cars: 250, 1977: 370.

433

24.12.1969: Ordered.
Contract price: Kr. 101,500,000.
7.5.1973: Keel.
31.8.1973: Launch.
9.6.1974: Trial.
28.6.1974: Delivered to DFDS, Esbjerg.
29.6.1974: Arrived at Copenhagen from the builder.
1.7.1974: Naming ceremony at Copenhagen and left the same day for London, Harwich and Esbjerg.
8.7.1974 until 3.10.1983: In service: Esbjerg-Harwich.
7.1.1977 until 26.1.1977: Hoistable deck area enlarged at Hamburg.
12.10.1983 until 1.6.1990: Service now: Copenhagen-Oslo.

▼ NORD ESTONIA leaving Stockholm.

DANA REGINA, four berths cabin with private facilities, convertible for daytime. ▲

3.1.1989: Sold to Marne Investment Ltd., Nassau. Name unchanged.
5.1.1989: Taken over by her new owners and bareboat chartered to DFDS for the Copenhagen-Oslo service until delivery of QUEEN OF SCANDINAVIA (no.406).
1989: While in charter to DFDS sold to Nordström & Thulin AB, Stockholm. Price paid: $ 26,125,000.
1.6.1990: Left Copenhagen for Gothenburg.

2.6.1990: Delivered by DFDS to Marne Investment Ltd. at Gothenburg and immediately taken over by Nordström & Thulin AB, Stockholm.
2.6.1990 until 13.6.1990: Refurbished at Gothenburg.
5.6.1990: Renamed NORD ESTONIA.
15.6.1990: Arrived at Stockholm.
16.6.1990: Presentation trip to Tallinn.
18.6.1990: In service: Stockholm-Tallinn, chartered by Estline.
1990: Sold to Priba AB (Nordström & Thulin AB), Stockholm. Price paid: Swedish Kr. 183,421,616. Name and service unchanged.

Still in service.

392. DANA FUTURA (I) 1976-1976 and 1977-1983

DAMMAM EXPRESS 1976-1976 / DROSSELFELS 1976-1977

Twin screw RO/RO cargo vessel, 2 decks • 5991gt, 1977nt, 6900dw, 1985: 18787GT, 6097NT, 10150dw, 1988: 20326GT, 6092NT, 9000dw • 144.56(BB)/130.99x24.40/22.99x12.60/7.09 1985: 176.55(BB)/162.52x23.02/22.99x12.02/7.09 • Helsingør Værft A/S, Elsinore, no.407 • 2D 4SA 2x18cyl. (500x540), type B&W 18U50LU, 27540bhp, 22.5kn., A/S Burmeister & Wain's Motor- og Maskinfabrik af 1971, Copenhagen • 402 TEU, 1985: 562 TEU • Passengers: 12, 1988: 130.

10.11.1973: Ordered.
24.7.1974: Keel.
11.7.1975: Launch.
30.11.1975: Arrived at Copenhagen after the bottom had been painted at Frederikshavn Værft A/S.
18.12.1975: Taken over by DFDS.
20.12.1975: Left Copenhagen for a trial trip, then returned to Helsingør Værft A/S.
3.1.1976: Finally delivered to DFDS, Esbjerg.
3.1.1976: Left Elsinore for Esbjerg. Service: Esbjerg-Harwich/Felixstowe.
4.3.1976: Renamed DAMMAM EXPRESS while in a one year charter to Atlanta Shipping Corp. (Maritime Transport Overseas Inc.), Houston. Before delivery the stern ramp was lengthened by Aalborg Værft A/S.
15.3.1976: Left Aalborg for Rostock. Four trips: Rostock-Tatous.
19.6.1976: Service now: U.S.A./Canada-Persian Gulf.
15.4.1977: Renamed DROSSELFELS, while in a nine month charter to DDG-Hansa, Bremen. Service: U.S.A.-Middle East.
31.12.1977: Renamed DANA FUTURA.
3.1.1978: Service: Esbjerg-Harwich/Felixstowe/North Shields.
24.10.1978 until 26.11.1978: Laid up at Esbjerg, then at Copenhagen.
26.11.1978 until 23.12.1978: In service: Sweden-U.K.-Belgium during a charter to Wallhamn AB (O.T.-Express).
26.12.1978: Chartered by Deutsche Seerederei, Rostock for three trips: Rostock-Angola-Mozambique-Ethiopia-Rostock.

DANA FUTURA, trailer deck.

6.1979 until 12.1979: Service: Esbjerg-Harwich/Felixstowe/North Shields.
4.1.1980 until 21.2.1980: Charter to Tor Line for service: Gothenburg-Felixstowe/Amsterdam.
22.2.1980 until 24.2.1980: Charter to Ford Motor Co. for one trip: Bremerhaven-Grangemouth.
2.4.1980 until 3.1981: Service now mainly: Esbjerg-Harwich/Felixstowe or Hamburg-Harwich.
15.12.1980 until 24.12.1980: Charter to NSF for service: Ipswich-Europort.
17.4.1981 until 17.8.1981: Time chartered for a trip: Zeebrugge-Tartous-Genoa-Tripoli-Marseilles-Lagos-Angola-Santos-Algier-Genoa-Tripoli-Lagos-Las Palmas-Harwich.
18.8.1981 until 28.3.1985: Service mainly: Esbjerg-Harwich/North Shields or Hamburg-Harwich.
10.1982: Service also: Bremerhaven-Harwich.
11.1983 until 2.1985: Service also: Gothenburg/Wallhamn-Felixstowe/Harwich.

19.12.1983: Sold to K/S Difko XXXIII, Esbjerg with bareboat charter back to DFDS for 15 years. Purchase option after 5 years.
29.3.1985 until 16.7.1985: Laid up at Esbjerg.
17.7.1985 until 22.8.1985: Time chartered for service: Rottterdam-Hull.
23.8.1985 until 15.9.1985: Service: Gothenburg-Felixstowe/Harwich.
15.9.1985 until 27.10.1985: Service now: Copenhagen-Helsingborg-Felixstowe/Harwich-Immingham.
28.10.1985: Arrived at Frederikshavn to be lengthened by Frederikshavn Værft A/S.
12.12.1985: Delivered after rebuilding and returned to service: Copenhagen-Helsingborg-Harwich-Immingham.
1.9.1988: Registry transferred to Dansk Internationalt Skibsregister(DIS).

29.11.1988: Sold to Rederi AB Nordö-Link, Malmö (formally sold via DFDS, sale confirmed 1.12.1988).
1.12.1988: Taken over by her new owners and renamed SKÅNE LINK. She had already 25.11.1988 arrived at Cityvarvet Öresund, Landskrona to be equipped with extra accommodation for 130 passengers.
10.1.1989 until 9.1990: In service: Helsingborg-Travemünde.

DANA FUTURA after lengthening.

1991: Some trips to the Arabian Gulf.
Still in service.

393. DANA GLORIA (I) 1976-1976 / DRACHENFELS 1976-1977
DANA HAFNIA 1977-1985

Twin screw RO/RO cargo vessel, 2 decks • 5991gt, 1977nt, 6604dw, 1989: 14540GT, 4362NT, 2150dw • 144.56(BB)/131.02x24.39/22.99x12.60/6.88 • Helsingør Værft A/S, Elsinore, no.408 • 2D 4SA 2x18cyl. (500x540), type B&W 18U50LU, 27540bhp, 22.5kn. • 402TEU • Passengers: 12, 1986: 600.

10.11.1973: Ordered.
14.7.1975: Keel.
9.2.1976: Launch.
1.7.1976: Delivered to DFDS, Esbjerg. (Intended name DANA AGRICOLA. However, 1.1976: changed to DANA GLORIA.
10.7.1976: Naming ceremony at Esbjerg.

3.7.1976: Maiden voyage: Esbjerg-Harwich/Felixstowe.
14.9.1976: Renamed DRACHENFELS while in an 18 months charter to DDG-Hansa, Bremen for service: U.S.A.-Persian Gulf.
15.9.1976: Left Esbjerg for Galveston on her first voyage for DDG-Hansa.

7.11.1977: Renamed DANA HAFNIA at Bremerhafen.
11.1977 until 8.1978: Chartered (relet from DDG-Hansa) by Deutsche Seerederei, Rostock for service: Rostock-Persian Gulf/Angola/Dakar/Ethiopia-Mozambique.

436

6.9.1978 until 25.9.1978: Service: Esbjerg-Harwich/Felixstowe/North Shields.
1.10.1978 until 1.1.1979: Time charter to EWL/Tor Line for service: Immingham-Rotterdam-Gothenburg.
3.1.1979 until 24.6.1979: Time charter to Tor Line for service: Gothenburg/Helsingborg-Middlesbrough or Gothenburg-Amsterdam/Felixstowe.
28.6.1979 until 30.7.1979: Chartered for a trip: Rostock-Angola-Mozambique-Ethiopia.
27.4.1980 until 4.6.1980: One trip: Rostock-Corinto via the Panama Canal.
19.8.1980 until 2.9.1980: Charter service: Europort-Ipswich.
11.10.1980 until 4.11.1980: Chartered for one trip: Rostock-Aqaba-Hull.
4.11.1980 until 21.11.1980: Charter service: Hull-Rotterdam.
22.11.1980 until 15.12.1980: Charter service: Gothenburg-Amsterdam/Felixstowe.
22.12.1980 until 2.2.1981: One trip: Rostock-Dar es Salaam.
7.2.1981 until 22.2.1981: Charter service: Gothenburg-Amsterdam/Felixstowe.
24.2.1981 until 23.3.1981: Charter service: Avonmouth-Iskenderun-Ghent-Amsterdam-Gothenburg-Ghent.
23.3.1981 until 25.4.1981: One trip: Rostock-Aqaba-Rotterdam.
25.4.1981 until 27.5.1981: One trip: Rotterdam-Harwich-Venice-Tobruk-Venice-Lisbon-Felixstowe-Rostock.
27.5.1981 until 18.9.1981: Charter service: Rostock-Aqaba.
3.10.1981 until 6.10.1981: One trip: Esbjerg-Harwich-Felixstowe.
11.10.1981 until 28.12.1981: Chartered for trip: Rostock-Aqaba-Maputo-Rostock-Hodaidah-Copenhagen.

8.1.1982 until 17.9.1985: Service: Copenhagen-Helsingborg-Immingham-Felixstowe.
3.1984: Service also: Gothenburg/Esbjerg-Felixstowe.
20.9.1985 until 28.10.1985: Charter service: Southampton-Turkey.
29.10.1985 until 11.12.1985: Service: Copenhagen-Helsingborg-Harwich-Immingham.
26.11.1985: Sold to Molslinien A/S, Esbjerg.
12.12.1985 until 22.12.1985: Service: Esbjerg-Harwich.
30.12.1985: Taken over by Molslinien A/S. Name unchanged. Charter back to DFDS.
4.1.1986 until 19.2.1986: Service: Esbjerg/Hamburg-Harwich.
20.3.1986: Arrived at Frederikshavn Værft A/S for docking before the sale.

21.3.1986: Sold to Østersøens Færgefart A/S (G.T. Linien A/S), Nassau and taken over the same day.
24.3.1986: Left Frederikshavn for Rendsburg. Converted into a passenger and car ferry at Werft Nobiskrug G.m.b.H., Rendsburg. 63 accommodation containers for passengers were fitted on the upper deck by Carl Tiedemann, Hamburg while at Rendsburg. Renamed GEDSER.
28.5.1986: Arrived at Gedser after rebuilding. Service: Gedser-Travemünde.
1986: Sold to GT-Link A/S, Nassau and renamed GEDSER LINK. Service remained the same.
1989: Registry transferred to Gibraltar.
12.1989: Sold to Ticket Shipping Co. Ltd. (Ventouris Group Enterprises S.A.), Limassol and renamed VENUS. Price paid: $ 15,000,000. Service: Patras-Bari.

Still in service.

394. METTE MO 1977-1977 / DANA GLORIA (II) 1977-1981

Twin screw passenger and car ferry, 2 decks • 2445gt, 986nt, 869dw • 92.66/83.70x16.72/16.50x 5.36/4.17 • Aalborg Værft A/S, Aalborg, no.164 • 4D 4SA 4x12cyl. (260x400), type B&W 1226-MTBF-40V, 9600bhp, 19.5kn., A/S Burmeister & Wain's Maskin- og Skibsbyggeri, Copenhagen •Passengers: 800. Cars: 135.

3.2.1965: Ordered.
Contract price: Kr. 21,000,000.
12.6.1965: Keel.
19.10.1965: Launch.
4.4.1966: Trial.
15.5.1966: Delivered to Mols-Linien, Ebeltoft as METTE MOLS.
18.5.1966: In service Odden-Ebeltoft.
31.8.1970: Damaged by an explosion in the engine room. 200 passengers were evacuated in the lifeboats. Salvaged and repaired.
25.7.1974: Renamed METTE MO before the delivery of the newbuilding from Elsinore (no.9B).

25.8.1977: Sold to DFDS, Ebeltoft.
19.9.1977: Renamed DANA GLORIA in order to reserve this name.
23.11.1977: Left Århus in charter to Maritime Charter-Touristich GmbH, Emden for service: Emden-Delfzijl. However, after passing Brunsbüttel she was ordered to return to Århus due to the arrest of MIKKEL MOLS (no.395) and the charter agreement was cancelled.
12.12.1977 until 13.12.1977: Charter to Mols-Linien for service: Odden-Ebeltoft.
17.5.1978 until 13.8.1978 and 15.6.1979 until 21.8.1979: In service: Mariehamn-Kapellskär. During the charter to SF Line the name ÅLANDSFÄRJAN was painted on both sides of her.
27.4.1980 until 9.7.1980: Chartered by Rederi AB Norrtälje (Telje Line) for the Norrtälje-Mariehamn service.
7.9.1980 until 28.12.1980: Chartered to Nordisk Færgefart for the service Fåborg-Gelting.
30.12.1980: Arrived at Århus for docking before the sale.

DANA GLORIA during charter to SF line, Mariehamn.

29.1.1981: Sold to Jadranska Linijska Plovidba (JADROLINIJA), Rijeka.
9.2.1981: Taken over by her new owners and renamed BALKANIJA. Service: Zadar/Split-Ancona.

Still in service.

395. MIKKEL MOLS 1977-1980

Twin screw passenger and car ferry, 3 decks • 2430gt, 1003nt, 803dw • 92.66/83.70x16.72/16.50x 9.81/4.17 • Aalborg Værft A/S, Aalborg, no.179 • 4D 4SA 4x14cyl. (260x400), type B&W 1426-MTBF-40V, 11080bhp, 20kn., A/S Burmeister & Wain's Maskin- og Skibsbyggeri, Copenhagen • Passengers: 800. Cars: 135.

9.5.1968: Ordered.
2.7.1968: Keel.
25.10.1968: Launch.
29.3.1969: Trial.
30.3.1969: Delivered to Mols-Linien A/S, Ebeltoft.
1.4.1969: In service Odden-Ebeltoft.
Price paid: Kr. 24,640,000.

25.8.1977: Sold to DFDS, Ebeltoft. Name unchanged.
1.9.1977 until 26.11.1977: Time charter to Maritime Charter-Touristich GmbH, Emden for service: Emden-Delfzijl.
24.11.1977: Arrested in Delfzijl due to non-payment of harbour dues.
26.11.1977: Released and the charter agreement was cancelled.
27.11.1977: Arrived at Århus.

13.12.1977 until 22.12.1977, 12.2.1978 until 17.3.1978, 24.1.1979 until 27.3.1979 and 13.1.1980 until 2.2.1980: Charter to Mols-Linien for service: Odden-Ebeltoft.
15.5.1979 until 21.8.1979: Chartered by Rederi Ab Sally for the service: Kapellskär-Mariehamn. Inofficially renamed VIKING 2 during the charter period.

25.3.1980: Arrived at Århus for docking before the sale.

27.3.1980: Sold to Føroya Landsstyri (Strandfaraskip Landsins), Torshavn.
2.4.1980: Taken over by her new owners and renamed TEISTIN. Service: Torshavn-Suderø/Klaksvig.

1982 and 1983: Chartered by the Government of Trinidad for service: Trinidad-Tobago.
15.6.1984 until 12.8.1984 and 24.5.1985 until 11.8.1985: Chartered by SF Line for the Mariehamn-Kapellskär service. The name ÅLANDSFÄRJAN was painted on both sides during charter period.

Still in service.

---

396. DANA ANGLIA   1978-(1982-1989)-1989-

Twin screw passenger and car ferry, 4 decks • 14399gt, 7758nt, 3511dw • 152.91(BB)/136.51x 24.19/23.72x8.34/5.71 • Aalborg Værft A/S, Aalborg, no.210 • 2D 4SA 2x18cyl. (400x460), type Pielstick 18PC2-5V, 20800bhp, 21kn., Lindholmen Motor A/B, Gothenburg • Passengers: 1250 berths, 1372 total. Cars: 470.

25.5.1976: Ordered.
21.12.1976: Keel.
24.6.1977: Launch.
19.4.1978: Trial.
28.4.1978: Delivered to DFDS, Esbjerg.
1.5.1978: Left Aalborg for London.
4.5.1978: Naming ceremony at London.
13.5.1978: In service: Esbjerg-Harwich.

29.12.1982: Sold to K/S Difko XXI, Esbjerg with bareboat charter for 10 years to DFDS. Purchase option after five years. Service remained the same.
1.1987: Time charter to Sealink for service: Hook of Holland-Harwich.
23.11.1988 until 11.2.1989: Service: Copenhagen-Oslo.

29.12.1989: Resold to DFDS, Esbjerg. Service: Esbjerg-Harwich.

In the present fleet.

439

397. DANA MAXIMA 1978-

Twin screw RO/RO cargo vessel, 2 decks. ("Grimsby max.") • *4928gt, 2159nt, 6552dw* • *141.50(BB)/132.47x20.60/20.40x12.20/6.56* • *Hitachi Shipbuilding & Engineering Co. Ltd., Ariake Shipyard, Nagasu, no.4603* • *2D 4SA 2x14cyl. (400x460), type Pielstick 14PC2-5V-400, 15600bhp, 18kn., Niigata Engine Co. Ltd., Niigata* • *Passengers: 12. TEU: 390.*

16.3.1977: Ordered.
5.1.1978: Keel.
20.4.1978: Launch.
19.7.1978: Trial.
18.8.1978: Delivered to DFDS, Esbjerg.
19.8.1978: Left the builder for Kobe, and left from there the same day with a cargo for Hamburg.
20.9.1978: Arrived at Esbjerg from Hamburg.
27.9.1978 until 29.9.1878: One return trip: Esbjerg-Harwich.
30.9.1978: Left Esbjerg for Grimsby.
2.10.1978: First arrival at Grimsby and naming ceremony. Service mainly: Esbjerg-Grimsby.
From 1979: Service also: Esbjerg-North Shields.
1982, 1985 and 1986: Service also: Esbjerg-Immingham.
1983: Service also: Hamburg-Grimsby/Harwich. Occasionally in service: Esbjerg-Harwich.

23.8.1988: Registry transferred to Dansk Internationalt Skibsregister (DIS).

In the present fleet.

398. DANA OPTIMA 1978-1979 and 1983-1984

NOPAL OPTIMA 1979-1983 / OPTIMA 1983-1983

RO/RO cargo vessel, 2 decks • *1599gt, 840nt, 3450dw* • *105.62(BB)/96.02x18.98/18.80x12.35/4.97* • *Helsingør Værft A/S, Elsinore, no.417* • *1D 4SA 12cyl. (320x420), type Mak 12MU 453AK, 4500bhp, 15.25kn., MaK Maschinenbau GmbH, Kiel* • *274TEU.*

13.4.1977: Ordered by DFDS.
29.9.1977: Keel.
16.6.1978: Launch.
6.11.1978: Contract taken over by P/R (DFDS A/S and DFDS (UK) Ltd), Esbjerg.
10.11.1978: Left Elsinore for Copenhagen.
14.11.1978: Delivered.
15.11.1978: Left Copenhagen for Wallhamn, time charter to OT Express Lines.
16.11.1978: Left Wallhamn for Immingham-Dunkirk-Suez Canal-Persian Gulf.
13.12.1978 until 26.7.1979: Service: Persian Gulf.
26.7.1979: Left Umm Said for Wallhamn via Suez Canal and Tripoli.
31.8.1979: Renamed NOPAL OPTIMA during a four years' charter to Nopal Line (Øivind Lorentzen) for service: Miami-Curaçao-Aruba and Miami-Puerto Cabello-Maracaibo and other Caribbean ports.
5.9.1979: Left Elsinore for Miami on her first trip for Nopal Line.
24.6.1981: Arrived at Savannah Shipyard and equipped with wing decks on the upper deck.
21.1.1983: Renamed OPTIMA.
5.10.1983: Charter to Nopal Line terminated.

19.10.1983: Arrived at Harwich and entered service: Hamburg-Harwich.
1.11.1983: Renamed DANA OPTIMA.
11.1983: Service: North Shields-Esbjerg-Grimsby-Esbjerg.

14.2.1984: Sold to The Ethiopian Shipping Lines s.l., Assab. Price paid: $ 4,500,000.

28.2.1984: Taken over by her new owners at Hamburg and renamed MESKEREM.
1.3.1984: Arrived at Rotterdam to be converted into a livestock carrier by Vlaardingen Oost Bedrijven b.v.

Still in service.

440

399. DANA MINERVA 1979-1979 and 1982-1983
NOPAL MINERVA 1979-1982

RO/RO cargo vessel, 2 decks • 1599gt, 840nt, 3390dw • 105.62(BB)/96.02x18.98/18.81x12.35/4.95 • Helsingør Værft A/S, Elsinore, no.419 • 1D 4SA 12cyl. (320x420), type Mak 12MU 453AK, 4500bhp, 15.25kn., Krupp-MaK Maschinenbau GmbH, Kiel • 274TEU.

31.3.1978: Ordered.
19.7.1978: Keel.
7.11.1978: It was reported to the Danish Register of Ships, that DFDS intended to name her DANA ULTIMA, but later the name DANA MINERVA was allocated to her.
20.12.1978: Launch.
26.4.1979: Delivered to DFDS, Esbjerg.
28.4.1979: Renamed NOPAL MINERVA during a three years' charter to Nopal Line.
30.4.1979: Left Esbjerg for Miami.
18.5.1979: In service: Miami-Aruba-Curaçao-La Guaira and other Carribean ports.
11.5.1982: Renamed DANA MINERVA.
10.5.1982: New charter for Pan Atlantic Lines. Service now: Miami-Puerto Cabello/La Guaira/Las Minas/Aruba-Curaçao and other Carribean ports.
7.1982 until 10.1982 and 5.1983 until 7.1983: Service: Houston-Tuxpan.

7.10.1983: Sold to Kirk Challenger Co. Ltd. (R.B.Kirkconnell & Brothers Ltd.), Georgetown (Cayman Islands).

13.10.1983: Taken over by her new owners at Savannah and renamed KIRK CHALLENGER.
1984: Sold to Brambles Holding Ltd. (Brambles Shipping Division), Melbourne and renamed CHALLENGER B.

1989: Sold to Patagonia Shipping Ltd. (Kotka Merchant KY), Nassau and renamed KIRK CHALLENGER.
1991: Managers now Danship Lines USA Inc.

Still in service.

400. DANA GLORIA (III) 1981-1984 and 1985-1989
SVEA CORONA 1984-1985 / KING OF SCANDINAVIA 1989-

Twin screw passenger and car ferry, 2 decks • 12348gt, 6198nt, 1719dw, 1989: 20581gt, 10114nt, 2857dw • 153.12/139.33x22.23/22.00x7.98/6.32, 1989: 175.30/161.51x22.23/22.00x7.98/6.32 • Dubigeon-Normandie S.A., Prairie-au-Duc, Nantes, no.142 • 4D 4SA 4x12cyl. (400x460), type Pielstick 12PC2V-400, 24000bhp, 22kn., Chantier de l'Atlantique, St.Nazaire • Passengers: 859 berths, 1200 in all, 1989: 1175 berth, 1200 in all. Cars: 240, 1989: 285.

23.4.1974: Keel.
15.9.1974: Launch.
9.7.1975: Delivered to Finska Ångfartygs A/B, Helsinki as WELLAMO.
18.7.1975: In service: Helsinki-Stockholm, operated by Silja Line AB.
1979: Name of owner now Finska Ångfartygs A/B (EFFOA) (Finland Steamship Co. Ltd.).
6.1979: A Memorandum of Agreement with delivery 5.1981 was signed by DFDS and Finska Ångfartygs A/B.

23.4.1981: Sold to DFDS, Esbjerg (from 10.1.1989: København).
4.5.1981: Taken over by DFDS.
23.5.1981: Left Aalborg Værft A/S for Copenhagen.
25.5.1981: Renamed DANA GLORIA at Copenhagen.

441

2.6.1981 until 2.10.1983: In service: Esbjerg-Newcastle and each year in the period May/June to August/September also: Newcastle-Gothenburg.
12.10.1983 until 19.12.1983: Service: Copenhagen-Oslo.
3.2.1984 until 22.5.1985: Renamed SVEA CORONA while in a charter to Johnson Line AB from 30.1.1984 until 20.5.1985 in service: Turku-Mariehamn-Stockholm (in service: 6.2.1984 until 18.5.1985).
1.6.1985: Transferred to the Copenhagen-Oslo service.
7.11.1988: Left Copenhagen via Esbjerg for Papenburg to be lengthened by Meyer Werft.
10.1.1989: Renamed KING OF SCANDINAVIA.
4.2.1989: Left Emden after lengthening at Meyer Werft, Papenburg.
9.2.1989: Naming ceremony at Oslo.
16.8.1990: Registry transferred to Dansk Internationalt Skibsregister (D.I.S.).
1.6.1990: Service now: Copenhagen-Helsingborg-Oslo.

In the present fleet.

DANA GLORIA after lengthening renamed KING OF SCANDINAVIA.

442

401. TOR SCANDINAVIA   1981-1982 and 1983-1983 and (1983-1991)
WORLD WIDE EXPO 1982-1983 / PRINCESS OF SCANDINAVIA 1991-

Twin screw passenger and car ferry, 4 decks • 14893gt, 7964nt, 3335dw, 1991: 15730gt, 8119nt, 2427dw • 182.35(BB)/163.00x23.63/23.60x16.06/6.30 • Flender Werft A.G., Lübeck, no.608 • 4D 4SA 4x12cyl. (480x520), type Pielstick 12PC3V, 45600bhp, 24.5kn., Lindholmen Motor AB, Gothenburg • Passengers: 845 berth, 1357 in all, 1991: 1213 berth, 1543 in all. Cars: 440.

443

2.4.1975: Keel.
4.11.1975: Launch.
12.4.1976: Delivered to Rederi AB Salénia 1/3, Salénrederierna AB 1/3 and Rederi AB Transatlantic 1/3 (Sven Christer Salén), Göteborg. Services: Gothenburg-Felixstowe and Gothenburg-Amsterdam.
1975: Name of Salénrederierna AB changed to Saléninvest AB.
1976: Management taken over by Tor Line AB.
1980: Name of Rederi AB Salénia changed to Salénia AB.
1981: Rederi AB Transatlantic's share was sold to the other two part owners.

1.12.1981: Sold to DFDS, Esbjerg.
10.12.1981: Taken over by DFDS.
10.12.1981: Services: Felixstowe-Gothenburg.
25.10.1982 until 25.2.1983: Renamed WORLD WIDE EXPO while in charter to the Dutch organization "World Wide Expo". Transformed into a floating exhibition hall for European manufacturing companies.
10.12.1982: Left Copenhagen for Singapore via Suez.
10.1.1983: She was at Bangkok. Later called at Tanjung Berhala-Singapore-Port Kelang-Jakarta-Balikpapan-Muara (Brunei).
27.1.1983: Arrived at Manila.
1.2.1983: Left Singapore for Copenhagen via Suez.
3.3.1983: In service: Gothenburg-Felixstowe/Amsterdam.
From 1.4.1983: Called at Harwich instead of Felixstowe.
24.9.1983: Calls at Amsterdam stopped.

19.12.1983: Sold to K/S Difko XXXIII, Esbjerg. Bareboat charter back to DFDS for 15 years. Purchase option after 5 years. Services and name unchanged.

The diving ship SKRÆP, 34/38. In order to reserve the name TOR SCANDINAVIA, this small ship was renamed TOR SCANDINAVIA for the period of TOR SCANDINAVIA being named WORLD WIDE EXPO.

From 1984: Service also: Esbjerg-Harwich.
1.9.1988: Transferred to Dansk Internationalt Skibsregister (D.I.S.).
23.2.1989: Gothenburg-Amsterdam service reopened.
25.9.1989: On voyage Gothenburg-Harwich extensively damaged by a fire, which had been set on deliberately in a laundry room. Two passengers were killed by smoke. Later the same day arrrived at Esbjerg under her own power. Repaired at HDW-Nobiskrug GmbH, Rendsburg and returned to service.
16.6.1990 until 27.8.1990: Service also: Gothenburg-Newcastle.

6.11.1990 until 12.12.1990: Service also: Gothenburg-Copenhagen.

14.1.1991: Resold to DFDS, København.
17.1.1991 until 11.3.1991: Rebuilt at Blohm + Voss, Hamburg.
22.2.1991: Renamed PRINCESS OF SCANDINAVIA.
16.3.1991: Naming ceremony at Gothenburg.

In the present fleet.

402. TOR BRITANNIA 1982-1991
PRINCE OF SCANDINAVIA 1991-

Twin screw passenger and car ferry, 4 decks • *14905gt, 7933nt, 3335dw, 1991: 15730gt, 8119nt, 2459dw* • *182.35(BB)/163.00x23.63/23.60x16.06/6.30* • *Flender Werft A.G., Lübeck, no.607* • *4D 4SA 4x12cyl. (480x520), type Pielstick 12PC3V, 45600bhp, 24.5kn., Lindholmen Motor AB, Gothenburg* • *Passengers: 845 berth, 1357 in all, 1991: 1213 berth, 1543 in all. Cars: 440.*

21.1.1974: Keel.
10.10.1974: Launch.
16.5.1975: Delivered to Rederi AB Salénia 1/3, Salénrederierna AB 1/3 and Rederi AB Transatlantic 1/3 (Sven Christer Salén), Göteborg as TOR BRITANNIA. Price paid: £ 13 million. Services: Gothenburg-Amsterdam and Gothenburg-Felixstowe.
1975: Salénrederierna AB changed name to Saléninvest AB.
1976: Management taken over by Tor Line AB.
1980: Name of Rederi AB Salénia changed to Salénia AB.
1981: Rederi AB Transatlantic's share was sold to the other two part owners.

2.11.1981: Sold to Scandinavian Seaways (Bahamas) Ltd. (DFDS), Nassau and renamed SCANDINAVIAN STAR.
10.11.1981: Taken over after bottom inspection at Aalborg Værft A/S, Aalborg. Intended rebuilt for cruise service: Freeport-Florida.
7.1.1982: Left Aalborg for Copenhagen and laid up until 12.3.1982.

26.3.1982: Sold to DFDS, Esbjerg (from 20.11.1990: København) and renamed TOR BRITANNIA.
29.3.1982: Service: Gothenburg-Amsterdam/Felixstowe (from 1.4.1983: Harwich instead of Felixstowe).
From 1.10.1983: calls at Amsterdam terminated.

10.1983: Service also: Esbjerg-Harwich.
23.8.1988: Transferred to Dansk Internationalt Skibsregister (D.I.S.).
8.11.1988 until 7.12.1988 and 7.11.1989 until 14.12.1989: Service: Copenhagen-Gothenburg.
2.10.1989: Gothenburg-Amsterdam service reopened.
23.12.1989 until 15.3.1990: Accommodation vessel for refugees at Malmö.

8.11.1990 until 11.1.1991: Rebuilt at Blohm + Voss, Hamburg.
20.11.1990: Renamed PRINCE OF SCANDINAVIA.
16.3.1991: Naming ceremony at Gothenburg.
15.6.1991 until 25.8.1991: Service also: Gothenburg-Newcastle.

In the present fleet.

445

403. DANA CIMBRIA 1986-

RO/RO cargo vessel, 4 decks • 12189GT, 3656NT, 7057dw • 145.01(BB)/135.01x21.59/20.40x 12.15/6.62 • Frederikshavn Værft A/S, Frederikshavn, no.417 • 1D 4SA 6cyl. (580x600), type Mak 6M601, 9000bhp, 17.5kn., Krupp Mak Maschinenbau GmbH, Kiel • Passengers: 12. TEU: 458.

16.5.1984: Ordered.
15.8.1985: Keel.
12.11.1985: Launch. Intended name MERCANDIAN EXPRESS II, but 5.3.1986 reported renamed DANA CIMBRIA.
7.3.1986: Trial.
2.4.1986: Delivered to K/S Merc Scandia XLIV, Esbjerg. Five years bareboat charter to DFDS wtih option for extensions.
2.4.1986: Left the builder for Esbjerg.
5.4.1986: In service mainly: Esbjerg-Grimsby-North Shields.
From 9.1986: Service also: Esbjerg-Harwich.
From 12.1986: Service also: Hamburg-Harwich.
23.8.1988: Registry transferred to Dansk Internationalt Skibsregister (DIS).
8.1988 until 10.1988: Service also: Bremerhaven-Harwich.

6.4.1991 until 29.4.1991: In Tor Line service: Gothenburg/Helsingborg-Felixstowe-Immingham.

Still in bareboat charter to DFDS.

404. PRINS HAMLET 1987-1988

Twin screw passenger and car ferry, 3 decks • 5823gt, 2977nt, 1127dw • 118.73(BB)/107.85x 18.55/18.34x12.07/5.00 • Werft Nobiskrug GmbH, Rendsburg, no.679 • 4D 4SA 4x6cyl. (410x470), type Stork-Werkspoor 6TM410, 16000bhp, 22kn., Stork-Werkspoor Diesel N.V., Amsterdam • Passengers: 572 berth, 428 deck. Cars: 225.

5.10.1972: Ordered. 15.11.1972: Keel.
26.5.1973: Launch.
8.11.1973: Delivered to Prinzenlinien Schiffahrtsges.m.b.H. & Co., Hamburg as PRINZ HAMLET. Services: Hamburg-Harwich and Bremerhaven-Harwich.
1977: Taken over by Fährschiffges. "Prinz Malcolm" Kröger, Dr. Prussmann & Co., Hamburg. Name and services unchanged.

1983:Taken over by Prinzenlinien Schiffahrtsges.m.b.H. & Co., Hamburg. Name and services remained the same.
4.4.1987: Last day in the Hamburg-Harwich service.
3.6.1987 until 17.8.1987: Service: Newcastle-Gothenburg.

4.5.1987: Sold to DFDS, Esbjerg. Price paid: DM 18,000,000.
11.5.1987: Taken over and renamed PRINS HAMLET.
13.5.1987: In summer service: Esbjerg-Newcastle.
21.11.1987 until 2.3.1988: In service: Esbjerg-Harwich (freight only).
3.3.1988 until 28.4.1988: Time charter to B+I Line for service: Rosslare-Pembroke.
11.5.1988 until 13.9.1988: Service Esbjerg-Newcastle.

8.6.1988 until 12.9.1988: Service also: Newcastle-Gothenburg.
23.9.1988: Arrived at Frederikshavn Værft A/S for docking before the sale.

29.9.1988: Sold to Sail Pride Inc. (Stena AB), Monrovia.

3.10.1988: Taken over by her new owners and renamed STENA BALTICA.
1988: Charter to Polish Baltic Shipping Co. (Polska Zegluga Baltyska) and renamed NIEBOROW.

Still in service.

405. TOR CALEDONIA 1988-

Twin screw RO/RO cargo vessel, 2 decks • 5056gt, 2936nt, 9882dw, 1990: 5983gt, 3495nt, 12200dw • 162.77/145.22x21.04/20.62x7.52/7.10, 1990: 188.76/171.12x21.04/20.62x7.52/7.10 • A/S Fredriksstad Mekaniske Verksted, Fredriksstad, no.434 • 2D 4SA 2x12cyl. (400x460), type Pielstick 12PC2V-400, 12000bhp, 18.5kn., Lindholmen Motor AB, Gothenburg • TEU: 453, 1990: 610.

21.10.1976: Keel.
28.2.1977: Launch and the same day towed to A/S Framnæs Mekaniske Verksted, Sandefjord, no.189 and fitted out.
7.7.1977: Delivered to Whitwill, Cole & Co. Ltd. (Tor Line AB), Bristol as TOR CALEDONIA.
1982: Sold to Spanocean Line Ltd. (Salen U.K. Ship Management Ltd.), Bristol without change of name.
1984: Renamed GOTHIC WASA.
1985: Renamed GALLOWAY.
1985: Sold to Initial plc (Denholm Ship Management Ltd.), Hamilton, Bermuda and renamed TOR CALEDONIA.
1986: Sold to Stratton House Leasing Ltd. (Denholm Ship Management Ltd.), Hamilton. Name unchanged.

19.12.1988: Sold to DFDS, København without change of name.
23.12.1988: Taken over by DFDS at Rotterdam. Registered in Dansk Internationalt Skibsregister (DIS).
7.1.1989: In Tor Line service mainly: Gothenburg-Felixstowe/Immingham and Immingham-Rotterdam.
16.7.1990 until 8.1990: Lengthened at Flensburg.
23.8.1990: Returned to service.

1990: Service also: Gothenburg-Ghent.
11.1990: Service also: Helsingborg-Gothenburg-Felixstowe-Immingham.
1991: Service: Gothenburg-Ghent/Felixstowe/Helsingborg-Felixstowe-Immingham and Immingham-Rotterdam.

In the present fleet.

447

406. QUEEN OF SCANDINAVIA   1990-

Twin screw passenger and car ferry, 3 decks • 25940gt, 14015nt, 3898dw • 166.10(BB)/149.99x 29.04/28.40x9.10/6.72 • Oy Wärtsilä Ab, Perno Varv, Turku, no.1251 • 4D 4SA 4x12cyl. (400x460), type Pielstick 12PC2V-5V, 31200bhp, 22kn. • Passengers: 1535 berth, 2000 in all. Cars: 450.

The FINLANDIA has had two bow configurations. Once commissioned, it emerged that the bow flare was designed wrongly. Therefore, after one year of service, modifications were made.

18.2.1980: Keel.
25.7.1980: Launch.
30.3.1981: Delivered to Finska Ångfartygs A/B (EFFOA) (Finland Steamship Co. Ltd.), Helsinki.
30.3.1981: Named FINLANDIA.
31.3.1981: In service Helsinki-Stockholm, operated by Silja Line AB.
2.1982: Bow rebuilt by Wärtsilä, Turku.
12.11.1987: A "Memorandum of Agreement" was signed with delivery to DFDS in 5.1990, when EFFOA received a new ferry from Oy Wärtsilä.
31.8.1988: Sold to Suomen Yritysrahoitus Oy-Finska Företagsfinans Ab, Helsinki with bareboat charter back to EFFOA. Name and service unchanged.

11.5.1990: Sold to DFDS, København and renamed QUEEN OF SCANDINAVIA.
15.5.1990: Taken over by DFDS.
1.6.1990: In service: Copenhagen-Helsingborg-Oslo.

In the present fleet.

Tugs
Daughter and Associated Companies
Auxiliaries

Tugs

1A. ØST

2A. VEST

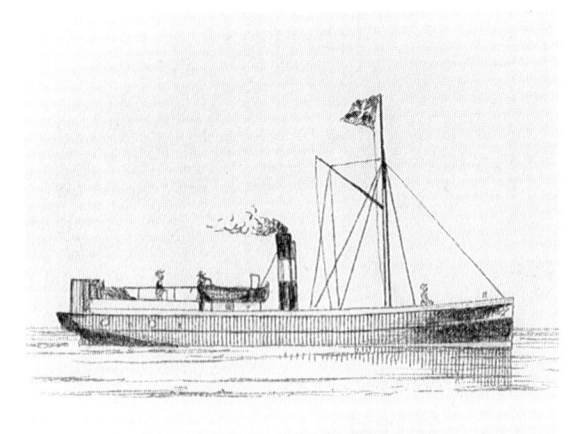

3A. FALKEN

4A. BIEN

6A. KUREREN

6A. KURIREN

7A. HJÆLPEREN

1A. ØST (I) 1872-1914

Steam tug • Built of iron • 11gt, 9nt, 1.4dw • -/39'0"x10'0"x5'6"/3'6" • Burmeister & Wain, Copenhagen, no.65 • 1S 1cyl. (10")x9.25", 16ihp • 1(SB) Scotch 1(f) GS8 HS143.

18.5.1871: Delivered to Dampbaads-Interessentskabet paa Søerne (Larsen & Poulsen), Kjøbenhavn.
28.5.1871: In service on the lakes Sortedamssøen and Peblingesøen in Copenhagen.
1872: Sold to DFDS, Kjøbenhavn. 14.7.1873: The sale was finally confirmed by the Bill of Sale. Price paid: Rigsdaler 5,000. 1880: New boiler installed.
21.8.1897: Hit by the paddle wheel of CHRISTIANIA (no.52) and sank in the port of Copenhagen.
20.2.1914: Reported broken up by Petersen & Albeck, Copenhagen.

2A. VEST (I) 1872-1873

Steam tug • Built of iron • 11gt, 9nt, 1.4dw • -/39'0"x10'0"x5'6"/3'6" • Burmeister & Wain, Copenhagen, no.66 • 1S 1cyl. (10")x9.25", 16ihp • 1(SB) Scotch 1(f) GS8 HS143.

24.5.1871: Delivered to Dampbaads-Interessentskabet paa Søerne (Larsen & Poulsen), Kjøbenhavn.
28.5.1871: In service on the lakes Sortedamssøen and Peblingesøen in Copenhagen.
1872: Sold to DFDS, Kjøbenhavn. Price paid: Rigsdaler 5,000.
5.10.1872: Chartered by Kjøbenhavns Skibsvandforsyningsselskab A/S, Kjøbenhavn, which purchased her 14.7.1873. Price paid: Rigsdaler 8,600.
11.2.1874: Name of company now: A/S Det Forenede Bugserselskab, Kjøbenhavn. 16.3.1918: Sold to Lars Chr. Olesen and Johan Jensen, Copenhagen. Name unchanged. 15.4.1918: Sold to Adolf Peter Marius Galsgaard, Brøndbyøster. Price paid: Kr. 7,000. Further fate unknown.

3A. FALKEN (I) 1874-1890

Passenger and cargo steamer. 1884: steam tug • Built of iron • 24gt, 8nt, -dw, 1884: 31gt, 15nt, -dw • 60'0"/56'7"x10'8"x5'0"/4'0" • Jansen & Schmilinsky, Hamburg, no.45 • 1C 2cyl., 10nhp, 7kn. • 1876: 1(SB) Scotch 1(f) GS10 HS280, A/S Burmeister & Wain's Maskin-og Skibsbyggeri, Copenhagen.

7.1867: Delivered to I/S "Dampskibet Falkens Rederi" (J.P.Baagøe), Svendborg. Price paid: Rigsdaler 8,000. Service: Rudkjøbing-Svendborg-Lundeborg-Nyborg. 28.7.1870: Sold to Burmeister & Wain, Copenhagen as a part of the payment for the newbuilding S/S SPODSBJERG 114/69. 3.8.1870: Sold to Julius H.Levy, Kjøbenhavn without change of name. Price paid: Rigsdaler 6,000. 1873: Service: Masnedsund-Stege. 8.7.1874: Sold to Simon Larsen Langhoff, Kjøbenhavn. Name unchanged. Price paid: Kr. 10,000.
9.1874: Sold to DFDS, Kjøbenhavn (from 10.5.1884: Aalborg). Price paid: Kr. 10,000. Service: Masnedsund-Stege. 1876: New boiler installed. 1884: Rebuilt by Kockums Mek. Verkstads A/B, Malmö. Converted into a tug. 1888: Six months charter to the Danish Government for service as a fishery patrol vessel.
29.4.1890: Sold to H.Fenne, Stavanger and renamed TRAFIK. Between 1903 and 1906: Deleted from Norwegian registry. Further fate unknown.

4A. BIEN. 1877-1919

Steam tug • Built of iron • 20gt, 6nt, 8dw • 59'0"/54'4"x13'0"x5'5.5"/5'2.5" • Lindholmens Mek. Werkstad, Gothenburg, no.228 • 1S 1cyl. (12.7")x11.75", 75ihp, 6kn., Motala Mekaniska Verkstads A/B, Motala • 1(SB) Scotch 1(pf) GS8.

8.1872: Delivered to A/S Dampbaaden Bien (Chr.Ferdinand Schreiber), Helsingør. 25.9.1875: Sold to C.F.Tietgen, Kjøbenhavn without change of name. Price paid: Kr. 25,000.
13.11.1877: Sold to DFDS, Kjøbenhavn. Price paid: Kr. 13,000. 1885: New boiler installed.
24.10.1919: Reported sold to Petersen & Albeck, Copenhagen. 9.4.1921: Reported broken up.

5A. MARSHALL 1884-1885

Paddle steamer tug, 1 deck • Built of iron • 81gt, 41nt, -dw • (80.9' x 17.1' x 9.1') • Marshall Brothers, South Shields • 1873: 1(SB) Scotch 2(f) GS32 HS780, A/S Burmeister & Wain's Maskin-og Skibsbyggeri, Copenhagen.

16.5.1856: Ordered. Contract price: £ 2,600. 1856: Delivered to Randers Havnecommission, Randers.
11.1856: Arrived at Randers on her maiden voyage from the builders. 1872: Engine rebuilt by A/S Burmeister & Wain, Copenhagen. 1873: New boiler installed. 19.10.1882: Sold to S.Jensen, Aalborg.
12.7.1884: Sold to DFDS, Aalborg.
3.11.1885: Reported broken up at Refshaleøen, Copenhagen.

6A. KUREREN (I) 1889-1903

Steam tug, 1 deck • 194gt, 81nt, 74dw • 131'6"/128'1"x20'7"x11'1"/9'6" • Lobnitz & Co., Renfrew, no.282 • 1T 3cyl. (15"-30"-42")x24", 500ihp, 12kn. • 1(SB) Scotch 2(f) GS38 HS1083 • Passengers: 20.

16.12.1885: Launch. Laid up alongside builders' quay, incomplete. 6.1889: Taken upon the slip and examined by DFDS. Finished by the builder.
17.7.1889: Sold to DFDS, Kjøbenhavn. 24.7.1889: Left builder for Copenhagen. Occasionally used as a pleasure yacht by C.F.Tietgen.
15.9.1903: Sold to Rederi A/B Höfding (E.A.Enhörning), Kubikenborg and renamed KURIREN. Price paid: Kr. 54,000. 1928: Gust.Göranson became manager. 7.1.1937: Sold to Bogseringsbolaget W.Andersson & Co. (P.Victus Andersson), Holmsund. Name unchanged. Price paid: Swedish Kr. 28,000.
2.12.1964: Sold to Carl Persson & Sönner, Ystad and renamed URIREN (visible on the hull, but not registered). Price paid: Swedish Kr. 17,000. 2.1965: Demolition commenced.

7A. HJÆLPEREN 1892-1930

Steam tug • 24gt, 5nt, 8dw • 50'4"/46'0"x14'0"x7'10"/6'6.4" • Ljunggreens Verkstads A/B, Christianstad • 1C 2cyl. (10.75"-18")x10.25", 75ihp, 8kn. • 1(SB) Scotch 1(pf) GS10 HS300.

23.11.1892: Trial. 11.1892: Delivered to DFDS. Kjøbenhavn. Price paid: Kr. 29,750.
2.12.1930: Sold to Thomsen & Clausen, København for demolition. Price paid: Kr. 665. 10.6.1931: Reported broken up.

451

8A. ANHOLT

8A. ANHOLT as motor vessel

9A. LÆSØ

9A. OLE ex LÆSØ

10A. TUNØ

11A. SPROGØ

12A. SEJRØ

13A. ØST

13A. ØST

452

Askø with lighter passing the Stock Exchange in Copenhagen.

8A. ANHOLT 1898-1964

Steam tug, 1949: motor tug • 110gt, 1nt, 72dw, 1949: 96gt, 0nt, 40dw • 87'9"/81'6"x19'0"x10'9"/10'0" • Lobnitz &Co. Ltd., Renfrew, no.482 • 1C 2cyl. (14"-32")x21", 250ihp, 9kn. • 1(SB) Scotch 2(pf) GS31 HS747 • 1949: 1D 2SA 6cyl. (180x300), type S-180, 270bhp, 9kn., A/S Møller &Jochumsen, Horsens.

18.11.1898: Launch. 3.12.1898: Trial. 15.12.1898: Delivered to DFDS, Kjøbenhavn (from 19.11.1926: Esbjerg, 27.2.1937: København). Price paid: Kr. 78,940. 3.8.1914 until 31.3.1915: Charter to Orlogsværftet, Copenhagen. 1949: Converted into a motor tug by A/S Aarhus Flydedok & Maskinkompagni, Århus. The boiler was used as a bunker tank. 14.10.1964: Sold to Svend Bergsøe's Fond, Glostrup for demolition. Price paid: Kr. 25,000. 21.10.1964: Left Copenhagen in tow for Masnedø. 18.4.1967: Reported broken up at Jernhavnen, Masnedø.

9A. LÆSØ 1898-1951

Steam tug • 110gt, 0nt, 72dw • 87'9"/81'6"x19'0"x 10'9"/10'0" • Lobnitz &Co. Ltd., Renfrew, no.483 • 1C 2cyl. (14"-32")x21", 250ihp, 9kn. • 1(SB) Scotch 2(pf) GS31 HS 747.

30.11.1898: Launch. 16.12.1898: Trial. 12.1898: Delivered to DFDS, Kjøbenhavn. 3.8.1914 until 30.4.1915: Charter to Orlogsværftet, Copenhagen. 10.4.1945: During the occupation, seized by the Germans, but released two days later.
29.8.1951: Sold to Frederikshavns Værft & Flydedok A/S, Frederikshavn. Price paid: Kr. 25,000.
1951: Converted into an oil barge. 2.1957: Renamed OLE. 5.1962: Oil cleaning plant installed.
1972: Sold for demolition. 9.1972: Towed by GARM of Kalundborg 144/58 to the breakers at Odense.
1.1973: Reported broken up.

10A. TUNØ (I) 1906-1943

Steam tug • 51gt, 2nt, 19dw • 68'9"/63'4"x14'6"x8'0"/ 7'3" • G.Napier &Sons Ltd., Crosshouse, Southampton, no.27 • 1C 2cyl. (12.5"-25")x16", 190ihp, 8.5kn. • 1(SB) Scotch 1(cf) GS21 HS643.

6.9.1902: Launch. 1.1903: Delivered to Henry George Walter Beavis and William Beavis, Southampton as SIR BEAVIS.
21.12.1906: Sold to DFDS, Kjøbenhavn and renamed TUNØ. 3.8.1914 until 1.12.1914: Charter to Orlogsværftet, Copenhagen. 22.1.1938: Laid up until sale.
28.1.1943: Sold to Elzelingen & Co. A/S, København and renamed STINE. Price paid: Kr. 51,000. Occasionally in service as an icebreaker in Mariager Fjord. 2.1946: Towed to Belgium via the Kiel Canal for construction work at Ostend. 9.1947: Returned to Denmark.
17.12.1952: Reported broken up at Copenhagen.

11A. SPROGØ 1907-1948

Steam tug • 54gt, 0nt, 24dw • 75'3"/69'0"x14'6"x8'0"/ 7'2" • Cox &Co. Ltd., Falmouth • 1C 2cyl. (13.5"-27")x17", 220ihp, 8.5kn. • 1(SB) Scotch 2(pf) GS28 HS636.

4.1904: Delivered to James Chisholm Hedley, Newport as KINGFISHER. 27.5.1904: 27/64 shares sold to James Boag. 8.6.1904: Another 10/64 shares sold by J.C.Hedley to John George Royal. 27.12.1906: James Chisholm Hedley became sole owner again.
4.1.1907: Sold to DFDS, Kjøbenhavn and renamed SPROGØ. 3.12.1938: Laid up until sale.
3.8.1948: Sold to Petersen & Albeck, Copenhagen for demolition. Price paid: Kr. 6,000. 13.12.1948: Reported broken up.

12A. SEJRØ (I) 1913-1960

Steam tug • 130gt, 0nt, 100dw • 98'0"/88'0"x21'0"x 12'6"/12'1" • A/S Helsingørs Jernskibs-og Maskinbyggeri, Elsinore, no.139 • 1C 2cyl. (17.5"-35")x21", 450ihp, 9.5kn. • 1(SB) Scotch 2(cf) GS41 HS1564.

24.2.1912: Ordered. 5.9.1912: Keel. 21.12.1912: Launch. 6.2.1913: Trial and delivered to DFDS, Kjøbenhavn. Price paid: Kr. 110,000. 10.4.1945: During the occupation, seized by the Germans.
5.5.1945: Returned to DFDS.
8.3.1960: Sold to A/S Emil Halvorsen, Copenhagen and taken over the next day for demolition.
23.5.1961: Reported broken up.

13A. ØST (II) 1915-1959

Steam tug • 29gt, 0nt, 11dw • 51'3"/46'3"x14'3"x7'10"/ 7'2" • Frederikshavns Værft &Flydedok A/S, Frederikshavn, no.150 • 1C 2cyl. (11"-22")x14.2", 85ihp, 8kn., A/S Helsingørs Jernskibs-og Maskinbyggeri, Elsinore • 1(SB) Scotch 1(pf) GS10 HS358, A/S Helsingørs Jernskibs-og Maskinbyggeri, Elsinore.

10.8.1915: Trial and delivered to DFDS, Kjøbenhavn. Price paid: Kr. 43,000. 10.8.1915: Left Frederikshavn for Copenhagen. 10.4.1945 until 12.4.1945: During the occupation, seized by the Germans.
3.9.1959: Sold to Petersen & Albeck A/S, Copenhagen for demolition. 26.8.1960: Reported broken up.

14A. ASKØ

15A. VEST

16A. FENRIS

17A. NORD

18A. SYD

14A. ASKØ 1916-1950

Steam tug • 39gt, 0nt, 22dw • 60'0"/54'1.5"x14'5"x 8'0.5"/7'5" • J.Th.Wilmink, Groningen • 1C 2cyl. (9.1"-18.1")x11.2", 130ihp, 8.5kn., N.V. Machinefabriek Fulton, Hoogezand-Martenshoek • 1(SB) Scotch 1(cf) GS16 HS538, N.V. Machinefabriek Fulton, Hoogezand-Martenshoek •

23.5.1916: Delivered to DFDS, Kjøbenhavn. Price paid: Kr. 58,000. 5.7.1916: Arrived at Copenhagen from the builder. 10.4.1945: During the occupation, seized by the Germans, but already released two days later.
18.2.1950: Sold to Martin Rasmus Peter Nielsen & Jens Skyth Rødbro Larsen, Tuborg Havn. Name unchanged. Price paid: Kr. 15,000. 2.5.1951: Sold to Martin R.P.Nielsen, Tuborg Havn without change of name. 16.10.1951: Sold to Handelsbolaget Reddtrafik, Tönnesson & Löfström, Helsingborg and renamed REDDEN. Price paid: Swedish Kr. 10,000. Converted into a motor tug. 25.8.1955: Sold to Albin Tönnesson, Helsingborg without change of name. 21.11.1972: Sold to R.A.Chettle, London. Name unchanged. Price paid: Swedish Kr. 25,000.
Still extant at Rye near Hastings.

15A. VEST (II) 1919-1957

Motor tug • 12gt, 0nt, -dw, • 41'6"/38'0"x10'9"x5'9"/ 5'9" • Frederikshavns Værft &Flydedok A/S, Frederikshavn, no.171 • 1sD 4SA 2cyl. (314x406), type Alpha 40 Bi, 60ihp, 8kn., A/S Frederikshavns Jernstøberi og Maskinværksted ved Brødrene Houmøller, Frederikshavn.

9.1.1919: Ordered. 26.6.1919: Delivered to DFDS, Kjøbenhavn.
21.3.1957: Sold to Hermod Strandgaard, København. Name unchanged. Price paid: Kr. 10,000.
7.10.1957: Sold to H.Rask Petersen, Odense and renamed BETH. 15.12.1957: Sold to A/S Em.Z.Svitzers Bjergnings-Entreprise, Odense without change of name.
18.10.1962: Sold to Petersen & Albeck A/S, Copenhagen for demolition. 17.5.1963: Reported broken up.

16A. FENRIS 1936-1954

Steam tug • 107gt, 0nt, 75dw • 92'4"/85'3"x19'0.25"x 10'2"/9'10" • N.V. Scheepswerven v/h Gebr. G.&H. Bodewes, Martenshoek • 1T 3cyl. (12.5"-19.75"-32.1") x16", 425ihp, 9.5kn., N.V. Arnhemsche Stoomsleephelling Maats, Arnhem • 1926: 1(SB) Scotch 2(cf) GS41 HS1318, Orlogsværftet, Copenhagen • 1956: 1D 2SA 4cyl. (180x340), type Atlas-Polar, 170bhp, built 1945 by Atlas Diesel A/B, Stockholm. 1958: 1D 2SA 4cyl. (200x340), type Alpha 304F, 180bhp., built 1951 by A/S Alpha Diesel, Frederikshavn.

Ordered by DFDS. However, contract taken over by the Danish Navy. 1916: Delivered to the Danish Navy. 20.6.1916: Builders' certificate. 1926: New boiler installed.
3.12.1936: Sold to DFDS, Esbjerg (from 19.9.1947: København). Price paid: Kr. 31,500.
1.9.1954: Sold to Martin Nielsen, København. Price paid: Kr. 20,000. 3.1955 until 1956: Converted into a cargo motor vessel. Engine removed at Copenhagen. 7.1955: Towed to Bogense and converted into motorship. 20.1.1956: Renamed MINDE. 6.5.1956: Sold to Henning Børge Eigaard Hansen, Marstal without change of name. 1958: New engine installed.
16.10.1961: Sold to Viggo Stevne Jansen, Rudkøbing and renamed ELSA JAN. Price paid: Kr. 138,000. Service on the E coast of Africa. 17.4.1963: Stranded near Cape Palmas at high tide. Refloated. The owner was put on trial, due to a discrepancy over the salvage bill. But the owner payed what he found sufficient and left for Gibraltar with his ship. 6.12.1966: Sold to W.J.Havens, Gibraltar.
Further fate unknown.

17A. NORD 1948-1960

Motor tug • Built of oak and Oregon pine • 15gt, 0nt, -dw • 45'0"/43'2"x10'0"x5'8"/5'0" • Grays Harbor Shipbuilding, Aberdeen, Washington • 1 petrol engine 4SA 8cyl. (89x124), type Chrysler Marine Engine, 74bhp, 8kn., 1960: 1D 2SA 4cyl., type General Motors, 100bhp.

1943: Delivered to U.S.Maritime Commission as MTL 1114.
20.9.1948: Sold to DFDS, København and renamed NORD. However, taken over already 12.1947 at Sønderborg from the United States of America Central Field Commissioner, Bremerhaven. 12.3.1948: In service.
7.3.1960: Sold to Entreprenørfirmaet Topsøe, Jensen & Schrøder A/S, Tuborg Havn. 1960: New engine installed. 1969: Equipped with a new deckhouse of steel before entering service at Greenland. 1969: Taken to Greenland. 1988 until 1989: During the winter heavily damaged by vandalism, while on slip at Ivigtut.
7.1991: Condemned and burnt.

18A. SYD 1948-1960

Motor tug • Built of oak and Oregon pine • 15gt, 0nt, -dw • 45'0"/43'2"x10'0"x5'8"/5'0" • Grays Harbor Shipbuilding, Aberdeen, Washington • 1 petrol engine 4SA 8cyl. (89x124), type Chrysler Marine Engine, 74bhp, 8kn., 1960: 1D 4SA 5cyl. (127x149), type Ruston 5YEM, 94bhp, built 1959 by Ruston &Hornsby, U.K. 1976: 1D 4SA 6cyl., type Volvo Penta, 165bhp.

1943: Delivered to U.S.Maritime Commission as MTL 1117.
20.9.1948: Sold to DFDS, København and renamed SYD. However, taken over already 12.1947 at Sønderborg from the United States of America Central Field Commissioner, Bremerhaven. 29.2.1948: In service.
7.3.1960: Sold to Entreprenørfirmaet Topsøe, Jensen & Schrøder A/S, Tuborg Havn. Name unchanged. 1960 and 1976: New engine installed.
Still extant.

19A. TUNØ

20A. VEST

21A. ØST

22A. SEJRØ

19A. TUNØ (II) 1958-1970

Motor tug • 91gt, 0nt, 25dw • 25.89/22.75x6.20x3.10/- • Limfjords-Værftet A/S, Aalborg, no.7 • 1D 2SA 6cyl. (290x490), type Alpha 496VO, 720bhp, 11kn., Alpha Diesel A/S, Frederikshavn.

6.1957: Ordered. 14.3.1958: Keel. 19.9.1958: Launch. 2.12.1958: Delivered to DFDS, København. Price paid: Kr. 1,250,000.
30.7.1970: Sold to A/S Em.Z.Svitzers Bjergnings-Entreprise, Esbjerg. 3.8.1970: Taken over by her new owners and renamed EIR. Price paid: Kr. 1,100,000.
15.10.1974: Sold to A/S Em.Z.Svitzers Bjergnings-Entreprise & Claus Sørensen A/S (B.Groth-Bendtzen), Esbjerg. Name unchanged. 15.4.1981: Manager now Claus Sørensen. 5.11.1982: Sold to A/S Em.Z. Svitzers Bjergnings-Entreprise (23/40 shares) and A/S Skagen Isværk (17/40 shares), Esbjerg. Name unchanged. 3.1.1983: Sold to A/S Em.Z.Svitzers Bjergnings-Entreprise, Esbjerg without change of name. 17.12.1984: Sold to Jannu-Hinaus Oy (Harri Patanen), Helsinki and renamed TIGER BOXER. 23.3.1988: Company went bankrupt. 24.5.1988: Sold to Håkans Tugs Ltd. Oy, Helsinki and renamed PLUTO.
Still extant.

20A. VEST (III) 1959-1971

Motor tug • 16gt, 2nt, -dw • 13.74/12.87x3.81/3.60x 1.75/- • G.J.van den Berk Scheepsbouw, Beneden-Leeuwen • 1D 4SA 8cyl. (140x180), type MWM RH 518 A, 232bhp, 8kn., Motoren-Werke Mannheim A.G., Mannheim

24.4.1959: Launch. 27.5.1959: Delivered to DFDS, København. 6.6.1959: Arrived at Copenhagen on board ECUADOR (no.332).
12.10.1971: Sold to A/S Em.Z.Svitzers Bjergnings-Entreprise, Frederikshavn. Taken over by her new owners the next day and renamed OD. Price paid: Kr. 117,500.
1981: Broken up by H.J.Hansen A/S, Odense.

21A. ØST (III) 1959-1971

Motor tug • 16gt, 2nt, -dw • 13.74/12.87x3.81/3.60x 1.75/- • G.J.van den Berk Scheepsbouw, Beneden-Leeuwen • 1D 4SA 8cyl. (140x180), type MWM RH 518 A, 232bhp, 8kn., Motoren-Werke Mannheim A.G., Mannheim.

1.7.1959: Launch. 29.7.1959: Delivered to DFDS, København. 30.8.1959: Arrived at Copenhagen on board PENNSYLVANIA (no.344).
6.1.1971: Sold to Aalborg Værft A/S, Aalborg and renamed AVA. Price paid: Kr. 100,000. 20.4.1989: Sold to Den selvejende Institution Hou Lystbådehavn, Hou. Renamed HOU HAVN.
Still extant.

22A. SEJRØ (II) 1964-1969

Motor tug • 57gt, 0nt, 25dw • 19.25/17.00x5.50x2.70/ 2.67 • Limfjords-Værftet A/S, Aalborg, no.19 • 1D 2SA 5cyl. (310x490), type Alpha 495VO, 600bhp, 10kn., Alpha Diesel A/S, Frederikshavn.

21.6.1963: Ordered. 12.12.1963: Keel. 21.4.1964: Launch. 25.6.1964: Delivered to DFDS, København. Price paid: Kr. 1,000,000.
20.10.1969: Sold to A/B Bogserkompaniet (K.A.Andersson), Göteborg. 23.10.1969: Taken over by her new owners and renamed HENRIK. Price paid: Kr. 700,000. 1973: Sold to the Swedish Navy without change of name. 1988: Sold to Marin & Maskin i Stockholm AB, Stockholm. Name unchanged.
3.1988: Sold to PV-Hinaus Oy, Helsinki.
Still extant.

Port of Copenhagen with S.S. SEJRØ

Daughter and Associated Companies

1. Skånska Ångfartygs A/B
1894-1899
(Swedish flag)

VESTA 1894-1899 (see no.152)

CERES 1894-1899 (see no.153)

EOS 1894-1899 (see no.161)

2. Handelshaus Gebr. Lassmann
1903-1910
(Russian flag)

IRKUTSK 1903-1910 (see no.226)

1B. KURGAN 1903-1910

Passenger and cargo steamship, 1 deck and aw • 2387gt, 1447nt, 2320dw • 304.8'/290.5'x 40.0'x28.9'/19'8" • Caledon Shipbuilding & Engineering Co. Ltd., Dundee, no.171. • 1T 3cyl. (21.5"-36"-62")x45", 2200ihp, 12kn. • 2(SB) Scotch 8(f) GS143 HS5614.

1902: Ordered by DFDS on behalf of their newly formed daughter company Russisch Überseeische Dampfschiffs-Gesellschaft Courier, Riga. However, before delivery transferred to Handelshaus Gebr. Lassmann, Windau (a company controlled by DFDS). 30.3.1903: Launch. 7.1903: Delivered. Service: Riga-Hull.

29.11.1910: Sold to Privatbanken i Kjøbenhavn A/S, Helsingør. Name unchanged. 8.12.1910: Sold to Helmsing & Grimm, Riga and renamed CESAREWITSCH ALEXEJ. Service: Riga-Hull.

1914: Taken over by the Russian navy and renamed TRANSPORTER NO.78. 16.6.1916: Damaged by a mine at Cap Tarchankut.

KURGAN. Notice the funnel mark, a butter cask.

29.6.1917: Torpedoed and sunk by the German submarine U-60.

2B. WOLOGDA 1903-1910

Passenger and cargo steamship, 1 deck and aw • 2387gt, 1447nt, 2320dw • 304.8'/ 290.0'x40.0'x28.9'/19'8" • Caledon Shipbuilding & Engineering Co. Ltd., Dundee, no.172 • 1T 3cyl. (21.5"-36"-62")x45", 2200ihp, 12kn. • 2(SB) Scotch 8(f) GS143 HS5614.

1902: Ordered by DFDS on behalf of their newly formed daughter company Russisch Überseeische Dampfschiffs-Gesellschaft Courier, Riga. However, before delivery transferred to Handelshaus Gebr. Lassmann, Windau (a company controlled by DFDS). 27.4.1903: Launch. 7.1903: Delivered. Service: Riga-Hull.

29.11.1910. Sold to Privatbanken i Kjøbenhavn A/S, Helsingør. Name unchanged. 8.12.1910: Sold to Helmsing & Grimm, Riga and renamed IMPERATRIZA ALEXANDRA. Service remained the same.

WOLOGDA under conversion to seaplane carrier.

At the outbreak of World War I she was at Riga. 27.1.1915: Ordered to St.Petersburg. 20.2.1915: Taken over by the Russian navy and renamed ORLITZA. In service as a training vessel. 1915: Converted into a "seaplane carrier". Equipped with cranes for lifting hydroplanes. Capacity: 4 planes. 1917: Hydroplanes were removed from the vessel and 25.10.1917 transported by train to Petrograd. 4.1918: At Kronstadt. 6.1918: Renamed SOVET and returned to service as a transport vessel. However, laid up due to her poor condition. 1922: Converted into a refrigerated cargo and passenger vessel. In service: Leningrad-London. 1930: Service now: Vladivostok-Somgawan-Alexandrowsk. 1932: Service to Wrangell. 1937: Refurbished at the repair yard Sowjetskaja Gawan. 1938: Transport vessel during the Russian-Chinese war. Later in service: Vladivostok-Alexandrowsk.

Late 1958: Broken up.

MINSK (II)   1908-1910 (see no.149)

3.
Cie. Francaise de Bateaux à Vapeur France-Baltique
1903-1935
(French flag)

SEINE   1903-1935 (see no.154)

LOIRE   1903-1917 (see no.162)

4.
A/S Stadion
1909-1954
(Norwegian flag)

3B. STADION   1909-1922

Cargo steamship, 1 deck, machinery aft • 519gt, 279nt, 670dw • -/154'0"x28'3"x13'6"/12'8" • Nylands Verksted, Christiania, no.201 • 1T 3cyl. (11.5"-18.5"-31")x24", 360ihp • 2(SB) Scotch 2(cf) GS35 HS1178.

16.8.1909: Delivered to A/S Stadion (J.B.Stang), Christiania.

2.1922: Sold to Dampskibs-A/S Nordborg (A.Salomonsen), Kopervik and renamed NORDBORG. Price paid: Norwegian Kr. 185,000. 1922: Sold to A/S Havlide (H.H.Holta), Skien and renamed HAARFAGRE.

11.12.1928: On voyage Skien-Middlesbrough with pitprops stranded half a mile S of Craster, Northumberland. Abandoned by the crew and wrecked. 3.1929: Condemned.

**4.
A/S Stadion**
(continued)

4B. STAFET 1911-1911

Cargo steamship, 1 deck, machinery aft • 453gt, 238nt, 572dw • (141.0' x 27.0' x 10.6') • Stavanger Støberi &Dok, Stavanger, no.62 • 1T 3cyl (11.25"-17.5"-30")x21", 300ihp. • 2(SB) Scotch 2(f) GS27 HS1014.

EREKO ex STAFET

1910: Launch. 3.1910: Delivered to A/S Alliance (A.Chr.Hein & Søn), Arendal as AVANTI.

3.1911: Forced sale to A/S Stadion (J.B.Stang), Christiania and renamed STAFET. Price paid: Kr. 100,000.

21.7.1911: Sold to Hamburg-Amerikanische Packetfahrt A.G. (Hamburg-Amerika Linie), Hamburg and renamed EREKO. Price paid: Kr. 112,000. Service: Lagos-Barre.

9.8.1914: As a blockship sunk by a British cruiser at the Estuary of the Cameroon River off Douala.

5B. STADION II 1914-1954

Cargo steamship, 1 deck • 629gt, 318nt, 870dw • -/176'1"x29'6"x14'10"/14'4" • Nylands Verksted, Christiania, no.246 • 1T 3cyl. (13.5"-21"-36")x27", 484ihp, 9.5kn. • 2(SB) Scotch 4(f) GS44 HS1504.

Photo C. Parsons.

23.12.1914: Delivered to A/S Stadion (J.B.Stang), Christiania (1925: Name of homeport changed from Christiania to Oslo). Service mainly: Stettin-Copenhagen-east coast of Norway. 1951: Manager now Jacob Natvig & Co. 27.7.1954: Left Copenhagen for Norway.

1954: Sold to Høvding Skipsopphugging, Oslo. 31.1.1955: After some parts of the machinery had been removed, she was loaded with scrap. However, she sank at Sandnessjøen.

**5.
Russian
North-West
Steamship Co.
Ltd.**
1911-1919
(Russian flag)

SARATOV 1911-1919 (see no.107)

ODESSA 1911-1918 (see no.109)

6B. SMOLENSK

Passenger and cargo steamship, 2 decks and aw • 2487gt, 1534nt, 2750dw • -/300'1"x40'5"x20'5"/20'11.6" • Wm.Doxford &Sons Ltd., Sunderland, no.474 • 1T 3cyl. (22"-36"-60")x42", 1500ihp, 12kn. • 3(SB) Scotch 6(cf) GS94 HS4266.

28.2.1914: Ordered by the ship brokers H.E.Moss & Co., Liverpool on behalf of The Cunard Steamship Co. Ltd., Liverpool, who again probably had been acting on behalf of the Russian North-West Steamship Co. Ltd. Contract price: £ 59,500. She was a sister ship to MOSKOV (no.216). 10.8.1914: Keel. 19.12.1914: Launch. 29.7.1915: Completed and moored below Clarks. However, due to the war taken over by Thomas Wilson, Sons & Co. Ltd., Liverpool. 12.5.1916: Delivered. 11.1916: Company purchased, the name of which was changed to Ellerman's Wilson Line Ltd. 1920 until 1928: Service mainly: Gdansk-U.K. 24.11.1928: Sold to Polish British Steam Ship Co. Ltd. (POLBRIT), Gdynia. (The company was owned by Polska Zegluga Morska 75% and Ellerman's Wilson Line Ltd. 25%). 4.1929: Taken over by her new owners and renamed WARSZAWA. Entered emigrants service: London-Gdansk, later Gdynia. Occasionally called at Hull instead of London. 1931: Service terminated due to U.S.A.'s immigration restrictions. 1932 until 1934: Laid up. 1934: Charter to Polish Transatlantic Shipping Co. for service: Polen-Riga/Tallinn/Leningrad. 4.1935: Emigrants service: Gdynia/Gdansk-Le Havre. Occasionally called at Dunkirk, Cherburg, London, Dover and Antwerp. (1938: A new WARSZAWA was ordered at a Dutch yard with expected time of delivery during 1940. The intention was to scrap the old WARSZAWA. However, due to the world war the new WARSZAWA was seized by the Germans). 1.9.1939: At the outbreak of the war she was at London. 6.9.1939: Charter to the Polish Ministry of Defence for service to Romania with military supplies for Polen. 9.9.1939: Loaded supplies at Dunkirk. 13.9.1939: Left Dunkirk. 18.9.1939: Unloaded the cargo at Brest after the Russian invasion of

WARSZAWA. Collection Ambrose Greenway.

Polen. 11.1939 until 6.1940: Transported Polish soldiers and refugees from Yoguslav ports to Marseilles and Syria. 20.6.1940: After the French capitulation detained at Beirut. 20/21.6.1940: Escaped from Beirut to Haifa, under attack by a French gunboat. 9.7.1940: Arrived at Port Said and armed with a gun. 1.1941: Transported Australian troops to Tobruk and returned with Italian prisoners of war. Afterwards carried supplies for the British to Greece and Crete, and participated in the evacuation of the same. Later in service to Tobruk with soldiers and supplies. 16.6.1941: On voyage Mersin-Haifa attacked by two aircrafts, 33 miles off Tripoli.

26.12.1941: On voyage Alexandria-Tobruk in a convoy, torpedoed by the German submarine U-559 off Marza Matruh. Four crew members and about 20 soldiers were killed. Taken in tow by a warship PEONY, but later the same night sunk by the German submarine U-559 in a position 32.10N-24.32E. All hands saved.

6. Mols-Linien A/S
1965-1984
(Danish flag)

METTE MOLS (I) 1966-1974 / METTE MO 1974-1977 (see no.394)

7B. MAREN MOLS (I) 1966-1974 / MAREN MO 1974-1975

Twin screw passenger and car ferry, 2 decks • 2445gt, 986nt, 869dw • 92.66/83.70x 16.72/16.50x5.36/4.17 • Aalborg Værft A/S, Aalborg, no.165 • 4D 4SA 4x12cyl. (260x400), type B&W 1226-MTBF-40V, 9600bhp, 19.5kn., A/S Burmeister & Wain's Maskin-og Skibsbyggeri, Copenhagen • Passengers: 800. Cars: 135.

3.2.1965: Ordered. 21.10.1965: Keel. 15.3.1966: Launch. 24.6.1966: Delivered to Mols-Linien A/S, Odden Færgehavn. 25.6.1966: In service Odden-Ebeltoft. 13.12.1974: Renamed MAREN MO in order to release the name for the newbuilding from Elsinore (no.10B).

21.4.1975: Sold to Sicula Regionale di Navigazione S.p.A. (SI.RE.NA.), Messina (from 1976: Napoli, 1980: Palermo) and renamed CARAVAGGIO. 1975: Name of company now Sicilia Regionale Marittima S.p.A. (SIREMAR). 1975 until 1990: Services mainly: Milazzo-Vulcano/Lipari/Salina/Alicudi/Filicudi/Panarea/Stromboli or Porto Empedocle-Linosa/Lampedusa. 31.3.1991: Sold to Al Zaher Maritime, Valletta and renamed ABOUD.

Still in service.

MIKKEL MOLS 1969-1977 (see no.395)

8B. MORTEN MOLS 1969-1975

Twin screw passenger and car ferry, 3 decks • 2430gt, 1003nt, 803dw • 92.66/83.70x 16.72/16.50x9.81/4.17 • Aalborg Værft A/S, Aalborg, no.181 • 4D 4SA 4x14cyl. (260x400), type B&W 1426-VTBF-40V, 11080bhp, 20kn., A/S Burmeister & Wain's Maskin-og Skibsbyggeri, Copenhagen • Passengers: 800. Cars: 135.

9.5.1968: Ordered. 29.10.1968: Keel. 10.1.1969: Launch. 1.6.1969: Trial. 1.6.1969: Delivered to Mols-Linien A/S, Odden Færgehavn. Price paid: Kr. 23,890,000. 12.7.1969: Presentation trip. 4.7.1969: In service: Odden-Ebeltoft, delayed from 20.6.1969 due to seamen's strike.

24.3.1975: Sold to Føroya Landsstyri, Torshavn and renamed SMYRIL. Interisland service and services: the Faroes-Iceland/Scotland/Norway/Denmark in summertime. 18.5.1991: In service: Århus-Tønsberg, time charter for one year to Århus-Tønsberg Line A/S. 1.8.1991: Arrived at Århus on her last trip from Tønsberg, and left the next day for the Faroes, after Århus-Tønsberg Line A/S had went bankrupt.

Still in service.

9B. METTE MOLS (II) 1975-1984

Twin screw passenger and car ferry, 2 decks • 4948gt, 2380nt, 1560dw, 1985: 5170gt, 2530nt, 1560dw • 115.35(BB)/103.00x20.60/20.50x6.86/4.90 • Helsingør Værft A/S, Elsinore, no.405 • 4D 4SA 4x6cyl. (500x540), type B&W 6S50HU, 16400bhp, 21kn. • Passengers: 1436 deck, 64 berth. Cars: 420.

6.12.1972: Ordered. 13.9.1973: Keel. 26.7.1974: Launch. 26.2.1975: Delivered to Mols-Linien A/S, Ebeltoft. In service: Odden-Ebeltoft. 1.5.1984: The ownership of Mols-Linien A/S was transferred from DFDS to Rederiet J.Lauritzen A/S. 1985: Minor rebuilding of passenger accommodation.

10.8.1988: Sold to Mols-Linien K/S (Mols-Linien af 1988 A/S, Difko 62), Ebeltoft without change of name and service. Price paid: Kr. 105,000,000.

Still in service.

10B. MAREN MOLS (II) 1975-1984

Twin screw passenger and car ferry, 2 decks • 4948gt, 2380nt, 1560dw, 1985: 5170gt, 2530nt, 1560dw • 115.35(BB)/103.00x20.60/20.50x6.86/4.90 • Helsingør Værft A/S, Elsinore, no.406 • 4D 4SA 4x6cyl. (500x540), type B&W 6S50HU, 16400bhp, 21kn. • Passengers: 1436 deck, 64 berth. Cars: 420.

6.12.1972: Ordered. 7.2.1974: Keel. 19.12.1974: Launch. 11.7.1975: Delivered to Mols-Linien A/S, Odden Færgehavn. In service: Odden-Ebeltoft. 1.5.1984: The ownership of Mols-Linien A/S was transferred from DFDS to Rederiet J.Lauritzen A/S. 6.1985: Minor rebuilding of the passenger accommodation.

10.8.1988: Sold to Mols-Linien K/S (Mols-Linien af 1988 A/S, Difko 62), Odden Færgehavn. Name and service unchanged. Price paid: Kr. 105,000,000.

Still in service.

**7.
DFDS (UK) Ltd.
& Ellerman Lines Ltd.**
1972-1981

11B. HERO 1972-1977

Twin screw RO/RO cargo vessel, 2 decks • 3375gt, 1079nt, 3634dw, 1976: 4493gt, 1844nt, 5754dw • 114.53/104.50x19.31/19.00x11.82/5.86, 1976: 132.75/122.72x19.31/19.00x11.82/6.00 • Robb Caledon Shipbuilders Ltd., Leith, no.511 • 2D 4SA 2x10cyl. (400x460), type Pielstick 10PC2V, 10000bhp, 17kn., Crossley Premier Eng. Ltd., Manchester • Passengers: 12. TEU: 170, 1976: 235.

9.10.1971: Keel. 2.6.1972: Launch, (postponed firstly from 2.5.1972 and then from 18.5.1972). 14.12.1972: Trial. 21.12.1972: Delivered to Domino Containerships Ltd. (EWL) and DFDS (UK) Ltd., Hull. 23.12.1972: Left Leith for Esbjerg. Service: Esbjerg-Harwich/Grimsby. 1973 until 1975: Service also: Esbjerg-Hull. 1974 onwards: Service also: Esbjerg-North Shields/Felixstowe. 6.7.1976 until 7.9.1976: Lengthened and height of upper trailer deck increased by Amsterdamsche Droogdok-Maatschappij N.V., Amsterdam.

12.11.1977: On voyage Esbjerg-Grimsby abandoned by her crew in a position 54.24N-6.54E, after developing a list during a storm. She sank the next day. One man was lost.

SURREY 1979-1981 (see no.389).

**8.
DFDS Bahamas Companies**
1979-

12B. NOPAL DANA 1979-1982

Twin screw RO/RO cargo vessel, 2 decks • 4210gt, 1405nt, 5400dw, 1973: 4538gt, 2083nt, 6710dw, 1979: 4752gt, 2290nt, 6500dw • 135.01/120.00x19.41/19.36x13.01/6.47, 1973: 149.49/133.69x19.44/19.36x13.01/6.47 • O/Y Wärtsilä A/B, Turku, no.1202 • 2D 4SA 2x8cyl. (400x460), type Pielstick 8PC2L-400, 16000bhp, 17.5kn. •

26.11.1971: Launch. 28.4.1972: Delivered to Compagnie Atlantique Maritime (Cie. Générale Transatlantique), Le Havre as MONT LAURIER.
13.1.1973: On voyage Gothenburg-Montreal her cargo broke loose about 300 miles NW of Corvo Island, the Azores. The following day abandoned by the crew in a position 43.12N-37.29W, after a fire had broke out. Towed to St.Michael's, where she arrived 24.1.1973. Declared a constructive total loss. 15.2.1973: Left St.Michael's in tow for Turku. She was found worth repairing by her builder. The wreck was sold to Rederiet Ocean A/S (J.Lauritzen), Esbjerg. Rebuilt and lengthened by the builder. Renamed LEENA DAN. 20.12.1973: Delivered after rebuilding. 1974: Chartered to Union S.S.Co. of New Zealand Ltd., Wellington. 26.2.1974: Taken over by Odin Shipping Ltd. (J.Lauritzen), Hamilton (Bermuda) and renamed UNION SYDNEY. 1977: Renamed LEENA DAN after termination of the charter period. 8.1977: Chartered to Nopal Caribe Lines Inc. Service: Miami-Venezuela.

25.5.1979: Sold to United Steamship Co. (Bahamas) Ltd. (DFDS), Nassau and renamed NOPAL DANA. Service remained: Miami-Venezuela and other Caribbean ports. 27.7.1981 until 23.8.1981: Upper deck equipped with wing decks at Savannah Shipyard.

17.3.1982: Sold to Quashi Navigation S.A. (Parley Augustsson (Management) Ltd.), Panama. Name unchanged. 1985: Management transferred to Oceanwide Ship Management B.V. and renamed PENNY I. 1989: Sold to Bayside Marine Trading Inc. (Atlantic Marine Ltd.), Panama and renamed SEABOARD TRADER. 1990: Sold to Conaven (Seaboard Ship Management), La Guaira. Name unchanged.

Still in service.

Bahamas Companies (continued)

13B. SCANDINAVIAN SUN 1981-1988

Twin screw passenger and car ferry, 2 decks • 9963gt, 4759nt, 2337dw, 1982: 9903gt, 4660nt, 2005dw • 134.45(BB)/106.13x21.87/21.51x12.60/5.52 • Orenstein-Koppel &Lübecker Maschinenbau A.G., Lübeck, no.658 • 2D 4SA 2x16cyl. (400x460), type Pielstick 16PC2V-400, 16000bhp, 18.5kn., Ottensener Eisenwerk GmbH, Hamburg • Passengers: 635 berth, 1150 in all. Cars: 180.

20.7.1967: Ordered. 26.10.1967: Keel. 20.4.1968: Launch. 22.11.1968: Delivered to Miami Terminal Transport Co. (Freeport Cruise Lines Ltd.), Monrovia as FREEPORT. 5.12.1968: Arrived at Miami. 7/8.12.1968: Maiden voyage Miami-Freeport. 1968: Renamed FREEPORT I. 4.1973: Sold to Birka Line A/B (Bror Husell), Mariehamn. 16.5.1973: Renamed FREEPORT. Price paid: $ 14,320,000. Service: Helsinki-Stockholm. 10.1973: Sold to P/R (Curt W.E.Högberg) (63% owned by Stockholms Rederi A/B Svea), Helsingborg and renamed SVEA STAR. 14.1.1974: Taken over by her new owners at Öresundsvarvet AB, Landskrona, where she was rebuilt. 6.3.1974 until 1976: Service now: Helsingborg-Copenhagen-Travemünde. 1976: Sold to Bremer Schiffahrts-GmbH & Co. K.G., Bremen and renamed CARIBE. 3.1981: Double registry Bremen and Panama. 1981: Renamed CARIBE BREMEN.

7.10.1981: Sold to DFDS Seaways (Bahamas) Ltd., Nassau. 16.10.1981: Taken over at Boston and renamed SCANDINAVIAN SUN. 17.10.1981: Left Boston for Hamburg. Refurbished at Hamburg by Howaldtswerke-Deutsche Werft A.G., Werk Ross (allocated yard number 506). 27.1.1982: Left Hamburg for Miami. 20.2.1982: In cruise service: Miami-Freeport. 4.3.1982: Naming ceremony (postponed from 12.2.1982 due to severe weather conditions on the Atlantic crossing). 1.7.1985: Charter to SeaEscape Ltd. (partly owned by DFDS) with purchase option after three years. Service remained the same.

1.7.1988: Sold to SeaEscape (Bahamas) Ltd., Nassau without change of name or service. 6.1991: Company went bankrupt.

Still extant.

SCANDINAVIAN STAR 1981-1982 (see no.402)

14B. SCANDINAVIAN SEA 1981-1984

Twin screw passenger and car ferry, 2 decks • 9588/10736gt, 5177/5830nt, 2209/3791dw • 143.38(BB)/136.89x20.02/19.99x8.77/5.97//6.68 • Upper Clyde Shipbuilders Ltd. (Clydebank Div.), Clydebank, no.744 • 2D 4SA 2x18cyl. (400x460), type Pielstick 18PC2V-400, 18000bhp, 22.5kn., Crossley Premier Engines Ltd., Manchester • Passengers: 580 berth, 527 deck. Cars: 120.

28.11.1968: Keel. 10.1.1970: Launch. 8.1970: Trial. 1.9.1970: Delivered to Fred Olsen Lines Ltd., London as BLENHEIM and left the builder for Kristiansand for presentation. 8.9.1970: Arrived at London. 10.9.1970: In 14 days cruise service: London-Funchal-Santa Cruz de Tenerife-Las Palmas-London (from September to May each year). Service in summertime (May to September): Kristiansand-Amsterdam/Harwich. Later called at Newcastle instead of Harwich.

17.11.1981: Sold to DFDS Seacruises (Bahamas) Ltd., Nassau. 24.11.1981: Taken over and renamed SCANDINAVIAN SEA. 1.11.1981 until 18.1.1982: Refurbished by Blohm + Voss, Hamburg. 18.1.1982: Left Hamburg for Florida.

Bahamas Companies (continued)

9.2.1982: Naming ceremony at Port Canaveral. 12.2.1982: In service: Port Canaveral-Freeport. 3.1983: Service also: Jacksonville-Freeport. 9.3.1984: While on a cruise from Port Canaveral with 946 passengers, a fire broke out. Returned to Port Canaveral. 11.3.1984: Fire extinguished. 2.4.1984: Declared a CTL.

5.5.1984: Sold "as is" to Sea Protector Maritime Inc. (Antonios Lelakis), Monrovia. 17.5.1984: Taken over by her new owners at Port Canaveral. 1984: The wreck sold to Pan Ocean Navigation Inc., Panama and renamed VENUS VENTURER. 17.2.1985: Arrived in tow by tug ABEILLE PROVENCE of Papeete 1401/78 at Valencia. Rebuilt at Valencia and Barcelona. 1986: Sold to Bajamar Shipping Ltd., Panama and renamed DISCOVERY I. 7.11.1986: Arrived at Port Everglades and reentered cruise service.

Still in service.

15B. SCANDINAVIA 1982-1985

Twin screw passenger and car ferry, "Cruise-car-Liner", 4 decks • 26747gt, 18037nt, 4294dw • 183.52(BB)/158.91x 27.41/27.01x9.00/6.85 • Dubigeon-Normandie S.A., Prairie-au-Duc., Nantes, no.164 • 2D 2SA 2x9cyl. (550x1380), type B&W 9L55GFCA, 27000bhp, 20kn., Alsthom-Atlantique, St.Nazaire • Passengers: 1606 berth. Cars: 530.

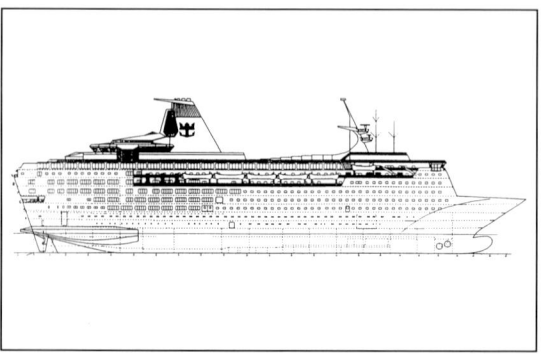

VIKING SERENADE after conversion.

12.3.1980: Ordered. 6.4.1981: Keel. 16.10.1981: Launch. 5.1982: Trial. 20.8.1982: Delivered to United Steamship Co. (Bahamas) Ltd. (DFDS), Nassau. 24.8.1982: Left builder. 12.9.1982: Presented at Miami, later at Port Canaveral, Philadelphia, Boston and Port Jefferson. 25.9.1982: Arrived at New York. 28.9.1982: Naming ceremony at New York. 2.10.1982: Left New York for Freeport on her first regular trip. Service: New York-Freeport. 11.6.1983: Service now: New York-Freeport/Nassau. 29.11.1983: Left New York for Copenhagen. 9.12.1983: Arrived at Copenhagen from U.S.A. 19.12.1983: Service now: Copenhagen-Oslo. 3.1985: Charter to Christiania Bank, Oslo for one return trip: Oslo-Kiel. 8.4.1985: Arrived at Copenhagen from Oslo on her last trip for DFDS and left the same day for Hamburg.

2.4.1985: Sold to Sundance Cruises Corp. (Johnson Line AB, EFFOA and McDonald Enterprises), Nassau. 15.4.1985: Taken over by her new owners and renamed STARDANCER. 10.4.1985 until 29.4.1985: Refurbished by Blohm + Voss, Hamburg. Services: Vancouver-Skagway, Alaska (summer) and Los Angeles-Puerto Vallarta, Mexico (winter). 1990: Sold to Viking Serenade Inc., Nassau and renamed VIKING SERENADE. 10.6.1991: Left South West Marine, San Diego after a $ 75,000,000 conversion and refurbishment. 24.6.1991: In cruise service (three or four days each): Los Angeles-Catalina Island/Ensenada/San Diego.

Still in service.

Bahamas Companies
(continued)

16B. HAMBURG 1987-

Twin screw passenger and car ferry, 4 decks • 12752gt, 6492nt, 2999dw, 1987: 13141gt, 6757nt, 2999dw • 156.42(BB)/135.79x23.98/23.47x13.75/6.65 • Werft Nobiskrug GmbH, Rendsburg, no.685 • 2D 4SA 2x20cyl. (410x470), type Stork-Werkspoor 20TM410, 24000bhp, 22.5kn., Stork-Werkspoor N.V., Amsterdam • Passengers: 619 berth, 1035 in all. Cars: 400.

10.11.1973: Ordered. 1.2.1975: Keel. 4.10.1975: Launch. 30.3.1976: Trial and delivered to I/S Jahre Line (Anders Jahre), Sandefjord as KRONPRINS HARALD. 2.4.1976: Left Oslo for Kiel on her maiden voyage. Service: Oslo-Kiel. 9.1986: Memorandum of Agreement signed with DFDS for delivery in March 1987.

27.2.1987: Sold to DFDS Seacruises (Bahamas) Ltd. (DFDS), Nassau. 2.3.1987: Arrived at Hamburg. 9.3.1987: Taken over by DFDS, rebuilt by Blohm + Voss and renamed HAMBURG. 3.4.1987: Naming ceremony at Hamburg. 4.4.1987: In service: Hamburg-Harwich. 8.11.1989: On voyage Hamburg-Harwich collided with M/S NORDIC STREAM 8708/79 ten miles S of Helgoland. Three passengers were killed. Towed to Bremerhaven, and from there to Blohm + Voss, Hamburg and repaired. 22.12.1989: Returned to service. 20.12.1990: Transferred to Scandinavian World Cruises (Bahamas) Ltd., Nassau. Name and service unchanged.

In the present fleet.

---

9. Atlantic Heavy Lift Corp.
1979-1984
(Liberian flag)

17B. DANA AMERICA 1979-1984

RO/RO heavy lift cargo vessel, 2 decks • 5093gt, 1909nt, 8002dw • 135.01(BB)/124.01x 24.29/24.01x14.36/6.68 • Nippon Kokan K.K., Shimizu, no.375 • 1D 2SA 6cyl. (550x1380), type B&W 6L55GFC, 8040bhp, 15.25kn., Mitsui Engine &Shipbuilding Co. Ltd., Tamano • Passengers: 6. TEU: 516.

19.9.1978: Keel. 25.1.1979: Launch. 7.6.1979: Delivered to Atlantic Heavy Lift I Corp., Monrovia (a company owned by the builder). Bareboat charter to DFDS with a purchase option after five years. 7.6.1979: Left Shimizu via the Panama Canal for Galveston and Houston. 9.7.1979: Naming ceremony at Houston. Service: Nordana Line.

31.1.1984: Bareboat charter taken over by Borgships Inc. 27.2.1984: Taken over at Leghorn and renamed STJERNEBORG. 7.6.1984: Sold to Borgship Inc. (Dannebrog Rederi A/S), Monrovia. Service remained the same. The Nordana Line was purchased together with the four sister ships (no.17B, 18B, 19B and 20B). 6.1986: Transferred to Panamanean registry. 19.1.1989: Registry transferred to Dansk Internationalt Skibsregister (DIS), homeport now Rungsted.

Still in service.

467

Atlantic Heavy Lift Corp. (continued)

18B. DANA AFRICA 1979-1984

RO/RO heavy lift cargo vessel, 2 decks • 5093gt, 1909nt, 8002dw • 135.01(BB)/124.01x 24.29/24.01x14.36/6.68 • Nippon Kokan K.K., Shimizu, no. 376 • 1D 2SA 6cyl. (550x1380), type B&W 6L55GFC, 8040bhp, 15.25kn., Mitsui Engine &Shipbuilding Co. Ltd., Tamano • Passengers: 6. TEU: 516.

6.12.1978: Keel. 17.4.1979: Launch. 31.7.1979: Delivered to Atlantic Heavy Lift II Corp., Monrovia (a company owned by the builder). Bareboat charter to DFDS with a purchase option after five years.
31.7.1979: Left Shimizu chartered for a trip: Busan-Kaohsiung-Hong Kong-the Suez Canal-Harwich-Hamburg-Antwerp, then in service: Nordana Line.
22.9.1979: Naming ceremony at Genoa.

31.1.1984: Bareboat charter taken over by Borgships Inc. and the same day renamed SKODSBORG while at Houston. 31.7.1984: Sold to Borgships Inc. (Holdingaktieselskabet Dannebrog), Monrovia. Service remained the same (see no.17B). 6.1986: Transferred to Panamanean registry. 19.1.1989: Registry transferred to Dansk Internationalt Skibsregister (DIS), homeport changed to Rungsted.

Still in service.

19B. DANA ARABIA 1979-1984

RO/RO heavy lift cargo vessel, 2 decks • 5093gt, 1909nt, 8002dw • 135.01(BB)/124.01x 24.29/24.01x14.36/6.68 • Nippon Kokan K.K., Shimizu, no.377 • 1D 2SA 6cyl. (550x1380), type B&W 6L55GFC, 8040bhp, 15.25kn., Mitsui Engine &Shipbuilding Co. Ltd., Tamano • Passengers: 6. TEU: 516.

25.1.1979: Keel. 4.7.1979: Launch. 15.10.1979: Delivered to Atlantic Heavy Lift III Corp., Monrovia (a company owned by the builder). Bareboat charter to DFDS with purchase option after five years.
16.10.1979: Left Shimizu for U.S. Gulf via Nagoya and the Panama Canal. Service: Nordana Line.
11.1.1980: Naming ceremony at Barcelona.

31.1.1984: Bareboat charter taken over by Borgships Inc. 22.2.1984: Taken over at Houston and the next day renamed SKANDERBORG. 15.10.1984: Sold to Borgships Inc. (Holdingaktieselskabet Dannebrog), Monrovia. Service remained the same (see no.17B).
6.1986: Transferred to Panamanean registry.
19.1.1989: Registry transferred to Dansk Internationalt Skibsregister (DIS), homeport now Rungsted.

Still in service.

Atlantic Heavy Lift Corp. (continued)

20B. DANA CARIBIA 1979-1984

RO/RO heavy lift cargo vessel, 2 decks • 5093gt, 1909nt, 8002dw • 135.01(BB)/124.01x 24.29/24.01x14.36/6.68 • Nippon Kokan K.K., Shimizu, no.378 • 1D 2SA 6cyl. (550x1380), type B&W 6L55GFC, 8040bhp, 15.25kn., Mitsui Engine &Shipbuilding Co. Ltd., Tamano • Passengers: 6. TEU: 516.

18.4.1979: Keel. 20.9.1979: Launch. 21.12.1979: Delivered to Atlantic Heavy Lift IV Corp., Monrovia (a company owned by the builder). Bareboat charter to DFDS with purchase option after five years. 21.12.1979: Left Shimizu for Tripoli via Kobe, Hodeidah, Jeddah and the Suez Canal. Service: Nordana Line. 12.2.1980: Naming ceremony at San Juan.

31.1.1984: Bareboat charter taken over by Borgships Inc. 6.2.1984: Taken over at Leghorn and renamed SCHACKENBORG. 20.12.1984: Sold to Borgships Inc. (Holdingaktieselskabet Dannebrog), Monrovia. Service remained the same (see. no.17B). 6.1986: Transferred to Panamanean registry. 19.1.1989: Registry transferred to Dansk Internationalt Skibsregister (DIS), homeport changed to Rungsted.

Still in service.

---

10. Gedser-Travemünde Ruten A/S
1980-1983
(Danish flag)

21B. TRAVEMÜNDE (I) 1980-1980

Twin screw passenger and car ferry, 3 decks • 3999gt, 1979nt, 1524dw • 118.01/103.16x 18.50/18.45x6.51/5.02 • Schiffbau-Gesellschaft Unterweser A.G., Bremerhaven, no.478 • 2D 4SA 2x12cyl. (400x540), type MAN 12V40/54A, 13400bhp, 21kn., Maschinenbau Augsburg-Nürnberg A.G., Augsburg • Passengers: 284 berth, 1216 deck. Cars: 350.

23.4.1969: Ordered. 17.11.1970: Keel. 21.12.1970: Contract revised. 9.3.1971: Launch. 18.5.1971: Trial. 19.5.1971: Delivered to Moltzau Line A/S (P.H.Arentsen), Gedser. Service: Gedser-Travemünde. 1976: Taken over by Gedser-Travemünde Ruten A/S, Gedser. Name and service unchanged.

5.1980: 34% of the shares in the company were sold to DFDS by A/S Borøy, Norway. Name and service unchanged.

31.12.1980: Sold to Prekookeanska Plovidba, Bar (Yugoslavia). Bareboat charter back to Gedser-Travemünde Ruten A/S until 15.6.1981, when the new TRAVEMÜNDE (no.23B) was delivered. 1981: Renamed NJEGOS. Service: Bar-Bari. 5.1984: Charter to Brittany Ferries for service: Portsmouth-St.Malo. 3.7.1984: Charter to Sally Line, service: Ramsgate-Dunkirk. 6.10.1984: Laid up at Dunkirk. 1985: Three years time charter to Brittany Ferries and renamed TREGASTEL. 1.5.1985: In service: Plymouth-Roscoff. 1987: Sold to Finouest (B.A.I.S.A. Brittany Ferries (Bretagne-Angleterre Irlande)), Morlaix. Name unchanged. Refurbished by Howaldtswerke, Kiel. Freight service during the winter season: Portsmouth-Quisterham. Summer service still: Plymouth-Roscoff. 1989: Operated by Truckline. Service now: Plymouth-Roscoff, Poole-Cherburg and Portsmouth-Quisterham. 1991: Sold to P&O Scottish Ferries for their Shetland-service. Expected to be renamed ST.CLAIR and will enter service in March 1992 after rebuilding.

Still extant.

469

Gedser-Travemünde Ruten A/S (continued)

22B. GEDSER 1980-1983

Twin screw passenger and car ferry, 3 decks • 5314gt, 2036nt, 3000dw, 1990: 14300GT, 7196NT, 4150dw • 123.02(BB)/112.35x20.50/19.89x6.33/4.75, 1990: 143.84(BB)/133.50x 20.50/19.89x6.33/4.75 • Schichau-Unterweser A.G., Bremerhaven, no.2269 • 2D 4SA 2x9cyl. (410x470), type Stork-Werkspoor 9TM410, 12000bhp, 18.5kn., Stork-Werkspoor Diesel B.V., Amsterdam • Passengers: 48 berth, 1200 deck. Cars: 325.

26.9.1974: Ordered. 9.4.1976: Keel. 23.8.1976: Launch. 18.12.1976: Delivered to I/S (Gedser-Travemünde Ruten A/S, A/S Østersøens Færgedrift, Sydfalster Kommune and M.Thorviks Rederi A/S), Gedser. Service: Gedser-Travemünde.

5.1980: 34% of the shares in Gedser-Travemünde Ruten A/S were sold to DFDS by A/S Borøy, Norway. Name and service unchanged.

2.1983: DFDS resold their share of the company. 17.2.1986: Sold to M.Thorviks Rederi A/S (Sally Line (UK) Ltd.), Nassau and renamed VIKING 2. Service: Ramsgate-Dunkirk. 1988: Sold to Johnson Line AB, Nassau and renamed SALLY SKY. Bareboat charter to Sally Line (UK) Ltd. 19.1.1990: Arrived at Immingham to be lengthened by Humber Shiprepairers. 10.4.1990: Returned to the Ramsgate-Dunkirk service. 1990: Sold to Johnson Line Bahamas Inc. & EffJohn International (Sweden) AB, Nassau. Name and service unchanged. 1991: Sold to Saudi Maritime Holding (Liners) Ltd. & Johnson Line AB, Nassau.
Still in service.

23B. TRAVEMÜNDE (II) 1981-1983

Twin screw passenger and car ferry, 2 decks • 9120gt, 4666nt, 4150dw • 137.42/124.54x 22.61/22.31x7.50/5.75 • Oy Wärtsilä Ab, Helsinki, no.432 • 4D 4SA 4x12cyl. (320x350), type Wärtsilä-Vasa R32, 20000bhp, 19.5kn., by the builder at their Vasa factory • Passengers: 248 berth, 1552 deck. Cars: 550.

21.12.1979: Ordered. 5.1980: 34% of the shares in Gedser-Travemünde Ruten A/S were sold to DFDS by A/S Borøy, Norway. 5.8.1980: Keel. 30.1.1981: Launch. 15.6.1981: Delivered to Gedser-Travemünde Ruten A/S, Gedser. 17.6.1981: Naming ceremony at Copenhagen. Price paid: Kr. 210,000,000. Service: Gedser-Travemünde.

2.1983: DFDS sold their share of the company.
2.4.1986: Company renamed GT Linien A/S.
3.1987: Company went bankrupt. 13.3.1987: Sold to ASX 10969 A/S, Gedser. Name unchanged. Price paid: Kr. 170,000,000. 28.4.1987: Renamed TRAVEMÜNDE LINK. 26.4.1988: Deleted from Danish registry and transferred to Bahamas. 27.4.1988: Company renamed GT-Link A/S after it was purchased by Sea-Link Ab, Sweden. 1988: Sold to Rederiaktiebolaget Gotland (Sally Line Ltd.), Nassau and renamed SALLY STAR. Service: Ramsgate-Dunkirk.

Still in service.

**11.
Grenaa-
Hundested
Linien A/S**
1981-1984
(Danish flag)

24B. DJURSLAND 1981-1984

Twin screw passenger and car ferry, 2 decks • 4371gt, 2274nt, 1489dw • 118.01/105.01x 18.55/18.50x11.66/5.01 • Schichau-Unterweser A.G., Bremerhaven, no.2252 • 2D 4SA 2x12cyl. (400x540), type MAN 12V40/54A, 13400bhp, 21kn., Maschinenbau Augsburg-Nürnberg (MAN) A.G., Augsburg • Passengers: 112 berth, 1388 deck. Cars: 370.

15.6.1973: Ordered. 22.10.1973: Keel. 30.4.1974: Launch. 30.7.1974: Delivered to Jydsk Færgefart A/S, Grenå as DJURSLAND II. Service: Grenå-Hundested.

6.1.1981: The company was purchased by DFDS. 15.1.1981: Renamed DJURSLAND. 18.5.1982: Name of company changed to Grenaa-Hundested Linien A/S, Grenå.

1.5.1984: The ownership of the company taken over by Rederiet J.Lauritzen. Name and service unchanged. 10.8.1988: Sold to Grenaa-Hundested Linien K/S (Grenaa-Hundested Linien af 1988 A/S), Grenaa. Name unchanged. Price paid: Kr. 90,000,000.

Still in service.

**12.
Grenå-
Helsingborg
Linien**
1981-1983
(German flag)

25B. EUROPAFÄRJAN IV 1981-1983

Twin screw passenger and car ferry, 3 decks • 4390gt, 1807nt, 1118dw • 123.25/113.11x 18.50/18.01x10.60/4.70 • Lübecker Flender-Werke A.G., Lübeck, no.562 • 2D 4SA 2x12cyl. (400x460), type Pielstick 12PC2V-400, 10080bhp, 21kn., Ottensener Eisenwerke G.m.b.H., Hamburg • Passengers: 334 berth, 500 deck. Cars: 230.

17.8.1966: Keel. 21.12.1966: Launch. 1.6.1967: Trial and delivered to Travemünde-Trelleborg Linie G.m.b.H., Lübeck as NILS HOLGERSSON. 5.6.1967: In service: Travemünde-Trelleborg. 1968: Transferred to P/R m.s. "Nils Holgersson" (Travemünde-Trelleborg Linie G.m.b.H.), Lübeck. 1975: Taken over by Partenreederei m.s. "Oliver Twist" (Travemünde-Helsingborg Linie (T.T. Linie) G.m.b.H.), Lübeck and renamed OLIVER TWIST. 4.1978: Renamed EUROPAFÄRJAN IV, while chartered to the Grenå-Helsingborg service. 1981: Transferred to Partenreederei m.s. "Europafärjan IV", Lübeck.

1.3.1981: Grenå-Helsingborg Linien (not the vessel) was purchased by DFDS from Lion Ferry A/B (who had chartered the ferry).

1.9.1983: Grenå-Helsingborg Linien (not the vessel) was sold by DFDS to Administrationskonsult AB (Sune Johanson), Halmstad. 10.1984: Renamed EUROPAFÄRJAN SYD. 1985: Sold to Polish Steamship Co. (Polska Zegluga Morska) (Polish Baltic Shipping Co. (Polska Zegluga Baltyska)), Kolobrzeg and renamed ŁANCUT. Service: Swinoujscie-Copenhagen.

Still in service.

13. Prinzenlinien
1981-1987
(German flag)

PRINZ HAMLET 1981-1987 (see no.404).

26B. PRINZ OBERON 1981-1984

Twin screw passenger and car ferry, 3 decks • 7933gt, 4321nt, 1778dw • 134.02(BB)/117.00x 21.04/20.81x11.50/4.92 • Werft Nobiskrug GmbH, Rendsburg, no.663. • 2D 4SA 2x16cyl. (400x460), type Pielstick 16PC2V-400, 16000bhp, 22kn., Blohm + Voss A.G., Hamburg • Passengers: 692 berth, 1040 in all. Cars: 250.

18.8.1969: Keel. 21.2.1970: Launch. 6.6.1970: Trial and delivered to A/B Bonnierföretagen (H.Meyer, Lion Ferry), Halmstad as PRINS OBERON. Service: Bremerhaven-Harwich. 1978: Sold to Deutsche Leasing A.G. (Prinzenlinien Schiffahrtsges.m.b.H. & Co.), Bremen and renamed PRINZ OBERON. She was the first German vessel to be sold to a leasing company.

1.5.1981: DFDS became partowner and took over management of Prinzenlinien Schiffahrtsges.m.b.H. & Co. Name and service unchanged. 7.1981: DFDS became sole owner of Prinzenlinien. 17.12.1982: The service Bremerhaven-Harwich was terminated. 22.12.1982 until 10.2.1983: Laid up. 11.2.1983 until 10.6.1983: Chartered to Stoomvart Maatschappij Zeeland and Sealink UK Ltd. for service: Hook of Holland-Harwich. 11.6.1983: Laid up at Bremerhaven. 30.11.1983: Taken over by DFDS (Deutschland) G.m.b.H., Hamburg. Name unchanged. Price paid: DM 13,750,000. 21.1.1984: Left Bremerhaven for Copenhagen and laid up again. 6.6.1984 until

22.6.1984: Service: Esbjerg-Newcastle-Gothenburg. 23.6.1984 until 19.8.1984: Service now: Gothenburg-Harwich-Cuxhaven. 8.10.1984: Arrived at Copenhagen from Harwich and laid up.

14.11.1984: Registered sold to Trans-Nordic Line AB 50%, Rederi AB Gotland 40% and Gotlandstrafiken AB 10%, Stockholm. 3.12.1984: Left Copenhagen for Stockholm. 14.12.1984: Taken over by her new owners at Finnboda AB, Stockholm and renamed NORDIC SUN. Service: Trelleborg-Travemünde. 1986: Sold to Perbadanan Nasional Shipping Line Berhad (PNSL), Port Kelang and renamed CRUISE MUHIBAH. 1989: Sold to EPA Ireland Ltd. (EPA Invest A/S), Dublin and chartered by B & I Line P.L.C., Dublin. Renamed MUNSTER. Price paid: $ 20,000,000. 27.4.1990: In service: Rosslare-Pembroke Dock.

Still in service.

14. Tor Line AB
1986-
(Swedish flag)

27B. TOR DANIA 1986-

Twin screw RO/RO cargo vessel, 2 decks • 4168gt, 1619nt, 7480dw, 1977: 5052gt, 2705nt, 9993dw • 137.67(BB)/122.84x21.06/20.60x14.71/7.18, 1977: 163.48(BB)/145.93x21.06/20.60 x14.71/7.10 • A/S Framnæs Mekaniske Verksted, Sandefjord, no.181 • 2D 4SA 2x12cyl. (400x460), type Pielstick 12PC2V, 12000bhp, 18.25kn., Lindholmen Motor AB, Gothenburg • Passengers: 12. TEU: 232, 1977: 458.

8.1972: Keel. 7.3.1973: Launch. 21.6.1973: Delivered to P/R (Christer Salén), Stockholm as TOR DANIA. 1975: Renamed BANDAR ABBAS EXPRESS during time charter. Service: Gothenburg-Hamburg-Le Havre-Red Sea-Arabian Gulf. 1976: Management taken over by Tor Line AB. 1977: Lengthened. 1978: Renamed TOR DANIA. 1981: Sold to Broströms Rederi A/B (Broström Shipping Co. Ltd.), Göteborg. Name unchanged. 1983: Sold to Bernt W.M.Abrahamsson, Göteborg without change of name. 1984: Sold to Majnabbe Rederi AB, Göteborg. Name unchanged. 1986: Sold to AB Finans Vendor (Broströms Rederi AB (Broström Shipping Co. Ltd.)), Göteborg. Name unchanged.

29.12.1986: Sold to Tor Line AB, Göteborg without change of name. Service mainly: Gothenburg/Helsingborg-Felixstowe/Immingham, Gothenburg-Ghent/Rotterdam and Rotterdam-Immingham.

In the present fleet.

28B. TOR ANGLIA 1988-

Twin screw RO/RO cargo vessel, 1 deck and sh • 5127gt, 2033nt, 7100dw, 1979: 5727/14057gt, 2907/9324nt, 7518/-dw, 1989: 13652/5792gt, 9748/2877nt, 10500/-dw • 144.48(BB)/137.67x 21.49/21.40x13.77/6.70 1979: 171.94(BB)/162.57x21.49/21.40x13.77/6.91//- • Schiffswerft u. Maschinenfabrik Paul Lindenau, Kiel, no.174 • 2D 4SA 2x9cyl. (450x520), type Mak 9M551AK, 11600bhp, 18.5kn., MaK Maschinenbau GmbH, Kiel • Passengers: 12. TEU: 463, 1979: 723.

1.7.1976: Ordered. 20.1.1977: Keel. 11.6.1977: Launch. 6.10.1977: Trial. 20.10.1977: Delivered to Swedish Gulf Line A/B (Kihlberg Group), Göteborg as MERZARIO GALLIA. 1977: Three years charter to Merzario Group for service: Mediterranean-Middle East.1979: Lengthened. 1981: Sold to Saléninvest A/B (Salén Ship Management Division), Stockholm and renamed TANA. 1983: Renamed NORDIC WASA. 1984: Sold to Post- & Kreditbanken, Stockholm. Name unchanged. 1985: Taken over by Salénia AB, Stockholm. Name unchanged. 1986: Management taken over by Rederi A/B Hornet and renamed AFRICAN GATEWAY. 1987: Renamed TOR ANGLIA.

30.8.1988: Taken over by Tor Line AB, Göteborg without change of name. Service mainly: Gothenburg-Immingham/Felixstowe, Gothenburg/Immingham-Rotterdam. 1988 and 1989: Service also: Gothenburg-Ghent. 24.1.1989 until 3.3.1989: Rebuilt by Neue Flensburger Schiffbau GmbH.

In the present fleet.

Auxiliaries

1C. ANNE BOLETTE MARIE 1873-1918

Yacht, 1 deck • Built of oak • 34gt, 31nt, -dw • (47.7' x 13.2' x 7.4') • P.Madsen, Randers.

5.5.1848: Builders' certificate. About 1852: Owned by P.P.Holmer, Randers. 10.6.1858: Sold to F.C.Andersen and Andreas Hansen Stjerne, Randers (from 1862: Mariager, 1869: Kjøbenhavn).

23.5.1873: Sold to DFDS, Kjøbenhavn. Converted into a coal barge.

11.1918: Deleted.

2C. SOPHIE 1874-1885

Barge • Built of oak • 52gt, -nt, -dw • (56.9' x 14.3' x 4.6') • Peter Thiemsen, Rendsburg.

1847: Delivered to unknown owner. About 1862: Owned by J.C.Wulff, Rendsburg as SOPHIA.

13.5.1874: Sold to DFDS, Kjøbenhavn and renamed SOPHIE.

25.8.1885: Reported broken up. However, 19.6.1888: Reentered register as the galeas SOPHIE owned by N.Eriksen and A.Christensen, Kjøbenhavn. 10.1.1891: N.Eriksen became sole owner.

13.3.1891: After stranding at Viemose, South Zealand, sold as a wreck to Lars Johansen, Præstø. Repair given up. 23.3.1893: Reported broken up.

3C. NEPTUN 1874-1901

Cutter, diving boat, 1 deck • Built of oak • 40gt, 40nt, -dw, • (58.0' x 15.7' x 5.6') • Lorentzen & Petersen, Wyck, Föhr.

1862: Delivered to unknown owner (Bill of Sale: 29.3.1862). 20.1.1866: Sold to Det Helsingørske Dampskibsinteressentskab (Isaac Sidenius Pontoppidan), Helsingør. 9.7.1874: Sold to A/S Dampskibs-Selskabet Kjøbenhavn-Malmö, Helsingør.

1874: Sold to DFDS, Kjøbenhavn. 31.5.1875: The sale finally confirmed.

19.4.1901: Sold to M.Piil, P.Rasmussen & J.Svendsen, Kjøbenhavn. 28.6.1901: Reported broken up at Refshaleøen, Copenhagen.

4C. TRANSIT 1877-1915

Barge • Built of oak and pine • 45gt, 45nt, 55dw • (56.6' x 16.8' x 4.3') • J.Bonnesen, Malmö.

1877: Delivered to DFDS, Kjøbenhavn. Price paid: Kr. 4,000. 14.7.1877: Builders' certificate.

7.10.1915: Reported broken up by Julius Flindt, Køge.

5C. SAMSØ 1880-1906

Decked boat • Built of oak and pine • 13gt, 11nt, -dw, • (35.0' x 10.9' x 4.6') • C.F.Grove Stephensen, Kallundborg.

1880: Delivered to DFDS, Kjøbenhavn (from 24.4.1880: Samsø). 21.1.1880: Builders' certificate.

6.6.1906: Reported broken up.

6C. ASSISTENTEN 1883-1918

Barge • Built of pine • 39gt, 39nt, -dw, • (58.3' x 16.9' x 5.3') • H.P.Riddersborg & Trockmann, Nakskov.

1875: Delivered to A/S Det lollandsk-engelske Dampskibsselskab (G.Bøttern), Nakskov. 8.1.1875: Builders' certificate.

4.1.1883: Sold to DFDS, Nakskov (from 11.1887: Kjøbenhavn). Later designated decked barge 6.

11.1918: Registration terminated.

7C. ATTEMPT 1884-1899

Yacht. 1 deck • Built of oak and pine • 25gt, 23nt, -dw, • (58.8' x 13.0' x 5.2') • Builder and year built not known.

About 1852: Owned by P.Baadsgaard, Nykjøbing M. as LOUISE CHARLOTTE. 1852: Sold to S.Christensen, Nykjøbing M. Name unchanged. 1853: Sold to J.B.Stenberg, Nykjøbing M. Name unchanged. 8.8.1866: Sold to P.Rechnitzer, Aalborg and renamed ATTEMPT. 15.4.1872: Sold to P.Rechnitzer and Jens P.Jørgensen, Aalborg.

12.3.1884: Sold to DFDS, Aalborg.

29.7.1899: Sold to Jens Peter Jørgensen, Aalborg. 6.8.1900: Sold to Niels Peder Mortensen and Rasmus Jakob Julius Jørgensen, Aalborg.

13.7.1906: Reported broken up.

8C. DAGMAR (III) 1884-1889

Kuff-galeas • Built of oak • 74gt, 71nt, -dw, • (66.6' x 15.3' x 7.4') • Built at Leer.

1855: Delivered to unknown German owner. 13.6.1881: Purchased at auction at Frederikshavn as ALLEGUNDA of Papenburg by Adrianus Wilhelmsen and Johan Frederik Wilhelmsen, Frederikshavn and renamed DAGMAR. Price paid: Kr. 1,100. 11.5.1882: Sold to P.Rechnitzer, Aalborg.

12.3.1884: Sold to DFDS, Aalborg.

1.4.1889: Sold to Christian Jensen, Kjøbenhavn and renamed LAURA. 17.12.1890: Sold to A.P.Carlsson and N.P.Nilsson, Lerberget (Sweden). Price paid: Kr. 3,900.

Further fate unknown.

*During the 1880ies goods were reloaded from the steamer in Aalborg to the small sailing vessels and barges mentioned below, which transported it to the ports of the western part of the Limfjord. Later on the rutes were served by direct steamer connections.
(The port of Skive).*

9C. DONAU 1884-1888

Evert • Built of oak and pine • 33gt, 31nt, -dw, • (50.3' x 15.0' x 4.9') • Johann Hinrich Kremer, Klostersande, Elmshorn

1858: Delivered to Hinrich Kühl, Elmshorn. 21.3.1873: Sold by the widow of H.Kühl to Johann Meyn, Glückstadt. Name unchanged. 7.5.1883: Purchased by P.Rechnitzer, Aalborg. Price paid: Kr. 2,300.

12.3.1884: Sold to DFDS, Aalborg.

16.10.1888: Sold to A.C.Jensen, Vordingborg. Name unchanged.

15.3.1898: While at anchor for the winter, drifted ashore at Farø during a storm and wrecked.

10C. KAREN MARIE 1884-1889

Kuff • Built of oak and pine • 45gt, 42nt, -dw • (59.1' x 12.3' x 5.9') • Hannover.

1859: Finished at Hannover. About 1869: Owned by W.S.Larsen, Ringkjøbing. 23.1.1874: Sold to J.W.Riis and W.S.Larsen, Varde. Name unchanged. 4.4.1878: Sold to Interessentskabet Rhederiet Limfjorden (P.Rechnitzer), Aalborg. Name unchanged.
11.10.1882: Sold to Peder Pedersen Rechnitzer, Aalborg without change of name.

12.3.1884: Sold to DFDS, Aalborg.

1889: Sold to Chr.Fischer, Kjøbenhavn and renamed EMANUEL. 2.4.1889: Sold to Mads Hansen Stærke, Ommel. Name unchanged.
13.8.1896: On voyage Ekensund-Copenhagen with 35,000 bricks sprang leak off Køge Bugt in a storm. Foundered while towed by CHRISTINE of Ekensund. All hands saved.

11C. JOHANNE 1884-1900

Kuff-galeas • Built of oak • 60gt, 57nt, -dw, • (67.7' x 14.2' x 6.4') • Carolinenziel.

1869: Delivered to Betten, Carolinenziel. 1.12.1872: Found at sea as a wreck, JOHANNE of Carolinenziel. 1873: Rebuilt by A.P.Hansen, Hasle after being found. 7.3.1873: Sold at auction to P.Munch, Hasle. Name unchanged. 1.10.1880: Sold to J.C.Hansen, Aalborg without change of name. 31.3.1881: Sold to P.Rechnitzer, Aalborg. Name unchanged.

12.5.1884: Sold to DFDS, Aalborg.

3.11.1900: Sold to Peter Skallerup Schou, Aalborg.

4.3.1911: Reported broken up.

12C. POUL 1884-1886

Schooner, 1 deck • Built of oak and pine • 121gt, 116nt, -dw • (88.1' x 17.8' x 9.4') • Groningen.

1851: Delivered to unknown owner as LEVANT. About 1869: Sold to Van Harwegen & den Breems, Vlaardingen and renamed VERTROUWEN.
22.12.1882: Sold at auction to Andreas Petersen and Jørgen Petersen, Helsingør and renamed POUL. 15.8.1883: Sold to S.Jensen, Aalborg without change of name.

12.7.1884: Sold to DFDS, Aalborg.

11.10.1886: Sold to J.C.Petersen, Nibe and renamed 5 SØDSKENDE.

16.9.1893: On voyage St.Davis-Königsberg with 174 tons of coal sprang leak and sank in the Northsea. The five crew members were picked up by the schooner YDUN of Marstal.

13C. GANYMED 1884-1901/2

Schooner, 1 deck • Built of oak • 95gt, 95nt, -dw, • (68.4' x 18.7' x 9.9') • Danzig.

4.12.1856: Purchased by Chr. Simoni, Aalborg as a stranded wreck. Price paid: Kr. 2,600. 3.7.1883: Sold to Søren Jensen, Aalborg.

12.7.1884: Sold to DFDS; Aalborg (from 15.10.1886: Odense).

1901/2: Deleted. Further fate unknown.

Auxiliaries *(continued)*

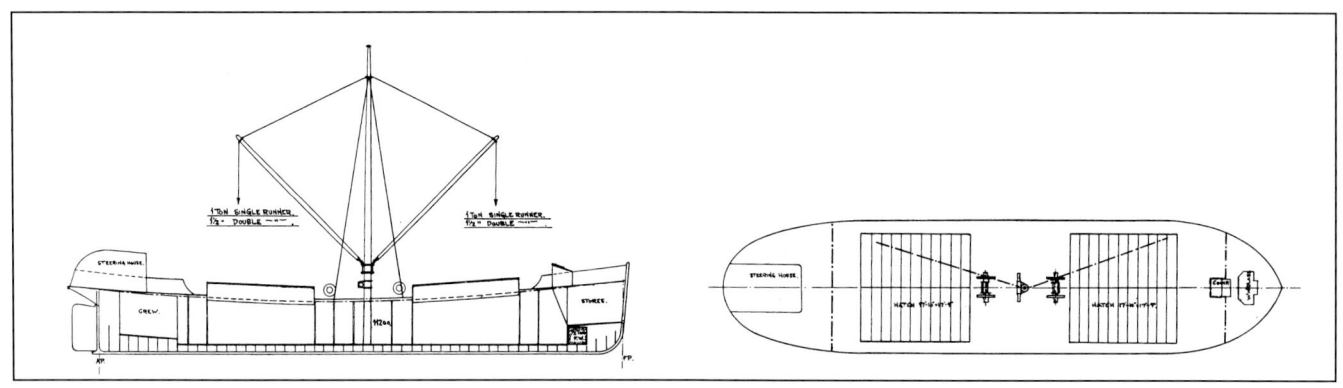

Lighters D.F.D.S. 1-2 and 3.

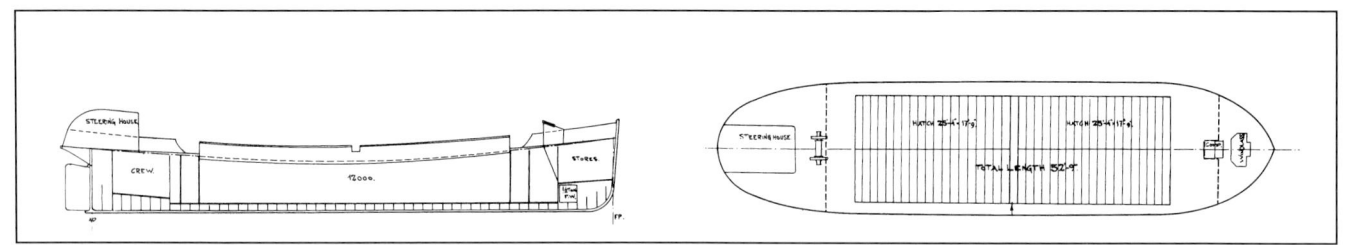

Lighter D.F.D.S. 4.

Bådteatret ex D.F.D.S. 4.

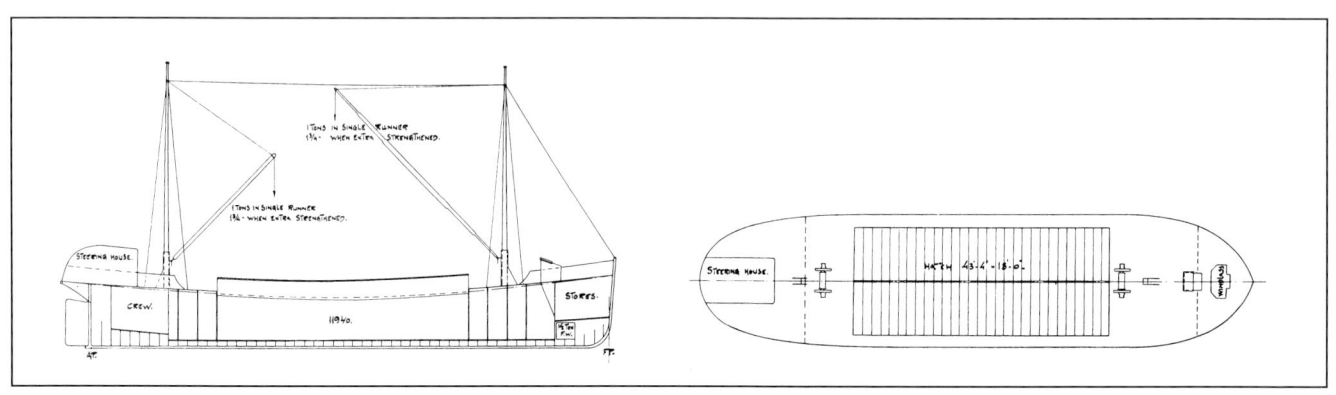

Lighter D.F.D.S. 5 and 6.

Dana Futura ex D.F.D.S. 6.

14C. D.F.D.S. 1 1898-1935 / 52 1935-1973

Lighter • 141gt, 132nt, 192dw • 95'3"/89'6"x22'0"x 8'6"/6'10" • A/S Burmeister & Wain's Maskin-og Skibsbyggeri, Copenhagen, no.201.

9.1898: Delivered to DFDS, Kjøbenhavn (from 20.7.1942: Kolding). 17.9.1927: Left Elsinore in tow for Hadsund, loaded with construction material for the new bridge at Hadsund. 7.9.1935: Renamed 52.

26.11.1973: Sold to Skrot & Avfallsprodukter (T.Johannisson), Göteborg. 28.5.1974: Sold to Bogser AB Sven, Göteborg and renamed BH 79 [1].

26.5.1988: Reported sold for demoliton and broken up by Skeppsupphuggning, Gothenburg.

15C. D.F.D.S. 2 1898-1935 / 53 1935-1973

Type and data as no.14C. A/S Burmeister & Wain's Maskin-og Skibsbyggeri, Copenhagen, no.202.

10.1898: Delivered to DFDS, Kjøbenhavn. 9.9.1935: Renamed 53.

26.11.1973: Sold to Skrot & Avfallsprodukter (T.Johannisson), Göteborg. 28.5.1974: Sold to Bogser AB Sven, Göteborg and renamed BH 80 [1]. Later renamed BH77.

17.9.1984: Reported sold for demolition and broken up by Skeppsupphuggning, Gothenburg.

16C. D.F.D.S. 3 1898-1935 / 50 1935-1973

Type and data as no.14C. A/S Burmeister & Wain's Maskin-og Skibsbyggeri, Copenhagen, no.203.

11.1898: Delivered to DFDS, Kjøbenhavn (from 30.7.1942: Kolding, 4.11.1950: København). 28.3.1935: Renamed 50.

26.11.1973: Sold to Skrot & Avfallsprodukter (T.Johannisson), Göteborg. 28.5.1974: Sold to Bogser AB Sven, Göteborg and renamed BH 78 [1].

1.3.1988: Reported sold for demolition and broken up by Wokatz, Gothenburg.

---

[1] The three lighters 52 (no.14C), 53 (no.15C) and 50 (no. 16C) were purchased together by Bogser AB Sven. However, it cannot be decided which lighter was named BH78, BH79 or BH80, as they were quite alike.

17C. D.F.D.S. 4 1898-1935 / 51 1935-1973

Type and data as no.14C. A/S Burmeister & Wain's Maskin-og Skibsbyggeri, Copenhagen, no.204.

12.1898: Delivered to DFDS, Kjøbenhavn. 5.4.1935: Renamed 51.

7.3.1973: Sold to Den selvejende institution Bådteateret, København. 1.5.1973: Renamed BÅDTEATRET. Converted into a floating theatre. Stationary at "Nyhavn", Copenhagen in wintertime and towed to different Danish ports during summertime.

Still extant.

18C. D.F.D.S. 5 1899-1937 / 54 1937-1973

Type and data as no.14C. A/S Burmeister & Wain's Maskin-og Skibsbyggeri, Copenhagen, no.205.

3.1899: Delivered to DFDS, Kjøbenhavn. 17.9.1927: Left Elsinore in tow for Hadsund, loaded with contruction materials for the new bridge at Hadsund. 13.10.1927: Arrived at Elsinore from Hadsund and left again four days later with more material for the bridge. 18.3.1937: Renamed 54.

26.11.1973: Sold to Skrot & Avfallsprodukter (T.Johannisson), Göteborg. 28.5.1974: Sold to Bogser AB Sven, Göteborg and renamed BH77.

17.9.1984: Reported sold for demolition and broken up by Skeppsupphuggning, Gothenburg.

19C. D.F.D.S. 6 1899-1937
55 1937-1977 and 1977-1979
DANA FUTURA (II) 1977-1977

Type and data as no.14C. A/S Burmeister & Wain's Maskin-og Skibsbyggeri, Copenhagen, no.206.

6.1899: Delivered to DFDS, Kjøbenhavn. 13.4.1937: Renamed 55. 19.9.1977: Renamed DANA FUTURA in order to keep the name in the Danish Register, while DANA FUTURA (I) (no.392) was renamed DROSSELFELS. 30.12.1977: Renamed 55. The name not visible.

17.8.1979: Sold to Preben Hermod Dusinius Strandgaard, København. 1987: Reported broken up.

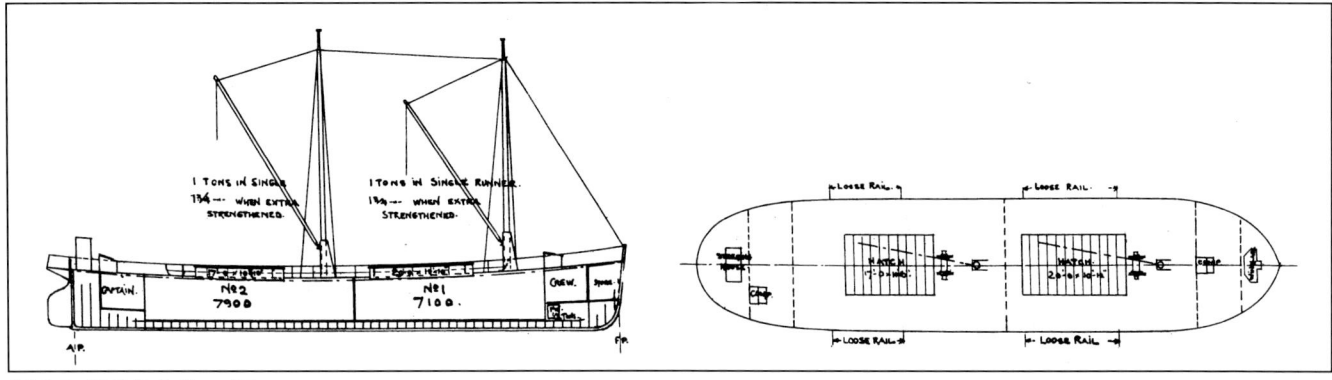

Lighter D.F.D.S. 7 and 8.

Amulinda ex D.F.D.S. 7 during conversion.

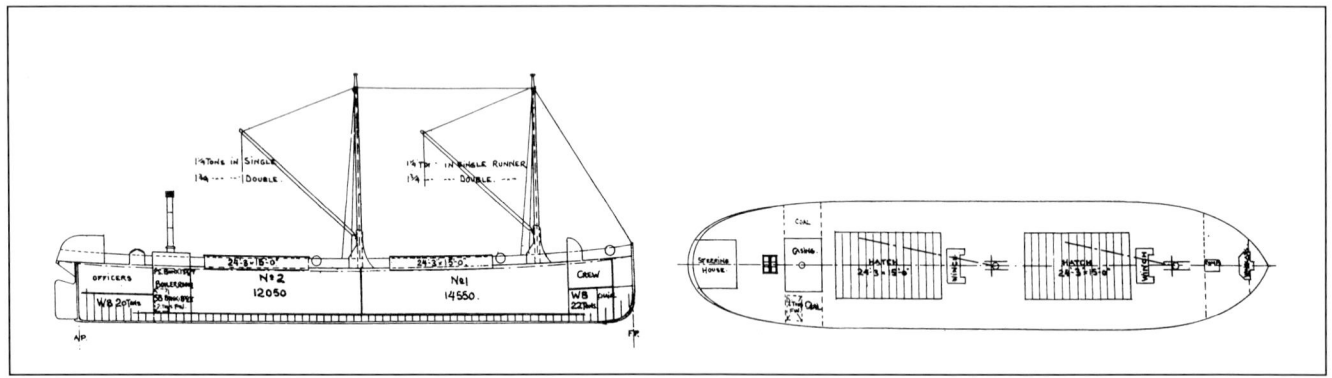

Lighter D.F.D.S. 11.

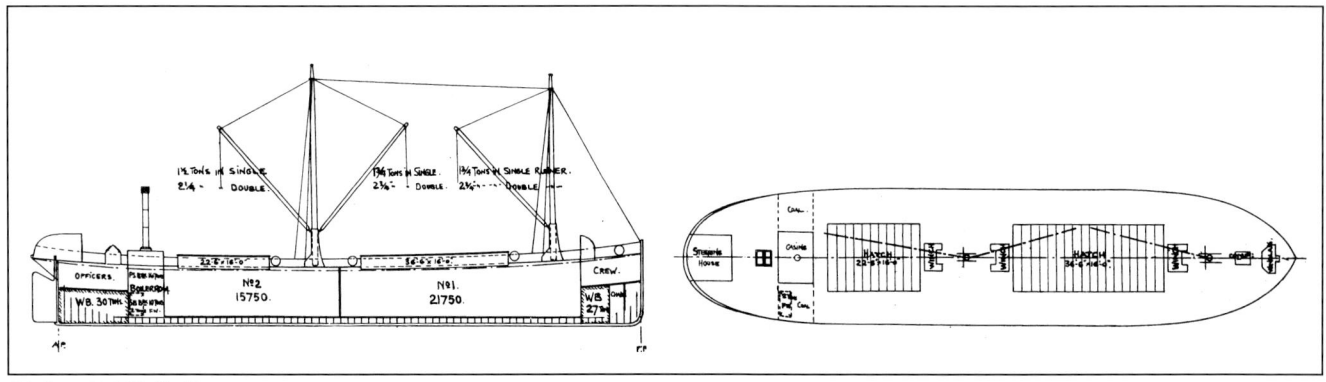

Lighter D.F.D.S. 12.

20C. D.F.D.S. 7 1898-1963

Lighter, 2 masts • 200gt, 179nt, 293dw • 111'0"/104'0"x 25'0"x8'9"/7'6" • Bornholms Maskinfabrik, Rønne, no.6.

4.1898: Ordered. 22.6.1898: Keel. 29.11.1898: Launch. 12.1898: Delivered to DFDS, Kjøbenhavn (from 13.8.1942: Kolding).

14.10.1963: Sold to Sten-Store Ltd. A/B (Torsten Evald Johannisson), Göteborg. Price paid: Swedish Kr. 25,000. Assumed sold to Malmö Bogser A/B, Malmö and renamed BRITT II. 1964: Sold to Röda Bolaget (Broströms Rederi AB), Göteborg and renamed STORMKING 403. 19.6.1980: Sold to AMU-Centret (Arbetsmarknadsutbildning), Göteborg and renamed AMULINDA. Permanently moored at Lindholmens Varv, Gothenburg and used for education of dockers. 20.6.1990: Sold to Stefan Hake, Göteborg. Converted into an accommodation barge with two flats and an inn. Moored at Gothenburg.

Still extant at Gothenburg.

21C. D.F.D.S. 8 1899-1963

Type and data as no.20C. Bornholms Maskinfabrik, Rønne, no.7.

4.1898: Ordered. 13.1.1899: Launch. 1.1899: Delivered to DFDS, Kjøbenhavn.

14.10.1963: Sold to Sten-Store Ltd. A/B (Torsten Evald Johannisson), Göteborg. Price paid: Swedish Kr. 25,000. Renamed STURE. Later sold to Oljefirman Anders Schmidt, Uddevalla. Resold to Oskar Tiderman A/B. 1972: Sold to Röda Bolaget (Broströms Rederi AB), Göteborg and renamed STORMKING 203. 1978: Transferred to Broströms Rederi AB, Göteborg. 9.1982: Sold to Svendborg Bugser (Rederiet Niels Henriksen), Svendborg and renamed TIMA. Price paid: Swedish Kr. 10,000. 1984: Sold to Firma A.Wejse, Esbjerg and renamed SØGAARD. Later name of company changed to Wejse Enterprise A/S (daughter company of Kampmann, Kiærulff & Saxild A/S).

Still extant.

22C. D.F.D.S. 9 1899-1938

Lighter, 2 masts • 196gt, 184nt, 292dw • 113'0"/105'6"x 25'0"x8'9"/7'6" • A/S Burmeister & Wain's Maskin-og Skibsbyggeri, Copenhagen, no.207.

2.1899: Delivered to DFDS, Kjøbenhavn.

19.8.1938: Sold to Oulu O/Y, Oulu and renamed OULU OY No.216. Price paid: Kr. 14,500. Used for transportation and storage of chains in connection with rafting. During World War II used as a fuel storage. Also used for the transportation of troops from German warships from Oulu Roads to the harbour. After the war laid up at the island Varjakka. Later used for transportation of timber from the sawmill at Pateniemi to the ships.

16.2.1956: Reported sunk as a breakwater at the Pateniemi sawmill. Still extant as a breakwater.

23C. D.F.D.S. 10 1899-1938

Type and data as no.22C. A/S Burmeister & Wain's Maskin-og Skibsbyggeri, Copenhagen, no.208.

5.1899: Delivered to DFDS, Kjøbenhavn.

19.8.1938: Sold to Oulu O/Y, Oulu and renamed OULU OY No.217. Price paid: Kr. 14,500.

Further history as no.22C.

24C. D.F.D.S. 11 1899-1952

Lighter • 342gt, 304nt, 619dw • 137'0"/131'0"x 29'4.75"x11'6"/10'3" • A/S Helsingørs Jernskibs-og Maskinbyggeri, Elsinore, no.79.

19.8.1899: Launch. 24.8.1899: Delivered to DFDS, Kjøbenhavn.

12.3.1952: Sold Petersen & Albeck, Copenhagen for demolition. Price paid: Kr. 50,000. 2.8.1952: Reported broken up.

25C. D.F.D.S. 12 1899-1963

Lighter • 459gt, 419nt, 822dw • 151'6"/144'0"x 31'10.5"x12'9"/11'3" • A/S Helsingørs Jernskibs-og Maskinbyggeri, Elsinore, no.80.

19.8.1899: Launch. 20.9.1899: Delivered to DFDS, Kjøbenhavn.

15.10.1963: Sold to Sten-Store Ltd. (Torsten Evald Johannsisson), Göteborg and renamed BRITT I. Price paid: Swedish Kr. 50,000. Later sold to Rederi AB Ivar, Göteborg. 4.2.1970: Registered sold to Kotkan Rannikkohinaus (Helge Laine), Kotka. Name unchanged. Price paid: Finnish marks 65,000. 21.8.1970: Sold to Insinööritoimisto Esijännitystekniikka (Henri Janhunen), Kotka. Name unchanged.

20.9.1971: On voyage Helsinki-Norrköping with building materials towed by the tug HARRI, sprang leak and foundered off Landsort. The three crew members jumped overboard and were picked up by the tug.

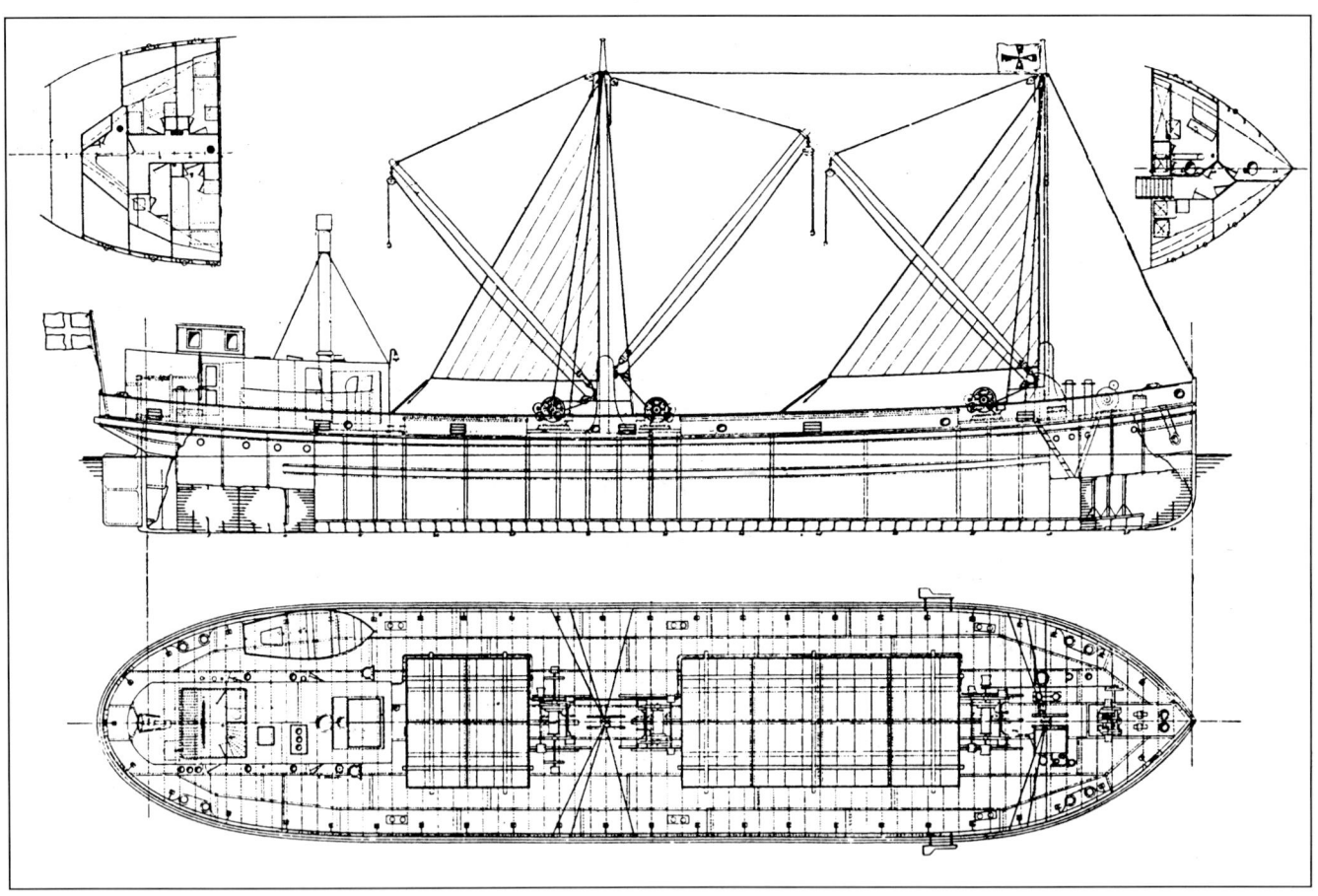

Lighter D.F.D.S. 14.

ALFA used as a coal elevator.

ARK DW, the floating office, permanently moored at Overgaden neden Vandet, Christianshavn, Copenhagen.

26C. D.F.D.S. 13 1908-1938

Lighter • 282gt, 248nt, 445dw • 130'9"/125'0"x26'6"x 10'8"/8'11" • Frederikhavns Skibsværft &Flydedok, H.V.Buhl &Co. A/S, Frederikshavn, no.119.

2.1907: Ordered. 1.2.1908: Launch. 7.4.1908: Delivered to DFDS, Kjøbenhavn. Price paid: Kr. 54,000.

31.10.1938: Sold to Borgviks A/B, Säffle (Sweden), taken over the next day and renamed BILLERUD III. Price paid: Kr. 25,000. 22.8.1967: Sold to Bogser AB Sven, Göteborg and renamed BH80.

Broken up before 1974.

27C. D.F.D.S. 14 1908-1952

Type and data as no.26C. Frederikshavns Skibsværft & Flydedok, H.V.Buhl &Co. A/S, Frederikshavn, no.120.

2.1907: Ordered. 25.5.1908: Launch. 27.6.1908: Delivered to DFDS, Kjøbenhavn. Price paid: Kr. 55,000. 8.10.1916: Collided in the Freeport of Copenhagen with the Swedish ferry MALMÖ of Malmö 1514/00 and sank. One man was lost. Refloated and repaired.

12.3.1952: Reported broken up by Petersen & Albeck, Copenhagen. Price paid: Kr. 45,000.

28C. ALFA 1910-1947

Twin-hulled crane pontoon • 86gt, 24nt, 165dw • (59'11" x 33'0" x 11'0") • A/S Kjøbenhavns Flydedok og Skibsværft, Copenhagen, no.81 • 1S 2cyl. • 1(SB) Scotch GS16 HS418.

10.7.1909: Ordered. 8.10.1909: Keel. 16.11.1909: Launch. 2.1910: Delivered to DFDS, Kjøbenhavn. Price paid: Kr. 90,000.

1.9.1947: Sold to Københavns Havnevæsen, København. Name unchanged. Price paid: Kr. 40,000. Used for lightening coalloaded Liberty ships with too much draft for Sydhavnen, Copenhagen. 5.3.1948: In service for the last time.

5.1.1950: Sold to Petersen & Albeck, Copenhagen for demolition. Price paid: Kr. 22,000. 9.1.1950: Delivered at the breakers' yard.

29C. 40 1925-1971

Barge • 87gt, 81nt, 172dw • 72'9.75"/72'0"x21'0"x 7'9"/7'0" • A/S Kjøbenhavns Flydedok og Skibsværft, Copenhagen, no.167.

24.9.1924: Ordered. 5.12.1924: Keel. 22.1.1925: Launch. 26.1.1925: Delivered to DFDS, Kjøbenhavn.

26.11.1971: Sold to I/S (A/S Em.Z.Svitzers Bjergnings-Entreprise and Det forenede Bugserselskab A/S), København and renamed F.B. BO. 24.1.1978: Sold to Preben Hermod Dusinius Strandgaard, København. Name unchanged. 20.3.1987: Sold to Hans Oluf Dissing Andersen and Otto Claudius Weitling, Christianshavn and renamed ARK DW. Converted into a drawing office for the architects Dissing & Weitling. Permanently moored at Christianshavn, Copenhagen.

Still extant at Copenhagen.

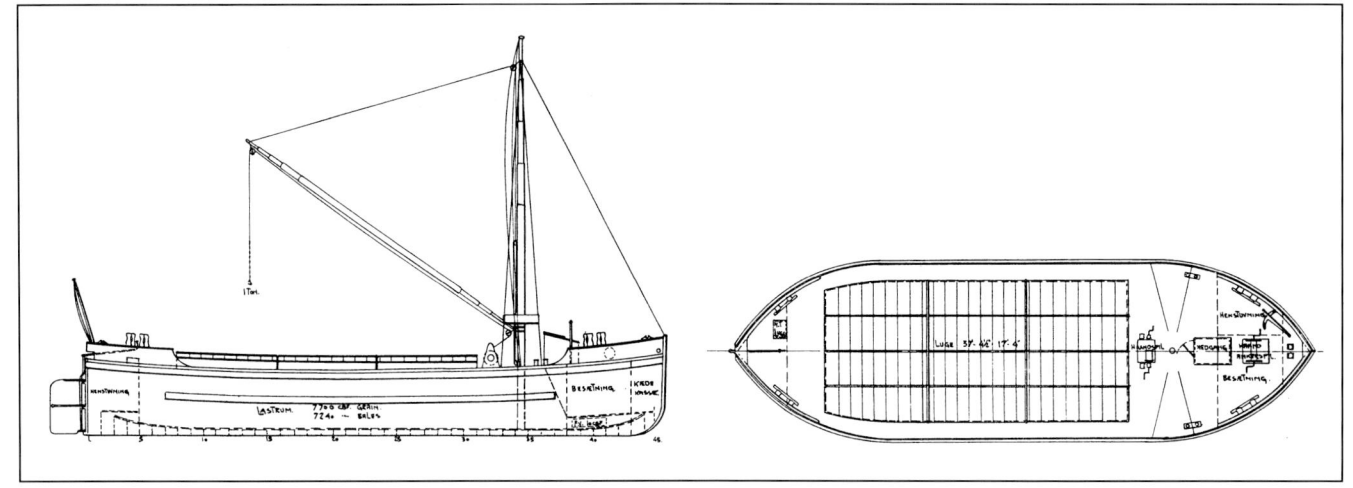

Barges 40 to 49.

ANIARA, the floating weawing workshop, permanently moored in Frederiksholms Kanal, Copenhagen.

30C. 41 1925-1971

Barge • 87gt, 81nt, 172dw • 72'9.75"/72'0"x21'0"x 7'9"/7'0" • A/S Kjøbenhavns Flydedok og Skibsværft, Copenhagen, no.168.

24.9.1924: Ordered. 5.12.1924: Keel. 22.1.1925: Launch. 29.1.1925: Delivered to DFDS, Kjøbenhavn.

26.11.1971: Sold to I/S (A/S Em.Z.Svitzers Bjergnings-Entreprise and Det forenede Bugserselskab A/S), København and renamed F.B. IB. 24.1.1978: Sold to Preben Hermod Dusinius Strandgaard, København. Name unchanged. 12.12.1983: Sold to Birgitte Andrea Juel Frederiksen, København without change of name. 8.8.1985: Sold to Benny Bjørnholdt Hansen, København. Name unchanged.

Still extant.

31C. 42 1925-1971

Barge • 87gt, 81nt, 172dw • 72'9.75"/72'0"x21'0"x 7'9"/7'0" • A/S Kjøbenhavns Flydedok og Skibsværft, Copenhagen, no.169.

24.9.1924: Ordered. 22.12.1924: Keel. 5.2.1925: Launch. 13.2.1925: Delivered to DFDS, Kjøbenhavn.

26.11.1971: Sold to I/S (A/S Em.Z.Svitzers Bjergnings-Entreprise and Det forenede Bugserselskab A/S), København and renamed F.B. OD. 7.3.1978: Sold to Jette Valeur Gemzøe, Kjøbenhavn and renamed ANIARA. Converted into a weavering workshop. Permanently moored in Frederiksholms Kanal, Copenhagen. 13.12.1978: Merete Zacho became partowner of the weavery. 3.1.1985: Sole owner again Jette Valeur Gemzøe.

Still extant at Copenhagen.

41 loading pieces of machinery at the shipyard in Elsinore by means of a three-legged crane.

32C. 43 1925-1971

Barge • 87gt, 81nt, 172dw • 72'9.75"/72'0"x21'0"x 7'9"/7'0" • A/S Kjøbenhavns Flydedok og Skibsværft, Copenhagen, no.170.

24.9.1924: Ordered. 23.1.1925: Keel. 7.3.1925: Launch. 14.3.1925: Delivered to DFDS, Kjøbenhavn.

10.9.1971: Sold to the Danish Navy. However, already on 25.8.1971 left Copenhagen for Oksbøl, West Jutland together with 46 (no.35C) and 49 (no.38C) towed by the tug FRODE of Copenhagen 96/60. Arrived at Oksbøl two days later and was handed over to the Danish Airforce. Beached and used as a target.

1972/73: Broken up on site by local breaker.

33C. 44 1925-1971

Barge • 87gt, 81nt, 172dw • 72'9.75"/72'0"x21'0"x 7'9"/7'0" • A/S Kjøbenhavns Flydedok og Skibsværft, Copenhagen, no.171.

24.9.1924: Ordered. 23.1.1925: Keel. 7.3.1925: Launch. 17.3.1925: Delivered to DFDS, Kjøbenhavn.

26.11.1971: Sold to I/S (A/S Em.Z.Svitzers Bjergnings-Entreprise and Det forenede Bugserselskab A/S), København and renamed F.B. RA. 23.1.1978: Sold to Preben Hermod Dusinius Strandgaard, København. Name unchanged. 4.10.1983: Sold to Farøkonsortiet, København, but the Bill of Sale was refused by the Danish Register of Shipping.

21.5.1984: Sold to Condive ApS., Nykøbing F. for demolition. 25.10.1984: Reported broken up.

34C. 45 1925-1971

Barge • 87gt, 81nt, 172dw • 72'9.75"/72'0"x21'0"x 7'9"/7'0" • A/S Kjøbenhavns Flydedok og Skibsværft, Copenhagen, no.172.

24.9.1924: Ordered. 6.2.1925: Keel. 17.3.1925: Launch. 13.6.1925: Delivered to DFDS, Kjøbenhavn.

23.7.1971: Sold to Neptun, Bergnings & Dykeri A/B, Stockholm and renamed TOR. 1.1974: Sold to Ångermanälvens Flottningsförening, Kramfors. Equipment installed for bundling of sunken timber. Moored at Skutskär, Ångermanälven.

Further fate unknown.

35C. 46 1925-1971

Barge • 87gt, 81nt, 172dw, • 72'9.75"/72'0"x21'0"x 7'9"/7'0" • A/S Kjøbenhavns Flydedok og Skibsværft, Copenhagen, no.173.

24.9.1924: Ordered. 10.3.1925: Keel. 20.6.1925: Launch. 1.7.1925: Delivered to DFDS, Kjøbenhavn.

10.9.1971: Sold to the Danish Navy.

Further fate as for no.32C.

36C. 47 1925-1971

Barge • 87gt, 81nt, 172dw, • 72'9.75"/72'0"x21'0"x 7'9"/7'0" • A/S Kjøbenhavns Flydedok og Skibsværft, Copenhagen, no.174.

24.9.1924: Ordered. 10.3.1925: Keel. 20.6.1925: Launch. 1.7.1925: Delivered to DFDS, Kjøbenhavn.

26.11.1971: Sold to I/S (A/S Em.Z.Svitzers Bjergnings-Entreprise and Det forenede Bugserselskab A/S), København and renamed F.B. AL. 27.10.1977: Sold to Kalundborg Spedition-og Stevedore Co. ApS, Kalundborg. 8.6.1978: Renamed K.S.S.C. LÆGTER Nr.1.

20.1.1986: Reported broken up by Kalundborg Produkthandel at Kalundborg.

37C. 48 1925-1971

Barge • 87gt, 81nt, 172dw, • 72'9.75"/72'0"x21'0"x 7'9"/7'0" • A/S Kjøbenhavns Flydedok og Skibsværft, Copenhagen, no.175.

24.9.1924: Ordered. 17.6.1925: Keel. 15.7.1925: Launch. 29.7.1925: Delivered to DFDS, Kjøbenhavn.

26.11.1971: Sold to I/S (A/S Em.Z.Svitzers Bjergnings-Entreprise and Det forenede Bugserselskab A/S), København and renamed F.B. RØ. 23.1.1978: Sold to Preben Hermod Dusinius Strandgaard, København. Name unchanged. 9.8.1983: Sold to K.G.Christiansen, København without change of name. 9.9.1983: Sold to Hans Heger, København. 30.9.1983: Sold to T.B.Hansen, København. 21.10.1983: Sold to I.Løgstrup Rasmussen, København. 16.12.1983: Sold to Sydhavnens Jern og Metal (Chico Nielsen), København. 22.8.1984: Sold to Lars Ingvarsen, Malmö. Name unknown not visible. 16.5.1989: Sold to Anne Beim and Thomas N.Rasmussen, København. Renamed 48. Converted into an accommodation barge.

Still extant at Copenhagen.

38C. 49 1925-1971

Barge • 87gt, 81nt, 172dw, • 72'9.75"/72'0"x21'0"x 7'9"/7'0" • A/S Kjøbenhavns Flydedok og Skibsværft, Copenhagen, no.176.

24.9.1924: Ordered. 17.6.1925: Keel. 15.7.1925: Launch. 30.7.1925: Delivered to DFDS, Kjøbenhavn.

10.9.1971: Sold to the Danish Navy.

Further fate as for no. 32C.

Fleet list corrected to September 1991.

APPENDIX
Tables
Indexes
Acknowledgements

Tables

TABLE 1.
Miscellaneous Auxilaries

ABBREVIATIONS:
Grt = gross tonnage
Ent = year entered the DFDS fleet
Del = year deleted from the DFDS fleet
b.u. = broken up
Shipyards:
A = A/S Burmeister & Wain's Maskin- og Skibsbyggeri, Copenhagen
B = De Forenede Oplagspladser, Copenhagen
C = J.H.Løve, Elsinore
D = Chr.Hansen, Skovshoved (Copenhagen)
E = Frederikshavns Værft & Flydedok A/S, Frederikshavn
F = DFDS' workshop, Copenhagen
G = Orlogsværftet, Copenhagen
H = J.Nordström, Landskrona
J = A.Jensen, Øxenbjerg (Svendborg)
K = Jacob Svendsen, Refshaleøen (Copenhagen)
L = J.Ring Andersen, Svendborg
M = Rasmus Møller, Faaborg
N = Richard Rasmussen, Nysted
O = J.Koefoed, Fakse Ladeplads
P = A.Flindt, Køge
R = Julius Flindt, Køge
S = Hans Lind Hansen, Skibhusene, Odense
T = Raun Bybjerg's Skibsbyggeri, Esbjerg
U = Martin Petersen, Christiania
V = A/S Kjøbenhavns Flydedok og Skibsværft, Copenhagen
W = Neptun Werft, Rostock

Old wooden barges

Name	Grt	Built	Ent	Del	Yard	Remarks
-	-	-	1869	-	U	called CHRISTIANIAPRAM
-	-	-	1869	-	U	called CHRISTIANIAPRAM
-	50	-	1871	-	G	called DRAGEN
34	16	-	1874	1894	G	1894: burnt
83	32	1884	1884	-	F	
86	22	-	1867	-	G	called SEKSKANTEN
87	20	-	1867	-	G	
94	28	-	1867	-	G	called FIRKANTEN
97	60	1892	1892	1956	F	1956: sold
108	18	1874	-	-	G	
120	16	-	1867	-	G	called SNUSDAASEN
128	48	1888	1888	1934	F	1934: discarded and sold
134	40	1882	1882	1951	F	1951: sold
139	48	1890	1890	-	F	1930: still extant
140	30	-	1871	-	G	
141	30	-	1871	-	G	
142	32	-	1874	-	G	called JAGTEN
149	28	-	1867	-	G	
153	48	1889	1907	1957	F	1957: sold
162	40	1879	1879	1934	A	1934: discarded and sold
164	52	1894	1894	-	F	1930: still extant
166	40	1879	1879	-	A	1930: still extant
170	48	1888	1888	-	B	
177	48	1888	1888	-	C	

Cont. page 487

Wooden barges in tow for Brøndby Strand.

Sail drawing for a barge.

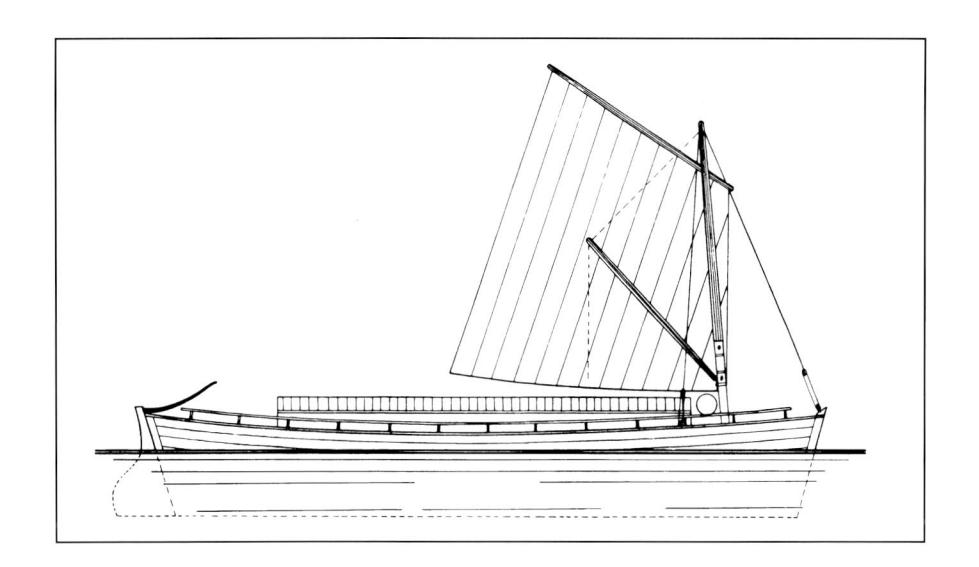

TABLE 1: *Continued*

Decked Barges

Name	Grt	Built	Ent	Del	Yard	Remarks
1	58	1889	1889	1951	F	1951: sold
2	52	-	1871	1915	G	1915: broken up
3	58	1881	1881	-	F	
4	58	1891	1891	1972	F	1972: pier at Brøndby Str.
5	56	1883	1883	1951	F	1951: sold
6	49	1881	1881	-	F	1913: still extant
7	58	1885	1885	1951	F	1951: sold
8	58	1887	1887	-	F	1930: still extant
9	40	1888	1888	1951	H	1951: sold
10	41	1888	1888	1951	H	1951: sold
11	58	1892	1892	1951	F	1951: sold
12	58	1893	1893	1972	F	1972: pier at Brøndby Str.
13	46	1882	1882	1945	F	1937: now open barge 39
14	55	1894	1894	1951	F	1951: sold
15	58	1895	1895	1954	F	1954/1959: broken up
16	55	1896	1896	-	F	1930: still extant
17	55	1897	1897	-	F	
18	56	1898	1898	1922	F	
19	57	1906	1906		J	1930: still extant
20	53	1907	1907	1951	-	1951: sold
21	64	1907	1907	1972	-	1972: pier at Brøndby Str.
22	56	1907	1907	-	K	1930: still extant
23	56	1907	1907	-	K	1930: still extant
24	56	1907	1907	-	L	1930: still extant
25	51	1907	1907	-	M	1930: still extant
26	64	1907	1907	1972	J	1972: pier at Brøndby Str.
27	54	1907	1907	-	M	1930: still extant
28	57	1907	1907	-	J	1930: still extant
29	56	1912	1912	1972	J	converted into a hut
30	52	1912	1912	-	M	1930: still extant
31	64	1913	1913	1972	-	1972: pier at Brøndby Str.
32	48	1912	1912	-	N	1930: still extant
33	51	1912	1912	-	-	1930: still extant
34	57	1912	1912	-	J	1930: still extant
35	48	1912	1912	-	N	1930: still extant
36	52	1913	1913	-	-	1920/30: deleted
37	64	1913	1913	-	O	1930: still extant
38	64	1913	1913	1972	O	1972: pier at Brøndby Str.

Cont. page 488

TABLE 1: Continued

Open barges

Name	Grt	Built	Ent	Del	Yard	Remarks
1	32	1880	1880	-	F	1930: still extant
2	40	1880	1880	-	F	1930: still extant
3	40	1882	1882	-	F	1930: still extant
4	32	1883	1883	-	F	1954: still extant
5	36	-	-	1956	-	1956: sold
6	52	1882	1882	-	F	1930: still extant
7	36	-	-	-	-	1930: still extant
8	36	1907	1907	-	P	1930: still extant
9	108	-	1907	1951	-	1951: sold
10	36	1907	1907	-	P	1930: still extant
11	36	1907	1907	1957	-	1957: sold
12	36	1907	1907	1956	-	1956: sold
13	36	1907	1907	1956	-	1956: sold
14	36	1907	1907	-	O	1930: still extant
15	36	1907	1907	-	O	1968: still extant
16	36	1907	1907	-	-	1954: still extant
17	40	-	-	1957	-	1957: sold
18	60	1907	1907	-	-	1954: still extant
19	44	1907	1907	1971	-	sold Nationalmuseet
20	28	1907	1907	-	-	deleted before 1930
21	53	1911	1911	1955	-	1955: broken up?
22	52	1911	1911	1951	-	1951: sold
23	52	1911	1911	1951	-	1951: sold
24	52	1911	1911	-	-	1954: still extant
25	45	1911	1911	1951	-	1951: sold
26	45	1911	1911	1951	-	1951: sold
27	44	1911	1911	1951	-	1951: sold
28	44	1911	1911	-	R	1930: still extant
29	44	1911	1911	1956	R	1956: sold
30	51	1911	1911	1951	-	1951: sold
31	50	1913	1913	1951	-	1951: sold
32	46	1914	1914	-	E	sunk Esbjerg, 1948: b.u.
33	52	1914	1914	1951	E	1951: sold
34	52	1915	1915	1951	-	1951: sold
35	52	1915	1915	-	-	sunk Esbjerg, 1948: b.u.
36	51	1915	1915	-	J	1930: still extant
37	50	1915	1915	-	J	sunk Esbjerg, 1948: b.u.
38	37	-	-	-	-	1930: still extant
39	31	-	-	1945	F	1945: sold
40	32	-	-	-	-	1930: still extant
41	-	-	-	1951	-	1951: sold
42	-	-	-	-	-	
43	25	-	1918	1921	-	1921: sold
44	-	-	-	-	-	
45	32	-	1918	1922	-	1922: sold Sweden
46	-	-	-	-	-	
47	24	-	1918	1922	-	1922: sold
48	28	-	1918	1922	-	1922: sold Sweden
49	-	-	-	-	-	
50	30	-	1918	1921	-	1921: sold
51	-	-	-	-	-	
52	30	-	1918	1921	-	1921: broken up
53	-	-	-	-	-	
54	27	-	1918	1927	-	1927: broken up

Cont. page 489

TABLE 1: *Continued*

Open barges Continued

Name	Grt	Built	Ent	Del	Yard	Remarks
55	25	-	1916	1926	-	1927/36: broken up
56	29	-	1916	1921	-	1921: broken up
57	-	-	-	-	-	
58	-	-	-	-	-	
59	26	-	1918	1922	-	1922: sold Sweden
60	27	-	1916	1926	-	1926: sold
61	25	-	1916	1922	-	1922: sold Sweden
62	-	-	-	-	-	
63	-	-	-	-	-	
64	27	-	1918	1921	-	1921: broken up
65	24	-	1918	1922	-	1922: sold Sweden
66	29	-	1918	1921	-	1921: sold
67	-	-	-	-	-	
68	-	-	-	-	-	
69	26	-	1918	1921	-	1921: broken up
70	28	-	1916	-	-	

Motor boats

Name	Grt	Built	Ent	Del	Yard	Remarks
M.2	16	-	1923	1976	-	called DFDS SVEJSEBAAD
M.I	5	-	1929	-	-	1954/59: broken up
M.II	-	-	-	1942	-	1942: broken up
M.III	-	-	-	-	-	
M.IV	-	-	-	1953	-	1953: broken up
M.5	4	1924	1924	1955	D	about 1955: broken up
M.6	5	-	-	1955	-	lifeboat f. FREDERIK VIII
M.7	5	-	1936	-	-	1954/59: broken up
M.8	-	-	-	1976	-	lifeboat f. FREDERIK VIII 1976: sold
M.9[1]	4	-	-	-	-	lifeboat f. UNITED STATES 1974/79: broken up
M.10	4	-	-	-	-	1953: renamed M.4 1954/59: broken up
SVALEN[2]	5	1862	1871	1882	S	1882: broken up
SVALEN	8	1909	1909	1922	V	1922: broken up
SVALEN	5	1915	1922	1955	W	1955: sold
SALLY	5	1963	1963		T	about 1978: sold
SALLY	5	1978	1978		-	in the present fleet

[1] Passenger service in port of Copenhagen between Nyhavn and Islands Plads.

[2] sailing boat

M 2, DFDS SVEJSEBAAD fitted with welding equipment, with the pet name DONALD DUCK.

TABLE 2
Number and tonnage of ships as at 1st of January

Mainly based on the annual reports.

P/S = paddle steamers including paddle steamer tugs.
S/S = screw steamers including steam tugs.
M/S = motorships including motor tugs.
Daughter = ships owned by DFDS daughter companies, where DFDS owns(ed) 50% or more.
Bareboat = ships in bareboat charter to DFDS with option of purchase.

Year	P/S no.	P/S grt.	S/S no.	S/S grt.	Daughter no.	Daughter grt.	Total no.	Total grt.
1867	6	1,130	13	5,564	-	-	19	6,694
1868	6	1,130	15	5,869	-	-	21	6,999
1869	7	1,527	15	5,869	-	-	22	7,396
1870	7	1,527	16	6,135	-	-	23	7,662
1871	8	1,976	21	7,038	-	-	29	9,014
1872	6	1,676	21	7,038	-	-	27	8,714
1873	6	1,656	27	9,713	-	-	33	11,369
1874	6	1,656	26	10,232	-	-	32	11,888
1875	11	2,685	36	11,765	-	-	47	14,450
1876	15	4,683	38	13,099	-	-	53	17,782
1877	12	4,261	40	14,582	-	-	52	18,843
1878	11	3,864	43	16,098	-	-	54	19,962
1879	12	4,412	43	17,340	-	-	55	21,725
1880	12	4,412	44	17,831	-	-	56	22,243
1881	12	4,620	49	22,776	-	-	61	27,396
1882	12	4,620	58	28,616	-	-	70	33,236
1883	12	4,620	59	29,955	-	-	71	34,575
1884	12	5,525	67	36,121	-	-	79	41,646
1885	11	4,848	74	41,760	-	-	85	46,608
1886	10	4,767	76	44,414	-	-	86	49,181
1887	10	4,767	76	44,499	-	-	86	49,266
1888	10	4,767	77	46,283	-	-	87	51,050
1889	12	5,405	83	52,106	-	-	95	57,511
1890	13	5,824	87	56,536	-	-	100	62,360
1891	13	5,824	92	61,164	-	-	105	66,988
1892	12	5,597	98	65,537	-	-	110	71,134
1893	12	5,750	99	66,195	-	-	111	71,945
1894	12	5,766	98	67,879	-	-	110	73,645
1895	12	5,755	97	65,950	3	3,126	112	74,831
1896	12	5,755	99	73,527	3	3,126	114	82,401
1897	12	5,738	104	80,796	3	3,126	119	89,660
1898	12	5,718	103	86,632	3	3,126	118	95,476
1899	12	5,718	107	101,862	3	3,126	122	110,706
1900	12	5,719	116	122,365	-	-	128	128,084
1901	8	4,310	116	120,407	-	-	124	124,717
1902	8	4,327	116	122,463	-	-	124	126,790
1903	8	4,327	116	131,476	-	-	124	135,803
1904	7	3,158	111	144,638	5	10,082	123	157,878
1905	5	1,664	114	143,407	5	10,082	124	155,153
1906	6	2,171	109	132,479	5	10,082	120	144,732
1907	6	2,167	114	144,431	5	10,082	125	156,680
1908	5	2,006	120	150,861	5	10,082	130	162,949
1909	5	2,003	117	148,332	6	10,601	128	160,936
1910	5	2,003	115	148,871	6	10,601	126	161,475
1911	5	2,003	114	148,536	3	3,356	122	153,895
1912	3	1,430	115	147,961	5	6,591	123	155,982
1913	3	1,430	122	156,549	5	6,591	130	164,570
1914	4	6,027[1]	126	171,263	5	6,591	135	183,881
1915	3	5,497[1]	126	173,549	6	7,220	135	186,266
1916	3	5,497[1]	132	181,098[2]	6	7,220	141	193,815
1917	2	9,385[3]	126	173,277[2]	6	7,220	134	189,882
1918	2	9,385[3]	106	152,626[2]	5	5,728	113	167,739
1919	2	9,385[3]	102	148,200[2]	4	4,111	108	161,696
1920	3	9,397[3]	101	148,192[2]	3	2,493	107	160,082
1921	3	9,397[3]	120	188,978[2]	3	2,493	126	200,868
1922	3	9,397[3]	111	187,153[2]	3	2,493	117	199,043

[1] Including one motorship
[2] Including one 4-masted bark of 2952 grt
[3] Motorships

Cont. page 491

TABLE 2: *Continued*

* *Including one 4-masted bark of 2952 grt.*

Year	M/S no.	grt.	S/S no.	grt.	Daughter no.	grt.	Total no.	grt.
1923	5	22,216	113	188,018*	2	1,974	120	212,208
1924	5	22,295	113	189,799*	2	1,974	120	214,068
1925	7	23,750	113	192,645*	2	1,974	122	218,369
1926	8	26,512	114	193,843*	2	1,974	124	222,329
1927	9	33,670	113	196,284*	2	1,974	124	231,928
1928	10	35,524	109	187,498*	2	1,974	121	224,996
1929	11	37,374	109	187,498*	2	1,974	122	226,846
1930	12	40,136	105	180,115	2	1,974	119	222,225
1931	14	42,158	102	178,066	2	1,974	118	222,198
1932	14	42,158	101	175,432	2	1,974	117	219,564
1933	15	44,890	101	174,508	2	1,974	118	221,372
1934	15	44,890	101	166,860	2	1,974	118	213,724
1935	15	44,890	99	155,440	2	1,974	116	202,304
1936	15	44,890	96	143,664	1	629	112	189,183
1937	19	50,633	92	128,962	1	629	112	180,224
1938	20	53,671	88	123,359	1	629	109	177,659
1939	22	56,979	84	118,624	1	629	107	176,232
1940	24	61,408	81	116,454	1	629	106	178,491
1941	22	54,379	72	101,482	1	629	95	156,490
1942	23	58,274	69	97,036	1	629	93	155,939
1943	21	52,128	64	87,072	1	629	86	139,829
1944	25	66,126	61	84,256	1	629	87	151,011
1945	26	71,514	57	77,282	1	629	84	149,425
1946	25	72,208	57	78,497	1	629	83	151,334
1947	24	69,374	58	81,880	1	629	83	151,883
1948	26	78,164	56	91,339	1	629	83	170,132
1949	31	86,888	53	89,080	1	629	85	176,597
1950	35	94,623	49	82,366	1	629	85	177,618
1951	44	109,254	48	82,316	1	629	93	192,199
1952	45	111,100	43	79,172	1	629	89	190,901
1953	47	114,778	39	67,415	1	629	87	182,822
1954	49	118,596	33	57,806	1	629	83	177,031
1955	51	126,728	27	50,318	-	-	78	177,046
1956	53	134,904	27	50,318	-	-	80	185,222
1957	57	146,105	24	43,802	-	-	81	189,907
1958	58	162,128	22	40,350	-	-	81	202,478
1959	62	168,885	21	38,796	-	-	83	207,681
1960	64	158,761	10	13,664	-	-	74	172,425
1961	63	169,442	8	12,135	-	-	71	181,577
1962	67	183,911	7	10,735	-	-	74	190,595
1963	70	186,962	6	9,407	-	-	76	196,369
1964	70	188,654	3	4,523	-	-	73	193,177
1965	69	180,303	2	3,054	-	-	71	183,357
1966	66	171,240	1	1,972	-	-	67	173,212
1967	70	185,596	-	-	2	4,890	72	190,486
1968	71	189,198	-	-	2	4,890	73	194,088
1969	58	167,413	-	-	2	4,890	60	172,303
1970	52	158,131	-	-	4	9,750	56	167,881
1971	45	144,327	-	-	4	9,750	49	154,077
1972	37	127,837	-	-	4	9,750	41	137,587
1973	25	103,604	-	-	5	13,218	30	116,822
1974	20	93,307	-	-	5	13,218	25	106,525
1975	19	100,479	-	-	5	13,218	24	113,697
1976	19	101,165	-	-	5	18,239	24	119,404
1977	19	107,560	-	-	5	19,264	24	126,824
1978	21	112,335	-	-	2	9,896	23	122,231
1979	23	128,837	-	-	2	9,896	25	138,733

Cont. page 492

FREDERIK VIII, delivered in 1913, remained the largest Danish passenger ship until the delivery of DANA REGINA (no. 391).

TABLE 2: *Continued*

Year	M/S no.	grt.	Bareboat no.	grt.	Daughter no.	grt.	Total no.	grt.
1980	21	124,485	4	17,988	4	18,495	29	160,968
1981	16	103,897	4	17,988	4	18,495	24	140,380
1982	17	130,932	7	36,142	7	55,011	31	222,085
1983	17	132,189	8	50,542	6	61,350	31	244,081
1984	12	93,137	8	59,882	7	69,283	27	222,302
1985	7	63,610	4	41,894	2	36,656	13	142,160
1986	5	48,961	5	52,489	2	15,738	12	117,188
1987	6	57,619	4	42,414	3	20,790	13	120,823
1988	7	62,690	4	41,635	3	28,096	14	132,421
1989	7	61,922	3	33,867	3	23,920	13	119,709
1990	7	68,007	3	31,435	3	31,845	13	131,287
1991	8	103,316	2	19,468	3	31,845	13	154,629
1991*	9	119,997	1	4,574	3	31,845	13	156,416

* As at 1st of September.

UNITED STATES, the DFDS's topper with respect to distance travelled and Atlantic crossings. She crossed the Atlantic 462 times and steamed 1,796,926 nautical miles.

TABLE 3
Distance travelled

Until 1959 DFDS kept records of the distance travelled (in nautical miles) by each vessel of the fleet.

	Name (ship number)	Period	Mileage
1	UNITED STATES (178)	1903-1935	1,796,926
2	M.G.MELCHIOR (98)	1885-1947	1,750,399
3	HELLIG OLAV (177)	1903-1934	1,632,526
4	J.C.JACOBSEN (116)	1890-1947	1,598,505
5	CALIFORNIA (212)	1913-1959	1,589,772
6	OSCAR II (176)	1902-1933	1,563,194
7	NIDAROS (115)	1890-1937	1,543,488
8	ESBJERG (55)	1876-1930	1,485,059
9	BOTNIA (126)	1891-1935	1,429,594
10	EXPRES (89)	1883-1929	1,404,183
11	BALDUR (57)	1876-1924	1,395,550
12	ESBERN SNARE (56)	1876-1926	1,380,820
13	DOURO (112)	1889-1943	1,346,321
14	LOUISIANA (251)	1922-1959	1,334,493
15	CIMBRIA (142)	1897-1949	1,331,664
16	TULA (199)	1912-1959	1,331,618
17	PRIMULA (137)	1896-1938	1,325,104
18	GEORG (64)	1880-1924	1,324,022
19	DRONNING ALEXANDRINE (274)	1927-1965	1,314,883*
20	OLGA (65)	1880-1924	1,310,611
21	ARIZONA (255)	1922-1959	1,305,184
22	STOREBELT (81)	1883-1922	1,300,141
23	UNION (88)	1883-1924	1,274,430
24	ARKANSAS (141)	1897-1933	1,268,718
25	JOLANTHA (106)	1888-1947	1,265,599
26	CONSTANTIN (66)	1880-1923	1,243,493
27	DAGMAR (34)	1873-1916	1,233,457
28	A.P.BERNSTORFF (210)	1913-1957	1,231,686
29	PARKESTON (266)	1925-1964	1,230,261*
30	TOMSK (197)	1911-1959	1,228,988
31	FLORIDA (145)	1898-1933	1,223,067
32	AALBORGHUS (215)	1914-1958	1,214,557
33	HEBE (205)	1912-1959	1,214,168
34	MOSKOV (216)	1914-1959	1,206,086
35	FREDERIK VIII (213)	1913-1936	1,205,799
36	TYR (168)	1900-1951	1,177,291
37	HORSENS (31)	1872-1921	1,176,681
38	AARHUS (203)	1912-1966	1,173,646*
39	THY (23)	1869-1922	1,159,922
40	BRAGE (29)	1870-1922	1,144,123
41	THYRA (6)	1867-1922	1,133,173
42	TEXAS (155)	1899-1933	1,131,544
43	SØNDERJYLLAND (180)	1904-1952	1,128,046
44	C.P.A.KOCH (127)	1893-1938	1,117,570
45	BENEDIKT (173)	1901-1951	1,096,203
46	ROTA (260)	1923-1962	1,096,157*
47	TRONDHJEM (257)	1923-1963	1,090,853*
48	A.N.HANSEN (59)	1877-1918	1,080,135
49	YDUN (194)	1910-1953	1,079,894
50	TIBER (151)	1899-1936	1,078,739

* excluding mileage after 1959

KONG HAAKON at Larsens Plads, Copenhagen, 7 April 1912.

TABLE 4
Time Charter Vessels with typical DFDS names

Name	GRT	Period	ex. Name	Built
DANA ATLAS*	1599	1978-1980	-	1978
DANA HAFNIA	7501	1988-1989	RAILO	1978
DANA CORONA	5372	1990-1991	NÆSBORG	1977
DANA IBERIA	999	1989-1990	COMMODORE CLIPPER	1977
DANA NAVIGIA	999	1989-1990	NAVIGIA	1975
DANA SIRENA	3850	1991-1991	CIMBRIA	1991
DANA CORVETTE	5372	1991-1991	CORVETTE	1991

* Manned by DFDS

Index of DFDS-ships' names *(Names in parentheses were intended only)*

A

A.N. HANSEN	59
A.P. BERNSTORFF	210
AALBORG	15, 54
AALBORGHUS	215, 288, 388
AARHUS	203
AARHUUS	24
ADOLPH ANDERSEN	169
AKERSHUS	360
ALABAMA	157, 284, 338
(ALASKA)	368
ALBERTA	372
ALEXANDER III	110
ALEXANDRA	131, 279
ALFA	28C
ALGARVE	158, 249
ALGIER	290
(ALS)	249
ANDROS	329
ANGLO DANE	4
ANHOLT	8A
ANNE BOLETTE MARIE	1C
ANTWERPEN	100
ARCTURUS	9
ARGENTINA	264, 295
ARIZONA	255, 346
ARKANSAS	141, 306
ARNO	150
(ASKHOLM)	303
ASKØ	14A
ASSISTENTEN	6C
ATHOS	351
ATLANTERHAVET	263
ATTEMPT	7C
AURORA	11, 190
AVANTI	73, 204, 248
AXELHUS	321
AXELHUUS	104

B

BALDUR	57
BANGSBO	326
BARON STJERNBLAD	117
BASTHOLM	320
BEIRA	156
BELLONA	261, 333
BENEDIKT	173
BERGENHUS	200, 256, 357
BERGENHUUS	102
BIEN	4A
BIRKHOLM	322
BLENDA	124, 335
BOGØ	191, 298
BOLIVIA	296
BORREBY	327
BOTNIA	126, 203
BRAGE	29
BRASILIEN	263, 330
BROAGER	328
BROHOLM	267
BRYDEREN	95
BRYNHILD	271
BYGHOLM	323

C

C.F. TIETGEN	183, 275
C.P.A. KOCH	127
CALIFORNIA	212
(CAPRI)	365
CASTOR	122
CERES	153
CHARKOW	74, 211
(CHILE)	339
CHR. BROBERG	114
CHRISTIAN IX	53
CHRISTIANIA	52
CHRISTIANIAPRAM	Table 1
CHRISTIANSSUND	103, 202
CIMBRIA	142
COLOMBIA	307
COLORADO	341
CONSTANTIN	66

D

D.F.D.S. 1	14C
D.F.D.S. 2	15C
D.F.D.S. 3	16C
D.F.D.S. 4	17C
D.F.D.S. 5	18C
D.F.D.S. 6	19C
D.F.D.S. 7	20C
D.F.D.S. 8	21C
D.F.D.S. 9	22C
D.F.D.S. 10	23C
D.F.D.S. 11	24C
D.F.D.S. 12	25C
D.F.D.S. 13	26C
D.F.D.S. 14	27C
DAGMAR	5, 34, 8C, 226
DAMMAM EXPRESS	392
DANA AFRICA	18B
(DANA AGRICOLA)	393
DANA AMERICA	17B
DANA ANGLIA	396
DANA ARABIA	19B
DANA ATLAS	Table 4
DANA CARIBIA	20B
DANA CIMBRIA	403
DANA CORONA	390, 388, Table 4
DANA CORVETTE	Table 4
DANA FUTURA	392, 19C
DANA GLORIA	393, 394, 400, 379
DANA HAFNIA	393, Table 4
DANA MAXIMA	397
DANA MINERVA	399
DANA OPTIMA	398
DANA REGINA	391
DANA SIRENA	388, 390, Table 4
(DANA ULTIMA)	399
DANIA	22, 207
DELAWARE	230, 281
DEPOTSKIB I	85
DEPOTSKIB II	52
DFDS SVEJSEBAAD	Table 1
DIANA	8, 198, 315
DJURSLAND	24B
DONAU	9C
DOURO	112
DRACHENFELS	393
DRAGEN	Table 1
DRONNING ALEXANDRINE	274
DRONNING LOVISA	68
DRONNING MAUD	185
DRONNINGEN	108
DROSSELFELS	392

E

EBRO	(151), 206, 247
ECUADOR	332
EDDA	128
EGHOLM	(252), 262, 302
ELBA	364
ELLA	139
ENGLAND	280, 358
EOS	161
(ERICA)	349
ERIK	235
ERIK II	235
ESBERN SNARE	56, 55
ESBJERG	55, 276
ETNA	87
EUROPAFÄRJAN IV	25B
EXPRES	89

F

FALKEN	3A, 195
FALSTER	21
FANØ	118
FENRIS	16A
FICARIA	136, 324
FIONA	120
FIRKANTEN	Table 1
FIRLINGEN	383
FLORA	13, 192
FLORIDA	145, 300
FORENEDE	366
FREDERICIA	277
FREDERIK	32
FREDERIK VIII	213
FREDERIKSHAVN	215
FREESIA	349
FREJR	165
FRIGGA	254
FRODE	245
FYLLA	16

G

GANYMED	13C
GARONNE	159, 154
GEDSER	22B
GEFION	48
GENERALKONSUL PALLISEN	231
GEORG	64
GEORGIA	282
GEORGIOS I	109
GJEDSER	111
GORM	243
GYLFE	45

495

H

H.P. PRIOR	61, 317
HALFDAN	246
HAMBURG	16B
HAMLET	36
HANS BROGE	293
HARALD	237
HEBE	105, 205
HEKLA	149
(HELGE)	258
HELLIG OLAV	177
HELMER MØRCH	232
HELSINGBORG	39, 90
HENGEST	163
HERO	11B
HESSELØ	175
HINDSHOLM	252
HJELM	172
HJORTHOLM	239, 303
HJÆLPEREN	7A
HOLAR	144
HORATIO	35
HORSENS	31
HROAR	259
HVEEN	78

I

IBIZA	363
(INDIANA)	345
IRKUTSK	226
ISLAND	148, 220
ISSEFJORDEN	58
IVAR	244

J

J.C. JACOBSEN	116
J.C. LA COUR	174
JAGTEN	Table 1
JENS BANG	316
JOHAN SIEM	227
JOHANNE	11C
JOHN SWARTZ	38
JOLANTHA	106
JYDEN	164
JYLLAND	273

K

KAREN MARIE	10C
KASAN	86
KATHOLM	248, 347
KENTUCKY	140, 231
KIEW	72
KING OF SCANDINAVIA	400
KJØBENHAVN	25, 225
KLAUSHOLM	340
KLINTHOLM	314
KNUD	234
KNUD II	234
KNUDSHOLM	342
KNUTHENBORG	93
KOLDING	201
KOLDINGHUS	201, 343
KOLDINGHUUS	85
KONG HAAKON	184
KONG OLAV V	348, 386
KONGSHOLM	354
KORSHOLM	318
KORSIKA	367

KRETA	365
KRONEN	99
KRONHOLM	353
KRONPRINS FREDERIK	294
KRONPRINS OLAV	289
KRONPRINSESSE INGRID	313
KUREREN	6A, 128
KURGAN	1B
KURSK	70
KYHOLM	350

L

L.N. HVIDT	1
L.P. HOLMBLAD	129
LABRADOR	377
LAERTES	37
LAURA	80
LEMNOS	311
LEOPOLD II	107
LIBAU	62
LIMFJORDEN	71, 181
LION	46
(LIPARI)	367
LOIRE	162
LOLLAND	82
LOUISE	33
LOUISIANA	135, 251
LUND	43
LÆSØ	9A

M

M.G. MELCHIOR	98
MAGNOLIA	356
MAGNUS	242
MAINE	232, 301
MAJA	138
MALLORCA	361
MALMØ	42
MALTA	362
MANITOBA	374
MAREN MO	7B
MAREN MOLS	7B, 10B
MARGRETHE	216
MAROCCO	287
MARSHALL	5A
MARYLAND	214, 250
MELOS	312
METTE MO	394
METTE MOLS	394, 9B
MICHIGAN	371
MIKKEL MOLS	395
MINNESOTA	345, (346)
MINSK	75, 149, 196
MISSOURI	369
MORSØ	92
MORTEN MOLS	8B
MOSKOV	63, 216
MØEN	50, 219

N

N.J. FJORD	134
NAKSKOV	133
NAXOS	331
NEBRASKA	368
NEPTUN	3C
NEVADA	224, 304
NEWA	230
NICOLAI II	130
NIDAROS	115

NIELS BROCK	69
NIELS EBBESEN	160
NISHNIJ NOVGOROD	67
NOPAL DANA	12B
NOPAL MINERVA	399
NOPAL OPTIMA	398
NOPAL SPRAY	366
NOPAL SURF	370
NORD	17A
NORDJYLLAND	96
NORGE	147

O

O.B. SUHR	60
OCTA	167
ODENSE	265
ODESSA	109
ODIN	2, 193
OHIO	336
OKLAHOMA	334
OLAF	233
OLAU DANA	388
OLAV	348
OLGA	65
OLUF BAGER	119
OMSK	94
ONTARIO	376
OPTIMA	398
OREGON	223, 305
ORRIK	166
OSCAR II	176

P

PARAGUAY	299
PARKESTON	266
(PAROS)	331
PENNSYLVANIA	189, 344
PERM	84
(PERU)	338
PETUNIA	355
PHØNIX	3
POLARHAVET	264
POUL	12C
PREGEL	113
PRIMULA	137, 325
PRINCE OF SCANDINAVIA	402
PRINCESS OF SCANDINAVIA	401
PRINS HAMLET	404
PRINSESSE MARGRETHE	337, 387
PRINSESSEN	337
PRINZ HAMLET	404
PRINZ OBERON	26B

Q

(QUEBEC)	377
QUEEN OF SCANDINAVIA	406

R

RANDERS	26
RAPALLO	381
RAVENNA	380
REFRIGERATOR NO.I	52
RESERVEN	47
RHODOS	310
RHÔNE	222
RIBERHUS	319
RIBERHUUS	51

(RIMINI) 382
RITA . . . . (154), 171
ROBIN HOOD 388
ROLLINGEN 380
ROMNY 76, 209
ROTA 260
(ROVIGO) 383
RUSS 228

S

SAGA 125, 188
SALLY . . . . Table 1
SALTHOLM 79
SAMOS 308
SAMSØ 5C
SARATOV 107
SAXO 19, 187
SCANDINAVIA 15B
SCANDINAVIAN SEA 14B
SCANDINAVIAN STAR 402
SCANDINAVIAN SUN 13B
SEINE 154
SEJRØ 12A, 22A
SEKSKANTEN . . . . Table 1
SICILIEN 291
SIGRUN 269
SKALHOLT 143
SKIPPER CLEMENT 359
SKJOLD 238
SKYROS 352
SLAVIJA 359
SLEIPNER 221
SMOLENSK 6B
SNUSDAASEN . . . . Table 1
SOMERSET 375
SOPHIE 2C
SPROGØ 11A
ST. KNUD 20
STADION 3B
STADION II 5B
STAFET 4B
STAFFORD 379
STOCKHOLM 40
STOREBELT 81
SUFFOLK 366
SURREY 389
SUSSEX 370
SVALEN . . . . Table 1
SVANHILD 272
SVANHOLM 253
SVAVA 268
SVEA CORONA 400
SVEND 236
SVEND II 236
SYD 18A
(SÆRIMNER) 137
SØNDERJYLLAND 101, 180

T

TAARNHOLM 240
TAASINGE 186
TEJO 121
TENNESSEE 285
TEXAS 155, 292
THINGVALLA 146
THUNBERG 41
THY 23
THYRA 6, 258
TIBER 151
TJALDUR 179
TOMSK 97, 197

TOR ANGLIA 28B
TOR BRITANNIA 402
TOR CALEDONIA 405
TOR DANIA 27B
TOR SCANDINAVIA 401
TRANSIT 4C
TRAVEMÜNDE 21B, 23B
TREKRONER 390
TRILLINGEN 382
TRONDHJEM 221, 257
TULA 77, 199
TUMLINGEN 381
TUNIS 286
TUNØ 10A, 19A
TYR 168

U

(U.S. PRESIDENT) 178
UFFE 241
UFFO 18
ULF 270
ULVSUND 182
UNION 88
UNITED 370
UNITED STATES 178
UNITRADER 384
UNITRAMP 385
URUGUAY 297

V

VALDEMAR 7
VEILE 30
VENDSYSSEL 91
VENEZUELA 309
VEST 2A, 15A, 20A
VESTA 10, 152
VESUV 83
VIDAR 27, 217
VIKING 123, 218
VIRGINIA . . . . (155), 208, 283, 339
VISTULA 278

W

WINSTON CHURCHILL 378
WISCONSIN 373
WLADIMIR SAWIN 229
WOLOGDA 2B
WORLD WIDE EXPO 401

X

XENIA 132

Y

YDUN 28, 194
YRSA 170

Z

ZAMPA 14, 49
ZEPHYR 12

Ø

ØRESUND 44
ØRNEN 17
ØST 1A, 13A, 21A

40 . . . . 29C
41 . . . . 30C
42 . . . . 31C
43 . . . . 32C
44 . . . . 33C
45 . . . . 34C
46 . . . . 35C
47 . . . . 36C
48 . . . . 37C
49 . . . . 38C
50 . . . . 16C
51 . . . . 17C
52 . . . . 14C
53 . . . . 15C
54 . . . . 18C
55 . . . . 19C

Index of ships' names *(excluding DFDS names)*

A

A.ALAMDAR	341
A.C.DE FREITAS	87
ABLE REEFER	349
ABOUD	7B
ABRUKA	71
ABUSABAA I	327
ACHILLE	123
ACHILLEUS	293
ACI	282
ACTIV	68
ADLER	76
ADOLF RÖNNEBAUM	263
AFELION	296
AFRICAN GATEWAY	28B
AFRODITI	375
AGERSØ	172
AGHIOS GEORGIOS	301
AGUADILLANA	122
AKER-2	266
AL GILANI	356
AL MADINA	341
AL MEDINA	341
AL QAMAR AL SAUDI II	390
AL-QAMAR-AL-SAUDI AL-MISRI	390
ALEP	238
ALEX	274
ALEXANDROS T II	292
ALGERIEN	130
ALKYON	313
ALLEGUNDA	8C
ALMUTH	185
AMERICA XIII	358
AMULINDA	20C
AMY LOWELL	304
ANIARA	31C
APALOIDE	224
AQUILA	286
ARANMORE	161
ARBOGA NO.1	43
ARCONA	1
ARGOCAL	212
ARGY	306
ARI	255
ARIETE	2
ARISTIDES	282
ARK DW	29C
ARMENI	350
ASHAR	332
ASIA ANGEL	387
ASLAUG	146
ASNÆS	303
ASPAKI	334
ASTREA	98
ATLANTIC	284
ATREUS	215
AVA	21A
AVANTI	4B
AZEEM	309
AZIZA	342

B

BAABDA	351
BAALBECK	308
BALDUR	37
BALKANIJA	394
BANANA	156
BANDAR ABBAS EXPRESS	27B
BARKEN VIKING	218
BARMA	334
BARONESSAN	348
BEAUTY E	384
BEITEDDINE	311
BEKAA	310
BELLONA II	261
BEN NUN	283
BEREA	354
BERYTE	352
BETA	318
BETH	15A
BEYROUTH	310
BH 77	15C, 18C
BH 78	16C
BH 79	14C
BH 80	15C, 26C
BHOJA TRADER	332
BILKIS	329
BILLERUD III	26C
BIRGIT	16
BIRTHE SCAN	342
BJØRN	268
BLEKINGE	10
BLENHEIM	14B
BOA NOVA	354
BONANZA	286
BORE II	185
BOUAR	312
BRITT I	25C
BRITT II	20C
BROOKSIDE	191
BÅDTEATRET	17C

C

C.JOYCE	355
C.RANEE	356
C.T.M.A	343
CA NEGRA	318
CALIOPE	346
CALYPSO	331
CAPETAN COMNINOS	301
CAPETAN MANOLIS	385
CAPO FALCONARA	289
CARAMA	208
CARAVAGGIO	7B
CARIBE	13B
CARIBE BREMEN	13B
CARIGULF FREEDOM	340
CAROLINE	277
CARRIE	16
CASABLANCA	33
CATHAY	227
CEDROS	363
CESAREWITSCH ALEXEJ	1B
CHALLENGER B	399
CHIOS	302
CHRISTIAN	61
CHRISTIAN B	138
CITOS	164
CIUDAD DE IBIZA	276
CLANDEBOYE	111
CLARENCE DARROW	305
COLUMBIA	125
COPENHAGEN	281, 313
CORAL	342
CORNILIA	314
CORSICA EXPRESS	289
CORSICAN	83
COUNTY CLARE	186
COURAGE	323
CRISPI	373
CRUISE MUHIBAH	26B
CYPRIAN PRODUCER	327
CYPRIAN TRADER	323

D

D'AZEGLIO	368
DAGMAR I	226
DALANDA	365
DAVAO CITY	333
DAWN FLIGHT	381
DIMITRA M	287
DIMITRIOS	314
DINA R.E.	362
DISCOVERY I	14B
DJURSLAND II	24B
DON RAMON	305
DORA	179
DOUGLAS	133
DRAGONIER	275
DRONNING MARGRETHE	128
DROTTNING LOVISA	68
DWINSK	183

E

EASTOFT	186
EDDA BUUR	364
EDITH CHRISTENSEN	297
EDUARD REGEL	149
EESTIMAA	71
EIR	19A
EL CORDERO	377
EL GAMIL	238
ELENI	83
ELIDA	50
ELIZAS GRACE	384
ELLEN LARSEN	235
ELSA JAN	16A
ELVIRA M	326
EMANUEL	10C
EMEBORG	350
ENA	358
ENAMEL	345
ENRICO DANDOLO	346
EQUADOR	332
EREKO	4B
ERMIONI	369
ERNA OLDENDORFF	236
ERNST	42
ERVI	104
EURODAWN	334
EUROPA	358
EUROPAFÄRJAN SYD	25B
EUXINIA	208
EVA CHRISTENSEN	307
EXPRESS	25
EXPRESS FERRY ANGELINA LAURO	289

F

F.B. AL	36C
F.B. BO	29C
F.B. IB	30C
F.B. OD	31C
F.B. RA	33C
F.B. RØ	37C
FAIR RUNNER	369
FAIR TRADER	12
FALCODORO	195
FALKIRK	381
FASTOCK	375
FILIA	346
FINLANDIA	406
FLORA	61
FLORA II	192
FLORNES	382
FOLDEN	73
FRAM	228
FRANKFURT	289
FRATERNITY	306
FREDENSBRO	285
FREEPORT	13B
FREEPORT I	13B
FRIESLAND	92
FRIGGA	58
FRIO DOLPHIN	355
FRITHIOF	50
FULTON	91

G

GAIDA	166
GALATEA	281
GALLOWAY	405
GAVEALOIDE	255
GDYNIA	91
GEDSER	393
GEDSER LINK	393
GELORA I	338
GEN. SANTOS CITY	335
GEORGE BOWER	329
GEORGIOS NTANES	297
GEVISA	364
GIOVANNA II	385
GLADIATOR	345
GLADYS	68
GORGULHO	361
GOTHIC WASA	405
GRAMPIAN HARRIER	380
GRENAA	90
GRENADIER	280
GULANG YU	386
GUARDIAN	327
GUDRUN	63

H

HAARFAGRE	3B
HALVAR	53
HAMMARBY	53
HARDICANUTE	234
HARMONIA	229
HARRIET	(63)
HAVDA	103
HEBE II	205
HENRIK	22A
HILDE IRINA	300
HILDE MANITA	301
HINDOO	267
HITTFELD	83
HJØRUNGAVAAG	103

HOE HING	331
HOE ONN	321
HOLGER DANSKE	42
HOU HAVN	21A
HOURICO	340
HUGO FERDINAND	129
HUTITU	119
HVEN	78

I

IGUANA	355
IMPERATOR NICOLAI II	226
IMPERATRIZA ALEXANDRA	2B
INGOLF	33
INSPEKTOR	17
IOLANTHA	106
IRIS	227
ISA VIGO	240
ISBJÖRN	27
ISBJÖRN I	27
ISEULT	(277)

J

JARL	40
JENS KOFOED	359
JI MEI	348
JOHAN BOGOSLOFF	67
JOMINA	97
JOVO	340
JYLLAND	101
JØRGEN JENSEN	190

K

K.S.S.C. LÆGTER NR.1	36C
KABYLIE	118
KALFSUND	27
KALIMANTAN FORTUNE	355
KARADENIZ II	244
KASTE	347
KASTEL CONGO	320
KATHARINENFLEET	(309)
KELTIC	191
KINCRAIG	380
KINGFISHER	11A
KIRK CHALLENGER	399
KIRKE	319
KITMEER	341
KOMODORE HAKKI BURAK	271
KOTIBE	364
KRISTINA	63
KRONPRINS HARALD	16B
KRYM	130
KUMARI	79
KURIREN	6A
KÜRASSIER	276

L

LAKE MICHIGAN	385
LANCUT	25B
LANDSKRONA	90
LAURA	8C
LEADER PRINCE	386
LEENA DAN	12B
LEIDUS	17
LEIF	271
LENA PETERSEN	236
LEONIDAS	339

LEVANT	12C
LIAKOST	303
LIMA	367
LIMPOPO	354
LINDA CLAUSEN	315
LINDINGER SATELLITE	380
LINDINGER SURVEYOR	381
LITA	91
LIVESTOCK	375
LOME	274
LONSDALE	350
LORNE	44
LOU	251
LOUISE CHARLOTTE	7C
LU JIANG	387
LUCKY	301, 346
LUGANO	231
LÆSØBOEN	58

M

MADELEINE	343
MAGDA	58
MAGNA SPES	307
MALMÖ	42
MANELINA R	130
MANUELLA PRIDE	331
MARBURG	203
MARE DORICO	384
MARE PICENO	385
MARHABA	376
MARIA	166
MARIA STEFANIA	68
MARIA T	286
MARILU	284
MATHIOS	286
MAURICE COLIGNON	208
MAZATLAN	360
MAZZINI	372
MENIS	91
MERCANDIAN EXPRESS II	403
MERCUR	102
MERIDIEN	339
MERZARIO GALLIA	28B
MESKEREM	398
MICKLEY	230
MIMIKA L	313
MIN FUNG	348
MINDE	16A
MINERVA	300
MINTHA	91
MONACO	379
MONT LAURIER	12B
MONTANA	342
MTL 1114	17A
MTL 1117	18A
MULUNGUSHI	345
MUNSTER	26B
MUSKETIER	273
MÖLLE	50
MÖWE	74

N

NABILA	353
NACKA	164
NAIAS	316
NAN HU	348
NAWAF	366
NEREO	384
NETTO	102
NEW GULANGYU	386
NEW PORT	319

NIEBOROW	404	
NIKOLAS	295	
NILS HOLGERSSON	25B	
NJEGOS	21B	
NORD CARGO	319	
NORD ESTONIA	391	
NORDBORG	3B	
NORDIC SUN	26B	
NORDIC WASA	28B	
NOTIS	332	
NOUR	374	
NOURAN	312	
NUOVO ARNO	240	

O

OBRA	101
OD	20A
OFEIGUR	138
OFFI GLORIA	384
OLE	9A
OLGA	1
OLIVER TWIST	25B
OLYMPIOS APOLLON	347
OMAHA	245
ONSALA	74
OREGON I	223
ORLITZA	2B
OULU OY NO.216	22C
OULU OY NO.217	23C

P

P.& A. 2	133
PACIFIC	283
PANTELIS A.LEMOS	309
PARMA	229
PASSAT	350
PATRA	294
PAVO	26
PENNY I	12B
PHA SHWE GYAW YWA	357
PHOTINI	195
PIA TIA	350
PIER LUIGI	131
PIERO FOSCARI	339
PIETER DE CONINCK	147
PIONIER	266
PIRAILOIDE	212
PLUTO	19A
POLAR	278
POLARIS	6
POSEJDON	95
PRATELLA	284
PRINCESA CYPRIA	387
PRINCESS S	365
PRINS HAMLET	86
PRINS OBERON	26B
PRINSEN	337
PRINSESSAN	337
PROGRESS I	330
PUCHERO	230
PURCELL LIVESTOCK	375
PUTRA HARAPAN	321
PUTRA MULIA	321

R

RAMSES	208
RAP	1
RAPHAEL M	330
RAS AL HADD	320
REDDEN	14A
REDTHORN	191
REEDNESS	191
RENATE	210
RENEE R.E.	365
REYKJAVIK	124
RHÔNE ET SAÔNE	118
RIA TIA	350
ROBERT K	340
ROBERT LEA	102
RODONAS	326
RONALD	318
ROSAMOND	62
ROTTERDAM	183
RUNHILD	34
RUSSLAND	92
RYAA	156
RØSNÆS	302

S

SAFE PHILIPPINE ANCHORAGE	305
SAINT CLAUDE	237
SAINTE SYLVIA	205
SALLY SKY	22B
SALLY STAR	23B
SAMRA	365
SAMSØ	108
SAN FRANCESCO DI PAOLA	131
SANTA ANTHOUSA II	295
SANTA CRUZ	287
SANTA MARIA	340
SARATOFF	107
SATTAM	370
SCHACKENBORG	20B
SCHILL	288
SCHWALBE	77
SCHWAN	75
SCOTSCRAIG	188
SEA SERPENT	35
SEABOARD TRADER	12B
SILDBERIN	138
SILJA II	185
SIMFONIA	303
SINNO M.E.V	362
SIR BEAVIS	10A
SITIA	379
SKALS	340
SKANDERBORG	19B
SKODSBORG	18B
SKÅNE LINK	392
SLAVIJA I	359
SLEVIK	119
SMYRIL	8B
SNOWFROST	355
SOPHIA	2C
SOUTHERN TRADER	353
SOVET	2B
SPALMATORI ISLANDS	307
SPYROS	164, 354
ST.CLAIR	21B
ST.MARC	343
STANNUM 5	39
STAR OF ATHENS	303
STARDANCER	15B
STARDROP	384
STAVHOLM	350
STAVRONIKITA	336
STELLA POLAR	278
STENA BALTICA	404
STINE	10A
STJERNEBORG	17B
STORMKING 203	21C
STORMKING 403	20C
STRAUSS	118
STUBBEKØBING	58
STURE	21C
SULU SEA	322
SUN YU	309
SUNDET I	298
SUNDIA	50
SVEA STAR	13B
SWEET BLISS	328
SWEET DREAM	322
SWEET FAITH	317
SWEET LAND	324
SWEET LIFE	322
SWEET LORD	324
SWEET LOVE	325
SÆBORG	350
SÆFELL	138
SØGAARD	21C

T

T.B.20 THUNBERG	41
T.B.226 THUNBERG	41
T.B.74 HELSINGBORG	39
TAGBILARAN CITY	333
TAIBAH IV	374
TAIWAN	348
TANA	28B
TANA HAIQ	330
TARRENS	332
TEISTIN	395
TENACITY	344
TESSIE	342
TEXAS T	292
THEBEN	34
THIO	246
THOR	182
THYLAND	182
THYR	47
THYRA II	258
TIAN E	388
TIGER BOXER	19A
TIMA	21C
TIO	246
TOR	34C
TRAFIK	3A
TRANSPORT I	92
TRANSPORTER NO.78	1B
TRAVEMÜNDE LINK	23B
TREGASTEL	21B
TRIAENA I	334
TRITON TRADER	299
TRITON TRAMPER	295
TROPIC STAR	379
TU TING	27
TUSNA	119
TWIGA	315

U

UGANDA	341
UJAMAA	344
ULAN	275
ULYSSES OGYGIA	331
UMBA	40
UNION SYDNEY	12B
UNISTATE	338
URIREN	6A
USAT SICILIEN	291

V

VADSØ	144
VAGN	269
VANIA I	350
VANNA	385
VARDØ	143
VARRES	334
VASIA	336
VEGA	179
VENDEE	83
VENUS	393
VENUS VENTURER	14B
VERTROUWEN	12C
VESTERØ	58
VIBORG	377
VICTOR EMANUEL	9
VIKING SERENADE	15B
VIKING 2	22B
VILLE DU HAVRE	105
VILNES	119
VILSUND	340
VINEET	364
VIRON	241
VIRONIA	184
VITORINO NEMESIO	361
VOLCAN DE TAHICHE	380
VOLCAN DE YAIZA	383
VOLKER	111
VOYAGER	379
VRATZA	296

W

W.H. & CO. 12	39
WARSZAWA	6B
WELLAMO	400
WHITE CROSS	305
WHITE SEA	304
WHITETHORN	186
WID	337
WILCON IX	333
WING HOA	351
WING KO	352
WÜRZBURG	278

Y

YOKOHAMA	282

Z

ZANET	371
ZASIMA	71

Ø

ØBO	288
ÖRESUND	44
5 SØDSKENDE	12C

Acknowledgements

For their great help in the preparation of this book the authors are indebted to the following persons and institutions:

A

AMU Göteborgs och Bohus län, Gothenburg, Sweden.
Jim Anderson, Motherwell, UK.
Archiefdienst Gemeente Rotterdam, Rotterdam, The Netherlands.
Aalborg Værft A/S, Aalborg, DK.
Aarhus Flydedok A/S, Århus, DK.

B

Dag Bakke Jr., Bergen, Norway.
Bede Gallery, Jarrow, UK.
Bram Belder, Alblasserdam, The Netherlands.
Bogser AB Sven, Gothenburg, Sweden.
J. Robert Boman, Uppsala, Sweden.
Klaus Bombel, Hamburg, FRG.
The British Library, Newspaper Library, Colindale, London, UK.
Bureau Veritas, Henrik Stein, Copenhagen, DK.
Burmeister & Wain Skibsværft af 1843 A/S, Copenhagen, DK.
Krister Bång, Gothenburg, Sweden.

C

Frank C. Clapp, Victoria, B.C., Canada.

D

Deutsches Schiffahrtsmuseum, Arnold Kludas, Bremerhaven, FRG.
DFDS Norge A/S, Oslo, Norway.
Theodor Dorgeist, Telgte, FRG.
City of Dundee District Council, Dundee, UK.

E

EffJohn International, Helsinki, Finland.
Erhvervsarkivet, Henrik Fode, Århus, DK.

F

Filmmuseet, Copenhagen, DK.
Roy Fenton, London, UK.
Flender Werft Aktiengesellschaft, Lübeck, FRG.
Flensburger Schiffbau-Gesellschaft mbH & Co. KG, Flensburg, FRG.
Framnæs Industriutvikling A/S, Sandefjord, Norway.
Jim Freeman, Balgowlah, NSW, Australia.

G

M.J. Gaston, Dunton Green, Sevenoaks, UK.
Glasgow Museums & Art Galleries, Glasgow, UK.
Lord Greenway, Morebath, UK.
A. Greve, Hyllested, DK.
The Guildhall Library, London, UK.

H

Stefan Haake, Gothenburg, Sweden.
Erik Hag, Falun, Sweden.
H.J.Hansen A/S, Odense, DK.
Harland & Wolff, Belfast, Northern Ireland.
Havnekaptajnens Arkiv, Københavns Havnevæsen, Copenhagen, DK.
Hellenic Register of Shipping, Piraeus, Greece.
Helsingør Tekniske Bibliotek, Helsingør, DK.
Hitachi Zosen, Tokyo, Japan.
Holdingaktieselskabet Dannebrog, Claes Rechnitzer, Rungsted Kyst, DK.
Hull City Council, Hull, UK.

I

The Institute of Marine Engineers (Keith Norledge), London, UK.
Imperial War Museum, London, UK.
State of Israel, Ministry of Transport, Haifa, Israel.

J

Jadrolinija, Rijeka, Yugoslavia.
Christer Jansson, Hyllinge, Sweden.

K

Aristomenis M. Karageorgis, Piraeus, Greece.
Kockums AB, Malmö, Sweden.
KRUPP MaK Scandinavia A/S, Copenhagen, DK.
Fried. Krupp GMBH, Essen, FRG.
Kværner Eureka A/S, Fredriksstad, Norway.

L

Library of Department of Ocean Engineering, Lyngby, DK.
Limfjords-Værftet A/S, Aalborg, DK.
Lindenau GMBH, Kiel, FRG.
J.S. Lingwood, Sunderland, UK.
Lloyds Register of Shipping, Patrick Tye and L.A. Spurling, London, UK.

M

MAN B&W Diesel A/S, Copenhagen, DK.
MAN B&W Diesel A/S (Alpha Diesel), Frederikshavn, DK.
Marinens Bibliotek, Gunnar Olsen, Copenhagen, DK.
Masa-Yards Inc., Helsinki, Finland.
The Mitchell Libraries, Glasgow, UK.
Mjellem & Karlsen, Bergen, Norway.
Mols-Linien K/S, Ebeltoft, DK.

N

Nationalmuseet, Roskilde, DK.
National Maritime Museum, Greenwich, UK.
National Register of Archives (Scotland), Edinburgh, UK.
Naval Historical Branch, Ministry of Defence, London, UK.
City of Newcastle upon Tyne, Central Library, UK.
NKK Corporation, Tokyo, Japan.
HDW Nobiskrug, Rendsburg, FRG.
P.R. Nielsen, Rødovre, DK.
Walter Nilsson, Helsingborg, Sweden.
Norsk Sjøfartsmuseum, Bård Kolltveit, Oslo, Norway.

O

Kevin O'Donoghue, Gravesend, UK.
Odense Staalskibsværft A/S, Odense, DK.
Fred. Olsen & Co., Oslo, Norway.
Oskarshamns Sjöfartsförening, Oskarshamn, Sweden.
Karl Osterman, Malmö, Sweden.

P

Panteleimon Lelekis, Athens, Greece.
Hans Pedersen, Duclair, France.
John E. Persson, Sturefors, Sweden.
Matti Pietikäinen, Helsinki, Finland.
Plus 2 Ferryconsultation, Klas Brogren, Halmstad, Sweden.
The Public Record Office, Kew, London, UK.
J.F. van Puyvelde, Bruxelles, Belgium.

R

Randers Lokalhistoriske Arkiv, Peter Bondesen, Randers, DK.
Thomas N. Rasmussen and Anne Beim, Pram 48, Copenhagen, DK.
Ian Ree, Tynemouth, UK.
Olle Renck, Lidingö, Sweden.
Renfrew District Council, Paisley, UK.
Riksarkivet, Oslo, Norway.
Röda Bolaget, Gothenburg, Sweden.

S

The Salvage Association, London, UK.
Scanpump AB, Jönköping, Sweden.
Bill Schell, Holbrook, Mass., U.S.A.
Schichau Seebeckwerft AG, Bremerhaven, FRG.
Scottish Record Office, Edinburgh, UK.
Ingemar Sereng, Lund, Sweden.
SIREMAR, Palermo, Italy.
Sjøfartsdirektoratet, Oslo, Norway.
Sjöfartsstyrelsen, Helsinki, Finland.
Stadsarkivet i Malmö, Malmö, Sweden.
Strandfaraskip Landsins, Tórshavn, the Faroes.
Strathclyde Regional Council, Glasgow, UK.
Arne Sundström, Stockholm, Sweden.
Svendborg Bugser, Rederiet Niels Henriksen, Svendborg, DK.
Svendborg Værft A/S, Svendborg, DK.
Sweet Lines Inc., Cebu City, the Philippines.
Søfartsstyrelsen, Skibsregisteret, Copenhagen, DK.

T

Alan J. Tennent, Chipstead, UK.
Søren Thirslund, DK.
Topsøe-Jensen & Schrøder A/S, Copenhagen, DK.
Marek Twardowski, Gdynia, Poland.
Tyne and Wear Museums Service, Newcastle upon Tyne, UK.

U

The University of Glasgow, Vanora Skelley, Glasgow, UK.
University of Newcastle upon Tyne, I.L.Buxton, UK.

V

Veitsiluoto OY, Kemi, Finland.
Verband für Schiffbau und Meerestechnik E.V., Hamburg, FRG.
Vickers Shipbuilding & Engineering Limited, Barrow-in-Furness, UK.
Maurice Voss, Welkenraedt, Belgium.

W

Raimo Wirrankoski, Helsinki, Finland.
Armin Wulle, Lübeck, FRG.

For the research concerning the English history of the small steamer LAERTES (37) the authors are indebted to Jack Dakres, Preston, Roy Fenton, London, Brian Hillsdon from The Steam Boat Association, Tony Langford, Cheltenham, Liverpool Nautical Research Society, and Gil Mayes, Launcherley.

For information about missing yardnumbers and launching dates the authors are indebted to Rowan Hackman and Brian Hillsdon, U.K.

The photos are from the archives of DFDS and the following institutions and individuals:

Aalborg Portland A/S,
Lokalhistorisk Samling Århus,
Klaus Bombel,
Terry Callen,
Frank A. Clapp,
City of Dundee District Council,
EffJohn,
Roy Fenton,
FotoFlite,
Lord Greenway,
Handels- og Søfarts Museet på Kronborg,
John Hansen,
The collection of the late R. Hildebrand,
Hull City Council,
Jørn-Bent Jensen,
Tomas Johannesson,
Arnold Kludas,
Københavns Bymuseum,
Masa-Yards Inc.,
The collection of the late V. Meilvang (Fiskeri- og Søfartsmuseet, Esbjerg),
Bent Mikkelsen,
Børge Mikkelsen,
Søren Møller,
Peabody Museum,
K.G. Petersen
Holger Munchaus Petersen,
Bill Schell,
G.R.Scott,
Skyfotos,
Arne Sundström,
Marek Twardowski,
The University of Glasgow,
Bengt Westin,
Joe Wilhelm.
The collections of the authors and as acknowledged beneath the photos.

The authors are grateful to Lene Falster for her close examination of the fleet list.

The authors want to thank the staff of the printers, Nærum Offset-Trykkeri ApS, Nærum, DK for professionel help and advice in preparing this book.

Finally the authors want to thank the management board of DFDS, Information Manager Henrik Vaupel and other members of the DFDS staff for their never ending cooperation in preparing this book.

Errata

Page	Text	Correction
26	*2nd line:* steamship	steamships
35	*Photo text:* 1950	1949
57	*Photo text:* 1968	1969
73	*Photo text:* Dana Minerva	Dana Optima
84	*Photo text:* 1964	1965
	2nd/3rd line: 1964	1965
103	*Funnels, picture 4:* 1982	1985
110	*Photo text:* 1991	1990
112	*Photo text:* 228	Aalborghus 288
124	*Column 2:* 6L55GFCA	6L55GFC
158	John Schwartz	John Swartz
181	*Photo text:* Niels Broch	Niels Brock
191	*Photo text:* Koldinghus	Koldinghuus
192	*Photo text:* Pris Hamlet	Prins Hamlet
296	*Photo text:* 1958	1959
301	*Photo text*	*Delete:* "and lengthened"
335	Aker 2	Aker-2

ROLAND MUNCH
DFDS
TRANSPORT
VOLVO
TIR